선장의 지혜

최돈호 수상록

선장의 지혜 _최돈호 수상록

초판 1쇄 펴낸날 2022년 1월 21일

지은이 최돈호
펴낸이 노소영
펴낸곳 월송

출판등록 제2017-000080호
주소 서울 강서구 마곡중앙로 171
전화 031-855-7995
팩스 02-2602-7995
이메일 editgarden@naver.com
블로그 blog.naver.com/wolsongbook

ISBN 979-11-88127-96-2 03300

선장의
지혜

최돈호 수상록

도서출판
월송

사람은 누구나 마음속 깊이 아로새겨진 금언(金言)과 명구(名句) 등을 간직하고 살아간다. 그것은 위인이나 철학자 또는 사상가, 시인 등의 명저(名著), 명언(名言), 명시(名詩) 등으로 우리가 세상을 살아갈 방향과 지혜를 제시해주며, 인생의 좌우명(座右銘)이 되기도 한다. 그리스의 철학자·수학자인 피타고라스(Pythagoras)는 **"이 세상에서 가장 중요한 일이 무엇이냐. 그것은 인생을 어떻게 살아야 하느냐 하는 지혜를 가르쳐주는 일이다."**라고 갈파했다. 가장 높은 지혜는 우리가 **"어디로 갈 것인가!"**를 깨닫는 그 속에서 찾을 수 있다.

세상을 살아가는 데 있어 모든 문제들에 대한 해결책은 항상 우리 자신 속에 있으며, 승리와 패배는 바로 우리의 마음속에 있는 것이다. 인생의 성공을 위해서는 분명하고 확실한 목표가 필요하며, 그 목표의 달성에는 정열과 끈기와 꾸준한 노력이 뒤따라야 한다. 노력(努力)은 수단이 아니라 그 자체가 목적이며, 노력 속에 보람이 있는 것이다. 고난(苦難)은 우리의 인생을 더 크고 더 위대하게 만들며 그 자체의 가치를 지닌다.

이 세상에서 어떠한 것도 끈기와 노력을 대신할 수는 없다. 끈기와 결단(決斷) 그리고 노력만이 무엇이든 가능하게 해준다. 계속적인 전진만이 모든 문제를 해결해주며, 그 해결책은 항상 우리 자신 속에 있다. 우리의 인생길에는 이정표도 방향표시도 없으며, 우리의 인생은 연습도 없이 일회전으로 끝나는 **<엄숙한 시합>**이다. 이 시합에서 이기는 자가 진정한 **<인생의 승리자>**가 될 수 있다.

디오게네스(Diogenes)는 "시간은 영원(永遠)의 영상(映像)이다(Time is the image of eternity.)."라고 말했으며, 피타고라스는 "시간이 무엇이냐는 질문을 받자, '시간은 이 세계의 영혼(靈魂)'이라고 대답했다(Pythagoras, when he was asked what time was, answered that it was the soul of this world.)." 우리가 살아 있는 유일한 순간은 바로 현재이다. 이 **'현재의 시간'**을 최대한도로 이용해야 한다. 시간의 활용 여부에 인생의 행복과 불행, 성공과 실패, 승리와 패배가 결정된다. 시간을 낭비하는 것은 자기의 생명을 낭비하는 것과 같다고 했다.

우리가 소유할 수 있는 시간, 내가 활용할 수 있는 시간은 오직 현재뿐이다. 그러므로 오로지 현재에만 모든 정신력(精神力)을 경주(傾注)하지 않으면 안 된다. 이탈리아가 낳은 최고의 시인 단테(Dante)는 "이날은 결코 다시 밝지 않음을 생각하라(Consider that this day never dawns again.)."고 갈파(喝破)했다. 시간은 인간이 쓸 수 있는 가장 가치 있는 것이다.

아리스토텔레스(Aristotle)는 <삶의 궁극의 목적은 행복>이라고 했다. 행복한 인생을 만드는 데 필요한 것은 우리 자신의 마음과 사고방식(思考方式) 속에 있다. 그러므로 우리는 <행복의 파랑새>를 멀리서 찾지 말고 나의 생활, 나의 마음속에서 찾아야 한다. 진정한 행복은 <성실(誠實)한 삶의 자세(姿勢)>에 있다. 그것이 행복의 문을 여는 열쇠다. 행복은 나비와 같아 뒤쫓아 가면 항상 우리의 손길을 벗어나며, 당신이 조용히 앉아 기다리면 당신에게로 내려와 앉는다. <행복의 열쇠>는 조용히 기다리는 생활 속에 깃든다.

정치의 본질은 사회생활에서 일어나는 필연적인 대립과 분쟁을 조정하고 통일적인 질서를 유지시키며, 모든 분야에서 능력을 발휘시키는 작용이다. 또한 인간생활의 상호관계를 조정하고 모든 이해관계의 대립이나 의견의 차이를 조화(調和) 속으로 유도하는 지도나 통제의 작용이다. 아리스토텔레스는 "정치의 목적이 최고선(最高善)에 있고, 인간을 인격적인 존재로 완성시키는 것"이라고 했다.

生存權的 基本權에 상대되는 개념으로, 自由權的 基本權은 국가권력에서 자유로울 수 있는 국민의 권리이다. 국민이 자신의 정치적 사상(思想)이나 의견(意見)을 자유로이 표명(表明)하고(정치적 언론의 자유), 정치적 사상이나 의견을 수록한 도서(圖書)를 자유로이 출판하며(정치적 출판의 자유), 정치적 목적을 위한 집회나 시위를 자유로이 주최 또는 진행하고(정치적 集會·示威의 자유), 또 정치적 목적을 위한 단체를 자유로이 결성(結成)하는 것(정치적 結社의 자유)을 <정치적 자유(政治的 自由)>라고 말한다.

현대정치의 과제는 첫째, 자본주의국가에 있어서의 독점적인 자본주의 경제조직, 권력체제와 국민대중의 생활권 및 그 밖의 '기본권'의 관계를 어떻게 해결할 것인가 하는 것이다. 둘째, 사회주의국가의 대두에 의해서 근본적으로 변화된 국제정치의 장에서 어떻게 '국제평화'를 달성할 것인가 하는 것이다. 사회주의국가의 세계적화야욕과 전쟁의 가능성 속에서 인류를 절멸(絕滅)의 위기 속으로 몰아넣을 수 있는 핵무기의 위협상황 속에서 국가 간의 무력충돌을 종식시키고 평화를 정착시킬 수 있는 조직적이고 제도적인 노력이 '창의적 정치(創意的 政治)' 에 의해서 이루어지지 않으면 안 된다.

북한 괴뢰군의 불법남침으로 야기된 동족상잔(同族相殘)의 비극인 6 · 25 動亂이란 우리 역사상 가장 비참한 전쟁을 야기한 전쟁범죄자(戰爭犯罪者 : war criminal)의 후손인 김정은 집단의 핵 위협 속에서 북한의 '한반도비핵화' 또는 '종전선언'이라는 '적화통일을 위장한 평화 쇼'에 대처해야 하는 대한민국 국민은 자유민주적 기본질서에 입각한 정부의 평화적 통일정책수립 여부에 대한 냉철한 감시와 비판이 무엇보다 절실히 요구된다.

존슨 대통령(L. B. Johnson)은 1965년 1월 4일 연두 일반교서에서 "위대한 사회는 국가를 저울질하는 첫 기준이 되는 것이며, 그 국민의 질(質)을 문제로 삼는다(It proposes as the first test for a nation : the quality of its people.)", "대통령의 가장 어려운 임무는 올바른 일을 하는 것이 아니라, 무엇이 옳은지를 아는 것이다(A President's hardest task is not to do what is right, but to know what is right.)."라고 했다.

세상에서 어려운 것 중의 하나가 인생과 정치를 말하는 것이라고 하나 침묵을 지켜도 안 되는 것이 또한 우리의 인생이며, 우리의 정치현실이기도 하다. 누구나 완전하지는 못해도 다른 사람에게 인생과 사회와 정치를 논(論)하고, 주권자인 국민의 한 사람으로서 정치를 비판하게 되는 이유가 바로 '정치적 자유'를 누림으로써 '헌법수호' 및 '법치주의'를 확립하여 국민의 생활을 윤택(潤澤)하게 하는 것이다. 여기에 수록된 글의 일부는 그러한 목적에서 쓴 것이다.

<제1장 나의 수상(隨想)>에서는 나의 어린 시절의 잊을 수 없는 추억과 정치

적 언론의 자유를 표명(表明)한 글과 법률신문에 투고한 글 등을 정리한 것이며, <제2장 한 번도 경험해 보지 못한 세상>에서는 문재인 정권 4년 동안 국민들이 지금까지 한 번도 경험해 보지 못한 것으로 느끼는 사례 일부를 모은 것이다. <제3장 부모의 언행은 자식의 운명을 좌우하고, 공직자의 청렴도는 국가의 운명을 좌우한다>에서는 가정에서 부모의 역할과 통치자(대통령)의 사명, 우리나라 공직사회의 부패상 등을 살펴보았다.

<제4장 대통령의 공무원 임면권의 적정한 행사>에서는 헌법이 행정부의 수반인 대통령에게 공무원 임면권을 부여한 취지, 적재적소(適材適所)라는 인사원칙을 무시한 오기와 독선에 의한 공무원 임면권을 남용한 사례 등을 기술했다. <제5장 인생의 지혜>에서는 인생의 올바른 삶의 방향과 성실한 삶의 자세, 건전한 직업관, 생활 속에서 행복의 열쇠를 찾는 지혜, 자기 얼굴에 대해 책임을 지는 삶, 부모로서 자녀에 대한 좋은 본보기와 인재양성, 멋있게 살고 멋있게 죽는 길, 죽음을 준비하는 삶의 자세 등 틈틈이 써놓은 수상(隨想)을 정리한 것이다.

프랑스의 작가 앙드레 지드는 "인간이 자기의 정신에서 만들어 낸 것 중에서 최대의 것은 책(冊)이다."라고 말했다. '인간이 책을 만들고 책이 인간을 만든다.'고 했다. 책은 동서고금(東西古今)의 모든 인류의 지혜와 인간의 사상 및 진리의 보고(寶庫)이다. 인물(人物)은 가도 정신과 사상은 남으며, 부패한 권력은 무너져도 책은 영원히 남는다.

베이컨(Bacon)은 "책은 여러 가지가 있다. 어떤 책은 겉만 보게 되고, 어떤 책은 삼켜버리게 된다. 그러나 씹어서 소화되는 책은 극히 드물다(Some books are to be tasted, others to be swallowed, and some few to be chewed and digested.)."라고 말했다. 모든 풀이 약초(藥草)가 아니듯 모든 책이 마음의 양식이 될 수는 없다. 책의 선택은 '삶의 선택'이라고 했다. 그래서 양서와의 만남은 **<인생의 가장 큰 축복>**의 하나라고 한다.

부모는 사회를 구성하는 기초단위인 가정이라는 배를 운항하는 "선장(船長)"의 위치에 있으며, 통치자(統治者)는 국가라는 거대한 함정(艦艇)을 운항하는 "함장(艦長)"의 위치에 있다. 선장으로서 가정이라는 배를 운항하는 부모와 함장으로서 국가라는 거대한 함정을 운항하는 통치자에게는 자신이 운항하는 '배의 항로(航路)'와 '바람의 방향'을 똑바로 판단하는 <지혜와 슬기>가 필요하다. 이러한 지혜와 슬기를 겸비한 선장인 '부모'와 함장인 '통치자'의 안전한 운항(運航)으로 우리는 행복한 가정을 건설하고, 우리들과 우리들 자손의 안전과 자유와 행복을 영원히 확보할 수 있는 선진일류국가를 건설할 수 있다. 이러한 뜻에서 이 책의 이름을 **<선장의 지혜>**로 선정했다.

보잘것없는 나의 어린 시절의 추억과 순서도 없이 틈틈이 써놓은 수상(隨想)과 법률신문 법조광장에 투고한 졸고 등 체계도 없이 쓴 졸작(拙作)이나마 **<인생의 진리>**를 찾고자 노력하는 젊은이들에게 다소라도 **<밝은 빛과 힘>**이 되고, **<씹어서 소화되는 책>**으로서 **<인생의 소중한 축복>**이 되길 간절히 소망하며 온갖 정성을 다했다.

출판업계의 어려운 형편에도 불구하고 이 수상록 발간에 정성을 다해주신 도서출판 월송 노소영 사장님의 열의에 경의를 표하며, 아울러 편집부 직원 여러분의 노고에 감사의 뜻을 전합니다.

2022년 1월 1일 새해를 맞이하여

최동호 씀

차
례

제2장 한 번도 경험해 보지 못한 나라

제3장 부모의 언행은 자식의 운명을 좌우하고,
공직자의 청렴도는 국가의 운명을 좌우한다.

제1장
나의 수상

인간은 저마다 자기가 맡은 사명(使命)을 가지고 태어난다. 인생을 보람 있게 사는 비결은 확고한 사명감을 갖는 것이며, 인생에서 가장 중요한 일은 자기의 사명을 자각하는 것이라고 했다. 인간은 환경의 산물(産物)이다. 아이들은 부모의 언행(言行)을 보며 자라므로, 가정에서 부모의 가장 큰 역할은 언제나 자녀들에게 바른 본보기를 보여주는 일이다. 가정은 사회의 대본(大本)으로 어린이의 인격형성의 도장(道場)이요, 사람의 근본이 만들어지는 인생의 교실이다. 행복한 가정을 건설하는 것은 인간의 가장 신성한 의무요, 사명이다.

부패한 정권의 적폐를 청산할 새 대통령에게 요구되는 이상적(理想的) 대통령은 술책가(術策家)나 선동가(煽動家)가 아닌 뛰어난 영지(英智)와 고매(高邁)한 이념의 리더십을 겸비한 지도자로서 자유의 나무를 지혜롭게 가꾸어나갈 자질을 겸비한 통치자여야 한다. 통치자는 민중에 영합하기 위하여 자기를 기만하거나 자기의 신념을 관철시키기 위하여 민중을 기만할 것이 아니라 오로지 진실(眞實)과 성실(誠實)을 근본으로 삼아야 한다. 통치자는 자기에 대해서도 민중에 대해서도 정의·진실·공정·포용으로 일관하는 뛰어난 지도자로서 현실을 간파하는 안목(眼目)을 갖춘 '자기중심적인 인간'이어야 한다.

제1장

나의 수상

1. 독서하는 삶

_ 2002년 11월 25일 법률신문

독서는 인생에 있어서 가장 중요한 의미를 갖는다. 책은 언제나 우리에게 힘이 되고 빛이 되고 삶의 길잡이가 된다. 영원히 남는 것은 책이다. 로마 제국은 망했으나 철학자 키케로(Marcus Tullius Cicero)의 책은 남아 있다. 퇴계, 율곡, 다산(茶山)의 책은 현재까지 살아 숨 쉬고 있다. 인간이 남길 수 있는 최고의 유산은 책이다. 책만이 영원한 생명을 지닌다. 서중유지락(書中有至樂 : 책 속에는 지극한 즐거움이 있다)이라고 했다. 빵은 육체의 양식이 될 수 있으나 정신의 양식이 될 수는 없다. 독서는 우리의 정신을 위한 양식이다.

생활의 본질은 육체 속에 있는 것이 아니라 정신 속에 있다. 쇼펜하우어(Arthur Schopenhauer)는 "양서(良書)를 읽기 위한 조건은 악서(惡書)를 읽지 않는 것이다. 인생은 짧고 시간과 능력에는 한도가 있기 때문이다"라고 했다. 어떤 책을 읽을 것이냐는 어떤 인생을 살 것이냐 하는 물음에 연결된다. 우리가 마음의 싹을 알뜰하게 가꾸어 자아실현(自我實現)으로 접근하기 위해서는 좋은 책을 선별하여 읽어야 한다.

모든 풀이 약초(藥草)가 아니듯이 모든 책이 마음의 양식이 될 수는 없다. 양서만이 우리의 마음의 싹을 가꾸어 주는 영양소가 되고 진리로 인도하는 길이 될 수 있다. 우리는 책 속에서 훌륭한 사상가를 만나고 뛰어난 예술가를 만날 수 있다. 독서는 인생에 있어 가장 행복한 만남이요, 창조적인 만남이라고 했다. 프랑스의 철학자 데카르트(René Descartes)는 "좋은 책을 읽는다는 것은 가장 위대한 인물과 대화를 나누는 것과 같다."고 말했다. 우리의 정신은 책을 읽지 않으면 녹이 슬고 잠이 든다.

　양서로 우리의 마음의 밭을 기름지게 하고 생활의 기초를 튼튼히 해야 한다. 구슬도 갈고 닦아야 빛이 난다. 독서로 마음의 밭을 갈고 닦아라. 독서는 우리의 마음의 눈을 뜨게 하고 우리를 거듭나게 한다. 벨기에의 시인 마테를링크(Maeterlinck)는 '인생은 한 권의 책이다'라고 말했다. '인생의 책'이 '세상의 책'과 다른 점은 두 번 다시 쓸 수 없다는 점이다. 세상의 책은 잘못 쓰면 지우고 다시 쓸 수 있으나, 인생의 책은 다시 쓸 수 없으며, 남이 써 줄 수도 없다. 나의 판단과 책임과 노력으로 써야 한다. 저마다 인생의 명저(名著)를 쓰기에 정성을 다해야 한다.

　한 권의 명저(名著)가 한 인간의 운명을 변화시킨다. '사람은 책을 만들고, 책은 사람을 만든다.'고 했다. 위대한 책과의 만남은 인생의 가장 큰 축복 중의 축복이다. 인생은 짧다. 조용한 시간은 더 짧다. 그러므로 우리는 지저분한 책을 읽으며 귀중한 시간을 낭비해서는 안 된다. 안중근 의사가 1910년 3월 여순 감옥에서 처형당하기 며칠 전에 一日不讀書 口中生荊棘 (일일부독서 구중생형극-하루라도 책을 읽지 않으면 입안에 가시가 돋친다)이라고 쓰셨고, 또 처형 전에 黃金百萬兩 不如一敎子(황금백만냥 불여일교자-황금 백만 량도

자식 하나 가르치는 것만 같지 못하다)라고 쓰셨다.

두보(杜甫)는 男兒必讀五車書(남아필독오거서-남자는 모름지기 다섯 수레에 가득 찰 만한 많은 책을 읽어야 한다)라고 했다. 우리는 생명의 양식이 되는 책을 찾아 읽어야 한다. '책의 선택'은 '삶의 선택'이라고 할 수 있다. 좋은 책을 지혜롭게 선별하여 읽어야 한다. 고대 로마의 철학자 세네카(Lucius Annaeus Seneca)는 '좋은 서적은 만사를 제쳐놓고서라도 읽어라. 그렇지 못하면 끝내 영영 읽을 기회를 못 가지게 되리라'라고 말했다.

미국의 사상가 에머슨(Ralph Waldo Emerson)은 '손수 자기의 성서(聖書)를 만들라.'고 말했다. 저마다 자기 나름의 바이블을 만들라고 외쳤다. 사람은 저마다 자기 나름의 바이블을 만들고 그것을 가져야 한다. 우리의 진실한 생활은 우리의 눈에 비치는 외면적인 물질이 아니라 우리 정신의 내면적인 것이다. '이 세상에서 가장 생명력이 있는 것은, 보이지 않는 것, 들리지 않는 것이다(老子).'

독서에는 세 가지 종류가 있다고 한다. 즉 취미나 재미를 위한 독서, 전문지식을 위한 독서, 교양이나 수양을 위한 독서 등이다. 우리가 인간으로서 전인(全人 : 知·情·意가 완전히 조화된 원만한 인격자)이 되려면 이 세 가지의 독서가 필요하다. 조화된 인격, 균형 있는 인간이 되기 위하여 우리는 세 가지 종류의 독서를 게을리해서는 안 된다.

가장 중요한 것은 무엇보다도 '책 읽는 습관'을 기르는 것이다. 물이 아래로 흐르듯 우리의 행동은 습관의 강(江)을 따라 흐른다. 습관이 형성되면

제2의 천성이 되며, 제2의 천성보다 더 강한 우리의 사고(思考)와 행동, 생활과 태도가 우리를 지배한다. 세상에 습관처럼 무서운 것이 없다고 한다. 선행(善行)의 습관을 기르는 것만큼 인생을 아름답게 하는 것은 없다.

독서하는 습관은 우리에게 풍성한 생활의 원동력이 된다. 독서로 우리의 마음을 살찌게 하고 내적결실(內的結實)을 풍성하게 하자. 인생은 독서다. 배움처럼 위대한 것이 없다. 학문의 진정한 목적은 사람들에게 행복을 가져오는 진리를 인식하는 것이다. 독일의 시인 괴테(Goethe)는 '유능한 사람은 언제나 배우는 사람이다', '천재(天才)는 노력이다.'라고 말했다.

언제나 배우고 어디서나 배우고 누구한테서나 배우고 무슨 일에서나 배우려는 겸손한 마음의 자세를 갖는 것이 중요하다. 재주도 쓰지 않으면 녹이 슬고 구슬도 닦지 않으면 빛이 나지 않는다. 유능한 사람은 언제나 배우는 사람이라는 것을 잊지 말자. 우리는 일생 동안 학생의 마음으로 "독서하는 삶"을 견지(堅持)해야 한다.

__ 윗글은 지면 관계로 2002년 11월 25일 자 법률신문에는 일부 내용이 생략되어 게재되었다

2. 가을에 쓰는 편지(초등학교 후배들에게 보내는 글)

필자는 한국 현대단편소설의 대표작의 하나로 평가되는 작품으로서 전편에 걸쳐 시적(詩的) 정서가 흐르는 산뜻하고도 애틋한 명작소설인 「메밀꽃 필 무렵」의 저자 가산(可山) 이효석(李孝石 1907~1942)의 출생지인 강원도

평창군 봉평에서 태어나 봉평초등학교와 봉평중학교를 졸업했다.

필자가 봉평초등학교를 다닐 때는 북한 괴뢰군에 의한 6·25 사변 당시 북괴군의 폭격으로 학교 건물이 전소되어 교실도 없이 칠판은 학교 운동장 주변의 커다란 아카시아 나무에 기대어 세워놓고, 어린 학생들은 책상과 의자도 없이 운동장 한구석에 담임 선생님이 임시로 정한 자리에 헌 가마니 쪽이나 널판 또는 둥글넓적한 돌을 깔고 앉아 공부를 했다.

쉬는 시간이 오면 볏짚으로 새끼를 길게 꼬아 동그랗게 만든 공으로 축구를 하고 놀았다. 바람이 많이 부는 봄철이나 가을철이면 회오리바람(돌개바람)이 자주 휘몰아치곤 했다. 그럴 때면 언제나 학교 운동장에 널려있던 학생들의 노트, 책보자기 등이 강한 회오리바람을 타고 학교 뒷동산으로 하늘 높이 날아가 버리곤 했다. 그러면 반 아이들이 자신의 노트 등을 찾으려고 뒷동산을 이리저리 헤매다니곤 한 추억도 있다.

그 당시는 전쟁으로 학교 건물이 전소되어 교실도 도서관도 없어 학생들을 위한 학교시설이란 고작 운동장밖에 없는 열악하기 그지없어 학교에는 학생들이 읽을 동화책이나 위인전기 등은 단 한 권도 없었다. 초등학교 시절의 이처럼 어렵고도 아픔을 간직한 그러나 잊을 수 없는 아름다운 추억을 나는 잊을 수가 없다. 나는 법원서기보 시험에 합격하여 근무 중 1982년 8월 초순 서울고등법원 민사과 참여사무관으로 승진발령이 났다.

사무관으로 최초로 봉급을 받게 된 것을 계기로 하여 나는 아내와 상의한 결과 모교인 봉평초등학교 어린이들에게 동화책, 위인전기, 시집 등 어린이 도서를 보내기로 하고 서점을 찾아가 알아본 결과, 당시 서점에서는 정가대로 책을 판매하고 있었으므로 공무원인 나에게 다소 부담이 되어 서점주인에게 위와 같은 사정을 설명하고 '할인(割引)하여 책을 구입할 수 있는 방법'이 있느냐고 묻자 '출판사에 직접 찾아가 상의해 보는 것이 좋을 것 같다.'고 친절하게 알려주었다.

서점주인의 말대로 나는 모 출판사 사장님을 찾아가 위와 같은 사정을 말씀드리자 '좋은 뜻'이라며 출판사에서 서점에 판매하는 가격으로 어린이 도서를 구입하기로 결정한 후 책은 출판사에서 직접 모교인 봉평국민학교로 직접 배송해주기로 합의가 되어, 1년 이상 많은 도서를 모교의 어린이들에게 보내주었다. 필자가 보낸 동화책 등을 읽고 교장선생님을 비롯하여 4, 5, 6학년 어린이들이 예쁜 코스모스, 붉은 단풍잎 등을 곱게 말려 독후감, 편지 등 수백여 통의 정성을 담은 글을 보내주었다. 그중에는 회답을 보내달라는 어린이들이 많았으나 일일이 회답을 다 보내지 못하여 나는 지금까지 미안하게 생각해오고 있었다.

시간이 있을 때면 아내와 함께 고향 어린이들이 정성스럽게 써서 보낸 편지가 손때가 묻어 노랗게 퇴색한 것을 다시 읽으며 어린 초등학교 시절의 추억에 잠기곤 했다. 이제 늦게나마 그 어린이들이 성장하여 성인이 된 고향 후배들이 나에게 보내준 편지의 회답으로 이 글을 대신하면서 당시 어린 후배들이 보낸 독후감과 편지 중의 몇 개를 선별하여 여기에 소개한다.

귀하께서 보내주신 동화책과 단편집 등은 목마른 한 모금 샘물같이 잘 받아 어린 학생들이 돌아가며 읽고 있습니다. 우리 학교는 읽고 싶어도 읽을 책이 부족한 실정이었는데, 보내주신 책을 받고 706명의 어린이들이 모두 즐거워 어쩔 줄 모르는 그 모습을 보며 깊은 감명을 받았습니다. 요즘은 우리 학교 어린이들이, 보내주신 책을 읽으며 귀하의 격려에 감사하고 어린이들은 푸른 하늘을 우러러보며 꿈을 키워가고 있습니다(1982. 10. 21. 교장 최종국).

선배님께서 저희 학교에 200여 권의 동화책, 위인전기를 보내주신 것 중에서 저는 '공룡의 세계'와 '설록홈즈의 모험'을 읽었는데 명탐정인 설록 홈즈의 추리력에 감명을 받았습니다(백금철). 보내주신 책 감사히 잘 읽었습니다. 독후감도 써서 오래도록 남기고 선배님의 얼굴은 모르지만 선배님의 마음을 깊이 새겨놓겠어요. 선배님의 마음에 보답하기 위해서라도 착하고 바르게 자라서 이 나라의 기둥이 되겠습니다(1982. 10. 20. 6학년 11반 조숙현).

모교를 떠나신 지 27년이 지났는데 저희 후배들을 위하여 독서의 계절을 맞아 보내주신 동화책을 읽고 교양과 덕을 쌓아 선배님의 뜻을 이어 저희들도 졸업 후 모교를 위하여 몸과 마음을 바치겠습니다(1982. 10. 20. 6학년 2반 장성욱). 우리 학교 23회 최돈호 선배님께서 보내주신 책을 열심히 읽어 훌륭한 사람이 되겠어요. 그런데 우리는 오늘도 열심히 공부하고 있지만 친구, 언니, 오빠, 동생들이 하루하루 다른 학교로 전학을 가고 있어서 학생 수가 많이 줄어 너무나 가슴이 아파요(1982. 10. 15. 5학년 2반 이순주). 어느 사이 무덥던 여름의 기세가 시들어 이따금 시원한 가을바람이 매미 소리를 타고 불어오고 있다. 다시 찾아온 독서의 계절인 가을을 맞이하는 문턱에서 23년 전의 사랑하는 고향 후배들이 보낸 편지에 늦게나마 답장을 보내고 싶어 필자가 애독하고 있는 나의 고향소식지 평창군청 발행의 <우리고장 소

식>(필자에게 '우리고장 소식' 신문을 계속하여 보내주시는 권혁승 평창 군수님께 이 지면을 통하여 감사를 드립니다.)에 얼굴도 모르는 사랑하는 후배들에게 회답의 편지(편지 내용은 생략)를 보냈다.

인심 좋아 살기 좋고 산수가 아름다운 나의 고향, 평창의 무궁한 발전을 위하여 열심히 일하며 고생하시는 평창 군수님과 군민, 그리고 사랑하는 고향 후배들에게 이 지면을 통하여 감사 드립니다. 아울러 2014년 동계올림픽의 평창 유치의 필승을 확신하면서 늦게나마 가을의 편지로 회답에 대신하고자 합니다.

3. 추억의 회상(아름다운 추억과 잊혀지지 않는 일)

가. 나의 고향 봉평

나는 1942년 6월 18일 강원도 평창군 봉평면 덕거리 782번지에서 태어났다. 나는 강릉 최씨 양근파 33세(江陵 崔氏,楊根派 三十三 世)손으로, 부(父) 경집(敬集)·모(母) 김옥녀(金玉汝)의 차남으로 출생했다. 강릉 최씨는 고려시대의 경흥부원군(慶興府院君) 최필달(崔必達)을 시조(始祖)로 하고 있다. 강릉 최씨 시조 최필달은 고려의 개국공신(開國功臣) 왕건(王建)을 도와 고려 건국에 공을 세워 우리나라의 역사상 최초로 충무공(忠武公) 시호(諡號)를 받은 분이다. <경주 최씨 상계세보>에 의하면 최필달은 경주 최씨의 시조 최치원(崔致遠)의 후손인 승로(承老)의 증손이 된다.

봉평면은 면적 234.60km², 인구 9,623(1980년), 5,273(2006년). 북쪽으로 홍

천군 내면, 서쪽으로 홍천군 서석면과 횡성군 둔내면, 남쪽으로 방림면, 동쪽으로 진부면 대화면과 접한다. 원래 기풍면(岐豊面)이라 불리다가 1757년 봉평면으로 개칭하였다. 1857년(철종8)에 다시 기풍면으로 개칭하였다가 1877년(고종14)에 다시 봉평면으로 고쳤으며, 1906년 강릉군에서 평창군으로 편입되었다. 북쪽에 흥정산(興亭山, 1,277m), 회령봉(會靈峰, 1,039m), 서쪽에 태기산(泰岐山, 1,261m) 등 높은 산이 솟아 있고, 덕거천(德巨川)과 흥정천(興亭川)이 원길리에서 합류하여 창동리를 지나 평창강으로 흘러들면서 유역에 약간의 평지를 이루어 농경지로 이용되고 있다.

봉평은 이율곡(李栗谷)의 태임지(胎妊地)로 그 유적 봉산서재(蓬山書齋)가 있고, 작가 이효석(李孝石)의 고향이기도 하다. 봉평면 내에는 중·고등학교 1개교(봉평고), 초등학교 2개교가 있고 면사무소는 창동리에 있다. 문화재로 봉산서재, 팔각정(八角亭), 태기산 성지(城址) 등이 있다. 덕거리(德巨里)는 예전에 마을이 커서 "덕거(德巨)"라고 불렀다는 설과 덕(德)을 겸비한 큰(巨) 인물을 배출한다 하여 덕거리라 불렀다는 이야기가 구전되고 있다.

나. 성실하신 부모님

아버지께서는 동리에서도 소문이 날 정도로 근면 성실하게 농사일에 종사하셨다. 아버지께서는 우리 집을 중심으로 하여 인접한 옥답(沃畓)을 소유한 대농가(大農家)였다. 봄철에 논에 모를 심고 여름철에 김을 매고 가을철에 추수를 할 때에는 온 동네 아저씨들 30~40명 이상이 하루 종일 농사일을 하였다. 집에는 항상 일하는 머슴을 두고 일을 했으나 아버지께서는 언제나 머슴보다 먼저 일어나 이른 새벽에 지게를 지시고 논밭 일터에 나가셨고, 저녁에는 머슴보다도 더 늦게 달이 뜰 때까지 일을 마치시고 집으로 돌아오곤 하셨다.

부모님께서는 우리 4남매를 위해 한평생을 사랑과 희생과 봉사로 농사 일에 종사하시며 살아오신 분이다. 어머니는 1년 동안의 농사일 준비 중에서 가장 중요하고 큰일의 하나가 일꾼들이 마실 '막걸리'를 만드는 일이었다. 어머니는 이웃집 아주머니, 할머니와 함께 무거운 맷돌에 옥수수를 갈아 큰 가마솥에 넣어 끓인 다음 그 옥수수를 걸러내 맑은 물을 다시 끓이고 거기에 쌀밥과 누룩을 넣어 따뜻한 온돌방에 일주일 정도 익히면 맛있는 막걸리가 탄생되었다.

이때 그 막걸리를 담은 큰독에 맥주의 주원료로 사용되는 홉(hop)의 꽃 잎을 따서 함께 술을 익히면 아주 훌륭한 막걸리를 만들 수 있다. 어머니께 서는 이처럼 온갖 정성을 다하시어 술을 담으셨으므로 우리 마을에선 어머니께서 담으신 막걸리가 제일 맛있는 술로 소문이 나 있었다. 나의 초등학교와 중학교 시절, 돌아가신 할아버지 제삿날과 아버지 생신날은 언제나 빠짐없이 아버지께서 연중행사처럼 온 마을의 어른들을 우리 집으로 초청하여 음식과 술(막걸리)을 대접하는 잔치를 벌이셨다.

그날이 오면 나는 언제나 이른 새벽에 일어나 온 마을의 맨 아랫집부터 윗집까지 뛰어다니면서 "오늘 우리 집에 오셔서 식사하세요!"라고 알리는 것이 내 몫이었다. 집들이 가까이 있는 것이 아니라 멀기도 하고 산재를 넘는 곳도 있었다. 그날이면 학교에 지각하는 것이 다반사(茶飯事)였다. 당시 는 식생활 자체가 어려운 시절이었으므로 할아버지 제삿날과 아버지 생신 날은 온 마을 어르신들의 잔칫날이나 다름없었다. 아버지께서는 그날만이라도 마을 어른들께 즐거운 하루를 보내시도록 배려하신 것이었다.

다. 아버지의 사랑과 정성(산삼과 벌꿀)

나는 봉평초등학교와 봉평중학교를 졸업한 후 춘천고등학교에 입학했다. 고향 집에서 부모님과 4남매가 함께 생활하다가 난생처음 집을 떠나 머나먼 춘천에서 하숙 생활을 하게 되었다. 그 당시 나는 학교 공부는 별 관심도 없이 오직 밤이나 낮이나 부모님과 누나와 여동생(당시 형님은 강릉 상고에 재학 중이었다.)이 살고 있는 고향 집만이 그리워 방학이 오기만을 고대했다. 언제 방학이 되어 집으로 갈 수 있을까? 방학만을 손꼽아 기다리는 학창시절이 시작되었다.

고등학교 2학년 어느 늦은 가을날, 아버지께서 손수 농사를 지으신 쌀여섯 말(그 당시 한 달 하숙비)과 함께 나에게 먹일 '산삼 두 뿌리'와 '벌꿀'을 가지고 초행길인 나의 하숙집을 찾아오셨다. 아버지께서는 우리 집에서부터 40리(당시 봉평에는 버스도 없었다.)나 되는 먼 길을 쌀 6말을 등에 지시고 장평까지 걸어오셔서 강릉에서 춘천까지 운행하는 시외버스를 타시고 초행길인 춘천까지 오셨다. 춘천시외버스 종점에 도착하신 후 나의 하숙집 주소를 물어가며 힘들게 하숙집을 찾아오셨다.

당시 고향 마을에 살면서 '심마니'(산삼 캐기를 업으로 삼는 사람)를 하는 박씨 아저씨는 산삼을 캐려고 산에 갈 때면 언제나 우리 집에서 쌀을 사 가지고 산속으로 들어가서 밥을 지어 불공을 드리고 산삼을 캤다고 하셨는데, 아버지는 박 씨가 캔 커다란 산삼 두 뿌리를 쌀 두 가마를 주고 사 오셨다. 그날 밤 아버지는 내게 산삼 두 뿌리와 벌꿀을 먹이셨다. 나는 산삼을 먹고 잠이 들었는데 아침에 아버지께서 하시는 말씀이 '네가 잠을 자는 동안 온몸에 붉은 반점이 생겼다.'고 하셨다. 그것은 산삼을 먹은 효과가 발생한 것이었다.

그 산삼을 먹은 효과로 나는 지금까지 한겨울에도 감기에 걸리지 않고 건강한 생활을 하고 있다. 고향 집에서 춘천까지 그토록 먼 길을 무거운 쌀 여섯 말과 산삼 및 벌꿀을 등에 지시고 찾아오신 아버지의 하늘보다 더 높고, 바다보다 더 깊은 사랑과 자식에 대한 정성과 헌신적인 삶을 나는 평생토록 잊을 수가 없다. 가정과 가족에 대한 아버지의 헌신적인 삶을 본받아 그것을 나의 자식들에게 전하려고 노력하고 있다.

라. 주경야독(晝耕夜讀)하는 대학생활

내가 초등학교 및 중학교에 다닐 때 겨울이면 학교에서는 교실에 난로를 설치하고 장작을 때어 겨울 추위에 대비했다. 중학교 3학년 때의 겨울 어느 일요일이었다. 나와 한 마을에 살고 있던 같은 반 친구인 김광준과 함께 학교에서 난로 땔감으로 사용할 장작을 각자 한 짐씩 지고 일요일에 학교로 같이 가기로 토요일에 약속을 했다. 일요일이 되자 광준 군이 장작을 한 지게 지고 우리 집으로 왔다. 나는 나의 지게에 장작을 싣고 있었는데 광준 군이 나에게 "장작 양(量)이 적으면 학교에서 한 지게 더 가지고 오라 할 수 있으니 자기가 지고 온 양만큼은 가지고 가야 된다."고 했다. 나는 지게에 한 짐이 되도록 많은 양의 장작을 얹혔다.

우리 집에서 학교까지는 4킬로(십리길)나 되는 먼 거리였다. 처음에는 지게를 지고 어느 정도 참고 갈 수 있었으나 가면 갈수록 점점 무거워져 3분의 일쯤 갔을 때부터 다리가 후들후들 떨리면서 쓰러질 것만 같았다. 죽을힘을 다해 두 시간이 넘어서야 겨우 학교에 도착할 수 있었다. 일요일이라 선생님들이 학교에 부재중이라 소사(小使) 아저씨 집을 찾아가 '장작을 가지고 왔으니 확인해주세요.'라고 하자 '확인할 것 없으니 그냥 돌아가면 된다.'고 했다.

그날 나는 학교에서 집으로 돌아오는 동안 아버지께서 한평생 무거운 지게를 등에 지시고 산에서 나무를 하시고 곡식을 운반해 오신 것이 얼마나 힘든 일이었는지를 절실히 느끼게 되었다. 어릴 땐 아버지가 장사(壯士)라 무거운 짐을 지게로 운반해도 힘이 안 들 것으로 착각했었다. 당시엔 형님이 강릉중학교를 졸업하고 강릉상고에 다니고 있었으므로 아버지와 일꾼(머슴)이 각각 쌀 한 가마를 지게에 지고 봉평 장터에 가서 쌀을 판매한 후 그 돈을 우체국에서 형님에게 하숙비와 등록금으로 보내시는 것을 보아왔다. 나는 당시 그 일이 얼마나 힘든 것인지를 비로소 알게 된 것이다.

나는 고등학교 3년 동안 아버지께서 일꾼과 함께 무거운 쌀가마를 지게에 지시고 봉평 장터에서 쌀을 팔아 그 돈을 봉평 우체국에서 우편환으로 나에게 보내시는 것을 생각하곤 했다. 그리하여 대학은 나 자신이 서울에 취업하여 스스로 학비를 조달하며 야간대학을 가기로 결심했다. 그리하여 3학년 때 겨울이 되어 서울에서 취업할 방법을 고민 중 국어를 담당하신 유림 선생님 댁을 찾아가 "야간대학을 가려고 하나 서울에서 취업할 곳을 찾기가 힘드니 선생님께서 취업을 도와 주세요."라고 대담하게 부탁의 말씀을 드렸다.

그러자 유림 선생님께서는 "왜 야간대학을 가려고 하느냐?"고 물으시기에 위와 같은 사정을 자세히 말씀드렸다. 선생님께서는 "어린놈이 참으로 기특한 생각을 하고 있다."고 칭찬을 하셨다. 그때 뜻밖에도 유림 선생님께서 저에게 취업 걱정을 하지 말라고 하시면서 "서울에 있는 우리 삼촌께서 건설회사 사장으로 계시니 12월에 시간을 내어 함께 서울에 가자."고 하셨다. 그 후 유림 선생님과 함께 서울역 앞에 있는 "주식회사 신원사(건설회사)"에 찾아가 사장님을 면접하고 즉석에서 취업을 승낙받았다.

당시 사장님은 조카인 유림 선생님과 나에게 "서대문 로터리에 있는 '국제대학'이 정규 야간 대학으로, 이화학당이 운영하는 대학으로 '야간 서울대학'이라고 할 만큼 교수진도 좋고, 또 회사와 거리도 가까워 걸어서 학교에 다닐 수 있으니 국제대학으로 가라."고 학교까지 지정해 주셨다. 나는 사장님의 소개로 국제대학 법률학과에 입학원서를 내고 입학시험에 합격하여 주경야독하는 대학생활이 시작되었다.

생활비 절약을 위해 회사 사무실에서 잠을 자고 서울역 근처의 식당(주로 서울역 지게꾼들이 이용하는 싸구려 식당)에서 밥을 사 먹으며 열심히 공부했다. 1학년 2학기 때 운이 좋아 법과에서 장학생으로 선발된 대학신문을 사장님께 보여드리자 사장님께서 "장학생 선발을 축하한다."고 하시며 봉급을 인상해 주셨다. 대학 3학년 때 부산 동아대학교 주최 <제4회 전국남여대학생 법률학술토론대회>에 국제대학 대표로 선발되어 "사형제도의 폐지"를 주제로 발표하여 우수상을 수상하기도 했다.

나는 등록금은 면제받고 적은 봉급으로 생활비와 식비를 충당하고자 알뜰하게 생활했다. 대학을 다니는 나에게 하숙비와 등록금 등을 마련키 위해 부모님께서 봉평 장터에까지 쌀가마를 등에 지지 않도록 해드리고자 했던 나의 꿈이 드디어 실현된 것이었다. 나는 자못 흐뭇했다. 내가 이용하던 서울역 근처의 식당 주인아주머니께서는 야간대학 학생인 것을 아시고 나를 보면 "열심히 공부하라."고 격려하시며 "밥을 많이 먹어라."고 하시면서 다른 손님보다 밥을 더 많이 주시곤 하셨다. 식당 아주머니의 따뜻한 인정과 보살핌 그리고 그 식당에서 먹던 얼큰하고 새콤한 파김치와 총각김치 맛을 지금도 잊을 수가 없다.

마. 공군입대 및 만기제대

대학 3학년을 마치고 4학년 때부터 사법시험 준비를 위하여 회사에 사표를 내고 학교도서관에서 공부하기 시작했다. 그 후 대학을 졸업하고 병역의무를 이행하기 위해 공군사병모집시험에 합격하여 1965년 10월 4일 공군에 입대(군번 3268168. 제144기)했다. 대전 공군기술교육단에서 훈련을 마치자 오산에 있는 공군 제30방공관제단 본부인사처에 6~7개월 정도 근무하다가 강릉 공군 제301방공관제대대 행정계로 발령이 나 1969년 1월 31일부로 만기 전역하기까지 강릉 비행장에서 군대생활을 했다.

강릉 공군 제301방공관제대대 행정계에서 군대생활 중에도 열심히 사법시험 준비를 했다. 고된 훈련이 끝나면 피곤했으나 밤이면 내무반 침대 머리맡에 조그만 전등을 켜고 새벽까지 공부를 했다. 그러나 옆자리의 고참병이 '수면을 방해한다.'며 전등을 켜지 못하게 하여 할 수 없이 행정계 사무실에 나와 밤늦도록 공부를 했다. 그러던 어느 날이었다. 비행대장께서 참모를 수행하고 한밤중에 기지 순찰을 하던 중 행정계 사무실에 불이 켜져 있는 것을 수상히 여기고 내가 공부하고 있던 사무실 문을 밖에서 세차게 '쾅쾅' 두드리는 것이었다.

나는 깜짝 놀라 보고 있던 책을 덮고 문을 열었다. 그 순간 참모장교(경보중대장)가 나에게 다가와 "너 이 시간에 내무반에서 잠을 안 자고 사무실에 나와 무엇을 하고 있느냐?"고 소리쳤다. 당황한 나는 감히 '공부하고 있었다.'는 말을 할 수가 없어 가만히 서 있자 참모장교는 내가 보급품이라도 절취할 목적으로 한밤중에 사무실에 있던 것으로 오해하고 나의 따귀를 세차게 때렸다.

그러는 사이에 비행대장이 사무실 내부를 둘러보다가 전등불이 켜져 있는 내 책상 앞으로 다가갔다. 비행대장은 내가 보고 있던 <형법각론>과 <사법시험용 육법전서>에 발갛게 줄이 쳐져 있는 것과 1차 시험 선택과목인 영어 준비를 위한 <The Korea Times>를 보았다. 그때서야 비행대장과 참모장교는 내가 사법시험을 준비하는 것을 알게 되었다.

다음 날 아침 비행대장은 참모회의에서 나의 직속상관인 행정계장(손병호 중위)에게 "최돈호 상병을 내 관사로 보내 공부할 수 있도록 도와주라."라고 지시하였고, 이에 따라 나는 보급대대에서 새로운 침대와 침구 일체를 보급받아 강릉 시내에 위치한 비행대장 공관으로 옮겨 그때부터 대대장 사모님께서 해주시는 밥을 먹고 공부하게 되었다. 부대에서 내가 할 일이 있을 때에는 비행대장님이 타고 출퇴근하시는 '1호차' 뒷자리에 타고 출근하여 업무를 마친 후 다시 관사로 돌아와 공부를 했다.

이렇게 군대생활을 하게 되자 지금까지 함께 근무했던 행정계 C 선임하사는 나를 보면 "최 상병! 너는 군대생활 하려고 입대한 놈이냐, 사법시험 준비하러 입대한 놈이냐!" 하면서 나를 괴롭혔다. 그때는 그가 원망스러웠으나 지금 생각하면 이해할 수도 있을 것 같다. 이렇게 운 좋게 군대생활을 하면서 고시 준비를 하고 있을 때 북한이 남파한 무장간첩이 삼척, 울진지구에 출몰한 사건이 발생하자 군복무기간이 6개월 연장되었고, 그 기간은 하사 계급장을 달고 3년 6개월이란 긴 세월 군복무를 무난히 마쳤다. 인자하신 비행대장님과 다정하신 사모님의 건강과 행복을 기원한다. 감사한 마음은 평생 동안 잊을 수가 없다.

바. 어머니의 사랑과 눈물

나는 1969년 1월 31일 자로 제대하고, 고향인 봉평면 덕거리에서 사법시험 준비를 시작했다. 당시 봉평에는 전기가 들어오지 않는 벽촌이었다. 밤이면 석유램프에 불을 켜고 공부를 했는데 밤 2시가 지나면 램프의 석유가 다 타고 없어진다. 그러면 한밤중에 램프에 석유를 넣고 검게 그을린 유리램프를 닦다 보면 잘못해 깨지기가 일수였다. 전기도 없는 시골에서 이렇게 어렵사리 공부하는 것을 알고 대학동창인 박종익 씨(당시 서울 미원회사 총무과장)가 대형박스로 양초를 보내주었다. 지금도 그 친구의 고마운 마음과 정성을 잊을 수가 없다.

이처럼 집에서 공부를 했는데 우리 집은 대농(大農)인 관계로 일꾼들과 마을 사람들이 자주 출입하는 등 번잡하여 조용한 곳에서 집중적으로 공부하기 위해 마을 앞산 밑의 빈집으로 책상 등을 옮겨놓고 조용히 공부할 수 있게 되었다. 내가 공부하던 빈집과 우리 집은 걸어서 20분 정도 거리였다.

빈집에서 공부하다가 집으로 돌아와 점심을 먹고 다시 빈집으로 돌아가게 되면, 오가는 시간과 식사 시간 등을 합하면 한 시간 정도 걸렸다. 점심식사 후엔 식곤증으로 졸리는 등 머리가 맑지 않아 고생을 했다.

그리하여 나는 3월부터 '점심식사를 생략'하고 공부하기로 했다. 처음 한 달 정도는 점심시간이 되면 배가 고파 참기가 힘들어 물을 마시곤 했으나 위가 편해서 그런지 머리도 맑고 시간도 단축되어 점심식사를 할 때보다 하루에 2~3시간 이상을 맑은 정신으로 공부할 수 있었다. 그러는 사이에 어느덧 따뜻한 새봄이 찾아왔다. 봄이 되면 우리 집은 모심기를 했고, 모가 자라 김매기를 할 때면 어머니는 30~40여 명의 일꾼들이 먹을 식사 준비로 동네 아주머니들과 함께 두부를 만들고 봉평 장터에서 자반고등어나 꽁치 등을 사 오시고, 뒷산에서 도라지를 캐고 산나물을 뜯어 맛있는 음식을 푸짐하게 준비하시곤 했다.

어느 늦은 봄날 어머니는 일꾼들 30여 명이 김매기를 하는 바쁜 와중에도 내가 점심을 안 먹는 것을 아시면서도 정성스럽게 준비하신 두부조림, 고등어조림, 도라지와 산나물 무침 등 맛있는 반찬과 검은콩을 넣어 만드신 밥을 큰 함지에 담아 머리에 이시고 내가 공부하고 있는 빈집으로 오셨다. 어머니는 나를 보시고 "오늘은 맛있는 반찬을 많이 가지고 왔으니 오늘 하루만은 점심을 먹고 공부해라."라고 하시며 이마에 굵은 땀방울을 흘리시며 머리에 이고 오신 음식을 내려놓으셨다. 나는 함지 속의 밥과 푸짐한 반찬들을 보는 순간 너무나 먹고 싶은 충동에 침을 꿀꺽 삼켰다.

그러나 오늘 점심을 먹으면 앞으로 계속해 점심을 생략할 자신이 없어

어리석게도 어머니의 정성을 헤아리지 못하고 "제가 점심을 안 먹는 것을 잘 아시면서 왜 밥을 가지고 오셨어요? 저는 밥 생각이 없으니 집으로 가지고 가세요."라고 냉정하게 못을 박았다. 그러자 어머니는 "내일부터 점심을 먹지 않더라도 오늘 하루만은 점심을 먹고 공부해라."라고 애원하듯 말씀하셨으나, 내가 함지를 어머니의 머리에 올려놓자 어머니는 아무 말도 없이 힘없이 집으로 돌아가셨다.

그날 저녁 공부를 마치고 집으로 돌아갔을 때 부엌에서 분주하게 일하고 계시던 어머니가 나를 보고 행주치마에 손을 닦으시며 하시는 말씀이 "이 놈아! 낮에 점심밥을 한 숟가락이라도 먹지, 엄마가 반찬을 얼마나 맛있게 준비했는데…" 하시면서 "네가 밥을 안 먹어서 엄마는 함지를 이고 집으로 오는 동안 울면서 왔다."고 하시며 눈물을 흘리셨다. 어머니의 손을 잡고 나도 울고 말았다. 어머니의 마음을 헤아리지 못한 내 자신의 어리석음이 한없이 후회스러웠다.

나는 지금도 그토록 정성 들여 준비하신 점심밥을 아들에게 먹이지 못하시고 무거운 함지를 머리에 이고 울면서 집으로 돌아가신 어머니의 뒷모습을 꿈에서 뵙곤 한다. 하늘보다 더 높고 바다보다 더 깊은 어머니의 마음을 헤아리지 못하고 눈물을 흘리게 한 이 어리석은 이 불효자식은 어머니의 그 모습을 가슴에 담고 그때의 불효를 생각하며 마음속으로 용서를 빈다. 어머니! 정말 보고 싶습니다. 어머니! 사랑합니다. 어머니 불효자를 용서하세요, 어머니….

사. 법원공무원생활의 시작과 결혼

사법시험 준비를 하는 과정에서 1차 시험과목 일부가 변경되었다. 변경된 교재를 구입하기 위하여 서울에 있는 헌책방을 찾아다니다가 우연히 대학 1년 후배인 최석범 씨를 만났다. 최석범 씨는 사법시험 준비를 하다가 법원서기보 공채시험에 합격하여 당시 서울가정법원 호적과에 근무하고 있었다. 다방에 차를 마시는 동안 최석범 씨는 나에게 '법원공무원으로 근무하면서 사법시험에 합격한 사람도 있다며, 대학까지 졸업하고 시골에서 계속하여 공부를 하면 부모님께도 부담이 되니 우선 취직을 하라.'고 하며, '몇 개월 후에 있을 법원서기보 시험공고가 나면 응시원서를 우편으로 보내주겠다.'고 알려주었다. 나는 그에게 집 주소를 알려준 후 책을 사 가지고 집으로 돌아왔다.

몇 개월이 지나 최석범 씨가 내게 보낸 법원서기보 공채응시원서가 등기우편으로 배달되었다. 그 시험과목 중 일부는 사법시험 과목과 다른 과목이 있어 속독으로 시험 준비를 한 후 시험 며칠 전에 상경했다. 시험기간 중 서울에 체류할 곳을 물색하는데 최형은 선뜻 자신의 집으로 오라고 했다. 그때 최형의 부인은 임신으로 배가 만삭이었고 거기다 무더운 여름이었다. 객식구를 반겨 시험을 치를 수 있게 배려해준 최형 부부에게 고마운 마음을 어디에 비할 수가 없었다.

시험을 마친 후 집으로 내려와 다시 사법시험 준비를 하고 있던 어느 날 합격통지서가 날아왔다. 나는 부모님께 합격통지서를 보여드린 후 '법원공무원생활을 하면서 사법시험 준비를 하고 싶다.'고 말씀드리자 부모님께서도 반기셨다. 한평생 지게를 지고 힘들게 농사일만 해 오신 아버지께선 '더 이상 농사짓기 싫으니 이 기회에 전답을 팔아 서울로 이사를 가자.'고 하셨다. 그 후 1971년 2월 우리 집은 '서울 서대문구 응암동 250-32번지'에 주택을 구입하고 그곳으로 이사를 했다. 나는 법원공무원 발령을 기다리며 가정교사로 시간을 보내던 중 1971년 9월 1일 자로 대법원 기획과로 초임발령이 났다.

공직생활을 하던 중 중매를 통해 홍정식 씨를 만나 10월 1일 약혼식을 하고 그해 11월 14일 서울 서대문 로터리에 있는 우미예식장에서 결혼식을 올렸다. 대법원 기획과에 함께 근무하고 있던 선배님의 소개로 '전 대법관 고재호(高在鎬)님'께서 주례를 보셨다. 전 대법관 고재호 님은 임진왜란 때 목숨을 바치신 고경명의 후손으로 호남의 명문(名門)으로 『법조 반백년』이라는 회고록을 남겼으며 명예법학박사 학위도 받았다. 고재호 님은 일제시대 대구지방법원 판사, 8·15 광복 후 대구지방법원 부장판사, 대구지방법원장, 대구고등법원장을 거쳐 대법관이 되었다. 재야에서 서울지방변호사장 및 대한변호사 협회장 등을 역임한 법조의 원로였던 분이다.

전 대법관 고재호 님의 주례사 요지는 **"부부는 언제나 상대방의 인격을 존중하고, 서로 사랑하며, 가정을 위하여 한평생 자신을 희생하라."**는 내용이었다. 우리 부부는 주례 선생님의 금언(金言)과도 같은 소중한 말씀을 가슴에 새기고 **"존경(尊敬)"**, "애정(愛情)", "희생(犧牲)"을 우리 가정의 <가훈>으로 정하고, 가훈의 뜻과 같이 살아가려고 함께 노력하고 있다.

아. 가정의 선장이 된 아내

1972년 9월 3일 아내가 장남 준규를 출산했다. 그 후 인근 북가좌동의 남향집으로 이사를 했다. 붉은 기와집으로 방이 네 개나 되는 큰 집으로 마당에는 아담한 화단을 만들어 봄이 되면 라일락꽃 향기가 온 집안을 가득 채우고 여름이면 장미가 만발하는 꽃집이었다. 그 집에서 아내는 1974년 2월 18일 차남 형규를 출산하였고, 1977년 3월 17일 딸 원영을 출산하여 2남 1녀를 두었다. 아이들은 모두 건강하게 잘 자라주었다. 그 후 아파트 붐이 일면서 우리 집도 잠실 우성아파트로 이사를 했다. 처음으로 아파트 생활을 하게 되었는데 주택과 달리 깔끔하고 산뜻하여 가족 모두가 만족스러워했다.

귀여운 아이들 삼 남매 모두가 학교에 다니게 되자 잠실 우성아파트(25평형의 방 2개)가 우리 가족이 살기에는 너무 좁아 서울 강동구 둔촌동 현대아파트로 이사를 했다. 그곳은 봄이 되면 개구리 소리, 뒷동산의 종달새 노랫소리가 정겨웠고, 가을이면 붉게 물든 단풍잎이 산을 아름답게 수놓았고, 겨울이면 아파트 주차장에서 아이들과 썰매타기도 했다. 아이들과 함께 뒷동산으로 귀여운 강아지 '뽀삐'를 데리고 등산도 하고 산속의 샘물을 떠다 먹으며 수년 동안 자연을 만끽(滿喫)하며 살았다.

그 당시 딸 원영이가 서울 강동구 소재 영파여고에 다니고 있었는데 1993년 가을에 서울 강서구 가양동 대림경동아파트를 분양받아 그곳으로 이사를 하게 되어 원영이는 강서구 내발산동 소재 명덕여고로 전학을 한 후 현재까지 살고 있다. 대림경동아파트 주위에는 잘 조성된 구암공원과 한강공원이 있어 쾌적한 안식처를 제공해주고 있다.

여기서 자란 3남매 중, 장남은 경희대학교 치과대학에서 치의학 박사학위를 받고 목동에서 치과병원(교정전문의)을 개원했고, 차남은 서강대학교

정치외교학과 학사과정 중 영국 런던대학(LSE)에서 국제관계학박사(국제정치경제학 전공)학위를 받고 한국은행에 근무 중 도쿄 국립정책연구대학원대학(GRIPS) 국제정치학 교수로 현재 근무하고 있으며, 딸은 이화여대 및 동대학원을 졸업하고 현재 한국지역난방공사 차장으로 근무하고 있다.

배가 항해를 할 때 어디로, 어떻게 가야 하느냐를 결정하는 것은 선장의 책임이다. 사람들은 가장(家長)이 가정의 '선장(船長)'이라고 생각하겠지만 나는 아내야말로 우리 가정의 선장 역할을 훌륭히 해왔다고 생각한다. 아내는 박봉으로 어렵게 생활해 오면서도 오로지 가정의 행복과 가족의 건강 및 자녀교육을 위해 평생을 희생해온 '정성과 노력의 상징'이었다. 특히 아내는 삼 남매가 바르게 성장할 수 있도록 아이들이 어려서부터 현재까지 가정교육에 남다른 열정과 정성으로 최선을 다해오고 있다. 나폴레옹은 **"자식의 운명은 언제나 그 어머니가 만든다."**고 갈파했다.

아내는 삼 남매에겐 사랑의 스승이 되어왔으며, 인생을 올바로 가르쳐 주는 스승으로 어머니의 역할을 성실하게 수행해왔다. 나는 지금까지 살아오는 과정에서 아내를 통해 사랑, 희생, 용서, 인내를 배우고 아내가 가족을 위해 매일 하는 새벽기도를 통해 정성을 배웠다. 아내는 우리 가정을 비춰주는 태양이요, 지켜주는 성(城)이요, 감싸주는 안식처요, 우리가 돌아갈 정다운 마음의 고향이다. 하늘에는 태양이 빛나고, 땅에는 아름다운 꽃이 피고, 가정에는 사랑하는 아내와 삼 남매가 있어 우리 가정은 참으로 행복하다.

아내에게 무엇보다도 고마운 것은 부모님을 편안하게 잘 모셨다는 것이다. 아내는 늘 부모님에 대한 깊은 존경을 보였고, 매사에 인내와 너그러운 성품으로 가정을 화목하게 이끌었다. 아내 덕분에 부모님께서는 건강하게 장수하셨고, 돌아가실 때도 지극정성으로 보살펴서 편안히 눈감으실 수 있었다. 어머니께서 돌아가신 후 홀로 계신 아버님을 나를 대신해 지극히 모셔준 아내에게 진심으로 감사할 뿐이다.

한 가정이 잘 되느냐, 못 되느냐, 행복하게 사느냐, 불행하게 사느냐, 친척과 이웃과 함께 화목하느냐, 불화하느냐를 결정하는 열쇠는 가정의 선장인 어머니와 아내에 달려있다. 가정은 사회의 모델이며, 어린이의 기본도덕은 가정에서 배우므로 바른 사회건설의 기초는 바른 가정교육에서 시작되어야 한다. 참된 가정교육은 참된 부모의 마음에서 비롯되며, 교육만이 진정한 재산이다. 이것이 나의 인생관이요, 자녀교육관이요, 생활신조다.

자. 법원공무원생활 중의 몇 가지 기억나는 일
나의 27년간의 법원공무원생활 중 기억나는 일 몇 가지를 소개한다.

(1) 관내구청 호적업무 사무감사
나는 1976년 1월 '법원주사보 승진시험'에 합격한 후 1976년 2월 12일 자로 서울가정법원 호적과로 발령이 났다. 법원은 사법행정사무의 하나로 호적(현행법상의 가족관계등록)에 관한 사무를 관장·감독하며(법원조직법 제2조 제3항), 가족관계의 발생 및 변동사항에 관한 등록과 그 증명에 관한 사무는 대법원이 관장한다(가족관계의 등록 등에 관한 법률 제2조). 대법원장은 등록사무의 감독에 관한 권한을 시·읍·면의 사무소 소재지를 관할하는 가정법원장에게 위임한다. 다만, 가정법원 지원장은 가정법원장의 명을 받아 그 관할 구역 내의 등록사무를 감독한다(동조 제3항).

시·읍·면의 장은 등록부에 기록할 수 없는 등록사건을 제외하고는 대법원규칙으로 정하는 바에 따라 등록부에 기록을 마친 신고서류 등을 관할 법원에 송부하여야 하며(동법 제114조), 법원은 시·읍·면의 장으로부터 신고서류 등을 송부받은 때에는 지체 없이 등록부의 등록사항과 대조하고 조사하여야 한다(동법 제115조 제1항). 법원은 조사결과 그 신고서류 등에 위법, 부당한 사실이 발견된 경우에는 시·읍·면의 장에 대하여 시정지시 등 필요한 처분을 명할 수 있다(제2항). 법원은 시·읍·면의 장에 대하여 등록사무에 관한 각종 보고를 명하는 등 감독상 필요한 조치를 취할 수 있다(동법 제116조).

나는 조사계장으로 근무할 당시 관내 구청에서 감독법원인 서울가정법원 호적과로 송부되는 각종 호적신고서 및 호적부본을 조사하는 등 호적사무에 종사하면서 호적사무에 관련된 법규, 판례, 예규, 선례 등 호적공부를 시작했다. 그 후 1978년 5월 1일 서울민사지방법원 영등포지원(현 서울남부지방법원) 호적계장으로 전보발령을 받고 근무 중 관내 구청(영등포구, 강서구, 구로구)에 대한 호적사무 감사를 하게 되었다. 당시 박천식 영등포 지원장의 호적감사계획에 대한 결재를 받은 후 관내 구청에 대한 호적사무 감사를 실시한 결과 각 구청별로 위반사례 150~250여 건을 적발하여 대법원에 '감사결과보고서'를 발송했다.

당시 위 감사결과보고를 접수한 대법원은 영등포지원 관내 호적공무원(구청장) 전원에게 '과태료처분'을 한 후 그 처분결과를 즉시 대법원장에게 보고하라는 지시를 받았다. 이러한 대법원의 지시에 따라 박천식 지원장님은 각 구청별 직무해태건수에 비례하여 구청장에게 적용할 과태료처분기준을 마련하고 있었다. 그런데 이 사실을 알게 된 피감사기관인 관내 구청장들의 로비 결과인지 정확히 알 수는 없으나, 당시 총무처장관으로 재직중 법원행정처장으로 부임한 서일교 처장으로부터 박천식 지원장님에게 "영등포지원 관내 구청장에 대하여 과태료처분을 하지 말라."는 별도지시를 내렸다.

호적사무 감사결과 무려 150~250건에 해당하는 직무해태를 한 관내 구청장에 대해 대법원장께서 '과태료처분명령'을 한 사안에 대해 법원행정처장이 과태료처분을 금하는 부당한 별도지시를 한 것이다. 이 같은 지시를 받은 박천식 지원장님께서 나에게 위와 같은 사실을 말씀하시며 고심 끝에 관내 구청장들에 대하여 과태료처분 대신 '서면경고처분'으로 종결지었다.

당시 남부지원의 호적사무 감사결과 보고서를 접수한 대법원 법정과에서는 내가 작성하여 보고한 '감사결과보고서'를 전국 각 지방법원 및 지원에 호적사무 감독의 "모델케이스"로 발송하여 각 지방법원 호적과 또는 지원 호적계에서 관내 시·구·읍·면의 호적사무 감독에 참고하도록 하였고, 그 공로로 박천식 지원장님은 갑자기 나를 신청합의 계장으로 전보(轉補)발령을 냈다. 위와 같은 호적사무 감사결과로 나는 그 후 대법원장 표창을 받았다.

(2) 부당한 인사 조치를 한 본원 사무국장의 사표제출

관내 구청에 대한 호적사무 감사를 한 다음 며칠 후 정기인사도 아닌데 박천식 지원장님은 나를 신청합의 계장으로 발령을 내자 일부 직원들 간에 불평불만도 있었다. 신청합의계는 신청합의사건 및 회사정리사건, 파산사건 등 중요한 사건을 처리하는 부서였다. 회사정리사건과 파산사건은 내가 처음으로 대하는 업무이므로 당시 한국산업은행에서 발행한 『회사정리사건 해설』(이 책은 나의 춘천고 33회 동창으로 한국은행에 근무하던 박용일 동문이 보내준 책이다. 이 지면을 통하여 다시금 감사의 뜻을 전한다.)을 열심히 공무하며 신청합의 사건업무를 담당하고 있었는데 1979년 서울고등법원 부장판사 이회창 님이 영등포 지원장으로 발령이 났다.

그 당시 법원에는 중앙정보부 직원이 조정관으로 파견되어 있었는데, 어느 날 조정관이 영등포지원 구내식당에서 나를 만나자고 하여 함께 만난 자리에서 그는 나를 보고 "최계장이 채권가압류사건과 관련하여, 채무자의 청탁을 받고 채권자를 골탕 먹이기 위해 결정정본을 제3채무자와 채무자에게 '동시'에 송달했다."고 하면서 "채권자에게 이에 관련된 손해배상을 하라."고 근거 없는 허위주장과 협박을 하면서 그렇게 하지 않을 경우 "본원 사무국장에게 보고하여 인사조치를 하게 할 것."이라고 겁박(劫迫)하는 것이었다.

나는 그 조정관에게 "그 사건의 송달 문제는 법률상 잘못이 없다.", "나는 그 사의 채권자와 채무자가 누구인지도 알지 못한다.", "정보부 파견 조정관이면 조정관으로서 할 일이나 하라."고 하자 그는 나에게 "태도가 불순하고 건방지다."고 하면서 심히 불쾌한 모습이었다. 나는 그 자리에서 뛰쳐나왔다. 그 후 본원 박걸서 사무국장이 이회창 지원장님께 전화로 "채권가압류 사건의 송달문제로 최돈호 계장을 인사조치해야 하겠다."고 하자 이회창 지원장님이 나를 불러 "어떻게 된 일이냐."고 물으시기에 나는 사실대로 자초지종(自初至終)을 밝히고, 정보부 파견 조정관이 법원 구내다방에서 나에게 협박한 내용도 말씀드렸다.

　지원장님께서는 나에게 "그 문제는 내가 알아서 처리하겠으니 걱정 말라."고 하시면서 "본원 사무국장이 송달문제와 관련해 오해를 한 것 같으니 내일 아침 출근길에 본원 사무국장을 찾아보고 자세히 설명을 드리고 오라."고 하셨다. 나는 지원장님의 지시에 따라 다음 날 출근길에 본원 사무국장님을 찾아뵙고 가압류사건정본의 송달과정을 자세히 설명드리고 송달 절차에 잘못된 부분이 없으며, 나는 그 사건의 당사자를 전혀 알지 못한다고 말씀드렸으나 사무국장님은 나에게 "최 계장이 채무자의 부당한 청탁을 받고 송달을 잘못했다."고 고집하며 "채권자에게 손해배상을 하라."고 중앙정보부 파견 조정관과 같은 말을 반복했다.

　사무국장님은 나에게 자신의 말을 듣지 않으면 "인사조치하겠으니 그리 알라."고 하면서 나에게 "태도가 불순하다."고 조정관과 같은 말을 했다. 나는 영등포 지원에 도착하여 본원 사무국장으로부터 들은 이야기를 이회창 지원장님께 그대로 보고했고, 지원장님은 "내가 본원 사무국장에게 잘 설명하겠으니 걱정 말고 일이나 열심히 하라."고 하시면서 나를 위로해 주셨다. 나는 이 지원장님의 인자하신 그 말씀을 지금도 잊을 수가 없다.

　그 후 이회창 지원장님은 서울민사지방법원 수석부장판사로 발령이 났고, 얼마 후 다시 대법원 기획조정실장으로 영전하셨다. 그러자 본원 사무국장은 기다렸다는 듯 나를 바로 파주등기소로 인사조치를 했다. 나는 아무 잘못도 없이 파주등기소로 인사조치를 당하고 근무하던 어느 날 대법원 기회조정실장으로 근무하시던 이회창 실장님을 인사차 찾아뵙게 되었다.

그때 이 실장님은 아직도 내가 영등포지원 신청합의계장으로 근무하고 있는 것으로 생각하시고 나에게 "지금도 영등포지원의 신청사건이 많이 접수되느냐?"고 하셨다.

나는 이회창 실장님께 "몇 개월 전에 본원의 인사조치로 지금은 파주등기소에서 근무하고 있습니다."라고 말씀드리자, 이 실장님은 나에게 "무엇 때문에 파주등기소로 발령이 났느냐?"고 반문하셨다. "저도 잘 모르겠습니다."라고 대답하자 이 실장님께서는 몹시 불쾌하신 표정으로 "지난번 가압류사건 송달문제로 박 모 사무국장이 파주로 보낸 것이 아니냐?"라고 하시면서 "이 사람 정말 안 되겠네!"라고 하시며 심히 불쾌한 표정을 지으셨다.

그 후 어느 날 아침 내가 파주등기소로 출근하는 길인데 본원 사무국장이 파주등기소 정문 앞에서 기다리다가 나를 보더니 "먼 거리에서 출퇴근하느라고 얼마나 고생을 많이 하느냐."고 하면서 나의 손을 잡으며 "몇일만 참으면 곧바로 본원으로 발령을 내겠으니 그때까지만 기다리라."고 했다. 귀책사유도 없는 나를 파주등기소로 인사조치를 해놓고….

그 후 나를 인사조치한 본원 박 모 사무국장이 사표를 냈다는 말을 들었는데 며칠 후 서울민사지방법원 총무과 인사계 모 직원이 나에게 "최 계장을 파주등기소로 인사조치한 것이 문제 되어 박 사무국장이 사표를 내게 되었다."고 알려 주었다. 그 직후 나는 서울민사지방법원 민사1과로 발령이 났다. 나는 법원 근무 중 처음으로 귀책사유도 없이 부당한 인사조치를 당하는 경험을 했다. 나의 공무원생활 중 잊혀지지 않는 불명예스런 일이었다.

그 후 어느 날 퇴근하여 집에서 가족들과 저녁식사를 하면서 9시 뉴스를 보고 있었는데 이회창 기획조정실장님께서 '대법관'으로 발령이 났다는 보도가 나왔다. 나는 곧바로 이 실장님 댁으로 축하전화를 했다. 그러자 실장님께서 "최 계장이 제일 먼저 축하전화를 했다."고 하시며 "고맙다."고 하셨다. 이회창 대법관님께서는 재직 중 오로지 법과 양심에 따라 심판하셨고 소수의견의 대부라고 할 만큼 새로운 의견의 소수의견을 많이 내신 것으로도 유명하신 분이시다.

몇 년 후 이회창 대법관께서 대법관 발령 시 재임명에서 탈락되었다는 뉴스가 보도됐다. 나는 그 뉴스를 보자마자 이회창 대법관님 댁으로 전화를 드렸다. 그 전화를 받으시며 이 대법관님께서는 나에게 "최 계장은 내가 대법관 발령 시에 제일 먼저 축하 전화를 하더니 재임명에 탈락되었다는 위로 전화도 제일 먼저 했다."고 하시면서 "전화를 해줘 감사하다."고 하셨다.

다음날 퇴근 시에 나는 이회창 대법관님 사무실에 인사차 찾아뵈었다. 그때 이 대법관님께서는 나에게 "재임명이 안 되니 마음이 한결 가볍고 홀가분하다."고 하시며 "그렇게 될 줄 알고 미리 모든 준비를 다 해놓았다."하시면서 "다른 사람보다 먼저 정상(대법관)에 올라왔으니 하루라도 빨리 정상에서 내려와야 다른 사람이 또 정상에 올라올 것이 아니냐?"라고 말씀하시며 밝은 미소를 지으셨다.

(3) 법원사무관 시험 주관식 최고득점답안

나는 법원사무관 승진시험에 대비하여 평소 기본서와 참고서 및 고시계, 법정, 월간고시 등을 토대로 2차 주관식 예상문제를 매 과목(헌법, 민법, 민

사소송법, 형법, 형사소송법)당 25~30개를 선정하여 모범답안을 작성하는 등 주
관식 시험준비에 열중했다. 사무관 승진시험일자가 발표되어 미리 작성해
놓은 예상문제를 집중적으로 암기하고 있었는데 2차 시험 발표결과 5과목
중 4과목에서 내가 준비한 2차 예상문제가 적중했다.

특히 형법에서 출제된 <불법영득의 의사를 논하라>라는 문제는 필자가
고시계에 게재된 사법시험 2차 예상문제 내용 외에『주석 형법각칙 하권』
"제38장 절도와 강도의 죄{이회창 집필. p182~185 [2] 不法領得의 意思}"부
분에 자세히 설명된 내용을 보충하여 예상문제를 작성하여 암기한 문제가
출제되었다. 나는 답안지에 다음과 같은 내용의 소제목으로 구분하여 답안
을 작성해나갔다. 그 답안의 요지를 소개한다.

1. **영득죄(領得罪)에 있어서 주관적 구성요건으로 고의 이외에 불법영득의
   의사가 있어야 하느냐**

   절도죄를 포함한 모든 영득죄(領得罪)에 있어서 주관적 구성요건으로 고
   의(故意) 이외에 불법영득(不法領得)의 의사(意思)가 있어야 하느냐가 문제
   에 대하여, 독일형법(제242조, 제249조)과 같이 불법영득의 의사를 명문으
   로 규정하고 있지 않은 우리 형법의 해석으로서는 범죄사실의 인식을 요
   소로 하는 고의만 있으면 충분하고, 불법영득의 의사는 필요 없다는 견해
   도 있다는 점과 통설의 입장에서 불법영득의 의사는 절도죄와 사용절도
   또는 절도죄와 손괴죄를 구별하는 요소라는 점을 설명함.

2. **절도죄의 보호법익 및 통설과 판례의 견해**

   절도죄에 있어서 주관적 위법요소로서 불법영득의 의사를 요한다고 볼

것인가 여부는 절도죄의 보호법익을 무엇으로 보는가에 의하여 좌우된다는 점 및 입법례에 따라 형법에서 명문으로 불법영득의 의사를 구성요건으로 규정하는 경우가 있으나 아무런 명문규정이 없는 현행형법 하에서는 절도죄의 보호법익을 소유권이라고 보는 견해를 취하는 경우와 점유 또는 소지라고 보는 견해를 취하는 경우에 따라서 불법영득의 의사의 요부에 대한 결론이 다름을 설명함.

통설은 절도죄의 보호법익을 소유권이라고 보는 한 그 주관적 위법요소로서 불법영득의 의사가 요구됨은 당연하다는 점 및 판례는 절도죄의 성립에는 재물에 대한 영득의 의사가 필요하다고 판시하여 통설과 같은 견해를 취하고 있다는 점을 보충함.

3. 불법영득의 의사의 의미 내지 내용에 관한 학설소개(제1설 내지 제3설 소개)

4. 불법영득의사의 객체에 관한 학설소개{물질설, 가치설, 절충설(통설과 판례의 입장)}

5. 사용절도와의 관계

사용절도(使用竊盜)라 함은 타인의 재물을 점유자로부터 임의로 취거하여 일시사용 후 반환하는 것을 말한다. 사용절도가 절도죄로 되느냐의 여부에 관하여 통설·판례는 불법영득의 의사가 없다는 것을 이유로 절도죄의 성립을 부정한다는 점 및 불법영득의 의사를 필요로 하지 않는다는 불요설(不要說)의 입장에서는 사용절도가 절도죄로 된다고 하는 점 등을 설명함.

6. 불법영득의 의사의 법적성격(초주관적 위법요소)

불법영득의 의사는 절도죄의 주관적 요소인 일반의 고의(故意)와는 구별되는 것으로 우리 형법의 해석상 입법의 미비로 구성요건상 기술되지 아니한 이른바 "기술되지 아니한 구성요건"으로서 '초주관적 위법요소'라는 점을 강조함.

7. 불법영득의 의사의 존재시기

불법영득의 의사는 취거시(取去時)에 존재해야 하며, 취거 이후에 비로소 불법영득의 의사가 생긴 경우에는 횡령이 문제될 뿐이라는 점.

8. 결론

우리 형법은 절도죄에 관하여 불법영득의 의사가 있음을 요한다는 규정을 두지 않아 해석상 견해가 대립하고 있으므로, 소유권을 보호법익으로 하는 절도죄에 있어서 소유권을 침해하는 의사로서 불법영득의 의사가 있어야 함은 당연하며, 법률확정의 요구에 비추어볼 때 불법영득의 의사를 형법에 명문으로 규정하는 것이 바람직하며, 불법영득의 의사의 존부 여하에 따라 절도죄와 손괴죄의 구별이 가능하고, 한편 절도죄와 불가벌인 사용절도와의 구별도 가능하게 된다는 점 등을 상술했다.

2차 주관식시험에서 4과목이나 예상문제가 출제되어 자신을 가지고 답안작성에 최선을 다했으므로 합격은 예상하고 합격자발표를 기다리면서 서울민사지방법원 민사1과에 근무하고 있었는데 어느 날 법원행정처 인사과장님이 나를 찾는다는 전화가 왔다. 법원행정처 인사과에 찾아가 과장님을 뵙고 확인한바, 형법의 **"불법영득의 의사를 논하라"**라는 문제에서 96점으로 최고득점을 한 것을 알았다.

인사과장님의 말에 의하면 법원사무관 승진시험 2차 형법시험문제를 출제, 채점한 사법연수원 모 교수님이 대법원 인사과에게 형법답안지를 가지고 와서 "사법시험이나 행정고시 주관식 시험에서도 이번 법원사무관 승진시험의 형법 답안처럼 96점이 나온 답안이 없었다"라고 하면서 그 답안을 복사해 사법연수생 전원에게 나누어주면서 "이 답안은 사법시험 최고득점 답안지가 아니라 법원사무관 승진시험 최고득점답안이니 한번 읽어보라."고 했다는 것이다.

인사과장님은 나에게 "이번 사무관 승진시험에서 형법의 최고득점으로 인해 법원일반직의 위상을 높이는 데 큰 기여를 했다."고 하시며 과분한 격려를 하셨다. 그 후 민사소송법의 **"변론조서를 설명하라"**는 문제에서도 최고득점을 한 것을 당시 인사과에 근무하던 김 모 사무관으로부터 듣고 알게 되었다.

차. 명예퇴직과 법무사 개업

나는 사무관시험 합격 후 1982년 8월 1일 서울고등법원 민사과 참여사무관(재판장 윤영철 부장판사)으로 발령을 받았다. 내가 전에 법원서기로 서울형사지방법원(재판장 부장판사 윤영철)에 근무한 것이 인연이 되어 윤영철 부장판사님께서 자신의 재판부 참여사무관으로 근무하도록 배려해주셨다. 자상하시고 인자하신 윤영철 부장판사님께서는 부족하고 미숙한 내게 언제나 분에 넘치는 칭찬과 격려를 해주셨다.

그 후 윤영철 부장판사님은 서울지법 북부지원장으로 근무하실 때에는 나를 서무담당관으로, 수원지방법원장으로 근무하실 때에는 감사관으로 발령을 내시어 나는 윤영철 원장님과 법원 재직 시에 네 번이나 함께 근무할 수 있도록 배려해주셨다. 윤영철 대법관님께서 그 후 헌법재판소장으로 근무하실 때 공관을 찾은 저와 함께 공관정원을 산책할 때 나의 손을 잡으시고 자상하게 법원에 함께 근무하던 추억도 말씀해주셨다. 그토록 자상하시고 인자하신 윤영철 헌법재판소장님의 배려를 나는 잊을 수가 없다.

내가 1986년 4월 1일 서울민사지방법원 감사관, 1987년 7월 1일 수원지방법원 감사관, 화성등기소장, 1989년 7월 1일 법원행정처 등기과를 거쳐, 1991년 7월 1일 서울민사지방법원 공탁관으로 근무하고 있을 때이다. 당시 최종영 서울민사지방법원장님께서 대법원장님의 특명으로 상업등기소 등기관 중 법인설립등기 전담사무관 1명을 선발하여 등기신청에 관련된 민원부조리(급행료 문제)를 시범적으로 시행해 보라는 특명을 받으시고, 나를 상업등기소 등기관으로 선정하여 1992년 7월 1일 법인설립등기 전담 등기관으로 발령을 내시어 1년간 근무한 바 있다.

그 후 최종영 원장님께서는 대법관을 거쳐 법원행정처장으로 재직하시는 동안 부동산등기 및 공탁사무 전산화에 진력(盡力)하시어 전산화를 완료하셨고, 부동산등기 및 상업등기신청과 관련한 민원사무개선에도 지대한 관심과 강력한 개혁의지로 사법부 발전과 개혁에 크게 공헌하셨다. 그 후 나는 1993년 7월 1일 법원행정처 등기과, 1994년 춘천지방법원 속초지원 사무과장(서기관 승진), 1995년 1월 11일 서울중앙지방법원 등기과장을 끝으로 1995년 6월 30일 명예퇴직을 하고, 1995년 7월 6일부터 1998년 7월 5일까지 서울지방법원 서부지원집행관을 마친 후 1999년 4월 24일 법무사개업을 하여 현재에 이르고 있다.

카. 저술활동에서 인생의 보람과 행복을 찾는다.
나는 법무사업무에 종사하면서 부동산등기법, 공탁법, 재개발 재건축 등 분야에 관한 정확한 이론과 실제 생활에 활용할 수 있는 살아있는 법률지식의 필요성을 절감하고 법원행정처 부동산등기과에 근무할 때인 1989년 7월 경부터 그 분야에 관한 저술활동 준비를 시작하여 현재에 이르기까지 개정판을 거듭해오는 과정에서 35여 권에 해당하는 개정판을 발행하는 등 연구에 매몰(埋沒)되어 저술활동을 통해 삶의 보람과 행복을 느끼며 살고 있다.

훌륭한 책은 저자의 두뇌와 마음과 끈질긴 정성과 노력의 결정체(結晶體)라고 본다. 저자는 각 페이지마다 자신의 정성과 혼을 주입하는 마음으로 저술활동을 하고 있다. '각 페이지는 저자와 생명을 같이하며, 저자의 개성이 거기에 가득 차 있다(William Hudson),' '훌륭한 책은 독자의 마음의 성장과 정비례해서 자라는 것(Lafcadio Hearn).'이라고 했다. 참된 진리는 모든 것을 청산(淸算)하고, 자기의 참된 힘을 결합하여 가장 강한 힘을 발휘하게 한다. 진리는 햇빛과 마찬가지로 어떠한 외부의 손길에도 도저히 더럽혀질 수가 없다고 했다.

진리를 '사색(思索) 속에서 찾으라.'고 했다. 달을 보고 싶거든 연못을 보지 말고 '하늘을 보라.'고 했다. 지혜는 진리 속에서만 발견된다(Goethe). 진리를 얻기 위해서는 많은 내면적 노력이 필요한 것이다. 어떠한 훌륭한 업적이라도 끈기 있는 노력 없이는 이룩될 수 없다. 큰 희망이 훌륭한 사람을 만들며, 멀리 가는 자는 많은 것을 만난다. '너무 늙어서 배우지 못한다는 법은 없다.'고 했다. 실천은 이론보다 낫다.

프랑스의 사상가 루소(Jean Jacques Rousseau)는 "착오로 인도하는 길은 몇천 갈래 있다. 그러나 진리로 인도하는 길은 단 하나밖에 없다."고 갈파했다. "진리는 서로 떠들며 토론하는 데서 얻어지는 것이 아니다. 오직 근로와 성찰(省察)에 의해서만 얻어질 수 있는 것이다. 그대가 어떤 진리를 얻었을 때, 잇달아 또 하나의 진리가 그대 앞에 쌍자성(雙子性) 식물의 나뭇잎과 같이 싹터 오를 것이다."(John Ruskin). 인간이 정신에 대한 수양을 그치면, 곧 육체가 그를 정복하고 마는 법이다. 러시아의 소설가 톨스토이(Tolstoi)는 "자신의 힘으로 얻은 지식은 그 자신의 두뇌 속에 자취를 남길 것이다. 그 지식에 의하여 그 자신이 처하여 갈 길을 알 수 있을 것이다."라고 말했다.

학문(學問)이란 인간의 행복을 위해서 가장 고귀하고 필요한 것을 알려고 하는 것이 아니면 안 된다. "학문의 목적은 사람이 지갑 속에 돈을 넣어 가지고 있듯이, 지식을 가지고만 있는 것은 아니고 지식을 몸에 붙이는 것, 다시 말하면, 우리가 먹는 음식이 활력소가 되며 기력을 기르는 피가 되듯이, 지식을 사상으로 바꾸는 것이다."(James Bryce)라고 했다. "학문에 지름길은 없다(There is no royal road to learning.).", "천천히 가는 자는 멀리 간다(Who goes slowly goes far.)."고 했다. 나는 오늘도 책과 더불어 사는 생활 속에서 인생의 보람과 행복을 만끽하면서 살아간다.

4. 법망(法網)보다 무서운 하늘의 망(網)

_ 2013. 8. 12. 법률신문

센스톤(Shenstone)은 "법은, 작은 자는 기어서 통과하고 거물은 파괴하며 통과하고 중간치만이 홀로 걸려드는 망(網)과 같다(Laws are generally found to be nets of such a texture, as the little creep through, the great break through, and the middle-sized alone are entangled in)."고 말했다.

우리사회는 법망을 파괴하고 통과하는 거물급의 사회지도층이 많아 국민들로부터 지탄을 받고 있다. 전직 대통령들의 인척, 측근들이 뇌물수수 등의 혐의로 구속되거나 유죄판결을 받았고, 미납추징금의 집행을 위해 사저와 인척들의 주택, 사무소 등에 대한 압류집행을 당했으며, 전직 대통령의 형, 친구, 핵심부하, 멘토, 왕 차관 등이 감옥으로 갔다. 모 정당의 원내대표는 저축은행업자 2명으로부터 약 1억 원을 받은 혐의로 검찰이 출두할 것을 통보 받았으나 소환에 불응하면서 '생명을 걸고 사실이면 할복'한다고 하면서 무죄를 주장했다. 그의 말대로 무죄의 확신이 있으면 국회에 숨어 무죄를 주장할 것이 아니라 당당하게 검찰에 출두해 스스로 무죄임을 입증해야 할 것이다.

성추문 검사, 스폰서 검사, 그랜저 검사, 벤츠 여검사, 사건수임 변호사로부터 금품을 받은 판사, 아파트 층간 소음으로 갈등을 빚던 위층 주민의 자동차손잡이 열쇠 구멍에 접착제를 바르고 자동차바퀴를 파손시킨 판사, 여대생 청부 살해로 무기징역을 선고받고도 형집행정지를 받아 4년 1개월을 병원특실 등 교도소 밖에서 호화생활을 하다가 재수감된 모 기업의 회장 부인의 사건, 최근 수사 중에 있는 원전비리사건, 영훈국제중의 입시성적 조작사건, CJ그룹으로부터 세무조사 무마청탁으로 30만 달러와 명품시계를 받은 혐의로 구속된 전군표 전 국세청장 사건 등은 우리나라의 전직 대통령, 정치인, 고위공직자, 재벌, 교육자 등의 조직적이고 골수에 뿌리박힌 부패상과 이들에 대한 법의 집행이 권력과 황금 앞에서 얼마나 무력한지를 만천하에 여실히 드러냈다.

사법기관은 언제나 '사회의 의사'로서 약하고 억울한 사람의 편이 되어야 하며, 권력의 시녀나 황금의 노예가 되어서는 아니 된다. 다산(茶山)은 목자(牧者)의 직책은 "이리를 내쫓고 양을 기르는 데 있다(去狼以 牧羊)."고 말 했다. 산중에 있는 중이 고기 맛을 보면 미치듯 하찮은 인간이 권력을 잡으면 그 권력을 남용하고 부패하기 쉬운 것이다. 우리 사회의 속칭 거물급들은 죄를 지고도 금방 사면으로 풀려나 활개를 치고 다닌다. 우리사회의 거물급인 정치인, 공직사회의 부정, 부패에 관한 보도를 볼 때마다 '대한민국은 부패공화국'이라는 말이 올바른 표현인 것 같다.

역대 대통령 중 독립 운동가이며 반공주의자인 초대 대통령과 조국근대화와 새마을 운동으로 농촌근대화 등 경제부흥에 성공한 대통령에 대한 기념관 하나 없는 상황에서 우리나라는 피고인으로서 추징재판의 집행을 면탈하기 위하여 재산을 은닉, 도피시킨 전직 대통령과 그 유족에게 연금 지급, 비서관(3인) 배치, 그 외에 경호, 경비, 교통, 통신, 가료 등의 예우를 하는 <전직 대통령예우에 관한 법률>이 시행되고 있으나 위 법률은 인간의 존엄성과 기본인권보장, 평등권. 특수계급제도의 부인을 천명한 헌법 이념의 위반으로 위헌법률심사의 대상이 된다고 본다.

노자(老子)는 천망회회 소이불루(天網恢恢 疎而不漏)라고 말했다. 하늘의 그물은 얼핏 보기에는 성깃성깃해서 모두 다 빠져나갈 것 같지만 결코 빠져나갈 수 없다는 뜻으로, 하늘의 그물은 속임수를 쓰면 빠져나갈 수 있을 것 같으나 절대로 빠져나갈 수 없다는 의미이다. 법망(法網)은 권력이나 속임수를 쓰면 빠져나갈 수 있으나, 천망(天網)은 절대로 빠져나갈 수 없다는 의미이다. '천벌은 늦으나 반드시 온다(Heavens vengeance is slow but sure).'고 했다.

법망을 파괴하고 통과하는 우리 사회의 부패한 정치인, 권력자, 재벌 등은 위 말을 명심해야 할 것이다. 오늘날 한국사회는 부정, 부패가 골수에 깊게 병들어 자라나는 어린 새싹들이 존경하고 믿고 의지할 정신적 지주(精神的支柱)를 상실해 가고 있다. 가정과 사회, 국가에서 부모, 사회의 지도층, 권력자, 공직자, 교육자 등은 그들의 자식과 사회인, 국민들에게 스스로 "바른 본보기"를 보여주어야 한다.

법망을 파괴하는 자들은 '법망보다 하늘의 망이 더 무섭다.'는 진리를 깨닫고 그들의 마음의 밭에 무성하게 자라고 있는 악(惡)의 독초(毒草)를 꾸준히 뽑아내야 한다. 우리의 마음은 우리의 경작 여하에 따라 악(惡)의 화원이 될 수도 있고 선(善)의 화원이 될 수도 있으며, 선의 화원으로 가꿀 때 우리는 '행복하고 아름다운 선진일류국가'를 건설할 수 있다.

법 밑에 평등한 정의를 실현하는 것이 정치의 지상목표이다. 그래서 괴테는 "지배하기는 쉽지만 통치하기는 어렵다."고 갈파했다. 특정 공무원범죄를 범한 자의 불법재산은 검찰이 철저히 추적하여 몰수하거나 추징하여 국고에 수납함으로서 형(刑)의 집행에서의 사법적 정의를 반드시 실현해야 한다. 헌법 제13조는 소급입법의 금지를 선언하고 있으나 기득권을 어느 정도 침해하여서라도 신법을 소급시킬 필요가 있는 경우에는 소급입법금지의 원칙이 배제되기도 한다.

대법원은 "친일재산은 취득, 증여 등 원인행위 시에 국가의 소유로 한다고 규정한 구 친일반민족행위자재산의 국가귀속에 관한 특별법 제3조 제1항 본문이 소급입법금지원칙에 위배된다고 할 수 없다(대판 2012. 2. 23. 2010두

17557)."고 판결했으며, 헌법재판소는 "추징금을 납부하지 아니한 자에게 출국을 금지하는 것이 이중처벌금지원칙에 위배된다고 할 수 없다(헌재결 2004. 10. 28. 2003헌가18)."고 했다.

정의(正義)란 때로는 역사의 토양(土壤) 속에 오랫동안 움직이지 않고 파묻혀 있는 씨앗이기도 하다. 그러나 한번 온기(溫氣)와 습기를 받으면, 신선한 힘을 길러내어 힘차게 성장한다. 그리하여 꽃을 피우고 열매를 맺는다. 그러나 폭력과 불의(不義)에 의하여 뿌려진 씨앗은 썩고 말라서 어느덧 자취도 없이 사라져 버리고 마는 것이다.

우리 사회에서 법망(法網)을 파괴하고 통과하는 거물급 등의 범법자는 설사 법망은 피할 수는 있어도 천망(天網)은 피할 수 없다는 말을 명심해야 한다. 모든 국민은 법 앞에 평등하므로 통치권자, 정치인, 공직자 등이 스스로 법을 지킬 때 국민들도 이에 따를 것이다. 법은 한갓 장식품이 아니라 우리 모두가 지켜야 할 행위규범(行爲規範)이다. 누구라도 법 위에 있는 자는 없다. 사람은 누구나 법에 따라야 하고 법을 지켜야 하며 법 위에 있을 수는 없다.

5. 명예는 인생의 가장 소중한 자본

사람은 누구나 이 세상에서 차지할 자리가 있다. 스스로 중요한 인물이 되기를 원하건 않건 간에 어떤 점에서는 중요한 것이다. "지위(地位)가 사람을 고상하게 하는 것이 아니라, 사람이 지위를 고상하게 한다. 더구나 그것은 훌륭하고 고상한 일을 함으로써만 가능한 것이다."라는 말이 있다.

통치권자가 국사(國事)를 행함에 있어 "도둑에게 도둑을 지키라는 어리석은 일"이 없어야 나랏일이 잘되어 가리라는 것은 너무도 자명(自明)한 일이다. 부패한 공직자의 탐욕(貪慾)은 눈을 가리며, 인간의 욕심은 한이 없다. 독일의 철학자 쇼펜하우어(Arthur Schopenhauer)는 "재물은 바닷물과 같다. 마시면 마실수록 갈증이 심해진다. 명성도 마찬가지라고 할 수 있다."고 말했다. 인간의 욕심은 끝이 없다. 사람은 무한대(無限大)의 욕망의 노예(奴隷)가 되기 쉽다.

욕심이 가장 적은 사람이 '가장 부유한 사람'이라고 했다. 가난한 자는 가진 것이 없는 사람이 아니라 더 많은 것을 갈구하는 사람이다. 르네상스 시대의 이탈리아를 대표하는 천재적 미술가인 레오나르도 다빈치는 '잘 보낸 하루가 행복한 잠을 가져오듯이 잘 산 인생은 행복한 죽음을 가져온다(As a well spent day brings happy sleep, so life well used brings happy death.)'고 말했다.

영국의 극작가, 소설가, 비평가로 1925년 노벨문학상을 수사한 버나드 쇼는 "인생에 두 개의 비극이 있으니, 또 하나는 마음의 간절함을 얻지 못한 것이요, 또 하나는 그것을 얻은 것이다(There are two tragedies in life. One is not to get your hearts desire. The other is to get it.)." 라고 했다.

재물이나 명예(名譽)에 대해서 우리는 어떤 태도를 가져야 하는가? 간디가 말했듯이 그것의 '노예가 되지 않는 것'이다. 돈을 갖되 돈의 노예가 되지 않아야 한다. 돈이나 명예에 집착하지 않는 사람이 그것을 가질 자격이 있다. 집착하지 않는 자는 그것을 갖되 결코 그 노예가 되지 않는다. 돈이나 명성이 나에게 오면 자연스럽게 받아들이고, 그것이 나에게서 떠나면 떠나는 대로 집착하지 않는 것이다. 어떤 물체나 명예에 집착하거나 노예가 될 때 그는 그것을 진정으로 즐기는 자유인(自由人)이라고 할 수 없다. 우리는 어떤 것에 사로잡히지 않는 자유자재(自由自在)의 경지(境地)를 가져야 한다.

도둑이 훔칠 수도 없고, 폭군이 침노할 수도 없으며, 그대의 죽은 뒤에는 남아 있어서, 결코 썩을 줄 모르는 그러한 재물을 얻도록 노력하라. 가난의 괴로움을 면하자면, 재산을 늘리는 길과 욕망을 줄이는 길, 이 두 가지 방법이 있다. 전자는 어려운 길이지만, 후자는 언제나 가능한 것이다. 돈을 잃는 것은 아무것도 잃는 것이 아니다. 용기를 잃는 것은 많은 것을 잃는 것이다. 그러나 명예(名譽)를 잃는 것은 모든 것을 잃는 것이라고 했다. 그러므로 <**명예는 인생의 가장 소중한 자본**>이다. 명예란 세상에서 훌륭하다고 일컬어지는 이름으로 인격의 높음에 대한 자각으로 사람의 사회적인 평가 또는 그 가치를 의미한다.

돈에 대한 탐욕은 많은 사람을 파멸시킨다. 탐욕은 사람의 눈을 가린다. 불의(不義)의 재물은 오래 가지 못하며, 돈의 가치는 갖는 데 있는 것이 아니라 보람 있게 쓰는 데 있다. 잃어버린 재화는 되찾을 수 있지만, 잃어버린 명예는 다시 찾을 수 없다. 청렴(淸廉)이란 공직자의 본무(本務)이므로 청렴하지 않고서는 절대로 공직자가 될 수 없다. 공직자로서 청렴하지 못한 까닭은 그의 지혜가 짧기 때문이다. 그러므로 공직자는 자신의 '명예를 소중히 여기는 자세'가 무엇보다도 필요하다. 사는 것이 중요한 문제가 아니라 '바로 사는 것'이 중요한 문제다.

인간은 참되고 아름답고 의(義)롭게 살아야 한다. 잘 살려는 의지도 중요하지만 '바로 살려는 의지'가 더 중요하다. 인간의 욕심은 끝이 없어 무한대

(無限大)의 욕망의 노예가 되기 쉽다. 인간의 명성이나 명예도 마찬가지다. 우리는 '바로 사는 자가 잘 살 수 있는 사회'를 건설해야 한다. 그것이 '인간다운 사회'다. 어떻게 사느냐가 중요한 문제다. 참되게 살고 아름답게 살고 의(義)롭게 살아야 한다. 바로 살아야 잘 살 수 있으며, 잘 살려면 바로 살아야 한다.

우리는 저마다 이름 석 자를 가지고 살아간다. 우리의 이름 석 자에는 언제나 어떤 가치와 평가가 따른다. 그것이 곧 명예(名譽)다. 명예란 내 이름 석 자에 대한 사회의 평가요, 판단이요, 신용장이다. 그러므로 '명예를 잃어버리는 자'는 인생의 전부를 잃어버리는 자다. 그러나 잃어버린 명성(名聲)은 다시금 돌아오지 않는다. 중요한 것은 얼마나 오래 사느냐가 아니라, 얼마나 값있게 사느냐 하는 것이다.

고대 그리스의 철학자 소크라테스(Socrates)는 "사는 것이 중요한 문제가 아니라 바로 사는 것이 중요한 문제다."라고 말했다. 소크라테스가 독배(毒杯)를 마시고 태연자약(泰然自若)하게 철인적(哲人的) 죽음을 택한 그 정신적 용기는 그의 반석(磐石)과 같은 정의감(正義感)에서 유래한다. 우리는 그의 추상(秋霜)과 같은 정의감을 배워야 한다. 그것이 '명예롭게 사는 길'이다.

2018년 7월 17일 해병대 상륙기동헬기 '마린온' 추락사고로 순직한 장병 5명의 유족이 일반시민과 군에서 조달한 조의금 5천만 원을 해병대에 기부한 사실이 알려졌다. '살려내라', '보상금을 더 달라'고 생떼를 쓰거나 아우성치거나 데모를 하는 유족은 한 명도 없었고, 오히려 <해병대 정신을 본받았으면 한다>고 했다. 우리 모두는 순직한 장병과 유족들에게 깊은 애도와 경의를 표하고, 이러한 삶의 자세를 본받아야 한다. 그것이 애국하는 길이다.

국군통수권자인 대통령은 사고 발생 3일 후 신임 해군참모총장 진급신고를 받는 자리에서 마린온 헬기 추락사고로 숨진 장병에게 애도의 뜻을 언급했다고 보도되었다. 많은 사람들이 낚싯배 사고 때도 묵념하던 청와대가 이럴 수 있느냐고 혀를 찼다고 보도됐다. '세월호'에 대한 정부의 태도와 비교하지 않을 수 없다. 마린온 유족에게 보여준 정부의 이러한 태도는 온 국민의 비난을 받아 마땅하다. 마린온 사고의 유족들은 군인의 사명이 무엇이며, 나라는 누가 지키며, 인간이 명예롭게 사는 길이 무엇인지를 국민들로 하여금 다시 생각하게 한 소중한 계기가 된 것이다.

내 인생의 최대의 날은 언제일까? 우리 모두는 다시 한번 진지하게 생각해보아야 한다. 스위스의 사상가 힐티(Carl Hilty)는 "인간 생애의 최대의 날은 자기의 역사적 사명 즉, 신(神)이 지상에서 자기를 어떤 목적에 쓰려고 하는지를 자각하는 날이다."라고 말했다. 힐티는 자기의 사명을 깨달은 날이 '인생 최대의 날'이라고 갈파했다. 무엇이 인간을 위대하게 만드는가? 자기의 사명의 자각(自覺)이다. 인생에서 가장 중요한 것은 자기의 사명을 깨닫는 것이다.

6. 나라사랑의 길

가. 우리의 사명

인간은 저마다 자기가 맡은 사명(使命)을 가지고 태어난다. 사명이란 우리에게 지워진바 임무다. 하늘이 나에게 맡기고, 민족과 역사가 우리에게 위탁한 일을 사명이라고 한다. 인간이 산다는 것은 자기의 사명을 다하는 것이다. 인생을 보람 있게 사는 비결은 확고한 사명감(使命感)을 갖는 것이요, 인생에서 가장 중요한 일은 '자기 인생의 사명을 자각(自覺)하는 것'이다. 사명의 자각이 없이는 큰 그릇이 될 수 없으며, 사명의 발견 없이는 큰일을 할 수 없다. 사명이 우리를 위대하게 만들고, 성실하게 만들고, 용감하게 만든다. 인생에 있어서 가장 중요한 것은 자기의 '사명을 깨닫는 것'이다. 그 사명을 자각(自覺)하는 것이 가장 중요하다.

『잠 못 이루는 밤을 위하여』라는 명저(名著)를 쓴 스위스의 사상가 칼 힐티(Carl Hilty)는 "인간생애의 최고의 날은 자기의 사명을 자각(自覺)하는 날이다."라고 갈파했다. 인간의 자각 중에서 '사명의 자각'처럼 중요한 것이 없다. 무엇이 우리를 위대하게 만드는가? 자기의 사명의 자각이다. 사명감을 가지고 살아가는 사람은 인생을 바라보는 안목(眼目)과 일을 처리하는 자세가 다르다. 저마다 자기의 사명감(使命感)을 가지고 살아가야 한다. 그것이 인생을 보람 있게 사는 길이다.

아프리카 탐험(探險)의 역사적 대업을 성취한 리빙스턴(David Livingstone)은 "인생의 사명을 가진 사람은 그것을 완수할 때까지는 절대로 죽지 않는다."고 말했다. 그는 열병을 이기고 다시 일어나 드디어 아프리카 횡단여행의 사명을 완수했으며, 빅토리아 폭포와 잠베지강(江)을 발견했다. 사명감이 그로 하여금 큰일을 하게 한 것이다. 그는 자기의 사명을 다하기 전에는 절대로 죽을 수 없다는 신념을 가졌다.

사명감은 무(無)에서 유(有)를 창조하고, 불가능을 가능으로 만들고, 꿈을 현실로 바꾼다. 개인에게는 개인의 사명이 있고, 나라를 다스리는 통치자에게는 통치자로서의 사명이 있고, 민족에게는 민족의 사명이 있다. 우리는 우리들과 우리들의 자손의 안전과 자유와 행복을 영원히 확보할 수 있는 행복하고 번영하는 자유민주적 기본질서에 입각한 행복한 나라를 건설하여 우리들의 자손들에게 자랑스러운 유산으로 물려줄 사명을 가지고 이땅에 태어났다.

우리가 부패한 공직사회를 정화하여 맑고 깨끗한 신뢰사회, 공정사회를 우리들의 자손들에게 물려주는 것이 이 시대에 살고 있는 우리 모두의 사명이요, 책무(責務)다. 우리는 저마다 확고한 사명감(使命感)과 올바른 국가관(國家觀)을 가지고 살아야 한다. 우리 민족은 세계사적(世界史的) 사명감을 간직해야 '위대한 민족'이 될 수 있다. 우리는 사명에 살고 사명에 죽는 사람이 되어야 위대한 민족이 되어 '위대한 국가'를 건설할 수 있다. 우리는 위대한 국가를 후손들에게 물려주어야 한다. 그것이 '우리의 사명'이다.

인도의 세계적 시인 타고르(Tagore)가 <일찍이 아시아의 황금시기에 빛나던 등불의 하나인 코리아 그 등불 한번 다시 켜지는 날에 너는 동방의 밝은 빛이 되리라>라고 한국을 읊은 시의 한 구절이 있다. 이 시는 우리에게 용기와 희망을 준다. 우리는 아시아의 황금시기에 빛나는 등불의 하나였다. 이제 우리는 위대한 민족이 되어 위대한 한국을 건설하고 새 역사를 창조해야 한다. 위대한 한국인이 되어 위대한 대한민국을 건설해야 한다. 이것이 '한국인의 영광된 사명'이다.

나. 국가개조는 나라의 운명을 좌우한다.

공직사회의 부패척결을 위한 국가개조(國家改造)는 한 사람의 힘으로 하루아침에 될 수 있는 것이 아니라 공직자를 포함한 국민 모두의 결연한 의지와 혁명적 희생을 요하는 숙원사업(宿怨事業)으로 그 성공 여부는 나라의 운명을 좌우한다. 공직사회의 부정부패의 사회 암(癌), 특히 권력자를 포함한 집권층과 지도층의 심부(深部)에 뿌리박은 사회 암을 과감하게 제거하는 대수술을 해내느냐의 여부에 따라 '국가의 운명'이 좌우된다.

미국의 사상가 에머슨(Ralph Waldo Emerson)은 '인간의 운명은 그 인간의 성격이 만드는 것이다.'라고 말했고, 사르트르(Jean Paul Sartre)는 '인간의 운명은 인간의 수중(手中)에 있다.'고 말했다. 한 인간의 운명은 그 사람의 성격의 산물이다. 즉 성격이 인간의 운명을 좌우한다. 한 개인의 성격이 그 개인의 운명을 결정하듯이 한 민족과 국가의 성격이 그 민족과 국가의 운명을 결정한다. 역대 정권이 혁신이나 국가개조를 외쳤지만 일선 공무원들은 낡은 사고방식을 버릴 생각이 없이 시늉만 낼 뿐이다.

공직사회의 이러한 고질적 병폐를 개조하려면 집권자 자신을 포함한 공직사회 전체가 변해야 한다. 역대 정권이 규제개혁(規制改革)을 외쳐왔으나 20년간 등록규제 건수는 2배 이상 늘었다고 보도됐다. 미래 산업에서 기술수준 못지않게 중요한 것이 규제개혁 수준이다. 규제를 장악하고 횡포를 부리는 탐관오리(貪官汚吏)를 엄격하게 문책하고, 뛰어난 규제개혁사례를 남긴 공직자에게는 승진 등 파격적인 보상을 해주는 인센티브가 필요하다.

공직사회의 규제혁신은 공무원이 무사안일(無事安逸), 무사태평(無事泰

平)한 사고방식(思考方式)과 타성(惰性)에서 벗어나도록 하는 것이 첩경(捷徑)이다. 날로 발전하는 새로운 시대에 부응하기 위하여 공직사회를 근본부터 개조해야 한다. 공직사회의 체질 개선을 위한 근본적인 대책과 과감한 실천만이 국가를 개조할 수 있다. 우리를 지배하는 어떤 不可抗力, 힘이 미치지 않는 곳에서 나를 좌우하는 어떤 힘을 운명이라고 한다.

인간의 운명은 인간의 수중에 있는 것이다. 이탈리아의 역사학자이며 정치이론가로 군주론(君主論)을 저술한 마키아벨리(Niccolo Machiavelli)는 '인생은 운명과 노력의 합주곡(合奏曲)'이라고 보았다. 인간의 반은 운명에 지배되고 반은 자기의 노력으로 개척해 나아간다는 것이다. <파랑새>를 쓴 마테를링크는 '운명아 비켜라. 내가 간다.'라고 말했다. 얼마나 씩씩한 인생의 선언(宣言)이며 용감한 정신의 도전(挑戰)인가.

한 국가의 운명은 통치자를 비롯한 공직자의 투철한 국가관과 애국심, 국민에 대한 봉사자세(헌법 제7조 제1항)에 달려있다. 그래서 <**공직자의 청렴도(淸廉度)는 국가의 운명을 좌우한다.**>고 하는 것이다. 모든 공직자는 국가의 운명은 공직자의 청렴성과 봉사자세에 달렸음을 인식하고 청렴한 자세로 직무를 수행해 나가는 자주정신을 가지고 살아야 한다.

파스칼(Blaise Pascal)은 '힘없는 정의는 무력하고, 정의 없는 힘은 압제다. 힘없는 정의는 반항을 초래하고, 정의 없는 힘은 탄핵을 받는다.'고 말했다. 부패한 공직사회의 정화를 위한 국가개조가 성공하려면 통치자는 자유민주적 기본질서에 입각한 평화적 통일정책을 수립하고 이를 추진하여야 하며, 국가개조(國家改造)는 자기개조(自己改造)로부터 시작되어야 한다는 것을 인식해야 한다. 대통령을 비롯한 공직자의 자기개조는 "국가개조의 첫 단계"이다.

한반도의 진정한 평화와 자유는 북한의 완전한 핵 폐기가 필수조건이며, 자유는 자유세계인 모두의 희생과 용기와 힘이 있을 때 비로소 누릴 수 있다. "자유"는 인간의 생명 다음으로 소중한 가치다. "자유의 나무"는 가장 가꾸기 어려운 나무다. 자유를 누리기 위해서는 지혜와 자제와 용기가 필요하다. 질서를 수반하는 자유, 도의(道義) 위에 서는 자유, 이것이 "진정한 자유"다. 미국 독립혁명의 지도자 헨리(Patrick Henry)는 조지 3세 왕 앞에서 주먹을 흔들며 "자유가 아니면 죽음을 달라."라는 연설을 하고 영국과의 개전(開戰)을 주장했다.

이 말은 자부심과 애국심이 함축된 말이며, 미국인의 "조국에 대한 사랑과 희생정신"의 표현이다. 나단 헤일은 미국을 위해서 싸우다가 스파이라는 명목으로 체포되었던 21세의 미국의 애국자라는 것을 미국의 역사 속에서 찾아볼 수 있다. 그는 적(敵) 앞에서 이렇게 말했다. "나는 미국을 위해서 오직 한목숨만을 바칠 수밖에 없다는 사실에 대해서 유감스럽게 생각한다."라고.

우리는 미국의 상징인 '용감한 독수리'에 대해서 알아볼 필요가 있다. 독수리는 어린 시절부터 어미 독수리에게 맹훈련(猛訓練)을 받는다. 새끼 독수리가 자라나, 날 수 있는 정도가 되면 어미 독수리는 실제로 새끼독수리를 벼랑에서 밀어버린다. 그러면 새끼독수리는 죽지 않으려면 날아야 하는 것이다. 그때 새끼독수리가 완전히 자라면 먹이를 찾기 위해서 사방으로 쏜

살같이 날게 된다. 독수리는 5천 피트 밖에 있는 물체도 정확히 볼 수 있다고 한다.

우리는 미국인의 이러한 애국심(愛國心)을 우리의 후손들에게 가르쳐야 한다. 오늘날 우리 사회의 학교는 "어린이들에게 무엇을 가르치고 있는가?" 우리는 우리의 자손들에게 태극기(太極旗)를 소중히 여기고, 대한민국의 이념을 존경해야 된다는 것을 가르쳐야 한다. 그래야만 우리의 자손들이 굳건히 서서 대한민국을 자랑스럽게 수호하고 영원히 발전시킬 것이다. 헝가리 피난민들은 "소련 탱크 앞에 그들의 몸을 던졌다."고 한다. 그들은 노예생활보다는 차라리 죽음이 낫다고 생각했기 때문이다.

그리스의 유명한 거지 철학자로, 몸소 가난했지만 부끄러움 없는 자족(自足)의 생활을 실천한 디오게네스(Diogenes)는 '언제나 죽을 각오로 있는 사람만이 정말 자유로운 인간이다.'라고 말했다. 디오게네스가 일광욕을 하고 있을 때 알렉산더 대왕이 찾아와 곁에 서서 소원을 물었더니 '아무것도 필요 없으니 햇빛을 가리지 말고 그곳을 비켜 달라.'고 했다는 말은 유명하다. 알렉산더 대왕은 '내가 알렉산더 대왕이 아니었더라면 디오게네스가 되기를 바랐을 것이다.'라고 말했다고 한다.

미국의 수도 워싱턴에 있는 한국전쟁에서 희생된 병사들을 기리고 있는 한국전쟁 참전용사 기념공원(Korean War Veterans Memorial)에는 19인의 수색대의 조각상이 있다. 구성원은 미국 육군 14명, 해병대 3명, 해군과 공군 각각 1명이다. 이 공원엔 **"Freedom is not free"** {자유는 거저 주어지는 것(공짜)이 아니다}라고 새겨져 있다. 이 명구(名句)에는 우리가 절대로 잊지 말아야 할 "역사(歷史)의 교훈(敎訓)"이 아로새겨져 있다.

　'지금 우리가 누리고 있는 자유와 평화는 조국을 위해 산화(散花)한 호국영령(護國英靈)과 생면부지(生面不知)의 땅에 자유와 평화를 상륙(上陸)시키려고 목숨을 바친 동맹군(同盟軍)의 희생(犧牲)의 덕분(德分)'이라는 것을, 또한 '역사를 잊은 민족은 비극의 역사를 되풀이하게 된다(Those who cannot remember the past are doomed to repeat it).'는 것을, '자유의 대가(代價)는 언제나 비싸다(The cost of freedom is always high. - John F. Kennedy).'는 것을, '자유와 생존(生存)은 그것을 날마다 새로이 정복하는 자만이 얻을 수 있다(He only earns his freedom and existence who daily conqueres them anew. - Goethe).'는 것을, 우리는 <**역사의 교훈**>으로 삼아야 한다.

　미국이 인류문명에 남긴 가장 큰 정신적 유산은 '자유'라고 본다. 자유의 여신의 횃불은 역사의 폭풍 속에서도 꺼지지 않았다. 투철한 사생관(死生觀)의 확립은 자유인이 되는 중요한 자격의 하나다. 철학자 칸트(Immanuel Kant)는 '정의가 멸망하는 사회에서 살 바에는 차라리 죽는 것이 낫다.'고 말했다. 부조리한 사회에서 사는 것이 견딜 수 없는 고통이요, 커다란 치욕임을 갈파한 말이다.

　우리는 권력만능(勸力萬能)의 부조리, 금력만능(金力萬能)의 부조리, 불법(不法)의 부조리, 불신(不信)의 부조리, 인간부재(人間不在)의 부조리(인간을 수단이나 도구로 생각하는 병든 가치관)를 추방하고 올바른 도리와 법이 지배하는 "정의사회(正義社會)"를 건설해야 한다. 동해의 맑은 물에 부정부패로 얼룩진 공직사회를 말끔히 씻도록 모든 공직자가 국가개조의 선봉이 되어야 한다. 부패한 공직사회에 대한 국민의 신뢰 회복을 위한 국가개조의 성공 여부에 <대한민국의 운명>이 달려있다.

공직자가 '청백리의 길을 갈 것이냐', '탐관오리의 길을 갈 것이냐'의 선택은 바로 공직자 자신이 하는 것이다. 한 개인의 성격이 그 개인의 운명을 결정하듯 공직자의 국가관과 봉사자세가 국가의 운명을 좌우한다. 공직자는 모든 국민에 대한 봉사자로서 옳은 길, 가야 할 길을 가야 하는 것이다. 로마의 철학자 세네카(Seneca)는 '사람은 죽는 것이 아니라 자살하고 있다.'고 말했다. 인간은 죽는 것이 아니고 무리한 행동(부패한 공직자의 탐욕)으로 자기의 생명을 스스로 단축시키고 있다. 스스로 자신의 무덤을 파고 있다는 뜻이다. 탐관오리의 길은 역리(逆理)와 사도(邪道)의 길로서 인간을 불행과 파멸로 전락시킨다.

다. 나라가 망하는 것은 현인이 없기 때문이 아니라 현인을 쓸 줄 모르기 때문이다.

헌법상 대통령은 국가원수로서의 지위와 행정수반으로서의 지위를 겸하고 있는바, 행정에 관한 권한 중에서 정부구성권과 공무원임면권을 가진다. 헌법 제78조는 '대통령은 헌법과 법률이 정하는 바에 의하여 공무원을 임면한다.'고 규정하여 행정권의 수반인 대통령에게 공무원임면권을 부여하고 있다. 헌법이 대통령에게 공무원임면권을 부여한 취지는 능력과 전문성을 갖춘 청렴한 인재를 적재적소(適材適所)에 배치하여 행정을 민주적이며 능률적으로 수행하여 '국민에게 봉사'하기 위한 것이다.

"위대한 나라란 위대한 인물을 많이 낳는 나라다(李儁 烈士)." 뛰어난 인물이 민족의 진정한 자랑이며, 민족을 빛낸다. 대통령의 공무원임면권의 행사가 선거공신(功臣)이나 보은(報恩) 등에 의한 부적격자의 임명으로 적정하지 못할 경우 탐관오리(貪官汚吏)를 양산하여 공직사회가 부패하게 된다. 중국의 제자백가(諸子百家) 중의 한 사람인 춘추시대의 묵자(墨子)는 '한 눈이 보는 것은 두 눈이 보는 것만 못하고, 한 귀가 듣는 것은 두 귀가 듣는 것만 못하다.'라고 했다. 한 눈으로 보는 것보다 두 눈으로 보는 것이 더 잘 보이고, 한 귀로 듣는 것보다는 두 귀로 듣는 것이 더 잘 들린다.

통치자는 여러 사람의 소리를 들어야 하고 여러 사람의 의견을 존중해야 한다. 민심(民心)은 천심(天心)과 통하고 백성의 소리는 하늘의 소리를 대변한다. 민주주의는 이 철학 위에 존재한다. 통치자는 마음의 문을 활짝 열고 겸허한 마음으로 여러 사람의 소리를 들어야 한다. 인간은 '편견(偏見)의 노예'가 되기 쉽다. 겸손(謙遜)한 자가 진리(眞理)를 볼 수 있고, 정의(正義)의 소리를 들을 수 있다.

다산(茶山)은 '청렴한 관리는 산림(山林)과 천석(泉石)까지도 모두 그 덕(德)으로 맑은 빛을 받게 된다.'라고 말했다. 대통령의 공무원임면권의 적정(適正)한 행사 여부에 국가의 운명이 달렸다. "나라가 망하는 것은 현인(賢人)이 없기 때문이 아니라 현인을 쓸 줄 모르기 때문이다{戰國策 : 한(漢) 나라의 유향(劉向)이 편찬한 것으로 중국 전국시대에 종횡가(縱橫家)가 제후(諸侯)에게 논(論)한 책략(策略)을 국별(國別)로 모은 책}."라고 했다.

대통령의 공무원임면권이 적정하게 행사되지 못할 경우 그 피해는 바로 국민에게 돌아간다. 대통령을 비롯한 모든 공직자는 수신제가치국평천하(修身齊家治國平天下)를 인생의 좌우명(座右銘)으로 삼고 그 직무를 성실히 수행함으로써, 대통령은 성공한 대통령으로 국민의 존경을 받으며 역사에 위대한 지도자로 길이 남을 수 있으며, 공직자는 청백리(淸白吏)로 국민의 존경과 칭송을 받게 될 것이다. 공직자의 직무에 대한 올바른 봉사자세(奉仕姿勢)가 국가개조(國家改造)의 성패를 좌우한다.

라. 나라사랑(애국심)의 길

자기 나라를 사랑하는 마음을 '애국심(愛國心)'이라고 한다. 즉 자기가 속해 있는 나라를 사랑하고 또 그 사랑을 바탕으로 국가에 대하여 헌신하려는 의식이나 신념을 말한다. 애국심은 인간이 태어나서 생활하는 고장에 대한 자연적인 애정에 그 근원(根源)이 있다. 자기 자신이 살고 있는 국토(國土)나 사회를 사랑하고 보다 훌륭하게 발전시키려고 원하는 것은 인간의 본성에 의하여 노출되는 아름다운 애국심이다. 국가에서의 애국심은 향토애(鄕土愛), 직장이나 가족에 대한 애정과 결부되어 평화적 성격을 지닌다. 거기에는 공격적 태도가 없으며 다만 침략자에 대하여는 생명과 자유와 행복을 지키기 위하여 국민은 애국자로서 단결한다.

역사적으로 이러한 애국심은 여러 곳에서 볼 수 있으며 특히 우리나라와 같이 항상 침략을 받아온 약소민족(弱小民族)에 있어서 그 경향은 뚜렷하다. 임진왜란(壬辰倭亂) 때 각처에서 벌떼처럼 봉기(蜂起)하였던 의병(義兵)과 승병(僧兵)의 애국심은 비록 당시의 국가체제가 봉건군주제도(封建君主制度)라 하여도 오로지 나라와 겨레를 살리려는 자발적 애국심이었으며 결코 조작되거나 강요된 애국심은 아니었다.

항일구국(抗日救國)의 기치(旗幟) 아래 각처에서 봉기한 순국열사(殉國烈士)의 애국심은 마침내 3·1운동이라는 거족적으로 단결된 애국심으로 표현되었다. 애국심은 나라를 사랑하는 마음으로, 국민은 자기 나라가 진실로 국민을 위하고 평화를 사랑하는 나라가 되었을 때, 또는 그러한 나라를 만들고 수호하기 위하여 발휘하는 애국심이라야 '참된 애국심'이라 할 것이다. 우리가 태어나 살다가 죽어서 묻혀 흙이 될 땅이 국토(國土)다. 국토는 우리의 조상과 우리들 자신의 얼이요, 몸이나 다를 바 없다. 우리는 국토를 아끼고 사랑해야 한다. 그것이 '나라를 바로 세우는 길'이다.

> 내가 죽은 뒤에 나의 뼈를 하얼빈 공원 곁에 묻어 두었다가 우리 국권이 회복되거든 고국으로 반장해 가고. 나는 천국에 가서도 또한 마땅히 우리나라의 회복을 위해 힘쓸 것이다. 너희들은 돌아가서 동포들에게 각각 모두 나라의 책임을 지고 국민 된 의무를 다하여 마음을 같이하고 힘을 합하여 공로를 세우고 업을 이루도록 일러 다오. 대한독립의 소리가 천국에 들려오면 나는 마땅히 춤추며 만세를 부를 것이다.

안중근(1879~1910) 의사는 1909년 10월 26일 중국 하얼빈역에서 이토 히로부미(伊藤博文)에게 권총 세 발을 명중시킨 후 "대한만세"를 부르며 체포됐다. 3월 26일 여순(旅順)감옥에서 31세로 순국했다. 윗글은 안중근 의사가 순국하기 이틀 전인 1910년 3월 24일 면회 온 두 아우 '정근과 공근에게 남긴 유언'이다.

…… 산 옆 외 따른 골짜기에
혼자 누워 있는 국군을 본다.
아무 말 없이 움직임 없이
하늘을 향해 눈을 감은 국군을 본다…

나는 죽었노라 스물다섯 젊은 나이에
대한민국의 아들로 숨을 마치었노라
질식하는 구름과 원수가 밀려오는 조국의 산맥을 지키다가
드디어 드디어 숨지었노라…

나는 조국의 군복을 입은 채
골짜기 풀숲 위에 유쾌히 쉬노라
나는 자랑스런 내 어머니 조국을 위해 또한 싸웠고
내 조국을 위해 또한 영광스레 숨지었노니…

여기 내 몸 누운 곳 이름 모를 골짜기에
밤이슬 내리는 풀숲에 아무도 모르게 우는
나이팅게일의 영원한 짝이 되었노라…
산 옆 외 따른 골짜기에
혼자 누워있는 국군을 본다.
아무 말 없이 움직임 없이
하늘을 향해 눈을 감은 국군을 본다
누런 유니포옴 햇빛에 반짝이는 어깨의 표시
그대는 자랑스런 대한민국의 소위였구나

__ 모윤숙 "국군은 죽어서 말 한다"에서

어머니!

나는 사람을 죽였습니다.

돌담 하나를 사이에 두고 10여 명은 될 것입니다.

적은 다리가 떨어져 나가고, 팔이 떨어져 나갔습니다.

어머니!

전쟁은 왜 해야 하나요?

어제 내복을 빨아 입었습니다.

물 내 나는 청결한 내복을 입으면서 저는 왜 수의(壽衣)를 생각해 냈는지

모릅니다.

어쩌면 제가 오늘 죽을지도 모릅니다.

하지만 저는 살아가겠습니다.

꼭 살아서 가겠습니다.

어머니!

상추쌈이 먹고 싶습니다.

찬 옹달샘에서 이가 시리도록 차가운 냉수를

한없이 들이키고 싶습니다.

아!

놈들이 다가오고 있습니다.

다시 또 쓰겠습니다.

어머니 안녕! 안녕!

아, 안녕은 아닙니다.

다시 쓸 테니까요.

그럼…

__ 이우근(李佑根) 학도병(學徒兵)의 편지

위 편지는 6·25전쟁 당시 전우들의 증언을 모은 『**다부동 구국 전투사**(救國 戰鬪史)』라는 책의 일부로 학도병(學徒兵 : student soldier)의 수첩을 정리한 글이 들어 있다. 이우근 학도병이 어머니에게 쓴, 그러나 부치지 못한 편지의 일부를 소개한 것이다. 서울 동성중 3학년 재학 중 학도병으로 참전한 그는 다부동에서 한창 치열한 전투가 벌어지던 1950년 8월 11일 포항여자중학교 앞 벌판에서 숨을 거뒀다. 이날 전투에서 3사단 학도의용군 71명 중 그를 포함해 48명이 전사했다(중앙일보 발행 : 지은이 백선엽 『내가 물러서면 나를 쏴라』 291~294면).

학도병이란 전쟁 또는 사변 시에 학생들이 학업을 중단하고 자진하여 적과 싸운 의용병(義勇兵)을 말한다. 6·25사변 당시 북한 공산군의 무력침공을 막고자 애국학생들이 자진 분기(憤氣)하여 무기를 들고 전투에 참가한 학도의용군을 말한다. 나이 어린 학생들이 손에 총을 들고 전투에 임하여 군번 없는 병사로서 용맹을 떨쳤다. 조국강토를 지키기 위해 학업을 중단하고 전선에 참가한 재일 학도의용군도 많았다.

북한 김일성 괴뢰집단의 무력 남침에 의한 동족상잔(同族相殘)의 6·25전쟁이 발발한 지 68년이 지났으나 그 전쟁은 아직도 끝나지 않았다. 군인들이 온몸에 상흔을 입고 참전한 것은 오로지 국토방위의 신성한 의무수행과 자유민주주의 수호를 위한 것이었다. 북한의 핵과 미사일위협으로부터 나라를 지키는 길은 한미동맹을 바탕으로 한 굳건한 국가의 안전보장과 하나 된 대한민국 국민의 애국심이다.

어머니는
솥뚜껑을 열어놓고
보리밥을 푸다가
죽어있었다

누렁소는
가래를 맨 채
밭이랑을 베고
죽어있었다

아버지는
밭머리에 앉아서
막걸리 바가지를 기울이다가
죽어있었다

어린 동생은
제 머리통만한
개구리참외 반쯤이나 먹다가
죽어있었다

모두 그렇게 죽어있었다

죽음 밖의 죽음을
죽어있었다

__ 6·25 - 전봉건(1928~1988)

자기 나라를 사랑함을 애국(愛國)이라 하며, 나라를 사랑하는 마음을 애
국심(愛國心)이라 한다. 제 나라를 아끼고 사랑하는 정신을 애국정신(愛國精
神)이라고 한다. 나라를 위하여 싸우다가 죽은 사람을 애국선열(愛國先烈) 또
는 순국선열(殉國先烈)이라고 하며, 나라를 위하여 자기의 몸과 마음을 다 바쳐
이바지하는 사람을 애국지사(愛國志士)라고 한다. 나에게는 과연 애국심이
있는가? 나는 애국지사가 될 수 있는가? 나는 나의 조국을 사랑하고 있는
가? 자문(自問)해보아야 할 것이다. **나라를 사랑하는 길이 무엇이냐?** 그것은
자기의 천직(天職)에 전력(全力)을 다하는 것이다. 천직이란 하늘이 나에게
맡긴 직분(職分)이다. 내 인생에 전력투구하는 것이 조국에 대한 보답이요,
인생을 보람 있게 사는 길이다.

오직 자신의 힘으로 국가나 사회를 위해 헌신적으로 일하는 생활을 하
는 것은 나에게 부여된 사명을 다하는 것이다. 모든 국민이 이러한 인생관
(人生觀)과 생활철학(生活哲學)을 갖고 살아간다면 그 사회는 '행복하고 번영
하는 사회'가 될 것이다. 촛불은 스스로 타기 때문에 빛난다. 우리의 생명은
한 자루의 촛불이 되어야 한다. 우리는 타오르는 뜨거운 태양이 되어야 한
다. 한 곳을 비추려면 무슨 일에나 정성을 쏟아야 한다. 땀을 흘리고 노력을
기울이고 정열(情熱)을 바쳐야 한다.

공무원들은 자신의 직분(職分)이 무엇인지에 관해 깊은 생각을 하고 국민 전체에 대에 대한 봉사자로서 국민에 대하여 책임을 질 때 국민의 정부에 대한 신뢰가 높아지고 더 나아가 밝고 명랑한 사회가 될 수 있다. 모든 공직자가 그러한 자세로 직무를 수행하는 것이 공직자의 올바른 직업정신(職業精神)이며 봉사자세(奉仕姿勢)로서 "나라를 사랑하는 길"이다.

마. 통치자의 국가관과 애국심

부패한 정권과 공직사회를 정화하기 위한 '국가개조(國家改造)의 성패'는 통치자를 비롯한 모든 공무원의 국가관(國家觀)과 청렴성(淸廉性)을 전제로 한 국민 전체에 대한 봉사자라는 정신자세와 가치관에 달렸다. 통치자를 포함한 모든 공직자가 투철(透徹)한 '애국심(愛國心)'과 자유민주적 기본질서를 바탕으로 한 '국가관(國家觀)'을 가지고 국가개조를 위한 새 출발을 해야 한다.

현충일을 앞둔 2019년 6월 4일 청와대의 천안함 폭침, 연평해전 희생자 유족들이 포함된 국가유공자 및 보훈가족 초청오찬에서 문재인 대통령과 김정은이 손을 맞잡은 사진이 수록된 책자를 나눠줬다고 한다. 한 참석자는 그 '충격으로 급체해서 식사도 제대로 못했다.'고 하며(2019. 6. 8. 조선일보 사설), 한 전몰장병 유가족은 '당장이라도 자리를 박차고 나오려 했지만 그럴 수 없었다. 도무지 의도를 알 수 없었다.'(동일 자 중앙일보 사설)고 했다. 청와대는 유가족의 아픔을 보듬기는커녕 씻을 수 없는 상처만을 입혔다.

문재인 대통령은 2019년 6월 6일 현충일 기념사에서 "광복군에는 김원봉 선생이 이끌던 조선의용대가 편입되어 마침내 민족의 독립운동역량을 집결했다. 통합된 광복군은 국군창설의 뿌리가 됐고, 한미동맹의 토대가 됐다."고 토로(吐露)했다. 현충일(顯忠日)은 6·25 사변 때 나라를 위하여 목숨을 바친 국군장병들의 넋을 위로하고 그 충절(忠節)을 추모하는 날이다. 그 자리에서 문 대통령은 북한괴뢰집단의 불법남침으로 야기된 6·25에 대하여는 한마디 언급도 없이 6·25 당시 북괴군으로 전공(戰功)을 세운 김원봉을 선생이라 존칭하면서 일제 때 광복군에 속했다는 이유만으로 그가 이끌던 조선의용군이 독립운동역량을 집결했고, 그것이 국군의 뿌리이며 한미동맹의 토대가 되었다고 역사를 왜곡해 독립운동과 6·25로 전사한 호국영령(護國英靈)의 명예를 훼손했다.

김원봉이 6·25 때 세운 전공(戰功)으로 대한민국 국군과 국민은 떼죽음을 당했다. 문 대통령의 이러한 내용의 현충일 기념사는 헌법 파괴행위로서 순국선열과 6·25로 전사한 국군과 유엔군에 대한 모욕(侮辱)이요, 능멸(凌蔑)이다. 김원봉은 일제(日帝) 때 무장 독립운동단체인 의열단(義烈團 : 1919년 만주 길림성에서 조직된 비밀 항일운동단체)의 단장으로 일정한 주소를 가지지 않고 각지에 흩어져 폭력을 유일한 수단으로 일본 관리의 암살과 관청의 파괴를 목적으로 삼았다.

최초의 의열단의 단원은 김원봉, 이성우, 곽재기, 강세우, 이종암, 한봉근, 한봉인, 김상윤, 신철휴, 배동선, 서상락 등 13명이었다. 김원봉은 조선의용군을 이끌다가 해방 후 1948년 월북해 북한괴뢰정권수립에 참여하여 국가검열상, 노동상 등 요직을 거쳤고, 6·25전쟁에서 전공(戰功)을 세웠다고 1952년 3월 김일성으로부터 최고상훈인 노력훈장을 받았으나 1958년 권력 암투 때 숙청됐다.

이런 6·25 전쟁범죄자 김원봉을 향해 국군통수권자인 문 대통령은 호국영령들 앞에서 '우리 국군의 뿌리'라고 칭송하며, '한·미동맹의 한 토대(土臺)' 역할을 했다고 역사를 왜곡했다. 김원봉이 대장으로 이끌던 조선의용군은 국군의 뿌리가 아니라, 북한 '인민군의 뿌리'가 되어 6·25 사변에 동족을 살해한 전공을 인정받아 전범(戰犯) 김일성으로부터 최고상훈인 노력훈장을 받은 전쟁범죄자가 바로 김원봉이다.

1950년 6월 25일 북괴군의 도발로 나라를 지키기 위하여 싸우다 숨진 국군장병들의 충정을 기리는 현충일 기념사에서 광복군이 국군창설의 뿌리이며, 전쟁범죄자 김일성으로부터 전공(戰功)을 세웠다고 훈장을 받은 김원봉을 향해 대한민국 국군창설의 뿌리요, 한미동맹의 토대라고 칭송한 문재인 대통령의 연설은 과연 정당한 근거가 있는가? 그 역사를 살펴보자.

"광복군(光復軍)"은 1940년 9월 17일 중국 중경(重慶)에서 성립된 항일(抗日)군대를 말한다. 1937년 7월 중일전쟁이 발발하자 중국 각지에 흩어져서 독립운동을 하던 애국단체들은 충칭에 이전한 임시정부를 중심으로 통일된 군사활동과 외교활동을 필요로 하게 되어 광복군이 조직되었다. 중국정부는 공식적으로 광복군의 조직을 찬성하였으나 임시정부와 분열 상태에 있던 김원봉(金元鳳)계의 조선의용군과 합동하여 모호한 입장을 취했다. 이에 임시정부는 1940년 충칭 가릉빈관(嘉陵賓館)에서 한국광복군총사령부를 성립하고 광복군을 발족시켰다. 총사령에는 이청천(李靑天), 참모장에 이범석(李範奭)이 취임하여 조직되었다.

태평양전쟁이 발발하자 1941년 12월 9일 일본 측에 선전포고를 하였으며, 이를 계기로 분열 상태에 있던 공산 진영과의 합류가 추진되어 1942년 7월에 김원봉의 조선의용대가 광복군에 편입되었다. 중국 군사위원회에 예속되어 있던 광복군은 1944년 8월에 임시정부로 이관되어 임시정부 통수부(統帥府)가 통할하게 되면서 광복군총영(光復軍總營)은 해산되었다. 광복 직전에는 한미합동작전으로 국내 정진대(挺進隊)를 편성하여 진격하려 했으나 일제가 항복함으로써 실현되지 못했으며, 해방 후 광복군의 일부는 귀국하였다.

"광복군사령부(光復軍司令部)"는 일제 때 남만주(南滿洲)에서 조직된 독립운동 통일전선에 속하였던 군사기관의 명칭으로 임시정부의 군무부 직할이었다. 그 후 시베리아에 출동하였던 일본군의 대공세로 인하여 광복군사령부는 벽지로 이주 분산시켰으나 재통일에 실패하여 다시 수십 개의 단체로 분열되었다. "광복군총영(光復軍總營)"은 만주에 있던 무장 독립군으로, 광복군사령부가 해산될 때 그 중의 일부가 군대로 재조직된 독립운동단체이다.

광복군총영은 국내외 각지에서 일제기관을 습격하여 파괴활동을 활발히 전개하다가 1922년 광한단(光韓團) 기타 여러 단체들과 합작하여 통군부(統軍府)가 되면서 광복군총영은 해산되었다(국사대사전 160면 및 동아원색세계대백과사전 134~135면). 따라서 광복군이 국군창설의 뿌리라는 주장은 근거 없는 역사왜곡(歷史歪曲)이다.

우리나라 국군은 1945년 8·15 해방과 더불어 미군정(美軍政) 당국에 의하여 그 모체(母體)가 형성되었다. 해방과 동시에 우리나라에서 군정을 실시하고 있던 미국 육군사령부는 당시 미군정청 내에 한국국방사령부를 설치하고, 국방군의 조직, 편성, 훈련 등 제반 준비에 착수했다. 1946년 1월 15일 <남조선국방경비대>가 설립되었으며, 같은 해 6월 15일 <조선해안경비대>가 발족하였다. 1948년 8월 15일 대한민국정부수립으로 정식으로 국군이 편성되어, 남조선국방경비대는 육군으로, 조선해안경비대는 해군으로 편입되었다.

1949년 5월 5일에는 해군 내에 해병대가 발족하였고, 같은 해 10월 1일에는 육군에 예속되었던 항공부대가 공군으로 독립하여 국군은 "육·해·공 3군 체제"의 기틀이 마련되었다. 1956년 9월 14일 국무회의는 국군의 날에 관한 의제를 각의에서 통과시켜 10월 1일을 한국국군의 발전을 기념하는 "국군의 날"로 정했다(동아원색 세계대백과사전 4권 472면). 따라서 대한민국 국군의 뿌리는 광복군(光復軍)이 아니라 미군정(美軍政) 당시의 한국국방사령부로 보아야 한다.

또한 광복군이 과연 한·미동맹의 토대가 되었는지 그 근거를 살펴보자. 동맹(同盟)이란 일정한 경우 법적 상호원조의 의무를 약속하는 둘 또는 그 이상의 국가 간의 일시적 결합을 말한다. 동맹을 이루는 국제적 합의를 <동맹조약>이라 한다. 동맹은 쌍무적 의무를 부담하므로 쌍무적 의무를 부담하지 않는 보호조약과 구별된다. 동맹은 <개별적 안전보장>의 전형적인 한 방법이다. 1953년에 체결된 <한미상호방위조약(韓美相互防衛條約)>은 일종의 동맹조약이다.

"한미상호방위조약"은 1954년 11월 18일 조약 제34호로 발효한 한·미양국 간의 상호방위 조약으로 한국 측 전권위원 변영태(卞榮泰)와 미국 측 전권위원 덜레스(J. Dulles)에 의해 조인된 이 조약은 전문 6조로 되어 있다. 본 조약은 전문에서 <당사국 중 어느 1국이 태평양지역에 있어서 고립되어 있다는 환각을 어떠한 잠재적 침략자도 가지지 않도록 외부로부터의 무력공격에 대하여 자신을 방위하고자 하는 공통의 결의를 공공연히, 또한 정식으로 선언할 것을 희망한다.>고 밝히고 있다.

따라서 광복군이 한·미동맹의 토대가 된 것이라는 문 대통령의 주장도 근거 없는 역사왜곡이며, 한·미 동맹의 토대가 된 것은 1953년에 체결된 한·미 상호방위조약으로 보아야 한다. 1950년 6월 25일 북한괴뢰군의 불법 남침으로 도발된 한국전란(韓國戰亂)에서 나라를 위해 목숨을 바친 국군장병과 유엔군의 넋을 위로하고, 그 충절(忠節)을 추모하는 현충일 기념사에서 국군통수권자인 대통령이 전쟁범죄자 김일성의 훈장을 받은 김원봉이 국군창설의 뿌리요, 한·미동맹의 토대라고 칭송한 것은 근거 없는 해괴망측(駭怪罔測)한 궤변으로 역사의 왜곡(歪曲)이요, 순국선열(殉國先烈)에 대한 모욕(侮辱)이요, 능멸(凌蔑)이다.

이러한 궤변을 들은 육·해·공군과 3군 참모총장, 국방부장관은 항의는커녕 침묵하고 있다. 이들은 부패한 권력 앞에 국가의 안전보장과 국토방위의 신성한 의무수행이란 사명감(使命感)을 망각한 변절자(變節者), 파렴치한(破廉恥漢)이 된 것이다. 우리는 무엇을 위하여 자기의 생애를 바칠 것인가? 참으로 엄숙한 질문이다. 나는 무엇을 위하여 내 생애와 목숨을 바치겠다는 결심과 서약이 우리의 마음속에 분명히 자리 잡힐 때 우리는 인생을 보람 있게 살아갈 수 있다. 자기의 사명을 자각하고, 그 사명을 위해서 살고,

그 사명을 위해서 죽을 수 있는 용기가 조국에 대한 보답이요, 인생을 보람 있게 사는 길이다. 우리는 새 역사의 주인공으로 위대한 한국을 건설하고, 위대한 역사를 창조해야 한다. 이것이 우리의 영광된 사명이요, "나라 사랑의 길"이다.

바. 6 · 25 전쟁영웅 백선엽 장군을 "친일파"로 몰아 서울현충원 안장을 반대하는 정권의 천인공노할 만행

1950년 6월 25일 미명(未明), 아시아 공산화를 목적으로 한 소련의 지령을 받은 북괴군의 불법남침으로 야기된 6·25 동란(動亂)으로 초전엔 한국군의 전세(戰勢)가 불리했으나 UN군의 참전과 백선엽 장군의 낙동강 방어선 구축 등 낙동강 전선에서 승전(勝戰)하여 총반격을 개시, 1950년 10월 말경에 압록강 유역까지 거의 전역을 한국군이 장악할 무렵, 중공군의 개입으로 전쟁은 더욱 국제적 성격을 띠게 되었고, 일진일퇴(一進一退)의 국지전(局地戰)에서 무수한 인명희생을 내면서 3년 1개월간 계속되었다.

6 · 25 전쟁영웅 백선엽 예비역 대장이 2020년 7월 10일 별세했다. 백선엽 장군은 6·25전쟁 당시 1사단장으로 북한 김일성 군대의 최정예 3개 사단과 맞서 경북 칠곡 인근의 <다부동 전투>에서 낙동강 방어선을 사수(死守)하고, 북진반격(北進反擊)의 전기(轉機)를 마련하여 절체절명(絶體絶命)의 대한민국을 풍전등화(風前燈火)의 국운(國運)에서 구한 <전쟁영웅>으로 임전무퇴(臨戰無退)와 결사보국(決死報國)을 실천한 <국군의 표상(表象)>이다. 만일 그가 없었다면 오늘날 우리가 누리는 자유와 평화와 번영은 물론 대한민국 자체가 존재할 수 없었을 것이다.

파죽지세로 밀고 내려오는 북괴군 앞에서 낙동강에 최후방어선을 구축한 백선엽 장군은 공포에 질린 국군병사들을 향해 **"우리가 밀리면 미군도 철수한다. 내가 후퇴하면 너희가 나를 쏴라."**며 선두에서 돌격했다. 백 장군은 병력 8천 명으로 북괴군 2만여 명의 총공세를 한 달 이상 저지(沮止)해 기적 같은 전세(戰勢)를 뒤집었고, 인천상륙작전 성공 후 미군보다 먼저 평양에 입성했고, 북괴군이 섬멸(殲滅) 상태에 이르자 중공군 4개 군단 약 50만 명의 인해전술(人海戰術)로 인한 1 · 4 후퇴 후 서울탈환 때에도 최선봉에 선 **<구국영웅>**이며, **<대승(大勝)의 명장(名將)>**이다.

국가보훈처가 6 · 25 전쟁영웅 백선엽 예비역 대장 측에 "장군이 돌아가시면 서울현충원에는 자리가 없어 대전현충원에 모실 수밖에 없다."면서 "국립묘지법이 개정되면 어떻게 될지 걱정"이라는 취지의 언급을 했다고 보도됐다. 사실상 "서울현충원에 안장(安葬)은 안 된다."는 메시지이다. 여권 일각은 "현충원에 안장된 친일파를 이장(移葬)한다."는 내용의 국립묘지법의 개정을 추진하고 있다고 했다. 친일파라는 낙인을 자신들이 스스로 조작한 것이다.

6 · 25 전쟁의 살아 있는 전설이며 영웅인 100세의 호국원로(護國元老)가 목숨을 걸고 지켜낸 조국에서 고작 대전현충원 안장이라는 푸대접을 받는 나라의 배은망덕(背恩忘德)하고 파렴치(破廉恥)한 모습에 6·25동란 당시 백선엽 장군의 지휘로 목숨을 바친 12만여 명의 국군선열(先烈)이 하늘나라에서 통곡할 것이다. 7월 13일 장맛비가 퍼붓는데도 광화문광장에 마련된 백선엽 대장의 시민분향소에는 자발적으로 찾아온 2만 5천 명 이상의 국민이 헌화했다고 한다. 초등학생자녀와 분향소를 찾은 한 시민은 **"나라의 영웅**

을 어떻게 대우하는지를 보면 그 나라의 수준을 알 수 있다."고 한탄했다.

동맹국인 미국에서도 애도(哀悼)가 잇따르고 있다. 백악관 국가안전보장회의(NSC)는 "한국은 1950년대 공산주의 침략을 격퇴하기 위해 모든 것을 바친 백선엽과 영웅들 덕분에 오늘날 번영한 민주공화국이 됐다."고 했다. 전 주한미군 사령관들도 "백 장군은 미 독립전쟁을 승리로 이끈 조지 워싱턴과 같은 한국의 아버지", "한·미동맹을 강화한 진정한 영웅", "세계의 위대한 지도자를 잃었다."고 애도했다. 그러나 청와대와 여당은 백 장군의 별세에 애도성명(哀悼聲明) 한 줄도 내지 않았고, 문재인 대통령은 조문(弔問)도 하지 않았다.

국가의 안전보장과 국토방위의 신성한 의무를 수행함으로써 낙동강 방어선을 사수하고 북진반격의 전기(轉機)를 마련하여 풍전등화의 나라를 구한 전쟁영웅의 서거(逝去)에 조문도 하지 않고 애도할 줄 모르는 대통령은 국군통수권자로서의 자격이 없다고 한다. 6·25 전쟁범죄인(戰爭犯罪人: war criminal) 김일성의 후손인 김정은의 눈치나 보며 굴종하는 자세로 남북회담에서 "한반도비핵화"와 "종전선언"이라는 위장평화 쇼로 대한민국의 안보를 해체시키고 있는 문재인 정권의 전모(全貌)를 다시금 알 수 있는 하나의 계기가 되었다.

이 정권은 백 장군을 12만 전우가 잠든 서울현충원에 안장(安葬)해야 한다는 각계의 요구마저 묵살한 채 백 장군을 친일파로 매도(罵倒)하고 6·25 전쟁으로 절체절명(絕體絕命)의 국운(國運)에 처한 나라를 구한 전쟁영웅의 별세를 외면하는 배은망덕한 집단이다. 이 정권은 성추행혐의로 고소를 당한 직후 세상을 떠난 박원순 서울시장에 대해선 닷새에 걸쳐 '국민장급 장례'를 치르자 이에 분개한 청년들이 직접 나서 광화문광장에 백 장군 분향소를 마련했고, 줄기찬 장맛비 속에서도 수만 명의 국민들이 "전쟁영웅"의 마지막 떠나는 길을 눈물로 배웅했다.

백선엽 장군은 국군창설에 참여했고 휴전회담{1953년 7월 27일 판문점에서 국제연합군 총사령관 M.W. 클라크와 북괴군 총사령과 김일성, 중공인민지원군 사령관 펑더화이(彭德懷) 간에 서명된 한국군사정전에 관한 협정}의 초대 한국 대표를 지냈으며, 한국군 2군단 재창설 등 공로로 한국군 역사상 최초로 4성 장군(33세)에 올라 두 차례 육군참모총장을 맡은 **"한국군 재건의 초석(礎石)"**이 됐다.

예편 후 중화민국, 프랑스, 캐나다 대사 등 외교관을 지냈고, 70년대 초 교통부장관으로 서울 지하철 1호선 건설의 토대를 만들었다. 그 후 충주, 호남비료 사장과 한국종합화학 사장을 역임하여 화학공업 뿌리의 기반을 닦았다. 현재 국방부 국사편찬연구소 자문위원장과 한국전쟁 60주년 기념사업위원회 위원장, 사단법인 대한민국 육군발전협회 초대 회장 취임 등으로 6·25전쟁의 교훈과 의미 및 국군의 발전에 진력(盡力)했다.

한국군을 "민병대(民兵隊)"로 취급했던 미군도 백선엽 장군에게만은 <**최상의 야전지휘관**>이라며 존경했다. 새로 부임하는 주한미군 사령관들은 백선엽 장군을 찾아가 전입신고를 하고, 미 육군 보병박물관은 그의 육성증언을 영구보존하고 있다고 한다. "**6·25의 살아 있는 전설**", "**구국의 영웅**", "**한·미 동맹의 상징**" 등 백선엽 장군 앞에 붙는 수많은 수식어로 그의 공적(功績)과 전적(戰績)을 설명하기에 부족하다.

이러한 희세(稀世)의 전쟁영웅(戰爭英雄)을 향해 좌파집권세력은 그의 전공(戰功)을 폄훼(貶毀)하며 일제 강점기(日帝 强占期)에 일본군에 복무한 기록만을 부각시켜 "독립군 토벌 친일파"로 매도(罵倒)하고 있다. 6·25의 살아 있는 전설이자 구국영웅으로 존경받는 노장(老將)을 "친일파"로 낙인찍은 것은 2005년 노무현 정부 때 만들어진 <친일반민족행위 진상규명위원회>라고 한다. 일제강점기 만주 <**간도***(註 참조) **특설대**>에 근무하면서 독립군을 토벌했다는 주장이다.

역사학자들에 따르면 1930년대 일본군의 대대적 토벌작전으로 백선엽 장군이 부임한 1943년 무렵에는 간도에 있던 독립군은 대부분 다른 지역으로 옮겨간 뒤였고 간도특설대가 상대한 것은 독립군이 아니라 중국 공산당 팔로군{八路軍 : 중국의 항일(抗日)전쟁 때에 화북(華北)에서 활약한 중국 공산당군. 1947년 인민해방군(人民解放軍)으로 개칭됨}이었다고 한다. 백선엽 장군 본인도 "내가 싸운 상대는 중공 팔로군"이라고 회고(回顧)했다.

이러한 6·25 전쟁영웅을 친일파로 매도하는 무리들일수록 정작 그들의 부모가 진짜 친일파인 경우가 숱하게 세상에 드러났지만 이를 아랑곳하지 않는 파렴치한(破廉恥漢)이요, 후안무치(厚顔無恥)한 철면피(鐵面皮)들이 역

---

* 간도(間島) : 중국 지린성(吉林省) 동부, 한민족(韓民族)의 자치주(自治州)로 되어 있는 지역. 우리나라에서는 간도(間島)·간토(艮土) 혹은 북간도라고도 부른다. 한일합방 이후 일본이 단독으로 간도의 영토권을 청국(淸國)에 넘겨주었다. 그 후 일제(日帝)에 항거하는 많은 한국인들이 이 지역으로 이주하여 항일독립운동의 거점이 되었다.

사를 왜곡하고 있다. 이 정부의 광복회장은 "백선엽은 철저한 토착왜구"라 했고, 청와대 정무비서관은 백선엽 장군을 "민족반역자"로 불렀다. 김원봉과 같은 6·25 전쟁범죄자를 서울현충원에 안장하고 싶은가? 묻고 싶을 뿐이다.

온 국민이 칭송(稱頌)하는 6·25 전쟁영웅을 "토착왜구(土着倭寇)", "민족반역자"로 매도해 그의 무공훈장을 박탈하자는 주장이 나오더니 이젠 서울현충원 안장(安葬)까지 시비(是非)를 거는 배은망덕한 후안무치(厚顔無恥)들이 미쳐 날뛰는 좌파세상이 되었다. 호국영웅 백선엽 장군과 성추행의혹으로 고소당한 후 극단적 선택을 한 박원순 서울시장에 대한 현 정권의 너무나 대조적인 대응으로 나라를 새로운 '국론분열의 장'으로 만들고 있다.

6·25 전쟁 전사자들을 안장(安葬)하기 위해 만들어진 서울현충원의 상징성을 감안하면 백선엽 장군은 당연히 서울현충원에 안장해야 한다. 차후에라도 그렇게 하는 것이 북한괴뢰군의 남침으로부터 우리의 생명과 재산을 지켜준 6·25 전쟁영웅에 대한 합당한 예우(禮遇)이며, 6·25 전쟁에서 살아남아 자유와 평화와 번영을 누리는 우리들의 책무(責務)다.

이제 우리는 전 세계 자유애호국가들로 하여금 북한괴뢰정권과 같이 정의에 도전하는 전쟁범죄자에 대하여 과감한 반격과 철저한 응징(膺懲)을 가할 결의를 갖게 한 <6·25 한국전란(戰亂)이 남겨준 역사적 교훈>을 되새겨 목숨을 바쳐 나라를 지킨 호국영령들에 대한 "올바른 역사교육"을 해야 한다. 또한 나라를 위해 목숨을 바친 국군과 한반도 전쟁터에서 희생된 미군과 UN군에 감사하는 마음을 새겨야 한다. 그들의 고귀한 희생이 있었기에 오늘날 우리가 자유와 번영을 누리는 대한민국이 존재하기 때문이다.

한반도의 안보 상황은 북한의 핵위협과 미사일도발 및 주변국의 군사 대국화 등 국내외적으로 많은 도전과 불확실성이 상존하고 있는 현실에서 국민의 안보불감증과 한미동맹의 경시 풍조 등의 확산으로 국군의 현대화와 군 본연의 임무수행에 많은 제약을 받고 있는 것이 사실이다.

이런 상황에서 백선엽 대장은 <육군의 미래지향적 정책, 전략, 전술의 발전, 연구활동, 육군정책의 이해 및 가치에 대한 홍보, 민·군 간의 친화도모를 위한 상호협력, 회원 간의 친목, 국가안보와 자주독립사상의 고취(鼓吹)> 등의 목적으로 한 우국충정(憂國衷情)에서 **"사단법인 대한민국 육군발전협회"**를 설립하고, **"초대 회장"**에 취임했다.

위 사단법인의 설립 준비 법률고문인 필자의 춘천고 33회 동기 김진세 변호사의 소개로 나는 동 법인의 설립등기 관련 사건을 위임받았다. 이를 위한 준비로 동 협회의 정관, 의사록 등 설립등기신청사건 등 관련 업무를 무료로 처리한 공로를 인정받아 대한민국 육군발전협회 초대 회장 예) 대장 백선엽으로부터 다음과 같은 내용의 감사패를 수여받았다.

> 감사패 제2007-01호 법무사 최돈호 : 귀하께서는 육군발전협회의 설립에 뜻을 함께하고 큰 힘을 모아 주셨습니다. 이에 귀하의 고귀한 뜻과 기여한 공로를 육군발전협회의 역사에 남기고 감사의 마음을 모아 이 패를 드립니다. 2007. 2. 22. 회장 예) 대장 백선엽

필자는 2010년 7월 23일 중앙일보 발행 지은이 백선엽『내가 물러서면 "나를 쏴라"』라는 "백선엽 장군의 6·25 전쟁 이야기" 회고록 표지에 친필로 <최돈호 先生 2010. 7. 31. 백선엽 呈>이라고 쓴 소중한 회고록을 증정받고 처음부터 끝까지 정독했다. 그 과정에서 나라를 지키기 위해 젊음과 목숨을 바친 호국영령(護國英靈)의 애국을 이어받아 우리가 누리는 자유를 감사해야 하고 그들의 인생철학을 배워야 한다는 것을 새삼 느끼게 되었다.

오늘의 우리들은 6·25 전쟁터에 목숨을 바친 국군장병들의 고귀한 희생으로 이 땅에서 살아남아 행복을 누리며 살아가고 있다. 6·25 전쟁영웅 고 백선엽 대장에 대한 배은망덕은 그 **<전쟁에서 살아남은 자의 가장 큰 죄악(罪惡)>** 중의 하나이다. 국군통수권인 대통령과 정부, 육·해·공군 장병(將兵), 공직자 등을 비롯한 모든 국민은 국가안보와 국토방위의 신성한 의무를 수행하다 목숨을 바친 국군장병들의 넋을 위로하며, 그 충절(忠節)을 추모하고 고인(故人)들의 명복을 비는 일에 온갖 정성을 다해야 한다. 그것은 6·25 전란에서 살아남은 우리 모두의 사명이요, 인간으로서의 도리이며, 의무로서 "최소한의 양심의 표현"이다. 그것만이 그들의 전사(戰死)에 대한 은혜에 보은(報恩)하는 길이다.

6·25 전쟁영웅을 "서울현충원에 안장할 수 없다."면서 적반하장으로 "친일파", "민족반역자"로 매도하는 좌파 후안무치들은 은혜를 원수로 갚는 배은망덕의 표본이요, 천인공노(天人共怒)할 만행(蠻行)이다. 감사로써 은혜에 보답하는 "은혜로운 사람"이 되는 것이 <인간의 길>이다. 은혜에 대해 고마움을 아는 마음을 가진 사람이 **<사람다워지는 근본>**이며, 또 그 시작이다. 인간은 <보은적 인간(報恩的 人間)>이 되어야 한다.

6·25 전쟁영웅 백선엽 예비역 대장이 100세를 일기로 대전현충원에 안장(安葬)됐다. 그분의 삶은 바로 대한민국의 자유·평화·번영의 역사였다. 이런 호국영웅의 마지막 길을 국군통수권자인 문 대통령은 끝내 외면했고, 그 자리는 동맹국 미국이 대신 채웠다. 미국은 백악관에 이어 국무부도 성명을 통해 백 장군의 별세를 애도했고, 역대 한·미 연합사령관들은 최고의 존경과 감사의 헌화(獻花)를 했다. 유엔군사령부는 페이스북 계정에 "오늘(2021. 11. 23.)은 백선엽 장군이 태어난 지 101주년 되는 날"이라며 추모 글을 올리며 "6·25 전쟁 당시 보여주신 리더십, 조국을 위한 일생의 헌신과 끝없는 전우애는 오래도록 기억될 것"이라고 했다.

국립대전현충원 경내에 있던 백선엽 장군 묘소 안내판이 일부 친여(親與)단체의 항의로 철거됐다고 보도됐다. 2021년 2월 7일 국가보훈처와 대전현충원에 따르면 지난 5일 민족문제연구소 대전지부 회원 20여 명은 대전현충원 제2묘역에 안장된 백 장군 묘소 바로 앞에서 집회를 열고 '백 장군을 이장(移葬)하라.'고 주장하며, '故 백선엽 장군 묘소 안내판도 없애라.'고 요구했다. 그러자 현충원은 당일 바로 안내판을 뽑아냈다고 한다. 전쟁에서 나라를 구한 영웅의 안식을 이런 식으로 방해하는 배은망덕(背恩忘德)한 나라가 오늘의 대한민국의 실상이다.

이제 6·25 전쟁에서 살아남은 우리들은 백선엽 장군이 목숨을 걸고 지켜낸 자유와 평화, 번영의 소중한 가치가 얼마나 큰 축복인지를 깨닫고 그분이 남긴 구국의 정신을 계승해 나라를 지켜나갈 숙제를 안게 되었다. 백선엽 장군의 유해(遺骸)를 대전현충원에서 서울현충원으로 이장(移葬)해 그분의 유지(遺志)에 따라 서울현충원에서 6·25 참전용사들과 함께 편히 잠들

수 있도록 하는 것이 '호국영령(護國英靈)에 대한 예우(禮遇)'라고 본다. 6·25
를 승리로 이끈 한국전쟁의 영웅으로 한평생을 대한민국의 안전보장과 국
토방위의 신성한 의무를 수행함을 사명으로 살아오시다가 영면(永眠)하신
예비역 대장 백선엽 님의 명복(冥福)을 빈다.

사. 나라를 사랑하는 위대한 통치자

문재인 대통령은 취임사에서 적폐청산은 한마디 언급도 없이 '사람이
먼저다', '국민통합'을 외쳐왔으나 취임 직후 100대 국정과제 제1호로 적폐
청산을 내걸어 과거 정부 관계자 수백 명에게 적폐정권에 몸담아 일했다는
이유로 소환조사, 압수수색, 체포, 구속, 별건수사, 피의사실공표 등 대통령
의 하명에 따라 무리하게 수사하는 과정에서 억울한 사람들이 목숨을 끊거
나 유명을 달리한 비극이 잇따랐다. 그 과정에서 "공정과 정의"라는 가치는
빈사상태(瀕死狀態)에 빠졌다.

그것은 조국 게이트가 결정타가 된 것이다. 이로 인해 우리 사회의 공정
한 경쟁이나 사회정의는 공허한 메아리가 되었고, <내 편이냐? 네 편이
냐?>에 따라 정의와 불의(不義)의 기준을 달리하는 "조폭식(組暴式) 정의관
(正義觀)으로 우리 사회를 병들게 했다. 그러나 수사 결과 대부분이 불기소
결정('혐의 없음' 또는 '죄가 안 됨') 또는 무죄판결을 받거나 현재 재판 중에 있다.
정권의 주구(走狗)가 된 '정치검찰'이야 말로 청산되어야 할 적폐대상이다.

적폐청산을 빙자한 인권탄압과 인권유린 등 실정(失政)에 시달려온 국민
들은 혜성 같은 구세주(救世主)의 등장을 기대한다고 김대중(金大中) 칼럼은
기술하고 있다(2021. 7. 13. 조선일보 오피니언 "문재인 5년을 지울 '청소부'를…"). 우리

는 '문재인'을 지우고 법치를 바로 세워 나라를 전통(傳統)의 자유민주주의로 되돌려놓는 데 방해가 되는 것들을 쳐낼 '싸움꾼'을 원한다. 우선순위는 우리 정치사(政治史)에서 문재인 5년을 청산(淸算)하고 지우는 것이다. 좌파 적폐(左派積弊)를 가려내고 보수우파(保守右派)의 지고(至高)한 가치(價値)인 법치(法治)·공정(公正)·질서(秩序)·안보(安保)를 다시 세우는 일이라고 했다.

문재인 정권의 적폐청산을 빙자한 인권탄압과 인권유린, 국가안보 및 경제파탄의 위기자초, 역사의 조작 및 왜곡, 무능 외교의 극치에 따른 국제사회에서의 고립무원(孤立無援) 등 적폐를 청산하는 것이 바로 '문재인 지우기'의 핵심이다. 그러면 누가, 어떤 후보가 이런 '문(文) 적폐청산'에 보다 효율적으로 대처(對處)할 수 있는가? 이런 작업은 법치적(法治的)으로 다뤄져야 한다. 즉 사법적(司法的) 접근으로 바로잡아야 한다고 했다.

다음 대통령이 될 어떠한 후보가 문재인 정권의 위와 같은 적폐를 청산하고 우리가 지향(志向)하는 자유민주적 기본질서에 입각한 법치주의를 사법적(司法的)으로 바로 잡을 수 있는가? 사물을 엄정한 법의 적용과 집행으로 처리하는 데 일생을 바친 사정(司正)기관 출신의 공직자가 바로 그 적임자라고 했다. 천우신조(天佑神助)로 야권에서 부상(浮上)하고 있는 대통령 예비후보의 선두주자들은 사정(司正)기관 출신(윤석열 전 검찰총장 및 최재형 전 감사원장)이다.

작금(昨今) 이 나라에 필요한 인물(人物)은 한 사람의 전지전능(全知全能)이 아니라 정부조직의 모든 분야에서 능력 및 실력과 청렴성(淸廉性) 그리고 국민 전체에 대한 봉사 자세를 겸비한 유능한 인재를 적재적소(適材適所)에 배치할 수 있는 혜안(慧眼)을 가진 지도자의 통찰력(洞察力)과 포용력(包容力)

을 겸비한 사람이다. 즉, 헌법과 법률이 정하는 바에 의하여 공무원 임면권(任免權)을 "적정(適正)하게 행사"할 수 있는 대통령이 요구되는 것이다.

이제 우리나라는 어느 때보다도 자유민주적 기본질서에 입각한 통치자의 국가관과 안보관이 요구되는 시점이다. 자유는 갈구하는 자가 정의감(正義感)과 용기로써 스스로 쟁취(爭取)하는 것이다. "행복은 자유에서 오고, 자유는 용기에서 온다(Perikles)."고 했다. 용기와 신념과 지혜가 부족할 때 자유의 나무는 성장하기 어렵다. "언제나 죽을 각오(覺悟)로 있는 사람만이 정말 자유로운 인간이다(Diogenes)." 투철한 사생관(死生觀)의 확립은 자유인이 되는 자격의 하나로 인생의 소중한 보배요, 가치다.

문재인 정권의 적폐를 청산할 새 대통령에게 요구되는 자질과 능력이 있는 이상적인 대통령이 되기 위해서는 인간의 생명 다음으로 소중한 가치인 자유의 나무를 지혜(智慧)와 자제(自制)와 용기로서 가꾸려는 인물이 필요하다. 술책가(術策家)나 선동가(煽動家)가 아닌 지도자로서 뛰어난 영지(英智)와 고매(高邁)한 이념(理念)의 뒷받침이 있는 리더십을 겸비한 민주적 지도자의 출현이 요구되는 것이다. 자유의 나무를 지혜롭게 가꾸어나갈 자질(資質)을 겸비한 대통령만이 **"나라를 사랑하는 위대한 통치자"**가 될 수 있다.

7. 선장의 지혜와 사지(四知)의 교훈

자식은 부모를 비추는 거울이라고 했듯 부모는 일상생활에서 자녀들에게 행동의 모범을 보여 그들을 바람직한 가치방향으로 이끌어 주어야 한다. 자녀들의 올바른 인성(人性)과 반듯한 삶의 자세는 부모의 언행(言行)을 통하여 배워가므로 가정에서 부모의 가장 큰 역할은 언제나 자녀들에게 <바른 본보기>를 보여주는 일이다. "모범은 인류의 학교이다(Example is the school of mankind)."라고 했다. 최선의 교육은 부모가 자녀들에게 스스로 모범(模範)을 보이는 것이다.

가정은 자녀들의 인격 형성의 도장(道場)이요, 사람의 근본(根本)이 만들어지는 인생의 교실이다. 그래서 가정은 사회의 대본(大本)이라고 한다. 자녀의 인격(人格)과 품성(品性)은 가정이라는 평생의 학교에서 형성된다. 바른 사회건설의 기초는 바른 가정교육에서 시작되므로 가정의 붕괴는 곧 사회의 붕괴로 연결된다. 그러므로 행복한 가정의 건설은 인간의 가장 고귀한 의무(義務)요, 사명(使命)이요, 책임(責任)이다. 부모는 교육이라고 하는 오케스트라(orchestra)의 지휘자가 되어야 한다. 부모는 자녀들에게 <생각은 깊게, 말은 바르게, 행동은 정직하게> 가르쳐야 한다. 그것이 곧 자식농사(子息農事)다. 자식농사는 자식 사랑에서 나온다. 부모는 넓은 시야(視野)와 세계관(世界觀)을 가지고 지휘봉(指揮棒)을 젓지 않으면 안 된다.

대통령은 민족과 역사의 먼 앞날을 내다볼 수 있는 '눈'과 국민의 진실한 소리를 들을 줄 아는 '귀'와 정의와 신념에 따라 옳은 말을 할 줄 아는 '입'과 국가와 민족의 장래에 대하여 명석하게 사고(思考)하는 '머리'로서 통치할 수 있는 예지(叡智)를 겸비해야 한다. 예지는 <통치자가 갖추어야 할 덕목(德目)>의 하나라고 본다. 대통령은 국가와 민족의 미래를 책임지는 통치자로서, 앞으로 전개될 세계화시대에 필요한 통치능력(統治能力)을 갖추어야 한다. 대통령은 세계화시대에 대처할 수 있는 국제적 감각과 경험을 필요로 한다. 역사는 한가롭게 대통령의 덕목을 갖출 교육을 위해 기다리지 않는다. 이 순간에도 세계는 빠른 속도로 변하고 있다.

대통령은 '세상이 최선의 판단자다(The public is the best judge.)', '여론이 세계를 지배한다(Opinion rules the world.)', '백성의 소리는 정말 큰 힘이 있다(The voice of the people truly is great in power.)', '투표용지는 총알보다 강하다(The ballot is stronger than the bullet.).'는 말을 좌우명(座右銘)으로 삼고 통치함으로써 <성공한 대통령>으로 국민의 존경과 칭송을 받으며 역사에 길이 남을 수 있다. 이러한 통치자는 역사상 결코 꽃을 피운 적이 없는 사막에 장미꽃이 피어나게 할 수 있다.

부모는 사회의 기본단위인 가정이라는 작은 배를 운항하는 선장(船長)이며, 대통령은 국군통수권자로서 국가라는 거대한 함정(艦艇)을 운항하는 함장(艦長)이다. 선장과 함장은 자신이 운항(運航)하는 배의 안전한 항해를 도모하는 최고책임자로서 선박이 급박한 위험에 처했을 때에는 구조에 필요한 모든 조치를 다할 책무(責務)가 있다. 선장으로서 가정이라는 배를 운항하는 부모와 국가라는 거대한 함정을 운항하는 대통령에게는 자신이 운항하는 배의 항로와 바람의 방향을 똑바로 아는 "선장(船長)의 지혜(智慧)"가 필요하다.

이러한 지혜를 겸비한 선장인 부모와 대통령의 안전한 운항으로 우리는 행복한 가정을 건설하고, 우리들과 우리들의 자손의 안전과 자유와 행복을 영원히 확보할 수 있는 선진일류국가를 건설할 수 있다. 인간의 역사에 있어서 가장 중요한 것은 그가 무엇을 목적으로 하고, 어느 길로 가는가라는 그 방향이다. 통치자는 언제나 참의 편에서 말하고, 진실(眞實)의 편에서 행동하고, 정의(正義)의 편에서 생활하는 "양심(良心)의 지도자(指導者)"가 되어야 한다.

후한(後漢)의 양진이 형주자사로 부임했을 때 왕밀이 창읍의 수령을 제수(除授)받고 밤중에 양진을 찾아와 '당신과 나밖에는 아무도 알 사람이 없다.'고 하며 금 열 근을 바쳤을 때 양진이 왕밀에게 **'하늘이 알고 땅이 알고 내가 알고 자네가 안다.'**고 말하며 이를 받지 않자 왕밀이 부끄럽게 여기고 물러갔다는 고사에서 유래되는 말을 가리켜 이른바 <사지(四知)>라고 한다. 두 사람만의 비밀이라도 하늘과 땅 그리고 두 관계자는 알고 있어 언젠가는 남에게 알려진다는 말로서 세상에는 비밀이 없다는 의미다. 이것이 <사지(四知)의 교훈(敎訓)>이다.

김경수 경남지사의 드루킹 댓글조작사건, 조국과 그 일가족 비리, 사모펀드비리, 유재수 감찰 무마 및 농단사건, 최악의 슈퍼팽창 예산강행처리, 울산시장 선거 관련 청와대 하명 수사 의혹, 우리들 병원 권력형 특혜대출 의혹 등 이러한 모든 의혹에 대해 만일 이미 공수처가 설치되어 있었다면 그 수사가 어떻게 되었을 것인가? 그 사령탑(司令塔)이 청와대가 아닌가? 이 모든 의혹의 진상에 대해 "하늘이 알고 땅이 알고 행위자가 알고 상대방"이 알고 있다. 국민은 이 모든 <의혹의 정점(頂點)에 누가 있는지> 잘 알고 있다.

대통령을 비롯한 모든 공직자는 <사지(四知)의 교훈>을 평생의 좌우명으로 삼고 살아야 국민의 존경을 받는 통치자(統治者), 청백리(淸白吏)가 되어 국민에 봉사하는 공직자로서 성공할 수 있다. "잘 보낸 하루가 행복한 잠을 가져오듯이 잘 산 인생(人生)은 행복한 죽음을 가져온다(Leonardo da Vinci).", "비겁한 자는 죽기 전에 여러 번 죽지만, 용감한 자는 결코 한번밖에는 죽지 않는다(Shakespeare)."고 했다.

헌법은 한갓 장식품(裝飾品)이 아니라 국민의 기본권을 보장하고, 국가 권력을 조직하고 제한하는 근본규범(根本規範)이다. 법은 우리가 지켜야 할 행위규범(行爲規範)이요, 사회의 공동약속(共同約束)이요, 온 국민이 준수해야 할 사회규범(社會規範)이다. 정치권력이 법과 정의의 지배하에 있고, 국민에게 봉사하는 법치국가(法治國家)를 만드는 것이 정치의 목적이요, **통치자의 책무(責務)**이다.

8. 한명숙 전 총리에 대한 유죄판결이 과연 사법적폐이며, 사법농단인가

정치자금법위반으로 2년간 복역한 한명숙 전 총리가 의정부교도소에서 출소해 여당 원내대표, 국회의원 등 200여 명의 지지자가 출소를 환영했다. 출소한 한 전 총리에 대해 추미애 여당 대표는 '기소도 재판도 잘못됐다', '기소독점주의 폐단과 사법부정의 피해를 고스란히 입었다.'고 주장했고, 여당의 대변인은 '정치탄압을 기획하고 검찰권을 남용하며 정권에 부화뇌동한 관련자들은 청산되어야 할 적폐세력'이라며 '사법정의가 바로 서도록 하겠다.'라고 했으나 이것이야말로 법치를 조롱하며 흑백을 뒤집어 억지무죄를 만들려는 후안무치(厚顔無恥)한 궤변이다.

한명숙 전 총리에 대한 "대법원 판결이유"(대판 2015. 8. 20. 2013도 11650 전원합의체)에 의하면 한 전 총리에 대한 '공소사실의 요지'는, 한 전 총리가 한신건영의 대표이사로부터 ① 2007. 3. 31.부터 2007년 4월 초순경 사이 피고인의 아파트단지 부근에서 여행용 가방에 담긴 현금 1억 5천만 원, 액면 금 1억 원의 자기앞수표 1장 및 5만 달러를, ② 2007. 4. 30.부터 2007년 5월 초순경 사이 피고인의 아파트에서 여행용 가방에 담긴 현금 1억 3천만 원 및 17만 4천 달러를, ③ 2007. 8. 29.부터 2007년 9월 초순경 사이 피고인의 아파트에서 여행용 가방에 담긴 현금 2억 원 및 10만 3천5백 달러를 정치자금으로 기부받았다는 것이다.

원심은, 공소사실과 같은 일시, 장소에서 그와 같은 방법으로 3차례에 걸쳐 합계 약 9억 원을 피고인에게 정치자금으로 공여하였다는 대표이사의 일관된 검찰진술내용은 비록 대표이사가 제1심법정에서 그 검찰진술을 번복하였더라도 신빙성이 있다는 전제하에, 대표이사의 검찰진술과 그 판시증거들을 종합하여 피고인에 대한 공소사실을 전부 유죄로 인정했다.

대법원은 공소사실을 모두 유죄로 인정한 원심판단에 자유심증주의의 한계를 벗어난 잘못이 있다거나, 증거의 신빙성 내지 증명력, 증명책임 및 유죄인정을 위한 증명의 정도 등에 관한 법리를 오해한 위법이 있다거나, 공판중심주의, 직접심리주의원칙을 위반하여 판결에 영향을 미친 잘못이 있다고는 인정되지 않는다.'고 판결했다.

위 판결에서 대법관 다수의견(8명)은 '형사소송법 제307조 제1항, 제308조는 증거에 의하여 사실을 인정하되 증거의 증명력은 법관의 자유판단에 의하도록 규정하고 있는데, 이는 법관이 증거능력 있는 증거 중 필요한 증거를 채택, 사용하고 증거의 실질적인 가치를 평가하여 사실을 인정하는 것은 법관의 자유심증에 속한다는 것을 의미한다. 따라서 충분한 증명력이 있는 증거를 합리적인 근거 없이 배척하거나 반대로 객관적인 사실에 명백히 반하는 증거를 아무런 합리적인 근거 없이 채택, 사용하는 등으로 논리와 경험의 법칙에 어긋나는 것이 아닌 이상, 법관은 자유심증으로 증거를 채택하여 사실을 인정할 수 있다.'고 했다.

지난 23일 출소한 한 전 총리에 대해 여당의 대표와 그 대변인은 '억울한 옥살'이라고 주장하며 우리나라의 사법부에 대해 **'청산해야 할 적폐'**로 규정했다. 그러나 한명숙 선 총리에 대한 정치자금법위반사건의 수사와 재판의 진행과정을 보면 일반사건보다 혜택을 본 것으로 볼 수 있다. 즉, 9억 원이나 되는 거액의 정치자금을 불법으로 수수한 혐의에 대해 검찰은 불구속으로 기소했으며, 법원은 2심에서 유죄가 인정되어 징역 2년을 선고했으나 피고인이 국회의원이라는 이유로 법정구속을 하지 않았고, 대법원은 판결선고를 2년 동안이나 지체하여 2015년 8월 수감될 때까지 국회의원직을 유지할 수 있도록 특혜와 은전(恩典)을 베풀었다.

출소한 한 전 총리는 '짧지 않은 2년 동안 가혹했던 고통이 있었지만 새로운 세상을 드디어 만나게 됐다. 앞으로도 당당하게 열심히 살아나가겠다.'고 말했다. 그의 수감생활이 '가혹했던 고통'이었는지 아니면 '자기성찰의 시간'이 되었어야 했는지는 그의 양심과 인격에 달린 문제다. 한 전 총리가 정치자금을 받았는지 여부는 정치자금을 준 사람과 받은 사람 및 하늘과 땅은 알고 있다(이른바 "四知").

위 판결에서 대법관 13명 전원이 3억 원을 유죄로 인정했고, 나머지 6억 원에 대해서는 대법관 8명은 유죄로, 5명은 무죄로 판단했다. 위 판결에 대하여 사법적폐라는 주장이야 말로 적폐청산의 미명하(美名下)에 법치주의, 사법정의를 조롱하는 사법부에 대한 모욕이요, 사법권독립을 침해하는 적폐다. 정상배들은 언제나 자신들에 대한 검찰의 수사와 법원의 판결에 대한 유불리만을 따져 수사 및 재판을 아전인수격(我田引水格)으로 평가하는 **"내로남불 집단"**이다. 이것이 바로 국가개조를 위하여 청산되어야 할 고질적 적폐. 이러한 사건의 피고인을 양심수로 둔갑(遁甲)시키려는 후안무치(厚顔無恥)들이 총선에서 압승한 기세를 몰아 "법치주의와 사법정의"를 말살하려는 것이다.

대법원의 유죄확정판결 뒤집기 논란의 중심에 서 있는 한명숙 전 국회의원 겸 국무총리가 자신에 대한 유죄판결이 선고된 지 5년이 지나도록 추징금 대부분을 미납한 것으로 나타났다. 한 전 총리가 미납한 추징금은 7억 1,088만 원에 달한다. 전체 추징금 8억 8,302만 원 중 19.5%에 해당하는 1억 7,214만 원만 환수돼 80.5%가 미납된 상태다. 한 전 총리가 스스로 납부한 추징금은 9차례에 걸쳐 총 1,760만 원을 낸 것이 전부다. 검찰은 한 전 총리에 대한 정치자금법위반사건의 재조사가 진행되더라도 재심확정판결로 종전의 판결이 취소되기 전까지는 범죄수익에 대한 은닉재산으로 보고 사실조회 및 강제집행을 통해 미납추징금을 환수하겠다는 방침(2020. 5. 28. 법률신문 5면)이라고 보도됐다. 인간은 진실하고 바르게 살아야 한다.

9. 반공소년 이승복의 통곡소리

_ 2018.1.25. 법률신문 법조광장

　　1968년 11월 추운 겨울밤 울진, 삼척지구에 침투한 북한무장간첩이 강원도 평창군 진부면 소재 두메산골에 엄마와 어린이 4남매가 살던 초가를 급습하여 '먹을 것을 달라'고 하며 어린이들을 방구석으로 몰아넣고 '너희는 북한이 좋으냐, 남한이 좋으냐?'라고 묻자 9살 이승복 어린이가 '나는 공산당이 싫어요.'라고 대답하자 무장공비들은 잔인하게 대검으로 이승복 어린이의 입을 찢고, 동생들 모두를 죽였다. 이러한 아픔을 간직한 땅 평창에서 인류평화를 추구하는 동계올림픽이 열린다.

　　이승복 어린이의 참혹한 죽음으로 반공(反共)은 대한민국의 국시(國是)가 되었고, 평창은 '반공교육의 살아 있는 현장'이 되었다. 필자의 어린 시절의 아름다운 추억이 잠긴 정든 고향이며, 반공교육의 산 현장이 되어 이승복 기념관이 건립된 평창에서 동계올림픽이 개최된다. 스포츠에 의한 인간의 완성과 올림픽 경기를 통한 국제평화의 증진을 이상으로 하는 평창 올림픽이 인류평화의 유지와 인류애에 공헌하는 평화와 화합의 제전이 되기를 간절히 소망하며 이 글을 쓴다.

　　'나는 공산당이 싫다.'는 말 한마디에 9살 어린이를 대검으로 처참하게 살해한 북한공산주의를 대표하는 북한 선수와 단일팀을 구성하고, 북한의 마식령 스키장훈련과 금강산 올림픽 전야제를 하며, 평창 동계올림픽 개폐회식에 개최국을 상징하는 태극기가 아닌 국적 불명의 한반도기를 들고 남북이 공동입장 하기로 하는 내용의 합의문을 우리정부가 반영시켰다. 동계올림픽에 참가하는 북한 선수 외에 북한의 관현악단 140명, 미녀응원단 230명, 태권도 시범단 30여 명 등 500여 명 이상의 체류비, 숙박비 등의 지원에 국민혈세를 지원하게 될 것이고 이로 인해 국제적 대북제재공조와 충돌할 가능성마저 제기되고 있다.

여론조사기관인 리얼미터가 1월 17일 성인 남녀 500명을 조사한 결과 '남한선수단은 태극기를, 북한선수단은 인공기를 들고 입장하는 것이 바람직하다.'는 여론이 49.4%인 반면 '남북선수단이 한반도기를 들고 입장하는 것이 바람직하다.'는 의견은 40.5%에 그쳤고, 남북단일팀 구성에 대해 20대는 82.2%, 30대는 82.6%가 반대했다. 온 국민의 정성과 성원으로 어렵게 유치한 평창 동계올림픽이 핵으로 우리의 생명과 안보를 위협하고 각종 도발행위를 일삼는 김정은 독재정권의 선전장이 되고, 남북대화의 핵심의제가 될 '북핵포기'는 사라지고 남측의 일방적 양보만을 노리는 북측의 기만전략으로 인해 평창 올림픽을 '평양에 도둑맞은 꼴'이 될까 많은 국민들이 우려하며 평창 동계올림픽 후의 귀추(歸趨)를 주목하고 있다.

현송월이 이끄는 삼지연 관현악단의 사전 전검단은 20일로 예정된 남측방문일정을 이유 없이 취소했다가 21일 방남(訪南)하는 안하무인(眼下無人)의 무례(無禮)를 범한 것은 김정은의 뜻에 따라 좌우되는 북한의 1인 독재체제의 상투적 작태를 다시 보여준 것이다. 20일 스위스 로잔에서 남북과 IOC의 협의결과 여자아이스하키 단일팀에 예상보다 많은 북한 선수 12명을 포함시켜 경기마다 3명의 출전을 보장키로 함으로써 '우리 선수들에게 피해가 없도록 하겠다.'고 한 정부의 약속마저 무색해졌다. 개막 전 금강산에서 합동문화행사 및 마식령 스키장에서 남북공동훈련을 하며, 올림픽경기장에는 대한민국의 국기(國旗)인 태극기 대신 국적 불명의 한반도기가 등장하고, 국가(國歌)인 애국가 대신 민요 아리랑이 연주된다고 한다. 대한민국이 과연 동계올림픽의 개최국이 맞는지 묻고 싶다.

평창 동계올림픽 개최국으로서 자유민주적 기본질서(自由民主的 基本秩序)를 기조로 세계평화와 인류공영에 이바지함으로써 우리들과 우리들의 자손의 안전과 자유와 영원히 확보해야 할 책무를 진 대한민국호(號)는 태풍이 몰아치는 거센 파도 속의 조각배가 되어 표류하고 있다. 아름다운 스포츠정신이 세계에 보급되어 온 세계의 청년들이 진실로 평화를 사랑하며 인간의 존엄성을 창조하여 인류평화의 유지와 인류애에 공헌하는 평창 동계올림픽이 정치의 선전장이나 쇼 무대가 될 수는 없다.

북한 무장공비의 만행으로 반공교육의 현장이 된 평창에서 개최되는 동계올림픽이 김정은의 명령을 수행하는 북한의 선수단, 고위급 대표단, 태권도 시범단, 미녀응원단 및 예술단, 기자단 등 수백 명이 참가함으로써, 핵으로 세계평화를 위협하는 김정은의 체제선전장이 되거나 북한의 평화 이벤트 쇼 무대가 되어 평창이 그들만의 잔치로 전락할 수 있다고 많은 국민들이 우려하고 있다. 평창 동계올림픽은 남북 간의 체육행사가 아님은 물론 김정은 정권의 체제선전을 위한 행사장은 물론 북한 예술단의 공연장이 아니라 대한민국 국민의 혈세로 개최하는 전 세계인의 올림픽경기이다.

북한 대표단의 평창 동계올림픽참가는 북한 선수로 단일팀을 구성할 수 있는 선수 약간 명과 코치 몇 명만으로 족하며, 남과 북은 별개로 선수단을 구성하여 각자 자기 나라의 국기를 들고 개폐회식에 입장하는 것이 올림픽정신과 헌장을 준수하는 정도(正道)라고 본다. 그럼에도 불구하고 정체불명의 북한악단과 응원단 등 수백여 명이 서울과 강릉에서 공연을 하며, 김정은 체제를 찬양하는 공연을 한다면 그것은 올림픽을 정치도구화 하는 것으로서 올림픽정신에 반하는 것이다.

남북단일팀의 급조로 그동안 훈련된 우리 선수들의 조직력을 약화시켜 경기에서 참패하고 말았다. 이러한 일련의 사태를 보면서 평창 동계올림픽 개최국이 북한인지, 남한인지 혼란스런 분위기다. 이번의 남북대화가 북한 김정은의 속임수에 놀아나 아무런 소득 없이 국민의 혈세만 낭비하는 퍼주기식 회담이 되지 않을까 국민들은 걱정하는 한편 그동안 북한의 전략에 속아온 국민들은 평창 동계올림픽 후 북측의 평화올림픽참가를 미끼로 한 청구서를 심히 우려하고 있다. 평창 동계올림픽이 핵으로 세계평화를 위협하는 김정은 체제의 선전장이 되었다는 오점(汚點)을 남기는 일만은 막아야 한다. 북한은 1월 22일 김영철 통일전선부장을 단장으로 하는 대표단을 평창올림픽 폐막식에 파견한다고 통보해왔으니 그는 우리 해군병사 46명의 목숨을 앗아간 천안함 폭침(爆沈), 연평도 포격도발, 목함 지뢰도발 등을 주도한 인물이다.

천안함 폭침의 주범(主犯)인 김영철이 국빈급(國賓級) 경호를 받으며 2박 3일 동안 대한민국 영토를 누비며 문 대통령을 만나고 평창동계올림픽 폐막식에 참가하는 것을 지켜보는 천안함 유족들과 국민들이 어떤 심정일지를 정부는 헤아려 보아야 할 것이다. 북한이 김영철을 대표단 단장으로 평창 동계올림픽폐막식에 보낸 것은 대한민국과 천안함 유족을 포함한 우리 국민을 능멸(凌蔑)하는 것이며, 올림픽경기를 북한의 선전장으로 이용하려는 위장평화공세인 거짓 쇼에 불과하다. 북한 김정은이 대남 미소작전으로 북한선수단을 파견하고, 남북정상회담을 하자는 것은 미국의 군사옵션(대북군사조치), 한·미연합훈련에 겁먹은 북한 김정은이 우리 정부를 방패막이로 이용하여 "대북제재에 관한 국제공조를 와해(瓦解)시키려는 공작"에 불과하다.

서울과 강릉이 북한공산정권을 선전하는 쇼 무대가 되거나 개폐회식에 주체국의 상징인 태극기가 사라지고 국적 불명의 한도기가 푸른 하늘에 나부끼고, 애국가 아닌 민요 아리랑이 연주되는 소리가 들리면 '나는 공산당이 싫어요.'라는 말 한마디로 잔인하게 살해당한 하늘나라의 **"반공소년 이승복 어린이가 통곡"**할 것이다. 이승복 어린이의 통곡소리를 들을 날이 멀지 않았다. 그 통곡소리를 듣지 않을 유일한 길은 우리 정부가 김정은의 전술전략에 넘어가지 않고 국제사회의 대북제재공조를 더욱 강화시켜 한반도에 전쟁 없이 평화적으로 북한이 핵을 포기하게 하는 전술전략의 수립과 그 실행에 있다. 북한의 핵 폐기 없는 한반도 평화는 요원(遙遠)하다.

핵문제에 대한 진척(進陟) 없이는 남북회담도 성공할 수 없을 것이며, 북한의 시간벌기전략에 계속하여 이용당할 뿐이다. '핵과 동거(同居)하는 평화'는 한·미 동맹을 파괴하여 국제사회에서 외톨이가 되어 대한민국을 핵풍랑(核 風浪) 속에 홀로 표류(漂流)하는 난파선(難破船)으로 만들 뿐이다. 남북회담에 임하는 우리 정부와 남측대표는 "知彼知己百戰不殆"를 좌우명으로 삼아야 할 것이며, "敗軍之將 不可以言勇"을 명심해야 한다.

10. 언론의 자유와 사명

가. 언론 · 출판의 자유

언론 · 출판의 자유(freedom of speech and publication)는 국민의 언론과 출판을 국가로부터 제한받지 아니하는 자유, 넓은 뜻으로는 표현의 자유의 별칭이며, 좁은 뜻으로는 표현의 자유 중 언어와 인쇄를 매체로 하는 것을 가리킨다. 마음대로 생각하고, 마음대로 글로써 표현하고 정부를 비판할수 있는 표현의 자유가 없는 사회는 암흑사회요, 독재국가이다. 언론 · 출판의 자유는 민주정치의 필수적인 사상표현의 자유이며, 소극적인 자유이기보다는 적극적인 민주정치의 구성 원리로서의 의미를 가진다.

개인의 의견이나 사상을 발표하는 언론의 자유는 1647년 및 1649년의 영국의 국민협정(Agreement of the People)이 헌법적으로 보장하려고 한 최초의 것이다. 1689년 12월에 제정된 영국 헌정사상 중요한 의미를 가지는 의회제정법인 권리장전(Bill of Rights)에서는 의회에서의 언론의 자유가 보장되었고, 1695년에는 검열법(The Licensing Act)을 폐지함으로써 비로소 출판의 자유가 확립되었다. 그 후 1776년 미국의 버지니아 헌법, 1789년의 미국헌법에서는 법률로써도 제한할 수 없는 절대적 자유로 보장되었다. 우리나라 헌법 제21조의 언론 · 출판의 자유는 **"우리나라의 권리장전"**이라 할 수있다.

언론의 자유는 사상표현의 자유로서 자기의 내심(內心)의 사상을 공개할 수 있는 자유를 의미하며, 권위주의적 전제국가(專制國家)에 대응하는 대립적(對立的), 정책적(政策的) 기본권으로 <민주주의의 생명선(生命線)>이라고도 한다. 언론의 자유는 인간의 존엄과 직결되어 있으며, 사유(思惟)의 자유를 전제로 하고 있는 점에서도 중요성을 가진다. 언론의 자유는 개인뿐만 아니라 법인(法人)에도 보장되는 권리로서, 신문사나 보도의 자유권이 인정되며 그 존립이 보장된다. 언론·출판의 자유는 개인의 의견이나 사상을 발표하는 자유이나 양자는 그 표현하는 수단에 차이가 있을 뿐이다.

현대에서는 특히 신문·잡지·라디오·TV 등 매스컴이 중요한 수단이 되고 있으며, 따라서 언론·출판의 자유에는 '보도(報道)의 자유'가 포함되며, 그중에서도 '신문의 자유'가 대표적인 것이므로, 국민의 <알 권리>와 매스컴의 <알릴 권리>로서 보장되고 있다. 언론·출판의 자유는 사전 검열제도나 허가제도가 없어야 보장된다. 일찍이 W.블랙스톤이 '출판의 자유는 발표 전에 사전제한을 하지 않는 데 있다.'고 한 것은 이를 잘 표현한 것이다.

언론·출판의 자유는 국민의 표현의 자유와 국민의 알 권리를 보호하고, 여론형성에 관한 공적기능을 보장함으로써 인간의 존엄과 가치 및 민주적 기본질서를 존중하고 민주적 여론형성에 이바지하며, 정부의 언론탄압을 방지함과 동시에 언론기관의 권한남용을 방지함으로써 국민의 '알 권리'와 '표현의 자유'를 보장하기 위한 것이다. 언론·출판의 자유는 국민의 언론과 출판을 국가로부터 규제나 간섭을 받지 아니하는 자유를 말하며, 넓은 뜻으로는 표현의 자유의 별칭이며, 좁은 뜻으로는 표현의 자유 중 언어와 인쇄를 매체로 하는 것을 가리킨다.

국가가 공권력에 의하여 국민의 사상표현 활동을 제한하는 것을 '언론통제(言論統制)'라고 한다. 정부는 자유언론의 기본원칙을 유린(蹂躪)하는 언론규제 법률들을 폐지하는 용단(勇斷)을 내려야 한다. 언론의 자유는 모든 국민이 가치 있는 뉴스에 자유롭게 접근하며, 다양한 의견을 들을 수 있게 함에 언론자유의 존재 이유가 있는 것이다.

의사표현의 자유는 바로 언론·출판의 자유에 속하고, 이러한 의사표현의 자유에 있어서 의사표현의 수단은 어떠한 형태이건 그 제한이 없다고 할 것이어서 비디오물은 의사표시의 수단이 되기도 하므로 그 제작·수입·유통 등은 헌법 제21조 제1항에 의하여 보장을 받는다(대결 2004.4.13. 2001초472).

나. 드루킹 댓글공작사건

"드루킹 댓글공작사건"은 드루킹 일당의 인터넷기사 댓글조작에 김경수 경남지사가 개입한 의혹이 드러나자 지난 대선 때 문재인 후보캠프에서 조직적으로 움직인 것이 아니냐는 의혹이 제기된 것이다. 대통령선거에 있어서는 언론이 후보자의 이념, 철학, 정책 등을 유권자에게 공정하고 정확한 보도와 논평을 통해 알린다는 직업적 윤리와 용기가 강조된다. 이것이 **'언론에 요구되는 1차적 책임'**이다.

특검은 김경수 경남지사가 2016년 12월부터 올 2월까지 드루킹과 공모해 댓글 118만 건에 8840만 회 부정클릭을 하는 방식으로 여론을 조작한 혐의를 확인했다고 밝혔으나 김 지사는 그 혐의를 부인하고 있다. 김 지사와 드루킹이 공모했다는 댓글조작 건수만 8840만 회로 그 규모 면에서 국정원 댓글의 수백 배에 달한다. 검경의 부실수사로 이미 수많은 증거가 인멸된 상황에서 허익범 특검이 밝혀낸 것이 이 정도다. 특검은 민주정치의 근간을 파괴하는 선거범죄에 대해 유죄판결을 받아냄으로써 검찰의 독립성과 정치적 중립을 지켜온 영웅이다.

　서울중앙지방법원 형사합의 23부(재판장 성창호 부장판사)는 2019년 1월 30일 '드루킹 댓글조작'은 김경수 경남지사가 2017년 5월 대선을 앞두고 드루킹 김동원 씨를 중심으로 한 **"경공모(경제적공진화모임)"**의 조직적 댓글조작 작업을 공모한 것으로 판단해 업무방해죄로 징역 2년, 공직선거법위반으로 징역 10월에 집행유예 2년을 선고하고 법정구속하고, 드루킹 김동원에 대해서도 실형이 선고됐다. 성 부장판사는 신중하게 심리에 임한다는 평가를 받으며 편견 없이 증거 위주로 판결해 변호인들 사이에서도 인기가 높아 그의 재판 스타일은 변호인들로부터 인정받아 2017년 서울변호사회가 선정한 **"우수법관"**에 포함되기도 했다.

　김경수 경남지사의 드루킹 댓글 여론 조작 혐의에 대해 대법원이 2021년 7월 21일 유죄로 인정해 징역 2년을 선고한 원심을 확정했다. 김 씨가 드루킹 일당과 공모해 2017년 대선을 앞두고 네이버, 다음 등 포털사이트 기사에 문재인 후보에 유리한 댓글 68만 개가 상단에 노출되도록 조작한 '내로남불'이 사실로 확정됐다. 드루킹 연루 의혹이 제기됐음에도 공천을 받아 당선된 김 지사가 특검에 의해 불구속기소된 후 3년 만에 최종판결이 나왔다. 이러한 재판지연 덕분에 김경수씨는 경남지사임기의 4분의3을 누렸다. 이것이 바로 법관에 의한 사법적폐다.

　선거범에 관한 판결의 선고는 1심에서는 공소가 제기된 날부터 '6월 이내'에, 제2심 및 제3심에서는 전심의 판결의 선고가 있은 날부터 각각 '3월 이내'에 반드시 하도록 **'재판기간에 관한 강행규정'**을 두고 있다. 대선과정에서의 선거공작과 여론조작은 민주주의의 근간을 파괴하는 중대한 선거범죄행위다. 위 판결은 문재인 정권의 정통성에 심각한 문제가 있는 중대 선거범죄라는 것을 확인함으로써 아직은 우리나라에 사법정의가 살아 있음을 보여주었다.

이 사건의 핵심은 문재인 대통령이 드루킹 댓글조작을 몰랐겠느냐 하는데 있다. 드루킹 댓글조작은 문재인 캠프핵심에서 벌어진 일로 김 지사는 대선 당시 문 대통령의 모든 일정을 챙기고 대변인 역할을 한 최측근으로 문정권의 최대 실세로 통하므로 김 지사와 문 대통령은 동일체로 볼 수 있다. 김 지사는 선거범죄의 깃털에 불과하며 몸통은 따로 있다. 김경수 피고인만이 징역 2년의 처벌을 받는다는 것은 꼬리자르기에 불과하다.

드루킹 댓글 규모가 전 정부의 국정원 댓글과 비교할 때 무려 만 배에 달하는 최대·최악의 여론조작에 의한 부정선거다. 부정선거에 의한 당선인은 사실상 쿠데타로 정권을 잡은 헌정질서 파괴자이므로 이에 대하여 국민은 헌정질서회복을 위한 최후의 수단인 저항권(抵抗權:right of resistance)을 행사해야 한다. 문재인 대통령은 부정선거에 대해 국민 앞에 사과하고 공정한 다음 대통령선거를 진솔(眞率)하게 약속하고 이를 이행(履行)해야 한다.

선거범죄를 예방하고 선거가 국민의 자유로운 의사와 민주적인 절차에 의하여 공정히 행하여지고, 선거와 관련한 부정을 방지함으로써 민주정치의 발전에 기여하기 위해 드루킹 댓글조작사건에 관련된 실체적 신실을 밝히고 관련자 전원을 엄벌함으로써 선거혁명의 계기를 마련해야 한다. 그것이 부정선거를 자행(恣行)하는 정권하에서 민주주의를 사수(死守)하는 길이다. 이제 문 대통령은 스스로 하야(下野)해야 할 것이다. 그것만이 '물러날 때를 아는 대통령'으로 기억될 수 있는 마지막 기회다.

다. 국민의 알 권리와 언론 · 출판에 대한 검열금지의 원칙

국민의 **알 권리**(權利)라 함은 국민이 각종의 정보나 의견, 특히 정부나 행정기관의 공적(公的) 정보에 쉽게 접할 수 있고, 이것을 지득(知得)할 수 있는 권리를 말한다. 영국의 시인 존 밀턴(John Milton)은 '허가 없는 출판의 자유에 대한 발언(A Speech for the Liberty of Unlicensed Printing)'에서 "다른 어떤 자유보다도 양심에 따라 자유롭게 알고, 말하고, 논할 수 있는 자유를 달라."고 말했다. 아직도 대한민국은 언론의 자유가 뿌리내릴 수 없는 메마른 땅이다.

헌법 제21조 제2항의 검열은 그 명칭이나 형식과 관계없이 실질적으로 행정권이 주체가 되어 사상이나 의견 등이 발표되기 이전에 예방적 조치로서 그 내용을 심사, 선별하여 발표를 사전에 억제하는, 즉 허가받지 아니한 것의 발표를 금지하는 제도를 뜻하고, 이러한 사전검열은 법률로써도 불가능한 것으로서 절대적으로 금지된다(헌재결 1997. 3. 27. 97헌가1). 언론출판에 대하여 사전검열이 허용될 경우에는 국민의 예술 활동의 독창성과 창의성을 침해하여 정신생활에 미치는 영향이 크고 행정기관이 집권자에게 불리한 내용의 표현을 사전에 억제함으로써 이른바 관제의견이나 지배자에게 무해한 여론만이 허용되는 결과를 초래할 염려가 있기 때문에 헌법이 절대적으로 금지하는 것이다(헌재결 2001. 8. 30. 2000헌가9).

국제신문편집인협회(IPI : International Press Institute)가 2018년 10월 16일 통일부가 탈북민 출신 김명선 조선일보 기자의 판문점 남북고위회담 취재를 거부한 데 대해 '언론자유에 대한 중대한 위반'이자 탈북민에 대한 '차별행위'로 보인다는 공개서한을 문재인 대통령에게 보냈다. IPI는 '김 기자를 배제한 조치는 정부가 비판을 두려워하고 긍정적 보도를 보장받기 위해 언론자유를 짓밟을 수 있다는 것을 보여준다.'며 '매우 실망스럽다'고 했다.

우리나라는 1950년대 후반부터 IPI의 가입을 추진했으나, 자유당정권의 언론탄압으로 언론자유가 없다는 이유로 거부당해오다가, 1960년 4.19 의거 후인 12월에야 가입을 승인받았다. 한국편집기자 협회는 이날 성명을 내고 '통일부 결정은 중대한 언론자유침해이자 탄압행위'라고 했다. 자유를 찾아 목숨을 걸고 탈북한 탈북민의 인권보호에 앞장서야 할 우리 정부와 통일부가 살인마 김정은의 눈치를 보느라 탈북민 기자의 취재를 방해한 것이다.

경제뉴스전문매체 Bloomberg가 문재인 대통령이 UN에서 '김정은의 수석대변인(Top Spokesman)' 역할을 했다고 비판하자, 더불어민주당이 해당 기사를 쓴 한국인 Bloomberg 기자를 '검은 머리 외신기자'라고 부르며 '매국에 가까운 내용'이라고 했다. 이에 대해 앤드루 새먼 아시아타임스 동북아 특파원은 2019년 3월 22일 조선일보 기고(A39)에서 <특정 기사를 공격하는 것, 타겟 그룹(target group)을 만들어 내는 것, 심지어 인종적인 단어를 써가며 상대를 매국(賣國)이라 비판하는 것은 파시스트(Fascist)정당에나 적절한 행보다. 하지만 민주당이 이러는 건 큰일이다.>라고 썼다.

그는 또 <민주주의는 개인의 권리와 평등에 근거하고 있다. 행정·입법·사법이라는 3부가 민주국가를 이루고, 언론이 "제4부" 역할을 한다. 언론은 앞서 언급한 3부 어디에도 매이거나 기대지 않으면서 3부를 체크한다. 집

권당인 더불어민주당은 군중정치가 아니라 대의민주주의에 강하게 헌신할 필요가 있다.>고 했다.

라. 디지털 독재와 언론의 입에 재갈을 물리는 '언론중재법' 개정안

더불어민주당이 2021년 8월 25일 새벽 4시 국회 법사위에서 **<언론중재 및 피해구제 등에 관한 법률**(언론중재법)**개정안>**을 강행 처리했다. 전 세계에서 '언론'만을 특정해 '징벌적 배상제도'를 입법화한 것은 민주국가에선 한국이 유일하다고 한다. 미국의 수정헌법 제1조는 <연방의회는 표현의 자유, 언론의 자유를 제한하는 법률을 제정할 수 없다.>고 천명(闡明)하고 있다.

세계 신문협회(WAN)는 "대한민국 정부는 비판적인 언론을 사실상 억제하려는 최악의 권위주의 정권이 될 것."이라고 했고, 국제 언론인협회(IPI)는 "한국 언론중재법 철회해야, 매우 '애매한 개념'에 기초해 엄중히 처벌하는 것은 명백한 언론자유 위협"이라고 했다. '국경 없는 기자협회'는 "(언론법)개정안은 '허위정보'에 대한 상세한 정의가 없고, (언론사의) 고의를 판단할 시스템에 대한 해석이 없다."고 했다.

미국 기자협회(SPJ) 공동의장은 "민주주의 국가에서 이런 일을 하는 첫 사례가 될 것."이라며 "극도의 실망감을 느낀다. 독재국가는 항상 그렇게 한다." "판사만 잘 만나면(정권은) 자신들이 좋아하지 않는 무엇이든 다 가짜뉴스이고 조작된 뉴스라고 결정할 수 있다."고 비판했다. 프랑스 르몽드와 일본 마이니치신문도 "다수당의 과도한 법 제정", "정권비판언론을 견제하려는 의도"라고 비판했다. 언론에 재갈 물린 위헌적 입법폭거로 온 세계의 조롱(嘲弄)거리가 되고 있다. 유엔인권최고대표사무소(OHCHR)가 문재인 정부에 "언론중재법 개정안이 채택될 경우 국민의 알 권리와 언론이 갖는 표현의 자유가 심각하게 제한될 수 있다."고 지적한 서한을 23차례 보냈다고 보도했다(2021. 9. 2. 중앙일보 6면).

정부·여당은 유엔인권최고대표사무소가 지난달 보낸 언론중재법 반대 서한을 자신들끼리만 돌려본 뒤 야당과 언론에 공개하지 않고 고의적으로 이를 숨겼다. 그러자 유엔인권최고대표사무소는 이례적으로 서한을 홈페이지에 곧바로 올렸다. 정부가 그 서한을 은폐하려다 국제적 망신을 자초한 것이다. 언론중재법 개정안은 죄형법정주의(罪刑法定主義:principle of legality)의 파생원칙의 하나인 "명확성(明確性)의 원칙"(Lex certa : 막연하고 명확성이 없는 법규는 적정한 법률이라 할 수 없고 형법의 보장적 기능을 해하는 점에서 죄형법정주의에 위반된다는 주장)에 반한다.

언론은 민주주의와 같은 토양에서 싹트고 그 사상과 함께 자란다. 언론보도나 여론조사는 편파성을 초월하여야 하고 의도적 의견이나 주관을 반영시켜서는 아니 된다. 문재인 정권의 최측근의 하나인 김경수 경남지사와 드루킹 일당의 지난 대선에서의 댓글여론조작이 대표적인 것이다. 드루킹 댓글집단이 권력의 시녀였음을 스스로 입증한 것이다. 이것이 이른바 "**디지털 독재**(digital dictatorship)"로 언론을 통제하려는 반헌법적 발상이다.

위헌적 악법을 입법한 정상배들이 예외 없이 고통스런 대가를 치렀다는 사실을 역사가 증명하고 있다. 인간의 존엄과 직결되어 있으며, 사유(思惟)의 자유를 전제로 하여 '**민주주의의 생명선**(生命線)'이라고 하는 '언론의 자유'와 '국민의 알 권리'를 통제하는 정권이 스스로 제 무덤을 파는 단말마적(斷末魔的) 발악으로 "독재정권의 망령(亡靈)"이 되살아나고 있다. 언론의 자유가 위축되면 거악(巨惡)이 춤을 추고 파시즘이 웃게 된다.

문 대통령은 야당 시절 "언론의 비판·감시에 재갈 물리려는 시도는 결코 안 된다."고 했고, 집권 후에는 "이제 언론을 억압하는 정치권력은 없다."고 했고, 기자협회 창립 축사에서 "언론의 자유는 민주주의의 기둥"이라고 했다. 여야는 국내외 비판 여론의 확대에 부닥쳐 8월 31일 언론중재법 개정안의 국회본회의 상정을 9월 27일로 미루고 '8인 협의체'에서 논의하기로 했으나 시간벌기용 꼼수라고 한다.

침묵하던 문 대통령은 "여야가 숙성의 시간을 갖기로 한 것을 환영한다."고 했다. 언론중재법 개정안 상정이 무산된 31일 새벽 김승원 더불어민주당 의원은 페이스북에 "박병석(국회의장) 정말 감사합니다. 역사에 남을 겁니다. GSGG"라고 남겼다. <GSGG>를 놓고 논란이 확산되자 김 의원은 "정치권은 국민의 일반의지에서 서브해야 한다는 뜻을 적은 것"이라며 "(GSGG)는 Government serve general G"라고 궤변을 토했다.

김 의원의 이러한 작태(作態)는 그의 인성(人性)을 의심케 한다. 그의 말대로 그런 뜻이라면 왜 김 의원이 굳이 그 문구를 삭제하고 박 의장을 찾아가 사과한 것인가? 납득이 되지 않는 궤변이다. 과연 정상배다운 상투적(常套的)인 거짓말이다. 속담에 <거짓말은 도둑놈 될 장본(張本)>이라고 했다. 후안무치(厚顔無恥)와 내로남불도 유분수(有分數)다. 말과 글은 한 인간의 인격과 품성(品性)과 인성(人性)의 발현(發現)이다.

언론중재법은 내년 대선을 앞두고 언론의 입에 재갈을 물려 국민의 표현의 자유와 언론의 자유를 위축시키는 반민주적 언론통제로서 다수의석의 완장(腕章)으로 헌정질서를 파괴하는 더불어민주당과 이에 침묵하는 문대통령의 합작품으로 '세계 언론사(史)의 최대악법'으로 기록될 것이다.

마. 펜은 이성(理性)의 상징(象徵)

나폴레옹(-Napoleon-)은 '펜(文)은 칼(武)보다 강하다(The pen is mightier than the sword.)'고 갈파했다. 펜의 왕자가 아니고 칼의 왕자였던 나폴레옹의 이 말은 역사의 진정한 교훈이다. 독재 권력은 칼로써 언론을 일시 정복할 수 있으나 그 승리는 오래 가지 못하고 무너진다. 칼은 권력의 상징이나 **"펜은 이성(理性)의 상징"**이다. 인생과 역사를 짧은 눈으로 보면 칼은 펜보다 강하나 긴 눈으로 보면 칼은 펜을 이길 수 없다.

펜은 결국 칼을 이기나 쉽게 이기는 것이 아니라 용기와 오랜 싸움이 필요하고 고난과 시련이 수반된다. 펜의 승리는 우연의 산물이 아니라 피눈물 나는 노력의 결정이요, 끊임없는 투쟁의 소산이다. 정의와 용기로서 언론의 자유 신장과 민주적인 여론형성에 기여하는 언론은 언제나 승리한다. 독재 권력에 대항하여 싸우는 '용기 있는 언론'은 반드시 승리한다. 정의는 자연의 영원한 법칙 속에 있으며, 결코 권력에 의하여 패배하는 것은 아니다.

바. 저널리즘(journalism)의 사명

저널리즘이라는 말의 뜻은 협의로는 정기적인 출판물을 통하여 시사적인 정보와 의견을 대중에게 전달하는 활동으로, 구체적으로는 신문과 잡지에 의한 활동을 가리킨다. 광의로는 모든 대중전달 활동을 말하며, 이 경우에는 비정기적인 것, 출판물 이외의 비 인쇄물에 의한 것, 또 내용적으로는 단순히 오락·지식 등을 제공, 전달하는 경우도 포함해서 사용된다. 저널리스트(journalist)는 냉철한 지성과 깊은 이해로 현실을 바로 파악하고 언론의 공익성(公益性)과 책임성(責任性)을 다하기 위해 항상 자기성찰(自己省察)에 힘써야 한다.

저널리즘(journalism)이란 권력자와 정부가 국민에게 보여주고자 내세우는 것보다는 숨기려고 애쓰는 진실의 실체가 무엇인지를 캐내고 파헤쳐서 잘못을 고칠 수 있도록 그 깊은 진실에 스포트라이트(spot-light)를 비추는 일이다. 거짓이 뉴스로 유통되는 현실에서 거짓을 가려내고 진실을 추구하고 발견하는 것이 **"저널리즘의 사명"**이다.

사. 언론의 정도(正道) 및 참 언론을 창조하는 길

권력은 부패하고 독재하기 쉽기 때문에 부단한 감시와 언론의 비판을 받아야 한다. 언론과 국민과 법의 날카로운 감시와 압력이 없을 때 권력은 부패한다. 언론이 두려워하지 않고 양심과 정의와 용기로서 취재한 정보를 자유로이 공표할 때 비로소 언론의 자유와 독립은 보장되며, 그것이 **'언론의 정도**(正道)'다. 권력과 정치로부터 완전히 독립된 언론만이 **'진정한 언론'**이다. 언론은 권력을 감시하고 비판하며, 견제하고 치열하게 진실을 보도함으로써 사실과 진실에만 충성하는 언론으로 남는 것이 그 존재 이유다.

용기로서 사회의 부정과 부패를 고발하고 진실을 알리는 것이 언론의 최고의 가치요, 덕(德)이다. 언론의 자유는 '용기 있는 언론'만이 누릴 수 있는 소중한 가치로 용기 있는 언론과 국민만이 누리는 특권이다. 언론이 정치적, 종교적, 지역적 편견에서 완전히 해방되어 초연한 입장에서 정직한 정보전달수단이 되고, 공공의 자유로운 토론에 다양한 의견을 소개하고, 보도 및 논평에 있어 다양한 사회집단이나 계층 간의 이해관계를 편향 없이 반영하는 것이 "참 언론을 창조하는 길"이다.

'행복은 자유에서 오고, 자유는 용기에서 온다.'라고 아테네의 정치가 페리클레스(Perikles)는 외쳤다. 용기는 강한 실천력이요, 행동적 정열이다. 용기에서 백절불굴(百折不屈)의 의지의 덕(德)이 파생한다. 언론은 '권력의 시녀(侍女)'가 아니라 '강력한 비판자'가 되어야 한다. 신문은 자유롭게 발간할 수 있는 자유, 뉴스에 접할 수 있는 취재의 자유, 뉴스를 자유롭게 전달할 수 있는 보도의 자유, 견해의 자유로운 표현의 자유가 보장되어야 한다. 언론·출판의 자유는 '민주주의의 본질'이며, 그것은 사전억제(事前抑制)를 가하지 않는 것을 뜻한다.

아. "언론(言論)의 사명(使命)"과 "언론이 가야 할 길"

용기로서 진실과 정의를 발표하는 언론만이 **'언론다운 언론'**이 될 수 있다. 그러한 언론만이 나라를 사랑하고 조국에 보답하는 승자(勝者)가 될 수 있다. 승자인 언론은 참과 진실의 편에서 용기 있는 행동으로 언론의 사명을 다한다. 승자인 언론은 강한 자에게는 강하고 약한 자에게는 약하나, 패자인 언론은 강한 자에게는 약하고 약한 자에게는 강하다. 부패한 권력에 저항하는 것이 언론의 존재 이유다.

언론의 자유는 언론이 '노예'나 '하이에나(hyena)' 근성에서 해방되어야 비로소 누릴 수 있다. 한국의 언론은 정권의 충견(忠犬)이나 나팔수 역할을 하고 있다는 비난을 받고 있다. 언론이 선(善)과 진리(眞理)를 전달할 수 있는 수단이라면, 동시에 악(惡)과 허위(虛僞)를 전달할 수 있는 무기도 될 수 있다. 정권의 충견이 아닌 개는 집을 지키며 주인에게 충성을 한다. 속담에 '개 잘못된 것은 들에 가서 짖는다.'고 했다. 집을 지켜야 할 개가 집을 지키지 아니하고 들에 나가 짖듯이 '잘못된 언론'은 쓸데없는 짓을 잘한다는 의미다.

부패한 권력과 유착(癒着)하여 억약부강(抑弱扶强)하며 무사안일주의(無事安逸主義)로 생존하는 사이비언론(似而非言論)은 민주주의를 파괴하는 적(敵)이다. 정의(正義)의 편에 서지 않는 언론은 불의(不義)의 편에선 언론이다. 주어진 사명을 빛내며 억강부약(抑强扶弱)하는 언론이 **참 언론**이다. 언론과 언론인에게는 이러한 기본철학이 확립되어야 한다. 정권의 눈치나 보며 정권에 순응하는 노예근성(奴隸根性)을 버리고 가치 있는 견해를 편견 없이 보도하고, 게재하는 신념이 체질화(體質化)되어야 한다. 언론의 앞길을 막는 것은 '용기 없는 언론' 자신이다.

국민은 창조적 자기표현(創造的 自己表現)의 자유를 누려야 한다. 그러한 생(生)에서 진정한 기쁨과 보람과 행복을 누리는 것이 '자유인(自由人)의 생(生)'이다. 옳은 말과 글로서 독재정권의 비위를 거스르면 검경의 수사를 받고 법원의 재판으로 투옥되는 나라는 독재국가이다. 용기 있는 자유언론만이 압제적인 정치권력을 견제하고 비판할 수 있다. 즉 언론은 권력과 동맹관계(同盟關係)가 아니라 견제관계(牽制關係)여야 한다.

언론중재법 개정안은 언론에 재갈을 물리는 개악(改惡)으로 이 법안의 목적은 공수처법과 같이 부패한 정권의 비리를 은폐하는 방파제가 될 것이다. 이 법안에 대해 청와대가 "전혀 관여할 일이 아니다."라고 모르쇠로 일관하자 야당은 "청와대의 침묵은 묵시적 동의"라고 했다. 대통령은 합법을 가장해 권력을 장악하는 파시즘으로 가는 길이 될 수 있는 언론징벌법에 대해 침묵할 것이 아니라 "거부권을 행사"해야 할 것이다.

언론은 진리와 허위, 선과 악을 정의와 용기로서 국민들에게 전달해야 하며, 정직하고 진실된 정보를 객관적으로 보도해야 한다. 자유롭고 책임 있는 언론이 '사회의 거울'로서 독자의 영양제가 될 때 언론은 **"민주주의를 꽃피우는 우람한 나무"**로 성장할 수 있다. 언론의 운명은 언제나 '언론의 용기'가 좌우한다. 언론이 용기를 잃어버리면 그것은 언론의 사형선고와 같다. 정의와 용기 있는 언론은 나라를 바로 세우는 근간(根幹)이 될 수 있으나, 용기 없는 언론은 나라를 망하게 하는 홍위병(紅衛兵)이 될 수도 있다.

언론은 민족의 혼을 일깨우며, 시장경제와 자유민주주의 가치를 지키며, 사실과 진실의 보도라는 저널리즘 본연의 가치를 고수(固守) 견지(堅持)하여 정론(正論)의 길을 가야 한다. 언론·출판의 자유는 민주정치의 구성원리로서 민주주의의 생명선(生命線)이며, 민주국가의 존립과 발전을 위한 기초가 된다. 언론은 꺼지지 않는 등불이 되어 진실을 비추는 사회의 거울이 되어야 한다. 그것이 **"언론의 사명(使命)"**이며, **"언론이 가야 할 길"**이다.

11. 재판에 대한 청원 및 법관에 대한 탄핵 협박

청와대가 대법원에 전화를 걸어 2018년 2월 서울고등법원에서 이재용 삼성전자 부회장에게 집행유예를 선고한 정형식 부장판사를 파면하라는 청원을 전달한 사실이 물의를 빚고 있다. 재판에 관한 사항은 청원법(제5조 제1항 제1호) 및 민원처리에 관한 법률(제21조 제2호)의 규정에 의한 청원사항에 해당되지 아니하므로 청와대는 이를 불수리한 후 그 사유를 명시하여 청원인에게 통지했어야 하며, 사법부로 이송하거나 통지할 사항이 아니다. 청와대의 이러한 조치는 사법권의 독립을 침해하는 것이다.

청원권은 청원에 대응하는 국가의 행위를 요구할 수 있는 청구권적 기본 권으로서 민의반영의 통로라고 볼 수는 있으나 국민의 참정권과 언론의 자유 가 확보되고 사법제도가 확립되어 있는 현대에 있어서는 청원의 권리구제수 단으로서의 중요성은 격감되었으며, 오히려 국민의 희망을 국가에 개진하는 수단으로서의 의미가 있다. 청와대가 청원사항이 아닌 판사 파면을 요구한 청원을 대법원에 전달한 조치는 다음과 같은 점에서 문제가 있다고 본다.

첫째, 헌법과 법률에 의하여 그 양심에 따라 독립하여 심판한 판결을 문 제로 법관의 파면을 요구하는 것은 '법관은 탄핵 또는 금고 이상의 형의 선 고에 의하지 아니하고는 파면되지 아니한다.'는 헌법 제106조 제1항의 규정 에 위배되는 것으로 법관을 파면하라는 청원은 청원사항이 될 수 없다. 청 원사항에 해당되지 아니하는 법관의 심판에 대한 불신이나 편견을 내용으 로 한 청원서가 청와대에 제출될 경우 청와대는 청원법 제5조 제1항 제1호 및 민원처리에 관한 법률 제21조 제2호 등의 규정에 의하여 이를 불수리처분을 하여야 하며, 사법부에 이송할 경우 사법부의 독립을 훼손하거나 법관이 여론재판을 할 우려가 있다.

둘째, 헌법 제26조의 규정에 의한 청원권행사의 절차 등을 규정한 청원법 제5조 제1항은 청원이 '재판 등 다른 법령에 의한 불복 또는 구제절차가 진행 중인 사항'에 해당하는 때에는 '이를 수리하지 아니한다.'고 규정하였으므로, 재판에 관한 사항에 대한 청원을 제출받은 국가기관(청와대)은 이를 불수리처분을 해야 하며, 사법부에 이송하거나 통지할 사항이 아니다.

셋째, 민원처리에 관한 법률 제21조는 중앙행정기관을 포함한 행정기관의 장은 접수된 민원이 '재판에 관한 사항' 또는 '판결 등에 따라 확정된 권리관계에 관한 사항'에 해당하는 경우에는 그 민원을 처리하지 아니할 수 있다고 규정하고 있다. 넷째, 청원사항에 해당되지 아니하는 '판사를 파면하라는 청원'을 받은 청와대가 이를 불수리처분을 하지 아니하고, 법원행정처 기획조정실장에게 전화로 전달한 행위는 청원법 제5조 및 민원처리에 관한 법률 제21조를 각각 위반함으로써 새로운 민원을 야기한 것이다.

12. 용기 있는 법관이 존경받는 사회

가. 성창호 부장판사에 대한 공무상비밀누설죄기소의 문제점

성창호 부장판사가 2016년 영장전담판사로 있을 때 '정운호 게이트사건'에 연루된 법원 관계자들에 대한 검찰의 영장청구서, 진술내용 등을 법원행정처에 전달한 것을 문제 삼아 검찰이 성 부장판사를 공무상 비밀누설죄(형법 제127조)로 기소했다. 그러나 검찰의 사법행정권 남용사건수사 6개월간 검찰의 수사내용은 계속 외부로 흘러나와 검찰 자신이 피의사실공표(형법 제126조)를 밥 먹듯 해놓았다고 보도됐다.

검찰은 역대 정권의 충견(忠犬)이 되어 그 대가로 무소불위(無所不爲)의 권력을 누려왔으며, 특히 문재인 정권하에서는 조선시대의 사화(士禍)를 능가하는 대규모 정치보복인 적폐청산에 앞장섰다. 공무원은 정권에 대한 봉사자가 아니라 국민 전체에 대한 봉사자이므로 정권의 충견(忠犬)이나 주구(走狗)가 된 '정치검찰(政治檢察)'이야말로 적폐 중의 적폐로 청산대상이다.

사법권의 독립은 권력분립의 원리를 실현하기 위한 것일 뿐 아니라, 민주적 법치국가에 있어서 법질서의 안정적 유지와 국민의 자유 및 권리의 완벽한 보장을 위한 공정한 재판을 확보하기 위한 제도이다. 사법권의 독립은 그 자체가 목적이 아니라 공정한 재판에 의한 인권의 보장, 특히 소수자보호와 헌법보장이라는 임무를 완수하기 위한 불가결의 헌법 원리의 하나이다.

서울형사지방법원 형사합의 23부 재판장 성창호 부장판사는 2019년 1월 30일 김경수 경남지사가 2017년 5월 대선을 앞두고 드루킹 김동원 씨를 중심으로 한 경공모의 조직적 댓글작업을 공모한 것으로 판단해 업무방해죄로 징역 2년, 공직선거법위반으로 징역 10월에 집행유예 2년을 선고한 후 법정구속하고 드루킹 김동원에 대해서도 실형을 선고했다. 정의와 용기로서 판결하는 법관이 있기에 사법부는 아직은 건재하다. 사법권의 독립은 정의감과 용기 있는 법관이 스스로 지키는 것이다. **"용기 있는 법관이 존경받는 사회"**는 꿈과 희망이 있는 사회다.

검찰은 성 부장판사가 2016년 영장전담판사로 있을 때 '정운호 게이트 사건'에 연루된 법원 관계자들에 대한 검찰의 영장청구서내용 등을 법원행정처에 보고한 것을 문제 삼아 검찰이 성 부장판사를 공무상 비밀누설죄로 기소했다. 그러나 위 사건은 법원조직법상 대법원장의 지휘감독을 받는 법원공무원에 대한 구속영장청구사건의 내용 등을 영장전담법관인 성 부장판사가 **"대법원 송무예규**(중요사건의 접수와 종국보고 : 송일 83-1)**"**의 절차에 따라 감독기관인 법원행정처에 직무상 보고한 것으로서 정당행위(正當行爲 : 형법 제20조)이다.

이것이 공무상비밀누설이라고 한다면 '내로남불'의 전형(典型)으로 성 부장판사에 대한 공무상 비밀누설죄 기소는 다음과 같은 점에서 문제가 있다고 본다.

대법원은 "형법 제127조는 공무원 또는 공무원이었던 자가 법령에 의한 직무상 비밀을 누설하는 것을 구성요건으로 하고, 공무상비밀누설죄는 비밀 그 자체를 보호하는 것이 아니라 공무원의 비밀엄수의무의 침해에 의하여 위협받게 되는 이익, 즉 비밀의 누설에 의하여 위협받는 국가의 기능을 보호하기 위한 것이다. 여기에서 '법령에 의한 직무상 비밀'이란 반드시 법령에서 비밀로 규정되었거나 비밀로 분류 명시된 사항에 한정되지 않고, 정치·군사·외교·경제·사회적 필요에 따라 비밀로 된 사항은 물론 정부나 공무소 또는 국민이 객관적, 일반적인 입장에서 외부에 알려지지 않는 것에 상당한 이익이 있는 사항도 포함하나, 실질적으로 그것을 '**비밀로서 보호할 가치**'가 있다고 인정할 수 있는 것이어야 한다(대판 1996.5.10. 95도780, 2003.12.26. 2002도7339, 2007.6.14. 2004도5561, 2012.3.15. 2010도14734, 2018.2.13. 2014도 11441)."라고 판결했다.

성창호 부장판사의 이러한 정당한 보고행위가 과연 '실질적으로 비밀로서 보호할 가치가 있는 직무상 비밀'에 해당되는지 여부 및 그 영장청구서 내용을 외부에 누설한 것이 아니라, 대법원 송무예규 절차에 따라 감독기관에 업무상으로 보고한 '업무로 인한 행위(형법 제20조)'로 인하여 과연 어떠한 '국가기능이 위협' 받았는지 의문이 아닐 수 없다. 성 부장판사는 감독기관인 법원행정처장에게 같은 피감독기관인 법원직원에 관련된 영장청구서 내용 등을 대법원 송무예규의 절차에 따라 법원행정처에 직무상 보고한 것으로 위와 같은 보고행위로 인하여 '위협받는 국가기능이 누설'되었다고 볼 수는 없다.

성 부장판사가 대법원장의 지휘를 받아 소속직원을 지휘 감독하는 법원행정처장에게 소속 직원에 대한 영장청구내용을 보고한 행위는 대법원 송무예규의 절차에 따른 '중요사건의 접수보고'로서 '업무로 인한 행위'에 해당한다. 각급 법원에서 처리되는 사건 중 중요 사건으로 그 처리현황을 법원행정처에 보고하는 절차를 규정한 대법원 송무예규(**중요 사건의 접수와 종국보고**(송일 83-1)에 의하면, 법원공무원(법관 포함)이 피의자나 피고인으로 된 구속영장청구사건을 보고할 사건으로 예시하고 있다.

검찰이 성 부장판사가 법원행정처에 보고한 내용이 "혐의가 중대하다."며 공무상 비밀의 누설죄로 기소한 것은 김경수 경남도지사에 대한 유죄판결의 정당성을 훼손하기 위한 치졸(稚拙)한 보복조치로서, 검찰의 명백한 직권남용이며, 법관에 대한 무언의 겁박(劫迫)으로 사법권독립을 파괴하는 것이다. 검찰은 "살아 있는 권력"에는 줄줄이 면죄부(免罪符)를 주면서 이와 같이 사법부의 독립을 훼손함으로써 새로운 사법적폐를 만들고 있다.

나. 대선 댓글조작공모사건에 연루된 김경수 지사에게 징역 2년 선고(항소심)

서울고등법원 형사2부(재판장 咸尙勳)가 2020년 11월 6일 '드루킹 사건'에 연루된 김경수 경남지사의 항소심 공판에서 1심과 같이 징역 2년을 선고했다. 2019년 1월의 1심 재판과 같이 김 지사가 드루킹 일당의 댓글공작을 사실상 주도하면서 2017년 대선 여론을 문재인 후보에게 유리한 방향으로 조작했다고 판단한 것이다.

여론(與論 : public opinion)이란 일반대중의 능동적 의사를 말하는 것으로 세론(世論)이라고도 한다. 민주주의 국가에서 여론조작은 공동체존립의 기반을 흔드는 것으로 민주주의 파괴행위다. 선거는 민주정치의 실현에 결정적 역할을 하는 것으로 오늘날 헌법의 요소도 되어 있다. 대선(大選) 여론을 조작한 김 지사는 문재인 대통령의 최측근으로 대선 당시 문 대통령의 모든 일정을 챙기며 대변인 역할을 했고 현재는 여권핵심지지층이 차기 대선 후보로 밀고 있다고 한다.

항소심 재판부는 김 지사가 드루킹 김동원 씨의 댓글조작 프로그램인 킹크랩 시연을 참관했다는 사실은 여러 증거에 의해 합리적 의심 없이 증명된다며 김 지사가 드루킹과 공모관계였다는 점을 명확하게 인정했다. 항소심은 김 지사가 드루킹 측에 일본 센다이 총영사직을 제안한 것은 구체적 선거운동과 관련이 없다며 선거법위반혐의에 대해서는 무죄를 선고 했다.

김 지사 측은 항소심에서 2016년 11월 9일 킹크랩 시연 당일 닭갈비를 시켜먹은 영수증 등 새로운 증거자료를 제시하며 시연 참관을 완강하게 부인하며 반박했으나 그 주장은 재판 결과 모두가 거짓으로 드러났다. 김 지사가 드루킹 사무실을 떠난 뒤 드루킹 일당이 "김 지사에게 킹크랩 기능을 보고했다."며 주고받은 문서까지 나왔다. 시연 참관을 뒷받침하는 증거는 텔레그램 비밀대화, 시그널 메신저 채팅대화, 휴대전화 포렌식 결과 등 수십 가지에 이른다고 한다.

드루킹 댓글조작 규모는 특검이 파악한 것만 무려 8840만 회에 달한다. 국정원 댓글(41만 회)의 수백 배 규모다. 드루킹 댓글조작은 네이버, 다음 등 전 국민이 이용하는 포털사이트에서 주로 이뤄졌다. 그 파급력에서 국정원 댓글사건의 수천, 수만 배가 될 수 있다. 이에 따라 항소심도 "김 지사가 킹크랩 개발시연을 보고 운용을 승인한 것이 분명하다."고 판단한 것이다.

항소심은 이와 관련해 "선거 국면에서 특정 정당이나 후보자에게 유리한 여론을 유도할 목적으로 댓글 조작이 이뤄졌다는 점에서 중대한 범죄행위"라고 판단했다. 문 대통령의 핵심측근들이 모두 드루킹과 접촉하며 밀접한 관계를 맺은 것이 드러난 상황에서 문 대통령이 이를 모를 수 있겠느냐는 것은 합리적 의문이다. **"대선(大選)의 정당성"**이 문제될 수밖에 없는 이유다.

1심판결 선고 후 항소심판결 선고까지 이례적으로 1년 11개월이나 걸렸다. 항소심 공판 중 재판부 구성 일부가 변경되면서 우리법연구회 출신 법관을 제외한 두 명의 판사가 교체되어 1심판결 결과를 완전히 뒤집는 "정치적 판결"을 걱정하는 사람들이 많았다고 한다. 그러나 이 사건의 핵심쟁점인 여론조작 부분에서 국민의 시각에 벗어난 결과가 나오지 아니하고, "헌법과 법률에 의하여 그 양심에 따라 독립하여 심판"하는 용기 있는 판결로 인해 헌법보장과 법관의 독립임무를 완수하고 있다.

그러나 더불어민주당은 항소심 판결 직후 "도저히 납득할 수 없는 판결"이라고 반발했고, 이 정권은 김 지사 유죄 부분에 대해 "대법원에서 뒤집어 보겠다."고 한다. 대법원은 이미 선거 TV토론에서 허위답변을 한 이재명 경기지사에 대해 황당한 이유로 면죄부를 줬고, 조폭으로부터 금품을 수령한 은수미 성남시장에게 지엽적 꼬투리를 잡아 면죄부를 주었다.

김명수 대법원은 헌법과 법률의 구체적 해석 및 적용을 담당하는 독립의 부(府)인 사법부의 최고기관이 아니라 "정권수호기관"으로 전락했다. 김 지사는 수많은 증거를 근거로 한 항소심판결을 궤변으로 부인할 것이 아니라 국민에게 사죄하고 경남지사직에서 물러나는 것이 공직자의 도리라고 본다.

다. 용기 있는 법관이 존경받는 사회

부패한 권력과 여론에 맞서 정의와 용기로서 소신 있게 판결하는 법관이 있기에 정치와 공직사회는 날로 부패하고 있으나 사법부는 아직은 건재하다. 용기 있는 자만이 이상(理想)을 추구하고 신념(信念)대로 살아간다. 인간은 악(惡)을 부정하는 용기를 가진 정의와 진리의 투사가 되어야 한다. 인간의 용기는 곤란하고 위험한 상태에 처했을 때에만 알 수 있는 것이다.

"역사가 사람에게 큰일을 맡기려고 할 때에는 반드시 고된 시련의 십자가를 지워주고 심신을 달련케 한다."고 했다. 시련이 인재(人材)를 낳고 역경이 사람을 만든다. **"용기 있는 법관이 존경받는 사회"**는 꿈과 희망이 있는 아름다운 사회다. 사법권의 독립은 정의(正義)와 용기 있는 법관이 스스로 지키는 것이다. 법관은 권력에 대한 봉사자가 아니라 국민 전체에 대한 봉사자가 되어야 한다.

정의를 위하여 싸우는 자는 반드시 승리하며, 진리(眞理)는 반드시 따르는 자가 있고, 정의(正義)는 반드시 이기는 날이 있다. 법률 격언에 '정의로부터 일탈(逸脫)하는 자는 스스로 죄를 범한 자이다.' '권력은 정의(正義)에 따라야 하며, 정의를 앞질러서는 안 된다.'고 했다. 파스칼(Blaise Pascal)은 '힘없는 정의(正義)는 무력(無力)하고, 정의(正義) 없는 힘은 압제(壓制)다. 힘없는 정의는 반항을 초래하고, 정의 없는 힘은 탄핵(彈劾)을 받는다.'고 갈파했다.

김경수 경남지사에 대한 업무방해죄 및 공직선거법위반에 대해 **성창호 부장판사**가 유죄판결을 선고하자 여당은 '탄핵대상', '적폐', '판사쓰레기'라고 하며 탄핵한다고 아우성이다. 이러한 정상배들의 주장이야말로 헌법질서에 대한 도전으로 사법정의와 법치주의를 말살하려는 것으로 우리 사회에서 반드시 청산되어야 할 적폐대상이다. 위 판결이 과연 탄핵과 적폐의 대상인지 아니면 '가장 소신 있는 판결'인지는 먼 훗날 국민과 법조인들이 평가할 일이며, 정상배들이 평가할 수 있는 문제는 아니다.

서울행정법원 행정4부(재판장 조미연)는 2020년 12월 1일 윤석열 검찰총장을 직무 배제한 추미애 법무장관의 직무정지명령에 대해 "검찰의 독립성과 정치적 중립성을 몰각(沒却)하는 것"이라며 효력을 중단하라고 결정하며, 직무배제가 "검찰중립성보장을 위해 총장 임기를 2년으로 정한 법 취지를 무시하는 것"이라고 했다. 같은 법원 행정12부(재판장 홍순욱)는 윤 총장이 추 장관을 상대로 한 징계처분에 대한 집행정지가처분신청을 인용하며 "대통령이 신청인(윤석열 총장)에 대해 취한 2개월의 정직 처분은 본안소송의 판결 선고일로부터 30일이 되는 날까지 정지한다."고 결정했다.

법원의 이러한 심판은 살아 있는 권력에 대한 수사에 제동을 거는 정권에 대한 준엄한 경고로서 법치주의확립을 위한 신호탄이다. 서울중앙지방법원 형사합의 25-2부(재판장 임정엽)은 2020년 12월 23일 자녀 입시비리 및 사모펀드 불법투자 등 15가지 혐의로 기소된 조국 전 법무장관 아내 정경심 동양대 교수에게 징역 4년 벌금 5억 원을 선고했다. 법원은 "정 교수가 단 한 번도 자신의 잘못을 인정하지 않았고, 수사와 재판에서 진실을 말한 사람들에게 정신적 고통을 가하는 등 비합리적 주장을 계속했고", "증거인멸 가능성이 크다."고 판단해 법정 구속했다.

서울중앙지법 형사24부(재판장 허선아)는 2020년 12월 30일 문재인 대통령에 대한 명예훼손 및 선거법위반혐의로 구속기소 된 한국기독교총연합회 대표회장 정광훈 목사에 대해 모두 무죄를 선고했다. 전 목사는 지난해 10월 9일 집회에서 문 대통령을 '간첩'이라고 주장했고, 12월 28일 집회에서 '대한민국의 공산화를 시도했다.'는 취지로 발언한 혐의다.

이에 대해 재판부는 "간첩 발언을 한 것은 인정되지만 공적 인물인 대통령의 정치적 성향 내지 행보를 비판하는 취지의 의견표명이나 그에 대한 수사학적(修辭學的) 과장으로 보인다."며 "명예훼손으로 보기 어렵다."고 판단했다. 전 목사는 지난해 12월부터 올해 1월까지 광화문 집회 등에서 "자유우파를 지지해 달라."고 주장한 것인바, 선거법을 위반한 혐의에 대해 재판부는 "'자유우파정당'은 의미 자체가 추상적이고 모호해 그 외연(外延)의 범위를 확정할 수 없고, 그에 해당하는 실제 정당을 명확히 특정할 수도 없다."며 무죄를 선고했다.

정의와 용기 있는 글(판결)과 말(언론의 자유)로서 정권의 비위를 거스르면 검경의 수사를 받고 법원의 재판으로 투옥되는 나라는 독재국가다. "권력은 부패하기 쉽다. 절대적 권력은 절대적으로 부패한다(John Emerich Edward Dalberg Acton)." "지배(支配)하기는 쉽지만 통치(統治)하기는 어렵다(Goethe)." 고 했다. 국민은 힘으로 지배하는 지배자(支配者)보다 이성으로 통치하는 통치자(統治者)를 갈망한다.

사법부가 정권의 시녀(侍女)가 되면 민주주의는 뿌리를 내릴 수가 없다. 사법권의 독립은 그 나라의 민주주의 성숙도와 민주화의 정도를 측정하는 척도(尺度)다. 사법권의 독립은 정의와 용기로서 법관 스스로 지킬 수 있는 소중한 가치다. 법관의 독립은 법관이 인간으로서의 존엄과 가치를 가지며 행복을 추구할 자유권적 기본권이다. 법관에게 주어진 이 자유권적 기본권은 국가로부터의 자유이며, 국가권력에 대한 방어적·소극적 권리인 동시에 천부적·초국가적 인간의 권리다. 법관의 독립은 오로지 용기로서 쟁취하는 것이다.

훌륭한 법관은 오직 법과 정의에 따라 심판하며, 엄정한 법관은 사람보다도 오히려 정의를 존중한다. "법관은 말하는 법률이다(The judge is the speaking law.)." 성창호 부장판사, 조미연 부장판사, 홍순욱 재판장, 임정엽 재판장, 허선아 재판장은 우리나라 사법사(司法史)에 사법권 독립을 수호(守護)한 "정의(正義)와 용기의 투사(鬪士)"로 영원히 기록될 것이다.

정의(正義)와 용기 있는 법관이 존경받는 사회는 꿈과 희망이 있는 사회요, 미래를 향해 발전하는 사회요, 진정한 의미의 적폐를 청산하는 '아름다운 사회'다. 하늘이 무너지는 한이 있더라도 정의만은 반드시 실현시켜야 한다. 우리는 정의를 실현시키고 소중한 자유와 행복을 누리기 위해 **"용기 있는 법관이 존경받는 사회"**를 건설해야 한다.

13. 법조인의 묘비명(墓碑銘)에 무엇을 새길 것인가?

법관 스스로가 정의(正義)와 용기로서 헌법과 법률에 의하여 그 양심에 따라 독립하여 심판할 때 사법권의 독립이 보장되며, 사법부가 국민들로부터 신뢰와 존경을 받을 수 있다. '어느 누구라도 법 위에 있는 자는 없다(No one is above the law.).'고 했다. 법조인은 스스로 법에 따르고 법을 지키는 데 모범을 보여야 한다. 법조인이 가야 할 길은 '법의 정신에 따라 참을 행하는 길'이다.

영국의 극작가, 소설가, 비평가로 1925년 노벨문학상을 수상한 버나드 쇼(George Bernard Shaw)의 묘비명(墓碑銘)에는 "우물쭈물하다가 내가 이럴 줄 알았다."라고 덧없는 인간사를 솔직하게 기록하고 있다. 권력과 돈에 눈이 어두워 세월을 헛되이 보내며 방황하고 있는 우리들의 삶에 대하여 경종을 울려주는 교훈이다.

나는 과연 자신의 사명을 자각하고 인생을 성실하게 살았는가? 나는 세상에 무엇을 남겨놓고 가는가? 나는 얼마나 보람 있는 생애를 살았는가? "오늘을 네 인생의 최초의 날이자 최후의 날인 것처럼 살라."는 유대의 어느 선지자의 말은 인생의 금언이 아닐 수 없다. 인간은 주먹을 쥐고 이 세상에 태어나 이 세상을 떠날 때는 두 주먹을 벌린다고 한다. 마치 '나는 아무것도 안 가지고 가네.'라고 말하는 것과도 같다고 한다. 죽는다는 것은 무(無)의 세계로 돌아가는 것이다. 본래의 허무로 회귀(回歸)하는 것이다.

정의와 용기로서 성실하게 인생을 살아온 사람만이 편안한 잠자리에 들 수 있듯 성실한 삶을 영위한 사람만이 행복한 죽음을 맞이할 수 있다. 살아 있는 모든 것은 언젠가 때가 되면 그 생(生)을 마감한다. 이것은 그 누구도 어길 수 없는 생명의 질서이며, 삶의 신비이며, 가장 민주적인 사실이다. 우리가 어느 날 갑자기 이 세상을 소리 없이 떠나게 될 때는 권력도 돈도 명예도 사랑도 미움도 가져갈 것 하나 없는 빈손이 된다. 떠날 때는 나를 동행해줄 사람 하나 없다. 지상의 유일한 평등은 죽음이다(The sole equality on earth is dead.)라고 했다.

그러나 많은 사람들이 죽음에 대한 불안으로 상처받고 있다. 죽음이 두려운 것은 우리의 '삶이 참되지 않을 때' 죽음을 두려워한다고 했다. 우리는 '떠날 준비'를 하면서 살아야 하며, '죽을 준비'를 하면서 살아야 한다고 했다. 그래서 철인(哲人) 소크라테스는 "철학(哲學)은 죽음의 연습"이라고 했다. 한 인간의 죽음은 그 사람의 인생의 전부를 이야기해주는 것이다. 그러므로 인간은 인간으로서 어떻게 사느냐 하는 문제보다도 '어떻게 죽느냐' 하는 것이 더 중요할 것이다. 관 뚜껑을 덮을 때에 비로소 그 사람됨을 알게 된다는 것은 이를 두고 하는 말일 것이다.

법률사무에 종사하는 법조인이 인생의 최후의 날을 맞게 될 때 자신의 묘비에 "권력만 쫓아 다니다가 내가 이럴 줄 알았다."라고 새길 것인가, 아니면 "훌륭한 법률가로서, 좋은 이웃으로 살았노라."라고 새길 것인가는 한 법조인의 삶을 지켜본 우리의 이웃과 후손들 그리고 후배 법조인들이 먼 훗날 평가할 일이다.

14. 존경하는 전 대법관 이회창

1935년 6월 2일생. 서울. 경기고등학교 졸업 후 서울대학교 법과대학 재학 중인 1956년 제8회 고등고시사법과에 합격해 서울지방법원 인천지원 및 서울지방법원, 서울고등법원 판사, 대법원 재판연구관·서울민사지방법원 부장판사 겸 사법연수원 교수·서울고등법원 부장판사·서울지법 영등포 지원장·법원행정처 기획조정실장·대법관·중앙선거관리위원장·감사원장·국무총리·신한국당·한나라당 대표 및 총재·국회의원(제15대, 16대, 18대)·대통령 후보(제15~17대)·자유선진당 총재 등을 역임했다.

전 대법관 이회창 님은 『이회창 회고록』에서 아래와 같이 기술(記述)하섰다.

사법권의 독립은 왜 필요한가. 민주화된 오늘날에도 사법권의 독립이 절박한 문제로 여겨지는 것은 민주주의가 제대로 뿌리내리기 위해서다. 민주주의가 제대로 뿌리내리기 위해서는 독립성을 지키는 사법부가 제자리에 굳건히 자리 잡고 있어 사법부가 대통령의 입김에 좌우되고 그 눈치를 본다면 민주주의는 제대로 뿌리내릴 수 없다. 그래서 사법권의 독립은 그 나라의 민주주의의 성숙도를 측정하는 중요한 잣대이다(이회창 회고록. 1. 나의 삶 나의 신념. 168면).

사법권 독립의 핵심인 법관의 독립, 즉 재판의 독립은 건전한 가치판단과 자질을 갖춘 법관에 달려있다. 여기서 '건전한 가치판단'이란 공정하고 보편타당성 있는 가치판단을 뜻하며 '자질(資質)'은 법관으로서의 전문성 외에 높은 도덕성과 품격을 말한다. '공정하고 보편타당성 있는 가치판단'이란 사회 전반에서 보편타당한 것으로 받아들여진 것이라고 법관이 스스로 판단하는 것을 말 한다(전게서 189면).

법관이 개인의 정치적 이념이나 사상의 영향으로 좌편향되거나 우편향된 시각으로 재판한다면 보편타당성 있는 판단이라고 보기 어렵다. 재판관은 법관이지 정치인이나 사상가가 아니다. 법관은 자신이 가지고 있는 인간으로서의 양심, 주관적인 가치인식인 양심이 아니라 그 사회, 공동체에서 받아들여지고 있는 보편타당한 가치인식인 양심에 따라 재판해야 한다(전게서 190면).

법관으로서의 양심을 지킨다는 것은 법관의 기본적 조건, 최소한의 조

건이라 할 수 있다. 법관은 더 나아가 좋은 법관이 되어야 한다. '좋은 법관'
이란 실력 있고 청렴하고 정의로운 법관을 말한다. 법관이 갖추어야 할 통
찰력과 지혜는 실력 가운데 포함되며 '청렴'은 공정성의 징표가 되고, '정의'
는 법관의 천명(天命)이자 목표이다(전게서 194면).

　나는 당시 법관으로서 지향할 목표를 정했다. 세속적인 출세, 예컨대 대
법관이 된다든가 하는 것이 아니고 가장 실력 있고, 가장 청렴하고, 가장 정
의로운 "최고의 법관"이 되겠다는 것이었다. 나의 경쟁 상대는 동료 법관들
이 아니라 다름 아닌 나 자신이었다(전게서 195면). 나는 법관으로 있을 때 언
론 노출을 극력 피했다. 대법관 시절 두 곳의 언론사로부터 동시에 '올해의
인물'로 선정됐다는 통보를 받고도 모두 이를 사양하고 인터뷰도 거절했
다. 법관은 오직 판결로 말할 뿐, 자신이나 일을 드러내어 과시하는 일을 결
코 해서는 안 된다는 것이 소신이었다(전게서301~302)라고.

　필자가 수원지방법원의 회사정리사건 담당 부서에 참여사무관으로 근
무할 당시 모 정리회사 사장으로부터 "이회창 변호사님"이 '회사정리사건
을 무료로 수임'한 후 정리절차개시결정을 받아 파산에 직면한 회사를 갱
신시키는 데 일조하셨다는 아름다운 이야기를 듣고 깊은 감명을 받은 바
있어 여기에 그 내용의 일부를 간단히 소개한다.

　당시 그 회사가 무리한 시설확장, 자기자본의 부족과 단기차입금의 압박,
　과다한 영업 외 비용지출 등으로 변제기에 있는 회사채무의 변제불능 등으
　로 파탄에 직면하게 되었으나 회사갱생의 가망이 있다는 확신으로 회사를
　살리기 위해 변호사를 선임하여 법원에 회사정리절차 개시신청을 하였으

나 법원으로부터 '기각결정'을 받은 후 '즉시항고'를 한 후 정리절차 개시결정을 받기 위한 변호사를 물색하고 있었다.

그러나 가는 곳마다 요구하는 보수액이 너무나 많아 고민 중 소문을 듣고 "李會昌 변호사 사무실"을 찾아가 회사의 운영상태 및 갱생의 가망성에 대한 설명을 한 후 사건의 수임 여부와 보수액에 대하여 문의하자 잠시 생각에 잠겨 있던 李會昌 변호사님으로부터 아래와 같은 대답을 들었다고 했다.

"회사가 재정적 궁핍으로 파산에 직면했는데 변호사에게 보수를 지급할 돈이 있으면 그 돈을 회사운영에 사용하세요. 나는 보수는 받지 아니하고 무료로 항고장을 작성해 제출하겠으니 걱정하지 마세요."라고 하며, 사건을 수임한 후 항고장을 법원에 제출해 '회사정리절차 개시결정'을 받았다는 내용이다.

그 후 회사 사장이 위와 같은 사실을 회사직원들에 알려주자 당시 회사가 파탄에 이르게 된 책임을 사장 등 임원에게 추궁하는 등 노사갈등으로 회사가 파탄상황에 처해있었으나 이 말을 전해 들은 직원들과 노사(勞使)가 한마음이 되어 회사갱생(更生)의 활력소가 되었다는 아름다운 내용이다.

전관예우문제 등으로 일부 변호사를 포함한 법조인에 관련된 비리가 잇따르는 현실에서 볼 때 李會昌 변호사님과 같이 파탄에 직면한 회사를 살리기 위해 복잡한 법정관리(회사정리)사건을 무료변론을 해주는 '아름다운 법조문화'가 우리 사회에 꽃을 피워 법조계의 전통으로 자리 잡힐 때 우리는 <행복하고 아름다운 사회>를 건설할 수 있다.

법을 다루는 법조인들의 삶이 법의 도움이 절실하게 필요한 국민들로부터 존경과 사랑을 받을 때 우리 사회에 법치주의가 건강하게 뿌리를 내려 이 땅에 '사법정의(司法正義)가 정착(定着)'될 수 있다. 법조인이 법의 도움이 필요한 사람의 소원을 성취하도록 도와준다면, 그 법조인도 당신의 인생에서 원하는 것을 모두 다 성취할 수 있을 것이다. 그래서 적선지가 필유여경(積善之家 必有餘慶)이라고 했다.

법조인의 삶이 자신만을 위한 것이 아니라 어려운 사람들을 위해 봉사함으로써 국민들로부터 존경받는 법조인의 아름다운 모습이 있음으로 인해 우리는 진정 행복한 것이다. 법의 도움이 절실한 사람들의 인권을 옹호하고 재산권을 보장함으로써 사회정의를 실현하기 위해 변호사가 무료로 사건을 수임하여 정성과 사랑으로 봉사하는 것은 행복의 물결이 '사랑의 나무에 아름다운 열매'를 맺게 하는 것으로서 그 나무는 후에 크게 자라 그 가지가 이 세상의 모든 것을 사랑과 희생으로 덮게 하여 우리 사회는 눈부신 행복감으로 충만하게 될 것이다.

李會昌 변호사님은 법관으로 재직 당시에는 오로지 법과 양심에 따라 심판함으로써 '법치주의확립'과 '사법정의구현'에 헌신하신 것으로 전해지고 있다. 李會昌 전 대법관님은 허가를 받지 아니한 토지거래계약의 효력에 관하여 독일에서 발전한 소위 '유동적 무효(流動的 無效)이론'을 받아들여 아래와 같은 판결을 한 것으로도 유명하다.

대법원은 처음에는 허가를 받지 아니한 계약은 무효라고 했다가 1991년 12월 24일 선고한 90다12243 전원합의체판결(주심 : 대법관 李會昌)을 통하여 독일에서 발전한 소위 '유동적 무효(流動的 無效)이론'을 받아들여 논란의 마무리를 지었다. 즉, 허가받을 것을 전제로 한 거래계약은 허가를 받을 때까지는 거래의 효력이 전혀 발생하지 않으나, 일단 허가를 받으면 소급하여 유효한 계약이 되고 불허가되면 무효로 확정되므로 허가를 받기까지는 유동적 무효의 상태에 있다는 것이다.

따라서 허가받기 전에는 위 계약을 근거로 이행청구를 할 수 없으며 다만 허가신청절차에 협력할 것만을 구할 수 있을 뿐이고, 일단 허가를 받으면 계약이 소급하여 유효화되므로 허가 후에 새로이 거래계약을 체결할 필요가 없다는 것이다. 위 전원합의체판결은 현실과 괴리된 실정법을 법원이 법적용 단계에서 현실에 맞도록 과감히 해석함으로써 제도실행의 구체적 타당성을 회복시킨 대표적인 사례로 그 의의를 높이 평가받고 있다.

서울특별시는 1994년 정도(定都) 600년을 맞이하여 남산에 타임캡슐을 매설한 후 400년이 지난 다음 이를 공개하는 사업을 추진하면서 법원에 대하여 여기에 수장할 판결문의 선정을 요청하여 법원행정처는 법원 내부의 의견수렴과정을 거쳐 그해 8월 최종적으로 위 전원합의체판결을 선정하여 '법원 관련 수장품으로 타임캡슐'에 들어갔다(법원행정처발행 : 法院史 P 1204~1205).

필자가 2017년 9월 11일 전 대법관 이회창 님으로부터 증정받은 소중한 자필(自筆) 회고록 1권 "3. 좋은 법관이 되는 길"에는 다음과 같이 기록되어 있다.

이영섭 대법원장이 퇴임사에서 "회한(悔恨)과 오욕(汚辱)으로 얼룩진 나날

이었다."라는 자탄에 대해 '법관이 자기의 자리를 회한과 오욕의 자리로 만드느냐, 아니면 명예와 존경의 자리로 만드느냐는 바로 법관 자신에게 달려있는 것이다.'라고 말했다.

사법부의 독립성은 정치권이나 행정부의 입김에 의해 언제든지 흔들릴 수 있다. 헌법 제103조가 규정한 양심은 법관으로서 공정하고 편향되지 않은 판단을 할 직업적 양심 내지 법적 확신을 말한다. 좋은 법관이란 실력 있고 청렴하고 정의로운 법관을 말한다. 정의는 법관의 천명(天命)이자 목표이다. 청렴성 못지않게 중요한 법관의 덕목은 정의관과 정의실현의 용기다. 소박하고 힘없는 이들의 정의를 찾아주는 일은 법관 말고는 할 사람이 없다.

무소불위의 국가권력이 개인의 자유와 권리를 억압할 때 그 방어력이 되고 정의를 찾아 줄 수 있는 것 또한 용기 있는 법관만이 할 수 있는 일이다. 법관의 가치판단과 자질문제는 법관 개개인의 품성의 문제에 그치는 것이 아니라 사법권 독립과도 연결된 문제라는 것을 법관과 사법부는 깊이 새겨야 한다. 사법적극주의는 법관이 실정법의 법문규정에 얽매이지 않고 법정신에 따라 적극적인 법해석을 해야 한다는 입장이다. 사법적극주의의 본질은 권력분립구조 하에서 법률의 해석기능을 갖는 법원이 단순한 문언해석을 넘어 법 창조적(法 創造的)인 기능까지 발휘하는 법해석을 해야 한다는 데 있다.

나는 언제든지 대법관 자리를 떠날 수 있다. 대법관 자리에 미련이 없이 떠날 때가 오면 미련 없이 떠나자! 그래서 나는 저녁 식사 전에 아내와 아들,

딸이 앉은 자리에서 말했다. "아버지가 대법관이 되어 모두 축하해주고 지금은 가족 모두 즐거울 것이다. 그러나 항상 좋은 일만 있는 것은 아니다. 나는 내 신념에 따라 대법관 자리를 버려야 할 때가 올지도 모르고 또 타의에 의해 물러나는 경우도 생길 수 있다. 어느 경우든 가족들은 실망하거나 좌절을 느껴서는 안 된다. 항상 이런 일이 일어날 수 있다는 것을 마음에 새기고 있어야 한다."

나는 대법관 재임 중 내가 관여한 판결 40개 가운데 다수의견 27개, 소수의견 13개를 썼다. 내가 다른 대법관에 비해 소수의견을 많이 낸 편이긴 하지만 다수의견을 낸 것이 훨씬 더 많았는데도 '소수의견을 많이 낸 대법관'으로 알려져 마치 다수와 화합하지 못하는 소수자처럼 인식되기도 한 것은 나로서는 좀 억울한 대목이다. 내가 대법관으로 재임 중 직접 쓴 다수의견이나 소수의견의 판결 중 사법적극주의적인 관점에서 종전의 판례를 변경하거나 개인의 자유와 권리를 강조한 몇 개의 판결을 간략하게 그 요지를 설명(생략함)함으로써 대법관 당시의 회고에 갈음하고자 한다.

'하늘은 스스로 돕는 자를 돕는다(Heaven helps those who help themselves.)', '남을 행복하게 하는 사람은 참으로 행복한 사람이다(He is truly happy who makes others happy.)'라는 말이 있다. 법조인은 우리들의 자손의 안전과 자유와 행복을 영원히 확보할 수 있는 아름다운 신뢰사회를 건설하는 초석(礎石)이 되어야 한다. 전 대법관 이회창 님과 같이 청렴하고 정의로운 법관이 되어 소박하고 힘없는 이들의 정의를 찾아주는 용기 있는 법관으로서의 삶이 **"법조인의 사명"**이요, **"법조인의 길"**이라고 본다.

15. 고위공직자범죄수사처(공수처)의 위헌 여부

가. 정권친위대인 게슈타포(Gestapo)

문재인 정권과 여당이 검찰개혁을 빙자하여 나치(Nazi)의 게슈타포 {Gestapo : 반(反)나치스 운동 단속의 목적으로 설치한 나치스 독일의 비밀 국가경찰로서 1933년 창설되어 독재체제의 강화를 위해 맹위(猛威)를 떨쳤 다}와 같은 친정부 수사기관인 <고위공직자범죄수사처(이하 '공수처'라 한 다)>를 만들려고 혈안(血眼)이 되어 있다. 범여권 <4+1 협의체>의 조악품(粗 惡品)인 공수처법 수정안이 2019년 12월 23일 국회 본회의에 상정됐다.

헌법을 위반한 이 악법은 검찰개혁을 빙자(憑藉)한 정권친위대(政權親衛 隊)로서 헌법기관인 법원과 검찰의 사찰기구로 전락하여 독재정권의 진지 (陣地)를 구축하려는 음모라고 한다. 추미애 장관이 윤석열 검찰총장을 쫓 아내기 위해 온갖 불법을 자행하는 이유는 윤 총장이 월성 1호기 조기폐쇄, 옵티머스. 라임펀드 사기사건, 울산 선거공작 등 '살아있는 권력'에 대한 수 사를 방해하기 위한 것이다. 또한 윤 총장 몰아내기에 실패할 경우에 대비 해 헌법과 국민 위에 존재하는 무소불위(無所不爲)의 '정권호위기관'을 만들 어 장권교체 후의 안전장치를 위한 꼼수라고 한다.

나. 헌정질서를 위배한 위헌기관

공수처법에 의하면 공수처는 대통령과 국회의원 등에 대해서는 수사권 만 있고, 대법원장 및 대법관, 검찰총장, 판사 및 검사, 경무관 이상 경찰에 대해서는 수사와 공소제기에 필요한 직무를 수행한다(공수처법 제3조 제1항 2 호). 공수처는 검경이 고위공직자에 대해 수사할 경우 사건의 '이첩(移牒)'을 요구할 권리(제24조 제1항)가 있으며, 검찰이나 경찰이 범죄수사 중에 고위공직자범죄를 인지(認知)했다면 즉시 공수처에 '통보'해야 하며(제24조 제2항), 공수처의 독립성을 보장하는 '공수처장 임명 시의 국회 동의조항'마저 사라졌다.

이러한 무소불위(無所不爲)의 권한을 가진 공수처는 입법·사법·행정의 어느 기관에도 속하지 않는 독립적 권한을 행사하며(제3조 제2항) 법적 책임은 전혀 지지 않는 반면 헌법기관에만 인정된 규칙제정권까지 갖게 되었다(제6조 제10항). 이러한 공수처는 법치주의와 권력분립의 원리를 위반하여 오로지 대통령에게 충성하는 사정기관이 아니라 출장소가 될 것이다. 이러한 위헌기관은 존재할 가치가 없으므로 폐지하는 것이 마땅하다. 영원한 권력은 없으며, **"절대 권력은 절대적으로 부패한다."**는 역사적 사실을 기억해야 한다. 공수처는 진정한 검찰개혁을 방해하려는 **"위헌기관(違憲機關)"**으로 독재자의 주구(走狗)로 전락(轉落)할 것이다.

다. 권력분립주의 위배

국가권력을 나누어 각각 다른 기관에 분담시켜 서로 억제·균형하게 함으로써 국민의 자유와 권리를 보장하려는 자유주의적 조직원리 또는 그 제도를 **권력분립주의**(權力分立主義 : separation of powers)라고 한다. 권력분립의 원리는 이른바 <자유보장을 위한 하나의 정치기술>로서 고안된 것이며, 적극적으로 국가 활동의 능률을 증진시키기 위한 분업적 원리가 아니라 "국가권력의 남용을 방지"하기 위한 소극적 원리이며, 따라서 정치적 중립성을 낳아 이른바 중립적 원리로 간주되고 있다.

권력분립주의(權力分立主義)는 국가권력을 입법·사법·행정의 3권으로 나누어 입법부(의회), 행정부(정부), 사법부(법원)에 분담시켜 서로 견제·균형하게 함으로써, 국민의 자유와 권리를 국가권력의 남용으로부터 보호하려는 것이다. 우리 헌법도 행정권은 대통령을 수반으로 하는 정부에 속하고(헌법 제66조 제4항), 입법권은 국회에 속하며(헌법 제40조), 사법권은 법관으로 구성된 법원에 속한다(헌법 제101조 제1항)고 규정하여 3권 분립제도(三權分立制度)를 채택하고 있다.

　　3권 분립제도는 오늘날 모든 자유민주주의 국가에서 기본원리로 채택하고 있으나, 독재국가 또는 공산국가에서 형식적으로는 3권 분립제도를 취하면서도 실질적으로는 권력을 집권자 또는 당(黨)에 통합시키고 있다. 공수처는 입법·행정·사법의 어느 부서에도 속하지 않아 공수처법이 권력분립의 원칙에 반하여 헌법위반 논란이 제기될 수 있다.

라. 진정한 검찰개혁

　　무소불위(無所不爲)의 권력기관인 공수처는 국민의 기본권보장과는 무관한 대통령의 친위대(親衛隊)로 살아 있는 정권을 향한 검찰수사엔 제동을 걸기고 정권을 비판하는 반대편만을 수사하는 정권의 충견(忠犬)이 될 뿐이다. 정부와 여당이 진정으로 국민의 자유와 권리의 보장을 위한 **"검찰개혁"**을 원한다면 정권을 위한 수퍼 권력기관인 공수처를 설치할 것이 아니라, 검사가 국민 전체에 대한 봉사자로서 신분과 정치적 중립성과 독립성을 보장하기 위하여(헌법 제7조, 검찰청법 제4조 제2항) 검찰권을 정치권력으로부터 완전히 독립시켜야 한다.

검찰이 공익의 대표자로서 범죄수사 및 공소의 제기, 유지에 있어 인권 존중의 정신에 따라 공정하고 형평성 있게 검찰권을 행사함으로서 헌법수 호와 법치주의를 확립할 수 있는 검찰제도를 확립하는 것만이 <**진정한 검 찰개혁**>이다. 지금까지 검찰이 국민의 불신과 지탄을 받아 온 근본원인은, 검찰 권력의 비대화라기보다는 독재정권이 '**검찰을 권력의 시녀(侍女)로 악 용**'한 데 있다. 검찰의 조국 게이트 수사를 계기(契機)로 현 정권의 충견이기 를 거부하자 이에 대한 보복으로 정부와 여당이 공수처 설치문제를 들고 나온 것이다.

헌법에 보장된 권력분립주의를 위반해 검찰청법에 규정된 검사의 권한 을 대폭 축소 또는 박탈하여 대통령의 권한을 강화하기 위한 공수처를 설 치하여 검찰총장·판사 및 검사를 수사와 공소제기의 대상으로 하여 검찰 과 사법부를 통제·장악하려는 발상은 검찰개혁이 아니라 '검찰장악' 또는 '검찰 죽이기'를 위한 꼼수다. 검찰총장의 임명은 국무회의의 심의사항으 로서 검찰총장은 헌법에 근거한 헌법기관이므로 헌법의 근거 없이 검찰총 장보다 상위의 수사권과 공소권 등을 독점한 공수처를 설치하는 것은 명백 한 헌법위반이다.

대통령 친·인척 등 특수한 관계에 있는 자 및 고위공직자의 부정부패와 비리척결문제는 현재의 검찰조직이나 상설특검 또는 특별검사제도의 적 정한 운영에 의하여 충분히 해결될 수 있으며, 그것이 "정당한 법의 절차 (due process of law)"로서 <**검찰개혁의 정도(正道)**>라고 본다. 다만 이를 위하여 검사가 그 직무를 수행함에 있어 정치권력으로부터 완전히 벗어나 정치적 중립성과 독립성을 보장받을 수 있는 제도의 확립이 선결문제이다.

공직사회정화를 위한 국가개조를 위하여 필요한 검찰개혁은 첫째 **"살아 있는 권력의 비리와 부정부패의 척결"**이다. 지금까지 공수처가 없어서 조국 일가족비리, 사모펀드 비리, 유재수 감찰무마비리, 울산시장 선거공작, 우리들 병원 특혜대출의혹 같은 '권력형 비리'가 생긴 것은 결코 아니기 때문이다.

마. 독재자의 안식처인 옥상가옥(屋上架屋)

새로 설치할 무소불위(無所不爲)의 권한을 가진 공수처가 현재의 검찰보다 더 부패한다면 누가 그 공수처를 감독할 것인가? 공수처를 감독할 새로운 기구를 또다시 만들 것인가? 공수처를 감독하는 기구를 감독할 또 다른 감독기구 즉, <공수처 3심제도(三審制度)>를 만들어야 할 것이다.

많은 국민들이 새로 설치할 공수처가 살아 있는 권력의 친위대가 되어 현 정권 **'퇴임 후의 안식처(安息處) 역할'**을 하는 기관으로 전락할 것으로 의구심을 갖는 이유다. 공수처법안은 제2, 제3의 권력형 비리를 비호하고, 정적과 야당을 탄압하는 '정권친위대'를 만들려는 음모로서 대통령에게 제왕적 독재권을 부여하는 **"독재자의 안식처인 옥상가옥(屋上架屋)"**으로서 헌정질서를 파괴하는 괴물법안일 뿐이다.

"살아 있는 권력"의 부정부패와 비리를 수사하는 "검찰제도"를 유지하고 운영하는 것만이 진정한 검찰개혁이다. 공직자의 비리는 지위의 고하를 막론하고 엄벌함으로써 공직사회의 기강을 확립하는 것이 <**국가개조의 첫걸음**>이 된다. 공직사회가 부패한 한국 사회에서 깨끗한 정부를 위한 공직사회의 정화문제는 어제 오늘의 문제가 아니다. 공수처는 원래 대통령 가족과 측근, 고위공직자 등 살아 있는 권력을 수사하기 위해 설치하자는 것이었다.

그러나 검찰의 인사권을 장악한 대통령의 충견(忠犬)이 된 검찰이 살아 있는 권력의 비리를 제대로 수사하지 못하므로 정권으로부터 독립된 별개의 수사기관을 만들어 검찰을 대신해 수사를 맡기자고 한 것이 그 본래의 취지였다. 공수처법에 의하면 공수처장과 공수처 검사를 대통령 입맛에 맞는 애완견(愛玩犬)들로 임명할 수 있도록 되어 있어, 진짜 검사가 살아 있는 권력을 수사하려고 할 경우 공수처가 이를 무력화 할 수 있는 장치까지 마련해 놓았다.

공수처는 살아 있는 권력의 범죄를 수사하는 검찰이나 잡으라는 것이다. 주권자(主權者)인 국민의 민심(民心)을 상실하면 검찰 위에 수백 개의 공수처를 만들어도 소용이 없게 된다. 검사는 "정권의 봉사자"가 아니라 "국민 전체에 대한 봉사자"이며, **"정치적 중립성"**이 보장되기 때문이다. 편법과 꼼수, 졸속과 야합으로 여당이 제1야당의 동의 없이 군사작전 벌이듯 밀어붙여 탄생시킨 위선정치(僞善政治)의 졸작품인 공수처라는 함정에 그들 자신이 빠지는 '역사의 보복'이 되풀이되는 운명을 반드시 맞게 될 것이다.

바. 정권 친위대의 비리은폐처

공수처는 <**민변검찰인 정권 친위대**(政權 親衛隊)>가 될 것이라고 한다. 공수처는 "고위공직자 범죄수사처"가 아니라 **"고위공직자 비리은폐처**(非理隱蔽 處)"로서 사실상 <**판·검사 수사처**>가 될 것이다. 공수처는 검찰이 수사하는 사건도 이첩받을 수 있으며, 현역 장성급도 공수처가 수사하도록 함으로써 "군 장악"까지 가능하다. 전문가들은 공수처에 대해 "헌법위반", "민변검찰", "판검사 사찰기구", "독재수단", "통제받지 않는 괴물", **"정권 친위대"**라고 한다.

진정한 검찰개혁의 핵심은 정권의 친위대가 될 무소불위(無所不爲)의 공수처 설치가 아니라, 검찰의 신분과 정치적 중립성 및 수사의 독립성의 보장으로 검찰을 <**대통령의 충견(忠犬)에서 국민의 충견으로**> 바꾸는 것이다. 진정한 검찰개혁은 대통령의 '공무원임면권의 적정한 행사'로 검사가 그 직무를 수행할 때 '정권의 봉사자'가 아니라 '국민 전체에 대한 봉사자'로서 헌법과 법률에 따라 국민의 인권을 보호하고 적법절차를 준수하며, 정치적 중립을 지킬 수 있도록 '수사의 독립성'을 보장하는 것을 의미한다. 현직 대통령이나 퇴임 후 대통령의 불법과 비리를 지켜주는 방파제(防波堤)는 공수처가 아니라 오로지 **"주권자인 국민의 민심(民心)"**이라는 것을 명심해야 한다.

사. 정권의 하수인이 된 정상배집단인 국회의 쿠데타

국민대표기관이며 입법기관인 국회의원이 "국가이익을 우선하여 양심에 따라 직무를 수행(헌법 제46조 제2항)"하는 것이 아니라 독재정권의 하수인이 되어 위헌적인 공수처법안의 성안 책임자(민주당 박주민 의원) 및 그 부속 정당으로 협의에 참여한 의원(바른 미래당 채이배, 정의당 여영국, 민주평화당 조배숙 등 : 2019. 12. 30. 중앙일보 34면 전영기의 시시각각)은 **"입법 농단자(立法 壟斷者)"**로서 국민이 응징하여 국회에서 영구추방(永久追放)해야 할 것이다.

국민의 거센 반대와 비판에도 불구하고 2019년 12월 30일 더불어민주당과 친여 군소정당 간의 밀실야합거래의 산물인 위헌 선거법(2020. 1. 14. 법률 제16864호 공직선거법 일부개정법률)을 일방 처리한 지 사흘 만에 독재정권의 친위대로 초헌법적 사정기관이 될 공수처 설치를 위한 위헌 공수처법을 국회에서 강행 처리했다. 이것은 **"정권의 하수인이 된 정상배집단인 국회의 쿠데타"**이다. 이로 인해 국민대표기관이며 입법기관인 국회 스스로 위헌기관으로 전락했다.

이 합의문은 2020년 총선에서 선거구확정 시 군소야당 후보들의 지역구를 살려주겠다는 약속으로 사실상의 매표행위(買票行爲)로서, 호남의석이 인구수 미달로 최소 2석이 줄게 되자 이를 자신들의 마음대로 조정해 호남의석을 유지하기 위한 것이다. 이 합의문은 특정 정당이나 특정 후보자에게 유리하도록 자의적(恣意的)으로 부자연스럽게 선거구의 구역을 정하는 이른바 **"게리맨더링**(gerrymandering)"을 하겠다고 발표한 것이다.

이것은 공수처법 표결을 앞두고 호남기반 군소정당들이 이탈표가 나올 수 있다는 관측이 나오자 민주당이 이러한 거래(야합)를 제안하자 군소정당들이 공수처법에 찬성표를 던졌다는 것이다. 이와 같이 범여권 군소정당 정상배들은 예산안, 선거법, 공수처법을 밀실야합으로 강행 처리하는 과정에서 온갖 야합과 꼼수·편법 등을 동원하여 누더기 선거법과 위헌적 공수처법을 강행 처리한 정상배들이다.

아. 지구상에서 가장 사악(邪惡)한 악법

현재의 검찰이 정권의 마음에 들지 않는다고 헌법기관인 검찰을 감독하는 괴물 공수처(怪物 公搜處)를 설치해야 한다고 하면, 국회나 사법부가 정권의 마음에 들지 않을 경우 제2의 국회, 사법부를 다시 설치해야 할 것이다. <고위공직자범죄수사처 설치 및 운영에 관한 법률(2020년 1월 14일 법률 제 16863호)>에 의하면 "고위공직자"에는 대통령, 국회의장 및 국회의원, 대법원장 및 대법관, 헌법재판소장 및 헌법재판관, 국무총리, 등이 포함되나 이 중 <공소제기 대상>은 **"대법원장 및 대법관, 검찰총장, 판사 및 검사, 경무관 이상 경찰공무원"**으로 한정하고, 대통령, 국회의장 및 국회의원, 헌법재판소장 및 헌법재판관 등 고위공직자 전부를 제외했다(동법 제3조 제1항 2호).

이와 같이 공소제기 대상을 '판사 및 검사, 고위직 경찰'로 한정한 것은 오로지 '검찰과 경찰 수사' 및 '사법부 장악'을 위한 것으로 국민을 속이는 악법으로 <공수처 검사는 고위공직자범죄의 혐의가 있다고 사료하는 때에는 범인, 범죄사실과 증거를 수사하여야 한다.>는 공수처법 제23조의 규정에 정면으로 위배되는 상호 모순되는 지구상에서 가장 사악(邪惡)한 법이다.

신설될 공수처가 현재의 윤석열 검찰총장의 지시를 받는 검찰과 같이 과연 '살아 있는 권력의 비리'를 수사할 수 있다고 믿을 수 있는가? 공처법은 민주주의의 헌정질서를 파괴하고 국민의 기본권을 침해하며, 독재정권의 범죄를 은폐하고 비호하는 악법으로서 **<지구상에서 암흑시대를 알리는 가장 사악(邪惡)한 법>**이 될 것이다. 자유민주주의의 헌정질서를 파괴하는 공수처의 설치 및 운영에 관한 법률로 대한민국은 이미 사형선고를 받았다.

자. 공수처의 수사대상 제1호

헌정질서를 파괴하는 무소불위의 권력기관인 공수처를 만든 집단이 공수처의 **"수사대상 제1호"**가 될 수 있음을 명심해야 할 것이다. 공수처의 설립 취지는 공수처법 제2조 1호(가목부터 더목까지)에 예시된 '고위공직자'로서 재직 중에 본인 또는 본인의 가족이 범한 제2조 3호에 예시된 '고위공직자 범죄'를 수사하는 권한에 속하는 직무를 독립하여 수행하는 것이다(제3조 제2항). 즉 공수처는 검찰이 손대기 어려운 고위공직자인 살아 있는 권력의 비리를 수사하는 것이 설립목적이다.

따라서 공수처는 청와대의 울산시장 선거공작사건을 '1호 사건'으로 선택했어야 한다. 청와대의 울산시장 선거공작사건은 민주정치의 근간을 파괴하는 선거범죄로서 검찰이 수사에 착수하자 정권은 수사팀을 인사학살로 해체시키고 사령탑인 윤석열 검찰총장을 내쫓았다. 추가 수사는 대통령의 대학 후배인 이성윤 서울중앙지검장이 뭉개고 있으며, 김명수 대법원장은 그 사건의 재판을 지연시키고 있던 판사를 붙박이로 앉혀두고 있다.

공수처가 이런 사건의 수사엔 눈을 감고 검찰이나 경찰도 할 수 있는 조희연 서울시교육감의 불법채용의혹사건을 '1호 사건'으로 선택해 수사에 착수했다. 공수처는 2021년 5월 10일 "최근 조 교육감 사건에 '2021년 공제1호'사건번호를 부여했다."고 밝혔다고 보도됐다. 조 교육감은 2018년 11월 중등교사 특별채용과정에서 부교육감과 국장, 과장 등이 반대하자 이들을 배제하는 등 직권을 남용해 전교조 출신 등 해직교사 5명을 특별 채용한 혐의를 받고 있다.

당시 특채된 5명 중 4명은 서울시 교육감선거 때 친(親) 전교조 후보에게 선거자금을 주고 조직적 선거운동을 한 혐의로 대법원에서 벌금형을 받고 퇴직했고, 나머지 1명은 2002년 대선 때 특정 후보에게 부정적인 인터넷 댓글을 단 혐의로 징역형의 집행유예를 선고받은 후 퇴직했다고 한다. 감사원은 4월23일 국가공무원법 위반혐의로 조 교육감을 경찰에 고발했고, 5월초 경찰이 공수처에 이첩했다. 공수처 설립 당시부터 어떤 사건이 공수처의 "1호 사건"이 될 것인지가 세간(世間)의 큰 관심사(關心事)였다.

공수처가 야당대선주자인 윤석열 전 검찰총장을 입건한 이른바 '고발사주' 의혹사건의 수사를 여당국회의원 보좌관 출신 검사가 포함된 수사팀에 맡긴 것은, "수사처 소속 공무원은 '정치적 중립'을 지켜야 한다(공수처법 제22조)."는 규정을 명백히 위반한 것으로 공수처가 '정권 호위처' '야당 수사처' '정권인사 피난처'로 움직이고 있다는 것을 보여준 것으로, 이것이 문재인 정권이 공수처를 설치한 진짜 이유일 것이다. 공수처를 만들어 '살아 있는 권력'도 성역 없이 수사하겠다고 한 문 대통령의 말이 허구(虛構)임을 입증하고 있다.

차. 위헌적 공수처법의 독소조항

공수처법의 여러 조항에 대해 다음과 같은 논란이 제기되고 있다.

첫째, 대표적인 것이 "공직자 범죄정보 강제 이첩권(移牒權 : 제24조 제1항)"이다. 이에 대해 검찰은 압수수색 전 단계인 수사 착수부터 공수처에 사전에 공직자의 범죄정보를 보고하면 공수처가 자신의 입맛에 맞게 과잉 수사를 하거나 또는 수사 자체를 뭉갤 수 있다고 우려한다.

둘째, 공수처장과 검사임명의 독립성(제3조 제2항)과 중립성(제22조)을 보장하는 장치가 미비해 '공수처의 수사 중립성과 독립성'이 우려된다. 공무원은 국민 전체에 대한 봉사자이며, 공무원의 신분과 정치적 중립성은 법률이 정하는 바에 의하여 보장되며(헌법 제7조), 검사는 그 직무를 수행할 때 국민 전체에 대한 봉사자로서 정치적 중립을 지켜야 한다(검찰청법 제4조 제2항).

셋째, 공수처 검사가 '구속영장 신청권'을 행사할 수 있는지 여부가 논란이 될 수 있다. 체포·구속·압수 또는 수색을 할 때에는 적법한 절차에 따라 검사의 신청에 의하여 법관이 발부한 영장을 제시하여야 한다(헌법 제12조 제3항 전단). 피고인을 소환함에는 소환장을, 구인 또는 구금함에는 구속영장을 발부하여야 한다(형사소송법 제73조). 헌법 제12조 제3항은 검사에게만 구속영장 신청권을 부여하고 있다. 여기서 말하는 검사는 검찰청법 제34조 제1항의 규정에 의하여 임명된 검사를 의미한다.

넷째, 더불어민주당은 헌법기관인 검찰(헌법 제7조, 제78조, 제89조 제16호) 위에 군림하는 위헌적 공수처 설립을 다수의석으로 강행 처리한 후 '야당의 공수처장 거부권'을 박탈하기 위해 공수처법을 개정하려고 한다. 이것은 '문재인 코드 공수처장'을 임명해 공수처장으로 하여금 "문재인 전 대통령"에 대한 검찰의 수사 및 법원의 재판에 대한 방파제 역할을 위한 것으로 볼 수 있다. 공수처장이 범죄정보 이첩권(移牒權)을 남용할 경우 검찰은 공수처장을 직권남용(형법 제123조)으로 고발해야 할 것이다. 검찰개혁을 빙자해 <권력분립주의>에 위배되는 무소불위(無所不爲)의 권한을 행사하는 위헌적 공수처라는 또 다른 옥상가옥(屋上架屋)이 될 것이다.

카. 초대 공수처장후보자 지명
문재인 대통령은 12월 30일 초대 '공수처장 후보'로 수사 지휘나 조직 운영 경험이 거의 없다는 김진욱 헌법재판소 선임연구관을 지명했다. 김 후보자는 판사, 변호사, 헌재연구관을 거쳤으나 뚜렷한 성과나 수사 경험이 없다고 평가받아 '얼굴마담'에 불과하고 실질적인 공수처장 역할은 차장 자리에 앉을 인사가 대신할 거란 얘기도 나온다고 보도됐다(2020. 12. 30. 중앙 일보 사설).

공수처가 월성 1호기 경제성 평가조작 등 정권비리수사를 강제 이첩받아 뭉갤 역할을 원만히 수행하려면 처장이 소신(所信)이 뚜렷한 인물보다는 통제하기 쉬운 인물이 필요했을 것이다. 따라서 초대 '**공수처 차장**'은 공수처장과는 달리 실질적으로 공수처의 지휘권을 행사할 강성(强性)의 친문(親文)인사가 될 가능성이 높다고 한다.

타. 공수처장이 관용차로 '황제 피의자'를 모시는 나라

김진욱 공수처장이 '김학의 전 차관 불법출금사건'의 핵심 피의자인 이성윤 서울중앙지검장을 외부에서 만나 자신의 관용차에 태운 뒤 청사로 모셔 들이는 CCTV 영상이 공개되면서 "황제 피의자"에 대한 "황제 피의자신문"이라는 비난이 확산하고 있다. 지난 3월 7일 공수처 인근에서 이 지검장을 태운 김 처장 관용차는 공수처가 있는 정부과천청사에 들어가면서 신원확인절차를 거치지 않았다. 이는 '청사출입보안지침'을 위반한 것이라는 지적이 제기됐다.

수원지검은 이 지검장이 당시 공수처사무실을 오가는 청사 내부 CCTV 영상 일체를 보존해달라고 공수처에 공식 요청해 이 부분을 확인한 것으로 전해졌다. 당시 관용차는 공수처장이 출퇴근 때 타는 관용차로 운전기사가 아닌 김 처장의 5급(사무관) 비서관이 운전했다. 이 지검장은 조사를 마치고 나올 때도 공수처장 차를 탔다. 피의자가 자신을 조사할 수사기관장의 차를 타고 오가는 나라가 됐다. 공수처가 정권호위기관 이외의 역할을 할 수 없다는 사실이 입증된 것이다.

파. '오합지졸집단'이 된 공수처의 통신조회로 인한 언론사찰

공수처법은 공수처는 '처장 1명과 차장 1명'을 두며(공수처법 제4조제1항), 검사는 처장과 차장을 포함하여 '25명 이내'로 하며(제8조제2항), 공수처 검사는 '공수처법 제3조제1항 각호에 따른 수사와 공소의 제기 및 유지에 필요한 행위'를 한다(제20조제1항)라고 규정하고 있다. 공수처가 검사 25명 중 겨우 15명만 임명한 채 정원 미달로 출범했으나 임명받은 검사 중에 수사경력이 있는 사람은 검사 출신의 부장검사 1명, 평검사 3명 등 4명뿐으로 이들도 고위 공직자 범죄를 수사하는 특수수사 경력은 없으며, 다른 부장검사 1명은 판사 출신, 평검사 8명은 변호사 출신으로 수사 경험마저 전혀 없다고 한다.

이찬희 전 대한변협회장은 김진욱 처장에 이어 여운국 차장도 추천했는데 여 차장은 이찬희 전 회장의 고교 후배이자 이 전 회장이 서울변호사회장 당시 그 밑에서 법제이사를 지냈다고 한다. 이 전 회장은 김진욱 처장의 5급 비서관도 추천했고, 허윤 검사는 이 전 회장의 수석 대변인 출신이라고 한다. 이와 같이 공수처 조직이 특정 인맥으로 얽히는 등 '오합지졸(烏合之卒) 집단'으로 출범하자 정권의 호위병(護衛兵)이 되어 정권에 반대하는 집단만을 처벌하기 위한 헌법적 근거가 없는 위헌 기관으로 비난받고 있는 이유다.

이른바 '윤석열 검찰의 고발 사주(使嗾)' 의혹의 핵심으로 지목된 손준성 검사에 대해 공수처가 청구한 구속영장이 2021년 10월 26일 기각된 후 지난 12월 3일 또 기각됐다. 공수처 출범 이후 처음으로 손 검사를 상대로 1호 체포영장과 1호 구속영장을 청구했으나 두 건 모두 기각 당했다. 앞서 두 번의 체포영장과 구속영장에 이어 세 번째다. 공수처는 2021년 11월 16일로 출범 300일을 넘겼으나 살아 있는 권력의 범죄를 한 건도 수사한 게 없는 반면 출범 후 수사한 사건 12건 중 4건이 윤 후보 관련사건으로, 윤 후보 한 사람만 쫓아다니고 있으니 "윤수처(윤석열 수사처)"로서 정치적 중립성과 독립성을 의심받고 있다.

공수처가 TV조선과 문화일보와 중앙일보 기자, '조국 흑서' 저자인 김경율 회계사, 민변 출신 변호사, 국민의 힘 의원(이양수, 조수진 의원)들과 윤석열 대선후보 캠프에서 일하는 정치인의 통신 자료 조회를 한 사실이 드러났다. 공수처 수사3부와 수사과는 지난 6~8월 TV조선 A기자 어머니의 통신 자료를 4차례 조회했고, 7월과 8월에는 A기자 여동생과 민간 연구원인 취재원도 각각 2차례씩 조회를 당했다. 지금까지 공수처가 전화 뒷조사를 벌인 언론사는 15곳, 기자는 40여 명으로 파악되고 있다.

이들 언론사는 공수처법 제3조제1항의 수사 및 공소제기 대상이 아니므로 이들에 대한 무더기 전화 뒷조사는 "언론사찰"로서 언론의 자유와 통신의 비밀을 침해한 중대 범죄다. 공수처의 이러한 언론사찰은 정치적 표현의 자유에 대한 제한 조치로 보아야 하며, 이를 위해 개인의 정치적 견해에 관한 정보를 수집·보유·이용한 행위로서 개인 정보 자기결정권을 침해한 것으로 헌법에 위배된다.

시민단체인 서민민생대책위원회는 김진욱 공수처장을 직권남용과 직무유기 혐의 등으로 경찰청 국가수사본부에 고발했고, 또 공수처가 법원의 영장 없이도 통신사에 통신자료를 요청할 수 있도록 한 전기통신사업법이 사생활비밀과 자유침해, 영장주의 위반 등 헌법에 위배된다며 헌법재판소에 헌법소원을 제기했다.

김진욱 공수처장은 취임사에서 "오로지 국민 편만 드는 정치적 중립"을 강조했으나 공수처의 수사능력 밑천이 드러나 "공수(空手)처"라는 비아냥을 듣더니 이젠 "오기(傲氣)수사처" 또는 "아마추어 공수처" "윤수처(윤석열 수사처)" "전화 뒷조사"에 의한 민간인 사찰기구로 전락해 존폐위기에 봉착(逢着)했다.

하. 헌법의 수호자의 수호자인 국민의 저항권 행사

헌법의 수호자(守護者)라 함은 헌법의 실효성을 보장하기 위한 기관을 말한다. 독일의 공법학자 Carl Schmitt는 정당(政黨) 간의 정쟁(政爭)의 무대인 국회가 헌법적합성의 보장역할을 다할 수는 없으며, 법원의 판결도 각 정당의 자의적인 헌법해석의 대변에 불과하므로, 헌법의 수호자의 역할은 국민에 의하여 선출된 중립적 권력으로서의 '대통령'에게 담당시켜야 한다고 하였다. 이에 대하여 독일의 법학자 Hans Kelsen은 헌법의 보장이란 오로지 헌법위반의 법률을 저지하기 위한 수단을 의미하는 것이므로 헌법의 수호자를 그 파괴자인 의회에 대립하는 대통령에게서만 구할 것이 아니고 '대통령'도, '의회'도, '헌법재판소'도 다 같이 헌법의 수호자라고 한다.

공권력의 담당자인 '광의의 공무원'이 헌법을 준수할 제1차적 의무를 진다고 할 것이다. 미국·일본·멕시코 등 각국의 실정헌법은 이를 명문으로 규정하고 있다. 공무원의 헌법준수의무는 선서제도(헌법 제69조, 국가공무원법 제55조, 국회법 제24조)와 결부된다. 그러나 국가권력 자체는 부패하기 쉬운 것이고, 또 공무원도 절대적인 신임을 할 수 없기 때문에 헌법보장을 제도나 그것을 움직이는 공권력 주체만에 의존하는 것은 무리이다. 또 헌법의 보장자로서는 의회가 헌법을 옹호하는 의무를 가지고 있으나(국회법 제24조), 의회는 현실적으로 헌법을 침해 파괴하는 위험성도 가지고 있다. 그리고 공권력의 주체인 대통령이나 공무원에게서도 충분한 헌법보장의 기능을 발견할 수 없다.

이와 같이 국회·정부·법원의 3기관에 의한 헌법보장에도 각각 한계가 있을 때 <**국민은 헌법의 수호자의 수호자**>라고 할 수 있다. 따라서 헌법보장의 문제는 궁극적으로 '국민주권의 원리'와 밀접한 관계가 있다. 그런데 최종적인 헌법의 수호자의 손에는 최종적인 수단으로서 남겨진 "**저항권(抵抗權)**"이라는 무기가 있다. 제6공화국 헌법은 전문(前文)에서 <**不義에 항거한 4.19 민주이념을 계승**>하고 있으므로 저항권을 인정하고 있다.

헌법재판소는 "저항권은 국가권력에 의하여 헌법의 기본원리에 대한 중대한 침해가 행하여지고 그 침해가 헌법의 존재 자체를 부인하는 것으로서 다른 합법적인 구제수단으로는 목적을 달성할 수 없을 때에 국민이 자기의 권리·자유를 지키기 위하여 실력으로 저항하는 권리이다(헌재결 1997. 9. 25. 97헌가4)."라고 심판했다. 궁극적으로 저항권의 행사에는 국민의 헌법수호 의지 및 인권의식과 신중한 권리주장의 자세가 요구된다.

우리 헌법상 검찰총장은 헌법기관(헌법 제89조 제16호)이나, 공수처는 헌법상 근거 없는 정체불명의 위헌기관이다. 따라서 공수처법 자체가 위헌법률이므로, 공수처라는 국가기관을 만들려면 공수처법 제정 이전에 헌법의 개정으로 공수처라는 기관을 만드는 것이 선결문제이다. 그러므로 헌법개정절차 없이 하위법률로 공수처라는 정권친위대를 만드는 것은 명백한 헌법위반이요, 헌법파괴행위다. 따라서 주권자인 국민은 헌정질서를 파괴하는 이러한 입법 쿠데타에 대하여 헌정질서의 방위 내지 회복을 위한 최후의 수단인 **저항권**(抵抗權)을 행사함으로써 헌법을 수호해야 한다.

16. 윤석열 검찰총장님께 드리는 글

검찰개혁을 빙자한 현 정권의 '학살인사(虐殺人事)'라는 격랑(激浪) 속에서도 오로지 정의(正義)와 용기로서 살아있는 권력의 비리수사와 헌법수호를 위해 헌신하고 계시는 윤석열 검찰총장님을 비롯한 수사팀에게 진심으로 감사 드립니다. 스위스의 사상가 힐티(Carl Hilty)는 **<인간 생애(生涯)의 최대의 날은 자기의 역사적 사명 즉 신(神)이 지상에서 자기를 어떤 목적에 쓰려고 하는지를 자각하는 날이다.**>라고 말했으며, 영국의 선교사로 아프리카 횡단여행에 성공한 리빙스턴(David Livingstone)은 **<사람은 자기가 해야 할 사명이 있는 때까지는 죽지 않는다.**>는 명언을 남겼습니다.

윤석열 검찰총장님! 오늘의 대한민국호(號)는 현 정권의 실정(失政)으로 국가안보는 붕괴되고 경제는 파탄되고 국제사회에서의 외교고립이라는 건국 이래 전대미문(前代未聞)의 난세(亂世)를 맞이하여 침몰하고 있습니다.

이 난세 속의 대한민국호를 안전하게 운항할 <희세(稀世)의 영웅>이 바로 당신이라고 봅니다. 이제 태풍 속으로 침몰하고 있는 대한민국호를 운항할 <역사적 사명>을 위탁받은 선장(船長)이 바로 정의와 용기로 살아있는 권력의 비리를 수사하고 있는 윤 총장님이라는 것을 국민들은 알고 의지하고 격려하고 있습니다.

윤 총장님은 이제 대한민국 국민의 유일한 희망이요, 꿈이요, 최후의 "헌법 수호자(憲法 守護者)"이십니다. 그토록 막중한 사명을 다해주시길 전 국민이 간절히 소망하고 있습니다. 윤 총장님 뒤에는 주권자인 국민이라는 든든한 방파제가 건재(健在)하고 있습니다. 정의와 용기로서 투쟁하는 용맹(勇猛)한 투사는 반드시 승리합니다. 진리(眞理)는 반드시 따르는 자가 있고, 정의(正義)는 반드시 이기는 날이 있습니다. 그날이 윤 총장님께서 조국에 보답하는 날이 될 것이며, 이 땅에 자유민주적 기본질서를 회복시키는 <제2의 건국일>로 탄생될 것입니다.

불과 반년 전 문재인 대통령이 윤석열 검사님께 검찰총장 임명장을 수여하면서 '우리 총장님'이라며 '권력의 눈치를 보지 말고 살아있는 권력의 비리도 엄정하게 수사하라.'고 지시했고, 그에 따라 살아 있는 권력의 비리를 성실히 수사해온 검찰의 칼끝이 자신을 향하게 되자 적반하장(賊反荷杖)으로 '권력의 눈치를 보고 알아서 물러나라.'는 것입니다. 공무원의 정치적 중립을 보장하기 위하여 헌법이 규정한 대통령의 공무원임면권을 적정하게 행사해야 할 대통령이 검찰총장의 수족(手足)을 자르는 학살인사로 친정권 검사들이 검찰의 핵심요직을 싹쓸이하고 있습니다. 그러나 수사에 정통(正統)한 엘리트 검사 한 명은 엉터리 검사 수백 명이 처리하지 못하는 일을 명쾌하게 처리합니다. 이번 검찰인사는 떼강도를 잡는 검사를 적폐로 몰아 귀양 보내는 치졸한 보복적 <**1차 대학살**(大虐殺)>입니다.

법무부는 서울중앙지검 반부패부와 공공수사부 등 '13개 검찰 직접수사부서'들을 '형사·공판부'로 전환하는 직제개편을 한 후 이에 대해 수사권 조정에 따른 불가피한 조치라고 했으나 정권의 검찰장악 의도를 숨긴 눈가림임을 국민은 잘 알고 있습니다. 법무부는 윤석열 검찰총장의 참모 전원을 좌천시킨 데 이어 차장·부장급 간부인사를 통해 현 정권을 수사해 온 수사단을 공중분해한 <**2차 소학살**>을 자행(恣行)했습니다.

공익의 대표자인 검사의 직무 중에서 **"가장 중요한 사무"**는 <범죄수사, 공소의 제기 및 그 유지>이므로, 검찰사무의 최고 감독자인 법무부장관은 검찰수사를 방해하는 외부세력에 대한 1차적 방파제역할을 할 책임자임에도 불구하고, 정권의 하수인(下手人)이 되어 살아있는 권력에 대한 수사와 기소를 방해할 목적으로 학살인사와 직제개편을 단행(斷行)한 것은, **"직무유기"**와 동시에 검찰의 정치적 중립성(헌법 제7조 제2항 및 검찰청법 제4조 제2항)과 공무원의 성실의무(국가공무원법 제56조)등을 위반한 것으로서 **"직권남용 및 공무집행방해"**에 해당된다고 볼 수 있습니다.

추미애 법무부장관은 검찰의 수사(搜査)와 기소(起訴)의 판단주체를 분리하는 제도개선을 공언했습니다. 이것은 울산시장 선거공작에 관련된 피의자 등 살아있는 권력에 관련된 자들에 대한 기소를 통제 또는 억제하려는 의도로 봅니다. 검사는 수자의 주재자(主宰者)로서 공소의 제기 및 그 유지에 필요한 직무를 수행하므로, 수사검사가 공소제기업무를 수행하는 것은 공소의 적정한 유지를 위해 반드시 필요한 것입니다.

대법원은 '검사에게 자의적으로 무제한 적인 소추권(訴追權)을 부여한 것이 아니라 검사는 범죄의 구성요건에 해당하여 형사적 제재를 함이 상당하다고 판단되는 경우에는 공소를 제기할 수 있고 또 형법 제51조의 사항을 참작하여 공소를 제기하지 아니할 수 있는 재량권이 부여되어 있다(대판 1996. 2. 13. 94도2658)'고 판결했습니다.

검사의 '수사'와 '기소'의 판단주체를 분리한다는 주장은, 특정한 형사사건에 대한 공소가 제기되어 법원에 계속(繫屬)된 이후 그 소송절차가 종결될 때까지 공판절차(公判節次)에 참여하여 피고사건에 대하여 심리(審理), 재판하고 당사자의 '변론을 청취(聽取)한 판사'와 '판결서(判決書)를 작성하는 판사'를 분리하는 것과 같다고 볼 수 있습니다. 범죄수사와 공소의 제기에 관련된 사항은 검사동일체의 원칙 및 검찰사무를 총괄하는 검찰총장의 고유권한에 속하는 것으로서 법무부장관이 관여할 사항은 아니라고 봅니다.

문재인 정권과 청와대는 지은 죄와 비리가 얼마나 많길래 검찰총장의 손발을 자른 것도 모자라 팔다리마저 자르려고 합니다. 이로 인해 청와대는 범죄의 소굴(巢窟)이라고 비난받고 있으며, 그 주역(主役)들은 직권남용 및 공무집행방해 등으로 단죄(斷罪)될 날이 멀지 않았습니다. 문재인 정권의 청와대는 온갖 **"권력형 범죄와 비리의 온상(溫床)**이요, 진원지(震源地)요, 사령탑(司令塔)"이 되었다고 합니다.

이를 향한 검찰수사의 칼끝이 현 정권과 청와대를 향하게 되자 목숨을 걸고 검찰 죽이기에 나선 오늘의 이 인사참사(人事慘事)는 검찰사상 유례없는 희대미문(稀代未聞)의 정치보복으로 살아있는 권력의 비리를 은폐시키려는 부패한 정권의 만행(蠻行)이며, 사화(士禍)를 능가하는 숙청(肅淸)이라고 합니다. 온갖 비리와 범죄의 소굴이 된 권력의 만행(蠻行)에 대해 <**하늘이 알고 땅이 알고, 내가 알고 자네가 안다.**>라는 이른바 '**四知의 교훈**'이 있습니다.

여기에 더해 청와대의 압수수색 영장집행거부 및 현 정권의 하수인이 된 김명수 사법부의 부당한 영장기각에 따른 수사방해 등으로 <살아 있는 권력>을 향한 검찰수사에 차질과 험난한 애로가 예상되고 있으나 국민들은 윤 총장님과 뜻을 함께하는 검사님들의 정의(正義)와 용기 그리고 불타오르는 헌법수호의지에 감탄하고 격려하고 있습니다.

이러한 상황에서 독재정권의 헌정질서를 무시한 인사 압박이나 직제개편에 굴복하여 살아있는 권력에 대한 범죄와 비리에 대한 수사를 멈춘다면 그것은 "검찰의 치욕(恥辱)"으로 역사에 기록될 것입니다. 검찰은 오로지 "정의(正義)의 칼에 의한 수사"로서 승리해야 합니다. 그것이 <**검찰의 사명이요, 책무**>입니다. 정의(正義)와 헌법수호를 위해 싸우는 사람에게는 반드시 승리의 날이 찾아옵니다. 정의는 반드시 승리합니다. 당신은 <**정의를 위한 용감한 투사**>가 되어야 합니다.

"법무부장관은 '검찰총장의 의견'을 들어 검사의 보직을 제청한다."(검찰청법 제34조 제1항)는 규정의 입법취지는 검사의 신분과 직무상의 독립성 및 정치적 중립성을 보장하기 위한 것으로, 검찰총장에겐 '**의견을 제시할 권**

리'를, 법무부장관에겐 검찰총장의 '**의견을 참작할 의무**'를 부과하여 권력에 의한 검찰장악을 예방하기 위한 "법적, 제도적 장치"라고 사료됩니다. 대통령의 검사에 대한 임명과 보직에는 검찰총장의 의견이 반드시 반영되도록 함으로써 검찰의 정치적 중립성이 보장되도록 하는 것이 진정한 <**국가개조이며, 검찰개혁**>입니다.

"**살아있는 권력의 눈치도 보지 말라.**"고 격려한 문재인 대통령이 살아있는 권력을 향한 검찰의 칼날이 자신과 청와대로 향하자 검찰개혁을 빙자한 검찰 죽이기로 돌변한 치졸(稚拙)한 인사학살은 "**권력의 눈치를 보고 알아서 물러나라.**"는 것입니다. 이것은 국민을 무시한 쿠데타로 정권의 자멸(自滅)을 자초(自招)하는 길입니다. 검찰의 수사방향에 따라 자신들이 피의자나 피고인이 될 운명에 처한 자들이 검찰인사와 직제개편을 하는 희대미문(稀代未聞)의 만행(蠻行)이 점입가경(漸入佳境)입니다.

윤석열 검찰총장님은 정권의 보복성 인사에 대해 정의와 용기로서 수사팀을 독려(督勵)하고 격려(激勵)하여 살아있는 권력의 비리에 대한 수사를 종결, 청산함으로써 <헌법을 수호>해야 합니다. 이 길은 윤석열 총장님을 비롯한 대한민국 검사가 자신의 사명을 다하는 것이며, 검찰을 지지하고 격려하는 국민의 성원에 보답하는 길입니다. 정권의 치졸한 보복인사에 맞서 검찰이 승리하는 길은 오직 "**살아있는 권력에 대한 수사**"를 종결하여 기소(起訴)를 완결할 때까지 중단 없이 정의와 용기로서 매진(邁進)하는 것입니다. 온 국민이 한마음 한뜻으로 총장님의 강력한 헌법수호의지를 지지하고 있습니다.

검찰에 대한 학살인사에 대해 청와대와 법무장관은 "가장 균형 있는 인사"라고 국민을 조롱(嘲弄)하고 있습니다. 적재적소(適材適所)는 인사(人事)의 요체(要諦)이므로 '현명한 통치자'에게는 인재를 고를 줄 아는 슬기와 지혜가 있으나, '힘에 의한 지배자'에게는 그것이 없습니다. 도둑에게 도둑을 지키라는 일이 없어야 나랏일이 잘 되어 가리라는 것은 너무도 자명(自明)한 것입니다. 전국책(戰國策)은 <나라가 망(亡)하는 것은 현인(賢人)이 없기 때문이 아니다. 쓸 줄 모르기 때문이다.>라고 기록하고 있습니다.

사학자(史學者) 토인비(Arnold Joseph Toynbee)는 **<한 사회는 외부적 세력의 압력으로 붕괴하는 것이 아니라 내부적 자살행위 때문에 망(亡)한다.>**고 갈파했습니다. 오늘의 상황은 1870년대의 한말의 위기적 상황을 방불케 합니다. 부패하고 무능한 정권에 의한 국론분열과 그를 추종하는 후안무치(厚顏無恥)한 탐관오리(貪官汚吏)의 발호(跋扈)로 망국(亡國)의 비운(悲運)이라는 파국적(破局的) 일대위기에 처해있습니다. 그러나 위기(危機)는 위험의 적신호와 그것을 돌파할 수 있는 기회를 우리에게 제시합니다. 헌법수호를 위한 정의감과 용기 있는 검찰만이 이 위기를 "자력갱생(自力更生)**의 창조적 계기**"로 전환시킬 수 있다고 국민은 믿고 있습니다.

이 정권과 그를 추종하는 집단은 '천망회회 소이불루(天網恢恢 疏而不漏 - 老子)'라는 말과 '천벌은 늦으나 반드시 온다(Heaven's vengeance is slow but sure.).'라는 말을 기억하고 스스로 준엄한 법의 심판을 받을 날을 기다려야 할 것입니다. 꼬리가 길면 반드시 밟히고 말며, 악인(惡人)은 언젠가는 망하고 맙니다. 역사에는 준엄한 심판이 따르므로 인간은 **"긴 눈으로 인생을 보고 먼 눈으로 역사를 관찰"**해야 합니다.

현 정권의 학살인사(虐殺人事)는 헌정유린(憲政蹂躪)이며 명백한 직권남용으로 탄핵소추 대상입니다. 현명한 사람은 스스로 자신의 운명을 예단(豫斷)하고 이에 대처(對處)합니다. 그러나 어린 불나비는 아픔도 모르고 불 속으로 날아들며, 물고기는 위험한 줄도 모르고 낚시 미끼를 뭅니다. 정권에 도취(陶醉)되어 아부(阿附)하는 인간의 어리석음에는 한이 없습니다. 현 정권의 학살인사(虐殺人事)는 전대미문(前代未聞)의 인사참사(人事慘事)로 <국민적 저항과 준엄한 역사의 심판>이 따를 것입니다.

살아있는 권력의 비리에 도전하여 정의와 용기로써 헌법수호를 위해 전력투구하시는 검찰은 반드시 승리하여 <**위대한 승리자**>로 후세의 역사에 기록될 것입니다. 정의는 반드시 승리하며, 멸망하는 것은 오로지 부정의(不正義)뿐입니다. "순천자존(順天者存), 역천자망(逆天者亡 : 하늘에 순응하는 자는 살고, 하늘에 거역하는 자는 망한다.)"이라는 말은 맹자(孟子)의 명언입니다. 고뇌(苦惱)가 인간을 심화(深化)시키듯 내일은 또다시 내일의 태양이 떠오르며, 추운 겨울이 지나면 따스한 봄이 다시 찾아옵니다.

대장부(大丈夫)란 무엇이냐? 맹자(孟子)는 이렇게 말했습니다. <인(仁)이라고 하는 천하의 가장 넓은 곳에 살고, 예(禮)라고 하는 가장 옳은 자리에 서서, 의(義)라고 하는 천하의 대도(大道)를 당당하게 걸어가야 한다. 이것이 '남자의 길'이다. 뜻을 얻으면 백성과 같이 기뻐하고, 뜻을 얻지 못하고 자기의 사상과 경륜을 펼 수 없으면, 혼자 나의 길을 갈 따름이다. 아무리 부귀(富貴)로써 유혹을 해도 그 유혹에 빠지지 않고, 빈천(貧賤)의 고통으로 괴롭혀도 자기의 지조(志操)를 굽히지 않고, 아무리 권위(權威)나 무력(武力)으로 위협을 하여도 결코 굴복하지 않는다. 이러한 불굴(不屈)의 사나이를 <대장

부>라고 칭(稱)한다.>라고.

하늘이 어떤 사람에게 천하의 대임(大任)과 대업(大業)을 맡기려고 할 때에는 반드시 그 사람의 심신(心身)을 괴롭히고, 곤고(困苦)와 궁지(窮地)의 시련을 겪게 하고, 무슨 일도 뜻대로 되지 않는 역경(逆境)의 비운(悲運)을 일부러 체험케 한다고 합니다. 안일(安逸) 속에서는 큰 인물이 나오지 않듯이 잔잔한 바다에서는 훌륭한 뱃사공이 만들어지지 않으며, 악전고투(惡戰苦鬪)의 수련을 수없이 겪어야만 대장부가 된다는 것입니다.

난세(亂世)에도 자신의 지조(志操)와 주의(主義)를 고수견지(固守堅持)하는 것이 <용자(勇者)의 진정한 용기>입니다. 역사는 도전과 응전(應戰)의 긴장된 역학(力學)의 무대이며, 역사에는 냉엄한 힘의 법칙이 지배합니다. '힘이 있으면 살고 힘이 없으면 죽는 것'이 하늘이 정한 원리입니다. "하늘은 스스로 돕는 자를 돕는다(Heaven helps those who help themselves.)."라고 했습니다. "용기와 슬기와 성실과 헌신"은 나라를 위해, 이상(理想)을 위해 살아가는 사람에게 반드시 요구되는 **"인생의 기본덕(基本德)"**이라고 했습니다.

정의(正義)는 흥(興)하는 길이요, 부정(不正)은 망(亡)하는 길입니다. 윤 총장님은 새 역사의 새 주인, 새 한국인이 되어 위대한 한국을 건설하고, 위대한 새 역사를 창조해야 합니다. 이것이 <윤석열 총장님의 영광된 사명(使命)>입니다. 존경하는 윤석열 총장님의 건투와 승리를 기원합니다. 행운은 용감한 자의 편입니다(Fortune favors the brave.). 검찰의 학살인사로 손발이 잘린 검찰총장님에게 <신(神)의 가호(加護)>가 있길 기원합니다.

<필자는 2020년 2월 초순경에 위 사신(私信)을 대검찰청 주소를 기재하여 등기우편으로 발송하였다. 그런데 그 편지를 접수한 대검찰청은 이를 "민원서류"로 보고 필자에게 '민원서류처리결과 통보'를 하면서 '2020. 3. 3. 서울남부지검에 송부하여 처리케 하고 그 처리결과를 귀하에게 통지하도록 조치하였음을 알려드립니다.'라고 하며 서울남부지방검찰청으로 이첩했고, 이 사신을 이첩받은 서울남부지방검찰청은 '특정 사건과 관련 없는 청원 또는 정책건의를 내용으로 한 진정이므로 공람, 종결함을 알려드립니다.'라고 '진정사건 처분결과통지'를 필자에게 우송했다.

　필자가 검찰총장에게 보낸 위 사신의 내용은, 행정기관에 대하여 어떠한 '처분을 요구'하거나 '청원이나 정책건의'의 진정이 아니라, 검찰총장에게 보낸 단순한 사신(편지)으로 수신인인 검찰총장에게 전달하면 되는 것임에도 불구하고 대검은 이 사신을 '민원서류'로, 서울남부지검은 '진정서'로 둔갑시켜 접수일로부터 6개월 동안 허공을 맴돌다가 겨우 6개월이 지나서 '공람, 종결처분'했다는 통지를 받았다. 필자는 검찰청이라는 국가기관이 과연 무엇을 위하여 존재하며, 무슨 일을, 어떻게 처리하는지 등에 대해 의구심마저 갖게 되었다. '검찰개혁'을 부르짖는 소리가 바로 이런 식으로 업무를 처리를 하는 검찰이 자초(自招)한 것이 아닌가. 검찰은 자성(自省)해야 한다.>

17. 선거에서 대통령의 정치적 중립의무

　선거는 다수의 선거인(選擧人)에 의한 공무원의 선임행위(選任行爲)로서, 민주정치의 실현에 결정적 역할을 하는 것으로 국가는 직접민주제·권력분립제·대표민주제에 적합한 선거제도를 채택하고 있다. 따라서 선거는 오늘날 헌법의 요소로 되었다. 공무원 기타 정치적 중립을 지켜야 하는 자는 선거에 대한 부당한 영향력의 행사 기타 선거결과에 영향을 미치는 행위를 하여서는 아니 된다(공직선거법 제9조 제1항). 선거에서 공무원의 정치적 중립의무는 국민 전체에 대한 봉사자로서의 '공무원의 지위 및 정치적 중립성'(헌법 제7조)으로부터 나오는 헌법적 요청이다. 공직선거법 제9조는 이러한 헌법적 요청을 구체화하고 실현하는 법 규정이다.

선거는 선출된 자의 뜻이 선출한 자의 뜻으로서 타당하다는 이른바 **"동일성(同一性)의 원리(原理)"**에 입각하고 있다. 따라서 선출된 자가 선출한 자의 뜻을 충실히 실현할 수 있는 조건이 충족된다면 이상적인 방법이지만, 만일 그렇지 못하다면 선거는 전혀 허위의 픽션(fiction)에 지나지 않는다. 즉, 선거는 대표자의 지배를 합리화시키는 조작된 도구가 되어버린다. 여기에 민의를 어떻게 의회의 의사에 대표시킬 것인가 하는 수단으로서의 선거의 중요성이 있다.

현대선거제도의 근본원칙은 보통·평등·직접·비밀선거의 원칙이나, 이외에 **"자유선거의 원칙"**을 들어 이를 **<선거의 5원칙>**이라고도 한다. 대한민국헌법과 지방자치법에 의한 선거가 국민의 자유로운 의사와 민주적인 절차에 의하여 공정히 행하여지도록 하고, 선거와 관련한 부정을 방지함으로써 민주정치의 발전에 기여함을 목적으로 '공직선거법'을 제정하여 시행하고 있다.

모든 국민은 법률이 정하는 바에 의하여 선거권을 가진다(헌법 제24조).

선거권은 선거인단(국가기관으로서의 국민)에 참가할 수 있는 지위 또는 자격을 말한다. 선거권은 <선거를 하는 권리>가 아니라 <선거에 참가할 수 있는 권리> 또는 <선거인단에 참여할 수 있는 권리>를 의미한다. 선거권은 국민의 기본권인 참정권(參政權)의 대표적인 것이다. 대의민주주의를 원칙으로 하는 오늘날의 민주정치 아래서 국민의 정치참여는 기본적으로 선거를 통하여 이루어지며, 선거는 주권자인 국민이 그 주권을 행사하는 통로이다.

국민주권의 원리와 선거를 통한 국민의 참여를 위하여 헌법 제24조는 선거권을 보장하고 있고, 헌법 제11조는 정치적 생활영역에서의 평등권을 규정하고 있으며, 헌법 제41조 제1항 및 제67조 제1항은 국회의원선거와 대통령선거에 있어서 보통·평등·직접·비밀선거의 원칙을 보장하고 있다. 헌법이 선거권과 선거원칙을 이와 같이 명문으로 보장하고 있는 것은 국민주권주의와 대의민주주의하에서는 국민의 선거권 행사를 통해서만 국가와 국가권력의 구성과 창설이 비로소 가능해지고 국가와 국가권력의 민주적 정당성이 마련되기 때문이다.

오늘날 정치적 기본권은 국민이 정치적 의사를 자유롭게 표현하고, 국가의 정치적 의사형성에 참여하는 정치적 활동을 총칭하는 것으로 인식되고 있다. 정치적 기본권은 기본권의 주체인 개별 국민의 입장에서 보면 주관적 공권으로서의 성질을 가지지만, 민주정치를 표방한 민주국가에 있어서는 국민의 정치적 의사를 국정에 반영하기 위한 객관적 질서로서의 의미를 아울러 가진다. 그중 정치적 자유권이라 함은 국가권력의 간섭이나 통제를 받지 아니하고 자유롭게 정치적 의사를 형성·발표할 수 있는 자유라고 할 수 있다.

<공직선거법>은 "공무원 기타 정치적 중립을 지켜야 하는 자는 선거에 대한 부당한 영향력의 행사 기타 선거결과에 영향을 미치는 행위를 하여서는 아니 된다(제9조 제1항)."라고 규정하고 있다. 대통령은 선거로 취임하는 정무직공무원으로서 공직선거법 제9조 제1항의 규정에 의한 선거에서 정치적 중립의무를 지는 공무원이다(국가공무원법제3조제3항의공무원의범위에관한규정 제2조).

헌법재판소는 <"**선거에서 공무원의 정치적 중립의무**"는 '국민 전체에 대한 봉사자'로서의 공무원의 지위를 규정하는 헌법 제7조 제1항, 자유선거원칙을 규정하는 헌법 제41조 제1항 및 제67조 제1항 및 정당의 기회균등을 보장하는 헌법 제116조 제1항으로부터 나오는 헌법적 요청이다…. **대통령**은 행정부의 수반으로서 공정한 선거가 실시될 수 있도록 총괄·감독해야 할 의무가 있으므로, 당연히 선거에서의 중립의무를 지는 공직자에 해당하는 것이고, 이로써 공직선거법 제9조의 '공무원'에 포함된다. 따라서 선거에 임박한 시기에 '공정한 선거관리의 궁극적 책임을 지는 대통령'이 기자회견에서 전 국민을 상대로, 대통령직의 정치적 비중과 영향력을 이용하여 **"특정 정당을 지지하는 발언"**을 한 것은, 대통령의 지위를 이용하여 선거에 대한 부당한 영향력을 행사하고 이로써 선거의 결과에 영향을 미치는 행위를 한 것이므로, '선거에서의 중립의무를 위반'하였다고 할 것이다(헌재 결 2004.5.14. 2004헌나1) >라고 심판했다.

문 대통령은 30년 친구인 송철호 시장의 당선을 **"소원"**이라고 했고, 송 시장에게 출마를 권유했다고 한다. 이 사건은 문 대통령의 소원을 풀어주기 위해 청와대가 전면 공작에 나선 것이다. 검찰은 청와대 전·현직 수석·비서관 등에 대한 울산시장 선거공작사건 관련자 13명의 '공소장'에서 **"대통령이나 대통령의 업무를 보좌하는 공무원은 다른 공무원보다 선거에서의 정치적 중립성이 특별히 요구된다."**고 적시했다. 이 공소장은 헌법 제7조 제2항의 공무원의 정치적 중립성을 보장한 규정을 전제로 공무원의 정치적 중립의무를 강조한 것으로 대통령까지 언급하며 청와대가 불법적으로 선거와 수사에 개입했다고 한 것이다.

공소장에는 "송철호 시장은 문재인 대통령의 30년 지기(知己)라는 친분을 이용하려 했다."는 내용도 있으며, 송철호 시장 측근의 수첩에는 "VIP가 직접 출마 요청 부담으로 비서실장이 요청"이라는 메모가 나왔고 한다. 검찰의 공소장에 적시된 주요 혐의를 종합하면 **"문재인 대통령의 30년 지기(知己)인 송철호 시장의 당선 소원"**을 풀어주기 위해 대통령 비서실 등 청와대 8개 부서(정무수석실, 인사비서관실, 민정수석실, 국정상황실, 사회수석비서실, 균형발전비서관실, 민정비서관실, 반부패비서관실)가 상대후보자의 첩보수집 및 하달, 선거공약 마련, 정적(政敵)제거 등 선거공작 및 사기 카르텔(cartel)에 뛰어든 것으로서 "청와대가 선거공작의 총사령탑(總司令塔)"이 된 것이다. 공소장에는 "대통령이 '35번' 언급되었다."고 한다.

<헌재 결 2004.5.14. 2004헌나1> 심판은 위 공소장 내용과 같이, 대통령이 부정선거공작의 사령탑이 된 것이 아니라 기자회견에서 국민을 상대로 대통령직의 정치적 비중과 영향력을 이용하여 **"특정 정당을 지지하는 발언"**을 한 것을 '선거결과에 영향을 미치는 행위'를 한 것으로 판단해 '대통령이 선거에서의 중립의무를 위반했다.'고 엄격하게 판단한 것이다. 전(前) 대통령은 총선 여론조사를 했다고 징역 2년 형을 선고받았다.

울산시장 부정선거공작사건의 공소장은 대통령이 특정 정당을 지지하는 발언이나 총선여론조사의 수위(水位)를 넘어 대통령과 청와대가 헌법 제7조 제2항의 공무원의 정치적 중립성(中立性)과 공직선거법 제9조의 공무원의 중립의무(中立義務) 등을 위반하여 특정 후보자당선을 위해 '**선거공작의 총 사령탑이 되어 직권을 남용**'한 것으로 탄핵사유가 되는 것으로 본 것이다. 선거공작은 민주정치의 발전과 민주주의의 근간을 파괴하는 심각한 범죄행위이다.

울산시장 선거공작사건은 2020년 1월 29일 검찰의 기소 후 1년이 되었으나 수사와 재판이 정권의 총력저지(總力沮止)로 한 치도 앞으로 못 나가고 있다. 공소장에는 '대통령'이라는 단어가 수십 번 나와 있어 정권이 수사와 재판의 저지에 총력전을 펴고 있다는 것이다. 수사팀은 2020년 1월 13명을 기소하면서 추가수사는 4·15 총선 이후 재개한다고 했으나 대통령 대학 후배인 이성윤 서울중앙지검장이 묵살(默殺)해온 것으로 알려졌으며, 법원의 재판도 피고인 측이 고의로 지연하고 있다. 법원이 신속하고 정의로운 재판으로 사법권의 독립과 사법정의를 수립해야 한다.

문재인 대통령은 선거공작혐의를 부인할 것이 아니라 검찰의 수사를 자청해야 할 것이다. 그렇게 하지 않으면 선거공작혐의를 스스로 시인하는 것이 되기 때문이다. 우리 헌법전문(前文)은 "불의(不義)에 항거한 4.19 민주이념을 계승"하고 있으므로 국민의 기본권을 침해하는 국가권력에 대하여 국민이 저항할 수 있는 권리인 <저항권>을 인정하고 있다. "**4.19 의거(義擧)**"는 1960년 4월 19일에 절정을 이룬 한국 학생의 일련의 반부정(反不正), 반독재(反獨裁), 반정부(反政府) 항쟁(抗爭)으로 영구집권을 꾀했던 자유당정권의

12년간에 걸친 집권을 종식시키고, 제2공화정(共和政)을 출범시킨 역사적 전환점으로 한국의 정치발전사에 하나의 획기적인 전기(轉機)를 기록한 역사적 큰 의미를 지니는 일대사건(一大事件)이었다.

4.19 의거는 정권탈취를 목적으로 한 투쟁이나, 어떤 정치이념을 구현하기 위한 체제변혁을 목적으로 한 것이 아니라 정의감에 불타는 청년학생들이 부정선거에 따른 불의(不義)에 항거한 의분(義憤)이 집단행동을 취하는 과정에서 사태가 변전(變轉)하고 발전되어 나타난 현상이었다. **4.19 의거의 의의**(意義)는, 한국 국민의 민주의식의 발전과 민주주의 토착화(土着化)를 위한 불가피한 진통과 자기투쟁으로 "관권((官權)의 부정선거"에 대한 "민권(民權))의 승리"를 의미하는 것으로서 주권재민(主權在民)의 민주주의 원리를 입증한 것이다.

4.19 의거는 국민의 지지와 신임을 받지 못하는 정권은 존립할 수 없음을 보여준 저항의식과 애국심의 한국적 표현으로 국민에게 귀중한 각성과 교훈을 안겨준 계기가 되었다. 4.19 의거에서 촉구되고 추구된 민주이념과 사회정의의 실현은 한국이 앞으로 지향해야 할 최고가치임을 확인할 수 있게 했다는 점만으로도 한국의 헌정발전사에 있어 **영원불멸(永遠不滅)의 가치와 의의**"를 지닌다.

울산시장 부정선거공작은 청와대와 대통령 측근들이 개입한 사실이 검찰수사로 이미 드러났으나 문재인 대통령은 함구(緘口)하고 있다. 2020년 2월 11일 전국 377개 대학 6,000여 명 회원을 둔 교수단체인 <사회정의를 바라는 전국교수모임(正敎모)>이 청와대의 울산시장 선거개입의혹과 관련해 문재인 대통령의 입장표명을 촉구하는 성명을 발표했다. 이에 앞서 대법관, 헌법재판관, 법무부장관, 검찰총장, 대한변협회장 출신을 포함한 변호사 500명이 "울산선거공작에 대통령의 역할이 무엇이냐"고 공개질의하면서 대통령의 선거개입이 사실이라면 탄핵돼야 한다는 시국선언을 발표했다.

조해주 중앙 선거관리위원회 상임위원이 임기만료로 청와대에 사의를 밝혔으나 문 대통령이 이를 반려했다고 한다. 조 위원은 2019년 임명당시 문재인 대선캠프 특보출신사실이 알려져 공평성논란을 빚었다. 정치적 중립성이 생명인 선거관리위원회 상임위원이 특정캠프출신이라면 '선수가 심판'을 겸하는 꼴이다. 현재 야당 몫 위원 1석이 공석으로 재직 중인 중앙선관위 8명 중 7명이 친여성향으로 분류된다. 자유민주적 기본질서에 위해(危害)를 주는 '관권선거재현'과 선거에서의 '공무원의 정치적 중립의무'를 위반한 전대미문(前代未聞)의 선거공작에 대하여 국민은 불의에 항거한 4.19민주이념을 계승하여 저항권을 행사해야 할 때가 온 것이다.

18. 정의기억연대(정의연)의 기부금 등 각종 의혹의 당사자인 윤미향 당선자는 사퇴하고 검찰의 수사를 받으라

가. 일본군 위안부 피해자 이용수 할머니의 정의연 비리의혹 폭로

윤미향 더불어시민당 비례대표당선자가 일본군위안부 피해 여성을 지원하는 단체라는 정의연 대표와 이사장으로 활동할 당시 시민, 정부, 기업 등이 낸 기부금, 국고보조금사용에 대한 의혹(횡령, 배임 등)이 불투명한 회계

관리 차원을 넘어 검찰의 수사로 범죄 여부의 실체적 진실을 가려야 할 상황이다. 기부금과 지원금 수십억 원의 행방이 묘연하다는 온갖 의혹의 당사자이다. 정의연의 기부금 및 정부보조금의 국세청 공시누락금액은 37억여 원에 이르며, 안성쉼터는 시세보다 비싸게 매수하여 시세보다 싸게 매도하여 배임의혹을 받고 있다.

일본군위안부 피해자인 이용수 할머니가 위안부문제해결을 촉구하는 수요집회에 대해 "증오와 상처만 가르친다. 성금도 피해자들한테 쓴 적이 없고, 어디에 쓰이는지 모른다."며 "더는 참석하지 않겠다."고 하면서 이 집회를 주도해온 정의연에 대해서 "30년간 속을 만큼 속았고 이용당할 만큼 당했다." "재주는 곰(할머니)이 부리고 돈은 되놈(정대협)이 받아먹었다."고 했다. 정의연은 피해자 할머니들의 한(恨)을 방치한 채 정치권과 공직에 진출하는 등 "출세의 통로"가 됐다. 이들은 위안부운동과 피해자 할머니들의 지원을 빙자해 국민의 기부금과 국고보조금으로 사익을 취하는 등 **"위선적 기생충"**이라고 비난받고 있다.

정의연의 전 이사장인 윤미향 당선인은 2020년 5월 12일 "가족과 지인들의 숨소리까지 탈탈 털린 조국 전 법무장관이 생각나는 아침"이라며 "친일세력의 부당한 공격이 세질수록 평화, 인권을 향한 결의도 태산같이 높아질 것"이라는 궤변을 토로하며 "보수언론과 미래통합당이 만든 모략극"이라고 주장했다. 자신들의 부당한 치부(致富)가 드러나자 사과를 하는 것이 아니라 오히려 고개를 쳐들고 삿대질이나 하는 파렴치한 기생충이다. 윤미향의 주장은 **"하늘보고 주먹질"**하는 것이요, **"하늘에 침 뱉기"**다.

나. 정부와 여당의 윤미향 당선인 옹호(제2의 조국 탄생)

위안부 피해자들을 이용해 사익을 추구해온 후안무치한 철면피(鐵面皮)들이 국회의원이 되었다. 윤미향 당선인은 "사퇴는 고려하지 않고 의정활동을 통해서 증명하겠다."고 했다. 거대여당의 비호로 모든 의혹을 적당히 뭉개고 넘어가려는 꼼수다. 윤미향 당선인 개인의 비리문제를 정치적 이슈로 확대하는 것은 온갖 비리혐의의 당사자인 조국 전 장관을 검찰개혁의 피해자로 둔갑시키고 검찰과 언론을 적폐로 몰아 사건의 실체를 은폐하려던 수법과 같은 판(版)박이다.

문재인 정부는 윤미향 옹호(擁護)로 <제2의 조국>을 탄생시키는 실수를 반복해 윤미향은 <제2의 하늘이 내린 선물>이라고 한다. 정의연은 위안부 피해자 할머니들의 장례를 맡아온 상조회사에 1170원을 썼다고 했으나 상조회사는 무료로 해줬을 뿐 돈을 받은 적이 없다고 했다. 그러나 민주당 의원들과 윤미향 당선인은 이를 친일파의 공격이라며 친일파로 매도하며, 여권지지자들은 위안부 피해자 할머니들을 향해 **"친일파", "토착왜구(土着倭寇)"**라고 비난한다.

국민이 위안부 할머니들을 위해 기부한 돈을 멋대로 사용해 했다는 의혹이 피해자인 할머니 자신에 의해 제기됐으나 여권은 **"친일파 타령"**을 하며 거짓말과 궤변으로 일관하고 있다. 윤미향 사태는 "이념문제"가 아니라 개인의 일탈(逸脫)과 범죄혐의에 대한 "진실의 문제"이다. 그러나 우리 사회에는 또 다른 형태의 **"이념형(理念形) 기생충(寄生蟲)"**이 번식하고 있다. 국세청도 정의연의 회계오류를 확인하고 수정공시명령을 내리기로 했으나 정의연 이사장은 "외부감사는 받을 수 없다."고 거부했다고 한다.

다. 안성 쉼터는 윤미향의 쉼터인 가족비즈니스

안성 쉼터는 시세보다 훨씬 비싸게 매수한 후 싸게 매도하여 공동모금회에 손해를 끼쳤다는 배임혐의로 고발됐다. 이 쉼터는 위안부 할머니를 위해 쓰이지도 않았고, 일반 펜션처럼 이용된 정황도 드러났다. 안성 쉼터는 위안부 할머니들의 쉼터가 아니라 <윤미향 쉼터>로 변질됐다. 윤미향 당선인의 부친이 관리인으로 일하며 7500여만 원을 수령했고, 남편 회사에 일감을 몰아주는 등 "가족 비즈니스"에 활용했다고 보도됐다.

검찰이 규명해야 할 의혹은, 첫째 시민과 기업의 기부금과 정부의 국고보조금의 횡령 여부, 둘째 윤미향 당선인이 개인명의계좌로 받은 후원금의 착복 여부, 셋째 경기도 안성시 소재 쉼터 "평화와 치유가 만나는 집"의 매입 및 매도과정에서의 횡령·배임 여부, 넷째 고인이 된 위안부 할머니 장학금을 고인의 유지(遺志)와 달리 쓴 문제, 윤 씨 딸의 미국 유학자금의 출처, 아파트 구입 자금 문제 등이다. 검찰은 엄정한 수사로 사법정의를 확립해야 한다.

라. 여의도 범죄소굴로 비난받는 국회

민주당은 "윤미향 당선인이 19일 이용수 할머니를 만나 사과하고 할머니가 눈물을 흘리고 오해를 풀었다."고 했으나 이에 대해 이용수 할머니는 손을 떨면서 "와서 용서를 빌었지만 용서한 것 없다. 법에서 다 심판할 것"이라고 부인했다고 한다. 윤미향은 진정한 사과나 화해를 위해 이용수 할머니를 방문한 것이 아니라 "안아 달라."며 "화해 쇼"를 한 것이다. 온갖 의혹의 당사자인 윤미향은 "저에 대한 공격은 보수언론과 통합당이 만든 모략극", "친일세력의 부당한 공격"이라고 하며 "6개월간 탈탈 털린 조국 전

장관이 생각난다."고 했다.

과연 제2의 조국다운 "하늘이 내린 제2의 선물" 같은 궤변이다. 피해자인 위안부 할머니가 "속았다"는 의혹에 대해 투명하게 밝히는 것이 아니라 오히려 "친일공세"라는 파렴치하고 후안무치한 정상배(政商輩)들이 국회를 구성하고 온갖 특혜를 누리며 갑(甲)질과 세금도둑질이나 일삼고 있으니 국민은 국회를 향해 **"국해(國害)"**라고 하며 **"여의도 범죄소굴"**이라고 하는 소리를 듣는 것이 오늘의 대한민국 국회의 자화상(自畵像)이다.

마. 윤미향 씨가 가야 할 곳은 국회가 아니라 검찰 조사실과 법원 공판정이다

21대 국회개원 전날인 5월 29일 국회 소통관에서 기자회견을 연 윤미향 더불어민주당 당선인은 자신과 정의연을 둘러싼 각종 의혹에 대해 "사실이 아니다.", "성금을 유용한 적이 없다."라고 부인하면서도 의혹을 해소할 만한 계좌내역 등은 공개하지 않았고, 오히려 일부 발언은 해명과 사실이 달랐다고 한다. 기자회견이 아니라 '아니다'로 시작해서 '아니다'로 끝난 궤변에 불과했다.

윤 씨는 개인계좌 4개로 위안부 할머니 장례비나 사업후원금 등 9건의 모금을 한 것에 대해 "(해당) 사업에 필요한 비용을 충당하고 남은 돈을 정대협 계좌로 이체했다."면서도 검찰수사를 이유로 계좌이체내역을 공개하지 않았다. 그는 정대협 자금을 이용해 딸을 연간 1억여 원 정도 드는 미국으로 유학을 보냈다는 의혹에 대해 "유학자금은 대부분 남편의 형사보상금과 손해배상금인 2억 4천만 원으로 썼고 부족한 비용은 저와 가족들 돈으로 충당했다."고 했다.

기업이 내놓은 기부금 10억 원으로 안성 쉼터를 7억 5천만 원에 사서 7년 만에 4억 2천만 원에 싸게 팔았다는 배임의혹에 대해 기존 주장을 반복했다. **"거짓말은 도둑놈 될 장본(張本)이다."**라고 했다. 정의연과 정대협이 국세청 공시에 누락한 기부금 및 정부보조금이 37억여 원에 이른다는 지적에 관해서도 윤 씨는 언급을 하지 않았다. 위안부 피해자 할머니들을 이용해 사리사욕(私利私慾)을 채웠다는 의혹과 국민의 의원직 사퇴여론을 무시하는 인물이 비례대표국회의원이 되었다.

민주당이 부동산 관련 비위의혹이 불거진 비례대표 윤미향, 양이원영 의원을 제명했다. 비례대표의원은 '탈당'하면 의원직이 박탈되나 당에서 '제명'하면 의원직을 유지할 수 있으므로 제명으로 징계를 빙자해 의원직을 유지시켜주는 꼼수를 부렸다. 위안부 피해 할머니들을 위한 후원금을 빼돌린 혐의 등으로 공판에 회부된 윤미향 의원의 공소장 '범죄일람표'에는 윤 의원이 갈비집에서 26만 원, 발마사지 집에서 9만 원을 썼고, 자신의 과속 과태료 8만 원도 공금계좌에서 냈다고 한다. 모금액 182만 원을 자기 딸 계좌로 이체하는 등 생활비로 쓴 돈이 217차례에 걸쳐 1억 원이 넘는다고 보도됐다(2021. 10. 6. 조선일보 사설).

윤미향 의원과 더불어민주당 의원 9명이 일본군 위안부 피해자나 유족 및 관련 단체의 명예훼손까지 강력하게 금지하는 법안인 윤미향 보호법을 공동발의 하자 이에 대해 윤미향이 발의한 "윤미향·정의연 보호법"으로 '위안부단체까지 성역화한 법'이라고 비난받고 있다. '윤미향·정의연의 파렴치한 범죄를 발설만 해도 투옥시키려는 위 법안은 역사를 법으로 날조하려는 극우 민족주의적 사고방식이라고 한다. 사람이 개, 돼지와 구분되는 것은 부끄러움을 안다는 점이다. 수치심을 모르는 것은 낯 두꺼운 철면피(鐵面皮)요, 후안무치(厚顔無恥)다. "윤미향 당선자가 가야 할 곳"은 국회가 아니라 **"법원의 공판정"**이다. 그곳이 그의 '마지막 쉼터'가 될 것이다.

검찰은 윤 의원에 대한 수사를 4개월간이나 뭉개다가 더 이상 덮을 수가 없게 되자 횡령, 배임, 준사기, 사기 등 8개 혐의로 기소했고, 기소 후 11개월 만에 처음 공판이 열렸다. 유령직원을 만든 허위보고서로 7년간 국고보조금 3억 원을 타낸 혐의에 대해 검찰은 "피해자 대한민국을 기망했다."며 사기죄를 적용했다. 윤 의원은 위안부 지원금 1억여 원을 횡령했으며, 217차례에 걸쳐 소액으로 인출해 자신의 생활비로 쓴 사실도 확인됐다. 이런 인물이 비례대표 국회의원이다.

19. 민주주의라는 허울을 쓴 독재와 전체주의를 배격하라

_ 윤석열 검찰총장의 축사

윤석열 검찰총장이 8월 3일 서울 서초동 대검찰청에서 열린 신임검사 신고식에서 "우리 헌법의 핵심가치(核心價值)인 '자유민주주의'는 허울을 쓰고 있는 **'독재**(獨裁)와 전체주의(全體主義)'를 배격하는 **'진짜 민주주의'**를 말하는 것"이라고 하며, "자유민주주의는 법의 지배(Rule of law)를 통해 실현된다."며 "법은 다수결 원리로 제정되지만 누구에게나 공평하고 정의롭게 집행되어야 한다."고 "법(法) 앞의 평등(平等)"을 강조했다. 윤 총장의 이러한 소신에 찬 축사(祝辭)는 현 정권의 비민주적 행태(行態)를 비판한 것이라고 보도됐다.

오늘날의 '법의 지배'는 인신(人身)의 자유, 언론의 자유, 집회의 자유 등 기본적 인권존중의 요청을 그 본질로 하는 새롭고 구체적인 내용을 담고 있다. 법의 지배는, 무엇이 법인가 하는 판정권(判定權)이 사법부에 있다는 점에도 특색이 있다. 법의 지배는 입법·행정에 대한 사법의 우위(優位)를 뜻하나 최근에는 행정기관에 의한 위임입법이 격증하여 사법우위(司法優位)라는 관념이 현저히 동요되고 있다. 법의 지배의 시대적 의의와 중요성이 역사적으로 변천한 것이다. **'법의 지배**(Rule of law)'는 독재자와 전체주의가 민주주의를 가장한 악법을 만들어 국민을 지배수단으로 악용하는 **법에 의한 지배**(Rule by law)'와 엄격히 구별해야 한다.

윤 총장이 이날 '독재' '전체주의'를 언급한 것을 두고 검찰 주변에선 "현 정권 수사검사들을 모조리 좌천시킨 '학살인사(虐殺人事)'를 자행(恣行)했고, 정권수사 방지용이라는 '검찰수사 범위축소'를 추진 중인 청와대·법무부를 겨냥한 발언"이라는 말이 나왔다. 윤 총장은 "자유민주주의는 '법의 지배(Rule of law)'를 통해 실현된다."며 "대의제와 다수결 원리에 따라 법이 제정되지만 일단 제정된 법은 누구에게나 공평하게 적용되고 집행돼야 한다."고 말해 "법 앞의 평등"을 강조했다.

"법 앞의 평등(Equality before the law)"이라 함은 법 앞에서는 모든 사람이 태어나면서부터 평등하다는 근대 헌법상의 원칙을 말한다. '법 아래의 평등'이라고도 하며, 오늘날에 있어서는 입법·행정·사법의 모든 분야에서 차별대우를 받지 않는 것을 말한다. 우리 헌법 제11조 제1항 전단은 <모든 국민은 법 앞에 평등하다>고 평등권(平等權)을 천명하고 있다. 여기서 <평등(平等)>이란 자의(恣意)의 금지를 말한다. "자의(恣意)의 금지"란 정의(正義)

의 관념에 따라 '평등한 것은 평등하게', '불평등한 것은 불평등하게' 취급하는 것을 말한다.

윤석열 총장이 말한 **"다수결원리에 따라 법이 제정 된다."**는 것은 압도적 다수의석을 차지하고 있는 여당이 법률의 제정·개정을 통해 검찰을 압박하는 현 상황을 우회적으로 표현한 것이며, **"제정된 법은 공평하게 적용되고 집행되어야 한다."**는 것은 현 정권 인사들도 위법이 있으면 같은 법의 잣대로 처벌받아야 하지만 오히려 법망을 피해 검찰에 대한 노골적 보복을 하고 있다는 의미로 '법 앞의 평등'을 강조한 것으로 보인다.

윤 총장은 "부정부패와 권력형 비리는 어떠한 경우에도 외면하지 않고 당당히 맞서 국민으로부터 위임받은 법집행 권한을 엄정하게 행사해야 한다."고 했다. 이 말은 검사들을 상대로, 청와대의 울산시장 선거공작사건, 윤미향 사건(국고보조금 37억 원 누락 등), 추미애 법무장관 아들 군무이탈사건(군형법 제30조), 1조 6천억 원대 금융사기피해가 발생한 라임펀드사건, 옵티머스사건, 박원순 피소 유출사건 등 현 정권 관련 비리에 대한 수사를 촉구한 것으로 본다.

윤 총장은 또 "선배들의 지도와 검찰의 결재 시스템은 명령과 복종이 아니라 설득과 소통의 과정"이라며 "자신의 생각을 동료와 상급자에게 설득해 검찰조직의 의사가 되게 하고, 법원을 설득해 국가의 의사가 되게 하며, 수사대상자와 국민을 설득해 공감과 보편적 정당성을 얻어야 한다."고 했다. 이것은 채널 A 기자 사건 수사팀이 여권이 문제 삼는 부분만 무리하게 수사하다가 '폭행압수수색', '편법감청' 등 적법한 절차에 따르지 않은 위법한 증거수집(형사소송법 제308조의2)을 지적했다는 관측이다.

또한 "검사는 언제나 헌법 가치를 지킨다는 엄숙한 마음 자세를 가져야 한다."며 "누구에게나 공평하고 정의롭게 법집행을 해야 한다."고 했다. 여기서 **'공평한 법집행'**을 언급한 것은 '현 정권인사들에 대한 수사를 여권이 조직적으로 방해하는 상황을 지적한 것'이라는 해석도 나왔다. 이어서 "여러분은 늘 자신의 의견을 당당하게 개진하면서도 선배들의 지도를 받고, 선배들의 의견도 경청해야 한다."며 "구속은 피의자의 방어권행사를 대단히 어렵게 하므로 절대적으로 자제되어야 한다." "방어권 보장과 구속의 절제가 인권중심수사의 요체"라고 강조했다.

이 정권은 자신과 그를 추종하는 집단의 범죄혐의를 수사한 검찰을 인사학살(人事虐殺)로 공중분해(空中分解)시키고 윤석열 검찰총장의 손발을 잘라 식물총장으로 만들었으나 그것도 부족해 조만간 검찰인사가 또 예상되고 있다고 한다. 살아 있는 권력을 수사하던 몇 안 남은 검사들에 대한 2차 학살이 목적이다. 산 권력을 수사하다 남은 "진짜 검사"를 모조리 추방해 정권의 **"충견(忠犬)과 주구(走狗)"**만이 남게 될 것이다.

<사람에게 충성하지 않는다>는 윤석열 검찰총장의 정의감과 용기 그리고 소신 있는 축사(祝辭)에 경의(敬義)를 표한다. 윤석열 검찰총장의 정의감과 불굴(不屈)의 용기에 아낌없는 찬사(讚辭)를 보낸다.

20. 검·언 유착사건(檢·言 癒着事件)의 조작(造作)

채널 A 이동재 기자의 '강요미수' 의혹사건을 수사하는 서울중앙지검은 2020년 8월 5일 이동재(35) 전 채널 A 기자와 그 기자의 회사 후배인 白모(30) 기자를 '강요미수죄(형법 제324조, 제324조의5)' 혐의로 각각 기소(起訴)했다. 이것은 지난 7월 24일 검찰 수시심의위원회가 압도적 다수로 한동훈 검사장에 대해 '수사중단 및 불기소 권고(勸告)'를 결정한 것을 공개적으로 거부한 것이다.

문재인 대통령의 대학 후배인 이성윤 서울중앙지검장의 지휘를 받는 수사팀은 4월부터 이 사건을 李 전 기자와 윤석열 검찰총장의 측근인 한동훈(韓東勳) 검사장이 공모(共謀)해 여권인사들의 비리를 캐려한 "검·언 유착" 사건으로 규정하고 수사해왔으나 그 핵심인 한동훈 검사장과 이동재 기자 두 사람의 '공모', '유착'은 공소장의 공소사실에 기재되지 않았다. 이로써 검·언 유착이 허구(虛構)임이 드러났다.

李 기자의 기소 전날인 지난 8월 4일 서울중앙지검 수뇌부는 李 전 기자가 한동훈 검사장과 "공모"했다고 '공소장에 적시(摘示)하라.'고 지시했으나 수사팀 검사들의 강한 반발로 5일 오전 이를 철회한 것으로 알려졌다. 검찰 관계자는 "수사팀 부부장급 이하 검사 전원이 이에 반대하거나 회의적(懷疑的) 의견을 내자 막판에 두 사람의 공모가 적히지 않은 B안(공소장)으로 기소하게 된 걸로 안다."고 했다.

그런데도 수사팀은 이날 한동훈 검사장에 대한 '수사를 계속 하겠다.'고 밝혔다. 채널 A 사건은 현 정권의 비리를 수사하는 윤석열 검찰총장과 한동훈 검사장을 몰아내기 위해 정권과 사기꾼, 어용방송이 억지로 만든 사건이라는 사실이 다시 확인되었다. 정권의 불법과 비리를 은폐하기 위해 정권이 사기꾼과 손잡고 어용방송을 동원하는 정치공작은 발본색원(拔本塞源)해야 한다.

최강욱 열린민주당 대표와 조국 법무부 인권국장 출신인 같은 당 황희석 최고위원은 MBC 보도 9일 전에 **"이제 둘이서 작전에 들어간다."**고 했고, MBC의 제보자 지(池) 씨가 그 글을 자신의 페이스북에 옮기면서 **"부숴봅시다! 윤석열 개검들! ㅋㅋㅋ"**라고 적은 것이 근거로 거론됐다. 추미애 법무장관은 아무 근거도 없는 의혹을 기정사실화 하며 윤석열 검찰총장의 수사지휘권을 박탈했고, 직무정지와 징계조치를 취했다. 추 장관은 "(검언유착)증거가 차고 넘친다."고 했다.

한동훈 검사장은 **"애초에 공모가 없었으니, 검·언 유착이라고 부르지 말아 달라."**면서 MBC와 정치인 등에 대한 수사를 촉구했다. 윤석열 검찰총장은 지난 3일 서울 서초동 대검찰청에서 열린 신임검사 신고식 축사에서 **"권력형 비리를 외면하지 말고 당당하게 맞서라."**고 했다. 채널 A 李 기자의 강요미수의혹사건을 "검·언 유착"이라고 규정하고 추미애 법무장관이 검찰청법 제8조를 위반하여 검찰총장의 검사에 대한 지휘권까지 발동한 '**직권남용**' 등에 대한 책임도 물어야 할 것이다.

'채널 A 李 기자의 강요미수 의혹사건'의 성격은 "검(檢) · 언(言) 유착(癒着)"이 아니라 살아 있는 현 정권을 수사해온 윤석열 검찰총장의 측근인 한동훈 검사장을 내쫓기 위한 현 정권과 여권 및 정권에 아부하는 사이비(似而非) 언론 등이 합작한 조작극으로 "권(權)·언(言) 유착(癒着)"이라고 한다. 지난 1월 '살아 있는 권력수사'를 한 검사들을 인사학살한 데 이어 몇 안 남은 '진짜 검사'들마저 모조리 쫓아내어 윤석열 검찰총장은 추미애 법무장관 측근에 완전 포위되어 고립무원(孤立無援) 처지가 됐다.

법무부는 2020년 10월 14일 채널 A 사건에 연루됐다는 이유로 법무연수원 연구위원으로 좌천돼 용인 분원으로 출근하던 한동훈 검사장에게 '충청북도 진천에 있는 법무연수원본원'으로 출근하라고 통보했다. 지난 1월 추미애 법무장관의 '검찰대학살인사' 때 대검찰청 반부패·강력부장에서 '부산 고검차장'으로 발령 난 한 검사장은 지난 6월 채널 A 사건 때문에 직무배제를 당하고 '법무연수원 용인분원'으로 자리를 옮겼다. 이번에 진천으로 옮기면서 올해 들어 세 번째 "좌천"을 당한 것이다. 지난 인사는 모두 한 검사장만을 겨냥한 <원포인트> 인사로 "괘씸죄"가 적용된 것이라고 한다.

채널 A 사건과 관련해 한동훈 검사장에 대한 '폭행 압수수색'으로 서울고검의 감찰, 수사를 받은 정진웅 광주지검 차장검사가 2020년 10월 27일 '독직(瀆職)폭행혐의'로 불구속기소되어 재판에 회부됐다. 이들 무법자들은 청와대 울산시장 선거공작사건, 유재수 감찰무마사건, 윤미향사건(국고보조금 37억 원 누락 등), 라임펀드사건(1조 6천억 원대 금융사기사건), 옵티머스사건(라임과 비슷한 옵티머스사건)에서 사기를 주도한 변호사의 아내가 청와대 민정수석실에 근무하면서 옵티머스 관련사 주식 50%를 보유한 사실이 드러났다.

유시민 노무현재단 이사장은 2021년 1월 22일 "검찰이 노무현 재단계좌를 들여다봤다."며 사찰의혹을 제기한 것에 대해 "사실이 아니었다."며 사과했다. 2020년 8월 한 시민단체가 "유 이사장이 허위사실을 유포했다."며 검찰에 고발장을 냈고, 이 사건은 서울서부지검 형사1부에 배당되어 수사하고 있다. 유 씨의 갑작스러운 사과는 검찰수사를 염두에 둔 것으로 분석된다고 했다.

유 씨는 이날 노무현재단 홈페이지에 "의혹은 사실이 아니었다고 판단한다."며 "사실이 아닌 의혹 제기로 검찰이 저를 사찰했을 것이라는 의심을 불러일으킨 점에 대해 검찰의 모든 관계자들께 정중하게 사과드린다."고하며, 재단후원회원들을 향해서도 "입증하지 못할 의혹을 제기함으로써 노무현재단을 정치적 대결의 소용돌이에 끌어들였다."고 했다. 유 씨는 허위사실을 유포하며 거짓선동으로 일관해오다가 검찰이 수사에 나서자 1년여 만에 사실상 자백을 하며 선처를 호소한 것이다.

채널 A 사건 압수수색과정에서 한동훈 검사장을 독직 폭행한 혐의로 기소된 정진웅 울산지검 차장검사가 1심 재판에서 '징역 4개월에 집행유예 1년, 자격정지 1년'을 선고받았다. 이로써 검언유착은 허위로 판명됐다. 유시민 씨 비리관련 진술을 강요했다는 채널 A 기자들도 1심에서 모두 무죄선고를 받았으나 그 조작에 가담해 폭력으로 수사한 정진웅 검사는 유죄판결을 선고받았다. 대통령 수족인 이성윤 서울고검장은 한동훈 검사장에 대한 무혐의 결재를 결국 하지 않았다.

정권의 주구(走狗)가 되어 검언유착 조작에 가담했거나 직무를 유기한 무리들의 범죄를 철저히 수사해야 한다. 이것이 진정한 검찰개혁이다. 러시아의 문호(文豪) 도스토예프스키(Dostoevskii)는 "인생에서 무엇보다도 어려운 것은 거짓말을 하지 않고 사는 것이다."라고 말했다. 우리가 거짓말을 하지 않고 살아가는 것은 인간의 양심(良心)의 요구다. 거짓말을 일삼아 무고한 사람을 괴롭히는 자들은 <**천벌**(天罰)**은 더디나 반드시 온다**(Heaven's vengeance is slow but sure.).>는 말을 기억해야 할 것이다.

21. 최재형 감사원장의 용기와 애국심

감사원(監査院)은 국가의 세입·세출의 결산검사, 감사원법 및 다른 법률에서 정하는 회계를 상시 검사·감독하며, 행정기관 및 공무원의 직무를 감찰하는 권한을 가진 대통령 소속하의 독립된 합의제 감사기관이다. 행정부·입법부·사법부를 포함한 모든 국가기관이 "국민 전체에 대한 봉사자로서 국민에 대하여 책임을 지며, 정치적 중립성을 견지(堅持)"하는 것이 아니라, 정권의 '충견(忠犬)'이나 '애완견(愛玩犬)'이라는 소리를 듣는 '탐관오리(貪官汚吏)의 소굴'이라고 비판받고 있다.

그러나 최재형 감사원장이 이끄는 감사원이 감찰직무를 성실히 수행하며, 아직은 건재(健在)하여 국민에게 한 가닥 희망을 안겨주고 있다. 감사원이 헌법기관으로서 **"직무에 관하여 독립의 지위"**를 확고히 견지하려는 <**최재형**(崔在亨) 감사원장의 정의감(正義感)과 추상(秋霜) 같은 용기>에 많은 국민이 박수갈채를 보내고 있다.

검찰이 문 정권의 가장 큰 불법혐의 중의 하나인 '월성1호기 경제성 조작사건'을 감사한 최재형 감사원장을 수사 중이라고 한다. 원전폐쇄를 요구하는 환경단체가 2020년 11월 최 원장을 직권남용, 강요혐의로 고발했다. 최 원장이 문재인 정권의 탈원전정책을 공격할 목적으로 월성1호기의 경제성이 조작됐다는 결론을 미리 정해놓고 감사 대상자들을 압박했다는 게 고발인 측의 주장이라고 한다. 현 정권의 가장 중대한 경제정책의 실패의 하나로 보는 월성1호기 경제성 조작 및 조기폐쇄 사건을 감사한 최재형 감사원장을 직권남용 및 강요, 허위공문서작성 등 혐의로 고발한 환경단체는 역사와 국민의 심판을 받을 날이 멀지 않았다.

현대 민주주의 국가에서 법치주의(法治主義)가 강조되는 이유는 선출권력의 폭정(暴政)과 자의(恣意)를 배척하고 법률에 준거(準據)한 정치를 위한 것이다. 최재형 감사원장이 4년 임기 중 6개월을 남긴 시점에서 2021년 6월 28일 사퇴했다. 그는 "대한민국의 앞날을 위해 어떤 역할을 해야 하는지에 대해 숙고(熟考)하는 시간을 가지려 한다."고 했다. 최 전 원장은 "나라가 걱정이다."는 말을 자주 했다고 한다. 권력욕(權力慾) 때문이 아니라 '무너져가고 있는 국가 시스템'을 바로 세워야 한다는 강열한 애국심의 발현(發現)이다.

현 정권이 온갖 수단을 동원해 감사원의 월성원전감사를 방해하고, 인사권으로 최 원장을 압박했으나 최 전 원장은 **"검은 것은 검다고, 흰 것은 희다고 말할 수 있어야 한다."**며 정권의 압력에 굴하지 않는 소신(所信)과 강단(剛斷)을 보여줬다. 청와대는 최 원장 사퇴(6월 28일 사퇴)에 대해 "바람직하지 않은 선례"라고 했다. 그러나 문재인 정권의 전횡(專橫)과 폭주(暴走), 법치(法治)의 훼손 등 헌정질서파괴(憲政秩序破壞)가 최재형 감사원장이 정치를 선언하는 초유(初有)의 사태를 초래했다.

최재형 전 감사원장이 2021년 7월 15일 국민의 힘에 입당(入黨)했다. 최원장은 "평당원으로 들어가겠다. 좋은 정치를 함으로써 국민께 보답하겠다." "온 국민이 고통받는 현실에서 가장 중요한 명제인 정권교체를 이루는 중심은 제1야당인 국민의 힘이 돼야 한다."하면서 "분열의 정치를 끝내고 새로운 변화와 공존을 추구해야 한다.", "미래가 보이지 않는 청년들이 이제는 희망을 품고 살 수 있는 나라를 만드는 게 무엇보다도 중요하다.", "그런 나라를 만드는 데 앞으로 제 모든 걸 바치겠다."고 했다.

돈 앞에 양심을 팔고, 지위(地位) 앞에 지조(志操)를 버리고, 권력 앞에 인격을 던지는 변절자(變節者)와 후안무치(厚顔無恥), 파렴치한(破廉恥漢), 정상배(政商輩)의 소굴(巢窟)이 된 타락(墮落)의 시대에 최재형 전 감사원장과 같이 오로지 애국심(愛國心)으로 무장한 한국의 정치 지도자의 출현이야말로 자유민주적 기본질서에 입각한 헌정질서회복(憲政秩序回復)을 위한 천우신조(天佑神助)다.

22. 법치주의 확립의 정도(正道)

_ 2020. 11. 16. 법률신문 법조광장

법치주의(法治主義)라 함은 행정은 의회에서 제정한 법률에 의거하여 행하여야 한다는 원칙으로 <법에 의한 정치>를 말하며 절대주의국가를 부정함으로써 성립한 근대 시민국가의 정치원리이다. 법치주의는 주권자라 할지라도 법의 지배에 따라야 하고 자의(恣意)에 따라서는 안 된다는 주의(主義)인데, 이 점이 사람의 지배, 권력의 우위, 독재자의 전횡적 의사(專橫的 意

思)에 의한 지배의 사상·주의와 다른 점이다. 또 법의 지배는, 무엇이 법인가 하는 판정권이 사법부에 있다는 점에도 특색이 있다. 국가권능을 입법·사법·행정의 3권으로 나눈다면 법의 지배는 입법·행정에 대한 사법의 우위(優位)를 뜻한다.

법치주의는 개인의 기본권을 보장하기 위하여 법률로써 행정을 규제하여 자의(恣意)를 막으려는 주의(主義)로서, 법률의 법규창조력(法規創造力), 법률의 우위(優位), 법률의 유보(留保)를 그 주된 내용으로 한다. '**법률의 법규창조력(法規創造力)**'이란 의회가 정립한 법률만이 법규로서 구속력을 가진다는 것이며, '**법률의 우위(優位)**'란 행정주체의 모든 작용은 법에 위반되어서는 아니 될 뿐만 아니라, 행정작용에 의한 법의 변경도 불허(不許)하는 것을 말한다. '**법률의 유보(留保)**'란 국민의 권리를 제한하거나 의무를 부과하는 사항은 반드시 국회의 의결을 거친 법률로써 규정하여야 한다는 원칙을 말한다.

'**헌법상의 법률의 유보**'란, 국민의 기본적 권리와 의무는 국회에서 제정되는 법률에 의하지 않고는 제한 또는 부과되지 않는다는 근대 입헌주의의 기본원리의 하나로서 법치주의를 의미한다. 우리나라 헌법상 기본적 권리·의무를 예시적으로 규정·보장하면서 <… 법률에 의하지 아니하고는 체포·구속·압수·수색 또는 심문을 받지 아니하며, 법률에 의하지 아니하고는 처벌·보안처분 또는 강제노역을 받지 아니한다(헌법 제12조 제1항).>라고 규정한 것은 이러한 법률의 유보를 의미하는 것이다. 법률로써 규정하는 경우도 무제한한 것은 아니며 그 한계가 있다. 즉, <국민의 모든 자유와 권리는 국가안전보장·질서유지 또는 공공복리를 위하여 필요한 경우에 한

하여 법률로써 제한할 수 있으며, 제한하는 경우에도 자유와 권리의 '본질적인 내용'을 침해할 수 없다(헌법 제37조 제2항).>고 하여 그 한계를 규정하고 있다.

헌법상 법치주의는 법률유보원칙(法律留保原則), 즉 행정작용에는 국회가 제정한 형식적 법률의 근거가 요청된다는 원칙을 핵심적 내용으로 한다. 오늘날의 법률유보원칙은 단순히 행정작용이 법률에 근거를 두기만 하면 충분한 것이 아니라, 국가공동체와 그 구성원에게 기본적이고도 중요한 의미를 갖는 영역, 특히 국민의 기본권 실현에 관련된 영역에 있어서는 행정에 맡길 것이 아니고 국민의 대표자인 입법자 스스로 그 본질적 사항에 대하여 결정하여야 한다는 요구, 즉 의회유보원칙(議會留保原則)까지 내포하고 있는 것으로 이해되고 있다. 따라서 국민의 권리·의무에 관한 기본적이고 본질적인 사항은 국회가 정하여야 하고, 헌법상 보장된 국민의 자유나 권리를 제한할 때에는 적어도 그 제한의 본질적인 사항에 관하여 국회가 법률로써 스스로 규율하여야 한다(대판 2020.9.3. 2016두32992. 전원합의체판결).

현행 헌법에 있어서도 직접적으로 법치주의를 명시하고 있지는 않지만 헌법 전반에 걸쳐 그 이념을 선언하고 있는 규정들이 많다. 즉, 인간의 존엄성과 기본인권의 보장을 규정한 제10조, 평등권을 보장한 제11조, 인간다운 생활을 할 권리의 보장을 규정한 제34조, 국민의 자유와 권리의 존중·제한을 규정한 제37조, 경제 질서의 기본을 규정한 제119조 등에서 우리 헌법은 형식적 법치주의뿐 아니라 사회적 법치국가의 이념을 선언하고 있다.

우리 헌법은 <법률에 의한 행정(法治行政)>의 실질화를 도모함과 동시에 사회권과 경제적 자유의 공공성을 규정함으로써 사회적 법치국가의 원칙을 채용하였다. <**법치행정**(法治行政)>이라 함은 행정은 법률에 의거하여 법률이 정하는 바에 따라 행해져야 한다는 원칙으로 <법률에 의한 행정>이라고도 한다. 권력분립주의를 전제로 하여 자유민주주의 사상을 기반으로 성립하는 법치국가에 있어서의 행정의 기초 원리이다. 즉, 국회에서 제정하는 법률을 근거로 하여 행정을 하게 함으로써 국회가 행정에 대하여 우월적 지위를 가지게 하여 행정의 자의(恣意)를 방지하고 국민의 자유와 권리를 보장하려는 데에 그 취지가 있다.

대통령의 행정에 관한 권한 중의 하나로 헌법 제78조는 "**대통령은 헌법과 법률이 정하는 바에 의하여 공무원을 임면한다.**"라고 규정하여 대통령에게 '공무원임면권'을 부여하고 있다. 행정의 능률성 및 안정성을 확보하고 공무원을 전문화하기 위하여 신분보장이 요구되며, 정권교체에 따르는 행정의 불안을 없애고 국민 전체에의 봉사자로서의 지위를 보장하기 위하여 '정치적 중립성'과 '실적주의(實績主義:merit system)'가 요구된다. 헌법은 제7조 제2항에서 '공무원의 신분과 정치적 중립성은 법률이 정하는 바에 의하여 보장된다'라고 하여 직업공무원제도를 규정하고 있다. 이 조항은 엽관제(獵官制:spoils system)나 정실인사(情實人事)를 배척하고 정권교체에 영양을 받지 아니하는 직업공무원제도를 확립하려는 규정이다.

대통령이 행정권의 수반으로서 정부 조직권을 수행하는 첫째 임무는 **공무원 임면권의 적정한 행사**이다. 헌법이 대통령에게 공무원 임면권을 부여한 취지는 능력과 전문성을 갖춘 청렴한 인재를 등용(登用)하여 행정을 민주적이며 능률적으로 수행하여 국민 전체에게 봉사하기 위한 것이다. 나라를 다스림에는 인재를 얻고 못 얻는 데서 흥패가 좌우되므로 공무원 임면권을 행사하는 대통령에게는 **"인재를 고를 줄 아는 현명(賢明)"**이 요구된다.

적재적소(適材適所)는 인사(人事)의 요체(要諦)임에도 불구하고 인재(人材)를 고르기란 용이한 일이 아니다. 그러나 최소한 사정(私情)이 끼지 않는 방법만은 고수(固守)되어야 한다. 행정사무가 전문화되고 복잡해짐에 따라 해당 분야에 전문지식을 가진 공무원의 임용은 실적주의(實績主義)에 의해야 하며, 엽관제(獵官制)나 정실인사(情實人事)를 배척해야 한다. 국정(國政)은 인재를 얻고 못 얻는 데에서 흥패가 좌우된다.

대통령이 행정권의 수반의 지위에서 가장 중요한 직무는 '**공무원 임면권의 적정한 행사**'라고 본다. 대통령의 공무원면권의 행사가 전리품(戰利品) 나눠먹듯 대선공신이나 보은인사, 코드인사, 낙하산인사 등으로 남용될 경우 탐관오리만을 양산하여 공직사회는 부정부패와 비리의 소굴로 변하게 될 것이다. 대통령이 공무원 임명권을 행사함에 있어, 공무원의 지위와 정치적 중립성(헌법 제7조), 인사청문 특별위원회(국회법 제46조의3 및 인사청문회법), 국가행정기관의 설치·조직과 직무범위(정부조직법), 국가공무원에게 적용할 인사행정의 근본기준(국가공무원법) 등을 규정한 헌법과 관련 법률의 규정을 준수함으로써 법치주의를 확립해야 한다.

<나라가 망하는 것은 현인(賢人)이 없기 때문이 아니다. 쓸 줄 모르기 때문이다(戰國策).>라고 했으며, 영국의 사학자(史學者) 토인비(Arnold Joseph Toynbee)는 <한 사회는 외부적 세력의 압력으로 붕괴하는 것이 아니라 내부적 자살행위(內部的 自殺行爲)때문에 망한다.>고 했다. 한 나라가 망하는 '내

부적 자살행위' 중 가장 중요한 것의 하나가 대통령의 공무원임면권남용에 의한 '인사참사(人事慘事)'라고 본다. 대통령의 공무원 임면권의 남용은 헌정질서의 파괴행위로 탄핵사유가 된다. 이에 대하여 국민은 저항권(抵抗權)을 행사할 수 있다. 이것은 주권자인 국민의 **'헌법수호를 위한 최후의 수단'**이다. 이를 위해 국민은 깨어나야 한다.

남에겐 서릿발 같고 자신에겐 너그러운 현 정권의 오기와 독선에 의한 검찰학살인사를 비롯한 각 분야의 인사참사는 망국지본(亡國之本)을 자초할 뿐이다. 인사참사로 인해 풍전등화(風前燈火)가 된 오늘의 대한민국호(號)는 난파선(難破船)이 되어 산으로 가고 있다. 한 개인이나 국가가 흥(興)할 때에는 반드시 흥할 만한 요인(要因)이 있어서 흥하는 것이요, 망(亡)할 때에는 반드시 망할 만한 까닭이 있어서 망하는 것이다.

흥하는 개인이나 국가를 보면 반드시 진실과 근면과 통합이라는 세 가지 힘의 총화(總和)에서 흥(興)이라는 결과가 생긴다. 망(亡)하는 개인이나 국가를 보면 반드시 거짓과 나태와 분열의 불씨를 안고 있다. 진실과 근면과 통합은 '**흥(興)의 원리**'요, 거짓과 나태와 분열은 '**망(亡)의 원리**'다. 흥의 원리로 나아가는 것이 우리에게 부여된 역사적 사명(使命)이다. 역대 정권에서 인사참사로 인해 이처럼 법치주의가 파괴된 적은 없다. 대통령의 공무원임면권의 적정한 행사는 '**헌법수호의 길**'이요, '**법치주의를 확립하는 길**'이다.

공직사회의 정화를 위한 국가개조의 성패는 모든 공직자가 국민 전체에 대한 봉사자로서 정치적 중립성과 독립성을 보장함에 있다. 이것은 법치주의 구현을 위한 대통령의 헌법수호의지에 달려있다. 이것이 통치자가 **"법치주의를 확립하는 정도(正道)"**이다. 통치자도 법에 따라야 하고 법을 지켜야 하며 법의 위에 있을 수는 없다.

23. 어머니로서 가장 높고 아름다운 경지(境地)

_ 2020.9.22. 법률신문 : 법조광장

추미애 법무부장관 아들 서모(27) 씨의 군부대 미복귀사건과 관련해 카투사(KATUSA : Korean Augmentation Troops to U.S Army)에서 복무할 당시 부대 미복귀(未復歸)의혹 및 휴가연장특혜, 통역병선발, 부대보직배치 등과 관련해 추 장관 측의 '청탁과 외압(外壓)'이 있었다고 군 관계자들이 증언했다. 당시 더불어민주당 대표였던 추미애 법무부장관, 국방부장관실, 육군본부 등 군(軍) 지휘부에서도 외압을 행사했다고 언론에 보도됐다.

국민의 힘 김도읍 의원에 따르면, 서 씨의 '휴가연장'{2017년 6월 1차 병가(5~10일), 2차 병가(11~23일), 개인연가(24~27일)}에 관련한 육본의 개입 가능성이 제기되는 진술을 검찰이 확보했다. 현역군인은 휴가기간이 만료되면 당연히 부대로 복귀해야 하며, 휴가기간 만료 후 부대로 복귀하지 않은 군무이탈상태에서 두 번씩이나 휴가연장을 받는다는 것은 일반 병사(兵士)로는 상상할 수 없는 일로 명백한 <군무이탈(軍務離脫)>이라고 본다.

대법원은 **<군무이탈죄의 성립여부>**에 관하여 "군인이 소속부대에서 '무단이탈'하였다면 다른 사정이 없는 한 그에게 '군무기피(軍務忌避)의 목적'이 있었던 것으로 추정된다 할 것이고, 군무이탈죄는 그 '이탈행위'가 있음과 동시에 완성되는 것이므로, 그 이후의 사정 여하는 범죄의 성립 여부에 영향이 없다(대판 1995.7.11. 95도910)."고 판결했다. 서모 씨에 대한 위와 같은 '부대 미복귀 상태'에서 '2차에 걸친 휴가연장'은 국토방위의 신성한 의무를 수행하고 있는 대한민국 군인 전체에 대한 모욕(侮辱)이요, 능멸(凌蔑)로서, "모든 국민은 법 앞에 평등하다."는 <평등권 침해>라고 한다.

서 씨에 대한 황제휴가특혜는 헌법이 보장한 평등권 침해로 국군의 사기진작차원(士氣振作次元)에서 군무이탈자는 군형법에 따른 엄중한 처벌로 국군의 기강을 확립해야 한다. 그것만이 <군의 기강확립과 법치주의를 구현하는 길>이다. <법률은 정의(正義)를 집행하는 것에 태만해서는 아니 된다(The law ought not to fall in dispensing justice.).> <정치는 법률에 적용되어야 하지만, 법률은 정치에 적용되어서는 아니 된다(Politics are to be adapted to the laws, and not the law to politics.).>고 했다. 사람은 누구나 모두 '법에 따라야' 하고 '법을 지켜야' 하며, '법의 위에' 있을 수는 없다.

추 장관 아들 서모 씨가 카투사로 복무할 당시 주한 미8군 한국군 지원단장이 던 李모 대령이 지난9월 11일 실명으로 <입장문(立場文)>을 내고 "서씨에 대한 용산 배치와 보직청탁이 있었다는 보고를 받았다."고 밝히며, "다른 참모들이 있는 자리에서 일절 청탁에 휘둘리지 말라고 강조하면서 여러 문제가 발생할 수 있다는 우려의 말을 했다."고 덧붙였다. 그는 "신병교육수료식에 참석한 400여 명의 가족 앞에서 '청탁하면 안 된다'는 내용을 당부한 것은 청탁 관련 참모보고를 의식한 때문"이라며 "서씨 가족분들만 별도로 접촉해 얘기한 것은 아니었다."고 하면서 "부하들에게 나중에 큰 문제가 된다는 것을 인지시키고 제가 2사단 지역대에 가서 서군을 포함한 지원자 앞에서 '제비뽑기'를 했다."고 설명했다. 극심한 외압의 반증이다.

추 장관은 국회에서 야당 의원질의에 **"소설을 쓰시네."**라고 반응하며, 아들의 휴가연장과정에서 "민원도 특혜도 전혀 없었다."고 했다. 소설을 쓰는 것은 야당의원이 아니라 바로 추 장관 자신이라고 한다. 추 장관은 자신의 보좌관과 군 관계자의 통화 사실을 부인했으나 추 장관 보좌관과 통화했다는 모 대위의 진술이 담긴 **'녹취록'**이 공개됨으로써 모든 거짓이 만천하에(滿天下) 드러났다. 추 장관은 9월 13일 페이스북에 입장문을 통해 "국민께 정말 송구스럽다.", "절차를 어길 이유가 전혀 없었다." "검찰개혁과제에 흔들림 없이 책임을 다하는 것이 국민의 뜻"이라고 주장하면서 "기필코 검찰개혁을 완수하겠다."고 했다. 적반하장(賊反荷杖)도 유분수(有分數)다.

추 장관은 아들 병역특혜의혹과 관련해 국회에서 "저와 아들이 가장 큰 피해자"라며, 통역병 선발청탁의혹에 대해선 "능력을 가진 아들을 (군에서) 제비뽑기로 떨어뜨렸다."고 했다. 국민권익위원회는 추 장관 아들에 대한 검찰수사와 추 장관의 장관직 수행은 '구체적인 직무관련성이 없다.'고 판단했고, 당직 사병 A씨가 '공익신고자에 해당하지 않는다.'고 결정했다. 이를 두고 권익위원회는 "정권 권익위"라는 말까지 나온다. 정권의 주구(走狗)가 된 탐관오리(貪官汚吏)들이 충성경쟁을 벌이는 무대가 점입가경(漸入佳境)이다.

60만 대군과 젊은이들의 분노가 활화산(活火山)이 되어 타오르고 있으나 검찰개혁을 빙자해 장관 자리를 끝까지 고수하려는 추 장관과 이를 엄호하는 해바라기집단의 궤변으로 온 국민의 분노에 불을 지르고 있다. 서모 씨의 황제휴가 특혜의혹사건은 '진실과 허위' '정의(正義)와 불의(不義)'의 싸움판으로 전락했다. 국방부는 서 씨의 휴가연장, 군병원 요양심의위 심의생략 등이 국방부와 육군 규정에 비춰 '절차상 문제가 없다'고 했다. 국방부는 이제 '군사에 관한 사무'를 관장하는 부서가 아니라 '추미애 지키는 사무'를 관장하는 <추 방부(秋防部)>로 전락해 국군의 정치적 중립성과 명예를 훼손하고 있다.

더불어민주당 원내대변인의 추 장관 아들에 대한 "나라를 위해 몸 바치는 것(爲國獻身)이 군인의 본분이라는 안중근 의사의 말을 몸소 실천한 것"이라는 논평과 관련해, 추 장관은 국회에서 "(제 아들이) 아픈데도 불구하고 끝까지 군무에 충실했다 함을, (안 의사) 말씀에 따랐다 함을 강조한 것"이라고 해 자신의 아들이 '위국헌신'했다고 궤변을 토로하자 안중근 의사 후손들은 "정권유지를 위해 안 의사를 파는 파렴치한 인간들이 어디 있는가."라고 항의했다.

"인생에서 무엇보다도 어려운 것은 거짓말을 하지 않고 사는 것이다(F. M Dostoevskii)."라고 했다. 우리가 거짓말을 하지 않고 살아가는 것은 인간의 '양심(良心)의 요구'다. 부끄러움을 모르는 사람에게는 양심이 없다. '많은 말은 칼 이상으로 사람을 해(害)친다(Many words hurt more than swords.)', '입에서 재앙(災殃)이 나온다(Out of the mouth comes evil.)'고 경고했다.

조국 전 법무부장관은 9월 3일 서울중앙지법 형사합의25-2부 심리로 열린 정경심 피고인 재판에 증인으로 출석해 **"형사소송법 제148조에 따르겠**

습니다."라는 말만 303번이나 언급하며 증언을 거부해 **"법꾸라지"**라는 비난과 조롱의 대상이 되었다. '미꾸라지 한 마리가 온 웅덩이를 흐려 놓는다.'는 말과 같이 법치주의를 파괴하는 '법꾸라지'가 대한민국의 법질서와 사회정의를 파괴하는 무법천지(無法天地)가 도래했다. 군기(軍紀)와 기강(紀綱)의 확립이 생명인 군대에서 제멋대로 부대를 이탈해도 어물쩍 넘어갈 수 있다는 나쁜 선례(先例)를 남겨 "군형법상 군무이탈죄가 사문화(死文化)"됐다.

자연(自然)은 절대로 우리를 속이지 않는다. 우리를 속이는 것은 언제나 우리 자신이다. 인간이 인간을 속이고 자기 자신을 속인다. 우리는 자연을 배우고 본받아야 한다. 자식에 대한 '부모의 과잉보호'는 사랑이 아니라 자식을 망친다. <**어머니의 위대한 사랑**>은 깊은 지혜와 같다. 그 지혜의 깊이는 정의감과 정신의 깊이에 상응한다. '가치(價値) 있는 사랑'은 오직 '완전한 사랑'이다. "여성은 약하지만 모성(母性)은 강하다(Victor-Marie Hugo)."고 했다. 여자가 가장 믿음직스럽게 보이는 것은 '어머니의 자리'에 있을 때이다. '약(弱)한 여인'에게서 '강(强)한 인간'으로 변한다.

자식을 교육하고 책망(責望)하고 타이르는 '교육적 자각(自覺)'은 오로지 어머니의 '책임감과 의지(意志)'에서 생긴다. 교육은 모르는 것을 "알게" 하는 것이 아니라 "행(行)하게" 하는 것이다. 어머니가 되기는 쉬우나 '**어머니의 구실**'을 잘 하기란 참으로 어렵다. 어머니로서의 '참된 직분(職分)'을 다할 줄 아는 어머니가 '**진정한 어머니**'요, '**어머니다운 어머니**'다. 진정한 어머니가 되려면 '지혜(知慧)'와 '신념(信念)'과 '용기(勇氣)'가 있어야 한다. 어머니는 자녀에게 올바른 '인생관(人生觀)'과 '가치관(價値觀)'을 심어줄 줄 알아야 한다.

나무는 다 자라서 굽어지는 것이 아니다. '처음부터 바르게 자란 나무'는 끝까지 바르게 자라서 좋은 '재목(材木)'이 된다. 그러나 '처음부터 굽어버린 나무'는 그대로 굽게 자라 마침내는 '화목(火木)거리'로 끝나고 만다. '재목이냐' '화목이냐'의 선택은 어머니의 지혜와 신념과 용기에 달렸다. 어머니로서의 직분을 다할 줄 아는 '어머니다운 어머니'에게는, 휴가기간이 만료되었으나 부대로 복귀하지 아니하고 군무(軍務)를 이탈(離脫)한 아들을 설득하여 부대에 복귀시켜 군형법에 상응한 처벌을 받게 하는 지혜와 용기가 있다. 그것이 지혜로운 어머니로서 '처음부터 바르게 자란 나무'로서의 인재(人材)를 기르는 '어머니의 참된 용기'다.

'지혜의 값은 보석보다 더 비싸다(The price of wisdom is above rubies.).'고 했다. 여성은 아름다울수록 더욱 정직해야 한다. 여성이 자기의 아름다움으로 인하여 끼치는 해독(害毒)을 막는 길은 "정직한 언행(言行)"밖에 없기 때문이다. 어제의 나의 행동이 '오늘의 나'를 결정하고, 오늘의 나의 행동이 '내일의 나'를 형성한다. 부모는 자녀들에게 '올바른 본보기'를 보이며 생활해야 자녀들에게 올바른 인생관과 가치관을 심어줄 수 있다. 선(善)의 씨를 뿌리면 '선의 열매'를 거두고, 악(惡)의 씨를 뿌리면 '악의 열매'를 거둔다.

인생은 엄숙한 사실이다. 우리가 이 세상에 왔다 가는 이상 무엇인가 보람 있는 일을 해야 하고, "가치 있는 유산"을 남겨야 한다. 우리는 그러한 사명의식을 가지고 무엇인가 심고, 무엇인가 남겨야 한다. <어린애의 운명은 언제나 그 어머니가 만든다.>고 나폴레옹은 말했다. <모범은 인류의 학교이다(Example is the school of mankind.).>라고 했다. 그래서 부모는 '자식을 비추는 거울'이라고 한다. 바른 사회건설의 기초는 "올바른 가정교육"에서부터 시작된다.

"아들은 어머니의 인생의 닻이다(Sons are the anchors of a mother's life. - Sophocles)."라고 했다. 아들이 성년이 되면 어머니를 보호하고, 어머니가 믿고 의지할 수 있는 닻과 같은 든든한 방파제(防波堤)가 되고, 희망의 상징이 되어야 한다. 그것이 자식의 부모에 대한 도리(道理)를 다하는 것이다. 대한민국의 남아(男兒)로서 입대(入隊)한 장병(將兵)은 국가의 안전보장과 국토방위의 신성한 의무를 성실히 수행할 사명과 책무가 있다. 그것이 <군인다운 군인의 기상(氣像)>이다.

공직자는 무슨 일(직무)이나 사리(事理)에 맞고 정당하게 법절차에 따라 처리해야 한다. 이치(理致)에 순응한다는 뜻이다. 순리(順理)대로 사는 것이 <인생의 대원칙(大原則)>이다. 우리는 '**순리의 철학과 순리의 지혜**'를 배워야 한다. 인생을 사는 대원칙은 '모든 일을 순리대로 처리'하는 것이다. 도리(道理)를 무시하고 도리를 거역하고 도리를 지키지 않는 것이 역리(逆理)요, 비리(非理)다. 도리를 따르면 흥(興)하고, 도리를 거역하면 망(亡)한다.

<하늘에 순응하는 자는 살고, 하늘에 거역하는 자는 망한다(順天者存, 逆天者亡 -孟子-).> <힘없는 정의(正義)는 무력(無力)하고, 정의 없는 힘은 압제(壓制)다(Blaise Pascal).> 힘과 정의에 관한 파스칼의 날카로운 분석이다. 힘과 정의는 차원(次元)을 달리한다. 아무리 정의(正義)라도 힘이 없으면 무력(無力)하다. 힘없는 정의는 정의로서 설 수가 없으며, 정의의 뒷받침이 없는 힘은 압제에 불과하다. **"정의의 여신"**이 한 손에 '칼'을 쥐고 있는 것은, 정의가 정의로서 늠름하게 서기 위해 칼의 힘이 필요하다는 것을 상징하는 것이다.

영국의 비평가·역사가 칼라일(Thomas Cariyle)은 <말의 노예가 되지 말라(Be not the slave of words.).>고 경고했다. 혀의 마력(魔力)은 모든 마력 가운데서도 가장 위험스럽다. 보헤미아의 종교개혁가 후스(Johannes Huss)는 <진실(眞實)을 배우며, 진실을 사랑하며, 진실을 말하며, 진실을 양보하지 않으며, 죽을 때까지 진실을 지키라.>고 갈파했다. 체코의 수도(首都) 프라하의 광장에는 순교자 후스의 동상이 서 있고 그 동상의 앞에 윗글이 아로새겨져 있다.

어머니의 존재가 '진실과 하나 되는 경지(境地)' 그것이 어머니로서 '가장 높고 가장 아름다운 경지'다. 추미애 법무장관은 아들의 황제휴가 특혜에 대해 혹세무민(惑世誣民)할 것이 아니라 대한민국 군인에게 진솔(眞率)하게 사과하고 검찰이 '사건의 실체적 진실'을 밝히는 데 정의롭게 협조하는 것이 아들을 진정으로 사랑하는 <어머니의 참모습>을 보이는 길이다.

24. 통치행위와 사법적 통제

(대법원의 강제징용배상판결에 대한 비판) _ 2019.8.1. 법률신문 법조광장

일본 정부가 반도체, TV, 스마트폰 제조에 쓰이는 3대 핵심소재에 대한 수출규제에 이어 2차로 지난 8월 2일 한국을 수출심사 우대국(화이트리스트)에서 제외했다. 아베 총리의 이러한 무역보복은 대법원의 강제징용배상판결에 따른 불만에서 비롯된 것으로 보고 있다. 일본이 추가보복 확산움직임을 보이자 그동안 반(反)기업정책으로 법인세를 인상하고, 국민연금을 통해 기업의 경영에 개입하여 경영권을 위협하고, 기업에 대한 수사와 압

수수색, 각종 규제정책 등을 강행해온 정부는 아무런 대책 제시도 없이 뒤늦게 경제보복의 피해자인 대기업들을 불러놓고 대책협의를 한다며 쇼를 벌이고 있다.

외교를 통한 대외정책에서 무능과 무책임의 극치를 보여주고 있는 문재인 정부는 외교협상으로 일본의 무역보복에 대한 돌파구를 찾을 능력과 대책 없이 애꿎은 기업인들을 불러 대책을 찾겠다며 모든 책임을 기업에 떠넘기려 한다는 것이다. 이제 와서 '이순신의 배 12척', '동학의 죽창가', '국채보상운동', '의병모집', '일본상품 불매운동' 등 유치한 대일(對日)감정 유발행위는 한·일 간의 갈등만 증폭시킬 뿐, 일본이 두려워할 내용도 보복을 철회할 문제도 결코 아니며, 일본의 반한(反韓)감정만을 증폭시켜 사태를 더욱 악화시킬 뿐이다. 이러한 위기를 현명하게 관리하고 대응할 수 있는 전략과 리더십이 긴요하며, 정부의 현명한 외교적 해결책만이 그 정답이다. 우리 정부는 어떠한 해결책을 강구할 것인가?

조국 대통령민정수석비서관이 "대법원의 일제강제징용배상판결을 부정하는 사람은, 마땅히 친일파라고 불러야 한다.", "(일본과의 경제전쟁에서) 중요한 건 '애국'이냐 '이적(利敵)'이냐다."라고 하며, 판결에 대한 법률적 합리적 비판이 아닌 발언으로 반일(反日)감정을 선동하며, 정부를 비판하는 국민을 "친일파"로 낙인찍는 등 국민을 편 가르기에 열중하며 외교적 갈등과 국론분열을 증폭시키고 있다. 국제사회에서 외톨이가 되어 설자리마저 잃은 정부가 외교정책에서 얼마나 자신과 능력이 없으면 경제보복의 피해자인 애꿎은 기업인과 국민을 앞세워 '애국'이냐 '이적'이냐 라고 겁박(劫迫)하며 반일선동과 편 가르기만을 하고 있을까? 정부의 현명한 외교적 전략만이 그 해결책이라고 본다.

작금의 이 사태는 <대한민국과 일본국 간의 재산 및 청구권에 관한 문제의 해결과 경제협력에 관한 협정(조약 제172호). 이하 "청구권협정"이라 함> 및 <1980년 1월 27일 대한민국에 대하여 발효한 조약법에 관한 비엔나협약(1980년 1월 22일 조약 제697호). 이하 "비엔나협약"이라 함>과 달리 일본기업에 대한 개인의 손해배상청구권을 인정해 일본의 반발을 초래한 대법원의 강제징용배상판결(2018.10.30. 2013다61381 전원합의체판결)과 정부에 그 모든 책임이 있다고 본다. 청구권협정은 대한민국과 일본 간의 '조약'이며, 헌법 제6조 제1항은 '헌법에 의하여 체결·공포된 조약은 국내법과 같은 효력을 가진다.'라고 조약의 효력을 규정하고 있으며, 비엔나협약 제26조는 '유효한 모든 조약은 그 당사국을 구속하며 또한 당사국에 의하여 성실하게 이행되어야 한다.'라고 조약의 준수를 규정하고 있다.

대법원의 판결로 일본의 경제보복이라는 사상(史上) 유례없는 대형 사고를 유발시켰으나 그 고통과 피해는 애꿎은 기업과 국민이 떠안게 되었다. 문재인 정부는 일본과의 외교 갈등을 해결하기 위해 고심한 전 정부와 법원 관계자들을 '사법농단'이라고 수사해 무더기로 투옥시켰으므로, 정부가 나서서 이 문제를 외교적으로 해결해야 할 것이나 그 피해자인 기업과 국민을 전면에 내세워 방어수단으로 삼으려 한다고 비난받고 있다.

가. 통치행위 및 이에 대한 사법적 심사 여부

국가통치의 기본에 관한 고도의 정치성(政治性)을 띤 국가행위로, 사법부에 의한 법률적 판단의 대상으로 하기에는 부적당하다고 하여 사법심사권의 적용범위에서 제외되는 행위를 **통치행위**(統治行爲)라고 한다. 법치주의가 확립된 선진국에서도 일정한 범위에서 정치성이 강한 국가행위(예컨대 조약체결, 국회해산, 대통령의 국가승인 내지 정부승인 등 외교에 관한 문제, 계엄선포 등)를 법원의 심사대상에서 제외하고 있다. 통치행위는 단순한 법집행적인 것이 아니라 국정의 기본방향을 정하는 것과 같이 고도의 정치성(政治性)을 갖는 행위로서 '사법적 통제를 받지 않는 자유로운 행정의 영역'을 말한다.

통치행위는 법과 정치와의 교차점, 즉 법률문제와 정치문제의 혼재영역(混在領域)이라고 볼 수 있는데, 프랑스에서는 이를 통치행위, 독일에서는 재판에서 자유로운 고권행위(高權行爲), 통치행위, 미국에서는 정치문제, 영국에서는 대권행위(大權行爲), 국가행위라는 이론으로 주장되었고, 또한 재판에 의하여 승인되었다. 우리나라에서도 이러한 통치행위의 개념을 긍정하는 견해로서 권력분립설, 자유재량행위설, 사법부자제설, 대권행위설 등이 있다.

학설과 판례는 이를 인정하려는 것이 일반적이나 극히 제한적인 경우에 한하여 이를 인정하려는 경향이다. 따라서 통치행위의 개념을 인정하더라도 법치주의나 헌법이 규정한 위헌심사제의 확립·유지를 위해 그 범위를 최소한으로 한정할 필요가 있다. 재판은 정책적 한계를 가지고 있다. 특히 <통치행위론> <정치문제>를 사법적 판단에서 제외시키는 문제다. 외교상의 문제나 정치적 판단사항으로 국회나 다른 정치기구에서 판단하는 것이 적절하다고 인정되는 사항에 대해서는 사법부의 자제가 필요하다. 영미법에서 <정치문제>를 재판의 대상에서 제외하는 것은 사법판단이 적합하지 않는 것으로서 헌법 자체가 법원 이외의 정부기관의 결정에 명시적 또는 묵시적으로 위임하고 있고, 법적 기준이 존재하지 않거나, 또는 문제가 고도로 정치적이라는 것 등의 이유가 제시되고 있다.

대법원은 '구헌법(1972.12.27. 개정헌법) 제53조에 규정한 대통령 긴급조치는 헌법적 효력이 있는 고도의 통치행위이므로 사법적 심사의 대상이 되지 아니한다(대판 1978.5.23. 78도813)', "대통령의 계엄선포행위는 고도의 정치적, 군사적 성격을 띠는 행위라고 할 것이어서, 사법기관인 법원이 계엄선포의 요건구비나 선포의 당(當), 부당(不當)을 심사하는 것은 '사법권의 내재적(內在的)인 본질적 한계'를 넘어서는 것이 되어 적절한 바가 못 된다(대법원 1979.12.7. 79초70, 1981.4.28. 81도874)."라고 하여 통치행위를 인정하고 있다.

나. 대법원의 강제징용배상판결에 대한 비판

(1) 다수의견 및 이에 대한 비판

원고들이 신일철주금 주식회사를 상대로 한 손해배상청구사건의 상고심판결(2018.10.30. 2013다61381 전원합의체판결)의 대법관 김명수(재판장), 김소영(주심), 조희대, 박상옥, 이기택, 김재형, 박정화, 민유숙, 김선수, 이동원, 노정희의 다수의견은 "일제강점기에 기간군수사업체인 일본제철 주식회사에서 강제노동에 종사한 甲 등이 위 회사가 해산된 후 새로이 설립된 신일철주금 주식회사를 상대로 위자료지급을 구한 사안에서, 甲 등이 주장하는 손해배상청구권은 '대한민국과 일본국 간의 재산 및 청구권에 관한 문제의 해결과 경제협력에 관한 협정'의 적용대상에 포함되지 않는다."고 했다. 그러나 다수의견은 '한·일 청구권협정' 및 '조약법에 관한 비엔나협약'과 관련하여 볼 때, 다음과 같은 점에서 문제가 있다고 본다.

첫째, 다수의견은, 청구권협정에 '양 체약국은 양 체약국 및 그 국민(법인 포함)의 재산, 권리 및 이익과 양 체약국 및 그 국민 간의 청구권에 관한 문제가, 완전히 그리고 최종적으로 해결된 것이 된다는 것을 확인한다.'(제2조 제1항). '제2항에 따르는 것을 조건으로 하여, … 그 국민에 대한 모든 청구권으로서 동일자 이전에 발생한 사유에 기인하는 것에 관하여는, 어떠한 주장도 할 수 없는 것으로 한다.'(제2조 제3항). '본 협정의 해석 및 실시에 관한 양 체약국 간의 분쟁은 우선 외교상의 경로를 통하여 해결한다.'(제3조 제1항). '본 협정은 비준서가 교환된 날로부터 효력을 발생한다.'(제4조 제2항)는 제반 규정에 각각 위배되는 것이 명백하다.

즉, 다수의견은, 청구권협정이 양 체약국 및 그 국민(법인 포함)의 재산, 권리 및 이익과 청구권에 관한 문제가 '완전히, 최종적으로 해결'된 것임을 확인하였고, '다른 어떠한 주장도 할 수 없다'는 것 및 '분쟁은 우선 외교상의 경로를 통하여 해결'하며, '본 협정은 교환서가 교부된 날로부터 효력을 발생'하기로 합의한 청구권협정에 따라, 본 협정의 해석 및 실시에 관한 양국 간의 분쟁은 '외교상의 경로'를 통하여 이미 해결되었으므로, 청구권협정 제2조 제1항, 제3항 및 제3조, 제4조 등에 각 위배된다.

둘째, 다수의견은, **조약법에 관한 비엔나협약**(1969.5.23. 비엔나에서 작성, 1980.1.22. 조약 제697호, 1980.1.27. 대한민국에 대하여 발효, 이하에서 "비엔나협약"이라 함)의 '이 협약의 당사국은 자유로운 동의와 신의성실의 원칙 및 <약속은 준수하여야 한다.>라는 전문(前文) 및 '조약은 그 조약이 규정하거나 또는 교섭국이 협의한 그 일자에 발효한다'(비엔나협약 제24조 제1항) '약속은 준수하여야 한다. 유효한 모든 조약은 그 당사국을 구속하며, 당사국에 의하여 성실하게 이행되어야 한다.'(비엔나협약 제26조)라는 규정에 각각 위배된다.

셋째, 조약의 준수의무를 규정한 비엔나협약과 같이, 조약의 이행은 체약국 간에 신의와 성실을 바탕으로 한 진실성이 담보되어야 한다. 조약의 양 체약국은 상호 간에 신의와 성실로서 조약상의 권리와 의무를 준수함으로써 국제사회에서 선린우호(善隣友好)와 신뢰(信賴)를 인정받을 수 있다. 따라서 위 다수의견은 국가 간의 외교에 있어 신의칙(信義則)을 위배한 것으로 본다. 국가 간의 외교에 있어서도 한번 상대방을 속이면 언제나 의심을 받게 되며, '정직은 최선의 방책(Honesty is the best policy)'이다.

넷째, 조약의 체결·비준은 국가통치의 기본에 관한 고도의 정치성을 띤 대통령의 국가행위로, 사법부에 의한 법률적 판단의 대상으로 하기에는 부적당하므로 대법원의 다수의견은 우리 대법원이 인정하고 있는 통치행위이론에 관한 대법원 판례(대법원 1964.7.21.64초4, 1978.5.23. 78도813, 1979.12.7. 79초70, 1981.4.28. 81도874 등)에 저촉되는 것으로 볼 수 있다.

다섯째, 민사소송법 제437조 제2호는 "상고법원은 <사건이 법원의 권한에 속하지 아니한다고 하여 판결을 파기하는 때>에는 사건에 대하여 종국판결(즉, 破棄自判)을 하여야 한다."라고 규정하고 있다. **<사건이 법원의 권한에 속하지 아니한 때>**라고 함은, 예컨대 치외법권을 가지는 외국인에 대한 청구, 일반적인 법령의 존부 또는 효력 그 자체에 관한 청구(最高裁 昭 27.10.8. 判), 조약의 체결·비준 등 외교에 관한 문제인 이른바 통치행위(統治行爲) 등에 관하여 소가 제기된 때를 말한다.

사법권의 기능, 성격상 고도의 정치성을 띤 문제인 대통령의 외교, 조약의 체결·비준에 관련된 문제는 이른바 통치행위(統治行爲)로서, 소송절차에 의해서 법원이 판단을 내리는데 적합하지 않다고 본다. 국가통치에 관한 통치행위는 종국적으로는 주권자인 국민의 판단에 맡겨져야 할 것이므로 법원이 결정을 내릴 성질이 아니라고 본다. 따라서 대법원은 '상고요건의 흠'이 있는 경우에 해당함을 이유로 판결로써 상고를 "각하"했어야 할 것으로 본다.

(2) 소수의견 및 이에 대한 비판

다수의견에 대해, 대법관 권순일, 조재연의 반대의견은 "청구권협정 제2조에서 규정하고 있는 '완전하고도 최종적인 해설'이나 '어떠한 수상노 할수 없는 것으로 한다'라는 문언의 의미는 개인청구권의 완전한 소멸까지는 아니더라도 '대한민국 국민이 일본이나 일본 국민을 상대로 소로써 권리를 행사하는 것은 제한된다.'는 뜻으로 해석하는 것이 타당하다. 결국, 대한민국 국민이 일본 또는 일본 국민에 대하여 가지는 개인청구권은 협정에 의하여 바로 소멸되거나 포기되었다고 할 수는 없지만 소송으로 이를 행사하는 것은 제한되게 되었으므로, 甲 등이 일본 국민인 신일철주금을 상대로 국내에서 강제동원으로 인한 손해배상청구권을 소로써 행사하는 것 역시 '**제한된다**'고 보는 것이 옳다."고 했다.

위 소수의견에 찬성하나, 청구권협정 제2조 제1항, 제3항에 의하여 양체약국 및 그 국민(법인포함) 간의 청구권에 관한 문제가 '완전하고 최종적으로 확인'되었고, 이에 따라 '다른 어떠한 주장'도 할 수 없게 되었으며, 제3조제1항에 의하여 본 협정의 해석 및 실시에 관한 양국 간의 분쟁은 '외교상의 경로'를 통해 해결한다고 합의되었으므로, 원고들이 손해배상청구권을 소로써 행사하는 것이 '제한'되는 것이 아니라 <사법적 심사의 대상이 될 수 없다(민사소송법 제437조 제2호)>라고 반대의견을 명확히 표시했어야 할 것으로 본다.

(3) 소결론

대법원의 강제징용배상판결(2018.10.30. 2013다61381 전원합의체판결)의 다수의견은 한·일 양국 간에 합의된 '청구권협정' 제2조 제1항, 제3항, 제3조 제1항, 제4조 제2항 및 "이 협약의 당사국은 자유로운 동의와 신의성실의 원칙 및 약속은 준수하여야 한다"라는 '조약법에 관한 비엔나협약'의 전문 및 제24조1, 제26조 제27조에 각 위배되는 것으로 본다. 따라서 대법원은 강제징용배상청구사건에 대하여 '상고요건의 흠'이 있는 경우에 해당함을 이유로 판결로써 상고를 "각하"했어야 할 것으로 본다.

조약의 체약국(締約國)은 국제법상의 신의성실(信義成實)의 원칙(原則) 및 <약속은 엄수(嚴守)하여야 한다(Pacta sunt servanda. Contracts are to be kept.).>는 국제법상의 원칙을 성실히 이행하고, 조약에 관한 분쟁을 합의된 조약의 규정에 따라 평화적 수단에 의하여 또한 정의와 국제법의 원칙에 의하여 해결함으로써, 국제평화와 안전의 유지, 국가 간의 우호관계의 발전 및 협력의 달성을 촉진함에 기여해야 한다.

다. 조약의 성실한 이행

조약(條約 : treaty)이라 함은 국제법 주체 간에 국제법률관계를 설정하기 위하여 서면형식으로 체결되며, 국제법에 의하여 규율되는 국제적 합의를 의미한다{비엔나협약 제2조 1.(a)}. 비엔나협약은 전문(前文)에서 '이 협약의 당사국은 자유로운 동의와 신의성실의 원칙 및 <약속은 준수하여야 한다>'라고 선언하고 있으며, '국가 간의 조약'에 적용되며(동 협약 제1조), '조약은 그 조약이 규정하거나 또는 교섭국이 협의하는 방법으로 또한 그 일자에 발효'하며(동 협약 제24조 1), '유효한 모든 조약은 그 당사국을 구속하며 또한 당사국에 의하여 성실하게 이행'되어야 하며(동 협약 제26조)', '어느 당사국도 조약의 불이행에 대한 정당화의 방법으로 국내법규정을 원용'해서는 아니 된다(동 협약 제27조)고 각 규정하고 있다.

라. 국가 간의 약속과 신의칙의 준수

국제법은 자연의 이성(理性)에 기초를 두고 다수 국가 간에 체결된 조약 또는 국제관습법이다. 실정법(實定法)으로서의 국제법은 조약과 국제관습법인바, 이를 국제법의 연원(淵源)이라고 한다. 국제연합(UN)헌장의 전문(前文)은 "정의와 조약 및 기타 국제법의 연원으로부터 발생하는 존중이 계속 유지될 수 있는 조건을 확립하며"라고 선언하고 있다. '약속은 엄수해야 한다(Pacta sunt servanda. Contracts are to be kept.).'는 격언은 국제법상의 원칙으로, 조약체결국 간의 합의의 법적타당성의 기초가 되는 근본규범이다. 이 원칙이 모든 조약의 효력을 준수하는 근거가 되어 있으며, 국제법 관계에 있는 모든 국가에 의하여 인정되고 있다.

<조약법에 관한 비엔나협약> 전문(前文)은 "이 협약의 당사국은… 자유로운 동의와 신의성실의 원칙 및 <약속은 준수하여야 한다>는 규칙이 보편적으로 인정되고 있음에 유의하며… 국제평화와 안전의 유지, 국가 간의 우호관계의 발전 및 협력의 달성을 촉진할 것"이라고 선언하였으며, 제26

조는 "유효한 모든 조약은 그 당사국을 구속하며 또한 당사국에 의하여 성실하게 이행되어야 한다." 제27조는 "어느 당사국도 조약의 불이행에 대한 정당화의 방법으로 그 국내법규정을 원용해서는 안 된다."라고 규정하고 있다.

국가 간의 약속은 신의성실의 원칙상(信義則上) 반드시 이행되고, 준수되어야 한다. 비엔나협약의 전문(前文)에 명시된 신의성실(信義誠實)의 원칙(原則)은, 모든 체약국(締約國)은 국제사회의 일원(一員)으로서 상대방의 신의(信義)에 반하지 않도록 성의 있게 행동할 것이 요구되는바, 이러한 윤리적·도덕적 평가를 법적가치판단의 한 내용으로서 도입한 것이다. 이 원칙은 국제법상의 최고원리로 발전시켰다. 국제사회에는 상호존경이 필요하다. 존슨 대통령은 "우리는 상대방을 존경할 생각이고, 또 상대방으로부터도 존경받을 것을 기대한다(The community of nations requires mutual respect. We shall extend it-and we shall expect it. - L.B. Johnson).'라고 말했다.

우리 헌법은 '헌법에 의하여 체결·공포된 조약과 일반적으로 승인된 국제법규는 국내법과 같은 효력을 가진다(헌법 제6조 제1항).'고 규정하고 있다. 따라서 한·일 양국정부로부터 정당한 권한을 위임받은 대표가 서명한 청구권협정은 양국 간의 조약으로서 이에 관련된 사항은 이른바 "통치행위(統治行爲)"에 해당한다고 보아 **"사법적 통제(司法的 統制)를 받지 않는 영역(領域)"**으로 볼 수 있다. 일본이 한국을 화이트리스트(수출심사우대)국가에서 제외하는 2차 보복조치는 대법원의 강제징용배상판결 및 정치인들에 의해 초래된 것이나 애꿎은 기업들만이 이를 수습하느라 동서분주하고 있다. 이미 예고된 칼자루를 잡은 일본은, 한국의 한일청구권협정과 비엔나협약의 위반을 이유로 하여, 무역을 무기로 활용하여 한국을 압박하고 있다.

이 모든 책임은 외교(外交)에 있어서 우물 안 개구리식의 속수무책(束手無策)으로 고립무원(孤立無援), 고립무의(孤立無依)가 되어 사면초가(四面楚歌)가 된 한국 정부에 있다. 문재인 정부는 반도체호황과 세수풍년에 의지해 포퓰리즘 정책의 남발과 반(反)기업정책으로 기업을 벼랑 끝으로 밀어 붙여오다가 이 사태를 자초한 것이다. 그러나 문재인 대통령은 '부당한 경제보복조치에 대해 상응하는 조치를 단호하게 취해나갈 것'이라며 '지지 않을 것'이라고 허풍(虛風)만 떨고 있다. 이러한 상황 속에서 국가안보와 경제를 걱정하는 많은 국민들은 '상응하는 단호한 조치'가 과연 무엇인지 '지지 않고 이길 수 있는 방법'이 과연 무엇인지 그 '조치'와 '방법'이 있기나 한지를 대통령에게 묻고 싶을 뿐이다.

대통령은 국가의 원수(元首)이며, 외국에 대하여 국가를 대표한다(헌법 제66조 제1항). 대통령은 조약(條約)을 체결·비준(批准)하는 등 외교에 관한 권한을 가지며(헌법 제73조), 헌법에 의하여 체결·공포된 조약과 일반적으로 승인된 국제법규는 국내법과 같은 효력을 가진다(헌법 제6조 제1항). <약속은 엄수(嚴守)해야 한다>는 격언(格言)은 국제법상의 원칙으로 조약체결국가의 합의의 법적타당성의 기초가 되는 근본규범(根本規範)이다. 국제법이란 국가 간에 명시(明示)되거나 묵시(黙示)된 합의를 기초로 하여 형성된 법을 말한다.

국제법은 국가 상호 간에 명시된 합의에 바탕을 둔 조약과 여러 국가의 관행(慣行)을 기초로 하여 성립되는 관습국제법으로 성립되고 있다. 유효한 모든 조약은 그 당사국을 구속하며 또한 당사국에 의하여 성실하게 이행되어야 한다(조약법에 관한 비엔나협약 제26조). 따라서 외국에 대하여 국가를 대표하는 대통령은 국제평화와 안전의 유지, 국가 간의 우호관계의 발전과 협력의 달성을 촉진하기 위해 모든 국가에 의하여 인정되고 있는 "약속은 엄수해야한다"는 국제법상의 원칙을 성실하게 이행해야 한다.

위 대법원 전원합의체판결은 대한민국의 외교 및 안전보장에 중대한 영향을 미치는 사안에 대하여 통치행위의 사법적 통제를 외면하고 <**대한민국과 일본국 간의 재산 및 청구권에 관한 문제의 해결과 경제협력에 관한 협정**(조약 제172호)> 및 <**조약법에 관한 비엔나협약**(1980.1.22. 조약 제679호, 1980.1.27. 대한민국에 대하여 발효)>을 위반하여, 일본 국민인 신일철주금 주식회사에 대하여 손해배상책임을 추궁하는 판결을 함으로써, 한국의 자유민주체제수호를 위한 국가안보의 위해(危害) 및 경제파탄을 초래하게 된다면, 헌법과 법률의 구체적 해석 및 적용을 담당하고 있는 사법부의 최고기관인 대법원은 그러한 동기를 부여한 모든 책임을 저야 할 것이다.

2018.10.30. 선고 2013다61381 전원합의체판결은 '한일청구권협정' 및 '비엔나협약' 등 국제법과 민사소송법 제437조 제2호를 위반한 중대성으로 보아 대한민국의 민족사와 사법사(司法史)에 영원히 남게 될 재판으로, 이 판결에 관여한 대법관들의 이름도 사법사에 기록되어 후세의 평가를 받게 될 것이다. 대법관도 일반 법관과 같이 사법권 독립의 원칙에 따라 누구의 지휘나 명령을 받지 않고 오직 그 양심에 따라 판결해야 한다. 이때의 양심이란 일반적인 도덕적 판단과는 다른 법적 양심(法的 良心)을 뜻한다. 대한민국의 법관은 국제사회의 일원으로서 국제평화를 유지하기 위해 무엇보다

도 국제사회에서 공인된 조약과 국제법규를 준수해야 한다.

대법원은 주권행사기관으로서의 지위, 최고기관의 하나로서의 지위, 국민의 기본권보장기구로서의 지위, 최고최종심법원으로서의 지위, 위헌법률심사제청기관으로서의 지위, 최고사법행정기관으로서의 지위 등의 권한을 가지고 있다. 또한 '상급법원의 재판에서의 판단은 해당 사건에 관하여 하급심(下級審)을 기속(羈束)하므로(법원조직법 제8조), 최고법원인 대법원의 판결례(判決例)는 향후 하급심의 유사사건 재판에 있어서 절대적 영향을 미친다. 대법관은 이러한 권한과 책무가 따르는 중책을 맡고 있는 것으로, 외교와 같은 국제관계재판에 있어서는 무엇보다도 <자국의 이익을 최우선>으로 국내법은 물론 국제법에도 정통한 이론과 해박한 지식으로 슬기로운 재판을 해야 하는 법관의 지위에 있음을 망각해서는 아니 된다.

__ 윗글은 2018년 9월 18일자 인터넷 법률신문에 게재되었으나 지면 관계로 일부는 게재되지 아니하였다.

25. 남북 및 미북회담에 따른 김정은의 전략 및 대한민국 통치자의 사명

북한 김정은이 2018년 신년사에서 평창 동계올림픽에 북한 대표단을 파견할 용의가 있다고 남북대화를 제의하며 "동족의 경사를 같이 기뻐하고 서로 도와주는 것은 응당한 일"이라고 했다. 김정은은 북한을 핵 강국으로 선포하고 핵무기의 책임 있는 관리를 선언하며, 미국을 향해 '핵단추가 김정은 책상 위에 있다'고 미국을 협박하는 한편 한국에는 '올림픽 참가'와 '남북대화'라는 당근을 던졌다. 그러나 김정은의 북한대표단파견과 남북대화 제의가 우리에게 '덫'이 될 수도 있다는 것을 결코 망각해서는 안 될 것이다.

김정은의 이러한 제안에 대해 우리 정부는 대화분위기에 매료(魅了)되거나 남북대화에만 매달려 반색하다가는 북한의 '평화공세 사기극'에 농락당할 뿐이다. 북한은 지금까지 남북대화를 요구할 때마다 엄청난 대가를 요구했고, '햇볕정책'을 추진하던 시기엔 80억 달러 이상의 경제지원을 했으나 북한의 핵과 미사일개발을 막기는커녕 '핵개발에 일조(一助)'하게 한 것이 김대중 정권이다. 평창동계올림픽을 "동족의 경사"라고 가증(可憎)맞은 말을 남발하는 북한 괴뢰집단은 1950년 6월 25일 새벽을 기한 불법남침으로 동족상잔(同族相殘)이란 6·25 동란을 발발시킨 전쟁광(戰爭狂)으로 소련의 사수(詐數)에 의한 무력남침을 '남한에 의한 북침(北侵)'이라고 주장하는 후안무치(厚顏無恥)한 전범집단(戰犯集團)이다.

가. 6 · 25 동란(動亂)이 과연 한국군에 의한 북침(北侵)인가?

1945년 8월 15일 해방으로 한반도의 38도선 이북에 진주한 소련군은 아시아 공산화를 목적으로 북한에 공산정권을 수립하고, 한국의 통일을 방해하면서 무력남침기회를 획책하고 있었다. 1949년 6월 한반도의 북반부를 점령한 소련은 극동적화(極東赤化)를 위해 중공과 유대(紐帶)를 강화하며 북괴(北傀)를 위성국화(衛星國化)하는 전략을 폈고, 김일성은 소련과 중공의 대폭적 지원하에 대량의 전쟁무기를 들여오고, 남한 내의 각종 게릴라활동을 전개하는 등 '남한의 적화통일(赤化統一)'을 위해 광분하고 있던 중 그해 6월 남한에 주둔하고 있던 주한미군이 철수를 완료하자 소련은 북괴군(北傀軍)에 3천여 명의 군사고문단(軍事顧問團)을 배치하여 직접 남침훈련에 돌입했다.

북한의 남침 준비가 완료되자 소련 군사고문단은 1950년 6월 개전(開戰)에 임박하여 북한에서 철수함으로써 남침기도(南侵企圖)를 은폐했다. 아시아 공산화를 획책하는 소련의 앞잡이 북한 김일성은 **"대한민국이 공격해 왔으므로 부득이 반격한다."**는 허위선전을 하면서 6월 25일 새벽을 기해 북한공산군이 38선 전역에 걸쳐 불법 남침을 야기함으로써 한국에서의 침략전쟁을 발발(勃發)한 전쟁범죄인이다. 김일성의 6·25 남침은 소련 스탈린과 중국 마오쩌둥의 승인 및 지원으로 감행된 것이다. 그 사실이 구소련 외교문서의 공개로 백일하에 드러났다.

　중국 공산당 기관지 인민일보가 2021년 6월 28일 '중공 100년 대사건'을 연재하며 "인류평화와 정의를 위해 분투하는 국제주의정신이 위대한 항미원조(抗美援朝:미국에 대항해 북한을 지원)정신을 만들어냈다."고 했다. 중국은 1990년대 초까지 교과서에서 6·25를 '북침'이라고 기술했다. 소련 붕괴 후 '남침증거'가 쏟아지자, 6·25는 '남북 간 내전(內戰)인데 미국이 중국을 위협해 어쩔 수 없이 참전했다.'는 식으로 주장을 바꿨다. 시진핑은 지금도 미국의 침략에 맞선 "정의로운 전쟁"이라고 했고, 문재인 대통령은 베이징대 강연에서 "중국과 한국은 근대사의 고난을 함께 극복한 동지"라고 했다.

　전쟁(戰爭:war)이란 일반적으로 전쟁의사(戰爭意思)를 수반하는 국제법 주체간 의 무력투쟁을 말한다. 정당한 이유 없이 외국에 대하여 무력공격을 하는 것은 '불법적인 전쟁'이며, 이러한 전쟁을 <침략전쟁>이라고 한다. 이에 반해 불법적인 공격을 받은 국가가 자위(自衛)를 위해서 수행하는 전쟁은 합법이며, 국제법상 이와 같은 전쟁을 <**자위전쟁**(自衛戰爭)>이라고 한다. 또한 합법적인 전쟁에는 자위전쟁을 수행하는 국가를 돕고, 침략 국가를 응징(膺懲)하기 위해 제3국이 전쟁에 가담하여 실시하는 <제재전쟁(制裁戰爭)>이 있다.

전쟁법(戰爭法)을 위반한 행위를 <전쟁범죄(戰爭犯罪:war crime)>라고 한다. 종래 전쟁범죄에 제2차 세계대전 후 침략전쟁의 불법화(不法化)·범죄와 관련하여 '통상의 전쟁범죄' '평화에 대한 죄', '인도(人道)에 대한 죄'가 새로 포함되었다. <통상의 전쟁범죄(conventional war crimes)>란 일단 개시된 전쟁에서 전투법규에 위반되는 행위를 말한다. <평화에 대한 죄(crime against peace)>란 침략전쟁이나 국제법 위반의 전쟁을 일으킴으로써 평화를 파괴하는 범죄를 말한다. <인도에 대한 죄(crime against humanity)>란 국제법상 제2차 세계대전 후 새로 정립된 전쟁범죄의 개념으로, 전시(戰時)국민에 대한 살해·노예화·강제이동 기타의 비인도적 범죄행위를 말한다. 북한 김일성은 1950년 6월 25일 새벽을 기해 북한 공산군이 38선 전역에 걸쳐 불법 남침함으로써 발발(勃發)된 한국에서의 침략전쟁을 유발한 <전쟁범죄인(war criminal)>이다.

나. 전쟁발발과 UN의 조치

스탈린의 지시에 따라 북괴군은 1950년 6월 25일 새벽 4시경 서해안의 옹진반도로부터 동해안에 이르는 38선 전역에 걸쳐 국군의 방어진지에 맹렬한 포화(砲火)를 집중시키며 기습공격을 개시했다. UN은 남한에 대한 북괴의 무력남침을 평화의 파괴, 침략행위로 규정하고 미국 정부는 6월 25일 "UN 안전보장이사회"의 즉각 소집을 요구하여 그날 오후 2시에 안전보장이사회는 미국이 제출한 결의안을 9대 0, 기권 1(유고슬라비아), 결석 1(소련)로 채택하고, 평화의 파괴선언과 적대행위(敵對行爲)의 중지 및 북괴군의 38선까지의 철수를 요구했다.

미국을 비롯한 영국, 호주, 프랑스, 카나다, 남아프리카, 터키, 그리스 네덜란드, 콜롬비아, 에디오피아, 필리핀, 벨기에, 룩셈부르크 등 16개국이 육 · 해 · 공군의 병력과 장비를 지원했으며, 그 밖의 많은 나라들이 경제적 · 인도적 지원을 제공했다. 유엔군의 북진에 맞서 1950년 11월에 중공군의 개입이 시작되었고, 1951년 1월 1일에 중공과 북괴의 대규모 공세로 1951년 2월 1일 UN 총회는 미국의 제안에 따라 <**평화를 위한 단결**> 결의에 의거 중공은 한국의 침략자라는 결의를 채택했다.

김일성 전범집단(戰犯集團)의 남침에 의해 발발된 3년에 걸친 동족상잔(同族相殘)의 전화(戰禍)는 남북한을 막론하고 전 국토를 폐허로 만들었고, 막대한 인명피해를 내었다. 전투 병력의 손실은 UN군과 한국군을 포함하여 18만 명이 생명을 잃었고, 북괴군 52만 명, 중공군 90만 명이 사망했다. 전란 중 한국의 경우 99만 명의 민간인이 사망하거나 부상을 입었다. 또 전쟁기간 중 북괴는 8만 5천 명에 달하는 인사들을 납치해갔다.

다. 김일성 집단을 바로 보는 혜안(慧眼)

잔인무도(殘忍無道)하고 야만적인 소련의 꼭두각시 김일성 집단은 동족상잔(同族相殘)이란 인류역사상 유례없는 오점을 기록한 한국전란을 '남한에 의한 북침(北侵)'이라고 오리발을 내미는 괴뢰(傀儡)집단인데, 그 왕조적 독재체재의 후손인 김정은이 이제 평창동계올림픽을 '동족(同族)의 경사(慶事)'로 기뻐하며 서로 도와주는 것은 응당한 일이라고 가증스런 추파(秋波)를 던지고 있다.

김일성 3대는 남한에 대해 동족(同族)이라는 용어를 사용할 자격조차 없는 "동족살인집단(同族殺人集團)"이다. 김정은은 3대 세습독재자로서 외국 공항에서 이복형을 화학무기로 암살했고, 고모부를 고사총으로 살해한 살인마(殺人魔)다. 이러한 북한 정권이 무너져야 비로소 한국전쟁이 완전히 종료되어 한반도에 평화가 정착될 수 있다고 본다. 우리는 민족의 반역자(叛逆者)인 북한 김일성 집단을 "바로 보는 혜안(慧眼)"을 가져야 한다.

라. 6 · 25 한국전란(戰亂)이 남겨준 역사적 교훈

1950년 6월 25일 새벽 북괴 김일성의 기습남침에 의한 한국전란은 인간에 의하여 범해지는 악(惡) 중에서 가장 큰 죄악(罪惡)의 전쟁으로 김일성 전범집단(戰犯集團)과 같이 가장 사악(邪惡)하고 저열(低劣)하고 부패한 전쟁광(戰爭狂)들이 범하는 가장 큰 죄악이다. 전쟁은 어디까지나 전쟁광(戰爭狂)에 의해 범해지는 죄악이다. 전쟁은 언제나 죄 없고 선량한 인류의 행복과 발달을 파괴하고, 정의를 짓밟고 진화(進化)를 방해해왔다.

6·25 동란(動亂)이 남겨준 '역사적 교훈'은 한국을 위시한 모든 자유애호 국가들로 하여금 정의에 도전하는 북괴와 같은 침략자에 대하여 용감한 반격과 철저한 응징(膺懲)을 가한 '국제연합의 결의'를 갖게 한 것이다. 또한 전쟁은 인간에 의하여 범해지는 죄악(罪惡) 중에서 가장 큰 죄악이라는 사실과 '칼을 쥐는 자는 칼로서 망(亡)'(All they that take the sword shall perish with the sword)하며, '**전쟁이란 죽음의 잔치**'(War is death's feast)라는 '역사적 교훈'을 남겼다.

마. 남북회담에 임하는 대한민국 대통령의 사명

우리 정부와 남북회담에 한국 대표로 참가하는 대표단은 지혜롭고 냉정하게 판단하여 남북회담에 임함으로써 그 회담을 통하여 북한의 핵 폐기의 결정적 계기를 마련해야만 한다. 남북회담에 임하는 대한민국 대통령의 사명은,

첫째, 역대 정부가 방기(放棄)해온 북한 김일성의 6·25 무력남침에 대한 진솔한 사과와 한국전란 중 국토방위의 신성한 의무를 수행하다 북한으로 납치된 '국군포로' 및 '납북인사'(국회의원, 정치인, 학자, 종교인, 공무원 등 8만5천 명)와 그 가족에 대한 송환요청이다.

둘째, 헌법의 수호자로서 한반도비핵화가 아닌 "북한"의 비핵화를 전제로 한 남북회담의 성공적 이행으로 자유민주적 기본질서에 입각한 평화적 통일정책의 수립과 추진이다.

셋째, 1954년 11월 18일 조약 제34호로 발효한 한미양국 간의 한미상호방위조약의 공통결의를 전제로 굳건한 한미동맹의 강화 및 UN 안전보장이사회를 비롯한 자유세계의 공조에 의한 강력한 대북경제제재의 이행으로 '북한의 완전한 핵 폐기'에 동참하는 것이다.

우리 헌법 제3조는 '대한민국의 영토(領土)는 한반도(韓半島)와 그 부속도서(付屬島嶼)로 한다.'라고 선언하고 있다. 우리 헌법상 대한민국의 영토에는 당연히 북한 정권의 지배하에 있는 38도선 이북의 영토와 그 부속도서의 전체를 포함하는 개념으로 보아야 한다. 그러므로 우리 헌법상 북한 정권이 불법점유하고 있는 38도선 이북의 영토는 대한민국의 배타적 지배가 미칠 수 있는 장소적 공간에 당연히 포함되는 영역이므로, 38도선 이북의 영토는 대한민국의 영토이나 북한 정권이 이를 불법점유(不法占有)하고 있는

것으로 보아야 한다.

그러므로 우리 헌법상 북한 정권이나 김정은이 과연 "남북정상회담의 주체"가 될 수 있는 자격이 있느냐가 문제 될 수 있다. 북한은 국가의 구성요소(通說에 의한 국가구성의 3요소는 主權, 領土, 國民이다.) 중의 하나인 영토요건을 결(缺)한 것이므로, 한반도에서 국제법상 외국과 문서로 국제법률관계를 설정하기 위한 조약·협약·협정의 주체가 될 수 있는 자격을 가진 국가는 합법적으로 수립된 대한민국뿐이다.

외교의 목적은 그 국가이익이 안전보장이거나 경제적 이해관계이거나를 막론하고 자국의 이익을 목적으로 하되 '당사국 상호 간의 진실함과 성실성'에 있는 것이며, 권모술수(權謀術數)나 속임수, 꼼수에 있는 것이 아니다. 언행불일치의 상투적 거짓말로 상대방을 속이는 북한과 같은 전쟁범죄 집단은 협상이나 회담의 주체로서의 자격이 없다고 본다.

바. 핵보유국으로 가기 위한 북한의 전술

정부는 남북대화 과정에서도 한미공조 및 국제사회의 대북제재에 균열이 없도록 신중한 전략을 마련함으로써 북한의 남남갈등과 한미 이간책동(離間策動)에 농락당하지 않으며, 북한의 완전한 핵 폐기 없는 남북대화는 불가하다는 확고한 자세를 견지(堅持)해야 한다. 상호신뢰를 바탕으로 한 한미동맹이 굳건한 한 북한이 핵으로 한국을 위협하거나 남침할 수 없다고 본다. 북한의 평화공세에 넘어가 일방적 퍼주기식의 우(愚)를 범하는 것은 밑 빠진 독에 물 붓기로서 <주적(主敵)과 악(惡)의 공범(共犯)이 되는 길>이라고 본다.

북한이 평창 동계올림픽에 참가하고 남북정상회담 초대장을 전달한 것은 북한이 핵 폐기 없이 미국과 직접 협상할 수 있도록 '한국이 중재(仲裁)하라'는 간교(奸巧)한 술책(術策)으로 북한이 국제공조에 따른 경제제재를 피하면서 '핵보유국'으로 인정받기 위한 간교(奸巧)한 전술이다. 남북대화를 통해 북한의 비핵화를 유도하겠다는 발상은 북한의 비핵화 약속을 상습적으로 위반한 과거를 외면한 어리석음일 뿐이다. 북한이 남북대화를 통해 노리는 전략은 대북제재에 관한 국제공조를 허물어 대북제재압박의 동력을 차단하고 미국의 북한에 대한 선제공격을 막는 방패막이로 대한민국을 악용(惡用)하는 술책(術策)에 불과하다.

남북대화의 핵심은 "한반도의 비핵화"가 아니라 **"북한의 비핵화"**에 있다. 북한의 핵 폐기를 전제로 하지 아니한 남북 및 미북 대화는 북한에 핵무장을 완성할 시간만 벌어 주는 북한의 사기극에 농락당할 뿐이다. 우리 정부는 북한에 대해 '핵 폐기'를 강력하게 요구하며 남북대화에 있어 현명하게 미국과의 보조를 맞춤으로써 한국의 안보(安保)를 견지(堅持)해 나가야만 한다. 미국을 포함한 국제사회의 대북압박으로 궁지에 몰린 김정은이 주장하는 평화협정은 우리정부를 방패막이로 삼아 북한정권의 체제안전의 돌파구를 찾으려는 위장전술이므로 우리 정부와 미국을 포함한 국제사회는 김정은의 기만전술(欺瞞戰術)에 더 이상 말려들지 말아야 한다.

사. 한국의 안전보장에 대한 위협

분단국(分斷國)으로서의 한국의 안전보장(安全保障)에 대한 위협은 다음과 같은 특수성을 지니고 있다.

첫째, 분단하의 적대성(敵對性)과 불신의 지속성으로 분단국은 원천적으

로 격렬한 충돌이나 경합(競合)의 소지를 지니게 된다. 더구나 남북한은 6·
25 전란을 경험함으로써 적대감과 불신감이 더욱 심화되어 왔다.

둘째, 지정학적(地政學的) 취약성(脆弱性)으로 한반도가 북한을 지원하는
중국, 소련과 육속(陸續)되어 있고 한국을 지원하는 미국, 일본과는 해영(海
嶺)으로 떨어져 있으며, 한국 인구의 과반수와 정치, 경제, 군사 등 모든 분
야의 70%가 집중되어 있는 수도권(首都圈)이 휴전선에 근접하여 북한의 전
격전(電擊戰)에 취약성을 안고 있어 북한에 대해 상대적으로 우월한 군사력
을 확보하지 않을 수 없게 되어 있다. 북괴의 기습남침을 막을 수 있는 대비
책을 마련해야 하나 문 대통령은 우리의 방어형 GP(감시초소)를 줄이고, 정
찰 및 감시 기능까지 무력화시키고, 서해완충수역을 대폭 양보해 서해
NLL(북방한계선)도 유명무실하게 만듦으로써 우리의 안보를 무장해제 시켰
다.

셋째, 핵으로 무장한 북한은 무력통일전략 또는 종전선언에 의한 적화
통일정책을 견지(堅持)함으로써 우리의 국가안보는 원천적 위협에 직면하
고 있다. 이러한 국가안보위협 하에서 우리의 안보(安保)는 다음과 같은 제
반사항을 동시에 병행시키는 방향에서 취해져야 할 것이다.

첫째, 자체능력을 개발하여 자주국방체제를 확립해야 한다(방위산업의
현대화, 핵개발 추진). 둘째, 국제협력체제의 확보로 미일과의 안보협력 체제
를 확고히 해야 한다. 중·소와 육속(陸續)되어 있는 북한으로부터 국가안보
를 위해 강력한 해양세력인 미·일과의 협력강화가 절실히 요구된다.

셋째, 북 핵으로부터의 위협을 약화시키기 위한 평화장치를 제도화시
켜 나가야 할 것이다(평화공존관계의 수립, 불가침협정의 체결, 국제공조에 의한 강력
한 대북경제제재 등).

넷째, 북한의 지지 세력인 중·소와의 관계개선으로 적대역량(敵對力量)을 감소시켜가야 할 것이다.

아. '한반도비핵화'와 '종전선언'은 사기극

북한이 주장하는 '한반도비핵화' 또는 '종전선언'은 남한을 적화통일(赤化統一)하기 위한 전술전략이다. 정부는 남북회담내용에 관하여 국민에 대해 솔직해야 하고 언론은 정부를 감시하는 투명한 거울이 되어야 한다. 북한이 주장하는 '한반도비핵화'와 '종전선언'은 한미동맹파기, 미국의 전술핵철수, 한미연합훈련 중단, 주한미군철수 등으로 인한 남한의 "적화통일(赤化統一)" 또는 "연방제통일(聯邦制統一)"을 획책하는 김정은의 <사기극(詐欺劇)>이다.

1950년 6월 25일 북한 공산군의 불법 남침으로 발발한 한국 전란은 1953년 7월 27일 오전 10시 판문점에서 국제연합군 총사령관 M. W. 클라크와 북괴군 최고사령관 김일성, 중공인민지원군 사령관 펑떠화이(彭德懷) 간에 정전협정(停戰協定)이 조인됨으로써, 3년 1개월에 걸쳐 참담했던 한국전쟁은 '종전(終戰)'이 아닌 '휴전(休戰)'으로 막을 내리고, 한국 국민은 제2의 38선인 휴전선으로 하여 민족분단의 비운(悲運)을 다시 맞이하게 되었다.

종전선언을 위한 전제조건으로는, 김정은 정권의 6.25 불법 남침에 대한 진솔한 사과와 국군 포로 및 납치 인사의 송환과 북한의 완전한 핵 폐기 조치가 선행되어야 한다. 전쟁범죄자의 후손인 북한 김정은과 그를 추종하는 정권의 종전선언의 숨은 의도는 유엔사 해체와 주한미군 철수를 획책하여 한국을 적화통일하려는 전략(戰略)임을 명심해야 한다.

자. 바이든 시대 맞이한 문재인 정부의 대미외교 정책의 방향

트럼프 대통령의 대선불복으로 탄핵에 이르는 와중에 2021년 1월 20일 바이든 행정부가 출범(出帆)했다. 바이든 당선인은 트럼프 정부의 '미국 우선주의(America First)'에서 탈피한 '적극적 외교정책'을 전개(展開)할 것이다. 북한 김정은은 2021년 1월 14일 밤 8차 노동당대회 기념 열병식에서 신형 전략·전술 무기를 등장시켰다. 새로 나온 잠수함발사탄도미사일(SLBM) '북극성-5ㅅ'은 3개월 전 당 창건일 열병식에서 선보인 '북극성-4ㅅ'보다 탄두부가 길고 커 다탄두 탑재 가능성이 있다고 한다. 북한은 '어떤 적이든 선제적으로 철저히 응징할 것'이라며 거듭 '선제 핵 타격'을 위협했다. 북한 열병식은 20일 출범하는 조 바이든 미국 행정부를 향한 압박용 시위(示威)다.

미국외교협회(CFR)는 정부관계자와 외교전문가 550명을 설문조사한 결과 보고서에서 북핵을 올해 미국의 최대위협으로 지목했다. 북한의 도발이 말 폭탄이 아니라 현실화할 수 있다는 워싱턴 조야(朝野)의 인식을 보여준다. 북한은 미국에 대해선 '최대의 적'이라며 '강(强) 대 강(强)'으로 맞서고, 남한에 대해선 '조국통일을 앞당기겠다'고 했다. 그런데도 문재인 정부는 북한의 도발신호에 침묵하고 있으며, 여당에선 한미연합훈련축소나 김정은 답방 주장이 나온다. 한미는 북한의 도발위협에 대한 엄중한 경고와 강력한 대북메시지로 공동대응하며, 우리 군의 전력증강계획을 재점검하는 등 국가안전보장(國家安全保障:national security)에 만전을 기해야 할 것이다.

바이든 행정부의 첫 시험대상은 핵보유국이 된 북한이 될 것이므로 우리 정부도 이에 적극 관여해 출범하는 바이든 시대를 맞아 한미공조로 북핵해결의 전면에 나서야 할 것이다. 한미양국은 한미상호방위조약(韓美相

互防衛條約)의 철저한 공조로 싱가포르 미북정상회담에서 합의한 '완전한 비핵화 이행'을 북한에 강력히 요구해야 할 것이며, 한미연합훈련 축소로 약화된 연합방위태세도 정상화시켜야 한다.

문재인 정부는 새로 출범하는 바이든 행정부와 진솔(眞率)한 대화 및 정책공조(政策共助)로써 한미동맹관계를 조속히 복원(復元)하고, 종전선언이라는 북한의 위장평화의 실체를 직시하여 북한의 비핵화를 위해 전통적 우방(友邦)인 미국과 공조하여 대한민국의 생존과 번영을 보장하고, 자유민주적 기본질서에 입각한 평화적 통일정책을 추진하는 것이 정부의 사명임을 자각해야 할 것이다.

차. 북한의 남북공동연락사무소 폭파만행에 따른 한국정부의 손해배상청구 _ 법률신문 <법조광장> 2020.6.23.

북한이 2020년 6월 16일 오후 2시 50분경 <4·27 판문점선언>에 따라 만든 개성 남북공동연락사무소를 폭파하는 도발(挑發)을 감행한 데 이어 17일 9·19 남북군사합의를 깨겠다고 선언했다. 남북공동연락사무소 바로 옆 15층 규모의 개성공단 종합지원 센터도 파괴됐다. 북한의 이러한 도발은 9·19 남북군사합의의 명백한 위반이며, 남북공동연락사무소 폭파로 판문점선언은 파기되어 이미 휴지조각이 됐다. 남북공동연락사무소는 4·27 판문점선언합의에 따라 남북화해와 협력의 상징으로 2018년 9월 문을 열었고, 남북공동연락사무소 건립과 개·보수에 178억 원 및 운영비까지 포함해 총 338억 원이 들었는데 전액이 우리 국민의 혈세가 지출됐다.

우리 정부는 굴종적(屈從的) 자세로 북한에 끌려다닐 것이 아니라 정정

당당하게 국제사법재판소(International Court of Justice) 또는 국제형사재판소 (International Criminal Court)에 폭파로 인한 범죄행위로 발생한 모든 손해에 대한 배상을 청구하는 조치를 취해야 한다. 국제사법재판소는 국가 간의 분쟁을 법적으로 해결하는 UN의 기관의 하나로 UN 회원국은 당연히 국제 사법재판소규정의 당사국이 된다.

재판소의 관할권은 당사국이 재판소에 부탁하는 모든 사건 및 UN 헌장 과 기타의 조약에 규정된 모든 사항에 미친다. 판결은 재판관의 다수결에 의하며, 당사국은 이에 법적으로 구속된다. 상소(上訴)는 인정되지 않으나 재심제도가 있으며, 판결이 이행되지 않는 경우에는 안전보장이사회가 적 당한 조치를 취하게 된다. 국제형사재판소는 헌법상 책임을 지는 지배자이 건, 공무원 또는 사인(私人)이건 불문하고 국제법상 '범죄라고 인정되는 행 위를 한 자연인'을 재판함을 목적으로 하고 있다.

2018년 9월 14일 개성공단 안에 문을 연 남북공동연락사무소는 2018년 4·27 판문점 정상회담공동선언문에서 "남북은 당국 간 협의를 긴밀히 하고 민간교류와 협력을 원만히 보장하기 위해 쌍방 당국자가 상주하는 공동연 락사무소를 개성지역에 설치하기로 한다."고 명문화했다. 문재인 대통령 과 김정은이 이 선언문에 서명한 합의문 내용을 북한 테러집단이 폭파한 것은, 문재인 정부가 추진해온 남북관계개선에 더 이상 연연하지 않겠다는 의사표명으로 한국을 향해 남북관계파탄을 통보한 것이다. 북한이 예상보 다 빨리 폐쇄가 아닌 폭파를 한 것을 두고 후속 군사행동에 나설 것이라는 관측도 제기된다.

이러한 북한의 대남도발은 국제사회의 대북경제제재 속에서 미국의 관심을 끌기 위한 것으로 탈 북민 단체의 대북전단은 핑계일 뿐이다. 김여정이 "남북공동연락사무소가 형체도 없이 무너지는 비참한 광경을 보게 될 것"이라고 겁박하자, 문재인 정부는 김여정을 달랜다며 "전단금지법"을 만들고, 탈북민을 수사의뢰하고, 개성공단·금강산 관광을 재개한다고 굴종(屈從)했다.

전단금지법은 헌법이 보장한 표현의 자유를 침해하는 것이다. 국방부와 통일부는 이미 파탄된 "남북합의"는 준수돼야 한다고 했고, 민주당 등 범여권의원 170여 명은 주한미군철수 등 북한의 대남적화통일전략인 "한반도 종전선언촉구 결의안을 발의"하겠다고 궤변을 토로(吐露)했다. 주한미군은 미국본토를 지키는 전초기지(前哨基地) 역할을 한다.

문재인 대통령은 "남북연락사무소가 폭파되고 이 지경까지 오니 화도 나고 좌절감을 느낀다."고 했고, 6월 17일 친여성향 외교안보 원로들과의 오찬에서 "계속 인내(忍耐)하며 남북관계개선을 도모하겠다."는 뜻을 밝혔다. 적폐청산을 빙자한 인권탄압에는 맹위(猛威)를 떨친 정권이 북한의 대남 선전포고와도 같은 무력도발에는 "인내"한다는 궤변이다. 일상화(日常化)된 북한의 도발행위는 우리 정부가 북한에 대해서는 **"왼뺨을 맞고 오른뺨을 내미는 저자세(低姿勢)"** 에 그 원인이 있다.

청와대 국정상황실장을 지낸 윤건영 의원은 "북한도 정상국가라면 기본을 지켜 달라."고 했다. 이와 같이 꼬리를 내리고 굴종적 자세로 "인내"만 되뇌며 양보만 거듭할수록 북한은 더욱 기세가 등등하여 우리 정부를 위협하고 조롱하며 무례(無禮)를 자행할 것이 명백하다. 윤 의원은 전쟁범죄자이며 테러집단인 북한을 "정상국가"로 보고 있다. 북한주민의 인권을 말살하고, 권력을 세습화하고, 공개처형을 일상화하며, 정치범수용소를 운영하며, 위조지폐와 마약을 밀거래하고, 공항에서 화학무기로 살인을 하는 전범집단을 정상국가로 보고 있다. 우리 정부는 현실과 동떨어진 대북환상(對北幻想)에서 벗어나 현실을 직시하고 냉정하게 대처하는 것이 첩경(捷徑)이다.

김여정은 문재인 대통령의 6·15선언 20주년 기념발언을 "철면피한 궤변", "변명과 술수", "귀머거리"라는 모욕적 표현으로 공격했고, 북측은 문재인 정부가 비공개로 특사를 보내겠다고 요청한 사실도 폭로했다. 북한은 "서울 불바다 설보다 더 끔찍한 위협이 가해질 수도 있다."고 협박했다. 김여정은 문재인 정부가 남북합의보다 한미동맹을 우선시했고, 대북제재의 틀을 넘지 못했다고 비난했다. 이에 대해 미국은 냉담한 반응을 보이고 있으며, 트럼프 대통령은 북한의 이러한 행동을 아예 무시하고 있다.

청와대는 김여정의 계속된 문재인 대통령 비하(卑下)에 대해 "감내(堪耐)하지 않겠다."고 대응했다. 북한의 남북공동연락사무소 폭파는 2019년 하노이 미북정상회담을 계기로 미북협상이 결렬된 데 따른 책임을 중재자(仲裁者)임을 자처해온 문재인 정부에 묻는 의도로 볼 수 있다. **"한반도비핵화**(주한미군 및 핵우산 철수) **사기극"**이 드디어 들통 난 것이다. 이제 문재인 대통령의 기존 대북정책은 사실상 끝난 것이다. 감내하지 않겠다는 조치가 과연 무엇인지 의문이다.

외교(diplomacy)는 한 나라의 대외정책의 결정 또는 수행을 의미하는 것으로 그것이 정책이거나 교섭이거나를 막론하고 <**최소한의 희생으로 최대한의 국가이익의 실현**>을 목적으로 한다. 외교는 국민의 중대한 관심사로 민주주의의 기본방침은 외교에 대한 비판을 국민에게 맡기는 <**외교의 민주화**>로, 국회는 조약의 비준·체결에 대한 동의권을 가진다(헌법 제60조 제1항).

   <**약속은 엄수(嚴守)해야 한다**(Pacta sunt servanda. Contracts are to be kept.).>는 격언은 국제법상의 원칙으로 조약체결국가의 합의의 법적타당성의 기초가 되는 근본규범(根本規範)이다. "**유효한 모든 조약은 그 당사국을 구속하며 또한 당사국에 의하여 성실하게 이행되어야 한다**(조약법에 관한 비엔나협약 제26조)." 외교의 성패(成敗)는 당사국 간의 신의와 성실에 의한 약속의 엄수(嚴守)에 좌우된다. 북한의 남북공동연락사무소 폭파만행은 9·19 남북군사합의의 명백한 위반이다.

   김정은 정권의 폭파만행은 대북제재로 경제가 극도로 악화된 상황에서 북한주민의 내부불만을 외부로 돌리지 않으면 정권유지가 위태롭다는 절박감에서 살아남기 위한 도발로 미북정상회담의 중재자 역할을 자처(自處)해온 문재인 정부를 몰아붙이는 "벼랑 끝 전술"이다. 그러나 북한과 같은 야만적 테러집단에 대응해 북한의 비핵화를 달성할 수 있는 유일한 수단과 방법은 <**선**(先) 비핵화 후(後) 제재해제원칙>을 고수(固守)한 국제사회의 강력한 대북경제제재의 철저한 이행뿐이다.

   북한의 예상되는 추가도발에 대비해 우리 군의 방위태세를 철저히 점검하고 북한의 재도발 시 신속하고 가공(可恐)할 응징(膺懲)을 해야 한다. 북한의 무력도발은 한·미 동맹에 대한 도전이므로 한·미 동맹을 굳건히 재건하고, 한·미·일 등 우방과의 국제공조에 노력하여 국제사회의 강력한 경제제재이행으로 북한의 도발은 국제사회에서의 고립과 자멸을 자초(自招)해 김정은 정권이 몰락하게 된다는 것을 한·미 동맹의 강력한 힘으로 보여주어야 한다.

"한반도비핵화", "종전선언"이라는 문재인 정부의 기존의 대북정책은 **"북한의 비핵화"** 및 **"자유민주적 기본질서에 입각한 평화적 통일정책"**의 수립, 추진이라는 대북정책기조(對北政策基調)로 재정립해야 한다. 문 대통령은 현 상황에서 할 수 있는 일과 할 수 없는 일을 지혜롭게 판단해야 한다. **<대통령의 가장 어려운 임무는 올바른 일을 하는 것이 아니라, 무엇이 옳은지를 아는 것이다**(A President's hardest task is not to do what is right, but to know what is right. - L.B. Johnson).>라고 했다. 우리는 언제나 '최악의 사태'에 대비해야 하며, '최선의 사태'를 목표로 행동해야 한다. 즉 전쟁을 충분히 이겨낼 만큼 강하고, 전쟁을 충분히 막을 만큼 현명하지 않으면 안 된다.

카. 남북 및 미북회담의 전망

남·북 및 미·북 회담에 참가하는 한·미 양국의 정상이나 그 대표단은 북한 김일성 3대가 지금까지 비핵화 의지가 있는 양 속여 온 역사적 사실을 바로 인식하고 알맹이 없는 맹탕회담을 반복하는 우(憂)를 범하는 일이 더 이상 없어야 한다. '위장(僞裝)된 평화'는 전쟁보다 더 위험한 사태를 초래할 수 있다. 북한은 동창리 및 풍계리 핵실험장, 영변원자로 시설같이 이미 역할이 끝나 쓸모가 없어진 핵시설에 대해 비전문가들을 불러놓고 비핵화 조치인 양 폭파하는 쇼를 연출했으며, 그 대가로 한·미 연합훈련중단을 챙겼고 종전선언 및 대북제재완화를 요구하며 "핵 사기극"을 연출하고 있다.

북한 김정은이 비핵화 조치에 들어가지도 않은 상태에서 '한반도비핵화'라는 쇼를 통해 종전선언을 받아내기 위한 미북정상회담을 개최한다면 그 회담마저 싱가포르회담과 같이 '알맹이 없는 쇼의 재탕'이 될 것이다. 이런 와중(渦中)에 대북 경제제재공조마저 붕괴된다면 북한은 **'핵보유국의 길'**로 가게 될 것이다. 북한이 핵보유국이 되고자 하는 목적은 북핵을 무기로 미국과 한국을 협박하여 종전선언을 받아내고 경제지원도 받으면서 남한을 적화통일하기 위한 것이다. 2018년 남북판문점선언, 미북 싱가포르선언, 남북평양선언은 '북핵폐기'를 분명히 '못' 박지 않은 채 김정은의 '한반도비핵화'라는 사기 쇼에 놀아난 꼴이 된 것이다.

우리 정부는 김정은의 '한반도비핵화' 및 '종전선언'이라는 위장평화 쇼에 홀려 국가안보를 파괴했으나 문재인 대통령은 '김정은이 비핵화약속을 반드시 지킬 것으로 믿는다.'고 했다. 하노이 미·북회담의 결렬로 이념과 환상에 빠져 결국 '김칫국만 마신 꼴'이다. 북한의 완전한 핵폐기조치 없는 미·북 및 남북회담은 공염불에 불과한 '위장평화 쇼'일 뿐이다. 북한의 상투적인 협상수법은 '거부'와 '위협'의 병행이다. 북한은 한·미 두 정부의 정치 쇼를 자신들의 마지막 승부처(勝負處)로 보고 있으므로 북한의 핵 포기를 위해 한·미 두 나라의 정치 쇼를 접는 것이 북한의 핵 포기로 가는 길이 될 것이다.

바이든 행정부가 김정은의 한반도비핵화 사기극에 넘어가지 않으려면 김정은의 핵 보유에 대한 집착은 정권의 종말을 재촉하게 된다는 것을 김정은이 깨닫도록 강력한 경제제재의 이행으로 돈줄을 완전히 차단해야 할 것이다. 2021년 5월 21일 한미정상회담에서는 북핵과 북한인권상황 및 중

국문제, 미사일지침, 경제협력 등에서 합의를 이뤄냈다고 한다. 정부는 북한의 비핵화원칙, 한미연합훈련재개, 사드정식배치, 대북전단금지법폐기, 북한인권상황개선 등을 위한 실질적 조치를 이행함으로써 국제사회에서 신의성실의 원칙 및 '약속은 준수되어야 한다'는 국제관습법의 이행으로 국제평화와 한국의 안보, 한미양국 간의 우호관계의 발전 및 협력의 달성을 위한 진심을 보여야 할 것이다.

타. 통치자의 사명 _ 2018. 9. 18. 법률신문 법조광장

통치자의 사명(使命)은 무엇이며, 통치자가 그 사명을 다하는 길은 무엇인가? 통치자의 사명은 하늘이 맡기고, 민족과 역사가 위탁(委託)한 일을 일컫는다. 그러한 사명을 마음속에 느끼는 것을 사명감(使命感)이라고 한다. 통치자는 사명을 깨닫고, 사명을 위해서 살고, 사명에서 보람을 느끼고, 사명을 위해서 죽을 수 있는 존재가 되어야 한다.

스위스의 사상가 힐티(Carl Hilty)는 "인간생애(人間生涯)의 최대의 날은 자기의 역사적 사명 즉, 신(神)이 지상에서 자기를 어떤 목적에 쓰려고 하는지를 자각하는 날이다."라고 갈파(喝破)했다. 이것은 차원(次元) 높은 인생관이요, 사고(思考)의 질(質)이 뛰어난 사상(思想)이다. 영국의 탐험가 리빙스턴(David Livingstone)은 "사람은 자기가 해야 할 사명이 있는 때까지는 죽지 않는다."라고 말했다. 인간의 진정한 힘의 원천(源泉)은 사명감이다.

우리 헌법은 '대한민국은 통일을 지향(指向)하며, 자유민주적 기본질서에 입각한 통일정책을 수립하고 이를 추진한다(제4조).', '대한민국은 국제평화의 유지에 노력하고 침략적 전쟁을 부인한다. 국군은 국가의 안전보장과 국토방위의 신성한 의무를 수행함을 사명으로 한다(제5조)', '대통령은 취임에 즈음하여, 나는 헌법을 준수하고 국가를 보위하며 조국의 평화적 통일과 국민의 자유와 행복의 증진 및 민족문화의 창달(暢達)에 노력하여 대통령으로서의 직책을 성실히 수행할 것을 국민 앞에 엄숙히 선합니다(헌법 제69조).'라고 규정하고 있다.

위 헌법조문에는 '남북회담에 임하는 대통령의 사명(使命)과 책무(責務)가 무엇인지 잘 표현되어 있다. 즉 남북회담에 임하는 문재인 대통령의 사명은 북한의 핵 위협으로부터 국가를 보위하고 국민의 생명과 재산의 보존 및 자유민주적 기본질서에 입각한 평화적 통일정책을 수립하고 추진하기 위하여 북한 김정은이 주장하는 <한반도비핵화>나 남한을 적화통일하려는 위장평화 사기극인 <종전선언>이 아니라, 북한의 완전한 핵 폐기를 관철시키는 일이다. 그것이 헌법이 대한민국 대통령에게 사명으로 맡기고, 국가와 민족이 위탁한 사명이며, 책무다.

남북회담에서는 한반도비핵화가 아닌 "북한"의 비핵화가 반드시 합의문에 명시되어야 한다. 북한의 비핵화원칙이 실종된 남북회담으로는 남북간의 평화체제 보장은 공염불(空念佛)이 될 수밖에 없으며, 북한의 완전한 핵 폐기조치가 선행되지 않은 상태에서의 종전선언(終戰宣言)은 대한민국의 적화통일 및 북한이 핵보유국이 되는 김정은의 전략일 뿐이다. 헌법이 남북정상회담에 임하는 문재인 대통령에게 위탁한 사명 중 하나는 지금까지 역대 정부가 방기(放棄)해온 북한의 무력남침에 대한 진솔(眞率)한 사과(謝過)와 한국전란 중 국토방위의무를 수행하다 북한으로 납치되어 노예생활을 하고 있는 국군포로 및 납북인사 중 생존자와 그 가족에 대한 강력한 송환(送還)요청이다.

　제2차 세계대전 후 1949년 제네바에서 성립된 <포로의 대우에 관한 조약>에 의하면 '포로는 항상 인도적으로 대우하여야 하고 포로에 대한 보복은 금지된다. 그 신체, 명예를 존중하고, 포로에게는 무상으로 급양과 의료를 제공해야 하며, 계급, 성별, 건강상태, 연령, 직업상의 능력 등을 고려하여 원칙적으로 평등하게 대우하여야 한다.'고 선언하고 있다. 그러나 국군포로는 북한에서 혹독한 강제노동 등으로 처참한 인권유린을 당하고 있다. 이들을 하루속히 조국의 품으로 돌아오게 하는 것이 국가가 개인이 가지는 '불가침의 기본적 인권'을 보장할 의무를 다하는 길이다.

　이산가족 상봉문제는 북괴의 남침으로 야기된 것으로 인도적 차원에서 처리할 문제이나, 국군포로 및 납북인사의 송환문제는 개인이 가지는 불가침(不可侵)의 기본적 인권을 보장할 책무를 진 정부와 대통령이 우선하여 처리할 사명이다. 남북회담 진행 와중에서 작금의 우리 사회는 자유민주주의 체제를 수호하려는 애국세력과 그 체제를 전복하려는 세력 간에 총성 없는 냉전(冷戰)으로 자살행위를 하고 있다고 우려한다. 영국의 사학자(史學者) 토인비(Arnold Joseph Toynbee)는 "한 사회는 외부적 세력의 압력으로 붕괴하는 것이 아니라 내부적 자살행위 때문에 망(亡)한다."고 갈파했다.

　우리 국민은 통치자로서 자신의 사명을 자각하고, 사명을 다하기 전에는 죽을 수 없다는 강한 의지를 가진 위대한 통치자를 갈망하고 있다. 통치자가 통치자로서의 자신의 사명의 내용이 무엇인지를 자각하고 그 사명을 다하는 경우에는 "위대한 통치자"로서 기록될 수 있으나, 사명을 자각하지 못하는 경우에는 "무능한 지도자" 또는 "독재자"로 전락할 수밖에 없다. 통치자의 생활이 사명감에 사로잡힐 때 그 통치자의 인생은 비로소 알찬 의미를 갖게 되는 것이다.

북한 김정은이 요구하는 북한정권의 체제보장은 혹독하게 인권을 유린(蹂躪)당하고 있는 북한주민의 저항권(抵抗權) 행사 여부에 달린 것이며, 남북 및 미북 회담의 협상대상이 될 수는 없다. 미국의 존슨 대통령은 "대통령의 가장 어려운 임무는 올바른 일을 하는 것이 아니라, 무엇이 옳은지를 아는 것이다(A President's hardest task is not to do what is right, but to know what is right.)." 라고 말했으며, 케네디 대통령은 "전쟁무기가 우리를 멸망시키기 전에 우리가 그것을 없애지 않으면 안 된다(The weapons of war must be abolished before they abolish us.)."고 말했다.

남북회담에 임하는 '대한민국 대통령의 사명'은 헌법의 수호자로서 '한반도비핵화'가 아닌 '북한의 완전한 핵 폐기'를 전제로 한 남북회담의 성공적 이행으로 자유민주적 기본질서에 입각한 평화적 통일정책을 수립하고 추진하는 것이다. 문재인 대통령이 위와 같은 사명을 자각하고 그 사명을 다할 때 위대한 통치자로서 역사에 기록될 수 있다.

파. 베이징서 '평창 어게인' 물 건너갔다

국제올림픽위원회(IOC)가 2021년 도쿄하계올림픽에 일방적으로 불참했다는 이유로 북한올림픽위원회(NOC)의 자격을 2022년 말까지 정지하는 중징계를 내렸다. 이에 따라 북한은 2022년 2월 베이징동계올림픽에 참가할 수 없게 되었고, 이로 인해 문재인 정부가 베이징동계올림픽을 계기로 모색했던 남북정상접촉 등 한반도 평화프로세스 재가동 구상에도 차질이 불가피해졌다. 남북 단일팀구성이나 개회식 때 한반도기가 등장하는 장면은 기대하기 어렵게 됐다. 2022년 베이징 동계올림픽에서의 '평창 어게인'은 사실상 물 건너갔다.

평창동계올림픽 직후 평양을 방문한 토마스 바흐 IOC 위원장은 스포츠를 통한 남북화합에 공을 들였지만 북한의 도쿄올림픽 불참에 실망한 것이다. IOC의 대북 강경책에는 '괘씸죄'가 적용된 것이다. AP 통신에 따르면 토마스 바흐 IOC 위원장은 8일(현지시각) 기자회견을 열어 "북한의 일방적인 도쿄올림픽 불참에 대해 IOC는 이사회의결을 통해 북한올림픽위원회의 자격을 2022년 말까지 정지한다."고 발표하면서 "북한은 올림픽헌장에 명시된 올림픽참가 의무를 이행하지 않았다."고 했다. 이로 인해 북한은 IOC에서 자격이 정지된 2022년 말까지 IOC로부터 어떠한 재정적 지원도 받을 수 없으며, 서방의 경제제재로 지급이 보류된 북한의 과거 올림픽출전 배당금도 몰수된다.

하. 맺는 말

북한 김정은이 핵을 무기로 세계평화와 안전을 위협하는 것은 마치 날아들어 불에 타죽을 뿐만 아니라 불을 어둡게 하는 줄 조차 모르는 하루살이와 같은 어리석은 짓이다. 북한 김정은의 '한반도비핵화', '종전선언'이라는 위장평화 쇼에 따른 효과 없는 남북 및 미북 회담의 장기화와 문재인 대통령의 대북제재 완화라는 어설픈 외교로 인해 작금(咋今)의 우리 사회는 자유민주주의체제를 수호하려는 국민과 김정은과 손잡고 자유민주주의체제를 전복하여 남한을 적화통일하려는 종북세력 간에 '총성 없는 냉전(冷

戰)'으로 자살행위를 하고 있다.

북핵(北核)은 한국과 미국의 안보만을 위협하는 것이 아니라 세계평화와 안전을 위협하고 있으므로, UN 헌장 상 국제평화와 안전유지를 위한 1차적 책임기관인 안전보장이사회 및 긴밀한 한미동맹을 기조로 한 강력한 대북경제제재로 김정은 정권이 스스로 핵을 포기하지 아니하고는 '지구상에서 살아남을 수 없다'는 것을 철저히 인식시켜야 한다. 이것이 남북 및 미북회담에 임하는 한미 양 정상(頂上)이 평화적인 방법으로 '북핵문제를 해결하는 열쇠'라고 본다.

북한의 핵 위협은 미국보다 한국이 더 직접적, 1차적 피해국이므로 문 대통령은 '우리 민족'이라는 허울 좋은 명분으로 국제공조에 의한 대북 경제제재 망(網)에 구멍을 파는 자살행위는 없어야 한다. 회담에 임하는 문재인 대통령은 남북회담에서는 '협상의 주체(主體)'로서 북한의 선(先) 핵 폐기 조치 없는 종전선언은 불가함을 김정은에게 인식시켜야 하며, 미ㆍ북회담에서는 북한의 대변인이나 중재자가 아닌 '한미동맹의 당사자'로서 미국과의 굳건한 신뢰를 바탕으로 긴밀히 공조하여 김정은이 '북한의 비핵화'를 실천에 옮기도록 역할을 할 위치에 있음을 자각해야 한다.

북한 김정은 정권은 오로지 주한미군철수로 인한 남한의 적화통일을 목적으로 종전선언이라는 위장평화공세를 펴고 있다. 김정은이 주장하는 한반도비핵화와 종전선언(終戰宣言)이라는 전술전략은 주한미군 및 전술핵의 철수, 한미동맹의 해체로 인한 남한의 적화통일이다. 남북 및 미북 회담에 임하는 문 대통령이나 트럼프 대통령은 이러한 김정은의 위장평화 사기극에 놀아나는 우(愚)를 범하지 말아야 한다. '진정한 평화'는 군사력의 균형으로 유지되는 것이며, 진정성 없는 선언적 약속이나 위장된 쇼만으로 지켜지는 것이 아니다.

하노이 2차 미북회담에서 김정은의 '한반도비핵화주장'이 가짜비핵화 전술임을 트럼프로 하여금 늦게나마 인식케 하여 자리를 털고 일어나 김정은의 교활한 벼랑 끝 전술에 드디어 일침(一針)을 가한 것이 천만다행(千萬多幸)이다. 이로 인해 김정은은 대북제재해제라는 선물을 놓치고 빈손으로 북한으로 돌아가 하노이회담 내용을 비밀에 부치고 북한주민 통제에 발악하고 있다. 하노이회담의 결렬(決裂)로 인해 대북제재만이 김정은을 핵 폐기로 몰고 갈 최선의 방책임이 만천하에 드러나게 된 것이다.

북핵은 김정은 체제를 보장하고 남한의 적화통일을 위한 유일한 무기이므로 북한은 절대로 핵을 포기(폐기)할 수 없는 운명에 처해있다. 따라서 북핵의 위협으로부터 대한민국의 안보와 자유민주적 기본질서에 입각한 평화적 통일을 추진하고, 더 나아가 미국을 비롯한 자유세계의 안전과 평화를 유지하기 위하여, 첫째, UN 안전보장이사회 및 자유세계의 공조에 의한 강력한 대북경제제재의 이행으로 북한 김정은이 스스로 핵을 포기하게 하거나, 둘째, 한국에 미군의 전술핵의 상시 재배치, 셋째, 대한민국이 자주국방차원에서 핵을 개발하여 스스로 핵무장하는 것이다. 위와 같은 방법으로 북핵 해결이 불가능할 경우 김정은의 '한반도비핵화', '종전선언'이라는 위장된 평화 쇼에 질질 끌려다니는 효과 없는 회담을 중단하고 최후의 수단으로 미국의 강력한 군사옵션에 의한 북한 핵시설의 완전한 파괴밖에 없다고 본다.

북한이 2020년 6월 대북전단을 문제 삼아 통신선을 차단한 지 1년 1개월 만인 2021년 7월 27일 남북이 통신연락선을 복원했으나 남북 간 긴장완화는 북한의 완전한 핵 폐기 없이는 불가능하다. 통신연락선 복원은 북한 김정은이 핵을 보유한 채 대북경제제재를 벗어나려는 전략으로서 한편 문재인 정권에 구명 밧줄을 던져줌으로써 2022년 3월 한국 대선에서 남북문제를 이용하려는 위장평화 쇼로서 문재인 대통령에게 남아 있는 마지막 남북이벤트로 추정할 수 있다. 북한의 완전한 비핵화 조치를 전제로 하지 않는 남북회담은 내년 3월 한국 대선에서 유권자를 속이기 위한 쇼일 뿐이다.

목마른 사슴이 맑은 샘터를 그리워하듯 대한민국 국민은 대한민국 대통령이 헌법의 수호자로서 '자유민주적 기본질서'에 입각한 평화적 통일정책의 수립과 추진이라는 역사적 사명을 자각하고 그 사명을 실천에 옮겨, 자유세계의 열강(列强)과 더불어 세계평화와 안전의 유지, 국제우호(友好)관계의 촉진, 경제적·사회적·인도적 문제에 관한 국제협력에 조력할 수 있는 <위대한 통치자>를 갈망(渴望)하고 있다.

26. 군형법상 상관모욕죄의 객체인 '상관'에 대통령이 포함되는지 여부

문 대통령은 "국민은 얼마든지 권력자를 비판할 자유가 있다. 그래서 국민이 불만을 해소하고 위안이 된다면 그것도 좋은 일"이라고 했고, 2020년 교회 지도자들과의 간담회에서 "대통령을 모욕하는 정도는 표현의 범주로 허용해도 된다. 대통령을 욕해서 기분이 풀리면 그것도 좋은 일"이라고 했다. 최근 한 병사가 대통령 관련 기사에 비난 댓글을 달았다는 이유로 군사법원이 **"상관모욕죄**(군형법 제64조)"를 적용해 유죄판결을 했다고 보도됐다. 병사가 단 댓글은 24자에 불과했으나 군사법원은 그에게 상관모욕죄를 적용했다.

군형법 제1조 제1항은 <이 법은 이 법에 규정된 죄를 범한 대한민국 군인에게 적용한다.>라고 규정하여 군형법의 **'적용대상'**을 대한민국 군인으로 한정하고 있다. 동조 제2항은 <제1항에서 **'군인'**이란 현역에 복무하는 장교, 준사관, 부사관 및 병을 말한다.>라고 규정하고 있으며, 제2조 제1호는 <**상관'**이란 명령복종관계에서 명령권을 가진 사람을 말한다. 명령복종관계가 없는 경우의 상위 계급자와 상위 서열자는 상관에 준한다.>라고 규정하고 있다.

대통령은 헌법상 '국군통수권자'의 지위에 있으나, 군형법 제2조 제1호에 규정된 '명령복종관계에서 명령권을 가진 상관'에는 포함되지 아니한다. 따라서 군형법 제1조 제1항에서 군형법의 적용대상자를 대한민국 군인으로 규정한 "군인"에는, 상관모욕죄의 "주체"인 군형법에 규정된 죄를 범한 대한민국 군인인 하위 계급자 및 그 "객체"인 상위 계급자 양자를 포함하는 개념으로 보아야 하므로, 국군통수권자인 대통령은 상관모욕죄의 객체인 상위 계급자로 볼 수는 없다.

군형법 제64의 상관모욕죄의 **"주체"**는 <군형법에 규정된 죄를 범한 대한민국 '군인'으로서 상관모욕죄의 객체에 대한 관계에서 **'하위 계급자**(서열자)'를 말하며, 그 **"객체"**는 상관모욕죄의 주체에 대한 관계에서 **'상위 계**

급자'를 말한다. 군인사법 제3조는 군인의 **"계급"**으로 '장성'(원수, 대장, 중장, 소장 및 준장), '영관'(대령, 중령 및 소령), '위관'(대위, 중위 및 소위), '부사관'(원사, 상사, 중사 및 하사), '병'(병장, 상등병, 일등병 및 이등병)으로 구분하며, 군인의 **"서열"**은 군인사법 제3조에 규정된 계급의 순위에 따른다(동법 제4조).

따라서 상관모욕죄의 객체인 "상관"에는 군인사법 제3조에 규정된 계급의 구분 중 상관모욕죄의 주체에 대한 관계에서 상위서열에 해당하는 현역에 복무하는 '군인'을 전제(前提)로 한 것으로 보아야 하므로, 국군통수권자인 대통령을 군형법 제2조 제1호의 규정에 의한 상관으로 판단하여 상관모욕죄를 적용한 위 군사법원 판결은 군형법 제1조, 제2조 및 죄형법정주의와 헌법 제12조 제1항을 각각 위반한 것으로 보아야 한다.

대법원은 **<군형법상 상관모욕죄의 객체인 '상관'에 대통령이 포함되는지 여부>**에 관하여 "군형법상 상관모욕죄는 상관에 대한 사회적 평가, 즉 외부적 명예 외에 군 조직의 질서 및 통수체계유지 역시 보호법익으로 하는 점, 상관모욕죄의 입법취지, 군형법 제2조 제1호, 제64조 제2항, 및 헌법 제74조, 국군조직법 제6조, 제8조, 제9조, 제10조, 군인사법 제47조의2(2015.12.29. 삭제됨), 군인복무규율 제2조 제4호의 체계적 구조 등을 종합하면, 상관모욕죄의 '상관'에 대통령이 포함된다고 보아야 한다{대판 2013.12.12. 2013도4555 상관모욕: 박병대(재판장) 양창수 고영한 김창석(주심)}"라고 판결했다.

대통령의 '국군통수권'은 헌법상 대통령의 군사에 관한 지위와 권한이며, 군형법 제2조 제1호의 '상관'이나 군인사법 제4조의 군인의 '서열'을 의미하는 것이 아니다. 따라서 대통령을 군형법상 상관모욕죄의 객체인 상관에 포함된다고 판단한 위 군사법원 및 대법원판결은 군형법 제1조 제1항(적용대상자), 제2항(군인의 정의) 및 제2조 제1호(상관의 정의), 군인사법 제4조(서열)의 각 규정과 관련하여 볼 때, 죄형법정주의 및 헌법 제12조 제1항을 위반한 것으로 볼 수 있다. 군형법 제1조에 명시된 군형법의 적용대상자인 대한민국 '군인'에는 군형법상 상관모욕죄의 주체 및 객체(상관)가 모두 포함되는 것으로 보기 때문이다.

국군통수권자인 대통령이 자신에 관련된 기사에 비난 댓글을 단 사병에 대하여 '명령권을 가진 사람' 또는 '상위 계급자(서열자)'로서 군형법상 상관모욕죄의 객체인 상관으로 볼 수 있는가? 대통령은 현역에 복무하는 '군인'이 아니므로 상관모욕죄의 주체인 사병에 대하여 '상위 계급자' 또는 '상위 서열자'로 볼 수 없으므로 상관모욕죄의 객체가 될 수 없다고 본다. 따라서 위 군사법원 및 대법원판결은 죄형법정주의 및 헌법 제12조 제1항을 각각 위반한 것으로 보아야 할 것이다.

"죄형법정주의(罪刑法定主義 : principle of legality)"란 범죄와 형벌을 미리 법률로써 규정하여야 한다는 근대 형법상의 기본원칙으로서 권력자가 범죄와 형벌을 마음대로 전단하는 죄형전단주의(罪刑專斷主義)와 대립되는 원칙이다. 죄형법정주의의 근본적 의의는, 국민 개인의 자유와 권리를 보장하기 위하여 승인되는 '국가권력의 자기제한(自己制限)'인 것이다.

우리 법제상 죄형법정주의라고 한 명문규정은 없으나, 헌법 제12조 제1항은 "누구든지 법률과 적법한 절차에 의하지 아니하고는 처벌·보안처분 또는 대통령의 국군통수권은 제노역을 받지 아니한다."고 하였고, 제13조 제1항은 "모든 국민은 행위시의 법률에 의하여 범죄를 구성하지 아니하는 행위로 소추(訴追)되지 아니하며, 동일한 범죄에 대하여 거듭 처벌받지 아니한다."라고 한 형벌불소급, 일사부재리의 규정은 죄형법정주의의 표현이다. 또한 형법 제1조 제1항의 "범죄의 성립과 처벌은 행위시의 법률에 의한다."는 규정도 바로 죄형법정주의를 규정한 것이다.

죄형법정주의의 파생(派生)원칙의 하나인 "유추해석금지(類推解釋禁止)의 원칙"이란 법규의 내용을 '가능한 문언(文言)의 의미한계'를 넘어 비슷한 사례에 적용해서는 안 된다는 것을 뜻한다. 유추적용은 형법에서는 범죄자의 자유와 안전을 위해 그것이 범죄자에게 '불리'하게 작용하는 한 죄형법정주의에 반하는 것으로서 금지되나 '유리'한 유추적용은 제한 없이 허용된다. 군형법의 적용대상자는 대한민국 군인이며, 군인의 개념에는 상관모욕죄의 주체(피고인) 및 객체(상관)를 함께 포함하는 것이므로 현역에 복무하는 군인이 아닌 대통령을 상관모욕죄의 객체인 상관으로 판단한 위 군사법원 및 대법원판결은 피고인에게 '불리'하게 유추해석한 것으로 보아야 한다.

죄형법정주의의 파생원칙의 하나인 **"명확성(明確性)의 원칙"**이란 형사처벌은 항상 '성문법규범'에 의거할 뿐만 아니라 무엇이 '범죄'이고 그에 대한 '형벌'은 어떠한 것인가를 법률로 명확하게 규정되어야 함을 뜻한다. 따라서 전혀 불확정·불명료한 범죄구성요건 및 전혀 불확실한 형벌의 부과 (예 : 絕對的 不定期刑)는 명확성의 원칙에 반한다.

어떤 사항에 대하여 내심(內心)에서 생각하는 바를 외부에 발표할 수 있는 자유를 **사상발표의 자유**라고 한다. 내심의 자유의 일종으로 국민이 어떤 '사상(思想)'을 가질 것'을 강제당하지 아니하고, 또 그가 가지는 '사상을 표현할 것'을 강제당하지 아니하는 자유를 **사상의 자유**라고 한다. **양심**(良心)의 자유는 이른바 내심(內心)의 자유에 속하며, 행동의 자유에 선행하는 정신적 자유의 근원(根源)을 이루는 자유이다. 우리 헌법 제19조는 <모든 국민은 양심의 자유를 가진다>고 하여 '사상의 자유'를 따로 보장한 규정은 없으나 이는 양심의 자유와 사상의 자유를 일체(一體)로 보았기 때문이다. 양심의 자유는 자연인만이 향유할 수 있는 인간의 권리로 어떠한 경우에도 제한할 수 없는 "절대적 자유"이다.

괴테는 "지배(支配)하기는 쉽지만 통치(統治)하기는 어렵다."고 말했다. 국민은 힘으로 지배하는 것이 아니라 "도리(道理)와 아량(雅量)과 포용(包容)"으로 통치하기를 원한다. 절대권력은 절대적으로 부패하므로 권력의 부패와 횡포를 막으려면 국민의 부단한 감시와 비판이 필요하다. 국정(國政)은 비판받아야 한다. 통치자의 덕목(德目)은 국민에 대한 약속이나 말에 대한 언행일치(言行一致)에 있다.

제2장
한 번도 경험해 보지 못한 나라

2019년부터 2021년 3년간 대한민국 국민은 "한 번도 경험해 보지 못한 나라"를 너무도 많이 경험하고 있는바, 그 대표적 사례 몇 가지를 살펴보자.

첫째, 정치자금법 위반으로 대법원에서 징역 2년의 유죄판결이 확정된 한명숙 전 총리가 6년 만에 다시 무죄주장을 하고 나섰다. 둘째, 6.26전쟁영웅 백선엽 예비역 대장을 '토착왜구' '민족반역자'로 매도하며 서울 현충원 안장을 반대하는 후안무치들의 배은망덕이다. 셋째, 탈북단체가 우리의 주적(主敵)인 북한 김정은 정권의 존립을 위협하는 대북전단 살포(撒布)를 권장하는 것이 아니라 '반출물품'으로 왜곡하여 고발한 통일부가 과연 '자유민주적 기본질서에 입각한 평화적 통일정책'을 수립하고 추진할 수 있는가?

넷째, '청와대든 여당이든 비리가 있다면 엄정하게 임해주길 바란다'는 문 대통령의 지시를 성실히 수행한 윤석열 검찰총장의 숙청작업에 법무부장관이 총대를 메고 '검찰총장 찍어내기 작전'에 돌입했다. 여섯째, 2020년 7월 8일 서울시의 한 여직원이 박원순 시장을 성추행혐의로 고소했고, 7월 10일 0시 1분경 북악산 근처에서 박 시장은 숨진 채 발견됐다. 성추문에 휩싸인 여당 소속 광역 단체장은 안희정(전 충남지사), 오거돈(전 부산시장)에 이어 박 서울시장이 세 번째다. 이를 본 국민들은 여당을 향해 <다함께 성추행 당>으로 당명을 바꾸라고 비아냥댄다.

제2장

한 번도 경험해 보지 못한 나라

2019년부터 2021년의 3년간은 문재인 대통령이 예고했던 바와 같이 대한민국 국민은 <한 번도 경험해보지 못한 나라>를 너무나도 많이 경험하고 있다. 4년 전에는 감히 생각도 할 수 없었던 해괴망측(駭怪罔測)한 일들이 최근 3년 동안 수없이 벌어지고 있다. 문재인 정권 5년간의 <정권의, 정권에 의한, 정권을 위한> 국가경영에 따른 총체적 국정파탄에서 벗어날 길을 찾아야 한다. 문재인 정권하의 대한민국 국민이 지금까지 경험하고 있는 "한 번도 경험해보지 못한 나라"의 사례가 과연 무엇인지 그 대표적 사례를 살펴보자.

1. 총체적 국정파탄

최저임금인상에 따른 소득주도정책, 주 52시간근무제, 탈원전정책, 반(反)시장 및 반(反) 기업정책으로 인한 개인과 기업의 도산으로 인한 기업의 해외진출, 세금 퍼주기식 복지정책에 따른 눈먼 돈 살포, 김정은의 적화통일을 노린 위장평화공작, 민족공조라는 미명(美名)하의 9·19 남북군사합의 등에 의한 국가안보파괴, 무능한 외교정책에 따른 국제사회에서의 고립자초, 역사교과서의 조작·왜곡, 종북굴종(從北屈從) 등 온갖 실정(失政)으로 국정파탄을 자초했다.

또한 정권핵심의 울산시장 선거개입 및 선거공작의혹, 정권실세들의 온갖 비리와 은폐, 2020년 예산안날치기통과 및 여당과 군소정당의 야합에 의한 선거법과 위헌적 공위공직자범죄수사처설치 및 운영에 관한 법률 강행처리, 조국사태에 따른 국론분열(광장은 '조국 수호'와 '조국 구속'으로 분열), 전국을 투기판으로 만든 부동산정책의 실패 등이다.

문재인 정부 들어 4년 사이에 국가안보 및 경제정책과 외교정책 등의 실패로 대한민국 건국 이래 전대미문(前代未聞)의 실정(失政)으로 인한 <총체적(總體的) 국정파탄(國政破綻)>을 자초(自招)했다. 이로 인해 국민의 삶은 <한 번도 경험해보지 못한 살기 좋은 나라>가 아니라 **<한 번도 경험해보지 못한 최악(最惡)의 나라>**에서 하루하루를 불안과 절망 속에서 허덕이고 있다.

이런 상황 속에서 경제는 이미 파탄의 길로 접어들었으나, 문재인 대통령은 "경제가 좋아지고 있다.", "경제가 건실(健實) 하다."고 한다. 국가안보는 북한의 "한반도비핵화" 및 "종전선언"이라는 북한의 대남 "적화통일(赤化統一)" 또는 "연방제통일(聯邦制統一)"을 위한 사기극의 환상에 놀아나고 있다. 어리석은 정부와 국민을 이러한 환상과 착오에서 해방시키는 일이 선결문제(先決問題)다. 현 정권의 실정(失政)으로 자유민주적 기본질서에 입각한 헌정질서는 파탄의 길로 가고 있으나 이 정권은 주권자인 국민에 대하여 "내 편이냐", "네 편이냐"로 구분하여 국론분열에 박차(拍車)를 가하고 있다.

경자년(庚子年) 새해는 파탄된 한국경제를 침체의 늪에서 탈출시키는 마지막 골든타임(golden time)이 될 것이다. 정초선거(定礎選擧)가 될 올해의 4·15총선에서는 **"다음 선거만을 생각하는 정상배**(政商輩 : politician)**"**들을 국회에서 영원히 추방하고, **"다음 세대**(世代)**를 생각하는 정치가**(政治家 : statesman)**"**로서 오로지 국가이익을 우선하여 양심에 따라 직무를 수행할 국회의원으로 국회가 구성될 수 있도록 하는 **<선거혁명**(選擧革命)**>**을 완수해야만 한다. 우리나라의 국회는 양심과 지조(志操)가 없이 당리당략(黨利黨略)에만 매몰된 정상배와 변절자(變節者), 법치파괴자의 소굴(巢窟)이 되었다. 이들을 국회에서 영구추방하지 않는 한 국가개조와 부패한 공직사회정화를 위한 적폐청산은 요원(遙遠)하다.

유권자인 국민은 다음 4·15 총선에서의 선거혁명으로, 경륜(經綸)을 가지고 공(公)의 정신으로 국사도(國土道)를 실천할 수 있는 정치가, 의(義)에 밝고 도리(道理)를 신봉하며 양심과 지조(志操)가 있는 정치가를 냉정하게 심판하여 투표함으로써 **"투표용지는 총알보다도 강하다**(The ballot is stronger than the bullet.)**)."**는 것을 신성한 투표권행사로 보여주어야 한다. 이러한 선거혁명을 통해 "4+1 협의체"라는 괴물집단의 야합으로 의회주의를 파괴하는 선거법과 헌정질서를 파괴하는 위헌적 공수처법을 강행처리한 '입법자(立法者)로서 위법자(違法者)'가 된 정상배들을 국회에서 영구히 퇴출시켜야만 한다. 그러나 지난 4·15 총선에서 선거혁명은커녕 세상이 해괴망측(駭怪罔測)하게 돌아가는 **'한 번도 경험해 보지 못한 모습'**만을 보여주고 있다.

2. 한명숙 전 총리의 정치자금법위반에 대한 무죄주장과 사법권독립의 훼손

피고인 한명숙에 대한 '공소사실의 요지'는, 피고인 한명숙이 한신건영의 대표이사인 공소 외 한만호로부터 (1) 2007. 3. 31.부터 2007년 4월 초순경 사이 피고인 한명숙의 아파트단지 부근의 구 도로에서 여행용가방에 담긴 현금 1억 5천만 원, 액면금 1억 원의 자기앞수표 1장 및 5만 달러를, (2) 2007. 4. 30.부터 2007년 5월 초순경 사이 피고인 한명숙의 아파트에서 여행용가방에 담긴 현금 1억 3천만 원 및 17만 4천 달러를, (3) 2007. 8. 29.부터 2007년 9월 초순경 사이 피고인 한명숙의 아파트에서 여행용가방에 담긴 현금 2억 원 및 10만 3,500달러를 정치자금으로 기부받았다는 것이다.

＜대법원 전원합의체의 판결요지(다수의견)＞는 다음과 같다(판례공보 제 475호 1440면).

[1] ＜형사소송법 제307조 제1항, 제308조는 증거에 의하여 사실을 인정하되 증거의 증명력은 법관의 자유판단에 의하도록 규정하고 있는데, 이는 법관이 증거능력 있는 증거 중 필요한 증거를 채택, 사용하고 증거의 실질적인 가치를 평가하여 사실을 인정하는 것은 법관의 자유심증에 속한다는 것을 의미한다. 따라서 충분한 증명력이 있는 증거를 아무런 합리적인 근거 없이 배척하거나 반대로 객관적인 사실에 명백히 반하는 증거를 아무런 합리적인 근거 없이 채택, 사용하는 등으로 논리와 경험의 법칙에 어긋나는 것이 아닌 이상, 법관은 자유심증으로 증거를 채택하여 사실을 인정할 수 있다.＞

[2] ＜국회의원인 피고인이 甲 주식회사 대표이사 乙에게서 3차례에 걸

쳐 약 9억 원의 불법정치자금을 수수하였다는 내용으로 기소되었는데, 乙이 검찰의 소환조사에서는 자금을 조성하여 피고인에게 정치자금으로 제공하였다고 진술하였다가, 제1심 법정에서는 이를 번복하여 자금조성사실은 시인하면서도 피고인에게 정치자금으로 제공한 사실을 부인하고 자금의 사용처를 달리 진술한 사안에서, 공판중심주의와 실질적 직접심리주의 등 형사소송의 기본원칙상 검찰진술보다 법정진술에 더 무게를 두어야 한다는 점을 감안하더라도, 乙의 법정진술을 믿을 수 없는 사정 아래서 乙이 법정에서 검찰진술을 번복하였다는 이유만으로 조성자금을 피고인에게 정치자금으로 공여하였다는 검찰진술의 신빙성이 부정될 수는 없고, 진술내용 자체의 합리성, 객관적 상당성, 전후의 일관성, 이해관계유무 등과 함께 다른 객관적인 증거나 정황사실에 의하여 진술의 신빙성이 보강될 수 있는지, 반대로 공소사실과 배치되는 사정이 존재하는지 두루 살펴 판단할 때 자금사용처에 관한 乙의 검찰진술의 신빙성이 인정되므로, 乙의 검찰진술 등을 종합하여 공소사실을 모두 유죄로 인정한 원심판단에 자유심증주의의 한계를 벗어나는 등의 잘못이 없다.>

정치자금법위반으로 대법원에서 유죄판결(2015.8.20. 2013도11650)이 확정된 한명숙 전 총리에 대해 4·15 총선에서 압승한 민주당이 무죄를 주장하며 검찰과 법원에 대한 재조사를 요구하며 공격에 나섰다. 여권은 총선에서의 압도적인 과반수의석의 여파로 **"법치주의"**를 부인하며 **"사법권 독립"**을 훼손하고 있다. 추미애 법무부장관은 한명숙 사건의 참고인인 전과자를 '어느 부서에서 조사하느냐'를 놓고 지휘권을 꺼내 들었다. 이를 보고 언론의 한 칼럼은 **"파리를 잡겠다고 보검(寶劍)을 꺼냈다"**고 비판했다. 친문이면 무죄, 반문이면 유죄라는 것이다. 이것이 이 정부하의 사법권독립이며, 법치주의요, 사법정의 실현이다.

정치자금법위반으로 대법원에서 징역 2년의 유죄판결이 확정되어 형기를 마친 한명숙 전 총리가 6년 만에 다시 무죄를 주장하고 나섰다. 대법원에서 유죄로 확정된 한명숙 전 총리의 판결에 대해 무죄를 주장한다면 교도소에 수감된 모든 수감자들을 무죄로 석방시켜야 할 것이 아닌가? 이제 국민들은 **"이것도 나라인가!"**라고 탄식(歎息)하며 인간의 양심마저 말라버린 황야(荒野)에서 실의(失意)에 찬 나날을 보내고 있다. 법률격언에 "판결을 부정(否定)하는 것은 법률상의 과오(過誤)이다(The denial of conclusion is error in law.)."라고 했다.

3. 6 · 25 전쟁영웅을 친일파로 매도해 서울현충원 안장을 반대하는 배은망덕

국가보훈처는 6 · 25 전쟁영웅 백선엽 예비역 대장 측에 "장군이 돌아가시면 서울현충원에는 자리가 없어 대전현충원에 모실 수밖에 없다."고 했다. 백선엽 장군은 1950년 8월 낙동강전선의 최대격전지인 '다부동 전투'에서 공포에 질린 우리 병사들이 도망치려 하자 전선의 맨 앞에 나서서 <내가 후퇴하면 나를 쏴라.>고 말한 '6 · 25 전쟁영웅'이다. 그는 인천상륙작전 성공 후 미군에 앞서 평양에 입성했고, 1 · 4 후퇴 후 서울탈환 때도 최선봉에 선 '6 · 25의 살아 있는 전사(戰史)의 주인공'이자 '전쟁영웅'이다.

이에 대해 현 정부의 광복회장은 "백선엽은 철저한 토착왜구(土着倭寇)"라고 했고, 청와대 정무비서관은 백선엽 장군을 "민족반역자"라고 했다. 6·25 전쟁에서 살아남은 우리들은 국토방위의 신성한 의무를 수행하다 목숨을 바친 장병들의 넋을 위로하며, 그 충절(忠節)을 추모하고 그들의 명복(冥福)을 비는 일에 온갖 정성을 다해야 한다. 그것만이 그들의 "전사(戰死)에 대한 보은(報恩)의 길"이다.

서울시가 박 시장의 장례를 '5일간 서울특별시장(葬)'으로 치른다고 발표하고 시민분향소도 설치하자 성추행피해자의 입장을 고려할 때 과연 적절한 조치인가 많은 시민들이 의문을 제기했고, 청와대 국민청원엔 조용히 가족장으로 치러야 한다는 청원까지 올라왔다. 내 편은 무조건 감싸고 아니면 배척하는 우리 사회의 <**내로남불**>을 다시 확인하게 되는 이상한 세상이 참으로 점입가경(漸入佳境)이다.

6·25 전쟁영웅을 "서울현충원에 안장할 수 없다"며 적반하장으로 "친일파", "민족반역자"로 매도하는 후안무치들은 '은혜를 원수'로 갚는 "배은망덕(背恩忘德)의 표본"이다. 배은망덕은 인간으로서 가장 부끄러운 행동이다. 은혜에 보답하는 것은 인간이 '사람다워지는 근본'이다. 배은망덕한 후안무치들이 미쳐 날뛰는 "**한 번도 경험해 보지 못한 희한한 세상**"이다.

4. 대한민국은 문주공화국(文主共和國)

통일부가 2020년 6월 10일 대북전단을 보내던 단체 2곳을 남북교류협력에 관한 법률위반혐의로 고발한다고 밝혔고, 이 단체들에 대한 정부의 법인설립허가도 취소하기로 했다. 풍선에 매달아 북으로 날린 전단(傳單)이 승인받지 않은 "대북반출물품"이라는 것이다. <남북교류협력에 관한 법률> 제2조 제3호의 규정에 의하면 "반출·반입"이란 "매매, 교환, 임대차, 사용대차, 증여, 사용 등을 목적으로 하는 남한과 북한 간의 물품 등의 이동을 말한다."고 규정하고 있다.

탈북단체가 보내는 대북전단은 동법률 제2조 3호의 "반출·반입"의 대상이 아니므로 동법 제13조에 의한 통일부장관의 승인사항도 아니다. 우리의 **"주적(主敵)인 북한 김정은 정권"**(대판 1971.6.29. 71도753, 1971.9.28. 71도1333, 1971.9.28. 71도1498, 1983.3.22. 82도3036)의 존립에 위협이 될 수 있는 대북전단을 적극적으로 권장하지는 못할망정 동법률의 규정에 의한 '반출물품'으로 왜곡(歪曲)하여 고발한다고 하는 통일부가 과연 대한민국의 통일부인지 '북한 김정은 정권을 위한 통일부'인지 묻고 싶을 뿐이다.

문재인 정부는 북한 김여정이 '대북전단금지법'을 만들라고 하자 4시간 반 만에 '준비 중'이라고 했고, 김여정이 '남한은 적(敵)'이라고 하자 하루 만에 남북교류협력에 관한 법률을 근거로 대북전단을 보낸 단체를 고발한다고 밝혔다. 여당의원은 대북전단을 살포하면 징역형에 처한다는 법안까지 발의하며 꼬리를 내리고 있다. 대한민국의 주적이며 세계 최악의 독재자인 북한의 김정은과 김여정 남매를 위해, 탈북한 우리 국민을 고발해 감옥(監獄)에 보내려고 하는 "한 번도 경험해보지 못한 희한한 세상"이다. 이것이 **"인권변호사 출신이 통치하는 나라의 비참한 모습"**이다.

통일부가 대북 전단 살포를 주도해온 탈북민 단체 두 곳에 대한 설립허가를 취소하자 국제사회에서 비난이 쇄도하고 있다. 미국의 북한인권위원회 사무총장은 "재앙적인 결정"이라며 "한국이 지금까지 알아 온 민주국가가 맞느냐"고 했고, 수잰 숄티 북한자유연합 대표는 "문재인 대통령이 남북한주민보다 북한의 김 씨 독재정권을 더 걱정한다는 또 하나의 사례"라며 **"한국의 자유민주주의를 서서히 무너뜨리고 있다"**고 혹평(酷評)했다.

두 단체는 4년에 걸쳐 북한에 전단을 보냈는데 북한 김여정이 지난달 "쓰레기들을 청소하라"고 역정을 내자 이에 겁먹은 문재인 정부는 허가취소 조치를 취했다. 우리나라는 대통령을 비난하거나 정권의 눈 밖에 나는 일을 하면 허가·승인취소와 같은 행정조치를 통해 투옥(投獄)될 걱정을 해야 하는 이상한 나라가 되고 있다. 나라를 이렇게 만든 대통령이 "우리나라 민주주의는 더 크게, 더 튼튼하게 자라나고 있다. 이제 남부럽지 않게 성숙했다."고 말하는 해괴망측(駭怪罔測)한 나라가 되었다.

민주주의(democracy)는 국가의 주권(主權)이 국민에게 있고 국민을 위하여 정치를 행하는 제도, 또는 그러한 정치를 지향하는 사상을 말한다. 한 네티즌이 "대한민국은 <문주공화국(文主共和國)>이다. 대한민국의 주권은 문재인에게 있고, 모든 권력은 문재인으로부터 나온다."라고 썼다고 한다. 대한민국은 이와 같이 건국 이래 '한 번도 경험해보지 못한 희한한 세상'에서 과연 민주주의를 말할 수 있으며, <민주주의가 성숙>할 수 있을까?

5. 표현의 자유는 민주주의의 핵심가치(核心價値)

'대통령 비판 대자보'를 대학 구내에 붙인 20대 청년에게 법원이 벌금 50만 원을 선고했다. 대학건물에 대자보를 붙인 것이 "건조물무단침입"(형법 제319조 제1항)이라는 것이다. 공개장소인 대학 캠퍼스에 들어가 대통령을 풍자한 대자보를 붙인 청년은 건조물 침입죄로 유죄판결을 받아 가족관계 등록부에 빨간 줄이 그어졌다. 이것이 대한민국의 표현의 자유의 현 주소이다.

대법원은 "당초 범죄목적으로 피해자의 승낙 없이 주거에 들어간 경우에는 주거침입죄가 되며"(대판 1976.1.27. 74도3442), "침입"이라 함은 거주자 또는 간수자의 의사에 반하여 들어가면 족한 것이고 어떤 저항을 받는 것을 요하지 않는다(대판 1983.3.8. 82도1363). "거주자의 의사"라 함은 명시적인 경우뿐만 아니라 묵시적인 경우도 포함되고 주변 사정에 따라서는 거주자의 반대의사가 추정될 수도 있다(대판 1993.3.23. 92도455)고 각 판결했다.

조국에게 분노해 광화문시위에 나선 시민들이 내란죄(형법 제87조)로 고발당하고, 지하철역에서 대통령 비판전단을 돌리던 50대 여성에겐 경찰이 팔을 뒤로 꺾어 수갑을 채우고, 공수처설치법안에 대해 기권표를 던진 여당의원을 징계(경고처분)했다. 대북전단을 날린 탈북단체를 처벌하겠다고 하며, 5·18이나 세월호 사건에 대해 정부와 다른 의견을 말하면 감옥에 보내겠다는 악법을 발의했다. 이에 대해 현직 부장판사가 "더 이상 법치가 아니다", "전체주의나 독재국가가 아니면 생각하기 어려운 일"이라고 했다. **<표현의 자유는 민주주의의 핵심가치(核心價値)>다.**

2021년 5월 10일 오전 서울 여의도 국회의원회관건물 기둥에 <문재인 대통령 각하 죄송합니다>란 문구가 적힌 '반성문' 대자보가 붙었다. 이 대자보를 붙인 단체는 보수성향 대학생단체인 '신(新) 전대협'으로 이들은 "9일 오후 9시부터 문 대통령의 모교인 경희대를 비롯해 서울대, 부산대, 카이스트 등 전국대학 100곳에 반성문 대자보 400여 장을 붙였다."고 밝혔다. 대자보는 반성문 형식이나 그 내용은 최근 문 대통령이 자신을 비방하는 내용의 유인물을 국회에 살포한 30대 청년을 모욕죄로 고소한 후 취하한 것을 풍자·비판한 것이다. 이 단체는 대자보에서 <사실을 말해서, 다른 의견을 가져서, 표현의 자유를 위해서, 공정한 기회를 요구해서, 대통령 각하의 심기를 거슬러서, 대단히 죄송하다>고 했다 (2021. 5. 11. 조선일보 A10면).

6. 한 번도 경험해 보지 못한 대한민국 검찰

문재인 대통령은 2019년 7월 26일 윤석열 검찰총장에게 임명장을 수여하면서 "우리 윤 총장님"이라고 하며, **"청와대든 정부든 또는 여당이든 비리가 있다면 엄정하게 임해주길 바란다."**고 했다. 윤석열 검찰총장은 "청와대 비리도 성역 없이 수사하라"는 문 대통령의 <**빈말**>을 성실히 수행했다 (국가공무원법 제56조). 그러나 그 빈말을 한 문재인 대통령은 검찰의 수사가 청와대를 향하자 검찰지휘부를 통째로 좌천시켰다.

총장취임 1년도 안 된 "검찰총장 숙청"에 "막가파" 법무장관이 총대를 메고, 정권의 주구(走狗)가 된 어용 검찰간부들은 총장에게 항명하고 있다. 그러나 이러한 난맥상(亂脈狀)은 헌법수호와 법치주의 실현을 위해 "살아있는 권력과 싸우다 장렬히 전사한 영웅"의 이미지를 윤 총장에게 선사하는 것으로 <문재인 정권의 최악의 시나리오>가 될 것이라고 한다. 살아 있는 권력의 비리를 검찰의 칼날로 베는 윤석열 검찰총장의 용기는 진정한 검찰의 사명이요, 그 존재 이유다. 정의와 용기로서 살아 있는 권력의 부정부패를 수사하는 강골한(強骨漢) 윤석열 총장의 존재야말로 <한 번도 경험해보지 못한 대한민국 검찰>의 장관(壯觀)이 될 것이다.

검찰청법 제4조 제2항의 규정은 검찰의 정치적 중립성과 독립성을 보장(헌법 제7조 제2항 및 검찰청법 제4조 제2항)함으로써 <정권의 검찰장악을 막기 위한 완충장치(緩衝裝置)>이다. 검찰사무의 최고 감독자로서 '검사가 공익의 대표자로서 범죄수사, 공소의 제기 및 그 유지에 필요한 직무'를 수행할 수 있도록 방파제 역할을 해야 할 법무장관이 스스로 검찰조직을 망치고 있다. 이것이 바로 "한 번도 경험해보지 못한 법무부장관"을 지켜봐야만 하는 해괴망측(駭怪罔測)한 세상이다.

7. 정권과 여당의 오만과 독선에 의한 의회주의 및 헌정질서 파괴

더불어민주당의 국회 상임위원장 독식(獨食)이 현실화됐다. 더불어민주당은 6월 15일 법제사법위원장 등 6개 상임위원장을 민주당 소속의원들로 선출한 데 이어 29일 본회의에서 미래통합당의원들이 불참한 가운데 예산결산특별위원장 등 11개 상임위원장을 선출했다. 민주화가 이룬 30여 년 국회의 원칙과 전통이 자칭 민주화 세력에 의해 무너졌다. 민주당이 이젠 누구의 눈치도 보지 않고 마음대로 하겠다는 <오만(傲慢)과 독선(獨善)의 극

치>를 보여주고 있다.

21대 국회가 개원부터 파행하게 된 원인은 여당이 "법사위원장은 야당 몫"이라는 오랜 관행을 인정할 수 없다고 나선 데 있다. 법사위원장이 야당 몫이라는 오랜 관행은 국회 운영에 있어 여당의 독주를 견제하기 위해 야당에 부여된 최소한의 안정장치로서 여야 협치의 상징이었다. 통합당이 법사위를 법제위·사법위로 분할하거나 전후반으로 나눠 맡자는 타협안을 내놓았으나 더불어민주당은 이마저도 거부했다고 한다.

법원과 검찰을 관할하는 법사위원장만은 반드시 더불어민주당이 차지해 문 대통령이 직접 관련된 울산시장 선거공작의혹사건, 조국 일가비리사건, 유재수 비리감찰무마사건, 최강욱 전 청와대 공직기강비서관의 가짜 인턴증명서발급사건, 1조 6천억 원대 금융사기피해가 발생한 라임펀드 사건, 옵티머스 사건(이 사건에서 사기를 주도한 모 변호사의 아내가 청와대 민정수석실에 근무하면서 옵티머스 관련사 주식 50%를 보유한 사실이 드러났다.) 등 살아있는 정권의 온갖 비리와 의혹사건의 방어 및 수사방해와 재판개입을 위한 꼼수다. 현 정권의 '**무궁무진**(無窮無盡)**한 비리**'를 덮겠다는 것이다.

국회의장단·상임위원장을 독식한 더불어민주당이 지방의회 의장단·상임위원장도 싹쓸이하고 있다. 국회뿐만 아니라 지방의회에도 사실상 민주당 1당 체제가 된 것이다. 광역뿐만 아니라 기초의회에서도 더불어민주당은 의장단과 상임위원장 자리를 독식했다. 이로써 문재인 정권은 행정부·입법부·사법부·지방의회까지 완전히 장악했다. 그것도 모자라 공수처라는 정권보위기구까지 창설했다. 이러한 여당의 국회 독식(獨食)과 폭주(暴

走), 오만(傲慢)은 헌정사의 오점으로 <의회주의의 최대위기를 자초한 헌정질서 파괴행위>다.

8. 윤석열 몰아내기 공작

"청와대 비리도 성역 없이 수사하라."는 문재인 대통령의 빈말을 성실하게 실천해온 윤석열 검찰총장이 취임 1년도 안 된 상태에서 "숙청대상"이되어 '막가파' 법무부장관이 그 숙청작업의 총대를 멨다. 채널 A 기자의 이른바 **<강요 미수사건>**과 관련한 추미애 법무부장관의 입장문 초안(草案)이 최강욱 열린민주당 의원과 "조국 백서" 관련자 등 여권 인사들에게 유출됐다고 보도됐다.

추미애 법무장관과 윤석열 검찰총장이 위 사건을 둘러싸고 갈등을 빚고 있던 상황에서 외부에 공개되지 않은 추미애 장관 지시내용을 최강욱 의원 등이 "법무부 알림"이라며 소셜미디어로 퍼뜨린 것이다. "공수처 수사대상 1호는 윤석열"이라며 검찰총장을 보복하려 한 사람에게 법무장관의 비공개 지시내용이 흘러들어갔다는 것이다. 이것은 추미애 장관과 최강욱 의원이 **<검찰총장 찍어내기 작전>**에 손발을 맞춘 것으로 볼 수밖에 없다고 한다. 피의자가 법무장관과 손발을 맞춰 검찰사무를 통할(統轄)하는 검찰총장을 공격하는 것도 "한 번도 경험해 보지 못한 이상한 나라"의 한 장면이다.

<윤석열 몰아내기 공작>이 노골화되면서 검찰이 채널 A 기자의 강요미

수사건의 수사에서 사실상 손을 떼는 듯한 조짐이 나타나자 국민들은 검찰의 정치적 중립성과 독립성의 파괴에 따른 법치주의파괴를 우려하고 있다. 문재인 정권의 '**무도막심**(無道莫甚)**한 윤석열 죽이기**'는 '법치주의와 민주주의의 사형선고'와 같다. 공수처 설치로 절대권력(絕對權力)을 장악한 "제왕적 대통령"은 법의 지배를 초월한 "절대군주(絕對君主)"로 군림(君臨)하게 되었다.

영국의 정치가 글래드스톤(William Ewart Gladstone)은 <정치(政治)의 목적은 선(善)을 행하기 쉽고, 악(惡)을 행하기 힘든 사회를 만드는 데 있다.>고 갈파했다. 그러나 오늘날 우리사회는 이와 반대되는 상황에 있다. 링컨(Abraham Lincoln)은 <힘은 일체를 정복할 수 있다. 그러나 그 승리는 짧다.>고 했고, 나폴레옹(Napoleon)은 <세계에는 두 개의 힘이 있다. 즉 칼과 정신이다. 결국은 '칼이 정신(精神)에게 패배'한다.>고 말했다.

영국의 역사가 액턴(Acton)은 <**권력은 부패하기 쉽다. 절대적 권력은 절대적으로 부패한다.**>고 말했다. 언론(言論)과 국민과 법의 날카로운 감시와 압력(壓力)이 없을 때 권력은 부패한다. 정치는 반드시 정의(正義)의 지배하(支配下)에 있어야 한다. <하늘이 무너지는 한이 있더라도 정의(正義)만은 반드시 실현(實現)시키지 않으면 안 된다(Let justice be done, though the heaven should fall.).> 권력은 정의(正義)를 추종(追從)해야 하는 것이며, 정의에 선행(先行)할 수 없다. 최대의 권력이 존재하는 곳에는 최소의 자유만이 존재한다.

9. 다함께 성추행당과 기쁨조가 된 서울시장실

박원순 서울시장이 2020년 7월 10일 0시 1분 북악산 부근에서 숨진 채 발견됐다. 서울시의 한 여직원(전직 비서)은 7월 8일 경찰에 박 시장을 성추행혐의로 고소했고, 고소인은 다음날 새벽까지 조사를 받았다고 한다. 여성권익보호를 강조해온 인권변호사로 시민단체운동을 이끈 박 시장의 성추행혐의피소는 공직사회의 성도덕에 심각한 경종을 울렸다. 성추문(性醜聞)에 휩싸인 더불어민주당 소속 광역단체장은 안희정(전 충남지사), 오거돈(전 부산시장)에 이어 박원순 서울시장이 세 번째다. 여당은 이제 성추행당이 되었다. 국민들은 이러한 민주당 소속 광역단체장들의 성추행 행태를 보며 여당을 향해 당명을 <다함께 성추행당>으로 바꾸라고 비아냥댄다.

피해자 측은 "박원순 시장이 집무실에서 샤워를 하며 벗어놓은 속옷은 피해자가 직접 집어 처리하고 새 옷을 가져다주도록 강요받았다.", "여성 비서가 낮잠을 깨워야 시장이 기분 나빠하지 않는다."는 이유로 남성 비서 대신 피해자가 내실로 들어가 박 시장을 깨워야 했고, 박 시장이 주말 새벽 조깅을 할 때도 "여성 비서가 나와야 기록이 좋다."는 이유로 피해자를 출근하게 했다. 박 시장은 피해자에게 자신의 혈압측정을 시키고 "자기가 재면 내가 혈압이 높게 나온다."는 성희롱발언을 일삼았다고 한다. 피해자 측은 이를 <**북한**(김씨 왕조) '**기쁨조**'>와 같은 역할이라고 했다. 대한민국 수도 서울시장의 집무실이 해괴망측(駭怪罔測)한 성추행소굴이 된 것이다.

박 시장을 만류해야 할 비서실 조직은 성추행을 방조(幇助)하고 가해행위에 동참한 공범이다. 이들이 "시장이 기분 좋은 상태를 유지하기 위해"

피해자에게 <기쁨조> 역할을 강요했다는 것이다. 성평등 도시를 구현한다며 "성폭력 원 스트라이크 아웃 제", "젠더 특보" 도입을 홍보한 것은 모두 <사기 쇼>였다. 서울시는 성폭력사건의 소굴로 '조사주체'가 아니라 '수사대상'이다.

오거돈 전 부산시장이 여직원 2명에게 강제추행혐의로 1심 재판에서 징역 3년 형을 선고받고 법정구속됐다. 부산지법 형사6부는 "이 사건은 월등히 우월한 지위를 가진 권력에 의한 성폭력범죄에 해당한다."며 강제추행과 강제추행치상 등 4가지 혐의를 유죄로 판단했다. 오 씨의 성범죄와 연관된 정권의 선거농단, 사법농단의 진실도 밝혀져야 한다.

10. 한 번도 경험해 보지 못한 검찰

2020년 7월 29일 채널 A 기자의 강요미수의혹사건 수사팀장인 정진웅 (52. 사법연수원 29기) 서울중앙지검 형사1부장검사가 수사대상자인 한동훈 (47. 사법연수원 27기) 검사장 사무실 압수수색과정에서 한 검사장을 폭행했다는 주장이 나왔다. 수사팀이 집행하려 한 압수수색영장은 지난 23일 발부받은 것이다. 바로 그 다음 날 검찰수사심의위원회는 한동훈 검사장에 대한 **"수사를 중단하고 불기소하라"**고 권고(勸告)했으나 서울중앙지검은 지금까지도 아무런 언급도 하지 않은 상태에서 압수수색영장을 집행하며 수사를 재개한 것은 검찰수사심의위원회의 존재가치를 부정한 것이다.

휴대폰 압수수색 상황은 한동훈 검사장이 휴대전화 비밀번호를 누를 때 정진웅 부장검사가 "잠금 해제를 페이스(얼굴)아이디어로 열어야지 왜 비밀번호를 입력하느냐"고 고성을 지르며 물리적인 제압행위를 시작했다고 한다. 한 검사장이 압수수색과정에서 "휴대폰으로 변호인과 통화 하겠다"고 하자 정 부장검사가 '그러라'고 하자 이에 한 검사장이 휴대폰 비밀번호를 푸는 순간 정 부장이 사무실 탁자 너머로 몸을 날려 한 검사장을 넘어뜨리고 몸 위로 올라타 얼굴을 찍어 눌렀다는 것이다. 검사장 대 부장검사 간에 초유(初有)의 육탄전(肉彈戰)이 벌어진 것이다.

서울중앙지검은 이일 직후 "정 부장이 병원 진료 중"이라고 발표했다. 폭행을 해놓고 쌍방폭행이라고 병원에 드러눕는 것은 '길거리 조폭이나 양아치들이 하는 짓거리'를 명색(名色)이 검사라는 사람이 자행(恣行)하고 있다. 한동훈 검사장은 정진웅 부장을 "독직(瀆職)폭행" 혐의로 고소했고, 정진웅 부장은 한 검사장을 "무고 및 명예훼손으로 고소할 예정"이라고 보도됐다(조선일보 A12면).

채널 A 기자 사건은 채널 A 기자와 한동훈 검사장 간의 "검언유착"이 아니라 여권과 사기꾼, 어용방송이 짜고 벌인 조작극(操作劇)으로 **"권언유착"**임이 점차 드러나고 있다. 검찰수사심의위원회가 한동훈 검사장에 대한 '수사중단'과 '불기소'를 권고했다. 한동훈 검사장은 "이 말도 안 되는 상황은 권력이 반대하는 수사를 하면 어떻게 되는지 본보기를 보여주기 위한 것"이라며 **"광풍(狂風)의 2020년 7월"**이라고 했다.

청와대와 법무부가 2020년 8월 7일 단행한 검찰고위간부인사에 대해 비판이 일자 추미애 법무장관은 "인사가 만사", "출신지역을 골고루 안배하고 원칙에 따라 이뤄진 인사"라고 궤변을 토로했다. '검찰의 4대 요직'으로 불리는 서울중앙지검장, 법무부검찰국장, 대검반부패부장, 대검공공수사부장은 호남출신이 독식한 정권 홍위병(紅衛兵) 검사들의 승진잔치가 됐고, 검찰국장은 3대째 전북출신이 차지했는데도 "출신지역 등을 반영한 균형 있는 인사"라고 자화자찬(自畵自讚)하는 후안무치(厚顔無恥)다. 이러한 호남 편중 검찰인사는 <호남에 대한 중대한 모욕(侮辱)>이다.

무능하고 부패한 정권의 눈치나 보며 적법절차를 무시한 수사를 지휘한 '**해바라기성 충성파검사**'들은 출세를 하고, '살아 있는 권력의 비리를 엄정하게 수사하라'는 문 대통령의 지시에 따라 순진하게 눈치도 없이 성실히 권력의 비리를 수사한 '**진짜 검사**'들은 모조리 한직(閑職)으로 쫓겨났다. 권언유착으로 판명되고 있는 채널 A 기자 사건 수사를 지휘한 검사와 윤미향 사건(기부금 37억 원 유용 의혹)과 박원순 피소사실 유출사건을 뭉개버린 검사도 영전했고, 윤석열 검찰총장에게 항명한 검사도 출세했다. '검찰인사'가 아니라 '**검찰학살**'이다.

날이 갈수록 범죄수법이 교활(狡猾)해지는 지능범죄예방을 위해 검찰은 2013년 서울남부지검에 '증권범죄 합동수사단'('합수단')을 설치하고 수사역량을 키워 '여의도 저승사자'란 소리까지 들었다. 금융범죄수사를 위해 합수단에는 금융위·금감원·거래소·국세청 등 50여 명 규모의 전문 인력이 파견되어 검사들과 같은 사무실에 근무하며 자료 분석과 수사지원 등을 해왔다. 그러나 추미애 법무장관은 합수단을 폐지하고 담당업무를 형사부와 금융조사부로 분산하자 법조계에서는 "**이제 자본시장 투기꾼들이 발 뻗고 자게 됐다.**"는 말이 나왔다.

'초대 합수단장'은 지난달 초 검찰고위간부인사 직후 이성윤 서울중앙 지검장을 향해 "그분이 검사냐"는 직격탄을 낸 뒤 사표를 낸 문찬석(文燦皙) 전 광주지검장이다. '**금융범죄수사의 저승사자**'라고 불리는 문찬석(文燦皙) 광주지검장은 "채널 A 수사 소동은 사법참사(司法慘事)"라는 말을 남기고 검 찰을 떠났다. 문찬석 검사장 제거는 신라 젠·옵티머스 등 정권 관련 금융 범죄를 덮기 위한 꼼수라고 한다.

이젠 대형 금융범죄 사기꾼들이 자유롭게 활개 치는 세상이 되어 정권 실세들의 금융범죄가 창궐(猖獗)하는 "금융범죄 범죄소굴(巢窟)"이 될 것이 다. 이러한 검찰인사에 대해 검찰출신의 김웅 의원은 "애완용(愛玩用) 검사 들이 득세하는 세상"이라고 혹평(酷評)했다. 이번 검찰인사를 보며 앞으로 정권에 반대하는 무고한 사람들을 올가미를 씌워 구속한다고 덤벼드는 애 완용 검사가 "사냥개로 둔갑(遁甲)한 광견(狂犬)"이 되면 어쩌나 하고 노심초 사(勞心焦思)하는 "한 번도 경험해 보지 못한 검찰세상"이 상상만 해도 두려 울 뿐이다.

11. 코로나 독재에 저항하는 주권자의 저항권행사

한국에서 우한 코로나 확진자가 급증하게 된 것은 문재인 정부가 초기 에 중국으로부터의 감염원 차단조치를 취하지 않았기 때문이다. 그러나 문 재인 대통령은 "중국의 어려움이 우리의 어려움"이라며 "조금이라도 힘을 보태고자 한다"고 했다. 4·15 총선을 앞두고 "**시진핑 방한 쇼**"를 하려는 것 이라고 한다. 코로나 확진자가 급증한 상황에도 청와대에선 문 대통령 부부가 영화 "기생충" 팀과 짜파구리를 먹으며 파안대소(破顔大笑)하는 장면이 보도됐다. 우한 코로나 감염원(感染源)이 중국이라는 것은 삼척동자도 아는 사실이나 당·정·청이 경쟁이나 하듯 설화(舌禍)에 휘말리고 있다.

더불어민주당 당대표 선거에 출마한 김부겸 전 의원이 8·15 광화문집회를 주도한 사랑제일교회 전광훈 목사를 겨냥해 "문재인 정부가 방역에 실패한 것으로 만들기 위해 종교 탈을 쓴 일부 극우세력이 코로나바이러스를 퍼뜨리고 있다.", "이들이 정부를 뒤흔들고 정권붕괴까지 노린다."고 했다. 여당에서는 8·15 광화문집회를 허용한 판사를 향해 "판새"(판사 새끼)라고 부르며 해당 판사의 실명이 들어간 법안까지 발의했다고 보도됐다. 법원의 고유 권한인 심판이 정권의 입맛에 맞지 않는다고 정치적 시빗거리로 만드는 <사법독재(司法獨裁)와 오만(傲慢)의 극치>를 보여주고 있다.

대통령과 여당대표는 8·15 광화문집회를 겨냥해 '공권력의 엄정함을 보여라', '구속 수사하라', '법정최고형을 선고하라'고 겁박하며 코로나 확산의 책임을 일부 종교단체에 떠넘기는 등 한 번도 경험해 보지 못한 "코로나 독재시대"가 등장했다. 정부의 초기 방역실패로 확산된 '전염병에 걸린 사람을 범인 취급'하는 세상이다.

군 당국이 2021년 7월 16일 코로나19 집단감염이 발생한 청해부대 34진 문무대왕함(艦) 승조원 300여 명을 전원 귀국시키기로 해 수송기 KC-330 2대를 급파할 방침이라고 한다. 위험하고 열악한 머나먼 이국해역에 파견되어 태극마크를 달고 평화유지, 재건사업, 의료지원 등의 임무를 수행하며 한국의 위상을 높이며 작전을 수행하는 청해부대의 백신접종대책을 소홀히 한 정부와 군 당국의 책임을 물어야 한다. 청와대가 코로나에 집단 감염된 청해부대원들이 비상귀국하게 된 것이 "누구도 생각하지 못한 수송기 파견을 대통령이 지시한 덕분"이라고 포장해 홍보한 것은 실소(失笑)를 넘어 분노(忿怒)를 자아냈다.

청해부대 부대원들은 지난 2일 코로나 증상이 처음 발생한 이후 문무대왕함(艦) 안에서 벌어진 일들을 "지옥 같았다"고 전했다. 피가래를 토하면서도 타이레놀 해열제만 먹으면서 버텨야 했다는 말도 나왔다. 이들은 악몽 같은 지난 일들을 떠올리며 "국가가 우리를 버렸다", "더 이상 대한민국에서 군인 못하겠다"는 말을 토해내고 있다. 상부에선 이런 일들을 "외부에 발설하지 말라"는 함구령을 내렸다고 한다. 그런 와중에 청와대는 문 대통령 홍보에 여념이 없다. 군(軍)은 감염 부대원 수송에 "오아시스 작전"이라는 이름을 붙여 자랑하고, 청와대는 수송기파견을 문 대통령의 독창적 아이디어라고 <문비어천가>를 부른다.

문재인 대통령이 8월 15일 광복절 경축사에서 "코로나 위기를 어느 선진국보다 안정적으로 극복하고 있다"면서 "10월이면 전 국민의 70%가 2차 접종을 완려할 것이라고 말했다. 국민의 불안을 달래기 위해 현실성 없는 목표로 희망고문을 한다는 지적이 나오는 이유다. 백신을 충분히 확보하지 못한 상태에서 '전 국민의 70% 접종' 달성은 말처럼 쉬운 것이 아니다.

문 대통령은 이재용 삼성전자 부회장 가석방에 대해 "반도체와 백신 분야에서 역할을 기대하며 가석방을 요구하는 국민도 많다", "국익을 위한 선택으로 받아들여 달라"고 했다. 이 부회장과 삼성이 국제적 영향력을 발휘해 백신확보에 나서달라고 주문한 것이다. 정부의 잘못된 판단과 무능력으로 백신조달에 실패해 놓고 이제 와서 삼성에까지 손을 내민 것이다. 삼성이 백신구매에 성공하면 이 부회장을 '사면해주겠다'는 압박이 아닌가? 정부는 언제나 "문제가 없다"는 말만 반복하며 백신이 부족한 상황에서 목표만 한 달 앞당겨 불신을 자초했다.

광복절인 15일 서울 광화문광장과 서울역 등 도심일대에 이른바 "재인산성"이 다시 등장했다. 보수·진보단체들의 "변형 1인 시위'를 막는다는 명분으로 경찰버스 543대를 동원해 차벽(車壁)을 친 것이다. 경찰 1만 1천여 명이 동원됐다. 일부 경찰은 도심으로 향하는 시민들의 행선지, 신분 등을 물었고, 서울역 광장에서 경찰이 불심검문을 하며 한 시민의 가방 속을 뒤지며 내용물을 확인한 뒤 길을 터줬다. 집회를 차단하기 위해 지하철 광화문역·종각역 일부 출구를 제외한 모든 출구를 폐쇄했고, 오후 2시경부터는 지하철이 시청역·경복궁역·광화문역을 무정차 통과했다. 이제 국민은 "코로나 독재에 저항하는 저항권행사"에 동참해야 할 때다.

12. 수사심의위원회의 권고를 무시한 특정 기업에 대한 끝없는 수사와 재판

서울중앙지검이 2020년 9월 1일 삼성물산과 제일모직 합병과정에서 분식회계와 주가조작 등을 지시한 혐의로 이재용 삼성전자 부회장과 최지성 전 미래전략실장 등 전현직 삼성고위임원 11명을 불구속 기소했다. 검찰이 만든 제도인 수사심의위원회가 이 부회장을 '불기소하고 수사를 중단하라'

는 권고를 거부하고 기소를 강행한 첫 사례다.

이재용 부회장 기소는 현 정부 들어 검찰이 자체 개혁안으로 만들어 시행해온 수사심의위원회의 권고를 무시한 것이다. 수사심의위원회는 비대한 검찰권행사를 견제하고 수사의 투명성과 공정성을 높이기 위해 2018년 1월 검찰이 도입한 제도이다. 그럼에도 불구하고 이재용 부회장 사건에 대해서만 수사심의위의 권고와 배치되는 결정을 한 것은 검찰이 스스로 자기를 부정하는 것이다. 지난 6월 수사심의위는 10대 3이라는 압도적 다수의 견으로 '수사중단과 불기소권고안'을 채택했다.

특정 기업이나 특정인을 상대로 수년간 '표적수사'를 벌이듯 수사를 지속한다는 것은 '검찰권남용'이란 논란을 피하기 어렵다. 삼성은 국정논단 사건에 연루되어 2017년 1월 이후 현재까지 3년 9개월째 수사와 재판을 받아왔다. 검찰은 19개월 동안 삼성임직원 110명을 430여 차례 소환조사하고 50여 차례 압수수색을 벌였으나 사건의 본질인 회계부정은 입증하지 못하고 증거인멸혐의로 8명을 구속하는 데 그쳐 '과잉수사'라는 비난을 받고 있다. 이재용 부회장은 2016년부터 4년간 구속과 수사 및 재판에 시달려왔다.

검찰과 재계에선 "추미애 법무장관과 이성윤 서울중앙지검장이 삼성 사건에 대한 책임을 윤석열 검찰총장에게 미루기 위해 기소를 서둘렀다"는 주장이 나오고 있다(2020. 9. 2. 중앙일보 사설)고 보도됐다. 이 부회장에 대한 기소는 검찰간부들 간의 알력과 권력분쟁에서 이뤄진 측면이 있다고 한다. 검찰은 '사법의 정치화' '정치의 사법화'를 예방하기 위해 수사심의위 결정을 무시한 채 '기소를 강행한 이유'를 명확히 밝혀야 한다.

이재용 부회장이 그동안 격은 수사와 재판으로 인한 고초(苦楚)가 너무나 심하다고 한다. 우리 헌법 제119조 제1항은 "대한민국의 경제질서는 개인과 기업의 경제상의 자유와 창의(創意)를 존중함을 기본으로 한다."라고 선언하여 <경제질서의 기본>을 천명하고 있다. 검찰 스스로 만든 제도인 수사심의위원회의 압도적 다수의견을 무시한 채 강행한 이재용 부회장의 기소는 헌법이 천명한 "경제질서의 기본"을 위반한 <검찰개혁의 중대한 오점(汚點)>으로 역사에 기록되어 "한 번도 경험하지 못한 검찰"이 될 것이다. 정권의 충견이 된 해바라기성 검찰의 반(反) 기업정책으로 개인과 기업의 '경제상의 자유와 창의성'이 침해되고 있다.

13. 의사와 간호사를 이간(離間)질시키는 옹졸한 대통령

폐업하는 의사와 의료(醫療)에 헌신하는 간호사를 대비시킨 문재인 대통령의 2020년 9월 2일자 소셜 네트워크 서비스(SNS) 글을 두고 큰 논란과 비판이 증폭(增幅)되고 있다. 간호사를 위로한다는 글이 오히려 의사와 간호사를 이간(離間)질한다는 역풍(逆風)을 맞고 있다. 간호사를 위로하는 것이 아니라 공공의대설립 등에 반대하며 파업하는 의사를 공격한다는 비난을 받고 있다. 문 대통령의 페이스북 글에 "하다하다 의사와 간호사까지 편 가른다", **"대통령이 (국민) 이간질하는 한 번도 경험하지 못한 나라"**라는 글이 쏟아졌다.

문재인 대통령은 이글에서 간호사들을 향해 "의사들이 떠난 의료현장을 묵묵히 지키고 있는 간호사분들을 위로하며 그 헌신과 노고에 깊은 감사와 존경의 마음을 드린다."며 "간호사 여러분, 고맙습니다. 사랑합니다.", "코로나와 사투(死鬪)를 벌이며 힘들고 어려울 텐데 장기간 파업하는 '의사들의 짐'까지 떠맡아야 하는 상황이니 얼마나 힘들고 어렵겠냐.", "(코로나 현장에서) 의료진이라고 표현되지만 대부분이 간호사들이었다는 사실을 국민들은 잘 알고 있다."고 격찬(激讚)했다. 코로나 퇴치로 고생하는 사람들은 '의사'가 아니라 '간호사'라고 해 의사와 간호사를 이간(離間)질시키는 '유치(幼稚)하고 옹졸(壅拙)한 대통령'이라고 비판받고 있다.

간호사는 의사의 의료행위라는 "의사들의 짐"을 의료법상 떠맡아 대행(代行)할 수 없는 것이다. 전공의(인턴·레지던트)파업 시작 이후 간호사들이 더 힘든 상황에서 진료보조 임무를 수행한 것은 사실이나 전공의들이 파업이란 극단적 선택을 한 것은 코로나 와중에 의대정원확대, 공공의대 신설 추진과 같은 의료정책을 의료계와 사전협의 없이 강행한 정부의 책임도 큰 것이다. 그럼에도 불구하고 문 대통령은 "간호사들이 의사들의 짐까지 떠안았다."고 강조하며, 모든 책임을 의사에게 전가(轉嫁)하고 있다. 파업하는 의사가 밉다고 "폭염에 쓰러진 의료진 대부분이 간호사"라며 의사들은 코로나 방역임무에 봉사하지 않은 것처럼 매도하는 등 코로나 위기 와중에 의사와 간호사를 이간(離間)질하는 **'유치하고 옹졸한 편 가르기'**를 한다고 맹비난(猛非難)하고 있다.

현 정권은 틈만 나면 국민을 상대로 한 편 가르기로 분열과 갈등을 조장해 문제의 본질을 철저히 왜곡해 그들만의 확고한 지지층을 결속해 정권의 위기를 모면(謀免)하고 선거에서 승리했다. 숫자적으로 열세(劣勢)인 의사보다 우세(優勢)인 간호사의 지지를 얻는 게 '득표에 유리'하다는 꼼수요, 속이

뻔히 들여다보이는 '얄팍하고 옹졸한 계산'이다. 오죽하면 인터넷에 "두 눈을 의심하게 만드는 대통령의 말" "대통령이 하다 하다 편 가르기까지 하시네요."라는 실망에 찬 댓글이 줄을 잇고 있다. 이 정권은 <국민을 사분오열(四分五裂)시키는 옹졸(壅拙)하고 유치(幼稚)한 편 가르기 정치>를 하는 "한 번도 경험해 보지 못한 기이(奇異)한 세상"을 만들고 있다.

14. 검찰청 폐지법안을 추진하는 이성을 잃은 정권의 폭거

더불어민주당이 검찰 수사권을 박탈하는 법안을 올해 2월 추진하겠다고 한다. 윤호중 국회 법사위원장은 "검찰을 기소(起訴)전문기관으로 법제화하겠다"고 했고, 여당 친문(親文)의원들은 '검찰청 폐지법', '공소청 신설법', '국가 수사청설립 법안'이라는 괴물(怪物)법안들을 내놓았다. 윤호중 국회법사위원장은 "(검찰 수사권폐지를) 앞당기지 않으면 안 된다는 생각을 갖게 한 건 윤석열 총장이나 검찰이 해온 행태 때문"이라는 궤변을 토(吐)했다.

문재인 정권이 거대 여당을 앞세워 검찰의 직무 권한인 수사권을 박탈해 기소(起訴)전문기관으로 만들어 검찰조직을 유명무실(有名無實)한 허수아비로 만들려는 전략(戰略)은 월성 1호기 경제성 평가조작사건, 울산시장 선거개입사건, 라임·옵티머스 사건 등 현 정권의 태산 같은 비리와 불법에 대한 검찰수사를 원천봉쇄(源泉封鎖)하려는 것으로 정권이 이성(理性)을 잃었다고 언론은 비판하고 있다.

문재인 정부는 추미애 법무장관을 행동대장으로 앞세워 윤 총장을 쫓아내고자 온갖 수단과 방법을 동원했으나 법치주의를 확립하려는 용기 있는 사법부의 준엄(峻嚴)한 심판으로 모두가 실패로 끝났다. 그러자 더불어민주당은 헌법기관인 검찰총장(헌법 제89조 제16호)마저 없애고자 궁여지책(窮餘之策)으로 검찰청법 폐지법안이라는 괴물법안을 추진하는 치졸한 꼼수를 부리고 있다. 정부는 검찰의 수사권을 박탈할 것이 아니라 검사가 공익의 대표자로서 범죄수사, 공소의 제기 및 그 유지에 필요한 직무를 수행할 때 국민 전체에 대한 봉사자로서 정치적 중립성과 독립성을 견지(堅持)할 수 있는 제도를 마련함으로써 "진정한 검찰개혁"을 추진해야 할 것이다.

이성(理性)을 잃은 막가내하(莫可奈何) 정권은 법원의 판결이 비위(脾胃)에 거슬리면 <사법부폐지법>을 만들 것이고, 감사원의 감사가 마음에 들지 않으면 <감사원 폐지법>도 만들 것이다. 현 정권은 검찰청을 폐지하거나 검사의 수사권을 박탈한 후 정권에 대한 온갖 비리와 불법에 대한 수사는 공수처로 하여금 적당히 뭉개려 할 것이다. 그것은 부패한 절대권력의 단말마(斷末魔)의 비명이 될 것이다.

절대 권력의 횡포를 막기 위해 권력 위에 법이 있고 정의가 엄존해야 한다. "권력은 정의(正義)에 따라야 하며, 정의를 앞질러서는 안 된다(Power should follow justice, not precede it.)" 권력은 정의(正義)의 시녀(侍女)가 되어야 한다. <법 밑에서 평등한 정의(equal justice under law)>는 법과 정치의 대원칙이다. 산 속에 있는 중이 고기 맛을 보면 미치듯 4·15 총선에서 다수의석으로 국회를 장악한 더불어민주당이 오기(傲氣)와 독선(獨善)으로 입법권을 남용하고 있다. 21세기 지구상에서 한 번도 경험해 보지 못한 절대권력(絶對權力)

과 여당의 추악한 폭거(暴擧)가 대한민국에서 자행(恣行)되고 있다.

15. 이론상 '통치행위'와 헌법상
'감사원의 직무'와의 구별

　감사원이 문재인 정부의 탈원전정책 수립과정의 절차적 위법성 여부에 대한 감사에 착수하자 임종석 전 청와대 비서실장이 페이스북에 '집을 지키라고 했더니 아예 안방을 차지하려 든다', '주인의식을 가지고 일하라 했더니 주인행세를 한다.'라고 하는 글을 올렸다고 보도됐다. 집주인은 정권인데 왜 감사원이 '주인행세를 하느냐'는 비난이다. 집주인이 탈원전하겠다는데 왜 감사원이 간섭하느냐는 것이다. 참으로 오만무례(傲慢無禮)한 발상으로 선출된 권력이 '나라의 주인'이니 감사원장은 '정권의 충견(忠犬)이나 주구(走狗)노릇'을 하라는 것이다.

　나라의 주인은 '정권'이 아니라 '국민'이다. 이 정권은 주권자인 국민으로부터 행정부운영권을 임기 동안 '위임(委任)'받은 것에 불과하다. 국가의 주권(主權)이 국민에게 있다는 입장을 국민주권설(國民主權說)이라고 한다. 헌법은 제1조 제2항에서 **"대한민국의 주권은 국민에게 있고, 모든 권력은 국민으로부터 나온다."**고 규정하여 국민주권주의가 그 기본원리임을 천명하고 있다. 이와 같은 국민주권의 원리는 우리 헌법의 기본원리의 하나로, 그것은 헌법 각 조항을 비롯한 모든 법규범 해석의 기준이 되고, 국가권력 발동의 정당성의 근거가 되며, 헌법개정절차에 의해서도 폐기할 수 없는 개정금지사항이다.

감사원의 이번 감사는 여야의원과 울산시민 547명의 '공익감사청구'에 따른 것이라고 한다. 대통령 한 사람이 독단적으로 탈원전정책을 결정했고, 7천억여 원을 들여 만든 원전의 경제성평가를 왜곡 조작해 폐쇄했다. 이를 보다 못한 국민들이 **"이 나라가 네 것이냐"**고 묻자 이 정권은 **"이 나라는 내 것이다"**라고 답한 꼴이다. 현 정권이 탈원전정책에 관련된 '감사원의 감사'와 '검찰의 수사'를 비난하고 방해하려는 의도를 현명한 국민은 알고 있다.

　문 대통령의 '탈원전정책'에 관련된 감사원의 감사에 대해, 정권과 여권은 '대통령의 정책'이므로 "감사원의 감사대상"이 될 수 없다고 주장한다. 그러나 이러한 견해는 이른바 **"통치행위"**와 헌법에 의한 **"감사원의 직무"**를 혼동한 무식(無識)의 소치(所致)에 불과하다. "통치행위(統治行爲)"라 함은 국가통치의 기본에 관한 고도의 정치성을 띤 국가행위로, 사법부에 의한 법률적 판단의 대상으로 하기에는 부적당하다 하여 사법심사권의 적용 범위에서 제외되는 자유로운 행정의 영역을 말한다.

　문 대통령의 탈원전정책이 설사 통치행위로서 사법부에 의한 법률적 판단의 대상으로 하기에는 부적당하다고 판단되어 사법심사권의 적용 범위에서 제외되는 행위라고 할지라도, 그것이 감사원의 감사대상이 될 수 있는가의 여부와는 전혀 별개의 문제다. 이론상의 통치행위와 헌법과 감사원법에 명시된 감사원의 감사대상과는 전혀 무관한 사항이기 때문이다. 통치행위는 법과 정치와의 교차점, 즉 법률문제와 정치문제의 혼재영역(混在領域)이라고 볼 수 있는데 우리나라에서도 이러한 통치행위의 관념을 인정할 수 있는가에 관하여 긍정하는 견해로서 권력분립설·자유재량행위설·

사법부자제설·대권행위설 등이 있고, 부정하는 견해로서 당연히 사법심사의 대상이 된다는 입장이 있다.

헌법과 감사원법에 의한 감사원의 '감사대상'은 '행정기관의 직무' 및 '공무원의 직무'이다. 행정권은 대통령을 수반(首班)으로 하는 정부에 속하므로(헌법 제66조 제4항), 대통령이 독단적으로 결정한 **'탈원전정책'**은 **'행정기관의 직무'**로서 감사원의 감사대상으로 보며, 또한 대통령도 공무원이므로('국가공무원법제3조제3항의공무원의범위에관한규정' 제2조 제1호) 대통령이 독단적으로 결정한 탈원전정책도 **'공무원의 직무'**에 해당하므로 감사원의 감사대상이 된다고 본다.

감사원은 행정기관 및 공무원의 직무를 감찰하여(헌법 제97조), 행정운영의 개선과 향상을 기할 권한과 임무(감사원법 20조)를 가진다. 감사원은 사법적 통제를 받지 않는 통치행위라는 개념과는 전혀 무관한 반면, 국가경제의 근간(根幹)을 이루는 '탈원전정책' 및 '탈원전의 경제성평가 왜곡조작과정'을 철저히 감사하여 실체적 진실을 밝혀야 하며, 감사결과 범죄혐의가 있다고 인정할 때에는 이를 수사기관에 고발하여야 한다(감사원법 제35조).

16. 세월호 참사의혹(慘事疑惑)의 실체(實體)

2016년 '나꼼수' 출신 김어준 씨는 '박근혜 정부가 세월호를 일부러 침몰시킨 뒤 항적 데이터를 조작했다'는 이른바 '고의 침몰설(故意 沈沒說)'을 주장했다. 김 씨는 이 황당한 주장을 담은 영화를 직접 제작했는데 54만 명 넘는 관객이 봤다. 해양수산부가 항적조작(航跡操作)은 불가능한 일이라고 했지만 괴담(怪談)은 퍼져나갔다. '검찰 세월호참사특별수사단'은 2021년 1월 19일 **"세월호 항적조작의혹은 사실이 아니다"**라고 발표했다. 이것이 세월호 참사의혹의 실체다.

검찰 수사단관계자는 "김어준 씨 말이 맞으려면 당시 정부가 전 세계 각국 기지국 데이터를 모두 조작했어야 한다"고 했다. 그런데도 **'정부가 일부러 세월호를 침몰시켰다'**고 믿고 싶은 사람들은 '검찰발표를 못 믿겠다'며 오히려 고개를 쳐든다. 세월호 사건은 학생들이 승선(乘船)한 수학여행 배가 비극적 참사를 당한 사고였다. 그 원인은 배 상부불법증축, 평형수(平衡水) 부족, 대형화물 고박미숙(固縛未熟)이 겹쳐진 사고로서 배가 침몰할 수밖에 없었음에도 불구하고 있지도 않은 '다른 진실'을 찾겠다고 지금까지 여덟 차례나 조사를 했다. 심지어 '잠수함 충돌설'이란 어처구니없는 주장도 한때 풍미(風靡)했다. 처음엔 '미 핵잠수함 충돌설'이 돌더니 나중에 우리 '해군 잠수함 충돌설'로 바뀌어 유포(流布)됐다. 잠수함 무사고 세계신기록을 세우기 위해 '해군이 숨긴 것'이라는 황당한 주장까지 했다.

사고 현장엔 가짜 기자까지 나타나 **'정부**(박근혜 정부)**가 구조를 막았다'**는 괴담까지 퍼뜨렸다. 다이빙 벨이라는 장비가 마치 특효인 듯 방송한 TV 앵커가 인기를 누렸으나 쓰기도 힘든 장비였다. '정부가 일부러 인양을 지연시키고 있다는 설', '국가정보원 개입설'도 있었다. 그런 괴담을 만들고 퍼뜨리는 세력은 '사실'과 '진실'엔 아무런 관심도 없다. 이들은 '광우병', '천안함', '사드' 등 건수만 생기면 괴담을 만들고 부풀렸다.

2014년 세월호 침몰사고 당시 초동대처를 잘못해 승객 445명을 숨지거나 다치게 했다는 혐의로 기소된 김석균 전 해양경찰청장이 2021년 2월 15일 1심법원(서울중앙지법 형사22부 재판장 양철한)에서 무죄선고를 받았다. 법원은 김 전 청장을 포함해 이 사건으로 기소된 해경 전·현직 간부 10명의 '구조실패' 혐의에 대해 전부 무죄를 선고했다. 그간 검찰, 감사원 등 일곱 기관이 8차례에 걸쳐 세월호 관련 조사와 수사를 벌인 바 있다.

문재인 대통령은 2021년 2월 17일 세월호 사고에 대해 "유족들이 원하는 방향대로 진상규명이 속 시원하게 잘 안 되고 있어서 안타깝다."고 했다. 고 백완기 통일문제연구소장 빈소에서 "세월호 구조에 실패한 해경지도부가 1심 무죄판결을 받아 안타깝다."는 고인의 유족의 말에 답하면서 문 대통령이 한 말이라고 한다. 세월호 사고에 대한 거듭된 수사와 조사를 통해 침몰 원인과 구조실패 이유가 분명히 드러났다. 그러나 문 대통령은 법치국가의 기본원칙보다 유족의 희망이 우선이라는 입장을 밝혔다.

정의(正義)가 없는 곳에 선(善)이 있을 수 없으며, 선(善)이 없는 진실(眞實)을 얻을 수는 없다. 진실이란 것을 알고 있는 사람은 진실을 사랑하고 있다. **"진실(眞實)을 배우며, 진실을 사랑하며, 진실을 말하며, 진실을 양보하지 않으며, 죽을 때까지 진실을 지키라**(Huss)."라고 했다. 선(善)을 가장(假裝)한 허위(虛僞)보다 더 악(惡)한 일은 없다. 진실한 말은 간결명명(簡潔平明)하다. 간결은 지혜의 생명이다. **"진실하여라."** 우리는 늘 이 명제(命題)를 추구하며 살아야 한다. 괴담이나 만들어 퍼트리는 후안무치(厚顏無恥)한 세력이 정권을 잡고 돈벌이하는 **'한 번도 경험해보지 못한 세상'**이다.

17. 사법권 독립을 수호할 마지막 기회

_ 2021.2.5. 법률신문 법조광장

범(汎)여권정당의원 161명이 밀어붙인 임성근 부산고등법원 부장판사에 대한 탄핵소추안이 2020년 2월 4일 국회 본회의에서 가결됐다. 헌정사상 유례없는 일선 법관에 대한 탄핵소추발의이유에 대해, 그간의 현 정권의 온갖 비리와 불법에 대해 용기 있는 법관의 엄정한 판결에 지레 겁먹은 정권의 위기돌파를 위한 **'본보기용 탄핵'**으로 전(全) 법관을 향해 **'몸조심하라'**는 경고장을 날린 것이라고 한다.

임 판사 판결문에 '위헌적 행위'라는 표현이 있으나 '권유나 조언 정도에 불과해 재판권 침해는 없었다.'고 명시되어 있다. 법관에 대한 탄핵소추는 '법관이 그 직무집행에 있어서 헌법이나 법률을 위배'한 사실이 명백해야 한다. 따라서 다른 판사의 직무에 대한 '권유나 조언' 정도에 불과한 사유는 그 자체로서 탄핵소추사유가 될 수 없어 탄핵심판의 대상이 되지 아니한다 (헌재결 2004.5.14. 2004헌나1 참조). 임 판사에 대해 1심법원은 판결문 작성에 개입한 것은 사실이지만 '직권남용'은 아니라며 무죄를 선고했고, 현재 2심 재판이 진행 중이다. 민주당은 '법률위반'으로 되지 않자 '법관 독립'을 침해한 '헌법 위반'으로 탄핵사유가 된다는 주장이다.

이에 대해 임 부장판사는 입장문을 통해 "탄핵소추사유로 들고 있는 '위헌적 행위' 여부는 아직 확정되지 않은 1심판결에 불과하다."며 "국회 법제사법위원회조사 없이 1심판결문만으로 추진하는 탄핵소추절차에도 문제가 있으며, 헌법상 다음 달 28일 임기만료로 판사직에서 자동퇴직하게 돼

헌법재판소에서 '소의 이익'이 없어 탄핵심판이 각하될 것이 분명하다."고 반박했다. 일반법관에 대한 탄핵소추안이 국회본회의를 통과한 것은 '헌정 사상 초유(初有)'다.

헌법 제65조 제1항의 탄핵소추사유는 '법관이 그 직무집행에 있어서 헌법이나 법률을 위배한 때'로 규정하고 있는바, 여기서 '직무'라 함은 '공무원이 직무상 자신이 취급하는 사무를 행하는 것'을 의미한다고 본다. 따라서 타인의 직무에 관하여 단순히 '권유'나 '조언'을 한 정도에 불과한 의사표시를 확대해석하여 '직무집행에 있어서 헌법이나 법률을 위배한 것'으로 유추(類推)할 수 있는지 의문이다. 임 판사의 판결문에는 "(임 판사 행위는) 권유나 조언 정도에 불과하며 재판권 침해가 없었다."고 명시되어 법관독립 침해까지는 아니었다고 판단했고, 직권남용혐의는 무죄가 선고됐다.

임 부장판사에 대한 지난해 2월의 무죄판결 이후 뒤늦게 무리수를 써가며 탄핵을 추진하는 여권의 의도는 최근 자신들의 비리와 불법행위에 대한 법원의 엄정한 판결에 위기감을 느낀 **'사법부 길들이기'** 겁박(劫迫)이라고 비난받고 있다. 즉, 김경수 경남지사에 대한 유죄판결, 윤석열 검찰총장에 대한 직무집행정지가처분 인용판결, 조국 아내 정경심 사건의 유죄판결, 최강욱 사건의 유죄판결 등이 선고되자 여당은 탄핵협박 수위를 높여왔다.

만약 법관이 이들에게 무죄판결을 선고했다면 '정의의 판결'이라고 환호하며 승진과 영전의 은전(恩典)을 베풀었을 것이다. 현재 이 정권은 월성1호기 경제성조작사건 및 청와대 울산선거공작사건 등에 대한 재판을 코앞에 둔 위급상황에 처해있다. 김명수 대법원장이 2020년 4월 임성근 부장판사가 건강악화를 이유로 사표를 내자 "내가 사표를 받으면 (임 부장판사가) 탄핵이 안 되지 않느냐"며 "법률적인 것은 차치(且置)하고", "정치적인 상황도 살펴야 하고"라며 사표를 수리하지 않았다고 보도됐다.

오늘의 대한민국은 정권과 여당이 '사법부 길들이기'를 위한 탄핵을 추진하며, 사법권 독립의 수호자역할을 할 대법원장은 법관의 억울한 탄핵소추의 방파제(防波堤)가 아니라 탄핵을 당하게 사표를 거절하는 **'한 번도 경험해보지 못한 사법부'**가 되었다고 비난받고 있다. 사표를 내거나 탄핵할 대상은 사법권 독립을 수호할 의지가 없으며, '국민전체를 위한 봉사자'가 아니라 '정권을 위한 봉사자'인 법관이 아닌가? 법치주의와 사법정의를 위협하는 사법부 길들이기 탄핵시도에 대해 사법부 전체가 결연(決然)히 일어나 '사법권 독립'을 쟁취해야 한다.

대법원장은 헌법과 법률의 구체적 해석 및 적용을 담당하고 있는 최고 최종심법원(最高最終審法院)의 책임자로서 대법원의 일반사무를 관장하며, 대법원의 직원과 각급법원 및 그 소속기관의 사법행정사무를 지휘·감독하는 수장(首長)의 지위에서 사법권 독립의 방파제가 되고 그 초석(礎石)이 되어야 할 위치에 있음에도 불구하고 김명수 대법원장은 여권의 **'사법부 길들이기 탄핵'**에 대해 침묵하며 동조(同調)고, 거짓말의 명수라고 조롱받고 있다.

미국의 시인 롱펠로(Henry Wordsworth Longfellow)는 <인생 찬미가(人生 讚美歌 : Psalm of Life)>에서 "행동하라. 오늘보다 높은 내일을 위해서 행동하라. 세상의 넓고 넓은 전쟁터에서, 인생의 싸움터에서, 말 못 하고 쫓기는 짐승이 되지 말고, '**싸움에서 이기는 영웅**'이 되라(In the world's broad field of battle, In the bivouac of life, Be not like dumb, driven cattle- Be a hero in the strife!)!"고 했다. 인간 최대의 승리는 내가 '나를 이기는 것'이며, 자신을 이겨낸 사람이 가장 훌륭한 정복자다.

사람은 누구나 이 세상에서 차지할 '자리(地位)'가 있다. 지위(地位)가 사람을 고귀(高貴)하게 하는 것이 아니라, 사람이 지위를 고귀하게 하는 것이다. 자리에 어울리는 사람이 그 자리에 앉아야 한다. 사람이 지위를 고귀하게 하는 것은 정의(正義)와 사명감으로 훌륭하고 고상한 일을 함으로서만 가능한 것이다. 인간은 자기에게 '알맞은 자리'보다 조금쯤 '낮은 곳'을 택하라고 했다. 남에게서부터 <내려가시오>라는 말을 듣느니보다는 <올라오시오>라는 말을 듣는 편이 훨씬 나은 것이다.

김명수 대법원장은 '자리보전'을 위해 후배 법관을 희생양으로 바치고도 '그런 일 없었다'며 거짓말까지 하다 탄로(綻露)나 "**거짓말쟁이 대법원장**"이라는 오명을 남겼다. 양심이 없는 인간은 부끄러움을 모른다. '겸양(謙讓)은 인격완성을 위하여 불가피한 덕(德)'이라고 했다. 김명수 대법원장은 자신이 생각하는 자리보다 조금쯤 낮은 곳을 택하는 것이 현명할 것이다. 국민으로부터 <내려가시오>라는 듣느니보다는 <올라오시오>라는 말을 듣는 편이 훨씬 나은 것이기 때문이다. 잃어버린 재화는 되찾을 수 있지만, 잃어버린 기회는 다시 찾을 수 없다(Lost wealth can be regained, but lost time never.).

사법권 독립은 법관의 정의(正義)와 용기(勇氣)로서 쟁취(爭取)하는 것이다. 용기 있는 법관은 사법권 독립의 수호자로서 권력에 아부(阿附)하지 않고, 언론에 아부하지 않고, 대중에 아부하지 않으며 오로지 헌법과 법률에 의하여 그 양심에 따라 독립하여 심판한다. 무소불위(無所不爲)의 권력이 개인의 자유와 권리를 억압할 때 그 방어벽이 되어 정의(正義)를 확립할 수 있는 것은 '용기 있는 법관'만이 할 수 있는 일이다. 사법권 독립은 하늘에서 저절로 떨어지는 것도 아니요, 땅에서 솟아나는 것도 아니다. 사법권의 독립은 오로지 법관의 용기와 사명감으로 스스로 쟁취(爭取)하는 것이다.

스위스의 사상가 힐티(Carl Hilty)는 '인간 생애(生涯)의 최대의 날은 자기의 역사적 사명(使命)**을 자각하는 날이다.**'라고 갈파했다. 인간을 위대하게 만드는 것은 자기의 사명의 자각(自覺)이다. 사법부는 법관의 정의와 용기 여하에 따라서 악(惡)의 화원(花園)이 될 수도 있고, 선(善)의 화원이 될 수도 있다. 법관은 정의와 용기로서 사법권의 독립을 쟁취하는 명예로 살아야 한다. 그것이 **'법관의 정도(正道)'**다. 대법원장이 사법부의 수장으로서 명예(名譽)를 지키는 길은 사법권의 독립을 수호하는 것이다. 명예를 잃어버리는 것은 인생의 모든 것을 잃어버리는 것이다.

법률격언에 "하늘이 무너지는 한이 있더라도 정의(正義)만은 반드시 실현시키지 않으면 안 된다(Let justice be done, though the heaven should fall.)."고 했다. 법치주의와 사법정의를 확립할 김명수 대법원장은 **<사법권 독립을 수호할 마지막 기회>**를 놓치지 말아야 한다. '해가 비칠 동안에 마른 풀을 만들라(Make hay while the sun shines.).'라고 했다. 사법부의 수장인 대법원장은 오로지 사법권 독립을 수호함에 있어 추상(秋霜)과 같은 기상(氣像)을 보여야 한다. 그것이 대법원장으로서 **<명예를 지키는 유일(唯一)한 길>**이다.

P.S : 헌법과 법률의 구체적 해석 및 적용을 담당하고 있는 독립의 부(府)로 최고최종심법원(最高最終審法院)인 사법부의 최고기관인 대법원의 수장(首長)으로서 '사법권 독립(司法權 獨立)의 방파제(防波堤)'가 되어야 할 김명수 대법원장이 정권의 충견(忠犬)이 되어 자신의 지휘·감독을 받는 임성근 부장판사를 탄핵(彈劾)의 제물(祭物)로 바치는 오점을 남겼다. 전직 대한변협회장 8명이 2021년 2월 8일 "사법부 독립을 위해 김 대법원장은 즉각 사퇴해야 한다."는 성명을 발표하며 "사법부 독립을 심각하게 위협하는 집권 정치세력의 부당한 압력에 맞서 사법부 독립을 수호할 의지를 보이기는 커녕 권력 앞에 스스로 누워버리고, 국민 앞에서 거짓말하는 김 대법원장은 대한민국 헌정사의 치욕"이라고 지적했다.

김명수 대법원장에 대해 서울남부지법 보안관리대 소속 황모 씨는 2021년 2월 16일 오전 법원 내부망 '코트넷'에 실명으로 올린 글에서 "사법부 신뢰회복을 위해 사퇴하라."고 공개적으로 촉구하며 "(여당이) 탄핵하자고 설치는데 사표를 어떻게 수리하겠느냐는 대법원장의 말씀은 사법부를 정권의 제물로 받치겠다는 인식"이라며, "이런 최악의 대법원장은 처음"이라며 "불분명한 기억에 의존해 답변했다는 대법원장의 이중 거짓말은 사법의 신뢰를 스스로 붕괴시켰다.", "자기조직을 쑥대밭으로 만들어버리는 대법원장을 이전까지는 보지 못했다.", "이런 비정함은 재판독립이라는 탈을 쓴 탐욕의 외침이었다. 자기 편 심기인 이번 인사를 통해 보면 알 수 있다."고 비판했다.

황 씨는 "양승태 대법원장 시절의 사법농단청산을 외치며 벌떼처럼 일어났던 전국법관대표회의의 침묵은 정말로 상식 밖"이라며 "정의를 위한 외침에도 선택이 있느냐"고 했다. 한 고법 부장판사는 "판사들이 해야 할 일을 법원 직원이 했다."며 **"판사들은 부끄러운 줄 알아야 한다."**고 했다. 사법부의 수장으로서 사법권 독립의 방파제가 되어야 할 대법원장이 정권의 하수인(下手人) 겸 거짓말의 명수(名手)가 되었고, 그의 지휘·감독을 받으며 추종하는 해바라기 판사들마저 "정권을 위한 봉사자"가 되어 이를 외면하고 침묵하자 이들을 향해 황모 씨가 용기를 내어 따끔한 일침(一鍼)을 가한 것이다.

김 대법원장이 2월 19일 판사 3천 명을 포함한 전국 법원 직원 1만 8천 명이 보는 법원내부통신망에 자신의 거짓말 논란에 대해 "큰 실망과 걱정을 끼쳐드린 것을 깊이 사과한다."면서 "(사표수리 여부에) 정치적 고려는 없었다."는 입장문을 올리자 이를 본 판사들은 "입만 열면 거짓말"이란 격한 반응을 보였고, 판사 전용 익명게시판에는 "김뻥수(거짓말) 아니면 김뻔수(뻔뻔)", "유체이탈화법은 정치인들이나 하는 줄 알았다", "거짓말쟁이" 같은 글이 올라왔다. 김 대법원장이 "초심(初心)을 잃지 않고 좋은 재판을 하겠다."고 한 것과 관련해선 "거짓말쟁이 대법원장이란 비판을 받으면서 무슨 좋은 재판이냐. 물러나서 초심대로 계속 '인권법 두목(頭目)'이나 하라."고 했다. 김 대법원장은 2011년 진보성향 법관모임인 '국제인권법연구회'를 만들었다.

'말의 노예가 되지 말라(Be not the slave of word.)', '혀의 마력은 모든 마력 가운데서도 가장 위험스럽다(The magic of the tongue is the most dangerous of all spells.)'라고 했다. 선(善)을 가장(假裝)하는 것보다 더 나쁜 일은 없다. 선을 가장함은 악(惡)보다 더욱 배척해야 할 일이다. <모든 사람은 타인 속에 **'자기의 거울'**을 가지고 있다. 그 거울에 의하여 자기 자신의 죄악과 결점을 똑똑

히 비추어볼 수가 있다. 그러나 우리는 이 거울에 대하여 '개(犬)'와 같은 행동을 하고 있다. 거울에 비치는 것이 자기가 아니라, 다른 개라고 생각하고 짖어대는 것이다(Arthur Schopenhauer).> <'**자기 자신을 알라**' 이것이 모든 행동의 기초가 된다. 그러나 자기를 바라본다고 자기를 알 수 있는 것이 아니다. 다른 사람의 눈으로 볼 때 비로소 그대 자신을 똑똑히 알 수 있는 것이다(John Ruskin).>

18. 대통령에게 신발 던진 사람이 1년간
감옥살이를 해야 하는 나라

2020년 국회에서 문재인 대통령을 향해 신발을 던지며 항의했던 북한인권단체대표 정모 씨에 대해 최근 서울중앙지법 신혁재 부장판사가 추가구속영장을 발부했다. 정 씨는 지금까지 6개월간 구속되어 있었는데 구속기간이 6개월 연장되어 1년간 감옥살이를 하게 되었다. 정 씨의 혐의는, 첫째 2020년 1월 세월호 기념관 앞에서 스피커로 유족들을 모욕했다는 혐의, 둘째 2020년 7월 국회에서 문재인 대통령에게 신발을 던진 혐의, 셋째 2020년 8월 광화문 광복절 집회 때 경찰을 폭행한 혐의로 재판에 회부됐다.

정 씨는 문 대통령에게 신발을 던진 혐의로 청구된 구속영장은 기각되었으나 한 달 뒤 경찰에 대한 폭행혐의로 구속된 상태에서 지금까지 재판을 받고 있다. 그런데 서울중앙지법 신혁재 부장판사가 정 씨의 구속기간 만료를 하루 앞두고 세월호 유족모욕혐의를 다시 꺼내 검사가 영장청구를 하지도 않았는데 "도망할 염려가 있다"며 직권으로 추가구속영장을 발부

했다는 것이다. 정 씨는 한 번도 경찰 등의 출석요구에 불응한 적이 없다고
한다.

문 대통령을 향해 신발을 투척한 혐의로 구속영장이 청구됐을 당시 영
장전담판사는 "도망할 염려가 없다"며 기각했으나 신혁재 판사는 "도망할
염려가 있다"며 추가로 구속했다. 경찰은 신발투척사건으로 신청한 영장
이 기각되자 기어이 한 달 뒤 경찰폭행혐의를 적용해 정 씨를 구속했고, 이
번엔 신 판사가 이례적으로 정 씨에 대한 추가구속영장을 발부한 것이다.

정모 씨가 국회에서 문 대통령을 향해 던진 신발은 대통령에게 미치지
도 못했다고 한다. 북한은 문 대통령을 향해 "삶은 소대가리", "겁먹은 개",
"완벽한 바보"라고 조롱했으나 이에 대해 침묵하면서 대통령을 향해 신발
을 던진 사람은 1년간 감옥살이를 하는 나라다. 인권대통령을 자처하는 나
라의 인권상황의 전모(全貌)를 잘 보여준 사건이다. 민주적인 지도자에게
요망되는 자질(資質)은 용기 · 정의 · 관용(寬容) · 예의 등이다. 국민을 너그럽
게 용서(容恕)하고 용납(容納)하는 것은 지도자의 덕목(德目)이다.

19. 윤석열 전 검찰총장 조부 묘소에 대한 풍수테러

최근 윤석열 전 검찰총장 조부(祖父) 묘소(墓所)가 파헤쳐지고 인분(人糞),
식칼, 부적(符籍), 머리카락 등이 발견됐다(2012. 5. 21. 조선일보 A 34면 萬物相)고
보도됐다. 누군가가 윤 전 총장을 저주(詛呪)하려고 '풍수(風水)테러'를 했을
가능성이 있다고 한다. 산세(山勢), 지세(地勢), 수세(水勢) 등을 판단하여 이것

을 인간의 길흉화복(吉凶禍福)에 연결시키는 설을 풍수지리설(風水地理說)이라고 한다. 도성(都城), 사찰(寺刹), 주거(住居), 분묘(墳墓) 등을 축조(築造)하는데 있어 재화(災禍)를 물리치고 행복을 가져오는 지상(地相)을 판단하려는 이론으로 이것을 감여(堪興) 또는 지리(地理)라고도 하며, 이것을 연구하는 사람을 풍수가(風水家), 감여가(堪興家), 지리가(地理家) 등으로 부른다.

우리나라 문헌에서 풍수에 관한 최초의 기록은 <삼국유사>의 탈해왕(脫解王)에 관한 대목에 왕이 등극하기 전 전호공(瓠公)으로 있을 때, 산에 올라 현월형(弦月形)의 택지(宅地)를 발견하고 속임수를 써서 그 택지를 빼앗아 후에 왕이 되었다는 내용이 있다. 삼국시대에 도입된 풍수사상은 신라말기부터 활발하여져 고려시대에 전성을 이루어 조정과 민간에 널리 보급되었다. 특히 신라말기에는 도선(道詵)과 같은 대가가 나왔다.

조선 태조 이성계(李成桂)가 한양으로 도읍을 정한 것도 그 태반의 이유가 풍수지리설에 의한 것이다. 오늘날에도 민간에서는 풍수설을 좇아 좌청룡(左靑龍) 우백호(右白虎) 운운하며 산소(山所)를 잘 써야 자손이 복을 받는다고 관심을 가지는 사람이 적지 않다. 우리 사회엔 잘못된 풍수사상이 아직도 뿌리 깊게 남아 있다고 한다. 대권주자 1위에 오른 윤석열 전 검찰총장이 대통령이 되는 것이 두려워 그의 조부묘소에 풍수테러를 범하는 파렴치한(破廉恥漢)들은 자신들이 범한 범죄행위에 대한 성찰(省察)은커녕 '김대업 사건'과 같은 조작극도 준비할 수 있는 무리라고 본다.

2002년 대선을 앞두고 여당인 민주당은 이회창 후보의 배우자에 대해서까지 온갖 비방과 모략을 퍼부었다. 김대업의 병역비리의혹을 제기하면

서 김대업이 이 후보의 아내와 '통화한 녹음이 있다'느니 '아내로부터 돈을
받았다'는 등 허위사실을 퍼뜨렸다. 심지어 민주당의 중앙당과 전국 각 지
구당 당사에 '한인옥 10억 수수를 규탄한다'는 현수막을 내걸기까지 했다.
이러한 비리의혹은 대선 후 대법원 확정판결로 모두 허위 날조된 조작극으
로 밝혀졌다(이회창 회고록 1권 P151~152). 우리 사회엔 대선후보자의 선대 분
묘에 위와 같이 유치한 풍수테러까지 일삼는 무리들이 설치는 '한 번도 경
험하지 못한 세상'이 되었다. 이러한 풍수테러범들은 <천벌(天罰)은 늦으나
반드시 온다(Heaven's vengeance is slow but sure.).>는 말을 기억해야 할 것이다.

20. 법무부장관 및 서울중앙지검장은 피고인, 법무부차관 및 검찰총장은 피의자인 부끄러운 나라

문재인 대통령이 2021년 5월 31일 김오수 검찰총장 임명안을 재가(裁可)
했다. 여당이 인사청문경과보고서를 단독 채택해 청와대로 송부하자 임명
을 강행해 야당동의 없이 임명된 문재인 정부의 33번째 장관급인사가 됐
다. 검찰, 행형, 인권옹호, 출입국관리 그 밖에 법무에 관한 사무를 관장하며
검찰사무의 최고 감독자로서 검사를 지휘, 감독하는 '박범계 법무부 장관'
은 국회 패스트트랙 관련 폭행혐의로 기소된 '피고인'이다. 국가공무원법
제73조의3은 "임용권자는 '형사사건으로 기소된 자'에게는 직위를 부여하
지 아니할 수 있다."고 직위해제사유를 명시하고 있다.

이용구 전 법무부 차관이 취임 직전 술에 취해 운행 중인 택시기사를 폭
행하는 장면이 담긴 블랙박스 영상이 사건 발생 6개월여 만에 공개됐다. 만

취 상태에서 폭력을 자행하는 사람을 주폭(酒暴)이라고 한다. 운행 중인 자동차의 운전자를 폭행한 사람은 5년 이하의 징역 또는 2천만 원 이하의 벌금에 처한다(특정범죄가중처벌 등에 관한 법률 제5조의10 제1항).

이 차관이 사건 발생 이틀 후인 2020년 11월 8일 택시기사에게 합의금조로 1천만 원을 주면서 블랙박스영상 삭제를 요구했다는 택시기사의 진술은 증거인멸교사에 해당하는 범죄다. 경찰은 처음부터 이 씨가 정권유력인사라는 사실을 알고 있었고, 폭행영상을 보고서도 "못 본 거로 하겠다"며 사건을 은폐했고, 이 씨는 파출소 동행을 거부하며 경찰의 출석요구에도 응하지 않았다. 피해자와 합의했다는 이유로 입건조차 되지 않고 법망을 빠져나갔다.

이런 피의자에 대해 경찰은 '단순폭행'으로 내사종결하고 청와대는 차관임명을 강행했으나 차관취임 후 사건이 쟁점화되어 '피의자'로 전환됐으나 5개월이 넘도록 법무부 차관직에 앉아 있다가 지난 6월 3일 그의 사표가 수리됐다. 이 씨는 문재인 대통령이 윤석열 전 검찰총장을 몰아내려고 직접 차관으로 임명한 사람이라고 한다. 주폭 같은 인물이 법무부 차관이 되어 윤석열 검찰총장 몰아내기에 나선 것이다.

서울중앙지검 형사5부(부장 박규형)는 2021년 9월 16일 이 전 차관을 특정범죄가중처벌법상 '운행 중인 자동차운전자에 대한 폭행(동법 제5조의10)' 및 '증거인멸교사혐의'로 사건 발생 10개월 만에 불구속기소했다. 이와 함께 검찰은 이 전 차관 사건을 조사했던 서초경찰서 J 경사도 특수직무유기와 허위공문서작성 및 행사혐의로 불구속기소했다. J 경사는 조사 당시 택시

블랙박스영상을 확인하고도 "못 본 걸로 하겠다"며 영상을 확보하거나 분석하지 않은 혐의다.

검찰사무를 총괄하며 검찰청의 공무원을 지휘, 감독하는 '김오수 검찰총장'은 김학의 전 차관 불법출국금지사건의 '피의자'이며, 법무차관 당시 정치적 중립위반, 변호사 땐 전관예우와 이해충돌 의혹도 받고 있다. '이성윤 서울중앙지검장'은 김학의 전 법무부차관 불법출금수사에 압력을 행사한 혐의로 기소된 '피고인'이나 검찰고위간부 인사에서 서울고검장으로 승진했다.

대한민국 정부의 법무부 장관·법무부 차관·검찰총장·서울중앙지검 검사장이 줄줄이 피의자 또는 피고인이 된 이 지구상에서 가장 부끄러운 나라로 건국 이래 "한 번도 경험해 보지 못한 법치파괴세상"이 되었다. 이를 보고 '법무부'를 '法無部' 또는 '犯務部'라고 조롱한다. 그 모든 책임은 이러한 인물을 고위공직자에 임명한 문재인 정부에 있다.

헌법 제78조는 대통령의 공무원임면권의 적정(適正)을 보장하기 위하여 <대통령은 '**헌법과 법률이 정하는 바**'에 의하여 공무원을 임면(任免)한다.>라고 규정하고 있다. 이번의 검찰인사는 적재적소(適材適所)가 인사의 요체(要諦)임을 천명(闡明)한 헌법 제78조의 명백한 위반으로 국회의 탄핵소추사유라고 본다.

21. 정권방탄 검찰인사의 완결판

2021년 6월 11일자로 단행되는 검찰고위직인사에서 박범계 법무부 장관은 친정부 검사장급 인사들을 요직에 대거 발탁하고 윤석열사단 인사들은 대부분 한직으로 좌천시켰다. 검찰고위간부인사 주요내용으로, 형사 피고인인 이성윤 서울중앙지검장을 서울고검장으로 승진시켰고, 서울중앙지검장에 임명된 이정수 법무부 검찰국장은 추 전 장관시절 윤석열 전 총장징계에 관여했던 인물이다. 김 전차관 불법출금사건을 수사·지휘·관할하는 수원지검장과 수원고검장에 친정부인사인 신성식 대검 반부패·강력부장, 김관정 서울동부지검장이 나란히 배치됐다.

반면 조남관 대검차장검사는 법무연수원장, 법무연수원 연구위원인 한동훈은 사법연수원 부원장으로 이동되는 등 윤석열 라인은 검사장 승진이 한 명도 없다고 한다. 문재인 정부 청와대의 '왕비서관'으로 평가받는 이광철 청와대 민정비서관이 자신을 위한 '방탄인사'를 했다는 것으로 현 정부의 사실상 마지막 검사장급인사로 정권방탄과 학살인사의 완결판으로 두고두고 우환(憂患)이 될 것이라고 했다. 적재적소(適材適所)라는 인사원칙을 몰각(沒却)한 이러한 검찰인사를 향해 '조폭집단(組暴集團)의 논공행상(論功行賞)'이라고 한다.

법무부가 2021년 6월 25일 차장·부장급 검사 등 662명에 대한 인사를 단행하면서 문재인 정권의 주요 불법혐의(김학의 전 법무차관 불법출국금지의혹, 김학의 전 차관 등에 대한 청와대의 기획 사정의혹, 월성원전 조기폐쇄의혹 등)를 수사하는 부장검사 전원을 교체했다. 반면 윤석열 전 검찰총장 징계실무를 주도한 박은정 법무부 감찰담당관이 성남지청장으로, 임은정 대검 감찰연구관은 법무부 감찰담당관으로 영전하는 등 친정부성향 검사들을 요직에 대거 발탁되거나 승진시킨 인사로 임기 말 "방탄검찰"을 완성시켰다. 검찰일선까지 친정권 검사로 채워 놓고도 불안해 총장을 통해 검찰수사 전체를 막으려는 "방탄인사"를 단행했다.

22. 실수(失手) 너무 잦으면 실력(實力)

2021년 6월 18일자 조선일보 사설은 문재인 정권 4년간 셀 수도 없이 반복된 실수에 대해 모자라는 사람들이 엄청난 권력을 쥐고 있다고 하며, 전시(戰時)와 같은 유사시(有事時)에 이들에게 5100만 국민의 안전이 달려있다는 것은 상상만으로도 두려운 일이라고 하면서 아래와 같은 실수 사례를 소개하고 있다.

청와대가 소셜미디어에 문재인 대통령의 오스트리아 방문소식을 전하며 독일 국기를 올린 것으로 드러났으나 네티즌 지적을 받고서야 바로잡았고, 청와대는 '실무자 실수'라고 했다. 2018년 대통령의 체코 방문 때 외교부는 트위터 계정에 '체코'를 26년 전 국가명인 '체코슬로바키아'로 잘못 표기했고, 북유럽 "발트" 국가를 유럽 동남쪽 "발칸" 국가로 적기도 했다. 대통령 전용기는 태극기를 거꾸로 꽂았다가 출발 직전에 바로 달았다.

문 대통령은 말레이시아에서 인도네시아 인사말을 했다. 금주(禁酒) 국가인 브루나이 국왕만찬에선 물·주스가 담겨 있는 잔으로 건배 제의를 하기도 했고, 청와대는 브루나이 왕궁정보 공개가 결례(缺禮)라는 걸 모르고 왕비와 김정숙 여사의 환담장소 등을 공개했다가 수정하기도 했다. 대통령의 캄보디아 방문 때는 페이스북에 대만 건물을 올리고 홍보까지 했다. 지난달 문 대통령이 주재한 'P4G 서울정상회의' 개막식 영상에 서울 아닌 평양 모습이 들어가는 일이 벌어졌다. 평양을 개최지로 둔갑시킨 사고를 치고도 청와대는 '단순 실수'라고 했다.

최근 정부는 문 대통령의 G7 정상회의참석을 홍보하는 포스터를 만들면서 맨 왼쪽에 있던 남아공 대통령을 삭제한 사진을 썼다. 문 대통령이 사진 가운데 오도록 조작(操作)한 것인데 이것도 '실수'라고 했다. 문 대통령은 6월 15일 독일의 코로나 백신 제약사인 큐어백 최고경영자와 화상면담을 하며 "백신 생산 거점으로 한국을 우선 고려해 달라."고 했다. 이 회사에 대한 지원도 약속했다. 정부는 '백신외교 성과'라고 선전했으나 다음날 큐어백은 홈페이지에서 '백신 예방효과가 47%'라고 밝혔다. 백신 정보에 얼마나 어두웠으면 대통령이 곧 실패로 발표가 날 백신의 한국 생산을 부탁하고 정부는 그걸 홍보하나. 이것도 '실수'라고 할 건가.

23. 물러나야 할 사람은 버티고 있고, 있어야 할 사람(윤희숙)은 물러나는 세상

국민권익위원회(위원장은 민주당의원 출신) 조사에서 부친의 농지법 위반 문제가 제기된 국민의힘 윤희숙 의원이 의원직 사퇴와 대선후보경선 사퇴 의사를 밝혔다. 윤 의원은 권익위의 조사결과에 대해 "야당의원 흠집 내기"

라고 비판하면서도 "문재인 정부, 민주당과 최전선에서 치열하게 싸웠던 제가 국민 앞에 책임을 다하는 모습"을 보여주기 위해 이런 결정을 내렸다고 말하며 "아버지가 위법한 일을 하지 않았을 것이라 믿지만 염치와 상식의 정치를 주장해온 제가 신의를 지키고 자식 된 도리를 다하는 길"이라고 했다.

윤 의원은 "우스꽝스러운 조사", "평판흠집내기의도"라고 하면서도 의원직을 내려놓겠다며 스스로 책임을 지는 정치인의 참모습을 보였다. 윤 의원은 임기 초에 국회에서 "국회의원의 직무를 양심에 따라 성실히 수행할 것"을 선서한 취지를 행동으로 보여주었다. 국민의 힘 지도부는 "본인(윤 의원)이 개입한 바가 없다."며 징계를 하지 않기로 했으나 윤 의원은 "정권교체 명분을 희화화(戱畫化)시킬 빌미를 제공할 수는 없다."며 "의원직을 그만 두겠다."는 뜻을 굽히지 않았다. 초선 의원의 양심에 따른 이와 같은 참신(斬新)한 행위가 피의자나 피고인 신분으로 온갖 갑질행위를 일삼아 내로남불의 대명사가 된 정상배들에게 일침(一針)을 놓았다.

윤희숙 의원과 달리 본인의 농지법위반 의혹이 제기된 의원이 3명이었으나 이들은 탈당계도 제출하지 않고 반발하고 있다. 문재인 대통령도 자신이 거주할 목적으로 지난해 4월 농지를 매입했기 때문에 농지법위반으로부터 자유로울 수 없다고 한다. 책임을 지고 그 자리(직위)에서 '물러나야 할 사람'은 그대로 있고, 그 '자리(의원직)를 빛낼 사람'은 스스로 물러나는 세상이다.

윤 의원은 27일 부친의 농지법위반의혹에 대해 "저 자신을 공수처에 수사의뢰 하겠다."며 "철저한 조사 끝에 무혐의가 밝혀지면 거짓음해를 작당한 더불어민주당 정치인들과 이재명 경기지사 모두 사퇴하라."고 했다. 이에 대해 민주당에서는 "정치적 쇼에 불과하다", "합리적 의혹에 대한 답변은 없었다", "결국은 부친이 투기를 위해 땅을 샀다고 인정한 것"이라고 공격했다. 후안무치도 유분수다.

여권에서는 윤 의원 부친이 '농지를 임대'한 것은 농지법위반이라고 주장하나, 농지법 제9조 및 동법시행령 제8조는 일정한 경우에 농지의 '위탁경영'을 인정하고 있으며, 농지법 제23조 및 동법시행령 제24조는 질병, 징집, 취학, 공직취임 그 밖에 부득이한 사유로 일시적으로 농업경영에 종사하지 아니하게 된 자가 소유하고 있는 농지는 '임대'할 수 있다고 각 규정하고 있다. 위와 같은 여권의 주장을 향해 "똥 묻은 개가 겨 묻은 개 나무란다.", "선무당이 사람 죽인다."고 비난한다.

윤 의원의 의원직 사직안이 13일 국회 본회의에서 여야 의원들의 표결을 거쳐 통과됐다. 윤 의원은 표결 전 동료의원들에게 사퇴를 요청하면서 "정치인은 공인으로서 세상에 내보낸 말에 대한 책임을 져야 한다고 생각한다."고 말했다. 국민의힘 의석수는 104석으로 줄었다. 정치적 쇼와 투기를 일삼으며 혈세도둑질이나 하며 온갖 갑질행위를 자행하는 정상배들은 윤 의원의 사퇴를 반면교사(半面敎師)로 삼아야 할 것이다. 윤 의원의 사퇴가 부메랑이 되어 돌아올까 두려움에 떨고 있는 그 정상배들이 '똥 묻은 개', '선무당'이 아닌가?

24. 아스팔트 위에서 비를 맞으며 무릎 꿇고 우산 받쳐주며 "황제의전(皇帝儀典)" 하는 나라

비가 내린 27일 오후 충북 진천 국가공무원인재개발원 정문 앞에서 강성국(姜聲國) 법무부 차관이 아프가니스탄 특별입국자 390명에 대한 국내정착지원 방안을 브리핑하는 동안 비가 시간당 10mm 안팎 내리는 상황에서 법무부 직원이 아스팔트 바닥에 무릎을 꿇은 채 강 차관을 위해 두 손으로 우산을 받쳐 들고 있는 모습이 만천하에 공개됐다. 이 장면이 알려지자 "조선시대도 아니고 뭐 하는 짓이냐!", "차관이 상전이냐!", "옆에 서서 우산을 들어주면 권위가 떨어지냐!", "저래놓고 무슨 인권타령이냐!" 등의 맹비판이 쏟아지고 있다.

인권변호사를 자처(自處)하며 "사람이 먼저"라는 문재인 정부의 위선(僞善)이 "황제의전(皇帝儀典)"으로 인해 공무원의 '인간으로서의 존엄과 가치'를 몰각(沒却)시켰다. 법무부는 "방송 카메라에 안 보이게 우산을 든 것"이라며 "지시나 지침에 따른 게 전혀 아니다."라고 했다. 과연 조국, 추미애, 박범계의 법무부다운 후안무치들의 궤변이다. 권세(權勢)의 성(盛)함을 좇아 붙어사는 재앙(災殃)은 아주 참담(慘憺)하고 빠르지만, 고요한 데 살아 편함을 지키는 맛은 가장 담백(淡白)하고 가장 장구(長久)하다. 황제도 이런 식의 우산의전을 받는 사례는 없었다.

인권옹호에 관한 사무를 관장하는 법무부 차관이 법무부 직원의 '인간으로서의 존엄과 가치' 및 '행복추구권'을 몰각(沒却)시키는 "한 번도 경험해 보지 못한 세상"이 도래(到來)했다. 행복추구권(幸福追求權)이란 국민이 인간으로서의 행복을 추구할 수 있는 권리로서, 행동자유권과 인격의 자유 발현권(發現權) 및 생존권을 뜻한다.

우리 현행 헌법은 <모든 국민은 인간으로서의 존엄과 가치를 가지며, 행복을 추구할 권리를 가진다. 국가는 개인이 가지는 불가침의 기본적 인권을 확인하고 이를 보장할 의무를 진다(제10조).>고 하여, 개인의 가치를 무시하고 국가의 도구로 취급하는 전체주의를 배격하였다. 1776년의 미국독립선언도 타인에게 양도할 수 없는 인간의 권리의 하나로 <행복의 추구권>을 들고 있다.

헌법 제10조의 행복추구권은 국민이 행복을 추구하기 위하여 필요한 급부를 국가에게 적극적으로 요구할 수 있는 것을 내용으로 하는 것이 아니라, 국민이 행복을 추구하기 위한 활동을 국가권력의 간섭 없이 자유롭게 할 수 있다는 포괄적인 의미의 자유권으로서의 성격을 가진다. 행복추구권은 넓은 의미로는 기본적 인권을 포괄하는 포괄적 기본권을 말하며, 좁은 의미로는 인격적 생존에 불가피한 인격권을 말한다.

헌법 제10의 규정은 <인간의 존엄과 가치 · 행복추구권>을 천부인권(天賦人權), 즉 전(前) 국가적 자연권을 선언한 국가의 기본질서이며, 법해석의 최고기준인 근본규범(根本規範)이다. 따라서 이 규정은 헌법 개정으로 개폐할 수 없으며, 단순한 프로그램적 규정이 아니라 국가가 이를 보장할 의무를 지고 있다. 따라서 모든 국가기관은 물론, 어떠한 개인도 타인의 행복추구권을 침해하지 못한다.

산중에 있는 중이 고기 맛을 보면 미치듯 하찮은 인간이 권세(權勢)를 잡으면 미친 듯 권리를 남용하기 쉬운 것이다. 이러한 만행(蠻行)을 범할 가능성은 부패한 집권자 자신들의 집단 속에 묻혀 있다. 떨어져야 더 떨어질 수 없는 곳이 이들에겐 '가장 알맞은 자리'이다. 그대는 자기에게 알맞은 자리보다 조금쯤 낮은 곳을 택하라. 남에게서 <내려가시오>라는 말을 듣느니보다는 <올라오시오>라는 말을 듣는 편이 훨씬 나은 것이다. 낮은 곳에 살아야 높은 곳 오르기가 위태한 줄 알 것이요, 어두운 데 있은 후에야 밝은 곳 향함이 눈부심을 알 것이다.

부귀공명(富貴功名)의 마음을 다 놓아버리면 하루아침에 범속(凡俗)을 벗어나리라. 욕심이 없는 마음은 고요한 못물과 같다. 물욕(物慾)과 사념(邪念)이 없는 것을 공허(空虛)라 하고, 정의(正義)와 진리(眞理)가 가득 찬 것을 충실(充實)이라 하였다. 마음을 공허하게 해야 한다는 것은 물욕과 사념을 털어버리란 말이며, 마음은 가득 차야 한다는 것은 정의와 진리로서 채우란 말이다. 공직자는 수신제가치국평천하(修身齊家治國平天下 : 心身을 닦고 집안을 다스린 후 나라를 잘 다스리고 온 세상을 편안하게 함)를 인생의 좌우명(座右銘)으로 삼고 살아야 한다.

목자(牧者)란 수기치인(修己治人)의 전인적(全人的) 인격(人格)을 갖춘 이를 가리킨다. 공직자의 청렴과 탐욕은 한 인간의 양면상이요, 갈림길이다. 그가 청렴의 길을 택하면 청백리(淸白吏)가 되나 탐욕의 길을 택하면 탐관오리(貪官汚吏)가 될 것이다. 그 어느 길을 택하느냐는 한 목자 스스로의 처신과 책임에 달린 것이다.

25. 세상이 미쳐 돌아가고 있다.

2021년 9월 3일자 조선일보 논설실장 박정훈 님의 <세상이 미쳐 돌아가고 있다>라는 '명(名) 칼럼'을 아래에 소개한다.

<언론징벌법 파동은 권력의 광란극(狂亂劇)에 다름 아니지만, 그 중에서도 가장 기괴한 장면은 기자 출신 정치인들이 총대 메고 앞장선 대목일 것이다. 동아일보 출신 이낙연 전 총리는 "현직 기자라면 이 법을 환영하고 자청했을 것"이라 했고, 한겨레신문 출신 김의겸 의원은 징벌법이 통과해야 "기자의 언론자유가 보장되기 시작할 것"이라고 했다. 그들도 일선기자 시절에는 언론자유를 애타게 갈구했을 것이다. 거악(巨惡)을 파헤치고 양심껏 쓸 자유에 목말라 했을 이들이 이젠 권력 앞잡이가 되어 기자들 족쇄 채우는 데 앞장서고 있다.

아무리 권력 맛이 달콤해도 제정신이라면 이럴 수 없다. '징벌이 곧 언론자유'라는 무지막지한 궤변 앞에 기자로서의 신념체계가 무너지는 느낌을 받는다. 민주주의는 신종독재에 밀려나 민주화의 후예를 자처하는 운동권과 정권이 '문(文)주주의'로 불리는 변형된 독재체제를 탄생시켰다. 진영 가르기와 권력독점, 다수의석에 의한 입법독주, 홍위병을 동원한 여론횡포로 민주적 가치를 허물고 있다. 대통령은 법 위에 군림한다.

대통령과 참모들이 울산시장 선거, 원전 경제성조작에 불법개입한 의혹이 들어났다. 하나하나가 탄핵사유지만 이 정권은 도리어 불법을 파헤친 검찰총장·감사원장을 '배신자'로 찍어 몰아냈다. 우리가 알던 세상이 아니다. 대통령은 신성불가침의 숭배대상이 되어 '세종대왕'에 견주고 '문재인 보유국' 운운하는 낯 뜨거운 아부가 쏟아진다. '문비어천가'가 일상적으로 울려 퍼지는 나라가 됐다.

우리는 모두가 평등한 나라에 살고 있는 줄 알았으나 법 앞에 열외인 새로운 특권신분층이 존재하고 있었다. 정권 편에선 검찰간부와 공무원은 범죄를 저질러도 승진가도를 질주하고, 여당의원과 도지사는 기소돼도 재판을 질질 끌어 임기를 다 채우고 있다. 반칙과 특혜의 상징인 조국 전 장관은 급기야 '예수' 반열(班列)에 올랐다. 입시서류조작 등이 유죄로 판명 났는데도 여권은 그를 '십자가 지고 골고다 언덕을 오르는 예수'로 미화(美化)하고 있다. 지켜보는 국민이 실신(失神)할 지경이다.

이 정권은 세금을 아끼는 게 나쁜 것이란 새로운 규칙을 만들었다. 거꾸로 펑펑 쓰는 게 미덕(美德)이라 한다. 선거만 다가오면 온갖 명분을 붙여 현금을 뿌리고, 경제성 없는 지역민원을 대거 허가해주었다. 나랏빚을 5년 새 400조 원을 늘리고 건강보험·고용보험 적립금을 바닥냈다. 재정건전성을 걱정하면 "곳간에 쌓아두면 썩는다."는 희한한 논리를 대며 더 펑펑 써야 한다고 한다. 나랏돈을 아껴 후대에 물려줘야 한다는 오래된 상식이 무너졌다.

이 정권은 '공적(公的) 거짓말'을 뉴 노멀(new normal)로 만들었다. 집값이 급등해도 "부동산은 안정"이라 하고 서민경제가 무너져도 "정책성과가 나타났다."고 대놓고 공개적으로 가짜뉴스를 퍼뜨리고 있다. 지금 우리는 옳고 그름이 뒤집힌 가치 전복(顚覆)의 현실을 맞고 있다. 어떤 언론법 기사에 **"세상이 미쳐 돌아가고 있다."**는 댓글이 달렸다. 하도 희한하게 돌아가니 어느 쪽이 실성(失性)했는지조차 헷갈릴 지경이다. 이 광기(狂氣) 가득 찬 시대를 살아가는 많은 국민의 심정이 이럴 것이다.>라고, 삼복(三伏)더위를 쫓는 시원하고도 통쾌한 논평이다.

부패한 권력과 그에 추종하는 여권의 정상배와 탐관오리들이 권력의 앞잡이가 되어 '문비어천가(文飛御天歌)'가 울려 퍼지는 광기 가득 찬 이 세상이야말로 **"세상이 미쳐 돌아가고 있는 한 번도 경험해 보지 못한 세상"**이다.

26. 고발사주의혹의 실체를 밝혀 정치공작(政治工作)을 발본색원(拔本塞源)해야 한다

국민의힘 대선예비후보 윤석열 전 검찰총장이 2021년 9월 8일 서울 여의도 국회 소통관에서 이른바 '고발사주의혹(告發使嗾疑惑)'에 관해 해명하는 기자회견에서 등장하는 문건을 "출처와 작성자가 없는 소위 괴문서(怪文書)"라고 일축(一蹴)하면서 '김대업 병풍공작사건', '기양건설사건'을 언급하면서 "국민이 허무맹랑한 일에 허물어져 판단을 잘못하실 분들이 아니다."며 "제가 그렇게 무섭나. 저 하나 공작으로 제거하면 정권창출(政權創出)이 그냥 됩니까?"라며 "나를 국회로 불러 달라. 당당하게 제 입장을 이야기하겠다."며 "의혹을 제기하는 사람은 사실이 아니면 책임질 각오를 하고 해 달라."고 경고했다.

'고발사주의혹'은 윤석열 전 총장이 재임 중이던 2020년 4월 총선 당시 본인과 처의 명예를 훼손한 혐의로 여권인사들을 고발해달라고 야당에 요청했다는 내용이다. 고발요청은 윤 전 총장의 부하인 손준성 검사를 통해 야당 소속 김웅 의원에게 전달됐다는 것이다. 손 검사는 자료를 작성하거나 전달한 사실이 없다고 강력 부인하고 있으며, 김 의원도 "현재 문제되고 있는 문건을 제가 받았는지, 누구로부터 받았는지는 확인되지 않는다."고만 밝혀왔다. 의혹의 중심에선 김웅 의원이 8일 기자회견을 했으나 '기억에 없다'며 혼란만 키웠다.

'김대업 병풍사건'과 '기양건설사건'은 2002년 대선을 앞두고 여당인 민주당이 이회창 후보의 아내에 대해 병역비리의혹을 제기하면서 김대업이 이 후보의 아내와 통화한 녹음이 있다느니 아내로부터 돈을 받았다 또는 기양건설 비리의혹을 제기하면서 아내에게 10억 원을 제공했다는 허위사실을 날조(捏造)해 퍼뜨리는 등 모략을 했으나 이러한 공작은 대선 후 대법원 확정판결로 모두 조작된 것으로 밝혀졌다.

윤석열 후보는 기자회견을 자청한 이유에 대해 "선거 때마다 이런 식의 공작(工作)과 선동(煽動)으로 선거를 치르려고 해서 되겠느냐는 한심스러운 생각이 들어 여러분 앞에 섰다."며 "앞으로 정치공작(政治工作)을 하려면 잘 준비해서 제대로 좀 하라."고 했다. 손 검사가 김 의원에게 보냈다는 고발장과 관련해 윤 전 총장은 "제 처(김건희 씨)와 한동훈 검사장 사안 두 건을 묶어서 고발장을 쓴다는 것은 상식에 맞지 않는다. 검사가 작성했다는 것이 상식적으로 납득이 가질 않는다."고 말했다.

대검찰청은 8일 오전 윤석열 전 검찰총장 측의 '고발사주의혹'을 언론에 제보한 인사에 대해 "공익신고자 요건을 충족했다."고 밝혔으나 이날 오후 국민권익위원회는 "공익신고자 해당 여부와 보호조치 여부에 대한 최종결정권한은 (대검 등 수사기관에) 없다."며 "권익위는 제보자의 공익신고자 해당 여부에 대해 판단한 바 없고, 제보자로부터 공익신고자 보호조치신청을 접수한 바 없다."고 반박함으로써 대검이 월권(越權)을 했다는 입장을 밝혔다.

공익신고자보호법 제10조 제2항 제5호는 "공익신고의 내용이 언론매체 등을 통하여 공개된 내용에 해당하고 공개된 내용 외에 새로운 증거가 없는 경우"에는 '조사기관은 조사를 하지 아니하거나 중단하고 끝낼 수 있다.'고 규정하고 있다. 윤 전 총장은 이날 회견에서 관련문건을 언론에 제보한 이를 대검 감찰부가 '공익신고자'로 인정한 데 대해서도 "그의 신상(身上)과 과거 여의도판에서 어떤 일을 벌였는지 다 들었다."며 "요건도 맞지 않는 사람을, 언론에 제보하고 다 공개한 사람을 느닷없이 공익제보자로 만들어 주느냐."고 비판했다.

이미 윤 전 총장을 터무니없는 이유로 24차례나 고발한 친여 성향 시민단체가 이번에도 고발장을 내자마자 공수처는 10일 불과 사흘 만에 '고발사주의혹'과 관련해 윤 전 총장을 공직선거법위반, 직권남용, 공무상비밀누설, 권리행사방해 등 혐의로 전격 입건하고 본격 수사에 착수했다. 공수처는 "국민적 관심, 사건의 중요성 때문에 신속한 수사가 필요하다."고 했다. 야당의 유력 대선주자에 대해 공수처가 시민단체가 고발한 지 사흘 만에 전격 입건하고 본격 수사에 착수한 것은 유례를 찾기 힘든 것으로 대선이 임박한 시점에서 후보에 대한 수사는 최대한 신중을 기하는 것이 상식이며, 역대 정권에서도 그렇게 해온 불문율(不問律)이다. 고발사주의혹에 대해 윤 전 총장은 "공작(工作)"이라고 맞서고 있다.

감사원이 조희연 서울시교육감의 특혜채용혐의를 감사해 검찰에 넘겼으나 기소 여부를 자문한다고 4개월을 보낸 공수처가 야당 대선주자에 대한 공작수사에는 전광석화(電光石火)하고 있다. 현 정권은 2018년 울산시장 선거 당시 야당 소속 현직시장이 공천 확정된 시점에 맞춰 압수수색을 했고, 그것이 대통령의 30년 친구였던 여당 후보를 당선시키는 원인으로 작용했으나 청와대 참모들이 가담한 울산시장 선거공작사건에 대한 수사와 재판은 부지하세월(不知何歲月)이나 야당의 유력대선주자에 대한 공작혐의에 대해선 전 수사기관이 총동원되어 속도전을 펼치는 **"한 번도 경험해 보지 못한 추악한 공작정치"**가 자행(态行)되고 있다.

'고발사주'의혹을 언론을 통해 제기한 조성은 씨가 해당 보도 3주 전 박지원 국정원장을 만난 것으로 확인되자 야당은 즉각 '박지원 게이트'라고 명명하고, '국정원의 대선개입이 의심된다.'며 공세에 나서 박 원장을 국정원법과 공직선거법위반혐의로 고발한다고 했다. 국정원장이 대선정국에서 야권 유력대선주자에게 불리한 의혹을 제기하려던 제보자를 호텔식당에서 단둘이 만난 것만으로도 처신에 논란의 소지가 있다. 국정원장이 대선을 6개월 앞둔 시점에서 고발사주 제보자를 비공개로 만난 것은 '3류 막장드라마'를 연상시키는 상황이라고 한다.

특히 공수처가 손준성 전 대검수사정보정책관 외에 뚜렷한 증거도 없이 야당의 유력대선주자인 윤석열 전 검찰총장을 피의자로 입건한 후 수사에 착수한 공수처가 이 사건을 여당의원 보좌관출신의 수사3부 김숙정 검사에게 배당한 것에 대해 "공수처와 대검 두 개의 수사기관이 '맞춤형 배당'까지 하면서 야당 유력대선주자를 겨냥한 수사와 조사를 동시에 진행하는 것은 유례가 없다."는 비판이 있다. 김 검사는 변호사 시절 조국 전 장관 딸을 의학논문 제1저자로 등재한 혐의로 기소된 장영표 단국대 교수 변호를 맡았으며, 지난 4월 공수처 검사로 임용될 때도 '정치편향 우려'가 제기된 바 있다.

박지원 국가정보원장이 '고발사주' 의혹 논란의 중심에 섰다. 의혹 제보자인 조성은 씨가 방송에 출연해 의혹보도가 나간 시점에 대해 "(고발사주의혹이 최초 보도된) 9월 2일이라는 날짜는 우리 (박지원) 원장님이나 제가 원했거나, 제가 배려받아서 상의했던 날짜가 아니다."고 말했다. 의혹은 9월 2일 처음 보도됐는데, 조 씨는 그로부터 3주 전인 8월 11일 한 호텔 식당에서 박지원 국정원장과 단둘이 만난 것으로 확인됐다. 조 씨가 박 원장을 '우리 원장님'이라고 지칭하며 자신과 박 원장이 원하던 시점은 따로 있었는데, 보도가 이보다 앞서 나갔다고 말한 것이다.

조 씨는 자신의 발언이 논란을 일으키자 "얼떨결에 나온 말", "말꼬리 잡지 말라"고 하고 있으나 "우리 원장님과 제가 (보도되기를) 원했던 날짜"라는 말이 실수로 나올 수 있는 표현이라고 생각할 사람은 없을 것이다. 고발사주의혹에 대해 법무부와 공수처는 초고속으로 수사에 착수하며 윤 전 총장을 4개 혐의로 피의자로 입건하고 야당 의원실을 압수수색했으나 박지원 국정원장 의혹에 대해서는 수사에 착수하지 않고 있다.

'국가정보원'은 정치적 중립을 유지하며, 국민의 자유와 권리를 보호하여야 한다. '국가정보원장'은 정보의 수집목적에 적합하게 정보를 수집하여야 하며, 수집된 정보를 직무 외의 용도로 사용하여서는 아니 된다(국가정보원법 제3조). 국가정보원장은 '국외 및 북한에 관한 정보' 등에 관련된 직무 수행의 원칙·범위·절차 등이 규정된 정보활동기본지침을 정하여 국회 정보위원회에 보고하여야 한다(제4조 제2항).

"원장은 정치활동에 관여하는 행위를 하여서는 아니 되며(제11조 제1항)", "제11조를 위반하여 정치활동에 관여하는 행위를 한 경우 7년 이하의 징역과 7년 이하의 자격정지에 처한다(제21조).", "제21조에 대한 공소시효의 기간은 형사소송법 제249조 제1항에도 불구하고 10년으로 한다(제24조)."

'국외 및 북한에 관한 정보의 수집·작성·배표' 등의 직무를 수행하는 국정원은 북한의 순항미사일발사를 탐지하기는커녕 발사 징후조차 포착하지도 못했다. 국정원이 국가정보기관으로서 존재 이유를 이미 상실한 것이다. 이와 같이 국정원이 본연의 임무에 실패한 와중에 국정원장은 이른바 '고발사주의혹'의 제보자인 조성은 씨와의 만남으로 정쟁(政爭)의 중심에 서 있다. 이미 시중에선 조성은 씨와 김대업을 합친 "조대업"이란 말이 회자(膾炙)하고 있다.

국정원장은 기자와의 통화에서 야권대선주자를 향해 <잠자는 호랑이의 꼬리를 밟지 말라>고 경고했으나 북한의 순항미사일발사 징후조차 포착하지 못하는 국정원장이 '호랑이'라고 큰소리치고 있다. 북한에 대한 관계에선 호랑이가 아니라 <고양이 앞의 쥐>가 된 국정원장이 제발 북한에게 "호랑이다운 모습"을 단 한 번이라도 보여주길 국민은 바랄 뿐이다. 국정원장이 과연 '호랑이꼬리'인지 '여우꼬리'인지 아니면 '쥐꼬리'인지 두고 볼 일이다.

아무리 은밀(隱密)한 계획이라 할지라도 '하늘이 알고 땅이 알고 내가 알고 상대방이 안다.'는 고사를 일컬어 "사지(四知)"라고 한다. 대선 때마다 등장하는 치졸(稚拙)한 정치공작을 일삼는 부패한 정권과 정상배(政商輩)들은 사지(四知)의 교훈을 타산지석(他山之石)으로 삼아야 할 것이다. 한국사회의 고질병인 치졸한 정치공작을 발본색원(拔本塞源)하기 위해 특검을 통한 중립적 수사로 고발사주의혹의 실체적 진실을 만천하에 밝히고, 관련자들을 의법처단(依法處斷)함으로서 <공정한 선거재도를 확립>해야만 한다.

27. 대장동 돈 벼락수사의 핵심

성남 대장동개발로 거액의 뇌물을 받거나 성과급을 챙기고 아파트를 분양받은 사람들 상당수가 이재명 지사 주변인물들이다. 유동규 전 성남도시개발공사 기획본부장은 시행사인 화천대유에 특혜를 주고 5억 원의 뇌물을 받은 혐의로 구속됐다. 이 지사의 최측근인 정진상 전 경기도 정책실장과 장성철 경기연구원 경영부원장은 화천대유가 시행한 대장동 아파트를 분양받았다. 이 지사가 성남시장이 될 때 선대위원장을 지낸 최윤길 전 성남시의회 의장도 대장동 아파트 보유자로 드러났고, 화천대유 부회장으로 연봉 1억 원에 수십억 원대 성과급을 받은 것으로 알려졌다(2021. 10. 15. 조선일보 사설). 이들이 받은 특혜들은 다 무엇인가?

대장동 비리의혹을 수사 중인 검찰이 뒤늦게 성남시청을 압수수색하면서 시장실과 비서실은 제외한 것을 두고 의혹의 '급소'를 일부러 피했다는 말이 나온다. 성남시장은 대장동개발인허가를 비롯해 사업전반을 총괄하는 최종결정권자다. 이 지사는 본인 입으로 "(대장동) 설계는 내가 한 것"이라고 했다. 대장동수사의 핵심은 왜 아무리 사업수익이 커져도 성남시는 1822억 원 이상 못 가져가도록 설계됐는지를 밝혀내는 것이다. 그러나 검찰은 마치 '실패한 수사'가 목적인 양 김만배 씨의 배임 · 뇌물혐의를 제대로 수사하지도 않고 부실영장을 청구해 기각 당했다. 검찰의 이러한 부실수사는 준엄한 단죄를 받게 될 것이다.

대장동개발사업과 비슷한 시기에 진행된 성남시 백현동 아파트 건립과정에 특혜의혹이 확산되고 있다. 부동산개발시행업체 A사가 아파트를 지을 수 없는 자연녹지를 매입하자마자 성남시가 부지용도를 '준주거지'로 4단계나 올려주는 조치를 취하면서 건설이 가능케 한 '개발로또'가 있었다. 백현동개발은 임야에 아파트를 건설하면서 최대 50m 높이의 옹벽이 단지를 감싸는 위험천만한 구조로서 산림청장이 국정감사에서 "이렇게 높은 옹벽은 처음 봤다."고 한 것으로 대장동의혹과 '판박이'라고 한다.

이재명 지사는 2021년 10월 18일 국회 국정감사에서 "내가 대장동 설계자이자 책임자지만 성남시 내부 이익환수방법과 절차, 보장책을 설계한 것이지 민간사업자 내부이익을 나누는 설계를 한 게 아니다."라고 했다. 이 지사는 한 달 전만 해도 "유동규 씨는 실무임원이었고 이 설계는 내가 했다. (유씨에게) 이렇게 하라고 시켰다."고 말했었다. 문제의 핵심은 민간의 추가이익을 환수하는 조항이 누구의 지시로 빠졌느냐는 것이다.

18일 국정감사에서 국민의힘 김용판 의원이 민주당 대선후보인 이재명 경기지사의 '조폭연루설'을 제기했다. 성남지역 폭력조직 '국제마피아파'

전 행동대원의 제보라며 이 지사가 "(변호사 시절이던) 2007년 이전부터 국제 마피아파 원로들과 유착관계가 있어 왔다."고 했다. "조폭에게 사건을 소개 받고 커미션을 주는 관계였다."는 것으로 이 지사가 조폭기업 등에 특혜를 주고 거액의 돈을 받았다는 주장까지 했다. 이 지사의 수행비서이던 사람이 조폭의 집단폭력사건에 관여해 유죄를 선고받은 사실도 드러났다. 이 지사는 이날 '조폭연루설'에 여러 차례 소리 내 웃었으나 허위인지 여부에 대해 논리적, 구체적인 설명을 하지 않았다.

천화동인 4호 소유주로 대장동개발에서 1천억 원대의 배당금을 챙긴 남욱 변호사가 18일 검찰에 체포됐다. 남 변호사는 유동규 전 성남도시개발공사 사장 직무대리, 화천대유 대주주 김만배 씨와 함께 '대장동 3인방'으로 꼽히는 인물로 대장동개발 초기부터 설계와 실행에 깊숙이 관여했다고 한다. 남 변호사가 당시 성남도개공 기획본부장 신분이던 유 씨만 믿고 대장동 <돈 벼락>의 각본을 짜고 실행하는 역할을 했다고 보기는 어렵다고 보도됐다. '위선'의 실체를 알았을 가능성을 배제할 수 없다.

검찰은 21일 유동규 전 성남도시개발공사 사장 직무대리를 기소했으나 구속영장을 청구할 때와 혐의가 크게 달라졌다. 공소장에는 배임혐의가 빠지고 김만배 화천대유 자산관리 대주주로부터 받았다는 뇌물 5억 원이 빠졌다고 한다. 검찰은 "보강수사 후 기소를 검토 하겠다."고 했으나 수사의지가 의문이다. 대장동게이트의 핵심은 천문학적 수익을 소수 투기세력에게 안겨 성남시와 성남시민에게 막대한 손해를 입힌 배임문제다. 검찰은 유씨의 배임행위를 비호한 '위선'을 수사해야 하며, 대장동개발사업의 설계자이자 책임자인 이재명 경기도지사도 당연히 수사해야 한다.

박영수 전 특검이 2013년 2월부터 2016년 12월까지 대표로 있던 A로펌 사무실에서 대장동핵심인물들이 만나 '설계'논의를 했다는 보도가 나왔다 (2021. 11. 12. 조선일보 사설). 검찰은 박영수 전 특검과 '재판거래'의혹을 받는 권순일 전 대법관을 당장 소환조사해야 한다. 검찰이 이들에 대한 수사를 뭉개려 한다면 '가재는 게 편'이라는 비판을 피할 수 없게 된다. 유동규 전 성남도시개발공사 사장 직무대리는 이미 뇌물수수 및 배임혐의로 구속 기소됐고, 대장동게이트의 핵심 피의자인 화천대유 대주주 김만배 씨와 천화동인4호 소유주인 남욱 변호사도 구속됐다.

검찰이 대장동게이트에 대한 실체적 진실을 엄정히 수사하지 않을 경우 <특별검사의 임명 등에 관한 법률>에 따라 임명된 특별검사의 수사로 대장동게이트의 실체를 만천하에 밝히는 것이 '법 앞의 평등'과 '법치주의'를 확립하는 정도(正道)다. 대장동 돈벼락의 로비와 특혜의 실체 및 '그분'과 '윗선'의 진위를 밝히기 위해 검찰이 스스로 수사를 중단하고 특검을 자청하는 것이 **"대장동 돈벼락 수사의 핵심"**이다.

대장동 게이트에 관련된 유한기 전 성남도시개발공사 본부장은 대장동 개발사업자 선정, 황무성 전 성남도시개발공사 사장 퇴임 압력 등 대장동 '윗선' 수사의 핵심 인물로 꼽혔는데 극단적 선택을 하자 국민들이 납득할 수 있는 실체적 진실규명을 위한 특검을 하지 않고는 대장동 윗선과 로비 관련 의혹을 해소할 수 없게 되었다. 여권은 지난 9월 대장동 사건 발생 초기에는 특검을 거부하다가 11월 들어서는 조건부 특검으로 말을 바꾸었고, 12월 정기 국회에선 법안 상정을 거부했다. 사람의 죽음 앞에서 상습적 거짓말과 정쟁으로 국민을 끝까지 속일 수는 없다.

문재인 정권 하에서 빈발(頻發)한 아랫선의 극단적 선택으로 인한 의문사들에 따른 억울한 죽음의 진상을 특검으로 규명해야 할 것이다. 문재인 정부 5년 동안 대형 사건에서 발생한 주요 의문사 사례로, 대장동 게이트 유한기 전 성남도시개발공사 본부장 자살 및 김문기 성남도시개발공사 개발 1처장의 극단적 선택, 부동산 투기 LH경기본부장 투신자살, 정의 기억 연대 위안부 쉼터 소장 자택서 숨진 사건, 조국 사모펀드 운용 가담 수사 참고인 모텔 자살, 옵티머스 펀드로 수사 받던 이낙연 당 대표실 부실장 자살, 울산시장 부정선거 관련 청와대 민정수석실 수사관 숨진 채 발견, 버닝썬 수사하던 이용준 형사 변사체로 낚시터에서 발견된 사건 등이 있다.

대장동 의혹의 수사가 '윗선' 근처도 못 가고 실무자의 죽음만 부르자 전직 대법관, 헌법재판관, 대한변협회장, 고검장, 법무차관 등 변호사 512명이 "하루빨리 특검을 실시해 이 정권에서 계속되고 있는 죽음의 행진을 끝내야 한다"라고 했다. 그러나 이재명 후보는 김문기 처장의 극단적 선택에 한 마디 말도 없이 "당에 특검법 발의를 이미 요청했다"라고 만 한다. 특검에 의한 대장동 의혹의 실체적 진실 발견이 두렵기 때문이 아닌가? 정권과 검찰이 대장동 의혹의 진실을 은폐하고 공공연히 법치를 파괴하는 한 번도 경험해 보지 못한 세상이다.

제3장
부모의 언행은 자식의 운명을 좌우하고,
공직자의 청렴도는 국가의 운명을 좌우한다.

부패한 정권의 적폐청산을 위한 국가개조가 성공하려면 모든 공직자와 국민이 참여하여 국민의 권리와 자유 및 이익을 침탈하는 '관(官)피아'를 척결함으로써 부정부패가 만연된 사회시스템을 혁파(革罷)해야 한다. 우리들의 자손의 안전과 자유와 행복을 영원히 확보하기 위하여 부정부패 없는 맑고 깨끗한 나라를 물려주는 것이 이 세대에 살고 있는 우리 모두의 사명이요, 책무다. "부모의 언행은 자식의 운명을 좌우하고, 공직자의 청렴도(淸廉度)는 국가의 운명을 좌우 한다"

제3장

부모의 언행은 자식의 운명을 좌우하고, 공직자의 청렴도는 국가의 운명을 좌우한다.

1. 가정에서 부모의 역할

가정은 부부와 어버이, 자식들이 공동생활을 하고 있는 집단으로 국가를 구성하는 기본단위인 가족의 공동생활체이다. 가정이라는 말과 집(house)이라는 말은, 전자가 인간이 만들어 낸 하나의 조직체 즉 인간관계를 가리키는 데 대해서, 후자는 구체적인 건조물을 가리키고 있어서 의미하는 바가 다르다. 가족은 구성원인 '사람'이 중심이 되는 반면, 가정은 구성원인 사람들이 만들어 내는 '시스템'을 의미한다.

남녀가 결혼하여 사랑의 보금자리를 마련하고 상부상조(相扶相助)하며 인간의 가능성(potentiality)을 최대로 발휘하는 조직체인 가정이라는 가장 작은 혈연집단(血緣集團)이 완성되는 것이다. 그렇게 됨으로써 비로소 사회를 구성하는 최소단위가 '개인'이 아니라 '가정'이라는 것이 확인될 것이다. 사회나 국가를 구성하는 기본단위가 개인이 아니라 가정이라고 할 만큼 <가정에서 부모의 역할>은 중대한 것이다. 가정생활을 가장 합리적으로 다스려 나가는 것을 가정경영(家庭經營)이라고 한다. 가정경영은 가정생활의 이념의 설정, 생활설계의 입안(立案), 생활의 반성, 개선 등에 대한 의사결정(意思決定) 등이 그 중심이 된다. 가정은 부부의 공동경영(共同經營)으로 영위되어 가는 것이다.

'행복한 가정의 건설'은 부모의 고귀한 의무요, 책임이요, 사명이며 가장 신선한 의무다. 기쁨과 사랑과 감사와 향기가 넘치는 행복한 가정을 건설하는 것처럼 이 세상에서 보람 있는 일은 없을 것이다. 행복한 가정을 건설하는 것은 우리가 일생 동안 힘써야 할 가장 중요한 대사업(大事業)이다. 부모는 저마다 행복한 가정을 만드는 주인이 되어야 하며, 한평생을 살아가며 행복한 가정을 가꾸는 정원사(庭園師)가 되어야 한다. **'문제아동이 있는 것이 아니라 문제가정이 있다.'**는 말과 같이 문제가정(問題家庭)이 '문제아(問題兒)'를 낳는다.

인간은 환경의 산물(産物)이다. 어린이 교육은 꾸중이나 회초리로 되는 것이 아니라 칭찬과 격려, 사랑으로 일관되어야 한다. 어린이는 부모의 언행(言行)을 보며 자란다. "자식은 부모를 비추는 거울"이라고 한다. 따라서 부모는 일상생활에서 행동의 모범을 보여 자녀를 바람직한 가치방향(價値方向)으로 이끌어 주어야 한다. 최선의 가정교육은 **'부모가 스스로 모범을 보이는 것'**이다. '모범은 인류의 학교(Example is the school of mankind. - Pestalozzi)'라고 했다.

어린이의 올바른 인성(人性)과 반듯한 삶의 자세는 부모의 언행을 통하여 배워간다. 어린이의 인격과 품성(品性)은 가정이라는 학교에서 형성된다. 치국(治國)의 근본은 제가(齊家)다. 건전한 나라를 만들려면, 사회의 기본단위인 가정을 먼저 건전하게 만들어야 한다. 병든 가정이 모여 병든 나라가 되고, 건실한 가정이 모여 건실한 나라가 된다. 이 세상에서 제가(齊家)처럼 중요한 것이 없다. **'행복한 가정의 건설은 인간의 고귀한 의무'**다.

스위스의 교육가 페스탈로치(Johann Heinrich Pestalozzi)는 '가정은 도덕의 학교다.'라고 말했다. 가정은 인간의 도덕을 가르치는 학교다. **'인간의 성격 형성의 바탕'**은 가정에서 형성되고 결정되며, 인간의 사회생활에 필요한 기본도덕은 가정이라는 학교에서 배운다. 학교교육이나 사회교육보다도 가정교육이 인간의 성격형성에 결정적 영향을 준다. 가정은 사회의 모델로서 가정에서 인생의 진리와 교훈을 배운다. 사회정화(社會淨化)는 가정정화(家庭淨化)에서 시작되며, 가정의 붕괴(崩壞)는 곧 사회의 붕괴를 초래한다.

어린이는 한 가정과 민족의 싹이요, 희망이다. '집안에 어린이가 없으면 지구에 태양이 없는 것과 같다(영국격언).'고 했다. 어린이의 성격의 바탕은 어린 시절에 형성되고 결정된다. 인간이 이 세상에서 '최초로 만나는 인생의 스승'은 어머니이다. 한 인간의 성격을 형성하는데 어머니는 결정적 영향을 미친다. 나폴레옹(Napoleon)은 '어린애의 운명은 언제나 그 어머니가 만든다.'고 말했으며, 셰익스피어(William Shakespeare)는 '요람(搖籃)을 움직이는 자는 세계를 움직인다.'고 갈파했다. 이것은 '어머니의 힘의 위대성(偉大性)'을 의미한다. 어머니는 어린이의 스승이요, 인생의 밝고 따뜻한 태양이다.

프랑스의 철학자 베르그송(Henri Bergson)은 '어머니의 웃음 속에는 신비(神秘)가 있다.'고 말했다. 어머니의 얼굴에 따뜻한 웃음의 꽃이 필 때 어린이는 행복을 낀다. 어머니의 웃음을 보지 못하고 자라난 어린이는 불행하다.

어머니의 가슴에는 자식의 장래의 행복을 염원하는 간절(懇切)한 기도(祈禱)가 있다. 어린애는 엄마의 품에서 엄마의 표정을 바라보며 인생을 배우고 성격을 형성해 간다. 그래서 "자식은 부모를 비추는 거울"이라고 한다. 한 가정이나 민족의 앞날은 '어린이를 어떻게 키우고 가르치느냐'에 달려있다.

가. 가정교육의 과제와 목표

가정생활에서 어린이가 받는 영향은 어린이의 인격형성을 좌우하게 되므로, 가정은 어린이를 사회의 모든 압력이나 위험으로부터 보호, 육성하는 한편, 사회적응(社會化)을 준비시키는 교육의 장(場)이 되어야 한다. 가정교육(home training)이란 가정의 환경, 생활상태, 집안 어른들의 일상생활을 통하여 자녀가 받는 언행, 도덕, 규율, 습관, 취미, 성격, 사고(思考) 등의 영향과 교화(敎化) 등 부모가 가정에서 미성년의 어린이에 대하여 실시하는 비의도적(非意圖的)이고 자연발생적인 교육을 말한다.

어린이가 최초로 접하는 사회 환경은 가정이며, 여기에서 받는 영향은 그 후의 인격형성을 크게 좌우한다. 따라서 가정은 어린이를 현실사회의 압력으로부터 보호·육성하는 한편, 사회적응(사회화)을 준비하는 곳이 되어야 한다. 부모는 이 두 측면을 애정(愛情)을 가지고 조화시켜야 한다. '**가정교육의 과제**'에는 (1) 올바른 정서의 발달과 인격형성, (2) 기본적 인간관계와 생활관습의 터득, (3) 언어·도덕적 가치 등 기초적 문화의 습득 등이다. 부모는 일상생활에서 행동의 모범(모델)을 보이고, 반복된 교정(矯正)을 통하여 바람직한 가치방향으로 이끌어 주어야 한다.

스위스의 교육사상가 페스탈로치(Johann Heinrich Pestalozzi)는 '교육의 목표는 머리와 손과 가슴, 지식과 기술과 도덕의 3자가 원만하게 조화된 전인형성(全人形成)에 있다.'고 말했다. 교육이란 이상적 인간형성(理想的 人間形成)이다. 이상적 인간형성에는 두 가지 요소가 필요하고 한다. 하나는 지식기술교육이요, 또 하나는 성격교육이라고 한다. 지식교육과 동시에 성격교육이 현대교육의 핵심적 목표라고 한다. 나라와 겨레의 앞날을 이어나갈 어린 꿈나무를 인간으로 존중하며 사회의 한 사람으로서 올바르게 키우기 위하여 부모가 가정에서 '어떻게 교육할 것인가'를 슬기롭고 지혜롭게 고민해야 할 과제다.

나라와 겨레의 앞날을 이어나갈 **어린이를 어떻게 가꾸고 키울 것인가?**

첫째, **"씩씩하게"** 키워야 한다. 건강한 육체와 건전한 정신이 깃든 어린이를 키워야 한다. 들에서 비바람을 맞으며 자란 화초는 생명력이 강하고 향기롭고 열매도 달다. 자주독립의 정신과 의지(意志)가 강한 어린이로 키워야 한다. 제 발로 서서 제 힘으로 살아가는 자립정신(自立精神)을 심어주어야 한다. 참나무가 더 단단하고 강한 뿌리를 갖도록 하는 것은 바로 폭풍(暴風)이다.

둘째, **"바르게"** 키워야 한다. 정의감(正義感)이 강한 어린이를 만들어야 한다. 참과 거짓, 진실(眞實)과 허위(虛僞)를 분명히 가르치고, 언제나 참을 사랑하고 거짓을 배척하는 정의감(正義感)을 어려서부터 마음에 심어주어야 한다.

셋째, **"슬기롭게"** 키워야 한다. 지혜(智慧)롭고 총명(聰明)한 어린이를 만들어야 한다. '자기 자신을 바로 아는 것'이 지혜의 근본이다. 지혜는 인생의 총명한 방향감각이다. '나는 어디로 가야 할 것인가'에 대한 슬기로운 판단이다. 인생의 정도(正道)를 바로 아는 감각이요, 센스다. 스스로 생각하고 연구하는 '창조적 정신'을 심어주어야 한다.

넷째, **"인간다운 삶"**을 가르쳐야 한다. 교육의 목적은 인간이 인간답게 살기 위해 필요한 것이다. 어린이의 능력과 개성, 취미, 소질 등을 잘 파악하고 그에 알맞은 계획을 세우고 지도할 때 행복을 찾을 수 있다. 무엇이 진정으로 자녀를 위한 교육이며, '어떻게 해야 자녀의 삶이 행복할 것인가'를 생각하는 부모의 슬기와 지혜가 필요하다.

다섯째, **"멀리 보는 눈" "진실의 소리를 들을 줄 아는 귀", "옳은 말을 할 줄 아는 입"**을 갖도록 키워야 한다. 원대(遠大)한 안목(眼目)과 넓은 시야(視野)를 가지고 민족과 역사의 먼 앞날을 내다보는 '눈'과 진실(眞實)의 소리를 조용히 들을 줄 아는 겸허(謙虛)한 '귀'와 신념(信念)과 용기(勇氣)로서 진실(眞實)과 정의(正義)를 외치는 '입'을 갖도록 키워야 한다.

나. 가훈과 좌우명

효율적인 학교교육을 위해 학교에는 학교의 특성에 알맞게 교육의 목표나 이념을 표시하거나 또는 사립학교의 창교정신(創校精神)을 강조하는 '교훈(校訓)'이 있는 것과 같이, 가정에는 집안 어른들이 그 자손들에게 전해주는 가르침의 말씀인 **'가훈(家訓)'**을 만들어 자녀들에게 그 뜻과 취지를 전해주고 교육하는 것이 필요하다. 가훈은 대체로 수신제가(修身齊家)하는 방법을 가르쳐 주는 것으로 우리나라에서는 이름 있는 가문(家門)치고 가훈이 없는 집안이 거의 없을 정도로 보편화되었다. 우리나라에서 가장 오래된 가훈은 김유신(金庾信 : 삼국통일을 이룩한 신라의 장군·정치가) 집안의 <충효(忠孝)>, 최영(崔瑩 : 고려시대의 명장·충신) 집안의 <황금보기를 돌같이 하라> 등 이 있다고 한다.

나는 1971년 9월 1일 자로 대법원 기획과에 초임발령을 받아 근무 중 11월 14일 서울 서대문 소재 우미예식장에서 결혼식을 올렸다. 당시 기획과에 함께 근무하던 선배님의 소개로 고재호(高在鎬) 전 대법관님{전 서울지방변호사회 회장 및 대한변호사협회 회장. 사위는 전 대법관, 법원행정처장, 대법원장, 중앙선거관리 위원장을 거쳐 변호사를 개업하신 최종영(崔鍾泳) 씨이다}께서 주례를 보셨다. 고재호 변호사님께서는 『법조 반백년』의 회고록을 남겼으며, 명예법학박사학위도 받았다.

고재호 전 대법관님의 주례사(主禮辭)의 요지는 "부부는 언제나 상대방의 인격을 존중하고, 서로 사랑하며, 가정을 위하여 자신을 희생하라."는 것이었다. 나는 주례사의 요지에 따라 <존경(尊敬) 애정(愛情) 희생(犧牲)>을 우리 집안의 가훈으로 정하고 자녀들에게 일상생활을 통하여 전해주는 교훈으로 삼는 등 온 가족이 가훈의 정신에 따라 살아가려고 노력하고 있다.

가정에서는 가훈 이외에 어린 자녀들의 교육과 인격형성 등 마음의 양식이 될 수 있는 금언(金言)을 섭렵(涉獵)한 '좌우명(座右銘)'을 준비하여 어린이들이 항상 그 뜻을 읽고 새겨 소화할 수 있도록 하는 것이 가정교육에 필요하다. 좌우명은 후한(後漢)의 유명한 학자인 최원{崔瑗. 호는 자옥(子玉)}에서부터 시작한다. 그는 책상(座)의 오른쪽(右)에 쇠붙이를 놓고 그 쇠붙이에 생활의 계명(誡命)과 행동의 지침이 되는 글을 새겼다. 이것이 명(銘)이다. 여기서 좌우명(座右銘)이란 말이 생겼다고 한다(安秉煜 自傳 에세이『산다는 것』 156면).

사람은 보람 있는 일생을 살기 위하여 슬기로운 '좌우명'을 지녀야 한다. <성실(誠實)>은 나의 생활의 좌우명이요, 생활신조(生活信條)다. 성실은 무슨 일이나 정성을 다하며, 참되고 거짓이 없는 것이다. 가정에서 부모는 어린 이에게 가정교육의 지침(指針)이 될 수 있는 **'훌륭한 가훈'**과 **'좌우명'**을 만들 어 주어야 한다. 그것을 통하여 자녀들이 어려서부터 선철(先哲)과 깊은 정 신적 대화를 할 수 있는 길을 터주어야 한다. 선철(先哲)은 이미 가버렸으나 그들의 사상은 책과 금언(金言) 속에 살아 숨 쉬고 있는 것이다.

어린이는 가정에서 '독서'와 '가훈' 그리고 '좌우명'을 통해 인생의 깊이 와 인격양성을 위한 행복한 대화를 할 수 있다. **'좋은 책을 읽는 것은 위대한 인물과 대화를 나누는 것과 같다', '한 권의 양서(良書)가 한 인간의 운명을 변 화 시킨다'**고 했다. 머릿속에 곰팡이가 끼지 않기 위해 위대한 책과 수신제 가(修身齊家)하는 방법을 가르쳐 주는 가훈과 생명의 양식이 되는 좌우명과 의 만남은 인생의 가장 큰 축복의 하나이다.

사람은 자신이 심고 가꾼 대로 거둔다. 집안을 부유하게 만들기 위하여 좋은 논과 밭을 사는 것보다 '양서'와 '가훈' 그리고 '좌우명'을 반드시 갖추 어 놓아야 한다. 그 속에는 마음의 양식이 될 수 있는 많은 곡물(穀物)과 인생 의 올바른 지혜와 방향을 가르쳐주는 길이 있다. 책 속에는 황금의 집과 한 량없는 생활의 지혜와 부(富)와 덕(德)과 슬기가 있기 때문이다.

다. 부모의 언행(言行)은 자식(子息)의 운명을 좌우한다.

어린이는 나라와 겨레의 앞날을 이어나갈 우리들의 보배요, 희망이므로 그들의 몸과 마음을 귀히 여겨 바르고 아름답고 씩씩하고 행복하고 슬기롭게 자라도록 정성을 다해야 한다. '가정교육의 기초'는 자녀들에게 인생의 의의와 사명을 명확하게 가르치는 것이다. 그러기 위하여 부모는 항상 '행동'을 바르게 하고, 아이들에게 '약속'한 일은 무슨 일이 있더라도 반드시 지켜야 한다. 부모의 마음이 곧고 생각이 올바르고 인격이 한결같아야 한다. 부모와 함께하는 가정은 어린이의 안식처(安息處)요, 보금자리이며, 어린이의 행복과 사랑이 샘솟는 창조원(創造源)이 되어야 한다.

이 세상에서 가장 중요한 두 가지 일은 **'밭을 가는 일**(耕作)'과 '책을 읽는 일(讀書)'이라고 한다. 씨를 뿌리고 가꾸기 위하여 논밭을 가는 것이 '농경(農耕)'이요, 독서로 마음의 밭을 가는 것이 '심경(心耕)'이라고 한다. 논밭을 가는 일도 중요하지만 "마음의 밭"을 가는 일은 더 중요하다. 마음의 밭을 갈지 않으면 우리의 정신이 황폐(荒廢)하고 정서(情緒)가 고갈(枯渴)되어 인격(人格)이 광채(光彩)를 잃고 생활이 윤기(潤氣)를 상실하게 된다.

어린이는 좋은 책(良書)을 읽고, 독서를 통해 마음의 밭을 갈아야 한다. 독서는 인생에서 가장 중요한 기능과 의미를 갖는다. 독서가 없는 인생은 꽃이 없는 화원(花園)과 같고 나무가 없는 산과 숲과 같다. 바른 사회건설의 기초는 바른 가정교육에서 시작되어야 한다. 자녀를 올바르게 교육시키는 데는 여러 가지 요소(즉, 부모의 역할, 가족, 학교, 친구 등)를 잘 활용함으로써 자녀교육이 성공할 수 있다.

부모는 가정교육이라고 하는 오케스트라의 지휘자(指揮者)가 되어야 한다. 넓은 시야(視野)와 세계관(世界觀)을 가지고 지휘봉을 젓지 않으면 안 된다. 무엇이 진정으로 자녀를 위한 교육이며, 어떻게 해야 자녀들의 삶이 행복할 것인가를 생각하며 스스로 모범을 보이는 부모의 슬기와 지혜가 필요하다. 가정교육에는 사랑도 필요하지만 용기와 신념이 필요하다. 생(生)의 가치는 향락(享樂)에 있는 것이 아니라 창조(創造)에 있다는 진리(眞理)를 가르쳐야 한다.

어린이는 빵만으로 사는 존재가 아니라 사랑과 정(情)을 먹고 살아가는 가정 분위기 속에 자라야 '올바른 인격'을 형성할 수 있다. 어린이는 사랑이라는 정신적 양식을 먹으며 자라야 행복해질 수 있다. 자녀들의 올바른 인성(人性)과 반듯한 삶의 자세는 부모의 언행을 통하여 배워가므로 **'부모의 언행은 자식의 운명을 좌우한다.'**고 한다.

2. 대한민국 대통령의 사명

대통령은 국가의 독립, 영토의 보전, 국가의 계속성과 헌법을 수호할 책무를 진다. 대통령은 조국의 평화적 통일을 위한 성실한 의무를 진다(헌법 제66조 제2항, 제3항). 대통령은 '나는 헌법을 준수하고 국가를 보위하며 조국의 평화적 통일과 국민의 자유와 복리의 증진 및 민족문화의 창달(暢達)에 노력하여 대통령으로서의 직책을 성실히 수행할 것을 국민 앞에 엄숙히 선서합니다.'라고 취임선서를 한다(헌법 제69조). 위 헌법 규정에는 대통령의 책무와 사명이 잘 명시되어 있다.

북핵의 위협으로부터 국가를 보위하고 국민의 생명과 재산의 보존 및 자유민주적 기본질서에 입각한 평화적 통일정책을 수립하고 추진하는 것이 헌법이 대통령에게 명한 사명이다. 문 대통령의 사명은 북한 김정은이 주장하는 '한반도비핵화'나 남한을 적화통일하려는 위장평화 사기극인 '종전선언'이 아니라 **"북한의 비핵화"**를 전제로 한 '자유민주적 기본질서에 입각한 평화적 통일정책'을 수립하고 추진하는 것이다. 북한의 완전한 핵 폐기조치가 선행되지 않은 상태에서의 남북회담이나 종전선언은 대한민국을 적화통일하려는 김정은의 전략일 뿐이다.

스위스의 사상가 힐티(Carl Hilty)는 "인간생애(人間生涯)의 최대의 날은 자기의 역사적 사명(歷史的 使命) 즉, 신(神)이 지상에서 자기를 어떤 목적에 쓰려고 하는지를 자각(自覺)하는 날이다."라고 갈파했다. 우리 국민은 대한민국의 대통령이 지배자(支配者)가 아닌 통치자(統治者)로서 자신의 사명을 자각하고, 그 사명을 다하기 전에는 죽을 수 없다는 강한 의지를 가진 대통령이길 갈망하고 있다.

대통령은 시대의 흐름에 냉철하게 대응하여 세계질서의 변화 속에서 나라의 입지를 확보하고 국가이익을 증대하는 외교정책과 전략을 수립해야 한다. 대통령은 공정심(公正心)을 바탕으로 뛰어난 영지(英智)와 고매(高邁)한 이념(理念)의 뒷받침이 있는 리더십이 요구되며, 용기(勇氣)·정의감(正義感)·상식(常識)·관용(寬容) 등이 대통령에게 요청되는 자질(資質)이다. 또한 대통령은 최고의 인재(人材)를 적재적소(適材適所)에 임명하는 등 공무원 임면권을 적정하게 행사하여 국정을 민주적이며 능률적으로 운영해야 한다.

대통령이 통치자로서 자신의 책무와 사명을 자각하고 그 사명을 다하는 경우에는 '위대한 통치자'로서 역사에 기록될 수 있으나 그 사명을 다하지 못하는 경우에는 '무능한 지도자' 또는 '독재자'로 전락할 수밖에 없다. 통치자인 대통령의 국가관(國家觀)과 청렴도(淸廉度)는 국가의 운명을 좌우한다. 이와 같이 대통령의 임무는 참으로 막중(莫重)한데 대선(大選) 열기(熱氣)가 고조되는 가운데 여야를 불문하고 '대통령 하겠다'는 사람이 구름같이 모여들고 있다. '대통령은 아무나 할 수 있다'는 풍토가 한심스럽다. 유권자인 국민이 옥석(玉石)을 가리는 지혜가 필요하다.

가. 대통령의 헌법상 지위

건국헌법(1948년 7월 12일 제정 제1공화국 헌법)에서부터 현행헌법에 이르기까지 정부형태가 변경될 때마다 대통령의 헌법상의 지위도 변천해 왔다. 현행헌법에 있어서의 대통령제는 기본적으로 대통령제의 범주에 포함시킬 수 있는 것이지만, 미국형(形) 대통령제와는 거리가 먼 것이다. 그것은 변형된 대통령제의 일종인 프랑스형(形) 대통령제라 할 수 있는 것이다. 현행헌법에 있어서 대통령은 국가원수로서의 지위와 행정수반으로서의 지위를 겸하고 있다.

국가원수로서의 대통령의 지위는 대외적으로 국가를 대표할 지위, 국가와 헌법의 수호자로서의 지위, 국정의 통합·조정자로서의 지위, 다른 헌법기관 구성자로서의 지위로 세분된다. 행정수반으로서의 대통령의 지위는 행정의 최고 지휘권자·최고책임자로서의 지위, 행정부 조직권자로서의 지위, 국무회의 의장으로서의 지위로 세분된다.

현행 헌법상 대통령이 행사하는 '권한'은 실질적인 성질에 따라 대권적(大權的) 권한, 행정에 관한 권한, 국회와 입법에 관한 권한, 사법에 관한 권한으로 분류할 수 있다. 대통령의 헌법상 '의무'로는 직무에 관한 의무와 겸직금지의무를 들 수 있다. 직무에 관한 의무로는 헌법준수의 의무, 국가보위의 의무, 민족문화의 창달 및 국민의 자유와 복리의 증진의무, 자유민주적 기본질서에 입각한 평화적 통일정책을 수행할 의무 등을 들 수 있다.

우리나라의 역대 대통령 중에서 독립운동가·정치가로서 1948년 8월 15일 초대 대통령으로 취임한 후 철저한 반공주의자(反共主義者)로서 배일정책(排日政策)을 수행한 이승만(李承晚) 대통령과 경제개발 5개년계획의 성공적 수행으로 경이적 경제성장을 이룩하고 새마을운동으로 농어촌 근대화에 성공한 박정희(朴正熙) 대통령에 관한 위대한 업적의 일부를 살펴본다.

(1) 건국 대통령 이승만 박사

독립운동가·정치가, 호 우남(雩南), 본관 전주(全州), 황해도 평산(平山) 출신, 가난한 선비의 외아들로 태어나 3세 때 부모를 따라 서울로 이주, 한문을 배우다가 1894년 배재학당에 입학, 신학문을 공부하고 1895년 8월 배재학당 영어교사가 되었다. 1897년 서재필(徐載弼)이 미국에서 돌아와 독립협회를 조직하고 <독립신문>을 발간하자 이에 가담하여 신문논설을 집필하면서 만민공동회(萬民共同會)를 개최하는 등 독립사상고취와 민중계몽에 투신했다.

1899년 1월 9일 박영호 일파의 고종 폐위음모에 가담했다는 혐의로 체포되어 한성감옥의 옥중에서 집필한 『독립정신』의 '머리말'에서, <감옥에

서 보낸 지루한 세월이 어느덧 7년째가 되었다. 소중한 시간을 헛되이 보내기 아까워 외국 친구들이 빌려준 책을 탐독하며 고통과 근심을 잊어버리고자 노력했다. 분노가 치밀어 눈물을 금치 못하여 그동안 해오던 한영사전 작업을 중단하고 2월 19일부터 이 글을 쓰다가 중단하기도 하고 때로는 몰래 쓰다가 감추기도 하여, 내용이 부족한 점도 있고 일관성도 적지만 내용의 핵심은 "독립"이란 두 글자이다. 진심으로 바라는 바는 우리나라의 무식하고 천하며 어리고 약한 형제자매들이 스스로 각성하여 올바로 행하며, 다른 사람들을 인도하여 날로 국민정신이 바뀌고 풍속이 고쳐져서 아래로부터 변하여 썩은 데서 싹이 나며, 죽은 데서 살아나기를 원하고 또 원하는 바이다. 건국 4237(1904)년 6월 29일 한성감옥에서 죄수 리승만 씀>이라고 기록되어 있다.

이승만은, 독립정신이 깊이 박혀, 한 사람이라도 대한독립을 지키겠다는 정신만 살아 있다면, "독립"이라는 말이 없어져도 두렵지 않다며 오로지 백성들의 정신 속에 '독립의 의지'를 심어주는 것이 가장 시급하기 때문에 이 책을 황급히 쓴다고 했다.

이승만은 한성감옥에서 동지 한 사람과 탈옥을 꾀하다가 체포되어 사형선고를 받았으나 종신징역으로 감형되어 복역 중 1904년 민영환의 주선으로 7년 만에 석방되었다. 민영환(閔泳煥)의 주선으로 고종의 밀서를 가지고 미국에 건너가 루즈벨트 대통령을 만나 한국에서 일본의 세력을 몰아내는 데 협조해줄 것을 요청했으나 일제에게 매수된 주미공사 서기 김윤정의 방해로 뜻을 이루지 못했다.

1905년 조지 워싱턴 대학, 하버드 대학 등에서 수학, 1910년 프린스턴 대학에서 철학박사 학위를 받았다. 1910년 한·일 합방이 되자 9월에 귀국, 기독청년회를 중심으로 활동하다 체포되었으나 미국인 선교사의 주선으로 석방되어 1912년 다시 도미했다. 이때부터 30년간 고국에 돌아오지 못하고 미국, 하와이, 상해 등지로 돌아다니면서 동지를 규합, 독립운동에 헌신했다.

1917년 세계약소민족대표자회의에 한국대표로 박용만(朴容萬)을 파견, 1919년 3·1 독립운동 때 국내인사들과 연락하여 거사에 동조하고, 이해 4월 10일 상해에 임시정부가 서자 초대 대통령에 취임했다. 다시 미국에 돌아가 임시정부 구미위원부(歐美委員部)를 설치, 1933년 제네바에서 열린 국제연맹회의에 참석하여 한국의 독립을 호소했다. 1934년 오스트리아 출신의 프란체스카와 결혼했다. 1945년까지 워싱턴, 하와이 등지에서 항일투쟁과 외교활동을 계속하다 해방을 맞아 이해 10월에 귀국하여 독립중앙협의회를 조직하여 반공(反共)·반탁(反託)을 주장하면서 '**민족주의 자주독립노선**'을 전개했다.

1948년 제헌국회의원에 무투표당선, 이어 국회의장에 피선되고, 대통령중심제 헌법을 제정·공포하고, 국회에서 대한민국 초대 대통령에 당선, 그해 8월 15일에 취임했다. 철저한 반공주의자로서 국내의 공산주의운동을 분쇄하였으며, 철저한 배일정책(排日政策)의 수행으로 일본에 대해 강경자세를 견지했다. 6·25 동란을 당해 미국과 유엔의 도움으로 공산군을 격퇴하는 데 성공하였으나 1952년 임시수도 부산에서 제2대 대통령선거를 앞두고 야당세력이 우세한 국회에서 자신의 대통령 재선이 어렵게 되자 자유당을 창당하고 계엄령을 선포하여 국회의원을 감금하는 등 변칙적 방법으로 대통령 직선제로 헌법을 개정, 대통령에 재선되었다.

1953년 미국의 전쟁처리방법에 반대, 계속 휴전을 반대하다가 휴전 성립 직전에 반공포로석방을 단행하여 전 세계의 이목을 집중시켰다. 1954년 종신대통령제 개헌안을 내어 국회에서 부결되자 사사오입(四捨五入)의 논리를 변칙으로 적용하여 번복, 통과시켜 1956년 대통령에 3선이 되었다. 1960년 자신이 이끈 정부가 부정선거를 감행하여 대통령에 4선 되었으나 4·19 의거로 사임, 하와이에 망명해 있는 동안 1965년 사망했다. 가족장으로 장례되었으며, 국립묘지에 안장되었다. 이승만 박사는 평생을 조국의 독립을 위해 풍찬노숙(風餐露宿)하며 동서분주(東西奔走)한 생애를 조국에 바쳤다.

(2) 조국 근대화의 상징 박정희 대통령

군인·혁명가·정치가. 경상북도 선산(善山) 출신. 1932년 대구사범학교를 졸업하고 3년간 초등학교 교사로 근무하다가 1942년 만주군관학교 졸업, 1944년 일본 육군사관학교 본과졸업, 1945년 만주군 육군중위로서 8·15 해방을 맞아 귀국했다. 국방경비대창설 후 다시 육군사관학교에 들어가 1946년 육사 2기 졸업, 1950년 6·25 동란이 일어나자 육군본부 제1과장이 되었다.

이해 10월 보병 제9사단 참모장이 되었고, 1953년 제2군단 포병대장이 되었으며, 이듬해 6월 미국 포병학교에 유학하고 돌아와 제2군단 포병사령관이 되었다. 1956년 제5사단장, 1957년 육군대학 졸업, 1958년 제1군 참모장을 지내고, 그 뒤 제1관구 사령관, 육군본부 작전참모부장을 거쳐 제2군

부사령관으로 있으면서 부패 무능한 민주당정권을 제거하기 위하여 청년 장교들을 규합, 1961년 5월 16일 육군 소장으로 혁명군을 지휘하여 서울을 장악함으로써 무혈군사혁명(無血軍事革命)에 성공했다.

이어서 혁명지휘본부로서 국가재건최고회의를 조직, 부의장에 취임, 이해 7월 의장이 되고, 소장에서 중장, 대장으로 승진, 11월에 케네디 미국 대통령의 초청을 받아 미국을 방문했다. 1962년 윤보선 대통령의 사임으로 대통령 권한 대행, 송요찬 내각수반의 사임으로 수반직을 겸임, 혁명정부 의 최고 지휘·책임을 전담했다.

1963년 7월 27일 민정복귀를 선언을 하고 예편, 민주공화당의 대통령 후 보로 출마, 당선되어 12월 17일에 제5대 대통령에 취임한 이래 1967년 7월 제6대, 1971년 7월 제7대 대통령을 역임하고 1972년 12월 제8대 대통령에 취임했다. 주체적 민족사관에 입각하여 '**조국근대화**(祖國近代化)'를 촉성하 고, 근면·자조·협동의 새마을정신을 고취하여 국민의 정신혁명을 불러 일으키는 데 진력했다.

또한 민족사적 정통성 위에 평화통일과 민족중흥을 이룩한다는 명분 아래 10월 유신(維新)을 단행하였으며, 제1·2·3차 경제개발 5개년계획을 성공적으로 수행하고 제4차 경제개발 5개년계획을 추진함으로써 연평균 10%의 경이적인 경제성장을 이룩했다. 또한 우리 민족사상 최대의 토목공 사인 경부고속도로를 비롯하여 전국의 산업도로망을 우리의 기술과 자본 으로 건설하여 전국을 일일생활권으로 만들었으며, 비약적인 수출 진흥을 이룩하여 연평균 신장률 42.8%의 획기적인 기록을 수립하고 새마을운동을 전 국민적 운동으로 전개, 농어촌근대화에 박차를 가했다.

평화통일을 위한 기반구축으로 1970년의 8 · 15선언을 기점으로 1971년의 남북적십자회담, 1972년의 7 · 4 남북공동성명, 남북조절위(南北調節委)의 구성과 그 운영을 주도함으로써 4반세기 동안 단절되었던 남북대화의 실마리를 풀었고, 한반도의 긴장완화와 평화통일정책에 새로운 이정표를 마련했다. 한미행정협정의 체결, 한일 간의 국교정상화, 월남파병 등 역사적인 결단을 내림으로써 국제협력 체제를 강화했다.

1979년 10월 당시 중앙정보부장이던 김재규(金載圭)의 저격으로 급서(急逝)하고 11월 3일 국립묘지에 안장되었다. 1974년 북괴의 지령을 받은 문세광의 흉탄을 맞고 사망한 부인 육영수(陸英修)와의 사이에 1남 2녀가 있다. 대표적인 저서로는 『우리민족의 나아갈 길』, 『민족의 저력(底力)』 등이 있다.

지금 우리는 독립운동가 · 청치가로서 대한민국 임시정부의 수반이었고 건국의 주역이며 6 · 25 전쟁을 전후하여 위기에 직면한 나라를 이끌었던 "이승만 박사"의 고귀한 독립정신과 애국심 및 조국근대화를 촉성하고 근면 · 자조 · 협동의 새마을 정신으로 국민의 정신혁명을 일으키고, 경제개발 5개년계획의 성공적 수행으로 경이적 경제성장을 이룩한 "박정희 대통령"의 업적으로 인해 자유와 풍요를 누리면서도 그분들의 위대한 업적을 기리지도, 고마워하지도 않으며 살아가고 있다.

건국대통령 이승만 박사의 '**독립정신**'과 박정희 대통력의 '**조국근대화**

와 경제발전'은 일류국가를 지향하는 우리들이 나아갈 방향을 제시하며, 자유대한민국의 무궁한 발전의 초석이 된 역사적 사실을 우리는 항상 기억해야 할 것이다.

나. 전직 · 현직 대통령들의 과거와 미래

우리나라의 **"공직자 중 가장 위험한 자리"**는 대통령 자리라고 말한다. 건국대통령은 4·19 혁명으로 사임한 후 하와이에 망명해 있는 동안 사망하였고, 한 분은 중앙정보부장의 저격으로 급서(急逝)하였고, 그 후 두 분은 정권찬탈혐의로 퇴임 후 감옥에 갔고, 다른 두 분은 재임 중 그 아들들이 수감되었고, 한 분은 자살하였고, 박근혜 전 대통령은 국회의 탄핵소추로 헌법재판소의 탄핵심판으로 파면된 후 유죄판결의 확정으로 수감 중에 있다.

이명박 전 대통령은 횡령과 뇌물수수 등의 혐의로 구속되었다. 이와 같이 역대 대통령 9명 전원이 하야(下野), 피살(被殺), 자살, 파면, 투옥(投獄), 친인척비리 등으로 만신창이(滿身瘡痍)가 되었다. 이것은 바로 **"제왕적 대통령제(帝王的 大統領制)의 비극"**이 낳은 결과다. 현직에 있을 때는 '제왕(帝王)'으로 군림하지만 현직에서 물러나는 순간 벼랑으로 굴러떨어져 만신창이(滿身瘡痍) 신세가 된다.

이와 같은 전직 대통령들의 불행한 역사는 바로 **"제왕적 대통령중심제의 폐단"**을 실증적(實證的)으로 잘 보여준 것이다. 이러한 우리 사회의 정치 현실을 보면 앞으로 우리나라가 전 세계에서 '탄핵'을 받은 대통령이 가장 많은 나라 또는 전직 대통령이 가장 많이 '투옥'된 나라가 되지 않을까 하는 우려를 금할 수 없다. 대한민국 역사에서 한 분이라도 헌법의 수호자로서 대통령의 직책을 성실히 수행하여 퇴임 후 국민들로부터 **"존경받는 대통령"**을 보고 싶을 뿐이다.

위정자(爲政者)는 국민을 실험대상으로 삼아서는 안 된다. 현 정권은 '소득주도성장'을 비롯한 갖가지 정책실험을 실시했으나 그 실험은 국민의 고통으로 돌아왔다. 사회주의적 경제관을 절대시하는 과오를 범했다. 기업과 경영주의 경원시(敬遠視), 사법(司法)의 정치화는 정권이 인사권을 통해 법원과 검찰을 수족(手足)으로 만들었고, 정치의 사법화(司法化)는 정부나 국회가 풀어야 할 문제해결을 법원과 검찰에 떠넘겨 권력분립의 원칙을 허물어 민주주의를 유명무실(有名無實)하게 만들었다.

공무원들이 원전폐쇄 경제성평가조작, 공문서를 위조한 불법출국 금지 사건 등에서 정권의 하수인(下手人)으로 대거 등장했다. 가장 많은 공무원을 범죄자로 만든 정권일 것이다. 정권과 색깔을 맞추라고 공무원조직을 이용해온 탓이다. 대통령은 기세등등하게 출범했으나 허둥지둥하며 5년 임기를 보내는 것이 한국형 대통령제다. 임기가 끝나갈 무렵에야 이 사실을 깨닫는다. 현직 대통령과 전임(前任) 대통령은 그런 뜻에서 서로가 서로의 과거이자 미래라고 한다.

다. 이상적인 대통령

<만들어진 승리자들>의 지은이 볼프 슈나이더(Wolf Schneider)는 **"정치인의 성공비결"**로, <첫째, 우선 '자기중심적인 인간'이어야 한다. 자신의 목표에만 사로잡혀 있어야 한다. 둘째, 목표를 달성하려는 권력형 인간은 어떤 '비열한' 짓도 마다하지 않아야 한다. 셋째, 동료든 경쟁자든 적이든 할 것

없이 사람의 강점(強點)과 약점(弱點)을 감지(感知)해 내는 촉각, 즉 '인간에 대한 간파능력(看破能力)'과 그것을 냉철한 계산 하에 사용하려는 의지가 그것이다. 넷째, 정치인은 어떤 고통과 타격, 패배에도 끄덕하지 않는 '강심장(強心臟)'이어야 한다. 다섯째, 정치인은 '지적능력(知的能力)' 중에서도 특수한 형태의 능력(날카롭고 빠른 분석력)이 있어야 한다. 여섯째, 국가 지도자에게는 적절한 시간과 '유리한 순간에 대한 깨어 있는 본능'이 필요하며, 그 기회를 냉철하게 포착해서 순발력 있게 대응할 수 있는 능력도 있어야 한다.

일곱째, 국가 지도자에게는 '현실을 간파하는 안목(眼目)'이 있어야 한다. 즉 어디까지 가능한지 그 경계를 직감적으로 파악하는 현실감각이 필요하다.>라고 했다.

<타임> 지의 편집장을 지내고 카터 대통령의 보좌관을 역임한 해들리 도너번(Hedley Donovan)은 1982년 12월 13일 자 <타임> 지에 **"이상적인 대통령이 되기 위한 서른 가지 요구"**를 제시했는데, 그중 몇 개를 소개하면 다음과 같다.

1. 품위 있게 행동하고, 아량이 넘치는 대통령으로 보여야 한다.
2. 육체적으로 충분히 감당할 수 있어야 한다.
3. 똑똑해야 하지만 빼어나게 머리가 좋아서는 안 된다.
4. 낙천적이어야 하고 유머(humor)가 있어야 한다.
5. 미디어(media)를 통해 대중을 쉽게 납득시킬 줄 알아야 한다.
6. 국민들에게 밝은 비전(vision)을 제시해야 한다.
7. 한편으로는 도덕적으로 깨끗해야 하지만, 다른 한편으로는 가혹하고 심지어 무자비해야 한다.

8. 뚝심과 확고한 자기신뢰, 건강한 공명심(功名心)이 있어야 한다. 등

1972년 5월과 그 다음 해 같은 달에 있었던 영국의 역사가(歷史家)인 아놀드 죠셉 토인비와 일본의 창가학회(創價學會)인터내셔널 회장인 池田大作(이께다 다이사꾸)의 대화를 영어판은 'Choose Life-Diolague between Arnold J. Toynbee and Daisaku Ikeda'라는 제명으로 출간된 것을 주로 일본어판을 기준으로 하여 우리말로 번역한 <21世紀를 여는 對話>에서 池田은 "정치가에게 요망되는 것은 변함없는 진실·정의감·공정함으로 일관하는 일이며, 뛰어난 지도자에게 요청되는 자질(資質)이라는 것은 용기·정의·상식·관용·예의 등이고, 이러한 자질이 발휘되기 위한 불가결한 조건은 대중과 함께 대화하고 대중을 위하여 투쟁하다 대중 속에서 죽어간다고 하는 결의라고 말했다.

지금 우리에게 필요한 통치자(대통령)는 문재인 정권 5년간의 적폐(積弊)를 청산할 정의감과 용기를 겸비한 '청소부'이다. 이러한 '청소부'를 통해 대한민국의 법치주의를 확립하고 자유민주적 기본질서를 확고히 하여 우리들의 자손의 안전과 자유와 행복을 영원히 확보하는 데 방해가 되는 장해물(障害物)을 과감히 제거할 싸움꾼이 필요하다. 이 나라에 필요한 통치자는 한 사람의 전지전능(全知全能)이 아니라 국민 전체에 대한 봉사자로서 자신의 자리(지위)를 빛낼 수 있는 능력과 청렴성, 자유민주적 국가관과 안보관을 겸비한 인재를 적재적소(適材適所)에 배치할 수 있는 뛰어난 통찰력과 포용력 및 영지(英智)와 고매(高邁)한 이념(理念)의 뒷받침이 있는 리더십을 겸비한 지도자이다.

라. 전직 대통령의 예우에 관한 법률의 위헌 여부

우리나라의 역대 대통령들의 불행한 인생의 마감과 역대 정권의 부패상을 볼 때, 전직 대통령과 그 유족에게 대하여 각종의 예우(연금지급, 기념사업지원, 비서관임명, 유족에 대한 경호 및 경비, 교통 및 통신의 지원, 가료 등)를 베풀고 있는 **<전직 대통령예우에 관한 법률>**은 '모든 국민은 법 앞에 평등하다. 사회적 특수계급의 제도는 인정되지 아니하며, 어떠한 형태로도 이를 창설할 수 없다.'는 평등권·특수계급제도의 부인이념(헌법 제11조)에 반하는 위헌법률로 보아야 한다.

전직 대통령 스스로 '법 앞에서는 모든 사람이 태어나면서 평등하다.'는 근대 헌법상의 원칙인 **<법 앞의 평등**(equality before the law)>의 모범을 보여야 한다. 근대 헌법상의 평등의 원칙은 봉건적인 신분제도를 타파하기 위하여 1789년 프랑스의 <인권선언>에서 처음으로 선언되었다. 그 뒤 미국 헌법이 이를 본받아 규정하였고, 모든 근대 입헌국가들이 헌법에 규정하게 되었다. 우리나라에 있어서는 '입법'에 있어서의 불평등은 위헌법률심사의 대상이 되며, '행정'에 있어서의 불평등한 처분은 행정소송의 대상이 되고, '사법'에 있어서의 불평등한 재판은 상소와 재심의 이유가 된다.

'현직은 제왕, 전직은 죄인'이 되는 역대 한국 대통령들의 위와 같은 부패상을 볼 때 다른 공무원과는 달리(국가공무원법제3조제3항의공무원의범위에관한규정 제2조에 의하면 '대통령'은 국가공무원이다) 유독(惟獨) '전직 대통령'에 한하여 각종 특혜를 베풀고 있는 <전직 대통령 예우에 관한 법률>은 위헌법률심사의 대상이 된다고 본다. 위헌법률심사제(違憲法律審査制)란 법률이 그 상위 규범인 '헌법에 합치하는가' 여부를 사법기관이 심사하여 헌법에 위배된다고 생각하는 경우에는 그 효력을 상실하게 하거나 그 법률의 적용을 거부하는 제도를 말한다.

법률이 헌법에 위반되는 여부가 재판의 전제가 된 경우에는 법원은 헌법재판소에 제청하여 그 심판에 의하여 재판한다(헌법 제107조 제1항). 법원이 어느 법률의 위헌 여부의 심판을 제청하기 위하여는, 당해 법률이 헌법에 위반되는지 여부가 재판을 하기 위한 전제가 되어야 하는바, 여기에서 '재판의 전제'가 된다고 함은, 구체적 사건이 법원에 계속 중이어야 하고, 위헌 여부가 문제되는 법률이 당해 소송사건의 재판에 적용되는 것이어야 하며, 그 법률이 헌법에 위반되는지의 여부에 따라 당해 사건을 담당하는 법원이 다른 판단을 하게 되는 경우를 말하는 것이다(대결 2004.10.14. 2004주8).

3. 우리나라 공직사회의 부패상

우리나라는 중앙집권적 정치체제가 일찍부터 확립되었고, 엄격한 신분 중심 사회였기 때문에 관료적 정통이 강하며, 관(官)은 민(民) 위에 군림하는 존재란 관념이 지배적이었다. 그러나 제헌헌법이 공무원을 주권을 가진 국민의 수임자로 규정함에 따라, 적어도 법제적인 의미에서는 공복(公僕)으로서의 공무원이란 관념이 싹텄고, 이것이 제도로서 구체화된 것은 국가공무원법 제정 이후의 일이다.

대한민국 정부수립 이래 우리나라의 공직사회는 부패하지 않은 시대가 없었고, 부패하지 않은 공직사회가 없었다. 그중에서 가장 부패하고, 부정이 심한 곳이 정권과 정치권(특히 국회)이라고 본다. 우리나라의 공직사회의 부패상은 政-經-官의 3각 유착(癒着)에서 빚어지고 있으므로 정경분리원칙(政經分離原則)을 확립해야 한다. 정경분리(政經分離)라 함은 정치와 경제를 분리하여 각각 독자적인 정책을 취하는 것을 말하며, 이것을 정경분리정책이라고도 한다.

우리나라는 2013년 국제투명성기구에서 측정하는 국가청렴도지수에서 10점 만점에 5.5점을 받아 세계 46위를 기록했다. 2013년 우리나라의 무역규모 세계 9위, 경제규모 세계 15위와는 큰 차이가 나는 부끄러운 기록을 수립한 것이다. 우리나라의 공직사회는 어느 한 분야 할 것 없이 경쟁이나 하듯 '부패(腐敗)의 온상(溫床)'이 아닌 곳이 없다. 온갖 불법과 비리의혹을 받고 있는 자 또는 그로 인한 고소나 고발로 검찰의 수사대상이나 수사 중에 있는 자, 형사재판이 계속 중에 있는 자 등이 청와대특별감찰관, 법무부장관, 국회의원, 고위공직 등에 있으면서 자신의 혐의에 대한 부끄러움이 없는 철면피(鐵面皮), 파렴치한(破廉恥漢), 후안무치(厚顔無恥)들이 활개 치며 검찰과 법원의 개혁을 주장하는 세상이 작금(昨今)의 우리나라 공직사회의 전모(全貌)다.

심지어 대법관 13명 전원합의체판결로 유죄가 확정되어 구치소에서 형기를 마치고 석방된 전 총리와 그를 추종하는 집단이 명백한 증거에 의한 대법원 유죄판결이 조작이라고 주장하고 있다. 공직사회의 정화를 위한 **"국가개조(國家改造)의 열쇠"**는 대통령을 비롯한 모든 공직자의 봉사자세 및 법치주의 확립 등 정신자세에 달려있다. 공직사회의 부정부패는 그 자체의 피해도 크지만 그로 인해 국민들이 절망하여 꿈과 희망을 포기하고 무기력해지는 것이 더 두려운 것이다.

가. 문재인 정권의 실정(失政)과 부패상

　현 정권은 최저임금인상에 따른 소득주도정책 · 최저임금인상 · 주(週) 52시간근무제 · 탈(脫)원전정책 · 세금 퍼주기식 복지정책(福祉政策), 반(反) 시장 및 기업정책으로 인한 개인과 기업의 경제상의 자유와 창의성 침해로 개인의 해외 이주 및 기업의 해외 진출, 북한 김정은의 핵보유국인정 및 남한을 적화통일하려는 위장전략에 의한 효과 없는 남북회담의 진행, 민족공조라는 미명(美名)하의 9 · 19 남북군사합의, 한일군사정보보호협정(지소미아) 파기, 북한의 핵무장완성 및 미사일도발, 국군의 기강해이, 사회주의 지향 등에 의한 국가안보의 파괴 및 해체, 외교정책의 무능에 의한 국제사회에서의 왕 따로 고립무원의 자초, 국가의 백년대계(百年大計)인 교육정책의 실패 등으로 전대미문(前代未聞)의 헌정질서파탄(憲政秩序破綻)과 총체적 국정파탄(國政破綻)을 자초(自招)했다.

　이로 인해 국민의 삶은 불안과 절망의 연속이다. 경제가 파탄되었으나 문재인 정부는 "경제가 좋아지고 있다", "경제가 건실(健實)하다"고 국민을 속이는 후안무치의 극치까지 보여주고 있다. 부패하고 무능한 정권의 실정 (失政)으로 자유민주적 기본질서에 입각한 헌정질서(憲政秩序)를 파괴하였고, 주권자인 국민에 도전(挑戰)하여 전 국민을 네 편이냐, 내 편이냐로 구분하여 국론분열에 박차(拍車)를 가하고 있다. 이제 주권자인 국민은 무능한 독재정권을 타도하고 헌법수호를 위한 최후의 수단인 저항권을 행사해야 할 때이다. 이러한 막가파식 정권의 실정(失政)과 부정부패의 대표적 사례 일부를 살펴보자.

(1) 적폐청산을 빙자한 인권탄압(人權彈壓)과 인권유린(人權蹂躪)

한국의 검찰은 정권의 충견(忠犬) 역할을 하면서 그 대가로 무소불위(無所不爲)의 권력을 누려왔으며, 특히 문재인 정권 들어서는 조선시대의 사화(士禍)를 능가하는 대규모 정치보복에 앞장서 검찰권을 남용했다고 한다. 문재인 정권은 '100대 국정과제' 중에서 제1호로 적폐청산을 내걸어 과거 정부 관계자 수백 명에게 적폐정권에 몸담아 일했다는 이유로 소환조사, 압수수색, 체포, 구속, 별건수사, 무차별 피의사실공표 등으로 수사대상자 4명이 자살했다.

문재인 대통령은 방위산업비리의혹, 강원랜드채용의혹, 기무사 계엄문건사건, 박찬주 전 육군대장 甲질의혹사건, 사법행정권 남용의혹사건, 이영열 전 서울중앙지검장 돈 봉투 만찬사건 등에 이르기까지 검찰에 수사지시를 했으나 대부분이 불기소결정('혐의 없음' 또는 '죄가 안 됨') 또는 무죄판결을 받거나 현재 재판 중에 있다. 정권의 주구(走狗)가 된 '정치검찰(政治檢察)'이야 말로 적폐 중의 적폐로서 반드시 청산되어야 할 적폐대상이다. 모든 공직자가 '정권의 봉사자'가 아닌 '국민 전체에 대한 봉사자'로서의 길을 가는 것이 정도(正道)이며, **'국가개조의 첫걸음'**이다.

문재인 대통령은 취임사에서는 적폐청산은 한마디도 언급하지 않고 '사람이 먼저다', '국민통합'을 외치더니 취임 직후에 내건 100대 국정과제 제1호가 적폐청산(積幣淸算)이었다. 문 대통령이 말하는 '사람'은 헌법 제1조 제2항에 규정된 '대한민국의 주권자인 국민'이 아니라 '문 대통령 편인 사람'을 의미한다고 한다. 공직사회를 정화하고 국가개조를 위한 적폐청산은 필요하다. 그러나 적폐청산이라는 미명(美名) 아래 국민의 인권을 침해하거나 국가권력을 남용하여 정권유지의 방편으로 악용된다면 국민은 헌법수호를 위한 최후의 수단인 저항권을 행사하게 될 것이다.

문재인 대통령은 집권 후 가장 중요하게 생각하는 것이 적폐청산이라고 공표하면서 각 분야 또는 특정 사건에 대하여 검찰과 경찰에 철저한 수사를 지시해왔고 기소된 특정 사건에 대하여 철저한 공소유지를 하라는 등 재판전략까지 국정과제에 포함시켰고, 이에 따라 20여 곳 가까운 '적폐청산 TF'가 정부기관에 만들어져 적폐대상을 선정하고 있다고 한다.

지금까지 문재인 정권은 <적폐청산>에 매진(邁進)하여 전 정권과 전전 정권을 청소한다고 했다. 그러나 그 과정에서 "공정과 정의"라는 가치는 빈사상태(瀕死狀態)에 빠졌다. 그것은 조국 게이트가 결정타가 된 것이다. 조국 사태로 인해 우리 사회의 공정한 경쟁이나 사회정의라는 말은 공허한 메아리가 되었다. 이 정권은 <내 편이냐? 네 편이냐?>에 따라 정의(正義)와 불의(不義)의 기준을 달리하는 "조폭식(組暴式) 정의관(正義觀)"으로 우리 사회를 병들게 했다.

문재인 대통령의 하명에 따라 무리하게 수사가 진행되는 과정에서 억울한 사람들이 자신의 목숨을 끊거나 충격을 받고 유명을 달리하는 비극도 잇따랐다. 역대 대통령들도 비리척결지침을 내린 적은 있었으나 문 대통령처럼 이렇게 많은 개별사건에 대해 수사지시를 내린 적은 없다고 한다. 그러나 그 사건들에 대해 하나같이 무혐의 또는 무죄판결이 나오고 있으나 문 대통령은 자신의 지시에 대해 사과(謝過) 한마디가 없이 함구(緘口)하고 있다. 그 대표적인 사례를 보자.

(가) 국방부의 제주해군기지 홍보활동

검찰이 이명박 정부 때 '국방부의 제주해군기지 홍보활동'이 정치중립 의무 위반인지 여부에 대해 수사를 착수했다고 보도됐다. 제주해군기지는 한국의 안보를 위한 필수요소로 보고 있으므로 검찰이 6년이 지난 시점에서 그 수사를 하는 배경에 의구심이 들 수밖에 없다. 국방부 주변에서는 이번에도 또 '김관진 전 안보실장'을 겨냥한 것이라는 말이 나왔다. 김 전 실장은 문재인 정부 출범 이후 사드추가반입 보고누락의혹을 시작으로 사이버사령부 댓글지시의혹, 차기전투기 기종결정의혹, 기무사 계엄령문건관여 의혹 등에 대해 청와대, 검찰, 감사원의 조사, 수사를 받았다.

그 과정에서 한차례 구속영장이 발부된 후 구속적부심으로 풀려났다가 다른 의혹으로 영장이 청구됐으나 기각됐다. 어느 하나로도 죄를 뒤집어씌우지 못하자 여섯 번째로 제주해군기지 홍보활동수사를 시작한 것이다. 검찰이 정권의 충견(忠犬)이라고 해도 도를 넘은 것이다. 김관진 전 실장은 북한이 가장 싫어하고 두려워한 대한민국의 '강직한 군인'이었다. 그런 김 전 실장이 문재인 정권에서는 반드시 구속해야 할 대역범죄자가 된 것이다. 법을 악용해 사람을 마녀(魔女)사냥 하듯 하는 정권과 검찰이 오히려 범죄 행위의 주체가 된 것이다.

(나) 이영렬 전 서울중앙지검장 돈 봉투 만찬사건

국정논단사건의 특별수사본부장을 맡았던 '이영렬 전 서울중앙지검장'의 이른바 '돈 봉투 만찬사건'이 언론보도를 통해 알려지자 문대통령의 감찰지시(하명수사)로 검찰이 이른바 김영란 법위반으로 기소하자 법무부는 기소 다음 날 해임하고 면직이라는 중징계처분을 했다. 그러나 이 사건은 대법원에서 무죄판결(대판 2018.10.25. 2018도7041)이 나왔으며, 그 후 이 사건으로 면직처분을 받은 이영렬 전 지검장이 법무부장관을 상대로 한 면직처분 취소소송(행정소송)에서 승소판결을 받았다. 위 판결이 확정될 경우 이 전 지검장은 검찰에 복직하게 된다. 문재인 정권은 검찰을 정치권력과 분리해 개혁한다고 했으나 그 충견이 된 검찰은 그 하명을 받아 부당한 수사를 반복하고 있다.

(다) 기무사 계엄문건사건(이재수 전 기무사령관의 자살사건)

문 대통령이 해외순방 중 '특별수사지시'를 내린 **기무사 계엄문건사건**은 사실상 종결되었다. 검찰은 세월호 참사 당시 유가족과 실종자 가족들을 사찰했다는 혐의로 구속영장 실질심사에 출석하는 이재수 전 기무사령관에게 수갑을 채우고 몸을 묶어 포토라인에 세웠다. 이 전 사령관은 '세월호 구조에 군이 동원되면서 기무사도 정상적 임무를 수행한 것이다', '기무사에도 세월호 유족이 있는데 사찰이 말이 되느냐', '잘못이 있다면 내가 책임을 지겠다.'고 항변했으나 받아들여지지 않았다.

2018년 12월 7일 오후 서울 송파구 문정동 한 오피스텔에서 이재수 전 기무사령관이 13층에서 투신해 숨진 이곳 로비의 대리석 바닥에 누군가 **"조국을 위해 열심히 일해 주셔서 감사합니다. 당신의 죽음은 헛되지 않을 것입니다."**라는 글을 붙여놨다고 보도됐다. 내 편과 내 사람만을 챙기는 현 정권의 충견이 된 검찰이 30년간 국가안보에 헌신한 국군장성에 대한 무리한 압수수색, 별건수사, 먼지 털기 수사로 이재수 전 기무사령관을 투신자살이라는 비극으로 몬 것이다. 전 정권의 적폐를 청산한다는 정부가 스스로 새로운 적폐(積弊)를 쌓아가고 있다.

2021년 1월 19일 검찰 세월호참사특별수사단(특수단)은 세월호 참사를 둘러싸고 제기된 '기무사·국정원의 유가족 사찰' 등 의혹 대부분이 무혐의라는 최종 수사결과를 발표했다. 특히 이재수 전 기무사령관을 죽음으로 몰고 갔던 '기무사의 유가족 불법사찰' 의혹이 무혐의로 종결되자 법조계에서는 "억울한 죽음이었다."는 평가가 나왔다. 이 전 사령관은 세월호 유가족 고소로 2018년 12월 서울중앙지검 공안2부(부장 김성훈)의 수사를 받다가 극단적 선택을 했다. 이제서야 결백(潔白)이 입증됐다.

문재인 대통령은 전군 지휘관회의에서 "기무사의 세월호 유족사찰은 구시대적이고 불법적 일탈행위"라고 했다. 수사와 재판을 하지도 않은 상태에서 불법이라고 단정한 어명(御命)을 내리자 정권의 주구(走狗)가 된 검찰이 이 전 사령관 죽이기 수사에 착수했다. 이 전 사령관의 죽음은 "권력에 의한 살인"으로 그 책임자는 문 대통령으로 유족에게 사과하고 국민에게 진상을 밝혀야 한다고 한다.

30년간을 참 군인으로서 국가의 안전보장과 국토방위의 신성한 의무를 수행해온 이재수 전 기무사령관에 대해 적폐청산을 빙자한 인권탄압으로 투신자살이라는 비극으로 내몬 정권은 이재수 전 사령관의 분묘(墳墓) 앞에 무릎을 꿇고 용서를 빌며 참회(懺悔)해야 할 것이다. '하늘을 좇는 자는 살고, 하늘을 거스르는 자는 망(亡)한다.'고 했다. "천벌(天罰)은 늦으나 반드시 온다(Heaven's vengeance is slow but sure.)."고 경고했다.

(라) 김태우 수사관 사건
청와대 문제를 폭로한 김태우 수사관에 대해 청와대 윤영찬 국민소통수석은 '궁지에 몰린 미꾸라지 한 마리가 개울물을 온통 흐리고 있다'고 했다. 검찰은 지금 김 수사관의 비위를 캔다며 골프장 7~8곳을 압수수색했다. 청와대는 김태우 수사관을 공무상비밀누설혐의로 검찰에 고발한다고 밝혔고, 대검감찰본부는 지난 18일 김태우 수사관의 골프접대의혹을 확인한다며 골프장 7~8곳을 압수수색했다. 청와대는 김태우 수사관을 두고 '미꾸라지 한 마리의 분탕질'이라고 했다.

공익신고자보호법에 의하면 '누구든지 공익침해행위가 발생하였거나 발생할 우려가 있다고 인정하는 경우에는 공익침해행위를 하는 사람이나 기관, 단체, 기업 등의 대표자 또는 사용자, 수사기관 등에 공익신고를 할 수 있으며(동법 제제6조)', '공직자는 그 직무를 하면서 공익침해행위를 알게 된 때에는 이를 조사기관, 수사기관 또는 위원회에 신고하여야 한다(동법 제7조).'고 '신고의무'를 규정하고 있다. 그러나 김 전 수사관은 2018년 12월부터 2019년 2월까지 여권 관련인사의 감찰내용 등을 언론 등에 폭로한 혐의로 청와대로부터 고발당했다.

청와대 특별감찰반의 민간인 사찰의혹 등을 폭로한 혐의로 재판에 회부된 김 전 검찰수사관에 대해 2021년 1월 8일 수원지법 형사1단독(이원석 부장판사)은 징역 1년에 집행유예 2년을 선고했다. 재판부는 "피고인은 검찰 공무원으로서 청와대 특감반 파견근무 당시 비위행위로 감찰을 받던 중 친여권인사에 대한 의혹과 특감반의 민간인사찰을 주장하며 관련 보고서를 언론에 공개했다."며 "이는 대통령의 인사권과 특감반에 대한 국민적 의구심을 불러일으켜 인사와 감찰이라는 국가기능에 위협을 초래했다."고 판단했다. 이 판결에 대해 김 전 수사관은 "모든 사안을 똑같은 마음으로 공익신고하고, 언론에 제보한 것인데 어떤 것은 유죄이고, 어떤 것은 무죄라니 납득할 수 없는 결론"이라며 항소입장을 밝혔다고 보도됐다.

(마) 환경부의 '블랙리스트'사건

환경부가 전(前) 정권시절에 임명된 산하기관임원들을 찍어내려고 만든 문건들이 '장관 전용 폴더'에 저장된 것으로 검찰수사에서 드러났다. 그 문건은 사표제출을 거부하는 임원들의 업무추진비 사용내역 등을 무기한 감사하고, 물러나지 않으면 고발한다는 내용이다. 검찰은 환경부 압수수색에서 그 문건을 찾아냈고, '장관에게 보고하고 지시도 받았다.'는 실무자들 진술도 확보했다고 보도됐다(2019. 2. 19. 조선일보 사설). 검찰은 블랙리스트혐의로 전(前) 정권인사 수십 명을 법정에 세웠으므로 이제 현 정권의 블랙리스트문제를 그냥 덮어둘 수는 없게 되었다.

'환경부 블랙리스트사건'으로 기소된 김은경 전 환경부장관이 1심 재판에서 징역2년 6개월을 선고받고 법정구속되었다. 함께 기소된 신미숙 전 청와대 균형인사비서관도 징역 1년 6개월에 집행유예 3년을 선고받았다. 김은경 전 장관과 신미숙 전 비서관이 공모해 산하기관 임원에 청와대와 환경부 몫을 정하고, 원하는 사람을 임명하기 위해 산하기관임원들의 사표를 일괄제출 받았다. 사표를 거부하면 표적감사를 실시해 사표를 받았다고 한다.

환경부 블랙리스트사건은 문재인 정권이 전 정권의 대표적 적폐로 비판해온 '문화계 블랙리스트사건'과 판박이다. 문화계 블랙리스트사건으로 전직 대통령과 청와대 비서실장, 장차관 등 수십 명이 유죄판결을 받았다.

이 정권은 대담하게도 그와 똑같은 범죄를 저질렀다. 사건이 불거지자 청와대는 '블랙리스트가 아니라 체크리스트'라고 했다. 검찰이 구속영장을 청구하자 청와대는 '균형 있는 결정이 내려지리라 기대한다.'며 영장기각을 주문했고, 법원은 영장을 기각했다. 환경부 블랙리스트사건은 박근혜 정부 때 문화계나 방송계 블랙리스트와 다르다. 1심법원이 이를 중대범죄로 판시함으로써 정의와 공정이 무엇인지 보여준 것은 다행한 일이다.

(바) 한진그룹 조양호 회장의 급서

현 정부로부터 '적폐기업'으로 낙인찍혀 전방위 압박을 받아오던 한진그룹 조양호 회장이 2019년 4월 8일 급서(急逝)했다. 조양호 회장은 2019년 3월 27일 대한항공 주주총회에서 국민연금의 반대로 등기이사직을 박탈당한 후 폐질환을 앓던 증세가 급속히 악화됐다고 회사 측은 밝혔다. 2018년 4월 조회장 차녀의 '물컵 甲질사건' 이후 조 회장과 그의 가족은 검찰, 경찰, 관세청, 공정위, 교육부, 고용부, 복지부 등 11개 기관에서 25건의 조사를 받았다고 보도됐다(2019. 4. 9. 조선일보 사설).

물컵 갑질사건과 관련 없는 별건조사로 확대되어 밀수, 가정부불법고용과 같은 사안으로 조 회장 가족에게 망신을 주었고, 18차례에 걸친 한진그룹 계열사에 대한 압수수색으로 조 회장 일가를 14번 검찰, 경찰 등의 포토라인에 세우는 등 마녀사냥, 인민재판이 따로 없었다고 보도됐다. 검찰은 물컵 甲질사건에 대해선 무혐의로 기소도 하지 않았고 가족에 대한 구속영장신청이 모두 기각되자 사정(司正)의 칼날은 조 회장으로 향했다.

검찰은 항공기장비와 기내면세품 구매과정에서 수백억 원대 횡령혐의로 기소했고, 국민연금은 '주주가치 훼손'을 이유로 조 회장을 대한항공 이사회에서 축출했다. 대기업 오너 가족의 갑질 행위나 부도덕한 행위는 비난받아 마땅하나 '도덕적 비난'과 '법에 의한 처벌'은 엄격이 구별되어야 한다. 특정 기업이나 인물을 대상으로 법을 악용해 '먼지 털기식 수사'로 처벌하는 것은 법치(法治)가 아니다. 조 회장 사망에 대해 재계에선 '간접살인'이란 개탄까지 나오고 있다.

조 회장의 죽음은 자유민주주의와 시장경제의 근간인 법치주의가 지금 우리 사회에서 제대로 작동되고 있느냐는 물음을 던지고 있다.

(사) 박찬주 전 육군대장에 대한 뇌물죄사건(항소심의 무죄판결)

공관병에 대한 甲질행위라는 뇌물혐의로 구속되었던 박찬주 전 육군대장이 2019년 4월 26일 항소심에서 무죄판결을 받았으며, 이날 검찰은 공관병 가혹행위와 직권남용 의혹사건에 대해서 무혐의처분을 했다. 다만, 부하 장교의 보직변경청탁을 들어준 혐의가 인정돼 벌금 400만 원을 선고받았다. 박 전 대장 부부는 2017년 7월 공관병을 부당하게 부려먹고 괴롭혔다는 군인권센타(시민단체)의 폭로와 여론재판, 마녀사냥, 별건수사 등으로 인격살인을 당했다.

당시 문재인 대통령은 "이번 기회에 군대 갑질문화를 뿌리 뽑으라"고 지시했고, 여당 대표는 "이적행위에 준하는 사건"이라고 했다. 군검찰은 '공관병 甲질'로 기소하기 어렵게 되자 박찬주 전 대장이 몇 년 동안 누구를 만나 무엇을 했는지를 탈탈 턴 결과 군부대의 고철을 수거, 폐기하는 고철업자에게 760만 원의 향응접대의혹으로 구속했으나 항소심 재판부는 이 사건에 대해서도 무죄를 선고했다.

박 전 대장은 '군복은 더럽히지 않겠다.'며 전역해 민간인 신분으로 수사와 재판을 받고자 '전역지원서'를 냈으나 국방부는 '불명예전역'을 시키기 위해 '정책연수파견'이라는 임시보직을 만들어 전역까지 방해했다. 박 전 대장이 군검찰에 출석할 때는 국방부 관계자가 "군복을 입으라"고 강요하여 현역 육군대장을 포승줄에 묶어 망신을 주려고 했다.

이에 대해 박 전 대장은 "국가권력에 의해 린치(lynch; 私刑)를 당한 기분"이라고 했다. 국군통수권자인 문대통령이 "국가의 안전보장과 국토방위의 신성한 의무를 수행함을 사명"으로 한평생 군복무를 해온 현역 육군대장에게 이처럼 잔인하게 명예를 훼손시키고 인격살인을 한 적폐청산을 본 대한민국의 현역 군인들이 과연 유사시에 그 총구를 어디로 향할지 의문이 아닐 수 없다. 박찬주 전 육군대장이 국방부에 전역지원서를 제출한지 1년 8개월이 지난 2019년 4월 30일 **"후배 장교 및 장성들에게 전하는 당부"**라는 제목으로 아래와 같은 내용의 전역사(轉役辭)를 띄웠다. 이 전역사는 모든 군인이 읽고 가슴에 새겨 인생의 좌우명(座右銘)으로 삼아야 할 내용이다.

"정치 지도자들은 때때로 국익보다 정권이익을 위해 인기 영합적 선택을 하는 경우가 많다. 군의 정치적 중립은 군이 정치에 흔들리지 않고, 심지어는 정치지도자들이 잘못된 선택을 하더라도 굳건하게 국가방위태세를 유지하여 국가의 생존과 독립을 보장하는 것이다. 정치가들이 평화를 외칠 때 오히려 전쟁의 그림자가 한 걸음 더 가까이 왔다는 것은 역사가 증명하고 있다. 정치지도자들이 상대편의 선의를 믿더라도 군사 지도자들은 선의나 설마를 믿지 말라. '힘이 뒷받침되지 않은 평화'는 진짜 평화가 아니며 전쟁을 각오하면 전쟁을 막을 수 있다. 매력군대를 만들어야 한다. 정권이 능력을 상실한다면 다른 정당에서 정권을 인수하면 되지만 우리 군을 대신하여 나라를 지켜줄 존재는 없다.”라고.

투철한 군인정신으로 국가의 안전보장과 국토방위의 신성한 의무수행에 한 평생을 바쳐온 육군대장(4성장군)이 예포(禮砲)도, 의장대 사열도 없이 쓸쓸히 군복을 벗고 떠나며 남긴 위와 같은 전역사(轉役辭)는 온 국민의 가슴에 큰 울림을 남겼다. 4성장군(四星將軍)이 전역할 때는 105미리 예포 19발이 울리는 가운데 늠름한 의장대를 사열한다. 그러나 박 전 대장은 공관병 甲질의혹혐의로 인한 불명예퇴역으로 그러한 권리마저 박탈당했다. 우리 사회에 진정으로 뿌리 뽑아야 할 ‘진짜 甲질문화’와 ‘적폐’는 현 정권과 여당 주변에 잠재(潛在)해 있음이 입증되었다. 이것이 문재인 정권의 적폐청산의 전모(全貌)이다.

(아) 탈 북민 강제북송은 반인도적(反人道的) 범죄행위 _ 2019.11.26. 법률신문 법조광장

2019년 11월 7일 탈북민 2명이 동해에서 한국으로 ‘귀순의사’를 밝혔는데도 문재인 정부는 북한으로 본인도 몰래 강제 추방했다. 정부는 북한 성원들의 나포 사실 자체를 은폐하다가 추방 후에야 공개했다. 이 사건의 가장 큰 문제의 핵심은 귀순자 2명을 그들의 의사에 반하여 강제북송 한 반인도적 국제범죄로서 사건 자체를 철저히 은폐하려 한 점이다. 이 사건은 의혹투성이로 인류의 평화와 안전에 도전하는 <**반인도적**(反人道的) **국제범죄행위**>로서 강제추방조치에 관련된 자의 책임규명과 국정조사를 해야 할 사안이다.

국제범죄(國際犯罪 : international crime)라 함은, (1) 전쟁범죄로서 통상의 전쟁범죄 및 평화에 대한 죄, 인도(人道)에 대한 죄, (2) 침략전쟁 기타의 병력행위, (3) 해적행위, 노예매매, 마약밀매 등의 범죄, (4) 집단살해를 말한다. 우리나라는 "북한주민의 인권보호 및 증진을 위하여 UN 세계인권선언 등 국제인권규약에 규정된 자유권 및 생존권을 추구함으로써 북한주민의 인권보호 및 증진에 기여함을 목적"으로 <**북한인권법**>을 제정하여 시행하고 있다.

탈북민 2명은 군사분계선에 도착할 때까지도 자신들이 북송된다는 사실조차 알지 못했다고 한다. 정부는 17T급 오징어잡이 배에서 16명을 흉기로 살해했다는 탈북민 2명을 북한 당국이 찾고 있다는 사실을 대북감청을 통해 파악해 북한에 송환했다고 해명했다. 이 해명이 사실이라면 귀순자의 의사에 반해 정부가 자발적으로 북한에 신병을 넘겼다는 말이 된다. 이것은 고문 및 그 밖의 잔혹한 비인도적인 또는 굴욕적인 대우나 처벌의 방지에 관한 협약 제3조 제1항의 '어떠한 당사국도 고문받을 위험이 있다고 믿을 만한 상당한 근거가 있는 다른 나라로 개인을 추방, 송환 또는 인도하여서는 아니 된다.'는 국제법을 명백히 위반한 것이다.

국제인권규약(國際人權規約 : International Covenant on Human Rights) 위반의 피의자로 몰린 대한민국의 명예회복을 위해서도 강제송환의혹이 짙어지는 어민 북송 논란은 철저히 그 진상을 밝혀 관련자들을 처벌함은 물론 UN 등 국제인권기구도 우리 정부의 북한 귀순자 강제추방을 국제인권범죄 예방차원에서 철저히 조사하여 국제인권재판소(國際人權裁判所)나 국제형사재판소(國際刑事裁判所)의 재판에 회부해야 할 것이다.

김연철 통일부 장관이 북한 어민 2명을 강제 북송한 다음 날인 11월 8일 국회에서<(북한어민들이) 신문을 받는 과정에서 '죽더라도 (북으로) 돌아가겠다'는 진술도 분명히 했다.>고 한 발언부터 거짓일 가능성이 높다. 통일부 장관은 북한 선원들의 강제송환을 정당화하기 위해 이들이 귀순의사가 없었던 것처럼 거짓말까지 했다. 통일부 당국자가 "북 주민들이 자필로 귀순 의향서를 작성했다."고 밝혔고, 군 당국도 "북한 주민들이 우리 해군의 퇴거 작전에 저항하며 일관되게 남쪽으로 향했다."고 보고했다. 그들은 남쪽으로 도피한 후 합동심문조사 때에는 '북한으로 돌아가겠다.'는 말을 하지 않았다는 것이다.

이러한 통일부 당국자의 설명은 김 장관의 국회 발언과 정면으로 배치된다. 통일부는 북한 어민들이 NNL을 오르내리는 등 "귀순의사가 불분명했다"고 했으나, 군(軍)당국의 보고를 받은 야당의원은 "어민들이 우리군의 경고사격을 받고도 남하했다"고 했다. 이들은 김책항으로 돌아갔다가 체포될까 두려워 죽음을 무릅쓰고 남쪽으로 도주했는데 이들이 "죽더라도 돌아가겠다"고 진술했다는 것은 거짓말이다. 이들은 합동신문조사에서 자필진술서에 "귀순 하겠다"는 의사를 명백히 표현했다고 한다.

대법원은 "북한지역은 구헌법 제4조에 의하여 대한민국의 영토에 속하는 한반도의 일부를 이루는 것이므로 이 지역에는 대한민국의 주권이 미칠 뿐이요, 대한민국의 주권과 부딪치는 어떠한 주권의 정치도 법리상 인정될 수 없다고 보아야 될 것이다(대판 1961.9.28. 4292행상48)."라고 판결했다. 이 판결로 북한지역에도 대한민국의 주권이 미치므로 헌법상 북한 주민도 대한민국 국민이다. 따라서 우리 영토에 들어와 귀순의사를 밝힌 북한주민은 우리 국민이므로 정부는 이를 보호할 책임이 있다(헌법 제3조, 제69조).

    만일 이들에게 살인 혐의가 있다면, 형법의 적용 범위에 관한 속인주의(屬人主義, 형법 제3조) 및 속지주의(屬地主義, 형법 제2조) 원칙에 따라 우리나라 사법당국이 수사와 재판을 하는 것이 적법한 절차이다. 북한선원도 대한민국 국민이므로, 자국민(自國民)의 범죄에 대하여는 범죄지(犯罪地) 여하를 불문하고 자국형법을 적용한다는 속인주의(屬人主義) 및 북한선원들이 대한민국의 영역 내에서 범한 범죄행위이므로, 자국의 영역 내에서 발생한 모든 범죄에 대하여 범죄자의 국적에 관계없이 자국형법을 적용한다는 속지주의(屬地主義)의 양 원칙에 따라 우리 사법당국이 적법절차에 따라 수사와 재판을 하는 것이 원칙이다.

    국제연합헌장 제1조는 국제연합의 목적으로 <국제평화 및 안전을 유지할 것>, <여러 국가 간의 우호관계를 발전시킬 것>, <경제적, 사회적, 문화적, **인도적인 문제**의 해결을 위하여 국제협력을 달성할 것> 등을 들고 있다. **국제인권규약**은 기본적 인권을 국제적으로 보장하기 위하여 1966년 12월 16일 제21차 UN 총회에서 채택된 규약으로 규약가입국을 법적으로 구속한다. 이 규약은 생존권적 기본권의 보장을 위하여 각 체약국이 그들의 입법조치로서 실현 달성할 것을 내용으로 하고 있다. 이 규약의 이행을 위한 입법조치로서 우리나라는 북한주민의 인권보호 및 증진에 기여함을 목적으로 <**북한인권법**(2016년3월3일 법률 제14070호)>을 제정, 시행하고 있다.

    그러나 우리 정부는 귀순자 2명의 북송 근거로, 살인 등 중죄를 저지른 탈북자는 '북한 이탈주민의 보호 및 정착지원에 관한 법률'상 '보호대상자'

로 결정하지 않을 수 있다는 것이다. 정부 측은 강제로 북송된 2명이 '국민의 안전을 위협할 수 있는 흉악범'이라는 해명을 했다. 이들에게 살인혐의가 있다면 우리 형법의 적용 범위에 관한 속인주의 및 속지주의 원칙에 따라 우리나라 사법당국이 수사와 재판을 하는 것이 적법한 절차이다.

Human Rights Watch(HRW : 인권감시)는 2019년 11월 12일(현지시간) 보도자료를 내고 "(한국정부의)신속한 북송조치는 UN 국제고문방지협약을 어긴 것"이라고 비판하며, "한국의 헌법 제3조는 한반도 전체에 적용되기 때문에 한국 당국은 북한 선원 두 명을 범죄혐의로 기소할 수 있었다."고 밝히면서 "한국정부는 이번 사건을 조사하고, 두 선원의 기본인권을 침해한 관계자들에게 책임을 물어야 한다."고 촉구했다. **국제 앰니스티**(Amnesty International : 국제사면위원회) 한국지부는 2019년 11월 15일 성명을 내고 "(두 사람의) 범죄행위가 확인되기도 전에 범죄자로 낙인찍어 북송한 것은 재판받을 권리를 부인한 것"이라며 "비인도적일 뿐만 아니라 국제법규를 위반했다."고 했다.

국가는 북한 인권증진을 위한 인적교류, 정보교환 등과 관련하여 국제기구, 국제단체 및 외국 정부 등과 협력하며, 북한 인권증진에 대한 국제사회의 관심을 제고하기 위하여 노력하여야 한다(북한인권법 제9조 제1항). 북한이탈주민법 제3조는 '이 법은 대한민국의 보호를 받으려는 의사를 표시한 북한이탈주민에 대하여 적용 한다.'라고 규정하여 동법의 '적용대상자의 요건'은 '대한민국의 보호를 받으려는 의사를 표시한 북한이탈주민'만으로 족하다.

이들은 탈북하기 위하여 생명의 위협을 무릅쓰고 험난한 과정을 거쳐 귀순할 수도 있으며, 특히 이들이 살인범이라는 확증이 있는지도 의문이며, 그들이 흉악범이 아니라 북한에서 가혹한 인권유린을 당한 피해자일수도 있다. 설령 북한 선원 2명이 살인을 저지른 흉악범이라고 할지라도 전쟁범죄, 집단학살 및 반인도적 범죄를 자행하는 북한과 같은 반인권국가로 강제송환 하는 것은 고문이나 받다가 처형당하라고 하는 것이나 다름없는 국제범죄행위이다.

북한주민이탈법 제4조 제1항은 <대한민국은 보호대상자를 인도주의에 입각하여 특별히 보호한다.>, 제4조의2 제1항은 <국가는 보호대상자의 성공적인 정착을 위하여 보호대상자의 보호 · 교육 · 취업 · 주거 · 의료 및 생활보호 등의 지원을 지속적으로 추진하고 이에 필요한 재원을 안정적으로 확보하기 위하여 노력하여야 한다.>, 제4조의3 제1항은 <통일부 장관은 북한이탈주민 대책협의회의 심의를 거쳐 보호대상자의 보호 및 정착지원에 관한 기본계획을 3년마다 수립 · 시행하여야 한다.>라고 각 규정하고 있다. 그러나 우리 정부와 통일부 장관은 위와 같은 법 규정들을 전부 위반한 것이다.

문재인 정권이 북송(北送)할 대상은, 대한민국에 귀순의사를 밝힌 북한 선원 2명이 아니라 대한민국에 살면서 온갖 특권을 누리는 반면 국가의 안전과 자유민주적 기본질서를 위태롭게 한다는 정(情)을 알면서 우리의 주적(主敵)인 북한정권을 찬양(讚揚), 고무(鼓舞), 선전(宣傳), 동조(同調)하는 <정신적 월북자> 또는 <잠재적(潛在的) 월북자> 및 인권운동 법조인을 자처하면서 북한 김정은 정권하의 북한 주민의 노예생활, 고문과 잔혹한 비인도적 처형 등 기본권 침해행위에 침묵하며 이에 동조하는 <위선적(僞善的) 인권운동가>라고 본다. 인류의 역사와 자유민주주의는 '인간애(人間愛)'와 '인권의 존엄성'을 기초로 하여 창조되고 유지 발전한다.

문재인 정부의 이러한 강제북송조치는 2019년 11월 부산 한·아세안 정상회의에서 <김정은 쇼>를 해보겠다는 기대 때문이라고 보도됐다. 문재인 대통령이 김정은에게 한·아세안 특별정상회의의 초청친서를 보낸 날짜가 <11월 5일>이라고 북한이 공개한 날이 공교롭게도 문재인 정부가 귀순한 탈북어민 2명을 추방하겠다고 북한에 서면으로 통보한 바로 그 날이다. 문재인 정부가 강제로 추방한 북한 선원 2명은 '김정은 초청장의 희생양(犧牲羊)'이 되었다.

그러나 북한은 2019년 11월 21일 문 대통령이 김정은에게 한·아세안 특별정상회의 초청친서를 보냈다는 사실을 발표하면서 초청을 일언지하(一言之下)에 거절해 문재인 정부가 구차하게 김정은에게 매달렸다는 사실을 북한이 공개했다. 북한으로부터 '삶은 소대가리', '겁먹은 개'라는 등 모욕을 당하면서도 문 대통령은 바른 말 한마디 못하는 벙어리가 되어 굽신거리고 있으니 김정은은 갈수록 기고만장(氣高萬丈)해지는 것이라고 한다.

이러한 문재인 정부의 국제적 망신으로 대한민국 국민의 낯이 뜨거워지고 있으나 문재인 정부는 김정은 쇼만 구걸하고 있다. 문 대통령은 김정은 답방에 대한 낙관론을 포기하고 남북관계의 냉철한 현실을 직시하고 <김정은 쇼 환상>에서 깨어나야 할 것이다. 인권변호사를 자처(自處)하며 <사람이 먼저>라고 외쳐온 문재인 대통령은 헌법에 규정된 무죄추정의 원칙(헌법 제27조 제4항)을 무시하고 북한의 주장만을 기정사실화하여 "북한으로 돌아가면 처형된다."고 애원했을 귀순자 2명을 강제로 북송했다.

만일 이들이 북한에서 처형(處刑)된다면 강제북송에 관련된 자들은 천벌(天罰)을 받을 것이다. 통일부와 국정원이 소극적이었던 강제북송을 청와대가 일사천리로 처리한 것이 의혹의 핵심이다. 동족상잔(同族相殘)의 전범(戰犯)의 후손으로 세계 유일의 인권유린의 살인마(殺人魔)인 김정은 독재정권을 탈출해 자유의 품으로 귀순한 20대 두 청년을 사지(死地)로 강제 추방한 현 정권의 야만성(野蠻性)에 자유를 사랑하고 인권을 존중하는 전 세계인과 국제기구마저 분노하고 있다.

정부는 헌법에 규정된 무죄추정의 원칙(헌법 제27조 제4항)을 무시하고 북한의 주장만을 기정사실화하여 '북한으로 돌아가면 처형 된다.'고 애원했을 귀순자 2명을 강제로 북송했다. 국회는 의혹투성이 거짓말에 관련된 강제북송에 대한 신속한 조사에 착수하여 통일부 장관이 거짓말을 했다면 즉각 해임 건의하고(헌법 제63조) 관련자 전원을 국회청문회에 출석시켜 철저한 진상조사를 해야 한다.

북한어민 강제북송은 헌법(제3조, 제10조, 제69조), 북한인권법(제1조, 제8조, 제9조 등), 북한이탈주민법(제3조, 제4조, 제4조의2, 제4조의3), 고문 및 그 밖의 잔혹한 비인도적인 굴욕적인 대우나 처벌의 방지에 관한 협약(제3조, 제4조) 등을 명백히 위반한 것으로서 우리 헌법의 가치와 국제법을 위반한 '반(反) 인도적 국제범죄행위'다. 대통령·행정각부의 장(長)이 그 직무집행에 있어서 헌법이나 법률을 위배한 때에는 국회는 탄핵의 소추를 의결할 수 있다(헌법 제65조 제1항).

국제인권재판소'는 기본적 인권의 국제적 보장을 확보하기 위하여 피해자 또는 관계국 등의 신청에 의하여 인권침해유무를 국제적으로 확인하고, 만일 인권침해의 사실이 인정되었을 때에는 구체적 구제조치를 판결의 형식으로 표명하는 국제사법기관으로서, 소송절차에 의하여 사실을 확인하고 그 판결은 당사자를 구속한다. '국제형사재판소'는 국제범죄(즉, 집단학살, 전쟁범죄, 반인도적 범죄 등)를 범한 개인을 심리·처벌하는 세계 최초의 상설재판소로 2002년 7월 1일 설립되었다.

문재인 정부가 귀순의사를 밝힌 북한선원 2명을 강제 북송한 것에 대해 UN 인권최고대표사무소가 "두 사람이 고문과 처형을 당할 심각한 위기에 처한 것을 우려한다."는 입장을 밝혔고, 11월 말 방한 예정인 UN 북한인권 특별보고관은 "앞으로 추진할 조치에 대해 관련정부(한국정부)들과 접촉 중"이라고 밝혔다. 국제엠네스티는 "한국정부가 UN 고문방지협약의 강제 송환금지원칙을 지키지 않았다."면서 "이번 사건을 국제인권규범위반으로 규정한다."고 했다. 북한 선원 두 명을 강제북송한 반인도적 국제범죄행위를 한 자들은 피고인으로 국제인권재판소 또는 국제형사재판소에 회부될 것이다(2019. 11. 26. 법률신문 법조광장에는 지면관계로 위 원고 일부가 누락되었다).

(자) '대북전단금지법'에 대한 국제사회의 비판확산

정부여당이 강행처리한 대북전단금지법에 대해 국제사회의 비판이 확산되는 와중에 한국의 대북인권정책은 물론 한국 인권문제가 국제사회의 비판과 시험대에 올랐다. 미국의회 산하 인권기구인 '톰 랜토스 인권위원회'가 한국정권이 최근 강행처리한 대북전단금지법에 대해 '내년 1월경 한국청문회를 열 것'이라고 예고했고, UN 북한인권 특별보고관의 재고 권고에 이어 영국 의회에선 자국정부의 개입을 촉구했고, 일본 아사히신문은 비판사설을 냈다. 이에 앞서 위원회 의장인 스미스 하원의원은 "대북전단 금지법이 가장 잔인한 공산정권에서 고통받는 주민들에게 민주주의를 증진하고 지원하는 행위를 범죄화한다."며 청문회소집을 경고한 바 있다.

미국 의회뿐만 아니라 국무부 전·현직 관료들은 대북전단금지법에 대해 "부도덕하다"고 했고, 국제인권단체들은 "한국이 민주국가 맞느냐"고 비난하고 있다. 미 하원 외교위원회 소속 제리 코넬리 의원은 2020년 12월 17일 대북전단금지법과 관련한 비판성명에서 "한국 국회가 남북한 접경지역과 중국 등 제3국을 통해 인쇄물과 보조 저장장치, 돈, 기타 물품을 북한에 보내는 행위를 금지하는 법안을 가결한 것을 우려한다."며 문재인 대통령에게 수정을 촉구했다. 미 의회와 행정부는 물론 국제사회에서 한국을 반(反)인권국가로 보고 있다.

인권변호사를 자처(自處)하는 대통령이 지배하는 한국이 '3류 인권국가'로 전락했다. 공식 발간예정인 '2020 국가별인권보고서'의 내용이다. 미국의소리(VOA)에 따르면 이 보고서는 한국의 인권문제 중 '부패와 정부 투명성 부재' 항목에서 조국 전 법무부장관과 부인 정경심 씨 등에 대한 부패수사, 박원순 전 서울시장·오거돈 전 부산시장의 성추행사건, 윤미향 의원의 위안부 기금유용사건, 김홍걸 의원의 후보자 등록 당시 재산축소신고사례를 적었다고 보도했다(2021. 3. 23. 중앙일보 사설).

더불어민주당이 강행처리한 대북전단금지법은 군사분계선일대에서 북한에 대한 확성기 방송, 시각 매각물(전광판), 전단 살포를 금지하며, 북한에 쌀과 초코파이를 보내는 것도 감지하는 반인권적 내용을 담고 있다. 이러한 국제사회의 비판이 확대되는 것은 대북전단금지법이 북한주민의 '알 권리'를 봉쇄하고 국민의 '표현의 자유'를 제한하는 반(反) 민주적 악법으로서 '재갈물리기법'이기 때문이다. 더불어민주당은 '한국 내정(內政)에 대한 훈수성(訓手性) 간섭'이라고 반발했으나 국제사회의 냉엄한 비판에 대해 '내정간섭'이라는 정부와 여당의 대응은 자가당착(自家撞着)일 뿐이다. 인권변호사를 자처하는 한국 대통령이 미국의회의 "인권청문회"대상이 됐다.

미국 하원 톰 랜토스 인권위원회가 2021년 4월 15일(현지시각) <한국의 시민적·정치적 권리: 한반도의 인권에 미치는 영향>을 주제로 한 화상 청문회를 개최했다. 북한인권실상이 적나라하게 공개된 이번 청문회는 북한의 최대명절인 김일성 생일에 맞춰 전 세계에 생중계됐다. 인권위 공동위원장인 크리스 스미스 의원은 "표현의 자유를 제약하고 한국 대중음악의 북한 유입을 막는 '반(反) 성경·BTS 풍선법'"이라고 맹공(猛攻)했다. 청문회는 유럽연합과 UN에서 대북전단금지법에 대한 비판이 쏟아진 시점에 맞춰 개최됐다. 이날 청문회는 사실상 '문재인 정부 청문회'였다고 보도됐다.

청문회에 참석한 증인들은 문재인 정부 집권 후 전직 대통령과 대법원장 구속, 방송사 인적 물갈이, 역사교과서 수정, 탈북자 송환 등을 거론하며 "민주주의가 공격받고 있다"고 주장하며, 전단금지법은 북한의 요구에 따른 "대북 굴종(屈從)"이라고 비판했다. 국제사회가 한목소리로 대북전단금지법을 비판하며 한국성토에 나선 것이다. 청문회에선 "한국 민주주의 쇠퇴(decay)" "문재인 정부가 북한주민 고통을 무시하는 건 (인권)범죄에 공모하는 것"이라고 했다. 사실상 "문재인 정부 청문회"라고 보도됐다. 미국이 작심(作心)하고 대북전단금지법을 비판하고 나섰는데도 통일부는 16일 "접경지역 주민의 생명과 안전을 보호하기 위한 것"이라며 대북전단금지법을 "이행할 것"이라고 기존입장을 고수했다. 정부는 청문회를 향해 "의결권한 도 없는 정책연구모임 성격"이라고 폄하(貶下)했다. 헌법과 인류의 보편적 가치에 반하는 대북전단금지법은 폐지해야 한다.

(차) 사법행정권 남용사건

검찰은 2018년 사법행정권 남용사건과 관련해 양승태 전 대법원장, 임종헌 전 법원행정처 차장을 비롯해 전·현직 판사 14명을 기소했다. 이 중에 드루킹 댓글조작 작업을 공모한 김경수 경남지사에게 업무방해죄로 징역 2년, 공직선거법위반으로 징역 10월 집행유예 2년을 선고하고 법정구속시킨 성창호 부장판사가 포함되어 있다.

2016년 서울중앙지법 영장전담판사였던 조의연, 성창호 부장판사는 당시 법관의 비리에 관련된 검찰의 '정운호 게이트' 수사기록과 영장청구서 내용을 신광열 형사수석 부장판사에게 보고했고, 신광열 부장판사는 그 정보를 임종헌 당시 법원행정처 차장에게 전달한 혐의(공무상비밀누설)로 기소됐다. 성창호 부장판사는 2019년 1월 서울중앙지법의 '드루킹 사건의 1심 선고에서 김경수 경남지사를 법정구속한 후 기소되어 '보복기소'라는 논란이 일기도 했다.

사법농단에 대한 수사는 2018년 9월 문재인 대통령이 대법원을 찾은 자리에서 "지난 정권에서 벌어진 사법농단의혹을 규명해야 한다."는 취지의 발언을 하자 김명수 대법원장이 "수사에 적극 협조 하겠다."고 호응하면서 본격화됐다.

서울고법 형사8부(부장판사 이균용)는 공무상비밀누설혐의로 기소된 신광렬 전 서울중앙지법 형사수석부장판사(56), 조의연 전 서울중앙지법 영장전담판사(55), 성창호 전 서울중앙지법 영장전담판사(49) 등 3명에게 2021년 1월 29일 무죄를 선고했다. 2심 재판부는 1심과 마찬가지로 "피고인들이 검찰수사를 저지하기 위해 법관의 비리를 은폐하려는 의사를 상호연락하며 공모하지 않았다."고 판단했다.

기소된 사람들 중 2021년 10월 대법원에서 무죄가 선고된 유해용 전 대법원 수석재판연구관을 포함해 지금까지 총 4명의 무죄가 확정됐다. 임성근 전 부산고법 부장판사는 2월 14일 1심에서 무죄를 선고받는 등 기소된 사람들 중 절반 이상이 무죄가 확정됐거나 하급심에서 무죄판결을 받았다.

재판부는 "재판의 신뢰확보를 위한 통상적인 사법행정조치를 한 것"이라고 판결하며, 이들의 보고를 "직무상 행위"라고 판단했다. 재판부는 '법관의 비위사항을 보고한 것일 뿐 사법부를 향한 수사 확대 저지를 위해 수사기밀을 보고했다고 볼 수 없다.'는 것이다. 조의연, 성창호 부장판사에 대해서도 '영장 전담판사로서 통상적으로 수석부장판사에게 처리결과를 보고한 것'이라며 법원 내부의 사전공모도 인정하지 않았다.

이 판결은 문재인 정부가 추진한 적폐수사가 법을 위반해 '전 정권은 악(惡)이며 현 정권은 선(善)'이라는 독선의 민낯을 보여준 것이라고 한다. 김명수 대법원장은 사법행정권 남용의혹으로 검찰이 법관을 기소하자 그 법관들을 재판업무에서 배제하는 등 원칙과 일관성이 없는 조치로서 사법부에 대한 국민의 신뢰를 손상시키는 결과를 초래했다. 사법행정권 남용혐의로 기소된 법관들은 판사직에서 물러나거나 재판에서 배제되는 등의 불이익을 받았고, 명예가 실추(失墜)됐다. 검찰의 잘못된 수사와 공소의 제기가 사법권 독립을 침해하고 있다.

(카) 미국 대통령에게 '억울한 죽음'을 호소해야 하는 나라

2020년 9월 서해상에서 북한군에 의해 살해당해 시신이 불태워진 해양수산부 공무원의 아들 李모 군이 조 바이든 미국 대통령에게 "아빠의 억울한 죽음에 대한 진실을 밝혀 달라"고 호소하는 편지를 썼다. 李 군은 "북한은 아버지를 바이러스로 취급해 사살하고 불태웠다."며 "가해자는 있는데 누구 하나 사과하는 사람이 없고 책임지는 사람도 없다. 어느 누구도 진상을 규명하려는 노력이 없고 오히려 조용히 덮으려는 분위기"라고 호소했다.

李 군은 "바이든 대통령은 인권에 관심이 많은 분으로 믿고 있다."며 "대한민국 18세 학생의 억울한 호소, 작은 외침을 들어 달라.", "바이든 대통령께선 가족을 잃은 아픔과 고통을 누구보다도 잘 아실 것"이라며 "여덟 살 여동생은 아직도 아버지 죽음을 모르며 매일 밤 아버지를 찾습니다."라고 했다. 李 군은 작년 10월 문재인 대통령에게 "아빠가 잔인하게 죽음을 당할 때 이 나라는 무얼 하고 있었는지, 어떤 노력을 했는지 묻고 싶다."는 편지를 보냈다.

문재인 대통령은 "직접 챙기겠다고 약속한다. 해경 조사와 수색결과를 기다려 달라"고 했다. 하지만 그걸로 끝이었다. 오히려 피살공무원의 월북 가능성을 발표했고, 군(軍)은 시신소각을 부인하는 북한의 말이 맞는다는 것을 입증하려고 시신수색 쇼까지 했다. 국정원은 "김정은이 지시한 게 아

니다.”라고 했고, 여당은 “남북관계에 전화위복의 계기가 됐다.”고 했으며, 일부 친문은 李 씨 가족을 공격했다.

李 씨 가족은 청와대와 국방부에 북한군 대화감청내용과 정부의 보고, 지시사항에 대한 정보공개를 요청했으나 묵살당하자 유엔북한인권위원회에 “진상조사를 해 달라”고 호소했다. 유엔인권최고대표사무소는 북한에 책임을 묻고 유족에게 배상해야 한다고 했고, 정부가 유족에게 정보를 제공하라고 했으나 우리 정부는 묵묵부답(黙黙不答)이다. 자기 나라 정부로부터 외면당한 국민이 지푸라기라도 잡는 심정으로 마지막 기댄 곳이 미국 대통령이었다. 이게 이른바 **“인권변호사 출신 대통령 보유국의 진면목(眞面目)”**이다.

(타) 북한으로 돌려보낼까봐 군 초소를 피해 월남한 귀순 남성

탈북 남성이 2021년 2월 16일 동해안으로 월남할 당시 경계용 감시카메라(폐쇄회로 TV)에 10차례 목격됐으나 관할 군부대는 8번이나 놓쳤고, 경보음이 두 차례 울렸으나 무시했다고 한다. 9, 10번째 포착 뒤에도 31분이 지나서야 최초보고를 했다. 합동참모본부가 23일 발표한 군 검열단의 이른바 ‘오리발 귀순’ 사건 현장조사결과다. 이런 경계실패에도 군 당국은 해안경계임무를 해경에게 떠넘기기 위한 세부계획을 연말까지 마련하기로 했다고 한다(2021. 2. 24. 동아일보 사설).

서욱 국방부장관은 지난 2월 16일 동해로 월남한 북한 남성은 ‘자신을 북한으로 다시 돌려보낼 것이라는 생각에 군(軍) 초소를 피한 것으로 확인했다’고 23일 밝혔다. 서 장관은 이날 국회 국방위원회에서 ‘북한 남성이 왜 군 초소를 피해 다녔느냐’는 국민의 힘 하태경 의원의 질문에 “군 초소에 들

어가 귀순하면 '나를 북으로 다시 돌려보낼 것'이라는 생각을 했다고 한다."
고 답하며 "그래서 민가로 가려 한 것 같다."고 했다. 국군에 발견되면 강제
북송 될 것을 우려한 것이다. 탈북민이 국군을 만나면 '살았다'고 안도하는
것이 정상이나 북한군과 같이 의심한다니 할 말이 없다.

한국 정부는 2019년 11월 동해에서 나포된 북한주민 2명을 북한으로 강
제추방했다. 그해 6월 57시간 사투(死鬪) 끝에 삼척항에 도착한 북한 어민 4
명 중 2명도 '귀순의사가 없다'며 북송됐다. 탈북민은 강제북송을 죽음이라
생각한다. 탈북민은 남한정부가 '귀순이 아니다'라고 판정 짓거나 북한이
'흉악범'이라고 모함해도 강제북송 당한다고 생각할 것이다. 그러니 귀순
한 남성이 국군을 피해 민가를 찾은 것이다.

외교부차관이 유엔인권이사회 연설에서 "우리 정부는 북한 내 인권상
황에 엄청난 관심과 우려를 갖고 있다."며 "북한주민들이 인권을 실질적으
로 향상하기 위해 노력해왔다."고 했으나 북한 인권을 위해 '어떤 노력'을 했
는지는 언급하지 않았다. 그런 사례가 없기 때문이다. 문재인 정부는 올해
도 유엔의 "북한 인권결의안" 제안국에 3년 연속으로 불참할 것이라고 한
다. 김여정 하명에 따라 '대북전단금지법'을 만들어 미 의회 '인권청문회 대
상국'이 되어 한국이 "북인권탄압국"으로 몰리는 실정이다. 이것이 인권변
호사 출신 대통령이 지배하는 한국의 인권상황의 현주소이다. 지금 국민은
'우리 국군의 존재 이유'를 묻고 있다.

(파) 북한군에 피살된 해수부 공무원의 진상규명을 막는 정부
2020년 9월 서해상에서 북한군에 피격(被擊) 사망 한 해양수산부 공무원

이모씨(당시 47세)에 대해 문재인 대통령이 28일 "대단히 송구한 마음"이라고 하며 "아무리 분단 상황이라고 해도 일어나서는 안 될 유감스럽고 불행한 일"이라며 "희생자가 어떻게 북한 해역으로 가게 됐는지 경위와 상관없이 깊은 애도와 위로의 말씀을 드린다고 했다"라고 했다. 사건 발생 엿새 만에 처음 나온 대통령의 유감 표명이지만, 북한군의 만행을 규탄하거나 정부의 대응 소홀에 대한 반성이나 사과는 없었다. 이번 사건을 대하는 대통령의 인식과 정부의 시각이 드러난 것으로, 실망을 넘어 참담(慘憺) 함을 금할 수 없다고 보도됐다(2020.9.29. 중앙일보 사설).

이 사건의 본질은 북한군에 의한 대한민국 국민의 피격 사망사건인데도 문 대통령은 "어떻게 북한 해역으로 가게 됐는지...."라며 마치 이모씨가 월북을 시도하다 빚어진 실종사건쯤으로 호도하는 인상을 주고 있다고 위 사설은 보도했다. 더욱이 북한이 보냈다는 전통문에 대해 "북한의 최고지도자로서 곧바로 직접 사과한 것은 사상 처음이며 매우 이례적"으로 "각별한 의미로 받아들인다"라며 고무된 모양새로 '국민의 자유와 행복의 증진에 노력'한다는 취임선서(헌법 제69조)를 한 대통령의 입에서 나온 말인지 놀라움을 금할 수 없다고 했다.

문 대통령은 또 "이번 비극적 사건이 사건으로만 끝나지 않도록 대화와 협력의 기회를 만들고 남북 관계를 진전시키는 계기로 반전(反轉) 되기를 기대한다"라며 "남북 군사통신선 복구를 희망 한다"라고 말한 것은 대통령의 임무를 망각한 발언으로 북한 측 주장에 끌려다니는 모습을 보여 준 것이다. 국민이 북한군의 총에 피격되어 사망했는데도 금강산 관광을 재개하고, 종전선언을 촉구하자는 것은 국민의 생명은 안중(眼中)에도 없고, 이마저 정략적(政略的)으로 이용하려는 국민에 대한 배신행위라고 했다.

정부는 '이모 씨가 자진 월북했다'고 하면서도 '이를 입증할 자료를 공개하라'는 유족의 요구를 거부해 왔다. 법원은 지난달(2021년 11월) 청와대가 국방부·해수부 등에서 보고받은 내용과 각 부처 지시 내용, 이모 씨 농료 진술조서 등을 공개하라고 판결했으나 청와대와 해경이 '군 기밀을 제외한 정보를 유족에게 공개하라'는 법원 판결에 불복해 항소했다. 대통령은 '국민의 자유와 행복의 증진에 노력하여 대통령으로서의 직책을 성실히 수행할 책무(헌법 제69조)'를 위반한 것이다. '대통령이 그 직무 집행에 있어서 헌법이나 법률을 위배한 때'에는 국회는 탄핵의 소추를 의결할 수 있다(헌법 제65조 제1항).

북한군에 피격당한 이씨 아들은 문 대통령에게 "아빠가 잔인하게 죽음을 당할 때 이 나라가 무엇을 하고 있었느냐"라는 편지를 썼고, 문 대통령은 "진실을 밝혀내도록 직접 챙기겠다"라고 했으나 청와대는 유족의 정보공개 요청마저 거부했고, 잇단 전화와 방문에도 응답하지 않았다. 대통령이 대놓고 거짓말을 한 것이다. 유족들은 1주기 때 제사상도 차리지 못했고, 고3인 아들은 월북자 가족이라는 낙인에 육사 진학을 포기했다. 오죽했으면 이씨 아들이 바이든 미국 대통령에게 "아빠의 억울한 죽음에 대한 진실을 밝혀 달라"라고 호소하는 편지를 썼겠나. 유엔 인권최고대표사무소도 북한에 책임을 묻고 유족에게 정보를 제공하라고 했으나 정부는 이것도 무시했다. 대체 '무엇을 숨기려고 정보공개를 막나'고 보도됐다(2021.12.7. 조선일보 사설).

2021년 12월 6일 오후 1시 인천경찰청 광역수사대에 고등학생 이모(18) 군이 들어섰다. 이 군은 지난해 10월 제출한 고소장의 고소인으로 조사를 받으러 왔다. 아버지가 북한군에 피살된 이후인 지난해 9~10월, 두 차례에 걸쳐 "이씨가 정신적 공황상태에서 월북한 것으로 판단된다"라며 이씨의 채무총액과 도박 횟수를 공개한 당시 해양경찰청장과 해양경찰청 수사정보국장 등 2명을 '허위사실유포에 의한 명예훼손'과 '사자명예훼손'으로 고소한 것이다. 이군은 "미성년자라 소송을 이어가기가 부담되지만 아버지 명예 회복을 위해 끝까지 취소하지 않을 것"이라고 했다. 당초 육군사관학교에 진학해 군인이 되려 했던 이군은 정부가 아버지의 피살을 '월북사건'으로 단정하면서, 그 꿈을 포기하고 국가를 상대로 한 싸움에 나섰다.

이군은 2022년 1월 18일 "문재인 대통령에게 받았던 무책임하고 비겁했던 약속의 편지는 더 이상 필요 없다"며 청와대에 반납했다고 한다. 이군은 "대통령께서 편지로 진실을 밝혀내겠다고 약속했지만 고등학생을 상대로 한 거짓말일 뿐 이었다"며 "피살당시 정보를 공개하라"고 했다. 대한민국 대통령이 19살 학생을 속였다가 불신임을 당한 것이다. 이군은 "견디기 힘든 시간이었지만 대통령님의 약속을 믿고 기다렸다"면서 "결국 편지는 비판여론을 잠재우기 위한 면피에 불과했다"고 했다. 대통령은 국가의 원수로서, 국군통수권자로서 가장 중요한 책무는 '국민의 생명을 지키는 일'이나 북한군에 피살돼 불태워진 공무원의 억울한 죽음의 진실을 풀어주겠다는 약속마저 지키지 않아 이군이 "이게 나라냐"고 절규하고 있다.

(2) 국가안보의 위기자초(危機自招)
국가안전보장(國家安全保障: national security)이라 함은 외부로부터의 군사·

비군사적 위협이나 침략을 억제 또는 배제함으로써 국가의 평화와 독립을 수호하고 안전을 보장하는 것을 말한다. 국가의 안전보장에는 첫째, 국민의 경제적 발전과 문화적 가치향상을 도모하는 일(국가의 적극적 작용), 둘째, 국내의 치안을 유지하고 외적(外敵)으로부터 나라를 수호하는 일(국가의 소극적 작용)로 구분된다. 안전보장의 개념은 국방이나 방위의 개념보다 포괄적이며 차원이 높은 것으로 보아야 한다.

국제사회에서 국가 간의 평화적 공존을 목표로 하는 국제법상의 안전보장은 국제분쟁의 평화적 해결 및 전쟁의 방지·진압을 그 내용으로 한다. 안전보장의 방식에는 첫째로 국가가 스스로의 힘으로 대외적 또는 국제적인 안전 유지에 대처하는 '개별적 안전보장'과, 둘째로 다수의 국가가 결합하여 협력함으로써 안전을 유지하는 '집단적 안전보장'이 있다. 역사적 변천과정을 보면 개별적 안전보장에서 집단적 안전보장으로 발전해왔음을 알 수 있다(NATO, Warsow pact, UN, 지역적 안전보장기구).

김일성 주체사상으로 무장된 일부 주사파들이 현 정권과 청와대를 장악하고 한반도의 비핵화(非核化)와 종전선언(終戰宣言)라는 위장평화전술로 자유세계와 국민을 속여 왔다. 이들은 자유민주적 기본질서에 입각한 평화적 통일정책을 수립하고 추진할 헌정질서를 파괴하고 있다. 공산주의자들은 세상을 지상낙원을 만들 수 있는 것처럼 거짓선동으로 선량한 국민을 속이고 나라를 망하게 한 것은 세계역사가 증명하고 있다. 언론과 방송을 통해 국민을 속이고 가치관을 혼란시켜 거지 나라를 만드는 공산주의 전략(戰略)에 속지 말아야 한다.

스스로 남쪽 대통령이라고 자칭(自稱)한 문재인 대통령이 국정 전반에 걸쳐 무소불위(無所不爲)의 권력을 장악하고 촛불집회를 혁명으로 명명(命名)하여 초(超) 헌법적 통치로 법체계를 무력화시키면서 나름의 새로운 나라를 건설해가고 있다고 한다. 청와대는 물론 사법부와 헌법재판소까지 좌편향 심복들을 심고 있으며, 검찰개혁 및 검경수사권조정 등을 빙자한 공수처 설치로 국정 전반을 장악하려고 획책하고 있다고 비판받고 있다.

(가) 국가안전보장과 국방의 의무

"국가안전보장(國家安全保障)"이라 함은 광의(廣義)로는 국가의 정통성(正統性)의 유지, 영토의 보전, 국가기관의 보호를 포함하는 개념이며, 협의(狹義)로는 국가의 존립(存立), 헌법상의 자유민주적 기본질서의 유지를 의미하는 개념이다. 우리 헌법상의 국가의 안전보장(安全保障)이란 국가의 존립, 헌법의 이념인 자유민주적 기본질서의 유지 등을 포함하는 개념이다.

"국방의 의무"란 외국의 침략행위로터 국가의 독립을 유지하고, 영토를 보전하기 위한 국토방위의 의무를 말한다. 국방의 의무는 자의적이고, 일방적인 징집(徵集)으로부터 국민의 신체의 자유를 보장한다는 소극적 성격과 더불어 민주국가의 주권자로서 국민이 스스로 국가공동체를 외침(外侵)으로부터 방위한다는 적극적 성격을 가지고 있다. 외국의 침략으로부터 국가의 독립을 유지하고, 영토를 보전하며 국민의 생명과 재산을 지키기 위하여 모든 국민은 법률이 정하는 바에 의하여 국방의 의무를 진다(헌법 제39조 제1항). 국방의 의무는 "나라사랑의 정신"에서 비롯되는 것이다.

국방을 위한 직접적인 병력형성의 의무는 병역법(兵役法)에 규정된 징집(徵集)에 응할 의무를 말한다. 헌법 제39조 제2항은 '누구든지 병역의무의 이행으로 인하여 불이익한 처우를 받지 아니한다.'라고 하여 병역의무이행으로 인한 불이익한 처우를 하지 못하도록 함으로써 국민계병주의(國民階兵主義)를 확립하고 군복무의식(軍服務意識)을 고취하려고 하고 있다.

대법원은 '북한괴뢰집단은 적국(敵國)에 준하여 해석하여야 하며'(대판 1958.10.10. 4291刑上294), '북괴집단 자체는 비록 형법상 적국(敵國)이라고 할 수 없을지라도 그 집단이 중공 계열에 속한 관계로 그 집단의 배후에서 적성국가(敵性國家)인 중공이 조종(操縱)하고 있는 실정이므로 본조(형법 제98조 간첩)의 적용에 있어서는 이를 적국에 준하여 취급하여야 한다(대판 1971.6.29. 71도753).', '북한괴뢰집단은 우리 헌법상 반국가적인 불법단체로서 국가로 볼 수 없으나 간첩죄의 적용에 있어서는 이를 적국에 준하여 취급하여야 한다(대판 1983.3. 22. 82도3036).'라고 판결하여 북한괴뢰집단은 대한민국의 "적국(敵國)"이며 "주적(主敵)"임을 천명했다.

(나) 헌법의 수호자인 대통령이 국가안보를 위태롭게 한 사례

문재인 정권은 4·27 판문점선언을 통해 한반도비핵화란 명목으로 주한미군의 전술핵 반입(戰術核 搬入)을 금지시켰다. 지상·해상·공중의 모든 공간에서의 대북정찰감시를 불가능하게 했으며, 한미동맹 군사훈련마저 무력화시켰고, 서해평화수역설치로 NNL을 무력화시켜 간첩들이 자유스럽게 침투할 수 있도록 했다. 국방개혁을 통해 육군에서 6개 사단을 해체하였으며, 병력 11만 8천명을 감축키로 하고 최전방의 여러 특수 정예부대를 해체시켰다고 한다. 대체복무(代替服務)를 확장하고 병사들의 휴대폰 사용과 동성애묵인 등으로 사병들의 정신무장까지 해체시켰다. 현 정권이 국가안보를 위태롭게 한 대표적 사례는 아래와 같다.

1) '정밀분석 중'이라는 잠꼬대 같은 국가안보

오늘날 한국과 미국은 북한의 남한에 대한 적화통일야욕을 은폐한 김정은의 위장평화 쇼에 속아 북한의 핵 포기를 위한 실질적 조치가 없는 상태에서 지금까지 진행되고 있는 알맹이 없는 북한의 선언적 말잔치에 불과한 남북회담 및 미북회담이 진행되고 있다. 문재인 대통령은 국군의 방어체제인 전방 지피의 철수 또는 파괴, 수도권상공의 비행금지구역설정, 한미군사합동훈련 및 우리 군의 훈련 중단 등으로 대한민국의 국가안보는 전례 없는 위기상황에 처해있다.

문재인 정부의 대북정책은 핵을 포기할 의사가 전혀 없는 북한 김정은의 한반도비핵화와 종전선언이라는 위장평화 사기극에 농락당한 것이 북한의 단거리 탄도미사일 개발과 신형방사포 발사 등으로 입증되었다. 북한의 단거리 탄도미사일 도발행위에 대해 북한의 의도에 말려든 우리 정부는 북한이 발사한 것이 미사일이 아니라는 식으로 감싸면서 **'정밀분석 중'**이라고 했고, 여당 대변인은 '한미 군사당국은 이번 발사체가 탄도미사일이 아닌 방사포 또는 전술로켓으로 추정하고 있으며, 이 경우 유엔안보리위반은 아니다.'라고 북한에 아부(阿附)하는 발언까지 했다.

문 대통령은 7일 독일 언론과의 인터뷰에서 '한반도의 하늘, 바다, 땅에서 총성은 사라졌다. 한반도의 봄이 이렇게 성큼 다가왔다.'고 **"잠꼬대"** 같은 소리를 했다. 문재인 대통령과 현 정부는 6·25와 같은 북괴집단의 핵공격에 의한 무력남침이 다시 감행되어 서울이 불바다가 된다고 해도 그 전쟁이 끝날 때까지 아무 대응조치도 없이 북한의 남침인지 **"정밀분석 중"**이라고만 할 것인가? 국민 앞에 진솔하게 대답해야 한다.

2) 북한에 대한 식량지원과 물건제공 이적행위

수많은 주민의 굶주림을 외면한 채 핵실험, 대량살상무기 및 미사일의 개발과 보유 및 수출에만 관심을 보이고 있는 북한은 2019년 5월 9일 미사일 2발을 동해 방향으로 발사하는 도발행위를 감행했다. 북한의 이러한 도발 행위는 첫째, UN 결의위반이며, 둘째, '지상, 해상, 공중 등 모든 공간에서 상대방에 대한 일체의 적대행위를 중지한다'는 남북군사합의를 위반한 것이다. 그러나 문 대통령은 5월 9일 저녁 KBS와의 대담에서 "북한이 UN 안보리결의나 남북군사합의를 위반한 것은 아니라고 본다."고 했다. 이러한 북한의 도발 상황에서 문 대통령은 "동포애나 인도적 차원에서 '북한식량지원'의 필요성은 있다."고 했다.

핵으로 대한민국의 안보를 위협하는 우리의 주적(主敵)인 북한에 대한 식량지원과 같이 막대한 국민의 혈세가 포함된 대북정책은 '국민적 합의'를 바탕으로 해야 한다. 국민적 신뢰와 지지를 받지 못하는 대북정책은 허용돼서도 안 되며, 성공할 수도 없다. 대북정책에 대한 국민적 동의를 구하기 위해서는 그 내용이 투명하게 공개되어야 하고, 국회에서의 활발한 논의와 설득과정을 거쳐야 한다. 대북정책은 우리의 안보와 경제를 기조(基調)로 하여 일방적 퍼주기식의 시혜(施惠)가 아닌 <줄 것은 주고, 받을 것은 받는 관계>가 분명해야만 한다.

우리의 대북지원에 따라 북한도 그에 상응하는 변화를 반드시 보여주도록 하는 '상호주의(相互主義) 바탕' 위에서 대북정책이 추진되어야 한다. 우리의 대북정책은 자유민주적 기본질서에 입각한 평화적 통일정책의 추진을 위한 '수단'이며, 대북지원 자체가 '목적'일 수 없기 때문이다. 이러한

"**상호주의원칙**(相互主義原則)**에 입각한 대북정책**"으로 북한의 상응한 변화가 없는 한 우리가 지원할 수 없다는 점을 북한에 분명히 할 필요가 있는 것이다. 이러한 자세가 대북협상에서 대한민국이 유리한 입지를 확보하는 길이며, 이것이 바로 '외교와 협상의 기본원칙'이다.

북한의 도발행위에도 불구하고 식량을 지원한 것이 북한군의 군용양식으로 지원될 경우에는 우리국군의 주적(主敵)인 북한군에 대하여 군용식량을 제공하는 것으로 '군용(軍用)에 공(供)하는 물건을 적국(敵國)에 제공(提供)'함으로써 성립하는 물건제공이적죄(利敵罪; 형법 제95조 제2항)가 성립될 수 있다. 문재인 정권은 동포애(同胞愛)를 포장한 환상적 대북관(對北觀)에서 벗어나 국가안보의 위기상황을 냉철하게 직시해야 한다.

북한의 선전매체 '메아리'는 2019년 5월 12일 '한국 정부가 인도주의 협력사업을 놓고 남북관계의 큰 진전이 이룩될 것처럼 호들갑을 피우는 것은 민심에 대한 기만'이며, '우리 정부의 식량지원방침에 대해 '공허한 말치레와 생색내기', '시시껄렁한 물물거래'라고 하면서 '북남선언이행의 근본적인 문제를 먼저 풀라'는 말 폭탄식의 적반하장(賊反荷杖)으로 우리 정부를 조롱하고 있으나 북한에 식량을 퍼주고자 안달을 부리고 있다. 북한에 대한 식량지원은 북핵의 1차적 피해당사자인 한국이 대북제재완화에 적극적으로 동조하는 것이 될 뿐이다.

우리 정부가 2019년 6월 19일 세계식량계획(WFP)을 통해 국내산 쌀 5만t(1300억 원 상당)을 북한에 지원하기로 했으며, '추가적 식량지원시기와 규모는 추후 결정할 것'이라고 하여 추가지원 가능성도 밝혔다. 북한이 우리 정부의 대북식량지원에 대해 '호들갑을 떤다', '겉치레로 생색을 내려한다'고 비아냥대고 있음에도 불구하고 북한에 국제기구를 통한 우회방식을 동원하여 우리의 주적인 북한의 군용미로 전용될 수 있는 쌀을 퍼주는 것은 일반이적(一般利敵:형법 제99조)이 될 수 있다.

동족살인집단인 북한 김일성 3대 세습독재집단은 휴전 중에 KAL기 폭파, 서해교전, 천안함 폭침, 연평도 포격, 목합(木盒)지뢰사건, 탄도미사일발사 등 온갖 도발행위와 핵으로 한국의 안보를 위협하고 있는 우리의 주적(主敵)이다. 남과 북이 휴전상태에 있는 상황에서 우리의 주적(主敵)인 북한에 대한 식량지원이 북한군의 군량미로 전용(轉用)될 경우 "군용(軍用)에 공(供)하는 물건을 적국에 제공"한 것으로서 "물건제공 이적죄(형법 제95조제2항)"가 성립될 수 있다.

3) 진정으로 국가안보를 걱정하는 사람

이제 북한의 핵을 머리에 이고 있는 대한민국에서 "진정으로 국가안보를 걱정하는 사람"은, 헌법수호자인 대통령도 아니요, 국가의 안전보장과 국토방위의 신성한 의무를 수행함을 사명으로 하는 국군도 아니요, 통일 및 남북대화·교류·협력에 관한 정책을 수립하는 통일부장관도 아니요, 국방에 관한 사무를 관장하는 국방부장관도 아니라고 한다. 오로지 국가안보를 진정으로 걱정하는 사람은 우리 헌법의 이념인 자유민주적 기본질서를 지키며 국방의 의무를 다하기 위해 **"자식을 군에 입대시킨 국민들"**뿐이다. 이것이 오늘날 우리 안보의 현실이요, 현주소이다.

지금까지 남북회담 및 미북회담이 진행되어 오는 과정에서 문재인 대통령과 우리 정부의 대북정책의 실패 또는 파탄으로 대한민국의 국가안보를 위태롭게 하고 있다. 문 대통령은 2018년 10월 21일 유럽 5개국 순방에서 대북제재완화의 필요성을 강조했으나 브뤼셀 ASEM 회의 의장성명에서 문 대통령의 대북제재완화요청을 거절함으로써 대한민국의 안보를 문 대통령이 아니라 아시아와 유럽 정상들이 대변해 주었다. 문 대통령은 이번 유럽순방에서 대북제재의 강력한 이행이 아니라 그 완화를 부탁하고 다님으로써 외교사고(外交事故)를 범했다고 비난받고 있다.

4) 핵보유국으로 남한을 적화통일하려는 북한의 전술전략

북한이 평창동계올림픽에 참가하는 한편 북한 김정은이 미북 및 남북회담에 임하는 것은 문대통령을 미북회담의 중재자로 이용하여 UN 안보리를 포함한 국제공조에 의한 대북경제제재완화와 북한에 대한 미국의 군사옵션의 방패막이로 이용하는 한편 시간벌기 작전으로 핵과 미사일개발을 완료하여 북한이 '핵보유국으로 가려는 전술전략'이며, 북한이 주장하는 '한반도비핵화'와 '종전선언'은 한미동맹파기, 주한미군 및 전술핵의 철수, 한미연합훈련중단 등으로 남한의 적화통일 또는 연방제통일을 획책하는 "위장평화 사기극"이다.

5) 철도부설과 여적죄 또는 이적행위

북한이 지금까지 대남침투용 땅 꿀을 파온 상태에서 우리 국민의 혈세로 서울~신의주 간 철도를 부설(敷設)하려는 것은 북한으로 하여금 병력과 군수물자의 신속한 수송을 위한 '남침용 철도'를 부설하여 대한민국의 안전과 국민의 생존 및 자유를 위태롭게 하는 행위로서 **여적죄**(與敵罪;형법 제93조)**나 이적행위**(利敵行爲; 형법 제95조)가 될 수 있다고 본다.

국군은 국토방위의 의무 즉, 나라를 적의 침략으로부터 지킴을 사명으로 한다. 국방(國防)이란 국가와 민족의 안전을 보장하기 위한 모든 수단과 체제의 총칭으로서, 좁은 뜻에서의 국방은 전적으로 군사력에 의하여 전쟁을 방지하고 불가피할 때에는 실력행사를 하는 것이며, 넓은 뜻에서의 국방은 군사력을 포함한 모든 수단과 방법을 동원하여 전쟁을 방지하고 다른 나라의 도전을 억제하되 전쟁이 일어났을 경우에는 국가의 총력을 기울여 전쟁에서 이길 수 있도록 도모하는 일이다.

6) 9·19 남북 군사합의서의 폐기

국가안보(國家安保)는 언제나 최악의 사태에 대비하고, 최선의 사태를 목표로 해야 하므로 우리는 전쟁을 충분히 이겨낼 만큼 강하고, 전쟁을 충분히 막을 만큼 현명하지 않으면 안 된다. 6·25 전쟁영웅 백선엽 예비역대장과 역대 국방부장관 등 예비역장성 450여 명이 참여하는 '대한민국수호 예비역장성단'(이하 '장성단')이 2019년 1월 30일 서울 중구 한국프레스센터에서 출범식을 가졌다.

장성단은 이날 출범식에서 9·19 남북군사합의폐기주장 등이 담긴 대국민·대군 성명을 발표했다. 장성단은 성명에서 '북한의 비핵화 실천은 조금도 진척이 없는데, 한국의 안보역량만 일방적으로 무력화·불능화시킨 9·19 남북군사합의서는 대한민국을 붕괴로 몰고 가는 이적성 합의서로 조속한 폐기가 그 정답'이라고 했다. 대한민국의 국가안보파탄의 장치가 된 **'9·19군사합의'**를 즉각 폐기해야 한다.

7) 대한민국 안보의 현실

2019년 3월 20일 국회 대정부질문에서 정경두 국방부장관은 "서해수호의 날"에 대해 "불미스러운 남북 간의 충돌을 추모하는 날"이라고 말했다고 보도됐다(2019년 3월 22일 동아일보 사설). 서해수호의 날은 천안함 폭침, 연평도 포격, 제2연평해전 등 북한의 3대 도발현장에서 산화한 국군장병 55명의 희생자를 추모하고, 국민의 대북안보의지를 다지기 위해 2016년 국가기념일로 지정된 것이다. 정 장관이 말한 "불미스러운 남북 간의 충돌"은 공동으로 책임질 소지가 있다는 망발(妄發)이다. 그렇다면 6·25 사변도 남북 간의 '불미스런 충돌'인가를 묻고 싶다. 국군장병을 통솔하고 국가안보를 책임지는 국방부장관이 북한정권의 눈치나 보며 자신의 책무를 망각한 망언(妄言)이요, 궤변이다.

국군 통수권자인 문 대통령은 지난해에 이어 올해도 서해수호의 날 기념식에 불참했다. 문재인 정권은 2018년 7월 해병대 기동헬기 마린온 추락사고로 탑승자 5명이 순직했을 때 영결식 직전까지 조문인사도 보내지 않았다고 한다. 살인마 김정은의 답방에 목을 매는 정권에겐 우리의 국군장병보다 김정은이 선순위다. 국가안보 및 경제파탄은 현 정권의 "북한에 대한 짝사랑"과 "대북 퍼주기와 굴종" 때문이다.

문재인 정부가 북한에 줄 돈은 있어도 주한미군 지원에 쓸 돈은 없다고 한다면, 우리 국민이 나서서 방위비분담금의 부족분을 보충해서라도 주한미군을 지켜야 할 것이다. 주한미군 방위비분단금지원에 쓸 돈이 없다고 하여 '대한민국 수호예비역 장성단'은 유튜브 계정인 '장군의 소리' 등을 통해 주한미군방위비 분담금 보충을 위한 국민성금모금을 추진할 것이라고 했다. 이것이 오늘날 **"대한민국 안보의 현실"**이다.

(다) 북한목선(木船)의 귀순사건의 조작·은폐와 국군의 기강해이(紀綱解弛)

해양경찰청은 물론 경찰도 2019년 6월 15일 새벽 북한 목선(木船)이 군경의 경계망을 뚫고 동해의 삼척항 부두에 정박한 것이 발견됐다는 신고를 접수한 직후 곧바로 그 사실을 청와대와 합참·해군작전사령부 지휘통제실 등 군 당국에 알린 것으로 확인됐다. 국방장관과 합참의장은 당일 오전 그 보고를 방탕으로 합참지하벙커에서 대책회의를 한 것도 보도됐다.

국방부는 17일 브리핑에서 '표류(漂流)하는 북한목선을 삼척항 인근에서 접수했다', '당시 파고(波高)가 높아 목선을 찾을 수 없었다'고 발표했다. 국방부는 '삼척항 부두에 정박했다는 해경의 발표와 왜 다른가?'라는 질문을 받고 '해경발표를 몰랐다'고 거짓말을 했다고 위 사설은 보도했다. 청와대가 군에 거짓 브리핑을 지시한 것 아닌가. 북한 목선이 삼척항 부두에 스스로 정박했다면 표류가 아니라 귀순(歸順)일 가능성이 높다.

북한 귀순자 4명이 목선을 타고 800킬로를 내려온 것은 목숨을 건 탈출(귀순)이다. 북한목선을 타고 귀순한 20대 청년은 '북한에서 남한 드라마('꽃보다 남자', '상속자들')를 보다가 북한 당국에 적발돼 귀순하게 됐다'고 했다. 청와대 수석은 "만일 4명이 다 귀순 의사로 왔다면 그것이 보도됨으로써 남북관계가 굉장히 경색됐을 것"이라고 했다고 사설은 보도했다. 자유를 찾아 사선(死線)을 넘은 북한동포를 "남북 쇼"를 방해하는 장애물로 취급한 것이다. 그러니 귀순한 4명 중 2명을 두 시간 조사하고 서둘러 북으로 보냈을 것이라고 보도했다. 군이 북한 목선의 귀순(歸順)을 표류(漂流)라고 하는 등 해안경계 태만사실 등을 조작·은폐하려고 거짓말을 한 것이라고 보도했다.

국가안보에는 관심이 없고 오로지 우리의 주적(主敵)인 북한에 대한 식량지원 등 퍼주기에만 혈안이 된 국군통수권자의 은혜로 별을 달고 히죽거리는 "똥별"들이 풍기는 악취(惡臭)가 휴전선을 포함하여 한반도 전체를 오염(汚染)시키고 있으니 사병들마저 기강(紀綱)이 해이(解弛)할 수밖에 없는 것이다. 국가의 안전보장과 국토방위의 신성한 의무를 수행함을 사명으로 하는 국군통수권자인 대통령은 국가의 안전보장과 국토방위의무에는 관심도 없이 오로지 우리의 주적인 북한군의 군용미로 전용될 수 있는 대북 식량지원에만 안달하고 있으니 군의 기강해이는 당연한 것이다.

북한 목선이 북한영해로부터 동해 삼척항 부두에 정박할 때까지 우리 군이 이를 발견하지 못한 것이 "당시 파고(波高)가 높아 목선을 발견할 수 없었다."는 군의 거짓 발표를 보면서, 만일 북한군이 155마일(약 250km)의 군사분계선을 넘어 탱크, 장갑차 등으로 무력남침을 감행할 경우, 우리 정부와 군 당국은 "군사분계선이 너무나 길고 넓어서 북한군의 남침을 확인하는 것은 사실상 불가능한 일이다."라고 발표할 것이 아닌가? 상상해 본다. 이것이 오늘날 대한민국의 안보상황의 전모(全貌)이다.

북한 목선의 귀순사건에 관련하여 허위보고나 허위보도, 왜곡보도를 한 국방관련책임자에 대한 엄중한 문책 및 해안 경계근무에 책임 있는 군인들을 군무이탈, 근무태만, 거짓명령·통보·보고 등의 죄로 엄중한 책임을 물어 군의 기강을 확립하는 계기를 만들어야 한다. 청와대와 군 당국은 이 사건의 조작, 은폐, 축소사실을 시인하고 사과하는 것이 순서다.

(라) 트럼프와 김정은의 판문점회동

2019년 6월 30일 도널드 트럼프 미국 대통령과 북한 김정은이 전격적으로 판문점 남측 자유의 집에서 3차 미북정상회담을 가졌다. 미국 대통령이 판문점에서 북한 지도자를 만나 군사분계선을 넘어간 것은 처음이며, 1953년 정전협정체결 이후 66년 만이다. 트럼프와 김정은은 하노이회담 때보다 긴 53분간의 단독회담을 했으나 문재인 대통령은 자유의 집 내 별도공간에서 '회담결과를 기다렸다'고 한다. 트럼프와 김정은이 마주 앉은 한국영토인 자유의 집 회의실에는 성조기와 인공기가 7쌍씩 걸렸으나 북핵의 최대 피해 당사국인 한국의 태극기는 없었고, 한반도 운전자를 자칭한 문 대통령은 회담에서 밀려나 관중석에서 이를 관망만 했다고 한다.

트럼프는 판문점회견에서 북한의 미사일발사에 대해 "나는 미사일발사로 보지 않는다."고 했다. 북한이 발사하는 미사일이 미국영토까지는 날아올 수 없기 때문에 미사일이 아니라는 괴변이다. 트럼프는 북한미사일이 동맹국인 한국영토 전역을 타격해도 관심이 없다는 것이다. 이런 내용의 미북회담을 보려고 트럼프의 방한을 애걸복걸(哀乞伏乞)하며 매달린 문 대통령의 모습이 애처롭게 보일 뿐이다.

(마) 대통령의 영전수여권(榮典受與權)의 오용(誤用)과 남용(濫用)

남로당 활동을 하다 월북한 손혜원 의원의 부친 손용우의 독립유공자(보국훈장대상자) 선정 특혜의혹을 수사한 검찰이 피우진 보훈처장에 대해 "손 의원에게 부정청탁을 받았다고 볼만한 자료가 없다."는 이유로 무혐의 처분을 했고, 손 의원에 대해서는 "청탁한 사람은 과태료 대상이며, 형사처벌 대상은 아니다."라는 이유로 수사대상으로 삼지도 않았다고 보도했다. 그 대신 보훈처 전 보훈예우국장은 국회제출 자료에서 '손 의원 오빠가 전화로 부친의 유공자 신청을 했다.'고 거짓 보고한 것을 문제 삼아 허위공문서작성 및 동 행사혐의로 불구속기소했다.

영전수여권(榮典受與權)은 대통령이 국가원수의 지위에서 법률이 정하는 바에 의하여 '대한민국에 뚜렷한 공적을 세운 사람'에 대해 훈장 기타의 영전을 수여하는 권리이다. 남로당활동을 한사람으로서 월북한 자가 대한민국에 어떠한 내용의 뚜렷한 공적을 세웠다고 서훈대상자로 문대통령이 결정했는지 의문이며, 만일 뚜렷한 공적이 없는 자에게 영전을 수여했다면 그것은 대통령의 영전수여권의 오용이나 남용으로서 헌법을 위반한 것이다.

손 의원 부친의 독립유공자선정 특혜의혹을 수사해 온 검찰이 피우진 보훈처장에 대한 무혐의처분과 손 의원에 대해 수사도 하지 않은 채 실무자만 사법처리하게 한 검찰의 수사가 과연 정당한 것인지는 역사가 판단할 것이다. 이러한 지배자와 검찰권 하에서는 6·25 전범집단인 김일성과 그 후손들에게 대한민국정부가 무궁화대훈장을 수여할 날이 머지않은 것같이 보인다. 이러한 작태가 바로 대한민국의 '국가안보를 파괴하는 자살행위'다.

(바) 중국과 러시아 전투기의 대한민국의 영공침범

2019년 7월 23일 중국 폭격기와 러시아 A-50 조기경보통제기가 한국방공식별구역(KADIZ)과 독도영공을 침범했다. 이것은 중러 양국의 사전계획에 의한 도발로 한반도 영공에서 중국과 러시아 양 국군이 군사작전을 연습한 것으로 추정되며, 한·미·일 3국의 안보체제 대응능력을 시험한 것으로 볼 수 있다. 1953년 7월 27일 판문점에서 정전협정이 체결된 이후 처음이며, 중국과 러시아 군용기가 동시에 한국방공식별구역에 진입한 것도 처음이다.

우리 공군은 즉각 F-15K와 KF-16 전투기를 출격시켜 경고사격을 했다. 그러나 정부와 군 당국을 물론 언론마저 러시아 군용기를 격퇴한 용맹스런 대한민국 공군조종사들의 얼굴을 보도하지 않고 있다. 명백히 우리 영공을 침범한 러시아의 눈치를 보는 '겁먹은 소인배들의 작태'다. 이것이 바로 국가의 안전보장과 국토방위의 신성한 의무를 수행함을 사명으로 하고 있는 **"국군의 사기를 저하시키는 요인"**이다.

항공작전을 주임무(主任務)로 하고 있는 용감한 우리 공군조종사들이 대한민국 영공을 침범한 중러의 전략폭격기 편대를 향해 국가의 안전보장과 국토방위의 신성한 의무를 수행하기 위하여 즉각적(即刻的)인 경고사격으로 격퇴시킨 얼굴도 모르는 용맹한 공군조종사들의 군인정신에 대하여 자유를 사랑하는 대한민국 국민들이 박수갈채를 보내고 있다. 국군통수권자인 대통령과 대통령의 명을 받아 군사에 관한 사항을 관장하고 합동참모의장과 각 군 참모총장을 지휘·감독하는 국방부장관마저 중러 군용기의 독도영공침범에 대해 형식적 항의로 변명만 할 뿐 아무런 조치도 취하지 못한 것과는 너무나 대조적인 쾌거(快擧)가 아닐 수 없다.

중러 군용기의 독도영공 침범에 대응해 즉각적 경고사격으로 무공을 세운 용감한 공군조종사들에게 대통령은 당연히 무공훈장을 수여해야 할 것이다. 국군통수권자인 대통령은 남로당활동 중 월북한 손혜원 의원의 부친 손용우에게 훈장을 수여할 것이 아니라, 러시아 군용기를 격퇴한 자랑스러운 우리 공군조종사들에게 무공훈장을 수여해야 한다. 그것이 국군통수권자인 대통령의 책무(責務)이며, 사명(使命)이요, 국군의 사기(士氣)를 앙양(昂揚)하는 길이다. 우리 정부는 이러한 중국과 러시아의 반복되는 군사도발에 대해 형식적인 항의만 했을 뿐 별다른 조치도 취하지 않았으며, 지난 5월 러시아 군용기의 우리 영공진입을 언론에 공개조차 하지도 않다가 일본의 발표가 있자 뒤늦게 알려졌다.

이번 사태는 중·러의 군사적 우호관계를 과시하며, 한·미·일 3국간의 군사협력 체제를 시험해본 작전으로, 한·일 간의 갈등과 한·미동맹의 균열을 노린 중·러의 전략으로 볼 수 있다. 일본의 경제보복에 대해선 "일본 경제침략 대책특위"를 구성하며 반일감정 선동에 분주하더니 중·러 공군기가 우리 영공을 침략하자 "기기오작동이라고 하드라"며 대신 변명해주기에 바쁘다. 문재인 대통령은 중러 군용기의 독도영공침범에 대해선 침묵하고 있다. 국군통수권자인 대통령이 국민의 생존과 안보의 토대마저 무너뜨리고 있다. 한국의 영공을 명백히 침공한 러시아에 대해 우리정부는 항의도 못하면서 고작 독도문제를 두고 일본만을 비난하고 있다.

우리 정부는 외교에서 진정(眞正)으로 싸울 상대가 누구인지를 정확히 파악도 못하면서 바보 취급만 당하며 고립무원(孤立無援)으로 사면초가(四面楚歌)를 자초했다. 이런 나라를 어느 나라가 국가로 인정하며, 두려워하겠는가? 우리 정부가 스스로 한국의 존재감과 자존심을 상실시켜 주변국들로부터 '동네북 신세'를 만든 것이다. 한미상호방위조약과 한·미·일 3국의 군사협력체제의 시급한 복원과 강화만이 우리의 국가안보를 위한 유일한 생존전략임을 망각해서는 안 된다. 국민들은 '냉철한 위기관리능력을 가진 통치자'를 갈망하고 있다.

(사) 북한의 미사일도발

문재인 대통령이 '남북한 경제협력을 통한 평화경제가 실현되면 일본을 단숨에 따라잡을 수 있다.'고 국민을 경악(驚愕)하게 한 공허한 말잔치로 허풍(虛風)을 떤 다음 날 새벽인 6일 북한은 단거리탄도미사일 2발을 발사해 뒤통수를 쳤다. 북한의 비핵화는커녕 김정은은 문재인 대통령에 대한 아침인사로 **"Good morning missile"**을 연발하고 있다. 우방국인 이웃나라와 일본과는 단교상태를 자초했고, 미국 대통령 트럼프는 "북한의 미사일은 한국을 겨냥한 것이어서 아무 문제가 없다."는 반(反)동맹적 망발을 했다.

북한의 미사일도발에 대해 문재인 정부는 '현 상황을 엄중하게 인식하고 동향을 예의주시하겠다.'는 말만 앵무새처럼 반복하고 있으나 북한은 미사일도발로 조롱하고 있다. 북한은 지난 5월부터 한국만을 겨냥한 일곱 차례 단거리미사일과 방사포를 발사했다. 이에 대해 우리 정부와 군 당국은 대응발사는커녕 경고성명 한마디 없다. 문 대통령은 최근 북한의 미사일도발에도 꿀 먹은 벙어리가 되어 침묵하고 있다.

김정은은 사정거리가 대한민국을 향한 미사일을 발사하고 그것을 문제 삼는 우리 정부를 윽박지르고 있다. 김정은은 청와대와 우리 정부를 향해 '미사일 사거리 하나도 제대로 판정 못해 쩔쩔매어 웃음거리가 됐다.'며 '새벽잠까지 설쳐대며 허우적거리는 꼴이 참으로 가관이다.'라고 조롱하며, 문재인 대통령을 겨냥해 '겁먹은 개처럼 짖지 말라.', '맞을 짓 말라.', '바보는 클수록 더 큰 바보'라고 능멸(凌蔑)했다. 이에 대해 청와대 관계자는 '북쪽에서 내는 담화문은 통상 우리 정부가 내는 담화문과 결이 다르고 쓰는 언어가 다르다.'고 하며, '언어가 다르니 문제 없다.'고 했다. 이런 소리를 들으면서도 김정은의 심기를 거스르지 않으려고 비굴하고 처참한 추태를 연출하는 문재인 정부는 '대화재개가 최우선', '남북경협으로 일본을 단숨에 넘겠다.'고 잠꼬대만하고 있다.

북한 국방과학원이 2021년 8월 11일과 12일 새로 개발한 신형장거리 순항미사일 시험발사를 성공적으로 진행했다고 밝혔다. 우리 군과 정보당국은 조선중앙통신의 발표를 보고서야 진상파악에 나섰다. 우리 군과 청와대는 "한미공조 아래 분석 중", "예의 주시 중"이라고만 했고, 미군인도태평양사령부는 "주변국과 국제사회에 위협을 제기한다."고 비판했다. 이번 순항미사일은 탄도미사일과 달리 유엔의 대북제재대상이 아니라는 점을 이용해 고도의 심리전을 폈다. 한미일 북핵수석대표협의, 왕이 중국 외교부장 방한에 맞춰 저강도 도발로 반응을 떠보려는 의도가 다분하다고 한다.

순항미사일은 레이더 탐지가 어렵고 정확도가 높으며 소형화한 핵무기를 장착했을 가능성도 있다. 북한의 신무기 개발에 의한 위협 수위가 날로 고조되고 있으나 우리 정부는 대북규탄은 고사하고 한마디 유감이나 우려 표명도 못하며 한가롭게 "분석 중"이라고만 한다. 6·25와 같은 전쟁도발행위가 발생해도 우리 정부는 "정밀분석 중", "예의주시 중"이라고만 할 것이 아닌가? 한미 동맹을 기반(基盤)으로 한 군사·안보대비책 마련에 추호의 허점도 없어야 한다.

(아) 북한의 서해 NLL 인근 해안포 도발행위

북한의 2019년 11월 23일 서해 백령도 인근 창린도에서 해안포 도발과 관련해 국방부는 25일 "9·19 군사합의를 위반한 것이라며 유감을 표시했다. 그 유감표시는 매일 두 차례 하는 서해지구 군 통신선의 <정기통화>를 통해서 항의(수신인 및 발신인 명의도 없는 팩스)를 전달했다고 보도됐다. 합동참모본부는 "당시 미상의 음원을 포착해 분석 중이었는데 25일 북 매체보도를 보고 해안포 사격으로 평가했다."고 밝혔다. 이러한 합참의 해명에 따르면 북한이 코앞에서 대포를 발사했는데도 우리 군당국은 그 사실조차 모르고 있다가 북한의 보도를 통해 비로소 알게 되었다는 것이다.

북한의 해안포 도발이 있은 23일은 연평도 포격 9주년이자 한일군사정보보호협정(GSOMIA) 조건부 연장결정 다음날이다. 지소미아 폐기를 주장해온 북한이 연장결정에 대한 불만의 표시로 인한 도발로 볼 수 있다. 북한의 연이은 미사일도발에도 강력한 항의도 못하고 미온적으로 대응해온 정부에 책임이 있다. 문 대통령은 지난 9월 UN 총회 연설에서 "단 한 건의 위반행위도 없었다."고 했으나 북한은 계속하여 9·19 군사합의를 위반해왔다. 국가안보의 막강(莫强)한 책임을 진 국방부장관과 합동참모의장이 주적의 코앞 도발징후(挑發徵候)를 사전에 포착하기는커녕 사후에도 파악하지 못했다는 것이다. 우리 군의 첨단장비로 이틀간이나 분석을 하고도 몰랐다는 것이다.

북한의 해안포 도발사실을 알고도 은폐하려 했다면 그 이유는 분명하다. 그것은 문재인 대통령이 얼마 전 "북한이 남북군사합의를 한 번도 위반하지 않았다."고 한 말을 감싸기 위한 것이며, 또한 한·아세안 정상회의에서 <평화 쇼>를 위해 북한 김정은 초청에 모든 공을 들여왔으나 김정은이 초청장을 걷어차고 정상회의 개막 직전에 남북군사합의파기를 선언하자 이를 감추려 한 것이 아닌가 하는 합리적인 의심받는 것이다. 대북정책에 관한 우리 정부의 확고한 전술전략도 없이 한·아세안 정상회의에 북한 김정은을 초청해 <평화 쇼>를 하려는 우(愚)를 범한 결과물이다.

(자) 취객과 치매노인에게 뻥 뚫린 군부대의 경계태세의 전모(全貌)

최근 우리 군부대에서 "경계실패사건"이 잇따라 발생하고 있다. 2020년 3월 16일 수도방위사령부 예하(隸下) 방공진지에 50대 남성이 침입해 1시간 동안 활보했는데, 만취한 채 산나물을 채취하려고 울타리 밑 땅을 파고 들어갔다고 한다. 지난 1월 진해해군기지 정문을 70대 치매노인이 아무런 제지도 없이 통과해 한 시간 넘게 돌아다녔다. 검문병이 셋이나 있었는데도 전화하며 차량검사 하느라 놓쳤다는 것이다. 거동수상자가 울타리 밑 땅을 파고 침입하고, 민간인이 무단으로 군 기지정문을 통과해도 모르는 것이 '국군의 방위태세의 전모(全貌)'다.

지난 7일에는 민간인 2명이 제주 해군기지 철조망을 끊고 침입해 시위를 벌이며 2시간이나 기지를 휘저으며 기념사진까지 찍었다고 한다. 해군기지가 시위대의 놀이터가 됐는데도 5분 대기조는 2시간 후에 출동했다. 진해기지는 경계실패사건을 아예 보고조차 하지 않았다. 2019년 평택기지에선 거동수상자가 달아나자 가짜 범인을 만들어 사건을 은폐·조작한 일까지 있었다. 그 거동수상자는 음료수를 사려고 근무지를 무단이탈한 초병(哨兵)이었다고 한다(2020. 3. 18. 조선일보 사설).

전경두 국방장관은 3월 17일 긴급 지휘관회의를 열어 경계실패에 대해 "변명할 여지가 없다", "반성한다"며 "특단대책"을 강조했다. 지난해 북한 목선의 삼척 항 "노크귀순" 때 했던 말을 반복했다. 국군통수권자인 대통령과 국가의 안전보장과 국토방위의 신성한 의무를 수행함을 사명으로 하는 국방부장관이 주적(主敵)의 눈치나 보고 있으니 "경계실패"보다 더 위험한 국가안보사태가 벌어져도 이상할 게 없는 나라가 된 것이다.

(차) "서해수호의 날 기념식"에 처음 참석한 문 대통령을 향한 백발의 유족 고(故) 민평기 상사 어머니의 절규

문재인 대통령이 2020년 3월 27일 국립대전현충원에서 열린 "제5회 서해수호의 날 기념식"에 대통령취임 후 처음으로 참석했다. 문 대통령이 서해수호의 날 기념행사에 참석한다고 하자 마음에도 없는 **"총선용 쇼"**를 한다는 지적이 일었다. 하지만 국군통수권자로서 달라진 모습을 보여주기를 기대한 국민도 많았다. 그의 추모사는 진심이 다른 데 있다는 사실만 보여줬다고 보도됐다(2020. 3. 28. 조선일보 사설). 코로나19 위기에다 4·15 총선이 코앞에 있기 때문이다.

기념식에서 문 대통령이 분향을 하려는 순간 천안함 폭침으로 막내아들 고(故) 민평기 상사를 잃은 윤청자 씨(77세)가 다가가 <**이게 북한 소행인가? 누구 소행인가? 말씀 좀 해 달라.**>고 물었고, 문재인 대통령은 <**북한 소행이라는 것이 정부의 입장 아닙니까?**>라고 반문했다. 문 대통령이 취임 후 공개석상에서 "천안한 사건이 북한의 소행"이라고 언급한 것은 처음이다. 국민은 천안함 폭침이 "누구의 소행이냐?"에 대한 문재인 대통령의 진심을 듣고 싶었던 것이다. 문 대통령은 취임 후 처음으로 지난 3월 27일 국립대전현충원에서 열린 "제5회 서해수호의 날" 기념식에 참석해 "(천안함 폭침 원인에 대한) 정부공식 입장에 조금도 변함이 없다."며 이같이 말했다.

이에 윤청자 씨는 "여태 북한 짓이라고 진실로 말해본 일이 없어요. 이

늙은이 한 좀 풀어주세요."라고 애원했다. 문 대통령은 "정부 공식입장에 조금도 변함이 없다."고 답했다. 국방부는 2019년 3월 "북한의 도발로 본다."고 밝혔으나 문 대통령이 취임 후 "북한 소행"이라고 직접 밝힌 것은 처음이다. 문 대통령은 천안함 폭침 5년 후에 "북한 잠수정의 천안함 타격"이라고 했다. 그때까지 민주당과 그 주변 세력들은 천안함 폭침에 대해 온갖 괴담을 지어내 유족과 국민의 마음에 깊은 상처를 입혔다. **"서해수호(西海守護)의 날"**은 제2연평해전, 천안함 폭침, 연평도 포격도발 등 서해에서 발생한 북한의 무력도발로 희생된 55명의 용사를 기리는 추모(追慕)의 날이다.

헌법수호의 책무를 진 국군통수권자인 대통령은 국토방위의 신성한 의무를 수행하다 희생된 서해수호의 날 기념식에 당연히 참석하는 것이 책무(責務)이나 문 대통령은 해외순방, 국내 일정 등의 이유로 계속 불참했다. 문 대통령은 이날 기념사에서 희생된 장병들의 애국심을 강조했으나 북한을 겨냥한 언급은 없었고, 오히려 9.19 남북군사합의를 내세워 "북방한계선 (NLL)에서는 한 건의 무력충돌도 발생하지 않았다.", "싸우면 반드시 이겨야 하고, 싸우지 않고 이길 수 있다면 그 길을 선택해야 한다."는 궤변 같은 부전평화론(不戰平和論)을 역설했다. 문 대통령은 취임 후 3년 연속 6·25 기념식 행사에도 불참했다. 이날 문 대통령의 위 발언은 천안함 폭침으로 막내아들 고 민평기 상사를 잃은 윤청자 씨의 질문에 대한 답변이다.

윤청자 씨는 이날 분향하는 문 대통령에게 다가가 "대통령님, 이게 누구 소행인가 말씀 좀 해주세요.", "가슴이 무너집니다."라고 절규했다. "세월호 사고는 대통령과 국회의원들이 늘 함께 추모해주는 데 천암함 유족은 쓸쓸했다.", "너무 한심스럽고 울컥해서 '살아생전 마지막 기회겠다'라는 생각에 나서게 됐다.'고 말했다. 윤 씨는 2010년 유족보상금 등으로 받은 1억 898만 원을 정부에 성금으로 기부했고, 해군은 이 성금 등으로 이듬해 초계함 9척에 '3·26 기관총'으로 이름 붙인 K-6 기관총 18정을 장착했다고 보도됐다.

북한의 핵위협을 머리 위에 이고 사는 대한민국 국민의 생명과 국가안보는 문재인 대통령과 같은 국군통수권자가 아니라 서해수호의 영웅인 천안함 용사와 윤청자 씨 같은 유족들의 애국심이 지켜나가고 있다. 자기 나라를 사랑하는 애국심(愛國心)은 사상(思想)이나 이념(理念) 정치적 견해나 시류(時流)에 따라 변할 수 없는 모든 국민에게 부여된 **"역사적 사명"**이다.

(카) 북한의 고사총 공격에 대한 합동참모본부의 거짓말과 북한군 한 마디에 청와대에 불려가 혼쭐난 군 지휘부

2020년 5월 3일 아침 비무장지대(DMZ)의 북한군 감시초소(GP)에서 우리 군 GP를 향해 14.5mm 고사총을 발사했으나 우리 군 GP는 32분이나 늑장 대응했다. 북한군이 쏜 고사총탄 4발이 우리 군 GP 콘크리트 벽에 박힌 탄흔을 남겼지만, 우리 GP장(소대장)은 대응사격을 곧바로 하지 않았다. 1차 책임이 GP장에게 있는데도 안개에 고사총을 쏜 북한 GP가 확인되지 않았다는 핑계로 대대장 지시를 받으려 했다. 보고를 받은 대대장은 중기관총인 K-6으로 대응사격을 지시했지만, K-6는 격발장치인 공이의 고장으로 발사되지 않았다. 그러나 연대장이 나서 K-3 경기관총으로라도 쏘라고 해 15발을 쏘았다. GP 총격 상황에서 GP장이 K-6가 안 되면 K-3로 곧바로 대응할 것을 대대-연대-사단장까지 동원된 것이다. GP장은 "선 조치 후 보고"라는 교전수칙을 어겼다.

전우의 생명이 걸린 촌각을 다투는 상황에서도 일일이 상급자에게 물어보고 전투할지 여부를 결정한 것으로 군의 기강이 엉망진창이다. 북한군은 고사총을 2차례나 쐈는데도 합동참모본부는 "오발"에 의한 우발적 총격이라며 "9·19 군사합의"는 유지되고 있다고 북한군을 두둔했다. 청와대는 해·공군의 서북도서 방어훈련이 국방일보에 보도됐다는 이유로 국방부와 합참, 육·해·공군 공보관계자를 불러 경위를 조사한 것은 청와대가 북한 눈치를 보고 있다(2020. 5. 16. 중앙일보 사설)고 보도됐다. 그러나 실제는 GP장이 상급부대에 선(先)보고를 하고 사단장 명령을 받아 후(後) 경고사격을 했다고 한다. 병력 1만 명을 거느린 사단장이 어떻게 "GP 현장 지휘관"인가? 우리 군은 자신들을 향해 총격을 가한 북한을 감싸기에만 바쁘다.

합참이 사건 발생 열흘 만에야 당시 상황을 늑장 공개한 것은 그간 현장대응에 대한 상세한 설명을 회피하면서 온갖 논란이 불거졌기 때문이다. 매일 점검했어야 할 기관총의 핵심부품이 파손된 채 방치된 것은 물론 최전방에서 벌어진 북한군의 총격사건의 초기대응에 30분 넘게 걸린다는 것은 이해할 수 없는 일이다. 국군통수권자인 대통령과 국방부장관, 합동참모의장 등이 북한군의 총격 앞에서 양치기소년이 된 것이다. 이것이 대한민국의 국가안보의 현실이다.

(타) 북한 김여정의 협박에 굴종하여 대북전단금지법을 추진하는 문재인 정부

북한 김정은의 여동생 김여정이 2020년 6월 4일 탈북민단체의 대북 전단살포(傳單撒布)에 대해 "똥개들이 기어 다니며 몹쓸 짓만 하니 이제 주인에게 책임을 물어야 할 때"라며 9·19 남북군사합의 파기를 위협했다. 이에

청와대가 대북 전단 살포는 "백해무익(百害無益)"이라고 했고, 통일부 · 국방부는 대북 전단살포 중지를 촉구해 논란이 일고 있다.

김여정은 4일 담화에서 "탈북자라는 것들이 기어 나와 수십만 장의 반(反)공화국 삐라를 우리 측 지역으로 날려 보내는 망나니짓을 벌여놓은 보도를 보았다."고 하면서 "나는 원래 못된 짓을 하는 놈보다 그것을 못 본 척하거나 부추기는 놈이 더 밉더라."며 "남조선 당국이 응분의 조처를 세우지 못한다면 금강산관광폐지에 이어 개성공업지구의 완전철거가 될지, 남북공동연락사무소 폐쇄가 될지, 남북군사합의파기가 될지 단단히 각오는 해 둬야 할 것"이라고 위협하며 "(전단금지) 법이라도 만들라"고 했다. 이러한 김여정의 협박에 굴종하여 정부는 신속하게 반응해 대북전단금지법을 제정했다.

북한의 개성 남북연락사무소 폭파로 극에 달한 북한의 대남공세는 돌연 중단되었는바, 이를 감안하면 그 당시에 한국 측이 북한 지도부에 '전단살포를 불가능하게 하겠다.'는 비공개 약속을 했다는 가설(假說)은 근거가 있다고 했다. 그러나 북한의 협박에 굴종(屈從)하는 것은 새로운 협박을 자초(自招)할 뿐이다. 우리의 주적(主敵)인 북한 정권의 의도에 따라 대한민국 법으로 김정은 정권유지를 옹호하는 전단금지법을 제정한다는 해괴한 일이 벌어지고 있다. 이것은 문재인 정부가 북한 김정은의 하명(下命)이나 지령(指令)을 따른다는 것을 자인하는 것이 아닌가?

국방부는 "대북전단 살포는 접경지역 국민들의 생명과 재산에 위협을 초래하는 행위로 중단돼야 한다."는 입장을 냈다. 청와대 관계자는 이날 오후 2시 반경 기자들과 만나 "대북삐라는 백해무익한 행동"이라고 비난한 뒤 "안보에 위협을 가져오는 행위에 대해서는 정부가 앞으로 단호히 대응해 나갈 것"이라고 했다. 국가안보에 위협을 가져오는 것은 바로 대북전단 금지법이다. 대북전단살포 문제에 관련한 문재인 정부의 위와 같은 대응은 이 정권 사람들이 "북한 김정은 정권에 어떻게 순치(馴致)되어 있는지"를 보여주는 한 단면이다.

청와대는 탈북민들이 고향에 있는 북한 주민들에게 인도적으로 필요한 물자와 진실을 알리고자 날리는 대북전단이 "안보위해행위(安保危害行爲)"라고 한다. 탈북민들의 대북전단살포는 대한민국의 안보에 대한 위협이 아니라 안보를 강화하는 것으로, 북한 김정은 정권의 존립에 대한 중대한 위협이며 위해행위다. 북한은 공산권 국가 중에서도 해외출장, 외국영화나 출판물보기, 외국인 방문객이 거의 없는 쇄국주의(鎖國主義) 사회이므로 대북방송·전단살포와 같은 활동은 북한주민들에게 외부생활을 알려주고, 개혁의 필요성을 느끼게 함으로써 김정은 정권붕괴를 야기할 수도 있으므로, 대북 방송이나 전단 살포와 같은 활동이 더욱 필요한 것이다.

북한 김정은이 '한국을 겨냥한 것'을 밝히고 온갖 유형의 미사일을 발사한 "안보위해행위"에 대해 문재인 정부는 침묵하며 탈북민이 북으로 날린 대북전단이 북한이 발사한 미사일보다 더 위험하다고 생각하고 있다. 북한은 문재인 대통령을 겨냥해 '삶은 소 대가리', '겁먹은 개', '저능', '완벽한 바보'라고 조롱하더니 이젠 '못 본 척하는 놈'이라고 비아냥거려도 문 대통령과 여권 및 그를 추종하는 집단은 한마디 유감표시도 못하고 꼬리를 내리고 숨을 죽이고 납작 엎드려 죽은 체 굴종(屈從)하는 것이 대북정책이다.

북한에 관한 한 자존심도 배알도 없는 허수아비가 되어 오로지 김정은 정권의 심기(心氣)만을 살펴 남북대화 무드를 조성하고 이를 통해 정권의 치적(治績)으로 삼으려는 속내라고 한다. 하지만 이러한 망상(妄想)은 생각 지도 못한 복병(伏兵)을 만났다. 이로써 '남측정부'는 미국을 비롯한 민주국 가 등 국제사회의 심각한 반발을 자초(自招)해 궁지에 몰리는 자멸책(自滅策) 이 되었다. 북한에 억류되었다 사망한 미 대학생 웜비어의 부친이 최근 인 터뷰에서 "(문재인 대통령이) 탈북민들을 희생양 삼아 김정은 남매에게 굽실 거리고 있다.", **"한국정권은 김정은 꼭두각시"**라고 했다.

인권운동가를 자처(自處)하는 문재인 정권은 북한 주민의 인권을 외면 하는 비민주국가로 낙인(烙印)찍힌 소탐대실(小貪大失)의 전형(典型)이 되었 다. 독재자와의 대화나 협상은 굴종이 아니라 정의(正義)와 보편적 가치(普遍 的價値)가 최고의 방책(方策)이며, 상대방의 강점과 약점을 감지해내는 촉각, 즉 '인간에 대한 간파능력(看破能力)'과 그것을 냉철한 계산으로 사용하려는 의지가 필요하다. 대북전단금지법의 제정으로 한국은 북한의 협박에 굴종 하여 북한사회의 변화와 김정은 정권의 붕괴를 가로막는 방파제가 되었으 며, 인간의 존엄성과 기본인권, 신체의 자유, 사상표현의 자유를 침해한 비 인권국가로 전락했다.

또한 '모든 사람은 태어날 때부터 자유롭고, 존엄성과 권리에 있어서 평 등하다(세계인권선언 제1조)', '모든 사람은 생명권과 신체의 자유와 안전을 누 릴 권리가 있다(동 제3조)', '어느 누구도 고문이나, 잔혹하거나, 비인도적이 거나, 모욕적인 취급 또는 형벌을 받지 아니한다(동 제5조)'는 세계인권선언 을 위반한 것으로 '대한민국의 주권을 포기하는 행위'라고 비판받고 있다.

인간에게는 진실을 알 권리가 있고, 진실을 전할 권리와 의무가 있다.

(파) 남북정상회담 과정에서 대북송금을 한 사람이 국가정보원장으로 내정된 나라의 국가안보

문재인 대통령이 2020년 7월 3일 국가정보원장에 박지원 전 민생당 의원을 내정했다. 국가정보원은 국외정보 및 국내보안정보{대공(對共), 대정부전복(對政府顚覆), 방첩(防諜), 대테러 및 국제범죄조직}의 수집·작성 및 배포, 국가기밀에 속하는 문서·자재·시설 및 지역에 대한 보안업무, 형법 중 내란의 죄·외환의 죄·군형법 중 반란의 죄·군사기밀보호법에 규정된 죄·국가보안법에 규정된 죄에 대한 수사 등의 직무를 수행한다(국가정보원법 제3조).

박지원 전 의원을 국가정보원장에 내정한 데 대해 청와대는 "2000년 남북정상회담 합의를 이끌어내는 데 기여했으며 북한에 대한 전문성이 높다."고 설명했다. 박지원 전 의원은 남북정상회담 개최과정에서 이루어진 대북송금의혹이 제기됐을 때 **"단돈 1달러도 보낸 적이 없다"**고 부인했으나 현대 측에 대북송금을 요청하고 4억 5천만 달러 불법송금에 관여한 것이 드러나 대법원에서 유죄판결을 받았다.

대북송금으로 대한민국의 주적(主敵)인 북한(대판 1971.6.29. 71도753, 1971.9.28. 71도1498, 1983.3.22. 82도3036) 김정일은 고난의 행군위기를 넘기고 핵개발에 박차를 가해 6년 뒤 첫 핵실험에 성공했고, 그 후 핵과 미사일개발을 완료하여 핵보유국으로 가려고 하고 있다. 대북송금행위는 형법상 일반이적죄(一般利敵罪, 형법 제99조)에 해당한다고 볼 수 있다. 박지원 국가정보원장 내정자는 노무현정권 시절 외국환거래법위반·남북교류협력에 관한 법률위반·특정경제범죄가중처벌 등에 관한 법률위반(배임)으로 특검의 수사를 받고 기소되어 대법원에서 2004년 3월 26일 유죄판결을 받은 바 있다. 그 판결의 요지를 소개하면 다음과 같다.

<입헌적 법치주의국가의 기본원칙은 어떠한 국가행위나 국가작용도 헌법과 법률에 근거하여 그 테두리 안에서 합헌적·합법적으로 행하여질 것을 요구하며, 이러한 합헌성과 합법성의 판단은 본질적으로 사법의 권능에 속하는 것이고, 다만 국가행위 중에는 고도의 정치성을 띤 것이 있고, 그러한 고도의 정치행위에 대하여 정치적 책임을 지지 않는 법원이 정치의 합목적성이나 정당성을 도외시한 채 합법성의 심사를 감행함으로써 정책결정이 좌우되는 일은 결코 바람직한 일은 아니며…, 고도의 정치성을 띤 국가행위에 대하여는 이른바 통치행위라 하여 법원 스스로 사법심사의 행사를 억제하여 그 심사대상에서 제외하는 영역이 있으나, 이와 같이 통치행위의 개념을 인정한다고 하더라도 과도한 사법심사의 자제가 기본권을 보장하고 법치주의 이념을 구현하여야 할 법원의 책무를 태만히 하거나 포기하는 일이 되지 않도록 그 인정을 지극히 신중하게 하여야 하며, 그 판단은 오로지 사법부만에 의하여 이루어져야 한다.>

<남북정상회담의 개최는 고도의 정치적 성격을 지니고 있는 행위라 할 것이므로 특별한 사정이 없는 한 그 당부를 심판하는 것은 사법권의 내재적, 본질적 한계를 넘어서는 것이 되어 적절하지 못하지만 남북회담의 개최과정에서 재정경제부장관에게 신고하지 아니하거나 통일부장관의 협력사업 승인을 얻지 아니한 채 북한 측에 사업권의 대가명목으로 송금한

행위 자체는 헌법상 법치국가의 원리와 법 앞에 평등원칙 등에 비추어 볼 때 사법심사의 대상이 된다.>

<남북교류협력에 관한 법률 제16조, 제17조 문언내용을 종합적으로 해석할 때 협력사업 승인의 전 단계인 협력사업자승인조차 받지 않고 바로 협력사업을 시행한 자도 위 법 제27조 제1항 제3호에 의하여 처벌 가능하다.> <남북정상회담의 개최과정에서 이루어진 대북송금행위가 형법상 정당행위에 해당된다고 보기 어렵다(대판 2004.3.26. 선고 2003도7878판결 외국환거래법위반·남북교류협력에 관한 법률위반·특정경제범죄가중처벌 등에 관한 법률위반).>

문재인 정부 3년간의 한반도비핵화 및 종전선언이라는 대북정책은 한미동맹파기, 주한미군 및 전술핵의 철수, 한미연합훈련중단 등으로 북한의 적화통일을 획책하는 위장평화 사기극으로 북한의 비핵화는 실종되었다. 이런 상황에서 국가정보원은 국외정보 및 국내 보안정보의 수집·작성·배포 등 국가안전보장 업무의 효율적인 수행을 직무로 하는 국가안보의 최일선기관으로, 국가정보원의 원장은 "북한에 대한 전문성"보다 "국내외정보"에 관한 풍부한 경험과 탁월한 식견 등 <정보 전문성을 갖춘 유능한 인재>를 필요로 하는 자리다.

한평생 국내정치에만 몰입(沒入)해온 박 내정자가 국내외정보에 어떤 전문성이 있는지, 대북송금행위로 대법원에서 유죄판결을 받은 사람이 국가안전보장업무를 효율적으로 수행할 수 있는 국가정보원의 원장으로서 적임자인지 의문이다. 국정원장이 국가안전보장이라는 책무를 진 국가정보원의 수장(首長)이 아니라 대남적화통일을 꿈꾸는 대북밀사(對北密使)라면 국가안보는 누가 지킬 것인가? 이제 국민이 국가안보를 걱정하며 노심초사(勞心焦思)하는 세상이다.

(하) 한미연합훈련도 "북과 협의"한다는 국군통수권자

문재인 대통령이 신년(2021년)기자회견에서 한미 연합훈련 중단문제를 "필요하면 남북군사공동위를 통해 '북한과 협의'할 수 있다."고 했다. 국가의 독립 · 영토의 보전 · 국가의 계속성과 헌법을 수호할 책무를 진 국군통수권자인 대통령이 1950년 6월 25일 미명(未明), 38선 전역에 걸쳐 북한 공산군이 불법 남침한 전범(戰犯: war crime)집단의 위협에 대한 방어훈련을 '**적**(敵)**과 협의**'하겠다고 한 것이다. 김정은이 노동당 대회에서 "미국과의 합동 군사훈련을 중지해야 한다."고 압박한 데 대한 답변이라고 한다.

김정은은 노동당 대회에서 36차례나 핵을 언급하며 남한을 공격할 핵추진 잠수함, 극초음속 무기개발을 공언하며 무력에 기반한 적화통일을 선언하며 열병식에선 신무기를 선보였다.

북한은 대남적화노선을 고수하면서 한반도비핵화와 종전선언이라는 위장평화 쇼로서 우리의 자유민주체제의 전복을 획책하고 있는 반국가단체 겸 6 · 25 전범집단임을 결코 망각해서는 안 된다. 이런 상황에서 한미 연합훈련강화만이 북한의 핵위협에 대처할 유일한 전략(戰略)임에도 불구하고 문 대통령은 주적(主敵)인 북한과 한미 연합훈련마저 "협의"하겠다는 것이다. 북한의 비판 한마디에 국방 · 통일 · 외교장관을 줄줄이 교체했다. 문 대통령은 국군통수권자의 자리에서 내려와야 할 때가 된 것 아닌가.

범여권의원 35명은 북한이 반발하니 내달 예정된 '한미연합훈련을 연기하라'고 했다. 이들은 '김정은 위원장까지 나서 강력하게 반발하고 있다'며 '한반도 대화국면조성과 코로나방역을 위해 훈련의 연기를 촉구한다'고 했다. 주적(主敵)이 싫어하니 북한의 위협을 방어하기 위한 군사훈련을 하지 말자는 것이다. 그러나 미국방부는 "한반도보다 더 훈련이 중요한 곳은 없다."고 했다. 한국의 안보를 미국이 걱정하고 있다. 6·25와 같이 북한이 무력남침을 다시 강행해도 국군의 군사작전을 '김정은과 협의'할 것인가?

(거) 북한 원전문건(原電文件) 전문을 공개하고 삭제 경위를 철저히 수사하라

산업통상자원부가 2018년 4월 27일 1차 남북정상회담 직후 북한 원전(原電)건설과 관련한 문건을 작성했던 것으로 확인되자 정치권이 격분(激憤)해 공방을 벌이고 있다. 이 문건에 대해 청와대는 "해당공무원 개인의 아이디어일뿐"이라고 했으나 야당은 "북한에 극비리에 원전을 지어주려 한 이적행위(利敵行爲)로 경천동지(驚天動地)할 중대 사안"이라며 국정조사와 특검수사 등을 촉구했다. 청와대는 "북풍공작과도 다를 바 없는 무책임한 발언이다. 법적조치를 포함해 강력히 대응할 것"이라고 반박했고, 여당에선 "이명박, 박근혜 정부 때도 검토했던 일"이라는 주장도 나왔다. 산자부는 "정상회담에서 나올 수 있는 남북협력을 실무차원에서 검토하고 정리한 것뿐"이라고 했다.

대한민국의 주적(主敵)인 북한에 '원전을 건설'하려는 방안이 산업통상자원부 공무원 몇 명의 '**아이디어 차원**'에서 검토한 것뿐이라는 청와대의

후안무치(厚顔無恥)한 궤변이 참으로 점입가경(漸入佳境)이다. 대법원은 "북괴집단 자체는 형법상 적국(敵國)이라고 할 수 없을지라도 그 집단이 중공계열에 속한 관계로 그 집단의 배후에서 적성국가(敵性國家)인 중공이 조종하고 있는 실정이므로 형법의 적용에 있어서는 이를 '**적국(敵國)'**에 준하여 취급하여야 한다."(대판 1971.6.29. 71도753), (대판 1971.9.28. 71도1498), "북한괴뢰집단은 우리 헌법상 반국가적인 불법단체로서 국가로 볼 수 없으나 간첩죄의 적용에 있어서는 이를 '적국(敵國)'에 준하여 취급하여야 한다."(대판 1971.9.28. 71도1498, 1983.3.22. 82도3036)라고 판시함으로써 북한이 '**주적(主敵)'**임을 천명(闡明)했다.

핵무기로 서울을 불바다로 만든다고 협박하며 호시탐탐(虎視眈眈) 적화통일(赤化統一)을 꿈꾸는 대한민국의 주적(主敵)인 북한에 원자력발전소를 건설하려는 것은 시설제공이적죄(형법 제95조)의 예비·음모죄(형법 제101조)에 해당될 수도 있다. 형법 제95조가 예시하고 있는 '군용(軍用)에 공(供)하는 설비 또는 건조물'이란 우리나라에 대한 군사목적에 직접 사용하기 위하여 설비한 일체의 시설 또는 물건을 하며, 군사상 통신시설·군용양식 등도 이에 포함된다. 예비죄(豫備罪)는 범죄의 실행착수에 이르지 아니한 범죄준비행위 중, 특히 형법상 처벌대상으로 규정하고 있는 범죄이다.

산자부 공무원들이 월성 1호기 관련 '파일삭제사건'이 일파만파(一波萬波)로 확산되고 있다. 이들이 없앤 자료에 '북한지역 원전건설 추진'문건 17개와 탈 원전반대 시민단체동향 파악문건까지 포함된 사실이 확인되었다고 한다. 논란의 문건은 월성 1호기 경제성조작의혹 관련 감사원 감사를 방해한 혐의 등으로 기소된 산자부 공무원 3명이 심야에 삭제한 530건의 파일 중에 들어 있는 것으로, 이 삭제파일 중에 '60 Phojois(포흐요이스 : 핀란드어로 "북쪽"을 의미함)'라는 폴더가 있었고, 이 폴더 안에 **'180514 북한지역 원전 건설 추진방안'**이라는 제목의 산자부 내부검토 보고서로 추정되는 파일이 있었다는 것이 검찰의 공소장을 통해 밝혀졌다. 2018년 5월 14일 작성됐다는 의미다.

북한 원전문건의문의 핵심은 탈원전을 주장하며 월성 1호기를 조기폐쇄한 문재인 정부에서 어떻게 '북한 원전건설추진'이란 아이디어가 나왔으며, 산자부 공무원이 왜 한밤중에 필사적, 조직적으로 문건을 삭제했느냐에 있다. 전 청와대 부속실장은 "문재인 대통령이 김정은에게 발전소 USB를 건넨 것은 문 대통령이 청와대 대변인을 통해 이미 밝힌 내용"이라고 했다. 문재인 정부가 그토록 집요(執拗)하게 최재형 감사원장과 윤석열 검찰총장을 찍어내려고 공격한 이유를 알 수 있게 되었다.

북한 원전문건논란에 대한 야당의 의혹제기에 대해 '구시대의 유물 같은 정치'(문재인 대통령), '선을 넘은 정치공세이자 색깔론으로 혹세무민하는 터무니없는 선동'(청와대 고위관계자), '국익을 훼손하는 위험한 정치'(민주당 이낙연 대표), '선거 때만 되면 북한공작을 기획하는 보수야당의 고질병'(민주당 김태년 원내대표)이라는 발언이 쏟아지고 있다. 그러나 국민들은 구시대의 유물 같은 정치인과 선거 때마다 북한공작을 한 주범이 누구이며, 혹세무민(惑世誣民)하는 후안무치(厚顏無恥)와 파렴치한(破廉恥漢)이 누구인지를 이미 잘 알고 있다. 남북회담에 목을 걸어온 문재인 대통령이 북한원전문건의 전문(全文) 및 작성, 삭제 등 경위를 국민에게 진솔하게 밝히지 않으면 국가안보를 위해 검찰수사나 특검을 통해 실체적 진실을 반드시 밝혀야 한다.

(너) 국군장병의 부실급식 및 해군 여 중사 성폭행에 따른 순직과 장병의 인권보장

최근 국군장병에 대한 부실급식이 알려지면서 국민의 공분(公憤)을 사고 있다. 세계 10대 경제대국으로 인권변호사 출신을 자처(自處)하는 대통령이 국군통수권자인 나라에서 도저히 믿기 어려운 일이다. 자식을 군에 보낸 부모가 통탄할 일이며, 일반 국민마저 자괴감(自愧感)이 드는 사건이다. 국방예산이 52조 원이라는 나라에서 장병(將兵) 1인당 한 끼 급식비가 고작 2,930원이라고 한다. 이 사건이 사회문제로 비화되자 군수뇌부가 보여준 늑장대응과 부실대책은 설상가상(雪上加霜)이다. 국회 국방위원회에 출석한 국방부장관과 주요 군 지휘관 회의를 개최한 육군참모총장은 "책임을 통감하며 송구하다."는 상투적 변명에 급급했다.

공군·해군에 이어 육군에서도 성추행피해를 본 부사관이 극단적 선택을 시도한 사실이 뒤늦게 드러났다. 성추행신고 사흘만인 8월 12일 부대에서 숨진 채 발견된 해군 A(여) 중사를 강제 추행한 혐의를 받고 있는 B 상사가 14일 구속됐다. 사건 발생 79일 만이자 A 중사의 신고로 군이 수사에 착수한 지 5일 만이다. A 중사는 8월 7일 성추행을 당한 부대에서 "나가고 싶다"고 부대지휘관에게 밝힌 것으로 알려졌다. 해군 보통군사법원은 14일 평택 2함대 사령부 군사법원에서 B 상사에 대한 구속 전 피의자 심문결과 강제추행혐의로 구속영장을 발부했다. 군은 14일 A 중사에 대해 순직결정을 내렸고, 고인은 비공개로 영결식을 치른 뒤 15일 발인을 거쳐 국립대전현충원에 안장됐다.

지난 8월 24일 피해자 측과 육군에 따르면 2020년 4월 갓 임관한 육군 A

하사는 부대배속 직후 직속상관인 B 중사로부터 사귀자는 제의를 거절한 뒤 지속적으로 스토킹과 성추행을 당한 뒤 수 차례 극단적 선택을 시도한 사실이 뒤늦게 드러났다. A 하사는 지난해 8월 다른 선임의 도움을 받아 부대에 이를 신고했고, B 중사는 한 달 뒤 징계해임처분을 받고 전역했다고 한다.

국가의 안전보장과 국토방위의 신성한 의무를 수행함을 사명으로 하는 국군장병은 인간으로서의 존엄과 가치를 가지며, 행복을 추구할 권리를 가진다. 국가의 안전보장과 국토방위의 신성한 의무를 수행하기 위해 국가의 부름에 응한 장병을 제대로 대우하고 병역의무수행에 차질(差跌)이 없도록 하는 것은 국군통수권자인 대통령과 정부 및 국방부의 책무(責務)이다. 따라서 부실급식에 관련된 군 지휘부와 감독책임자 및 성추행범과 그 사실을 은폐한 관련자들을 엄중히 문책하여 일벌백계(一罰百戒)함으로써 성추행집단으로 전락한 군조직의 적폐를 청산하고, 국군의 기강(紀綱)을 확립하는 일대계기를 마련해야 한다.

(더) 남북평화 쇼 기간 중 북한의 F-35A 도입반대 지령

국가정보원과 경찰은 미군 최신예 스텔스 전투기 F-35A 도입 반대운동을 한 청주지역 활동가 4명{고문 박모 씨(57) 구속(조직 창설 및 민노총연계 목표), 위원장 손모 씨(47) 불구속(대기업노조 등 장악목표), 부위원장 윤모 씨(50.여) 구속(민주당 충북도당, 도의회 인맥동원목표), 연락담당 박모 씨(50.여) 구속(충북간호사 조직화 목표)}의 자택 등을 압수수색해 북한 대남공작부서인 문화교류국 소속 공작원과 주고받은 '지령문'과 '보고문' 등이 담긴 휴대용 저장장치(USB 메모리)를 확보한 것으로 2021년 8월 4일 전해졌다.

청주지역 노동단체출신인 이들은 북한으로부터 활동비 2만 달러를 받고 충성서약까지 했다는 혐의를 받고 있으며, 심지어 문재인 대선후보 선대위 특보단에 참여하고 여당 중진의원을 만나 통일사업도 제안했다고 보도됐다. 청와대는 이들을 '모른다'고 했고, 해당의원 측은 '민원인으로 만났다'고 했다. 우리 사회에 신보를 내세우면서 북한지령에 따라 활동하는 자들과 단체가 겉으로는 '남북평화'를 주장하며, 속으로는 '간첩활동'을 하다 적발된 것은 빙산(氷山)의 일각에 불과하다고 한다. 이들은 검찰수사를 거부하고 있다고 한다. 이들이 문재인 대선후보 선대위 특보단에 발탁된 경위를 철저히 수사해 실체적 진실을 밝혀야한다.

그러나 국정원과 검찰은 간첩혐의가 명백한 이들에게 '간첩혐의'가 아닌 '회합·통신' 혐의만 적용해 구속했다. 문제가 여권으로 확대되기 전에 국가보안법위반이 아닌 사건으로 조작하기 위한 꼬리 자르기 수사가 우려된다. 당국이 확보한 2017년 8월 15일 동지회결성 대북보고문에는 김정은을 향해 "영명한 우리 원수님! 만수무강하시라!", "위대한 원수님의 영도충북결사옹위 결사관철", "생명이 다하는 순간까지 원수님과 함께", "원수님의 충직한 전사로 살자"라고 쓴 혈서맹세 사진파일이 첨부돼 있다고 한다 (20218. 7~8. 중앙 SUNDAY 12).

"(21대)총선투쟁계획을 현실성 있게 작성하여 가능한 빠른 시일 내에 보고해주기 바란다." <북한 대남공작부서 문화교류국의 지령> "(더불어)민주당 충북도당 간부를 만나 논의를 진행했다. 민주당 ○○○의원 면담을 진행하기로 했다." <'자주통일 충북도지회' 대북보고문> 국가보안법 위반혐의로 국가정보원의 수사를 받고 있는 '자주통일 충북동지회'의 활동가 4명은 2017년 6월부터 구속 직전인 2021년 5월까지 4년간 북한으로부터 지령을 받고, 이를 수행한 뒤 대북보고문을 보냈다. 구속영장 청구 당시 국가정보원 등이 확보한 북한의 지령문과 대북보고문은 총 84건이었다.

박 씨 등 4명은 2017년 8월에 결성식을 진 뒤 김일성 일가에 대한 '충성혈서 맹세문'을 작성해 공작원에게 보냈다. "생명이 다하는 순간까지 원수님과 함께", "원수님의 충직한 전사로 살자"는 내용이었다. 이들은 2000년대 초반부터 북한과 접촉해온 것으로 8월 9일 밝혀졌다. 국가정보원과 경찰은 박 씨 등이 그 무렵부터 북측의 '고정간첩' 역할을 해온 것으로 보고, 이들이 북한의 대남공작 부서 문화교류국의 지령에 따라 누구를 추가로 포섭했는지 등을 수사하고 있다. 이들은 대북보고문에서 북한을 '조국'으로, 대한민국을 '적(敵)'으로 지칭했다. 이들의 간첩행위가 사실로 판명될 경우 문재인 정권은 간첩정권이라는 오명에서 벗어나기 어려울 것이다.

윤석열 전 검찰총장은 이번 사건에 대해 페이스북에서 "대한민국에 아직 '조직적 간첩활동'이 존재한다는 사실이 드러난 매우 중대한 사안"이며, "이 간첩사건에 대해 철저한 진상규명이 반드시 필요한 이유"라고 했다. 야당은 이 사건을 '문재인 간첩특보단 게이트'라고 규정했다. 정계·사회 곳곳에서 암약 중인 고정간첩들에 대한 전면수사로 자유민주주의를 수호해야 한다. 문재인 대통령은 이러한 친북인사를 대선후보 특보단에 중용한 데 대해 대국민 입장을 밝혀야 한다. 이러한 상황이 작금(昨今)의 대한민국 안보현실이다.

(러) 미국이 버린 아프가니스탄의 탈레반에 항복과 한국의 미래
이슬람주의 세력인 탈레반이 2021년 8월 15일 수도 카불에 입성하면서

아프가니스탄 전쟁이 20년 만에 미국과 친서방정부의 패퇴(敗退)로 막을 내리고 있다. 20년 전 미군이 아프간을 점령한 것은 미국 본토를 겨냥한 '9 · 11 테러집단'을 응징하기 위한 것이었다. 아프간 정부는 탈레반에 항복을 선언하고 아슈라프 가니 대통령은 우즈베키스탄으로 망명했다고 한다.

미국은 2005년부터 지난 6월까지 아프간 군기금(ASFF)으로 750억2천만 달러(약 87조7천억 원)를 지원했다. 무기와 장비, 훈련비 등을 합쳐 지난 20년 간 아프간군에 830억 달러(약 97조원)를 쏟아부었으나 이 돈이 어디로 흘러갔는지는 미스터리라고 한다. BBC는 정부군 병력의 상당수가 장부상으로만 존재하는 "유령군인"이라고 보도했다. 아프간 사태는 정부의 무능과 부패, 정치적 분열, 군의기강해이 등이 자초한 비극이다.

부패한 간부들이 급료를 가로채고 숫자를 허위로 기재해 군 당국은 실제 가용병력이 얼마나 되는지도 파악하지 못한다는 지적이다. 월스트리트저널(WSJ)은 "정부군은 부패한 정부와 정치인들이 예산을 빼돌려 제대로 먹지도 못하게 되면서 싸울 용기를 잃었다."고 전했다. 권력다툼도 한몫했으며, 2014 · 2019년 대선은 부정선거로 얼룩졌다. 바이든 미국 대통령은 "아프간 군(軍)이 스스로 싸우지 않는 전쟁을 미국이 대신 싸워 줄 수 없다."고 했다. 미국의 칼럼니스트는 "한국도 미국의 도움이 없었으면 아프간과 같은 운명이 됐을 것"이라고 했다.

아프간 사태는 결코 남의 일이 아니다. 최근 군의 성추행사건, 한미연합훈련축소 등을 보면 대한민국의 안보상황은 아프칸 상태와 얼마나 다른가? 국군통수권자인 대통령은 국가의 독립 · 영토의 보전 · 국가의 계속성과 헌법을 수호할 의지가 있으며, 그 책무를 다하고 있는가? 국군은 국가의 안전보장과 국토방위의 신성한 의무를 수행함을 사명으로 하며, 그 정치적 중립성은 준수되고 있는가?

북한의 핵무기와 미사일위협 속에서도 주체사상으로 무장된 일부 주사파들이 정권과 청와대 장악하고 있으며, 김정은의 한반도비핵화 및 종전선언이라는 위장평화전술, 사드배치반대, 주한미군철수주장, 전술핵반입금지, 한미군사훈련의 무력화, 군의 정신무장 해체 등으로 볼 때, 만일 주한미군이 철수할 경우 대한민국의 수도 서울이 "제2 카불"이 되거나 대한민국이 "제2 베트남" 또는 "제2 아프가니스탄"이 되지 않는다고 보장할 수 있는가? 이러한 위험은 미군이 철수한 아프간의 운명이 입증하고 있다.

1949년 6월 이미 주한미군이 철수를 완료했으며, 미국 전 국무장관 애치슨이 1950년 1월 대중공정책상 태평양에 있어서의 미국의 방위선을 알류산 열도-일본-오키나와-필리핀으로 연결하는 선("애치슨 라인")으로 정하여 우리나라와 대만을 제외함으로써 1949년 6월에 6·25 동란이 발발하였다. 6·25 동란이 남겨준 역사적 교훈은 모든 자유애호 국가들로 하여금 정의에 도전하는 전쟁범죄자에 대하여 과감한 반격과 철저한 응징(膺懲)을 가한다는 결의를 갖게 한 것이다.

스스로 국가의 안전보장과 국토방위를 위해 싸울 의지도 없고 싸울 준비도 하지 않는 나라를 위해 미국이 대신 싸워 주리라고 기대하는 것은 자살행위나 다름없다. 대한민국은 8·15해방 이후 미국과의 동맹으로 나라를 세우고 발전시켜왔다. 동맹(同盟:alliance)은 일정한 경우 법적 상호원조의무를 약속하는 둘 또는 그 이상의 국가 간의 일시적 결합이다. 한미원조협정(1948.12.10.), 한미상호방위조약(1954.11.18.)은 일종의 동맹조약이다.

힘의 논리가 지배하는 국제사회에서 국가의 독립 · 영토의 보전 · 국가의 계속성과 헌법을 수호하려면 신뢰를 전제로 한 강대국과의 굳건한 동맹관계유지가 필수적이다. 우리 정부와 국군은 아프간 사태를 타산지석(他山之石)으로 삼아 한미동맹 강화와 동시에 자주국방에 전력을 다해야 한다. 자국의 국가안보 및 방위태세를 타국에 의존하지 않고, 자주성을 가지고 자기책임 하에 실시하는 것을 자주국방(自主國防:self-defence)이라고 한다.

오늘날의 자주국방이라는 개념은 집단안전보장체제를 전제로 하지 아니할 수 없게 되었다. 그러나 아무리 집단안전보장체제하에서도 국방력 즉 전체적인 국력의 뒷받침이 없을 때에는 자국의 방위에 관해서도 자주적인 결정, 자주적인 운영을 할 수 없게 된다. 국가의 자주국방이란, 결국 자국의 국방에 관한 한 국력을 골간(骨幹)으로 하고, 집단안전보장체제에 의한 우방의 군사력을 '자위력의 보완수단'으로 할 수 있도록 상당한 수준의 자기 군비를 갖추어서 '국방에 관한 독립성'을 유지하는 것이 **'자주국방을 지향하는 길'**이다.

작금의 한국정부의 안보의식과 국군의 기강해이를 볼 때 우리 정부와 군은 베트남 사태와 아프간 사태를 타산지석으로 삼아야 한다. 대한민국의 적국(敵國)인 북한(대판 1983.3.22. 82도3036)의 핵무장 하에서 북한과의 "종전선언(終戰宣言)"이나 "평화협정(平和協定)"은 대한민국이 망국(亡國)의 길로 가는 것이다. 미국과 월맹 간의 평화협정으로 월남이 망했고, 미국과 탈레반의 평화협정으로 아프간이 망한 교훈을 잊지 말아야 한다.

　　미국은 타국의 자유와 인권만을 위해 한정 없이 미군을 주둔시킬 의지
가 없다는 사실을 아프간 사태가 입증하고 있다. 국민의 생명과 자유를 스
스로 지키려는 '자주국방의지가 없는 나라'를 미국이나 국제사회가 돕는
데는 한계가 있다는 냉엄한 현실을, 김여정의 협박과 북한의 도발에 굴종
하며 한반도비핵화와 종전선언을 주장하는 김정은의 위장평화 쇼에 놀아
나는 정부는, 직시해야 한다.

　　(머) 대통령의 사면권 및 가석방 행정처분의 적정한 행사
　　대통령은 법률이 정하는 바에 의하여 사면(赦免)·감형(減刑) 또는 복권
(復權)을 명할 수 있다(헌법 제79조 제1항). 사면(pardon)은 국가 원수의 특권으로
서 형의 선고의 효과의 전부 또는 일부를 소멸시키거나, 형의 선고를 받지
않은 자에 대하여 공소권(公訴權)을 소멸시키는 것을 말한다. 사면은 일반사
면과 특별사면으로 구분한다(사면법 제2조). 일반사면은 '죄를 범한 자'를, 특
별사면 및 감형은 '형을 선고받은 자'를, 복권은 '형의 선고로 인하여 법령에
따른 자격이 상실되거나 정지된 자'를 대상으로 한다(동법 제3조).

　　박근혜 전 대통령이 2021년 12월 31일 특별사면으로 석방된다. 이명박
전 대통령과 지난 8월 가석방된 이재용 삼성전자 부회장은 특별사면 대상
에서 제외됐다. 이 전 대통령은 뇌물수수 등 혐의로 징역 17년 형을 받고
770일 넘게 복역 중으로 현재 80세를 넘고 건강도 좋지 않다고 한다. 이명박
전 대통령을 특별사면 대상에 포함시키지 않은데 대해 야권에선 "문 대통
령이 야권 분열을 위해 두 전직 대통령을 분리 사면 할 것"이라고 의심해 왔

는데, 실제로 그리되자 "갈라치기 사면을 해서 반대 진영 분열을 획책하는 건 참으로 교활한 술책"(홍준표 의원)이라고 반발했다. 이 부회장이 특별사면에서 제외된 것에 대해 한국경제의 견인차(牽引車) 역할을 하고 있는 삼성의 글로벌 경영에 장애요인이 되는 족쇄를 채워놓아야 하는지 의문이라고 한다.

한명숙 전 총리는 복권 대상에 포함되었다. 문재인 대통령은 "지난 시대의 아픔을 딛고 새 시대로 나아가야 한다"라며 "박 전 대통령의 건강상태가 나빠진 점도 고려했다"라고 밝혔다. 한 전 총리는 9억여 원의 불법 정치자금을 받은 혐의로 대법원에서 징역 2년 형을 선고(2015.8.20. 2013도11650. 정치자금법위반)받았으나 무죄를 주장하며 판결의 효력을 부인하고 있다. 박범계 법무장관은 한명숙 수사팀이 위증교사를 했다며 수사지휘권을 발동하고 수차례 감찰 결과 사실무근으로 판명되었으나 문 대통령은 위증강요 논란을 복권근거로 내세웠다. 한 전 총리는 "나는 결백하다"면서 추징금 8억 8300원을 내지 않았다.

혁명조직(RO) 총책을 맡아 대한민국 체제를 전복시키기 위한 실행모의를 한 '내란선동(內亂煽動:형법 제90조 제2항)' 혐의로 박근혜 정부 때인 2013년 9월 5일 구속 수감 된 후 징역 9년형을 선고받은 후 8년3개월 만에 이석기(59) 전 통합진보당 의원이 성탄절 가석방으로 2012년 12월 24일 풀려났다. 이 전 의원은 "말 몇 마디로 현역 의원을 감옥에 처넣은 사람이 사면되고, 그 피해를 당한 사람은 가석방이라는 형식을 띠는 것이 참으로 통탄스럽다"라고 말했다. 그는 이날 오전 10시 대전 교도소 앞에서 가석방 소감을 묻는 취재진에 "말 몇 마디로 오랫동안 감옥에 가두는 야만적인 정치적인 형태는 다시는 없어야한다"라고 말했다.

가석방(假釋放 : parole)은 자유형을 집행 받고 있는 자가 그 행장(行狀)이 양호하여 '개전(改悛)의 정(情)'이 현저한 때에는 무기(無期)에 있어서는 '20년', 유기(有期)에 있어서는 '형기의 3분의 1'을 경과한 후 행정처분으로 형기 만료 전에 조건부로 수형자를 석방하고 일정한 기간을 경과한 때에는 그 형의 집행을 종료한 것으로 보는 제도(형법 제72조, 제76조)를 말한다.

이 전 의원의 가석방에 대해 국민의힘 원일희 선대위 대변인은 "이 전 의원은 단 한 번도 저지른 범죄행위를 반성하거나 '난 주사파가 아니다'라고 부인한 적이 없다"라며, "국민은 자유민주주의 가치가 지켜질지, 불안한 심정을 감추지 못할 것"이라고 했다. 국민의당 안철수 후보는 "이 전 의원은 뉘우치는 게 전혀 없어 가석방 요건이 되지 않는데 국민 저항을 막으려고 박 전 대통령 사면으로 물 타기 하는 것"이라고 했다. "사회적 갈등 치유와 지역 공동체 회복"을 내걸면서 제주 해군기지 건설이나 사드 배치, 밀양 송전탑 반대 시위나 세월호 관련 집회로 유죄판결을 받은 65명도 특별사면·복권했다. 또 2015년 민중총궐기 집회를 주도한 혐의로 유죄판결을 받은 이영주 전 민주노총 사무총장은 형 선고 실효 및 복권했다.

1950년 6월 25일 새벽을 기해 북한 공산군이 38선 전역에 걸쳐 불법 남침함으로써 야기된 한국 전란을 수행한 전쟁범죄인(war criminal)으로서 우리의 적국(敵國 : 대법원 1971.6.29. 71도753, 1971.9.28. 71도1498, 1983.3.22. 82도3036)인 북한 김일성 괴뢰집단의 후손인 김정은 정권의 핵위협 하에서, 내란선동(형법 제90조 제2항) 혐의 등으로 유죄판결을 받은 국사범(國事犯) 등에 대한 가석방 행정처분이나 특별사면, 복권 등은 국가의 안전과 국민의 생존 및 자유의 확보를 위하여 금지 또는 제한하는 입법조치가 신중히 검토되어야 할 것이다.

(3) 경제파탄의 위기자초(危機自招)

문재인 정부는 소득주도정책, 최저임금인상, 주 52시간 근무제도, 세금 퍼주기식 복지정책, 반(反) 시장 및 반 기업정책, 친 노동정책의 강화 등으로 인한 개인과 기업의 경제상의 자유와 창의성(創意性) 침해로 인한 기업의 해외진출 등으로 국가경제를 파탄내고 있다. 탈원전정책으로 국가경제에 막대한 손실을 입혔고 해외원전건설수주의 국익까지 차단시켰으며, 수만은 관련 기업들을 도산시키고 핵심기술과 기술자들이 해외로 빠져나가게 했다. 이러한 경제정책은 "대한민국의 경제질서(經濟秩序)는 개인과 기업의 경제상의 자유와 창의(創意)를 존중함을 기본으로 한다."는 헌정질서위반의 경제정책이라고 본다.

무차별 포퓰리즘의 살포와 국가의 무상배급확대에 따른 눈먼 돈의 살포로 마치 공산배급제를 방불케 하여 국민의 근로의욕마저 상실케 했다. 세수(稅收)는 줄어드는데 정부의 세금 퍼주기는 갈수록 눈덩이처럼 커지기 때문이다. 이로 인해 2019년이 '선심성현금복지 포퓰리즘의 원년'이 될 것이라고 한다. 문재인 정부출범 이후 3년 8개월 만에 공무원 수가 10만 명 가까이 늘어난 것으로 확인됐다. 문 대통령이 임기 내 공무원 17만 4천 명을 확충하겠다고 공약했고, 공용침체극복을 위해 공공부문 채용확대를 주장한 만큼 남은 임기 동안 공무원 수는 더 증가할 전망이다.

문 정부 집권 5년간 늘어날 국가채무 421조 원을 29세 이하 인구 1540만 명으로 나누면 1인당 2733만 원에 이른다. 임기 내내 빚을 물 쓰듯 하고 뒷 감당은 다음 정부와 다음 세대의 부담으로 떠밀겠다는 것이다. 아시아의 네 마리 용에서 한강의 기적을 이룬 한국의 잠재 GDP 성장률이 2030년 이후엔 OECD 회원국 최하위권으로 추락할 것이란 OECD 전망이 나왔다. 2007~2020년의 연편균 2.8%에서, 2030~2060년 0.8%로 떨어져 캐나다와 함께 OECD 38국 중 꼴찌로 내려간다는 것이다.

문재인 정부는 반 기업규제로 기업 활동을 위축시키고 생산성을 저하시키며, 노동개혁과 구조조정엔 손을 놓은 반면 온갖 세금 퍼주기로 경제의 최후 보루인 재정까지 부실화시키고 있다. IMF는 한국의 향후 5년간 국가부채 증가 속도가 선진 35국 중 가장 빠를 것이라고 예상했다. 경제 성장률은 최저이고, 부채증가 속도는 최고가 된다는 것이 한국경제의 미래다. 대선 후보들은 OECD의 경고를 심각하게 받아들여 당장 공약에 반영해야 할 것이다.

(가) 경제적 기본권의 보장

국민의 생존에 필요한 경제적 조건의 보장을 국가에 대하여 요구할 수 있는 권리를 경제적 기본권(經濟的 基本權)이라고 하며, 이것을 생존권적 기본권, 생활권적 기본권, 사회권적 기본권이라고도 한다. 이러한 <**경제적 기본권**>을 보장하게 된 것은 1919년의 바이마르헌법에서 비롯되며, 각국 헌법이 이를 본받아 규정하게 됨으로써 오늘날 20세기 현대헌법의 특색이 되어 있다.

이러한 법사조(法思潮)에 따라 우리나라 헌법 전문에서<… 안으로는 국민생활의 균등한 향상을 기하고 …>라 선명(宣明)한 후 구체적으로 제32조에서 <모든 국민은 근로의 권리를 가진다. 국가는 사회적·경제적 방법으로 근로자의 고용의 증진과 적정임금의 보장에 노력하여야 하며, 법률이 정하는 바에 의하여 최저임금제를 시행하여야 한다… 근로조건의 기준은 인간의 존엄성을 보장하도록 법률로 정한다.>고 하여 국민의 근로권을 보장했다.

헌법 제119조에서 <대한민국의 경제질서는 개인과 기업의 경제상의 자유와 창의(創意)를 존중함을 기본으로 한다(제1항). 국가는 균형 있는 국민경제의 성장 및 안정과 적정한 소득의 분배를 유지하고, 시장의 지배와 경제력의 남용을 방지하며, 경제주체 간의 조화를 통한 경제의 민주화를 위하여 경제에 관한 규제와 조정을 할 수 있다(제2항).>고 '경제질서의 기본'을 천명(闡明)하고 있다. 이러한 헌법규정들은 모든 국민의 <경제적 기본권>을 보장하기 위한 법이념의 표현이다. 헌법 제119조 제2항의 '경제주체간의 조화를 통한 경제민주화'의 이념은 경제영역에서 정의로운 사회질서를 형성하기 위하여 추구할 수 있는 국가목표로서 개인의 기본권을 제한하는 국가행위를 정당화하는 헌법규범이다(헌재결 2004.10.28. 99헌바91).

(나) 문재인 정권의 경제정책의 실상과 전모
경제정책(經濟政策 : economic policy)이라 함은 한 나라의 정부나 공공단체가 특정한 목표설정에 따라 국민경제의 전체 또는 일부의 활동에 영향을 끼치려는 행위를 말한다. 경제정책이 경제체제 여하에 따라서 그 내용을 크게 달리하는 것은 당연하다. 1929년의 대공황(大恐慌) 이후로는 경제에 대한 정부개입이 급속히 진전하여, 소위 수정자본주의(修正資本主義)시대가 되었다. 이와 같은 정부의 개입은 제2차 세계대전을 겪고 복지국가(福祉國家)의 개념이 널리 퍼진 오늘날에 있어서는 더욱 강화되고 있다.

국가의 경제정책은 경제생활에 있어서 개인과 기업이 스스로의 의지로 행동할 수 있는 자유를 보장해야 한다. 이에 따라 헌법은 "대한민국의 경제질서는 개인과 기업의 경제상의 자유와 창의(創意)를 존중함을 기본으로 한다."라고 경제질서의 기본을 천명하고 있다. 이하에서 역대 최악의 무능·무책임경제정책, 포퓰리즘 정책에 매몰되어 경제파탄을 초래한 것으로 비판받고 있는 **"문재인 정권의 경제정책의 실상(實狀)과 전모(全貌)"**를 살펴보고자 한다.

1) 재정불량국가로 전락

최저임금인상에 따른 소득주도정책, 주52시간근무제, 탈원전정책(脫 原 電政策), 세금 퍼주기 복지정책, 반(反) 시장 및 반 기업정책에 의한 각종 규제와 세금폭탄 등으로 국내기업들이 해외로 진출하고 있다. 깨진 독에 물 퍼붓듯 국민혈세낭비에 따른 무능한 정부의 곶감 빼먹기식 경제정책의 자해행위(自害行爲)로 "재정불량국가(財政不良國家)"로 전락(轉落)하여 경제위기를 자초(自超)했다.

탈원전정책(脫 原電政策)이라는 현 정권의 어리석은 에너지정책이 자연환경과 경관(景觀)을 파괴하고 국가경쟁력(國家競爭力)과 일자리마저 위협하고 있다. 정부가 태양광설치자금으로 국민의 혈세(血稅)를 깨진 독에 물 붓듯 쏟아붓자 돈벌이에 광분(狂奔)한 자들이 너도나도 태양광산업에 뛰어들어 국민혈세(國民血稅)를 좀먹고 있다. 살아 있는 정권의 이러한 적폐야말로 **<국가와 민족에 대한 대재앙(大災殃)>**이 아닐 수 없다.

지금 한국에서 벌어지는 세금살포정책들이 중남미형 복지 포퓰리즘의 초입(初入)과 비슷하다. 정부가 최대고용주가 되어 '공무원 수'를 늘리고 세금을 동원해 지속 불가능한 눈속임 '가짜 일자리 고용정책'(노인 쓰레기 줍기 일자리)을 대량생산하고 있다. 실업자 수를 줄이기 위해 해고가 불가능한 공무원정원을 무작정 늘리는 포퓰리즘 정책은 국가경제를 파탄시킨다. 무능하고 부패한 공직사회정화를 위한 국가개조를 위해 '국민 전체에 대한 봉사자'가 아니라 '정권의 봉사자'인 탐관오리(貪官汚吏)를 공직으로부터 추방하는 등 공무원 수를 적정히 감축할 필요가 있다. 고용정책을 빙자한 가짜 일자리(쓰레기 줍기 등)를 만드는 사기극을 벌이고 있다.

정부는 아동수당·기초연금확대와 <문재인 케어>로 불리는 무상의료, 무상교육처럼 모든 국민에게 일률적으로 지출되는 보편적 복지가 과속으로 부풀리고 있으며, 지방자치단체는 농민수당, 청년·구직수당 등의 이름이 붙은 '현금살포복지'를 경쟁적으로 도입하고 있다. 문재인 대통령은 시정연설에서 "재정확장은 선택 아닌 필수"라고 세금살포를 계속하겠다고 했다.

국민혈세를 깨진 독에 물 퍼붓듯 하는 포퓰리즘 정책으로 경제를 파탄내고 국가안보를 파괴하고 국제적으로 외교적 고립을 자초하며 교육을 붕괴시켜 나라의 근간(根幹)을 무너뜨리면서 국민을 갈기갈기 찢어놓는 등으로 헌정질서(憲政秩序)를 유린(蹂躪)하고 있다. 문재인 정권의 이와 같은 국가

권력의 불법적 행사와 그로 인한 국가의 안전보장 및 국민의 기본권 침해에 대하여 헌법이 보장한 저항권(抵抗權)을 행사하는 것은 국민의 정당한 권리다.

2) 국민혈세로 땜질만하는 포퓰리즘 정책

문재인 정부의 국민혈세를 깨진 독에 물 붓듯 퍼붓는 '땜질정책'으로 나라살림이 밑 빠진 독이 되었다. 정부는 2018년 12월 26일 내년 일자리안정자금 2조 8천억 원을 포함한 9조 원의 재정을 투입한다는 대책을 내놨다. 정책실패에 따른 부작용을 세금으로 충당하는 땜질정책만 고집하고 있다. 이러한 **"포퓰리즘 정책"**에 매몰되어 경제파탄을 자초했다. 그 모든 책임은 문재인 정부에 있다.

문재인 정부의 일방적 퍼주기식의 포퓰리즘 정책은, 한국의 자유민주주의 시장경제를 파탄시키고 더 나아가 성실한 국민의 근로의욕(勤勞意慾)마저 상실시켜 공짜에 맛들이게 해 "전대미문(前代未聞)의 복지파라다이스"를 초래함으로써 그리스와 같은 **"망국(亡國)의 길로 가는 자살행위"**가 되고 있다. 민주정치를 실행하는 과정에서 우리가 가장 경계해야할 것은 바로 **"포퓰리즘적 정치"**이다. 포퓰리즘은 국민을 위한 것이 아니라 오로지 정권의 유지와 연장을 위한 선거의 승리가 그 목적이다.

문재인 정부는 이미 파탄된 경제를 살리기 위한 처방은커녕 무조건 세금만 퍼붓는 '총선용 퍼주기 예산'만을 고집하고 있으므로 시중에서는 **"정부 돈 못 챙기면 바보"**라는 소리가 만연(蔓延)하고 있다. 이러한 포퓰리즘은 경제를 파탄시키는 것으로 공짜만 좋아하는 '거지근성의 국민'을 대량생산하여 결국 나라살림은 거덜 내어 부채국가로 국가가 파산할 수밖에 없을 것이다. 경제성, 사업성이 전혀 없는 지역의 민원사업에 국민혈세를 퍼붓는 목적은 지역균형발전이란 명목 아래 세금으로 다음 선거에서 '유권자의 표'를 사겠다는 얄팍한 꼼수다.

국민혈세를 퍼붓는 Populism 정책으로 일하기 싫어하며 공짜만 좋아하는 나태한 '하루살이 근성의 국민'이 무려 1,000만 명에 육박하고 있다고 한다. 우리나라는 무능한 정권의 포퓰리즘 정책으로 '사상(史上)최대의 재정적자'를 기록하고, 성실한 국민들의 근로의욕과 자립정신을 마비시키는 등 "공짜천국"을 만들어 나라는 이미 거덜이 나고 있다. 서울·부산 시장 4월 7일 보궐선거를 앞두고 여권이 밀어붙이는 주먹구구식으로 지급되는 천문학적 '4차 재난지원금(19조 5천만 원 규모)공세'가 도를 넘고 있다. 선거가 없다면 이렇게 국민혈세를 뿌리겠나? 정신이상자가 따로 없다. 2022년 대선과 지방선거를 1년 앞두고 정치권과 지자체에서 봇물 터지듯 '현금살포 공약'이 쏟아져 나오고 있다.

문 대통령이 '코로나 사기진작용'이라며 내비친 전 국민지원금 만해도 10조~20조 원에 달한다. 천문학적으로 커지는 나라빚은 지금의 청년세대가 미래에 갚아야 할 부담이다. 정치권이 눈앞의 선거승리만을 위해 혈세살포로 '미래세대를 착취(搾取)하는 일'을 서슴지 않고 있다. 그 피해자는 오로지 청년들이다. 청년들이 무능한 운동권정권의 내로남불, 후안무치한 포퓰리즘을 현명한 판단으로 응징(膺懲)해야만 망국적 풍조를 발본색원(拔本塞源)할 수 있다.

이재명 더불어민주당 대선후보가 2021년 11월 18일 "전 국민 재난지원금을 고집하지 않겠다."고 밝혔다. 그는 지난달 말 "1인당 30만~50만 원의 전 국민 재난지원금 추가지급"을 주장하고 나선 지 약 3주일 만에 철회한 것이다. 분별력(分別力) 있는 국민여론이 "선거용 현금살포"라는 포퓰리즘 발호(跋扈)에 철퇴(鐵槌)를 가한 때문이다. 정치권의 퍼주기 선물을 반기는 듯하던 국민이 "노(No)"라고 거절함으로써 포퓰리즘 좌파정권의 장기집권 꼼수가 동요(動搖)하고 있다. "국가채무 증가속도 세계 1위"라는 엄중한 현실을 직시하고 나라를 거덜 내는 정치권의 선거승리만을 위한 현금살포에 브레이크를 건 대한민국 국민은 좌파 포퓰리즘의 베네수엘라. 그리스. 아르헨티나와 달리 포퓰리즘 정책에 준엄한 심판으로 철퇴(鐵槌)를 가한 것이다.

3) 빚 탕감정책에 따른 채무자의 도덕적 해이조장(道德的 解弛助長)

금융위원회가 생활고에 시달리는 기초수급자, 고령자, 장기연체자 등의 채무원금을 최대 95% 감면해주는 탕감대책(蕩減對策)을 발표했다. 이것은 민생경제가 심각하게 무너지고 있다는 사실을 보여주고 있다. 현 정부의 경제정책의 실패로 민생경제마저 무너지고 있으나 정책수정은 고려하지 않고 미봉책으로 빚 탕감을 함으로써 채무자의 **도덕적 해이**(道德的 解弛)" 및 **채무불이행**"을 조장하고 있다. 정부가 다음 선거를 의식한 정치적 의도로 인한 미봉책(彌縫策)으로 빚 탕감(蕩減)을 남용하게 되면, 이로 인하여 채권자인 개인이나 기업의 파산을 초래하고, 더 나아가 악질적인 채무자의 위법행위의 조장 및 국민의 근로의욕의 상실 · 법적책임의 회피와 도덕적 해이를 조장하여 개인과 사회의 '건전한 경제질서를 파괴'하게 된다.

정부는 '건전한 신용사회건설'을 위해 빚 탕감정책을 남발할 것이 아니라, 고의적으로 채무변제를 회피하려는 채무자를 퇴출시키는 방편으로, 형법을 개정하여 **채무불이행죄**(債務不履行罪)를 신설함으로써, 악질적인 채무자를 처벌하고 경제상의 신용사회를 건설하여 재정적 어려움으로 인하여 파탄에 직면해 있는 채권자를 보호함으로써 개인과 기업의 경제상의 자유와 창의(創意)를 존중하며 신의칙(信義則)이 지배하는 '신용사회'를 건설해야 한다. 정부가 나라살림에 쓸 국민혈세를 깨진 독에 물 붓듯 퍼붓는 과정에서 혈세가 줄줄이 새는 등 온갖 탈법과 불법이 만연하고 있다. 이것이 문재인 정부의 소득주도정책의 전모(全貌)다.

4) 반 기업정책(反 企業), 반(反) 시장(市場) 정책

'대한민국의 경제질서는 개인과 기업의 경제상의 자유와 창의를 존중함을 기본으로 한다.'고 헌법 제119조 제1항은 경제질서의 기본원칙을 선언하고 있다. 그러나 문재인 정부는 반(反) 기업·반(反) 시장 정책을 펴면서 소득주도성장, 최저임금인상, 주52시간근무제, 탈원전정책, 졸속 3기 신도시 발표 등으로 중소기업과 서민경제를 파탄시켜 놓고 그 뒷감당은 국민혈세로 해결하려고 한다.

정부가 기업의 경제상의 자유와 창의(創意)를 존중하는 것이 아니라 기업경영에 개입하며, 검찰·경찰·국세청 등을 통한 기업에 대한 수사, 압수수색 등으로 국내기업을 해외로 내몰고 있다. 이러한 현실이 문재인 정권의 경제정책의 실상(實狀)이요, 문대통령의 취임사 구절인 "한 번도 경험해보지 못한 나라 꼴"의 전모(全貌)다. 하는 일도 없고, 해놓은 일도 없고, 할 수 있는 일도 없고, 되는 일도 없는 역대 최악의 무능, 무책임, 무대책의 정부다. 이런 경제상황을 두고도 정부는 '경제가 견실(堅實)하다'고 허풍을 떨며 잠꼬대만 하고 있다.

　일본의 무역보복에 대해 문재인 대통령은 '남북경협으로 평화경제가 실현된다면 단숨에 일본을 따라잡을 수 있다.'고 허풍을 떨고 있다. 세계 3위의 경제대국인 일본과의 경협을 단절하고, 세계최빈국인 북한과의 경협으로 일본을 따라잡는다고 호언장담하고 있으나 이 말을 믿는 어리석은 국민은 없다. 이제 우리는 경제파탄이라는 국가의 운명을 걸고 경제대국 일본과의 힘겨운 싸움을 피할 수 없게 되었다.

　마지막으로 남은 희망은 일본의 수출규제로 막대한 고충을 겪고 있는 애꿎은 기업들이 최선을 다해 선전하길 바랄 뿐이다. 그러나 무능한 정권의 외교실패로 날벼락을 맞은 기업에 대해 이 정권은 소득주도성장, 법인세인상, 최저임금과속인상, 주52시간제시행, 노동개혁후퇴, 적폐수사 등 **"전대미문(前代未聞)의 반(反)기업정책"**으로 기업을 옥죄는 등 기업경영을 불확실성으로 몰고 있다. 무능한 정부가 일본을 따라잡기는커녕 기업의 경쟁력을 말살시키는 자살행위를 하고 있다. 문재인 정권은 '빈말'로만 '일본과 싸워서 이긴다'라고 허풍을 떨고 있다.

5) 노조의 무법천지가 된 나라

　2019년 5월 22일 민노총 금속노조조합원들이 현대중공업과 대우조선해양과의 합병을 위한 주주총회에 반발하는 시위과정에서 경찰을 무차별 폭행했다. 현대중공업과 대우조선해양의 합병은 위기에 처한 한국의 조선업의 경쟁력을 높이기 위한 합병절차로서 정부가 추진한 것으로 조선업을 생존시키려는 국가차원의 전략적 결정이다. 그러나 정부는 폭력으로 주주총회를 방해하는 사태에 대해 말 한마디 없이 모른 척 고개를 돌리고 있다. 이와 같은 노조의 폭력에 의한 주주총회 방해는 범죄행위다.

민노총은 2018년 11월 대검찰청 점거 등 불법·폭력시위를 했고, 2019년 4월 3일 국회 담장을 부수고 경찰에 폭력을 행사했다. 이러한 민노청의 불법시위자들이 경찰관의 뺨을 때리고 방패를 빼앗고, 멱살을 잡힌 경찰관이 질질 끌려다녀도 경찰은 이들을 조사한 지 몇 시간 만에 풀어주었고 손해배상을 청구할 계획도 없다고 한다. 우리사회가 시너와 쇠파이프로 무장하고 주주총회장을 난장판으로 만든 '민노총세상'이 된 것은 불법적 폭력 앞에 무장해제한 정부당국의 무력한 대응이 자초한 것이다.

귀족노조인 민노총과 한노총 소속 타워크레인 기사들이 소형 원격조정 타워크레인의 사용금지를 요구하며 서로가 자기들 소속 노조원을 채용하라는 불법파업으로 전국 건설현장을 마비시키고 있다. 근로자의 고용창출은 건실한 기업을 바탕으로 가능한 것이며, 노조가 폭력으로 창출할 수 있는 것이 아니다. 정부가 귀족노조의 불법파업을 묵인, 영합하고 노조의 무리한 요구를 수용하여 '노조천국'을 자초했다.

검찰은 촛불정권탄생의 주역을 자처하는 민노총의 눈치나 보고 있으며, 법원은 폭행으로 연행된 불법시위자에 대한 구속영장신청을 기각하는 등 관대하게 대하니 노조의 기세는 하늘을 찌르고 있다. 노조의 폭력으로 전쟁터를 방불케 하는 상황에 대해 헌법의 수호자인 대통령과 정부등 공권력은 침묵하고 있다. 법치주의가 상실된 이러한 전대미문(前代未聞)의 **"노조천국"**이 현 정권이 말하는 "정의로운 사회"의 전모(全貌)다.

6) 기업의 경제상의 자유와 창의를 침해하는 '중대재해법'

산업현장에서 중대한 안전사고로 근로자가 중상을 입거나 사망하면 기업 대표자 등을 형사처벌하는 내용의 **"중대재해처벌 등에 관한 법률**(이하 '중대재해법'이라 함)"이 8일 국회본회의를 통과했다. 이 법은 '50인 이상 사업장'의 근로자가 1명 이상 사망하거나 2명 이상이 중상을 입는 안전사고가 발생하면 기업 CEO와 임원, 대주주, 법인 및 하도급의 경우 원청회사(도급인)의 경영책임자까지 1년 이상의 징역 또는 10억 원 이하의 벌금에 처하게 된다.

산업재해를 예방하고 쾌적한 작업환경을 조성함으로써 근로자의 안전을 유지하기 위한 "산업안전보건법" 및 근로자의 업무상의 재해를 신속하고 공정하게 보상하고 재해근로자의 재활 및 사회복귀를 촉진하기 위한 "산업재해보상보험법" 등의 시행으로 근로자의 생명과 안전을 위해 사업주(事業主)는 최선의 방책을 강구하며 노력하고 있다. 기업의 존속을 위해서는 변동하는 환경에 적응하기 위한 안정성과 탄력성이 필요하므로, 우리 헌법은 "대한민국의 경제질서는 개인과 기업의 경제상의 자유와 창의를 존중함을 기본으로 한다(헌법 제119조 제1항)"라고 천명하고 있다.

중대재해법의 시행으로 산업현장의 안전사고의 귀책사유(歸責事由)와 직접 관련이 없는 사업주 등에 대한 처벌만을 강화하는 것은 사후약방문(死後藥方文)으로 방점(傍點)은 사고예방에 찍혀야 한다. 경제단체들은 성명을 내고 "모든 책임을 기업에 지우면서 과도한 형량을 부과한다."고 비난했고, 경영계는 "처벌수위가 높다"고 반발하고 있다.

반면 노동계는 5인 미만 사업장이 제외된 것에 대해 "여야가 합의해 통과시킨 법은 중대재해기업처벌법이 아니라 5인 미만 사업장노동자 살인방조법", "편법과 꼼수를 통해 중대재해를 유발한 자들이 법망을 빠져나가는 모습이 뻔히 보이는 상황"으로 실효성 없는 법으로 전락했다고 했다. 그러나 민노총은 2018년 11월 대검찰청점거 등 폭력시위를 했고, 2019년 4월 3일 국회 담장을 부수고 경찰에 폭력을 행사했고, 5월 22일 민노총 금속노조 조합원들이 회사합병을 위한 주총에 반발하는 시위과정에서 경찰에 무차별 폭력을 행사하는 등 우리 사회가 **"노조천국"**이 되었다. 기업과 근로자 쌍방에겐 음수사원(飮水思源)이 필요하다.

근로자를 죽이거나 중상을 입히려는 **"고의(故意)"**로 기업을 경영하는 기업주나 경영자가 있는가? 모처럼 여야 합작품으로 기업을 옥죄는 중대재해법을 입법한 국회는 대답해야 한다. 이런 법을 만든 국회의 입법기관으로서의 지위는 저하(低下)되어 자연히 정부에서 작성한 법안을 통과시키는 **"통법부(通法府)"**로 전락(轉落)했고, 국민의 일반의사에 따른 민생법안이 아니라 당리당략의 입법에만 급급하기 때문에 국민의 국회에 대한 불신이 높아져 국회를 "국해(國害)"라고 조롱하며, **"국회를 해산하라"**라고 하는 상황이다. 이런 소리를 듣는 무능한 정상배들이 법만능주의(法萬能主義)에 매몰되어 기업의 경제상의 자유와 창의를 침해하는 괴물 재해법을 만들었다.

이 법의 시행으로 대기업은 살아남기 위해 우리 사회의 고질병인 '정경유착(政經癒着)의 고리'에서 벗어나지 못하고 권력과 정상배(政商輩)들의 '젖줄'이나 '빨대'로 전락할 것이다. "정상배는 '다음 선거'를 생각하고, 정치가는 '다음 세대(世代)'를 생각한다"고 했다. 중대재해법에 의하여 사업자 등은 자신의 귀책사유(歸責事由)가 없는 안전사고에 대하여 <감독책임>으로 민사책임 외에 형벌까지 받게 된다. 이 법에 따라 하도급업체에서 발생한 안전사고에 대해서도 원청업체의 경영진과 대주주에게 형사책임을 확대하여 부과하는 것은 '모든 국민은 **"법률과 적법한 절차"**에 의하지 아니하고는 처벌받지 아니 한다(헌법 제12조 제1항).'는 죄형법정주의(罪刑法定主義)의 명백한 위반이다.

문재인 정부 하에서 기업을 범죄자로 취급하려는 법률이 양산(量産)되고 있다. 산업안전보건법이 강화되고 기업의 경영권을 위협하는 '기업규제3법'까지 만들었고, 기업주와 법인 등에게 형벌을 부과할 수 있는 법률이 무려 2,600여 개에 달한다고 한다. 이 정부는 기업의 경제상의 자유와 창의를 존중하는 것이 아니라 기업경영에 개입하며 검찰·경찰·국세청 등을 통한 기업에 대한 수사와 세무조사 등으로 기업을 옥죄고 해외로 내쫓고 있다고 비난받고 있다. 헌법 제119조 제2항은 "국가는 균형 있는 국민경제의 성장 및 안정과 적정한 소득의 분배를 유지하고, 시장의 지배와 경제력의 남용을 방지하며, 경제주체 간의 조화를 통한 경제의 민주화를 위하여 경제에 관한 규제와 조정을 할 수 있다."고 규정하여 '**경제의 규제와 조정의 책임**'은 '**국가**'에 있을 천명하고 있다.

중대재해법은 기업경영자를 '잠재적 범죄자'로 만들어 '기업인은 한국을 떠나라'고 하는 것이나 다름없으며, 기업의 경제상의 자유와 창의를 존중함을 기본으로 하는 **"경제질서의 기본원칙"**을 위반한 것이다. 이제 사업주는 기업하는 죄로 교도소에서 살아야 할 신세가 될 것이다. 우리나라에선 기업을 경영하는 그 자체로 '잠재적 범죄자'가 될 것이며, 노조천국으로

"한 번도 경험해보지 못한 기업현실"이 오늘의 대한민국의 전모(全貌)다.

미 국무부가 2021년 7월 22일 내놓은 '2021 투자환경보고서'는 한국에 진출한 외국기업 경영자들이 체포, 기소 등 법률 리스크에 노출돼 있다고 지적했다. 세계 170개 국을 분석한 이 보고서는 다른 나라에 투자하는 미국 기업이 참고할 수 있도록 작성한 것으로 각국의 사업환경이 기업에 얼마나 친화적(親和的)인지 보여준다. 이 보고서는 특히 법제도와 관련해 "외국기업의 한국지사 최고경영자(CEO)는 회사의 모든 행위에 법적으로 책임을 져야 하며, 때로 회사의 법규위반으로 인해 체포되거나 기소될 수 있다."고 법률규제의 문제점을 소상히 지적했다.

중대재해법은 기업인을 잠재적 범죄자로 취급하고 있으며, 기업을 규제대상으로만 보는 정치권은 툭하면 대기업에 각종 기여금 등 준조세(準租稅)부담을 지우며, 국회는 국정감사 철만 되면 온갖 이유로 기업인을 무더기로 국회로 불러내 윽박지르며 호통을 치는 등 갑질(甲質)행위를 자행한다. 이들이 한국기업을 해외로 탈출시키는 정상배집단이다.

7) 추가경정예산으로 국민혈세낭비

미국과 중국·일본·유럽경제는 올해도 고용호황을 누리나 우리 경제만 올 1분기 마이너스성장을 했다고 한다. 그 원인은 소득주도성장과 최저임금인상, 주52시간근무제, 적대적 기업정책, 강성노조우대정책 등에 있다고 본다. 문재인 정부는 2년간 54조 원에 달하는 일자리예산 등에 국민혈세를 흔적도 없이 날려버렸다. 정부정책은 내용보다 대통령이 발표하는 알맹이 없는 TV쇼뿐이라고 한다. 이 정부의 고용정책은 국민혈세살포에 따른 포퓰리즘과 노인알바로 일자리 숫자 속이는 것이 고작이다. 이런 상황에서 정부는 또다시 추가경정예산으로 국민혈세 수조 원을 쓰려고 하니 '경제침체원인을 먼저 해명하라'는 야당의 주장이 당연하다.

정부는 비정규직의 정규직화, 주 52시간제의 강행, 52조 원의 일자리예산으로 노인알바라는 가짜일자리만 양산해 고용참사(雇傭慘事)를 초래했다. 2019년 1분기 경제성장률이 OECD 꼴찌로 추락했고, 수출은 8개월 연속마이너스 행진이며, 상장기업의 영업이익이 1년 새 40% 격감하고 기업의 파산이 사상 최고를 기록했으며, 세계3대 신용평가회사는 투자부진, 기업수익악화 등을 이유로 한국의 성장률전망치를 일제히 하향조정했다. 이런 상황에서 문 대통령은 우리 경제가 "튼튼하다'고 양치기소년 같은 말을 하고 있다.

미국의 초대 대통령 워싱턴(George Washington)은 '정직(正直)과 성실(誠實)은 최량(最良)의 방편(方便)이다.'라고 갈파했다. 부패한 권력과 정상배(政商輩)는 인간사회의 처세술(處世術)로 원칙보다도 변칙을 강조하고, 정직보다 속임수를 쓰고, 성실보다 요령을 부리고, 정도(正道)보다도 권모술수(權謀術數)를 주장한다. 통치자는 정직과 성실한 사회를 만들어야 한다. 그것이 통치자의 사명(使命)이요, 덕목(德目)이다. 그런 사회가 인간다운 사회이며, **미래를 향해 발전하는 사회**다.

8) 탈(脫) 원전정책(原電政策)을 폐기하라

원자력발전(原子力發展 : nuclear power generation)이란 원자력을 이용한 발전방식으로서 원자력의 평화적 이용 가운데서 대표적인 것이다. 원자력발전은 재래식 발전방식(수력 및 화력)에 비해 석유나 석탄 등의 부존(賦存) 에너지자원이 부족한 나라의 입장에서 볼 때 핵연료시장이 비교적 안정되어 있을 뿐만 아니라 소량의 연료로 장기간에 걸쳐 발전할 수 있으며, 원유나 석탄이 연소할 때 발생하는 공해문제가 없다는 점 등의 이점(利點)이 있다.

우리나라에서는 장기원전개발계획에 이러한 사항을 반영, 대규모의 원자력발전소건설계획을 세워 발전하고 있다. 1978년 고리 1호기 가동 이후 사고라고 할 만한 사고는 한 건도 없었고 사망자도 한 명도 나오지 않았다. 그러나 문 대통령은 작년 6월 탈(脫)원전선언 때는 '원전은 안전하지도 저렴하지도 친환경적이지도 않다.'고 사실을 왜곡(歪曲)했다. 문재인 정권의 탈원전정책이라는 어리석은 정책이 스스로 제 무덤을 판 것이다.

문재인 정부는 2030년까지 무려 100조 원을 투입해 태양광·풍력을 늘리겠다고 한다. 그 결과로 국토의 아까운 숲과 산림이 파괴되고 전기요금을 인상하지 않을 수 없는 상황에 처하게 될 것이다. 태양광보조금의 상당부분은 친정부 <태양광 마피아>들 주머니로 흘러 들어가고 있는 것이 밝혀졌다. 대통령 한 사람의 잘못된 고집으로 나라가 길이 아닌 길로 가고 있다. 문재인 정권은 원전마저 적폐로 몰아 싸고 질 좋은 전기를 줄여오다가 이제는 원전을 없앤다고 하며 이에 따른 비용은 국민에게 떠넘기고 있다.

정부의 탈원전정책 영향으로 경영위기에 빠진 두산중공업에 국책은행인 산업·수출입은행이 1조 원의 긴급대출을 지원해주기로 했다. 그러나 이 지원은 밑 빠진 독에 물 붓기에 불과한 것이다. 문재인 정부가 이념적으로 결정한 탈원전정책이 국가기간산업체(國家基幹産業體)를 망하게 하고 국민혈세를 투입하는 사태를 자초했다. 세계적 경쟁력을 인정받던 한국의 원전산업이 문재인 정부 들어 에너지정책이 탈원전으로 바뀌면서 몰락했다.

두산중공업뿐만 아니라 한국전력부터 관련부품을 생산하는 중소기업에 이르기까지 붕괴되고 있다. 이 정부가 파탄(破綻)낸 한국형 원전산업의 기술력과 안정성은 세계적으로 인정받았으나 문재인 정부의 탈원전정책으로 고사위기(枯死危機)에 처한 것이다. 문재인 정부와 한전은 대통령의 호남 공약이라고 1조 6천억 원이 소요되는 '한전공대' 설립을 추진하고 있다. 학생이 없어 5년 내 대학의 4분의 1이 파산지경인데도 대학을 신설한다고 한다. 다음 대선 직전에 한전공대를 개교하겠다고 한다. 정권의 눈에는 오로지 다음 선거만 보이는 것이다. 두 차례나 대선에서 지역표 잡기에 활용하는 것이다. 한전공대 설립비용 및 운영경비에 1조 6천억이라는 천문학적 비용만 소모하는 효과 없는 사업이 결국 국민의 부담으로 돌아올 수밖에 없다.

최재형(崔在亨) 감사원장은 2020년 4월 20일 월성 1호기 조기폐쇄 관련 감사를 맡아온 공공기관 감사국장을 다른 자리로 보내는 인사를 한 직후 내부 간부회의에서 "외부압력이나 회유(懷柔)에 순치(馴致)된 감사원은 맛을 잃은 소금"이라며 "감사관 한 사람 한 사람이 야성(野性)을 가져야지, 원장인 제가 달려들고 여러분이 뒤에서 (저를) 붙잡고 있는 모습이 돼선 안 된다."고 질책(叱責)했다고 한다. 월성 1호기 감사가 지지부진한 데 대한 문책 인사였다.

최 감사원장은 간부회의 자리에서 "누구나 문제가 있다는 것을 알고 있지만 문제 제기조차 금지되는 사안들이 있는데 감사원은 그런 성역이 없는 감사를 해야 한다.”고 하면서 **“검은 것을 검다고 말하지 않는다면 그것은 검은 것을 희다고 하는 것과 다를 바 없다.”**고 했다. 월성 1호기 조기폐쇄과정이 왜곡됐다는 것을 알면서도 입을 닫고 있다고 개탄(慨嘆)한 것이다.

월성 1호기 조기폐쇄에 대한 감사는 국회가 2019년 9월 의뢰해 시작됐다. 월성 1호기는 경제성평가에서 계속 가동해야 한다는 결과가 나왔는데도 2018년 6월 소집된 한국수자원공사 이사회에서 폐로결정을 내렸다. 경제성평가를 터무니없게 왜곡했는데도 계속 가동이 이득이라는 결과가 나오자 이사들에게 짜깁기자료를 돌려 폐쇄결정을 유도한 사실이 드러났다.

자료가 이미 공개됐으므로 감사원이 감사 의지만 있으면 한두 달 안에 감사를 마무리할 수 있는 사안이나 감사원은 두 차례 감사기한을 연장했고, 4·15 총선 직전인 4월 9일, 10일, 13일 연달아 감사위원회를 소집해 결과발표 여부를 논의했으나 역시 보류결정이 났다. 최재형 감사원장의 위질타(叱咤)는 월성 1호기 조기폐쇄에 대한 감사사건을 부실하게 감사한 담당 국장을 교체하면서 한 것이다.

최재형 감사원장은 경기고 학생 시절 다리가 불편한 친구를 업고 등하교하기 시작해 사법연수원까지 ‘어부바 우정’을 이어간 ‘의리와 뚝심의 사람’이다. 그는 친자식 외에 두 아들을 입양해 키운 ‘따뜻한 인성(人性)의 소유자’이기도 하다. 그런 최재형이기에 상식과 법치가 통하지 않는 성역을 인정할 수 없었다. 탈원전정책이 아무리 정당하다해도 절차는 적법하게 이뤄져야 한다.

최재형 감사원장과 같이 정의감과 양심(良心) 및 희생과 봉사자세가 내 마음속에 있는 동안, 인간은 살아 있는 것이다. 양심의 소리야말로 '선(善)과 악(惡)에 대한 확실한 심판자'이다. 돈 앞에 양심을 팔고, 지위(地位) 앞에 지조(志操)를 버리고, 권력 앞에 인격을 던지는 작금의 부패와 타락의 시대에는 최재형 감사원장과 같은 기상(氣像)이 한없이 그리워진다. 변절자(變節者)와 파렴치한(破廉恥漢), 후안무치(厚顔無恥), 탐관오리(貪官汚吏)가 많은 한국의 공직사회이기에 그러한 인물이 요구되는 이유다.

문재인 정부의 탈원전 정책은 해외 원전시장에서 세계 여섯 번째로 원전수출국이 된 한국의 존재감마저 사라지게 했다. 7천억 원을 들여 수명을 연장한 월성 1호기를 폐쇄한 것이 대표적이지만 10조 원 넘는 흑자를 낸 한전은 적자로 돌아섰다. 더 심각한 문제는 미래의 연구인력 확보다. 국회에서 여야합의로 요청한 월성 1호기 조기폐쇄에 대한 감사에 대해 여권은 반발하며 감사원장 탄핵을 거론하는 것은 어불성설(語不成說)이다.

검찰이 월성 원전 1호기 경제성평가 조작과 감사방해에 대해 본격 수사에 착수하자 여권 지도부와 추미애 법무장관이 동시다발적으로 수사중단을 압박하고 있다. 이낙연 민주당 대표는 검찰수사를 향해 "정치수사이자 검찰권남용"이라며 "검찰은 위험하고 무모한 폭주를 당장 멈추라"고 했고, 김태년 원내대표는 "국정개입수사"라고 했다. 추미애 법무장관은 지난 5일 국회에서 "정치인 총장이 정부를 흔들려고 편파과잉수사를 하고 있다."고 했다. 이러한 검찰수사에 대한 비난과 압박은 그만큼 켕기는 것이 많기 때문이라고 한다.

월성원전 1호기 경제성 조작은 문재인 정부의 중대한 범죄행위로 원전 보수에 든 혈세 7천억 원을 허공에 날리고 앞으로 창출할 막대한 이익을 사장(死藏)시킨 것으로 그 이유는 문 대통령의 탈원전 아집을 뒷받침하려는 것이라고 한다. 월성원전 1호기 경제성 조작에 대한 검찰수사는 감사원 감사결과이첩과 고발장 접수에 따라 시작된 것이다. 검찰이 산업통상자원부와 한국수자원공사 등을 대대적으로 압수수색한 것은 법원에서 수사의 정당성을 인정하고 검찰이 청구한 압수수색영장을 발부했기 때문이다. 이처럼 중대하고 명백한 범죄행위에 대해 만일 검찰이 수사를 안 한다면 검찰의 직무유기이며, 그 수사를 방해하는 정권은 직권남용이다.

월성 원전 1호기 경제성 평가조작은 공무집행방해, 직권남용, 업무방해죄 등이 적용될 수 있는 중대범죄이므로 이에 대한 검찰의 엄정한 수사로 실체적 진실을 밝혀 관련자 전원을 기소함으로써 정권의 중대비리에 대한 사법정의를 확립해야 한다. 2018년 4월 백운규 당시 산업통상자원부 장관이 월성 1호기를 2년 반 더 가동하겠다고 보고한 원전과장에게 "너 죽을래?"라고 말하며 "즉시 가동중단"으로 보고서를 다시 쓰게 시켰다고 한다. 원전과장은 "심한 모멸감을 느꼈다."고 감사원에서 진술했다고 한다.

산업통상자원부 공무원들은 자신의 행동이 직권남용, 업무방해 등 불법행위임을 인식하고 있었으므로 한수원·회계법인에 압력을 가한 것이 드러나지 않도록 회의 자료를 바꾸도록 했고 사무실 컴퓨터의 문건 수백 건을 삭제했다. 대통령 지시를 거슬렀다가는 공직생명이 끝이라고 생각했기 때문일 것이다. "너 죽을래?"라는 말의 진원은 대통령이라고 한다. 이 모든 것이 대통령 한 사람의 탈원전 집착과 오기(傲氣)에서 비롯된 때문이다.

여권은 탈원전정책이 "대통령의 통치행위"라는 궤변까지 토로했다. 정부가 '원전해외수출을 위해 미국과 협력하겠다.'고 한 것은 사실상 탈원전정책의 문제를 인정한 것과 다름없다.

새만금은 태양광 패널에 뒤덮이고 전국의 푸른 산과 저수지는 태양광 패널에 훼손되고 있다. 정부는 미국과 원전수출협력을 계기로 '탈원전정책의 오류를 인정'하는 것만이 국정을 정상화하는 첫걸음이 될 것이다. 과학과 문명을 무시한 대통령의 탈원전 옹고집(壅固執)으로 인한 모든 피해는 국민의 부담으로 돌아온다. 그 모든 책임을 문 대통령이 져야 한다. 정부정책이 실패를 거듭해 나라가 거덜 나도 책임지는 사람 하나 없는 책임 실종의 '후안무치(厚顔無恥)정부'다. 문 대통령은 탈원전이라는 잘못된 길을 선택한 것보다 더 나쁜 것은 잘못된 길임을 알면서도 '올바른 길로 돌아설 용기'를 발휘하지 못하는 데 있다.

9) 대법원의 강제징용배상판결에 따른 일본의 한국에 대한 수출심사 우대국(화이트리스트)에서 제외조치

일본의 반도체, TV, 스마트폰 제조에 쓰이는 3대 핵심소재에 대한 수출 특혜조치해제가 한국기업들의 목을 조이고 있다. 아베 총리의 이러한 무역보복은 **대법원의 강제징용배상판결**(2018.10.30. 2013다61381 전원합의체판결)에 따른 불만에서 비롯된 것으로 본다. 일본이 추가제재확산움직임을 보이자 그동안 반 기업정책으로 법인세를 인상하고, 국민연금을 통해 기업의 경영에 개입하여 경영권을 위협하고, 기업에 대한 수사와 압수수색, 각종 규제정책 등을 강행해온 문재인 정부는 아무런 대책제시도 없이 뒤늦게 경제보복의 피해자인 대기업들을 불러놓고 대책협의를 한다며 쇼를 벌이고 있다.

외교를 통한 대외정책에서 무능과 무책임의 극치를 보여주고 있는 문재인 정부는 외교협상으로 일본의 무역보복에 대한 돌파구를 찾을 능력과 대책이 없자 애꿎은 기업인들만 불러 대책을 찾겠다며 모든 책임을 기업에 떠넘기려고 한다는 것이다. 이제 와서 '이순신의 배 12척', '동학의 죽창가', '국채보상운동', '의병모집', '일본상품 불매운동' 등 일본에 대한 유치한 감정 유발은 한·일간의 갈등만 증폭시킬 뿐 일본이 두려워할 내용도, 보복을 철회할 문제도 결코 아니며, 일본의 반한감정만을 증폭시켜 사태를 더욱 악화시킬 뿐이다. 정부의 현명한 외교적 해결만이 그 정답이다.

작금의 이 사태를 만든 것은 <대한민국과 일본국 간의 재산 및 청구권에 관한 문제의 해결과 경제협력에 관한 협정(조약 제172호)>과 달리 일본기업에 대한 개인의 손해배상청구권을 인정해 일본의 반발을 초래한 대법원의 강제징용배상판결과 문재인 정부에 그 모든 책임이 있다. 대법원의 강제징용배상판결로 일본의 수출특혜조치해제라는 대형사고를 유발시켰으나 그 고통과 피해는 애꿎은 기업과 국민이 떠안게 되었다. 문재인 정부는 일본과의 외교 갈등을 해결하기 위해 고심한 전 정부와 법원 관계자들을 '사법농단'이라고 수사해 무더기로 투옥시켰으므로, 문재인 정부가 나서서 이 문제를 외교적으로 해결해야 할 것이나 그 피해자인 기업을 전면에 내세워 방어수단으로 삼으려고 한다.

외교는 양 체약국 간에 신의와 성실을 바탕으로 한 진실성이 담보되어야 한다. 조약의 양 체약국은 상호 간에 신의와 성실로서 조약상의 권리와 의무를 준수함으로써 국제사회에서 신뢰를 인정받아야 한다. 따라서 위 대법원의 강제징용배상판결은, 한·일 간의 청구권에 관한 협정(조약 제172호)

및 1980년 1월 27일 대한민국에 대하여 발효한 "조약법에 관한 비엔나협약 (1980년 1월 22일 조약 제697호)"의 전문(前文), 제24조1, 제26조, 제27조에 각각 위배되는 것으로 보아야 한다.

<조약법에 관한 비엔나협약>은 '이 협약의 당사국은… 자유로운 동의와 신의성실의 원칙 및 약속은 준수되어야 한다(前文)', '이 협약은 국가 간의 조약에 적용된다(제1조)', '유효한 모든 조약은 그 당사국을 구속하며 또한 당사국에 의하여 성실하게 이행되어야 한다(제26조)', '어느 당사국도 조약의 불이행에 대한 정당화의 방법으로 국내법규정을 원용해서는 아니 된다(제27조)'라고 각각 규정하고 있다.

국가 간의 외교에 있어서도 한번 상대방을 속이면 언제나 의심을 받게 되며, '정직은 최선의 방책(Honesty is the best policy)'임을 결코 잊어서는 아니 된다. **'약속(約束)은 엄수(嚴守)해야 한다**(Pacta sunt servanda. Contracts are to be kept)'는 격언은 국제법상의 원칙으로 조약체결국 간의 합의의 법적 타당성의 기초가 되는 근본규범이다. 이 원칙이 모든 조약의 효력의 근거가 되었으며, 국제법 관계에 있어서 모든 국가에 의하여 인정되고 있다.

한국에 대하여 수출특혜조치해제라는 칼을 뺀 작금의 일본은 '개구리 삼킨 뱀의 배'가 되고 있으나, 대한민국호(號)는 '우물 안 개구리'가 되어 방향을 잃고 역사 속으로 사라질 위기에 처했다. 문재인 대통령은 2019년 8월 5일 수석·보좌관회의에서 "남북 간 경제협력으로 평화경제가 실현된다면 단숨에 일본경제의 우위(優位)를 따라 잡을 수 있다."고 호언장담(豪言壯談)했다.

기술도, 자원도 없는 세계 최악의 인권탄압 및 빈곤국가인 북한과의 경제협력으로 경제대국인 일본경제를 따라잡는다고 잠꼬대 같은 헛소리를 하고 있다. 국민들은 '대한민국의 국운(國運)이 다한 것 같다.'고 한탄(恨歎)하고 있다. 이러한 위기상황 속에서도 오로지 오매불망(寤寐不忘) "북한"만을 생각하는 대통령의 경망(輕妄)한 언행을 보며 파탄된 국가안보와 경제를 걱정하는 국민들이 안타까울 뿐이다.

대한민국은 이제 세계의 열강(列强)이 각축전(角逐戰)을 벌이고 있는 국제무대에서 말 못 하고 쫓기는 마소가 되지 말고 국익실현을 위해 싸우는 용맹(勇猛)한 영웅(英雄)이 되어야 한다. 외교나 경제전쟁에서의 승리는 통찰력(洞察力)과 실력이 좌우한다. 외교열강(外交列强)의 각축전(角逐戰)에서 왕따 되어 국제사회에서 고립무원(孤立無援), 고립무의(孤立無依)가 된 문재인 정권으로 인해 대한민국 국민은 **"우물 옆에서 목말라 죽는 신세"**가 되었다.

10) 배가 산으로 가는 문재인 정부의 부동산정책의 엇박자

문재인 정부는 부동산정책의 실패를 박정희 정부 탓으로 돌리기도 했다. 주택공급을 늘리라고 한 문재인 대통령의 지시가 발단이라고 한다. 그러자 정부는 곧바로 서울 강남, 서초지역 그린벨트 해제안을 내놓았다. 그린벨트해제나 군사시설해제, 토지개발사업과 같은 경제정책은 철저한 보안 속에 전문가의 논의를 거쳐 전격 시행해야 부작용을 최소화하며, 국민이 신뢰할 수 있으나 지금의 상황은 그와는 정반대다.

이 정권은 3년 사이에 무려 25번의 부동산대책으로 집값, 전세, 월세만 폭등시켰다. "국민을 상대로 실패한 실험"을 25번이나 반복하는 우(憂)를

범하여 국민은 "실험실의 청개구리"가 되었다. 이러한 부동산정책의 실패로 민심이 이반(離反)한 상황에서 성급한 부동산 대책을 발표한 뒤 부작용이 빚어지면 또 다른 보완책을 내고 며칠 후엔 그 보완책을 땜질하는 허황된 수습책만 내놓고 오락가락만 하는 등 역대 정권 중 가장 무능하며, 실패를 반복하는 정책에 국민들은 넌더리를 내고 있다. 문재인 정부는 국정실패로 지지율이 추락하자 "반일 프레임"을 들고나오더니 25번이나 둔갑한 부동산정책이 먹혀들지 않자 **"이명박, 박근혜 정부 때문"**이라고 한다.

국토교통부가 2021년 전국 공동주택의 공시가격을 평균 19% 올렸다. 잘못된 부동산정책으로 집값을 역대 최악으로 올려놓고 국민에게 세금폭탄을 퍼붓고 있다. 공시가에 연동되는 건강보험료도 인상되며, 공동주택 소유자들은 종부세 '세금폭탄'을 맞게 됐다. 조선일보 여론조사에서 서울시민 34%가 문재인 정부의 부동산정책이 100점 만점에 '0점'이라고 응답했고, 공직자의 부동산보유실태를 폭로해온 경실련본부장은 '0점도 아닌 마이너스'라고 했다. 이 정권은 모든 국정의 "무능, 무책임"을 오로지 '전 정권 탓'으로 돌리는 후안무치들이니 **"배가 산으로"** 갈 수밖에 없다.

11) 세금 퍼주기 말고는 할 줄 아는 게 없는 정부

문재인 정부 5년간의 국가부채의 증가로 올해 태어난 신생아가 고교를 졸업할 때가 되면 1인당 1억 원 넘는 국가부채를 떠안게 된다는 한국경제연구원분석이 나왔다. 현재 생산 가능한 인구(15~64세) 1인당 국가부채 부담액이 2,600만 원인데, 올해 신생아가 만 18세 성인이 되는 2038년엔 1억 500만 원, 27세가 되는 2047년엔 2억 1천만 원을 넘게 된다고 보도됐다(2021. 8. 31. 조선일보 사설).

정부수립 후 70년 동안 쌓인 국가부채의 60여%에 달하는 나라빚을 문재인 정부가 단 5년 만에 늘려 놓은 세계적인 업적이다. GDP 대비 국가부채 비율은 이전 정부 때 36%에서 2022년엔 51%대로 뛰어오른다고 한다. 국제신용평가사들이 경고해온 국가신용등급 강등위험선(40%대 중반)을 넘어서는 것으로 이러한 국가부채폭등은 문재인 정부의 세금살포에 따른 복지 포퓰리즘 정책 탓이다. 잘못된 소득주도성장, 주52시간근무제 등으로 고용대란을 자초해 놓고 이를 가리려고 천문학적 세금살포정책을 고수(固守)하고 있다.

실패만 반복하는 정책마다 국민혈세로 곶감 빼먹듯 땜질이나 하며 나라빚만 증폭시키는 악순환이 지난 4년간 반복되면서 **"세금 퍼주기 말고는 할 줄 아는 게 없는 정부"**라는 말을 자초(自招)했다. 문재인 정부의 경제정책은 "우리는 펑펑 쓸 테니 국가부채는 다음 정부가 해결하라."는 것이다. 국가재정은 파탄되든 말든 선거만 이기면 된다는 식이다. 눈덩이같이 불어나는 빚더미를 미래세대에 떠넘긴 헌정사상 가장 무능하고 무책임한 정부다.

홍남기 경제부총리가 2021년 9월 6일 국회 예산결산특별위원회에서 여당 고민정 의원이 "곳간에 곡식을 쌓아두는 이유가 뭐냐"고 묻자 "나라 곳간이 쌓여 가는 게 아니라 비어가고 있다."고 답했다. 추경을 포함해 10차례나 예산을 편성한 재정책임자가 남 말하듯 하니 황당할 따름이다. 취임 1,000일을 맞는 최장수기록의 홍 부총리의 곳간지기로서의 역할은 낙제점이라고 한다.

그의 재임 동안 국가예산은 정부출범 때보다 50% 증가했고, 국가채무

비율은 역대 최대를 경신했다. 그는 나라 곳간을 걱정한 지 하루만에 "재정이 탄탄하다"고 말을 뒤집었다. 정부와 여당의 돈 풀기 포퓰리즘에 맞서 곳간을 지키는 자리가 경제부총리 자리이나 그는 곳간지기로서 낙제점이라는 오명을 남길 시간이 멀지 않았다. 정치가는 다음 세대를 염려하고 민족의 내일을 걱정하고 조국의 장래를 구상하며 앞으로 태어날 후손의 삶을 걱정한다. 오늘날 우리 사회는 '다음 세대'를 걱정하는 것이 아니라 '다음 선거'만을 생각하는 정상배들의 소굴로 전락해 불신사회를 자초했다.

(다) 대한민국 기업인의 숙명(삼성전자 이재용 부사장 법정구속)

삼성전자 이재용(53) 부사장이 2021년 1월 18일 국정농단(國政壟斷)사건 파기환송심(破棄還送審)에서 징역 2년 6개월을 선고받고 법정구속됐다. 서울고등법원 형사1부(재판장 정준영)는 이날 이재용 부회장에 대해 박근혜 전 대통령과 최서원(개명 전 최순실)씨에게 최씨 딸 승마지원비 70억 원, 최씨가 만든 동계스포츠영재센터 관련 16억 원 등 뇌물86억 원을 공여(供與)하고 이를 위해 회사 돈을 횡령한 혐의 등을 인정해 실형을 선고했다.

재판부는 "이 부회장이 박근혜 전 대통령의 뇌물요구에 편승해 적극적으로 뇌물을 제공했고 그 과정에서 '승계작업을 돕도록 대통령의 권한을 사용해 달라'는 부정한 청탁을 했다."며 실형과 법정구속이 불가피하다고 밝혔다. 재판부는 당초 이 부회장에게 "실효적 준법감시제도 마련"을 권고하고 양형반영 가능성을 거론했으나, 이날 "새로운 준법감시제도가 실효성을 충족하지 못하는 이상 양형조건으로 참작하는 것은 적절치 않다."고 했다. '법관은 형의 종류를 선택하고 형량을 정할 때 양형기준을 존중하여야 한다(법원조직법 제81조의7 제1항).'

재판부는 "박근혜 전 대통령이 먼저 뇌물을 요구했다."면서 "대통령이 요구하는 경우 거절하기는 매우 어렵다."고도 했다. 그런 사정을 알면서도 이 부회장에게 법적 책임을 물은 것은 이 부회장에 대한 판결이 박 전 대통령의 국정농단사건 판결의 종속변수(從屬變數)였기 때문이라고 했다. 영국의 파이낸셜타임스(FT)가 이재용 삼성전자 부사장의 구속에 대해 '4차 산업혁명의 생존경쟁 와중에 삼성의 인공지능·자율주행차 같은 첨단기술드라이브에 제동을 걸 수 있다.'면서 깊은 우려를 표시했다. 한국이 1990년대 일본을 제치고 반도체 선두권에 오른 비결이 과감한 투자였으나 삼성 사령탑의 구속에 따른 경영공백으로 반도체산업의 기술경쟁과 한국경제에 심각한 위기를 자초(自招)하게 될 것이다.

이재용 부회장에 대해 1심은 징역 5년, 2심은 징역 2년 6개월에 집행유예 4년을 선고했으나 2019년 8월 대법원은 뇌물액수를 2심보다 50억 원 추가된 총 86억 원으로 확정해 파기 환송했다. 이 부회장과 함께 기소된 최지성 전 삼성미래전략실장과 장충기 전 미래전략실 차장도 이날 징역 2년 6개월을 선고받고 구속됐다. 이 부회장은 2015년 삼성물산·제일모직합병, 경영권 승계를 위한 삼성 바이오로직스 분석회계 등 혐의로 기소됐다. 이 사건을 처음 수사했던 검찰은 "박근혜 전 대통령의 강요에 의한 것"으로 종결했으나 그 후 특검이 "뇌물사건"으로 종결 처리했다. 박 전 대통령에게 더 중한 형벌을 주려고 새로운 프레임을 만든 것이다.

이 부회장에 대한 재판 결과는 이 나라에서 기업을 경영하는 기업인은 어떠한 각오로 기업을 운영해야 하는지를 잘 보여준 것이다. 이 사건의 '핵심쟁점'은 이 부회장이 박 전 대통령의 요구에 따라 최순실에게 말 3마리 등을 지원하게 된 것이 뇌물이냐 아니냐는 것이었다. 뇌물액수가 법관에 따라 50억 원씩 고무줄처럼 늘었다 줄었다 했고, 그 재판과정에서 이 부회장은 징역과 집행유예를 오간 끝에 실형을 받고 법정구속까지 됐다. 유죄판결의 근거는 이 부회장이 박 전 대통령에게 "경영권 승계를 도와 달라"며 **'묵시적**(默示的) **청탁**(請託)'을 했다는 것으로 두 사람이 이심전심(以心傳心)으로 '**마음 속 청탁**'을 주고받았다는 것이다.

'의사(意思)는 처벌해서는 아니 된다(No one is punished for his thought.).' 의사(意思)가 있어도 행위(行爲)가 없고, 행위가 있어도 의사가 없으면 범죄가 되지 않는다. "사실의 인정은 증거에 의하여야 한다(형사소송법 제307조)"는 증거재판주의에 의거한 것이 아니라 "피고인의 마음 속"을 증거로 판결한 셈이다. **'무죄의 추정**(無罪推定)'은 형사피고인은 유죄의 판결이 확정될 때까지는 무죄인으로 추정된다는 원칙을 말한다.

공소가 제기된 피고인이라도 유죄의 확정판결이 있기까지는 원칙적으로 죄가 없는 자에 준하여 취급하여야 하고 불이익을 입혀서는 안 되며, 가사 그 불이익을 입힌다 하여도 필요한 최소한에 그치도록 비례의 원칙이 존중되어야 한다는 것이 헌법 제27조 제4항의 무죄추정의 원칙이다(헌재결 1990.11.19. 90헌가48).

무죄의 추정을 받는 피고인을 구속할 수 있는 사유는, 피고인이 1) 일정한 주거가 없는 때, 2) 증거를 인멸할 염려가 있는 때, 3) 도망하거나 도망할 염려가 있는 때이다(형사소송법 제70조 제1항). '증거인멸'과 '도망할 염려'가 가장 전형적인 구속 사유다. 우리나라의 경우 구속 사유를 지나치게 확대 적용하고 있다는 문제가 발생한다. 구속 사유는 구체적 사실의 증거를 기초로 엄격하게 인정되어야 하며, 법관의 주관적 추측이나 염려로 족할 수 없다.

고(故) 이건희 삼성전자 회장의 유족들이 상속재산의 절반이 넘는 12조여 원을 상속세로 납부한다고 발표했다. 지금 미국과 중국이 반도체기술 패권전쟁을 벌이고 있다. 한국경제의 생명줄인 반도체가 격랑에 휘말렸는데, 이를 진두지휘할 반도체기업의 사령관은 감옥에서 상속세납부 할 돈 마련을 위해 신용대출상담을 받아야 하는 신세가 됐다. 기업승계를 사실상 불가능하게 만드는 '징벌적 상속세체계'를 개선하는 문제를 다시 고려할 때가 온 것이다. 대한민국은 '민주공화국'(헌법 제1조 제1항)이 아니라 **'세금공화국'**이라고 한다.

이재용 부회장에 대한 구속 사유는 어느 하나에도 해당한다고 볼 수 없다. 기업인이 현 정권의 요구를 거절하면 당대에서 보복을 당해 법정구속되고, 거절하지 않으면 다음 정권에서 그 대가를 혹독하게 치르게 되는 세상이다. 이것이 오늘의 **"대한민국 기업인이 처한 숙명**(宿命)**"**이다. 이 재판으로 대한민국에서 "기업의 경제상의 자유와 창의(創意)를 존중한다(헌법 제119조 제1항)."는 헌법상의 **"경제질서의 기본원칙"**이 유죄판결을 받고 법정구속된 것이다. '삼성전자의 위기'는 '대한민국의 경제위기'로 전락(轉落)할 것이다.

(4) 무능외교의 극치
외교(外交 : diplomacy)란 정치면에서 볼 때, 국제간에 맺는 일체의 관계로서, 다양한 의미를 가지나, 한 나라의 대외관계의 처리방법 또는 대외정책 그 자체를 의미하는 용어이다. 외교의 목적은 외교가 정책이거나 교섭이거나를 막론하고, **"최소한의 희생으로 최대한의 자국의 이익의 실현"**을 이룩하는 것을 목적으로 한다. 외교의 목적이 '자국의 이익의 실현'을 목적으로 하되, 외교에 있어서는 진실하고, 공평하고, 정직해야만 그 목적을 달성할 수 있다. 즉, 외교의 근본은 "진실함"에 있다.

비엔나협약 제26조는 <유효한 모든 조약은 그 당사국을 구속하며 또한 당사국에 의하여 성실하게 이행되어야 한다>고 규정하고 있다. 외교에 있어서 나라다운 나라는 정직과 신의와 성실로서 '품격(品格)을 갖춘 외교'로서 국제사회에서 인정받는 국격(國格)을 유지하는 데 있다. 한국이 현재와 같이 국제사회에서 주변 국가들로부터 신의를 상실한 과거가 없었다고 한다. 북한정권이 아니라 북한동포를 위하는 정부라면 통일을 위한 인간애(人間愛)와 진실의 가치를 유지할 권리와 의무가 있어야 한다. 그것이 대한민국의 '국가적 존엄성'을 지키는 길이다.

북한 김정은 정권과 문재인 대통령 및 트럼프 미국 대통령과 같이 권모술수와 속임수, 쇼로 일관된 진실성과 성실성이 없는 빈 깡통외교나 협상 또는 대화는 결코 성공할 수 없다. 외교, 협상, 대화에 있어서도 "정직"이 최상책임을 결코 잊어서는 안 될 것이다. 쇼(show)는 쇼로 시작해서 쇼로 끝날 뿐이다. 지금 세계는 3인의 양치기 소년들(김정은, 문재인, 트럼프)이 벌이고 있는 위장평화 쇼를 관람하며 박수를 치고 있다. 그 주연에 어울리는 그 관객이다.

청와대가 2019년 8월 22일 NSC 상임위원회를 열고 한일군사정보보호협정(GSOMIA)을 파기한다고 발표했다. 지소미아는 단순히 한일 간의 군사정보교환에 그치지 않고 한·미·일 3국의 안보협력 체제를 상징하는 조약(條約)으로 동북아에서 중국의 군사적 팽창은 물론 북한의 핵과 미사일도발에 한·미·일 3국이 공동대처하는 역할을 해왔다. 지소미아는 한국이 일방적으로 군사정보를 제공하는 것이 아니라 한일 양국안보에 모두 도움이 되는 협약으로 단순히 한일 간 협정이 아니라 '한·미·일 안보의 상징'으로 '미국의 인도·태평양 전략'의 기본 틀이다.

우리 군은 북한의 잠수함과 미사일 동향을 추적, 탐지할 때 일본의 인공위성정보와 해상초계기정보에 상당 부분을 의존하고 있다. 지소미아파기결정으로 정찰위성을 통한 일본의 정보자산 확보가 어려워져 정보공백에 대한 심각한 우려가 커지고 있다. 이런 상황에서 지소미아를 파기한 것은 한국이 한·미·일 3국 안보공조를 파기하는 것으로 이로 인해 북한, 중국, 러시아가 쾌재를 부를 일로서 우리 정부가 일본의 경제보복에 대한 맞대응 카드로 활용한 것은 자살행위나 다름없다.

청와대는 지소미아파기결정 직후 '미국이 이해를 구했고 미국도 이해했다'고 밝혔으나 미국정부 관계자들은 '사실이 아니다'라고 정면 반박했고, 미 정부고위관계자는 '거짓말(lie)'이라고 일축(一蹴)했다. 마이크 폼페이오 미국국무부장관은 지소미아파기결정에 대해 "실망했다"고 했으며, 미국 행정부는 '한국' 대신 '문(文) 정부(Moon administration)'라는 표현을 쓰면서 유감을 표시했다. 문재인 정부의 지소미아파기행위는 한국안보의 자살행위로서 제동장치가 풀린 폭주기관차가 질주하고 있는 것이다.

조 바이든 미국 대통령이 2021년 2월 19일 뮌헨 안보회의에서 '우리의 파트너십은 공유된 민주가치에 뿌리를 두고 있다.'며 '우리는 중국과의 장기적 경쟁을 위해 함께 준비해야 한다.'고 했다. 유럽과 아시아…태평양 민주주의 국가들의 '반중(反中)연합'이 가시화하면서 국제정세가 요동치기 시작한 것이다. 그러나 한국정부는 중국과 북한의 눈치를 보면서 일본과 충돌하는 한편 한미 동맹관리에 소홀한 결과 새로운 국제질서판도에서 외톨이가 될 위기에 처했다. 우리 정부는 민주주의와 인권을 공유하는 혈맹인 미국과의 관계강화외교를 바탕으로 하여 조 바이든 행정부의 동북아 핵심전략인 '한·미·일 협력재건'에 전력을 기우려 외교적 고립에서 탈피해야만 한다.

문재인 정부의 지소미아파기행위는 '조국사태'로 인한 민심이완(民心弛緩)을 덮으려 꼼수로 반일(反日)감정을 촉발해 국면전환(局面轉換)을 노리는 전략으로 이로 인해 한·미·일 3국의 안보공조를 파기한 것을 국민은 잘 알고 있다. 청와대의 지소미아파기는 한국의 안보와 전략적 입지를 약화시키고, 한·미·일 3국 안보협력 및 한미관계에 심각한 타격을 주게 되어 일본은 물론 미국도 한국을 신뢰할 수 있는 동맹으로 인정하지 못하게 될 것이다. 지금 대한민국의 안보를 걱정하는 정부는 사라지고, 오로지 북한 김정은 일당과 종북 좌파만을 사랑하는 "문재인 정부"만이 존재할 뿐이다.

지소미아 파기로 한국의 안보가 총체적 난국인 상황에서 이로 인해 한미동맹에 부정적 영향이 우려되고 있다. 일본의 수출규제와 미중무역전쟁, 브랙시트 난항에 지소미아 파기에 따른 파열음까지 겹친 심각한 상황임에도 문 대통령은 '우리 경제의 기초체력은 튼튼하다'고 잠꼬대 같은 소리를 하고 있다. 이 정부 들어 2년 만에 국가안보는 뿌리째 흔들리고, 주변의 동맹국들은 전부 등을 돌리고, 적대세력들은 한국을 흔들어대고 있는 상황이나 국정을 책임질 문재인 정권은 한일군사정보보호협정(지소미아)까지 파기해 미군의 정찰정보가 원활하게 제공될지도 의문이다. 국군통수권자인 '**대통령의 국가안보자살행위**'라고 한다. 정부는 일본의 변화만을 기다릴 것이 아니라 근본적 해결을 위한 '현명한 외교적 노력'을 강구해야 한다.

지소미아를 유지하려는 미국의 전방위요청은 지금까지 한 번도 경험하지 못한 수준이다. 미 국방장관과 군(軍) 서열 1위, 한미연합사령관, 국무부 수뇌부가 총출동하여 <지소미아는 반드시 유지돼야 한다>고 했다. 이 상태로 가면 오는 23일 0시로 지소미아는 발효 3년 만에 역사 속으로 사라지게 된다. 그렇게 되면 한일관계는 최악으로 치닫게 되고, 한미동맹도 심각한 타격을 입게 될 것이 분명하다. 지소미아 파기카드에 일본은 꿈쩍도 하지 않으며, 한미 신뢰에만 균열이 생겨 청와대의 지소미아 파기카드는 "**도끼로 제 발등 찍은 지소미아 패착(敗着)**"으로 자멸적(自滅的) 실수를 범한 것이다.

한일 양국정부가 2019년 11월 22일 한일군사정보보호협정(GSOMIA) 종료를 앞두고 조건부로 분쟁을 중지하는 현상동결에 합의했다. 청와대는 지소미아 종료통보의 효력을 정지하고 일본의 수출규제에 대한 세계무역구(WTO) 제소를 잠정 중지하기로 했다고 밝혔으나 일본은 종전 방침에 변화가 없다고 발표했다. 일방적으로 지소미아 파기를 선언한 문재인 정부는 아무것도 얻은 것 없이 뽑았던 칼을 칼집에 다시 넣는 식의 백기투항(白旗投降)으로 "무능외교의 극치(極致)"를 보여준 것이다. "다시는 일본에 지지 않겠다"고 큰소리친 대통령의 말은 속빈강정이 되었다. 책임도 못 지면서 만용(蠻勇)만 부린 외교실패와 국론분열에 대한 책임을 물어야 한다.

지소미아 문제를 국내정치문제로 이용하기 위하여 반일감정을 선동하기 위한 지소미아 파기로 인해 일본에는 아무런 타격도 준 것이 없이 우리 사회의 국론분열과 혼란만을 자초한 쇼로 끝났다. 일본 언론에서는 "일본 외교의 승리다. 퍼펙트 게임(perfect game)이었다."고 했으며, 아베 신조 총리는 "일본은 아무것도 양보하지 않았다."고 하면서 "한국이 미국 압박에 굴복한 것"이라고 말했다고 보도되었다. 지소미아 종료연기가 "외교승리"라고 하는 청와대의 자화자찬(自畵自讚)은 국민을 속이는 무능한 외교실책으로 실리와 명분은 물론 국익을 훼손했다. 밖을 보지 못하는 이러한 정권의 '자폐적(自閉的) 세계관'이 대한민국을 고립무원(孤立無援)으로 만들었다.

강대국이나 주적(主敵)의 눈치나 보는 것은 외교가 아니라 굴종(屈從)이다. 한국은 굳건한 한미동맹을 전제로 하지 않고서는 북한에 다가갈 수 없고, 미국과 멀어지면 중국의 변방(邊方)국가로 전락할 수밖에 없다는 냉엄한 현실을 직시해야 한다. 오늘날의 전쟁을 총력전(總力戰)이라고 하는 것처럼 외교도 총력외교(總力外交)라고 부르게 되었다. 현대는 외교에 관계되는 모든 것이 국민 전체에 그 영향을 파급시키며, 그 수단이 군사력으로부터 사상에 이르기까지 총망라(總網羅)하고 있기 때문이다. 우리나라가 강해져야만 한다. 어떤 강대국도 한국의 안보를 끝까지 지켜 줄 수는 없다.

(5) 교육부의 역사교과서 조작 및 왜곡

교육(敎育: education)이란 인간의 가치를 높이고자 하는 일 또는 그 과정이다. 교육은 사회생활이 진보하면서 발전하여 현대와 같은 모습이 되었고,

미래를 향하여 끊임없이 발전하고 있다. 교육은 시대와 장소에 따라서 그 모습이 다르며 동시에 끊임없이 개선·진보하고 있다.

교육이란 이상적(理想的) 인간형성(人間形成)의 과정이다. 이상적 인간형성에는 지식 및 기술교육과 성격교육이라는 두 가지 요소가 있다.

교육은 무엇보다도 **"사람다운 사람"**을 만들어야 한다. 지식 및 기술교육과 성격교육의 양자가 겸전(兼全 : 여러 가지를 다 갖추어 완전함)할 때 이상적 인간형성의 교육이 실현될 수 있다. 한국의 현대교육은 평범한 주지주의(主知主義)로 전락하여 비정상의 불구적(不具的) 교육이 되어 '지식'만 가르칠 뿐 '사람'을 만드는 교육, 인간다운 인간의 '인격(人格)'을 형성하는 교육을 소홀히 하고 있다. 그 결과 '혼(魂) 없는 기계'를 만들고 '인격 없는 기술인(技術人)'을 형성하고 있다. 또한 '교육의 평준화(平準化)'는 바보를 대량생산하고 있다고 비판받고 있다. 교육은 '**전인교육**(全人敎育)'이라야 한다.

스위스의 교육사상가 페스탈로치는 교육의 목표는 "머리와 손과 가슴, 지식과 기술과 도덕"의 3자가 원만하게 조화된 '**전인형성**(全人形成)'에 있다고 외쳤다. 그러나 창립 31년의 전교조가 학교교육을 장악하여, 국민교육헌장의 이념에 반하는 교육으로 좌파사고(左派思考)의 젊은이들을 양산하고 있다. 이들로 하여금 좌파편향(左派偏向)의 이념교육과 우리 역사를 북한 노선으로 바꾸기 위한 왜곡된 역사교육을 실시하고 있다.

(가) 교육개혁·교육이념

교육개혁(敎育改革 : educational innovation)이라 함은 교육제도의 개선과 혁신, 시대적·사회적 요청에 부응하고 급격한 사회변동에 적응하기 위하여 교육의 제도·내용·방법과 교육행정 및 재정 등 교육운영 전반에 걸친 변혁을 말한다. 사회변동은 정치·경제·사상·문화적 제 측면에서 일어날 수 있는 것이며, 역사적으로 이러한 변화는 사회발전과 더불어 일어났고, 사회발전은 부수적으로 교육개혁을 동반하였다. 특히 근대에 와서 세계 각국의 교육개혁이 활발하게 이루어진 것은 결국 그 배후의 사회변동의 양상을 대변해 주는 것이다.

교육이념(教育理念 : ideals education)이라 함은 교육이 궁극적으로 도달해야 할 이상적인 관념(觀念)을 말한다. 우리나라 교육기본법 제2조는 <교육은 홍익인간(弘益人間)의 이념 아래 모든 국민으로 하여금 인격을 도야(陶冶)하고 자주적 생활능력과 민주시민으로서 필요한 자질(資質)을 갖추게 함으로써 인간다운 삶을 영위하게 하고 민주국가의 발전과 인류공영(人類共榮)의 이상(理想)을 실현하는 데에 이바지함을 목적으로 한다.>라고 교육이념(教育理念)을 천명(闡明)하고 있다.

(나) 역사교육의 목적
역사(歷史 : history)란 인류사회의 변천 및 발전의 과정 또는 그것을 기록한 학문으로 어떤 사물의 오늘에 이르는 동안 변화된 자취를 배우고 익히는 것이다. 역사는 "과거와 현재의 끊임없는 대화"로서, 한 시대에서 다음 시대로 역동적(力動的)인 발전을 하면서 오늘에 이른다. 역사는 인간의 자기인식(自己認識)을 목적으로 하며, 역사의 가치는 "인간이 무엇을 해왔는가", "인간이란 무엇인가"를 우리에게 가르쳐 주는 데 있다. 슬기로운 사람은 경험에서 지혜를 배우며, 지혜 있는 민족은 역사에서 교훈을 얻는다.

역사는 단절(斷折)과 단죄(斷罪)의 역사가 아니라 과거의 아픔을 안고 미래를 향해 발전하는 대승적(大乘的) 역사가 되어 과거를 긍정(肯定)과 승화(昇華)의 대상으로 보아야 발전한다. 역사교육의 기본방향은 건전한 민족의식과 애국심, 또는 인류애(人類愛)의 정신을 체득하고 이의 달성을 위하여 헌신할 수 있어야 한다. <**역사교육의 목적**>은 민족전통의 인식과 민족적 긍지의 육성, 국사교육과 아울러 세계사교육을 통한 국제사회의 이해력의 증진·배양, 역사적인 사고력과 판단력의 육성으로 '바람직한 인간상'의 형성에 있다. 기본교재인 역사교과서의 편찬도 학교 급별에 따라 다양하게 이루어져야 하며, 역사학습교재인 사료(史料)를 접하는 경험을 통하여 역사적 상상력·추리력·통찰력을 키우고, '올바른 역사의식(歷史意識)'을 형성해 주어야 한다.

(다) 교육부의 역사교과서 조작, 왜곡 범죄

교육부가 2018년 초등학교 6학년 사회교과서 내용을 현 정권의 입맛에 맞게 고치는 과정에서 온갖 불법행위를 저지른 사실이 검찰수사로 확인됐다. 검찰 공소장에 의하면 2017년 9월부터 2018년 1월까지 5개월간 범행이 이루어졌다. 현 정권이 박근혜 정부가 추진한 중고국정교과서를 '교육적폐(教育積弊)'로 규정해 전현직 공무원 뒤를 캐던 때와 겹친다는 것이다(2019. 6. 26. 조선일보 사설). 입으로는 교육적폐청산을 외치며 전 정권을 공격하던 문재인 정부가 뒤로는 더한 범죄를 범한 것이다. 교육부의 역사 조작, 왜곡내용은 다음과 같다.

1984년 8월 15일을 '대한민국수립'에서 '대한민국정부수립'으로 바꾸라는 교육부 요구를 교과서 편찬·집필 책임자가 "정권이 바뀔 때마다 교과서를 고칠 수 없다."며 거부하자 그를 배제하고 다른 교수에게 고치라고 강요했으나 그마저 거절하자 참여연대 관계자 등을 동원해 비공식기구를 구성하고, 213곳의 내용을 수정해 출판사에 전달했다고 위 사설은 보도했다. 수정을 거부한 집필책임자 교수(진주교육대 박용조 교수)가 회의에 참석한 것으로 조작하고, 그의 도장까지 몰래 찍도록 출판사에 시켰다는 것이다.

교육부는 '대한민국수립'을 '대한민국정부수립'으로 바꾸고, '북한은 여전히 한반도평화와 안보를 위협하고 있다'는 문장을 삭제하고, 박정희 '유신체제'를 '유신독재'로 고치고, 새마을운동 관련 사진을 빼버렸고, '대한민국이 한반도의 유일한 합법정부', '북한 세습체제', '북한주민인권' 등의 표현을 각 삭제하고, 초등학교 교과서에는 촛불시위 사진을 싣는 등 역사를 <조작(造作), 왜곡(歪曲)>했다. 독재정권을 제외한 세계 어느 나라에서도 이런 식으로 미래세대를 교육하지 않는다.

문재인 정권은 전 정부가 추진한 국정 역사교과서를 "교육적폐"라며 당시 실무를 맡은 공무원들의 뒤를 캐고 공격하고 모욕하고 처벌했으나 자신들은 역사교과서를 그들의 입맛에 맞게 고치느라고 집필책임자의 도장을 몰래 찍는 행위까지 했다고 한다. 이런 내용을 담은 역사교과서는 교과서가 아니라 **"좌파집단의 정치 선전물"**로 왜곡된 휴지조각에 불과하다.

2020년 3월부터 사용될 6종의 "검정(檢定) 중학교 역사교과서"가 모두 '천안함 폭침'이라는 표현을 사용하지 않은 것으로 조사됐다. 우리 해군 46명이 전사한 천안함 폭침 사건의 경우 교과서 6종 가운데 5종은 아예 언급조차 하지 않았고, 유일하게 다른 미래엔 교과서는 '천안함 사건'이라는 표현을 사용했다. 또한 1983년 아웅산 테러, 1987년 KAL 858기 공중폭파사건 등 북한의 도발을 다룬 교과서도 없었다. 1948년 UN이 대한민국을 '한반도 유일 합법정부'로 승인했다는 내용은 미래엔 교과서 단 1종에 불과했고, 다른 3종의 교과서는 '한반도 유일합법정부'를 서술하지 않았다.

연평도 포격의 경우는 4종의 교과서는 언급했으나, 금성 · 지학사 등 두 출판사의 교과서는 서술하지 않았다. 김일성 · 김정일 · 김정은과 북한에 대한 부정적 평가가 없는 반면, 이승만 · 박정희 · 전두환 · 노태우 정부에 대해선 "장기독재정권" 등 민주화운동을 탄압하고 무력으로 진압했다는 서술을 큰 비중으로 담았다. 2019년 12월 26일 조선일보가 최근 정부의 검정을 통과한 금성, 동아, 미래엔, 비상교육, 지학사, 천재교육 등 중학교 역사 교과서 전시본 6종을 입수해 현대사 부분을 분석한 결과다(2019. 12. 27. 조선일보 A14면).

역사교과서는 교사 측에서는 "지도해야 할 교육내용의 중심"이 되고, 학생들에게는 "학습할 내용의 중심"이 되어야 한다. 따라서 역사교과서의 내용은 역사관(歷史觀)과 교육관(敎育觀)과 밀접한 관계가 있다. 오늘날 교과서의 내용은 시대성 · 사회성의 변화 · 발전에 따라 교육의 목표나 내용이 변화하므로 교과서도 개편되어야 하므로 세계 각국은 그 국가사회의 발전을 위한 교육목표의 실현을 위하여 교과서의 개발과 편집 · 제작에 많은 노력과 막대한 재정을 제공하고 있다.

현 정권이 그 공과(功過)를 조작해 역사교과서에 담은 것은 참으로 부끄러운 일로서, 인류사회의 변천과 흥망성쇠 과정과 기록인 역사(歷史)를 왜곡(歪曲), 조작(造作), 날조(捏造)하는 정권은 후세의 엄중한 심판을 받게 될 것이다. 역사를 왜곡, 조작하는 것은 역사의 연구·서술에 대한 중대한 범죄요, 죄악이다.

(라) 올바른 역사관(歷史觀)의 정립(定立)

역사관(歷史觀)이라 함은 역사가(歷史家, 史家)의 역사에 대한 의식(意識), 즉 역사적 고찰을 할 때의 일반적 통일이념인 체계 있는 견해를 말한다. <올바른 역사관>을 바르게 이해하고 분석함으로써 우리의 역사를 바른 길로 개척해나가기 위해 가장 중요한 과제가 '올바른 역사관'의 정립이다. 지금 우리에게 절실히 요청되는 것은 이러한 세계적인 역사의 변동 속에서 우리 정부가 추구해야 하고 또 할 수 있는 목표는 무엇이며, 어떻게 해야 그러한 목표를 무리 없이 달성할 수 있는가에 대한 국민적 합의를 도출(導出)하는 일이다. 자유민주적 기본질서에 입각한 통일정책도 그러한 목표설정의 맥락(脈絡) 속에서 객관적으로 접근해야 한다.

인류가 공동운명체로 묶여가는 세계사적 추세 속에서 역사에 대한 올바른 이해의 중요성을 전혀 깨닫지 못하고 역사를 조작·왜곡·날조하는 교육부의 역사교육 현실을 볼 때 학교교육의 장래에 대한 우려를 금할 수 없다. 영국의 정치가·수상으로 『제2차 세계대전(The Second World War)』으로 1953년 노벨문학상을 수상한 처칠(Sir Winston Leonard Spencer Churchill)의 <역사를 잊은 민족에게 미래는 없다.>라는 명언을 되새겨야 한다.

(마) 교육의 자주성과 정치적 중립성

모든 국민은 능력에 따라 균등하게 교육을 받을 권리를 가지며(헌법 제31

조 제1항), 평생에 걸쳐 학습하고, 능력과 적성에 따라 교육받을 권리를 가진다(교육기본법 제3조). 교육을 받을 권리는 일정한 자격과 학력(學力)이 있는 자가 경제적·시간적·지역적 이유로 현실적으로 교육을 받을 수 없을 때에, 국가에 대하여 교육을 시켜줄 것을 청구할 수 있고, 국가는 이에 대응하는 의무를 지는 적극적인 수익권(受益權)을 의미한다. 이러한 의미의 교육을 받을 권리를 헌법이 특히 보장하는 이유는 다음과 같다.

1) 민주국가에서의 국민의 정치참여는 전 국민의 정치적, 사회적 자각과 식견(識見)을 그 전제로 하며, 민주정치의 실현을 위한 그와 같은 자각과 식견을 배양하기 위해서는 국민의 공교육(公敎育)에 대한 국가적 배려가 있어야 한다(公民權性)는 것이고,

2) 현대 자본주의 경제질서 하에서는 어느 정도의 교양과 직업적 지식을 구비하는 것이 생존을 위한 필요한 조건이기도 하다(生活權性)는 것이고,

3) 인간의 능력계발(能力啓發)은 교육을 통하여 가능하고, 따라서 개개인의 인간으로서의 능력을 전면적으로 계발할 수 있도록 국가가 조건을 마련하여 주지 않으면 안 된다(學習權性)는 데 있다.

교육의 자주성(自主性), 전문성(專門性), 정치적 중립성 및 대학의 자율성은 법률이 정하는 바에 의하여 보장된다(헌법 제31조 제4항). "교육의 자주성"이라 함은 교육내용과 교육기구가 교육자에 의하여 자주적으로 결정되고, 행정권력에 의하여 교육통제(敎育統制)가 배제되어야 한다는 것을 의미한다. "교육의 정치적 중립성"이라 함은 교육의 본질에 위반되는 국가적 권력이나 정치적, 사회적, 종교적 세력 등에 의한 영향을 배제한다는 것을 말한다. 교육기본법 제6조 제1항은 '교육은 교육 본래의 목적에 따라 그 기능을

다하도록 운영되어야 하며, 정치적·파당적 또는 개인적 편견을 전파하기 위한 방법으로 이용되어서는 아니 된다.'고 규정하여 교육의 정치적 중립성을 위하여 '교육공무원의 정치적 활동'을 금지하고 있다.

(바) 자율형 사립고, 외국어고, 국제고를 폐교하고 일반고로 전환하려는 교육정책의 문제점

유은혜 교육부장관이 2019년 11월 7일 "불공정을 없애기 위해 복잡한 고교체계를 단순하게 바꾸겠다."며 "2025년부터 자율형 사립고·외국어고·국제고가 모두 일반고로 전환 된다."고 밝혔다. <초·중등교육법 시행령>(1998년 2월 24일 대통령령 제15664호)에 있는 이들 학교의 근거 조항을 삭제하고 일반고로 전환하겠다는 것이다. 국회의 심의와 표결을 요하는 <초·중등교육법>의 개정절차를 생략하려는 꼼수로 볼 수 있다. 해당 학교들은 "교육을 받을 권리"와 "학교선택권"을 침해한다며 헌법소원 준비에 나섰다고 한다.

이번 자사고 등의 폐지방안은 조국 사태로 드러난 불평등·불공정 교육의 원인에 대한 잘못된 진단에서 도출된 엉뚱한 희생양 만들기 또는 조국 사태를 빌미로 문재인 대통령이 대입공정성 제고와 고교서열화 해소를 강조한 말 한마디에 일괄폐지로 급선회한 탓이라고 보도됐다(2019. 11. 8. 중앙일보 사설). 교육정책이 정권의 입맛에 따라 좌우되며, 수십년 유지되어 온 사학(私學)을 즉흥적 결정으로 죽이고 있다.

문재인 정권의 이러한 '**돌발적**(突發的) **교육정책**'은 헌법이 보장한 <모든 국민은 능력에 따라 균등하게 교육을 받을 권리가 있다>는 "**교육을 받을 권**

리”를 침해하는 헌법위반이며, <학교운영의 자율성은 존중되어야 한다>는 교육기본법 제5조 제2항에 위배됨은 물론 동법 제2조의 교육이념에도 반하는 것이다. 학교를 신축하는 것도 아니며, 교사를 신규 채용하는 것도 아닌데 이처럼 엄청난 국가예산이 추가로 쓰인다. 그 결과로 학교는 **“학생선발권”**을 뺏기고, 학생은 **“학교선택권”**을 뺏기게 되어 헌법이 보장한 '교육을 받을 권리'를 침해하고 있다.

중대한 교육정책을 발표하면서 국가재정법의 규정에 따른 예산안 편성절차(국가재정법 제2장 제2절)도 없이 졸속으로 추진된 것을 방증(傍證)한 것이다. 문재인 정부는 지난 2년 반 동안 수시(隨時)냐? 정시(定時)냐? 라는 이분법적(二分法的) 싸움 속에서 갈팡질팡해오다가 느닷없이 자사고, 특목고를 없애는 것이 교육개혁이라고 하는 '시대착오적인 교육정책'을 발표했다. 서울시교육청이 신일고와 숭문고의 자율형 사립고 지정을 취소한 데 대해 2021년 3월 23일 서울행정법원이 위법하다는 판결을 했다. 부산 해운대고는 지난해 12월 서울 배재고와 세화고는 지난달 같은 취지의 소송에서 승소했다. 교육당국의 자율형 사립고지정 취소가 위법하다는 네 번째 판결이 나왔다.

2021년 5월 14일 서울행정법원은 중앙고와 이대부고가 서울시교육감을 상대로 한 '자사고 취소처분취소소송에서 원고승소판결을 했고, 서울행정법원 행정1부(부장판사 안종화)는 5월 28일 경희고와 한양대부고 학교법인이 조희연 교육감을 상대로 제기한 “자사고 지정취소처분 청구소송”에서 학교 측이 승소했으나 서울시교육청은 항소할 방침을 분명히 했다. 8개 자사고는 조 교육감 사과와 항소철회가 없을 경우 감사원에 감사를 청구하고 국민권익위원회에 제소할 방침이며, 학생과 학부모 교사 동문이 함께 교육 감 퇴진운동도 펼치기로 했다.

서울 8곳을 포함해 2019년 교육당국이 지정을 취소한 자사고는 전국 10 곳이다. 지난해 12월 부산 해운대고를 시작으로 지금까지 9곳이 1심에서 승소했고, 남은 판결은 다음 달 17일 예정된 경기 안산 동산고 한 곳이다. 법 원은 교육당국이 자사고에 불리한 평가기준을 소급적용한 부분을 문제 삼 았다. 조 교육감은 최근 감사원 감사결과 해직교사 부당특별채용의혹으로 공수처 1호 사건 수사대상으로 조사를 받고 있으며, 자사고 지정취소소송 에서 4번 연속패소하면서 사면초가(四面楚歌)상황이다.

안산 동산고까지 "자사고 지정취소처분" 취소청구소송에서 승소하면 자사고지위를 회복한 전국 10개 학교는 2024학년도까지 신입생을 기존처 럼 받을 수 있으나 최종운명은 개정된 "초 · 중등교육법시행령"이 헌법재 판소에 제기한 헌법소원 결과에 달렸다. 교육당국의 시대착오적 교육정책 으로 지정이 취소된 학교들은 학사운영에 차질(蹉跌)을 빚고, 자사고 입학 을 준비하던 학생들은 혼란을 겪었다. 정부의 교육정책의 일관성(一貫性)을 믿고 수백억 원의 사재(私財)를 출연(出捐)하여 학교를 설립, 운영해온 이들 의 손실에 대해 교육당국은 이를 보상하고 책임을 져야 한다.

(사) 영재교육 및 반공교육의 필요성

'영재교육'(英才敎育 : education for the gifted children)이라 함은 선천적으로 우수한 소질과 재능을 타고난 아동이나 청소년들을 위하여 마련한 특수화 된 교육의 한 영역을 말한다. 영재교육은 특수교육(特殊敎育)의 한 영역에 속하며, 정상아와는 다른 특수한 방법으로 교육을 실시함으로써 효율적인 교육이 가능하다는 뜻에서 **"영재교육의 필요성"**이 강조되고 있다.

특히 최근에는 출중(出衆)하게 우수한 능력을 소유한 영재(英才)들을 모아 특수한 학교나 학급을 편성하고, 특별교육 프로그램을 따로 마련하여 그들의 재능을 최대한으로 발휘할 수 있도록 교육함으로써 국가사회의 발전에 기여한다는 뜻에서 더욱 강조되고 있다. 전 세계적으로 과학·예능 등의 학술분야에서 특히 영재교육이 강조되고 있으며, 미국·이스라엘 등을 비롯하여 각국에서 영재교육을 확대해 나가고 있다.

교육부는 **"영재교육"**을 위한 고등학교를 강압적으로 폐교하고 혁신학교란 이름으로 재편하여 교육의 질을 하향평준화(下向平準化)로 밀어붙여 천편일률적(千篇一律的)인 무능인화시대(無能人化時代)를 만들고 있어 교육과 정신적 가치가 혼란스러워진 사회로 전락했다. 영재교육을 확대발전시키는 세계적 추세에 역행하여 자율형사립고·외국어고·국제고를 폐교하여 일반고로 전환하려는 문재인 정부의 교육정책은 마치 탈(脫) 원전정책과 궤(軌)를 같이하는 것으로 영재교육을 말살하려는 것으로 볼 수 있다. 국가의 백년대계(百年大計)인 교육정책은 그 결정·수립과정이 중시되어야 한다.

교육정책은 여러 방면에 관련되는 문제로 그 결정·수립과정이 일관성 있고 예측 가능성이 있어야 하며, 정책의 결정·수립 과정에 각 분야의 전문가가 참여하는 등 국민 전체의 의사가 반영되도록 노력하여야 한다. 교육정책은 교육의 자주성과 전문성을 보장하여야 하며, '홍익인간(弘益人間)의 이념'아래 지역실정에 맞는 교육을 실시하기 위한 정책을 수립·실시해야 한다.

　대한민국은 5·16 혁명을 맞이하면서 반공이 국시(國是)의 제1호로 강조되었다. 북한괴뢰군의 불법남침으로 인한 잔인무도(殘忍無道)하고도 비인간적인 공산도배(共産徒輩)의 가장 비참한 동족상잔(同族相殘)이란 역사상 그 유례가 없는 비극인 한국전란의 역사적 교훈을 젊은 학생들에게 철저히 교육시켜 투철한 반공사상(反共思想)을 확립할 필요가 있다. 공산도배가 차마 눈뜨고 볼 수 없는 참극을 빚어낸 이 6·25 한국전란의 역사를 생생하게 젊은이들에게 알려 이 순간에도 남침준비에 광분(狂奔)한 북한 김정은 집단에 대한 경각심(警覺心)을 드높이기 위한 반공교육이 필요하다. 그리스 최대의 철학자 아리스토텔레스는 "한 나라의 운명은 그 나라의 청년교육(靑年敎育) 여하(如何)에 달려있다."고 말했다.

　바이든 미국 대통령이 미국을 방문 중인 문재인 대통령이 지켜보는 가운데 6·25전쟁 때 중공군의 인해전술(人海戰術)에 맞서 활약해 6·25 전쟁의 영웅이라 불리는 **'95세 참전용사 랠프 퍼킷 주니어 예비역 대령'**에게 미군 최고훈장인 <**명예훈장**(Medal of honor)>을 수여했다. 바이든 대통령이 민주주의수호를 위해 중국과 북한에 맞서 함께 피를 흘렸던 혈맹(血盟)인 '한미동맹의 중요성'을 기억하자는 메시지를 강조한 것으로 본다. 문재인 대통령은 중공군과 싸운 미국의 6·25 영웅에게 명예훈장을 수여하는 것을 보고 무슨 생각을 했을까.

　백악관은 "퍼킷 대령(당시 중위)은 1950년 미 육군 소규모 특수부대인 제8 레인저 중대를 이끌면서 용맹(勇猛)함과 대담(大膽)함으로 명성을 떨쳤다."

고 했다. 1950년 11월 25일 낮 퍼킷 중위(당시 23세)는 청천강 일대 205고지에서 전진하다 중공군의 수류탄과 박격포탄 파편에 중상을 입었으나 아랑곳하지 않고 탱크에 올라 적진에 자신을 노출시킨 채 부하들의 적진을 독려(督勵)했다. 전쟁의 위험 속에서도 세 차례나 앞장서 적을 유인(誘引)해 유리한 고지를 점령하는 데 성공했다.

그 다음 날 새벽 중공군의 여섯 번째 공격에서 박격포 포탄이 퍼킷 중위 참호(塹壕)에 떨어지면서 그는 오른쪽 발을 심하게 다쳐 위생병이 절단해야 한다고 할 정도였으나 그는 "나를 내버려 두고 대피하라"고 명령했으나 부대원들인 명령을 거부하고 그를 참호에서 구해냈다. 백악관은 "그의 리더십은 레인저부대에 동기를 부여했고 끝내 대대급 공격을 막아낼 수 있었다."며 "퍼킷 대령의 임무를 넘어서는 영웅적인 행동과 이타심(利他心)은 군복무의 가장 숭고(崇高)한 전통과 맞닿아 있다."고 했다.

1950년 9월 16일 인천상륙작전의 성공을 전환점으로 하여 전세(戰勢)를 반전(反轉)시킨 유엔군은 패주(敗走)하는 북한 공산군을 추격하여 10월에는 평양을 수복하고 압록강과 두만강까지 진격(進擊)하자 김일성은 중국에 참전(參戰)을 요청했다. 중공군의 개입으로 12월에는 유엔군이 북한지역에서 철수하게 되었고, 1951년 1월 4일 대한민국정부는 다시 서울을 철수하게 되어 전선은 현재의 휴전선 일대로 고착(固着)되었다. 1951년 2월 1일 유엔총회는 중공을 침략자로 규탄(糾彈)하고 한반도에서의 중공군의 즉각적인 철수(撤收)를 요구하는 결의를 채택하였다.

바이든 대통령이 문재인 대통령이 지켜보는 가운데 청천강 전투의 영웅인 퍼킷 예비역 대령에게 명예훈장을 수여한 것은, 중공과 북한 김일성 집단이 <전쟁범죄인(戰爭犯罪人·war criminal)>이라는 반공사상(反共思想)의 주입(注入)을 위한 "생생한 반공교육의 현장(現場)"이 되었고, 또한 북한의 핵 위협 하에서 사실상 붕괴(崩壞)상태에 처한 한미동맹관계를 정상상태로 회귀(回歸)시키는 일대 전환기(一大 轉換期)가 되어 한국의 국가안보의 초석(礎石)이 될 것으로 기대한다.

(6) 기타 문재인 정부의 실정(失政) 사례

(가) 청와대 울산시장 선거공작(選擧工作)사건의 기소 및 사법부의 직무유기

청와대가 2018년 6월 13일 울산시장 선거를 앞두고 당시 송철호 울산시장 후보 캠프 인사로부터 김기현 전 울산시장 관련 비위첩보를 입수하는 등 경찰을 동원해 선거에 조직적으로 개입하는 공작을 벌였다는 의혹이 사실로 확인됐다. 청와대 민정수석실이 김기현 전 시장을 조준해 비리정보를 수집했다면 그 직무범위를 벗어난 월권행위로 청와대의 하명수사가 있었다고 할 경우 중대한 선거공작으로 **"민주주의 근간(根幹)"을 파괴하는 중대한 범죄"**다. 청와대에 의한 이러한 선거공작은 헌정질서와 민주정치의 근간인 선거의 공정성을 무너뜨린 것이다.

첩보를 청와대에 보낸 사람은 '정부요청에 따른 것'이라고 했다. 이 선거공작과정에 문 대통령의 최측근인 백원우 민정비서관과 김경수 경남지사의 고교동문 행정관 등이 관여했다. 민정비서관실의 <백원우 별동대>는 울산에 내려가 수사를 챙겼고, 경찰은 청와대에 수시로 상황을 보고했다고 한다. 당시 청와대는 압수수색계획 등 경찰의 수사상황도 수시로 보고받으며, 수사를 제대로 못 한다고 경찰을 질책한 정황도 나오는 등 청와대가 수사상황을 일일이 챙기면서 사실상 수사지휘를 했다고 보도됐다. 지지율에서 앞섰던 야당 울산시장은 당시 울산경찰청장으로 이 사건을 지휘했던 황운하 청장의 수사로 선거에서 낙선됐고, 문재인 대통령의 오랜 벗이자 변호사 출신인 송철호 후보가 초반 열세를 극복하고 당선됐다.

울산시장 선거공작의 수혜자(受惠者)는 문재인 대통령이 <형>이라고 부르고 <그의 당선이 내 가장 큰 소원>이라고 했다는 30년지기 절친이므로 문 대통령이 이러한 선거공작을 몰랐을 리가 없다고 한다. 선거가 국민의 자유로운 의사와 민주적인 절차에 의하여 공정히 행하여지고, 민주정치의 발전에 기여하기 위하여 선거사범(選擧事犯)은 엄단해야 한다.

청와대의 2018년 울산시장 선거개입의혹사건을 수사해온 검찰(서울중앙지검 공공수사2부 부장검사 권상대)이 2021년 4월 9일 이진석 대통령국정상황실장(전 대통령사회정책비서관)을 불구속기소하면서 수사를 사실상 마무리했다. 특히 검찰은 임종석 전 대통령비서실장, 조국 전 대통령민정수석비서관, 이광철 대통령민정비서관(전 민정수석실 선임행정관) 등에 대해선 '혐의를 입증할 증거가 불충분하다'면서도 불기소결정을 했다. 검찰의 불기소이유통지서에 "(이들이) 범행에 가담했다는 강한 의심이 든다"고 적시하면서도 혐의자들에 대해불기소처분을 한 것은 수사종결이 아니라 주범에게 면죄부를 주는 꼬리자르기식의 '미완의 수사'로 '검찰개혁의 대상'이며, '사법농단'이다.

청와대 핵심실세들은 여당후보의 당내경쟁자에게 총영사 등 공직을 제안하며 후보매수를 시도했고, 청와대 행정관들은 여당후보의 공약을 만들어줬고, 정부는 야당후보공약은 무산시키며 예산 수천억 원이 드는 여당후보공약에는 타당성조사 면제특혜를 줬다고 한다. 대통령의 30년 친구는 당선됐고 야당후보 사무실을 급습한 경찰책임자는 여당국회의원이 됐다.

검찰이 2020년 1월 29일 송철호 울산시장, 송병기 전 울산시 경제부시장, 황운하 전 울산지방경찰청장(현 국회의원), 백원우 전 대통령민정비서관, 박형철 전 대통령반부패비서관, 한병도 전 대통령정무수석비서관(현 국회의원), 장환석 전 대통령균형발전비서관실 선임행정관 등 13명을 불구속기소한 후 1년 3개월간 수사와 재판은 중단됐다. 법원은 현 정권의 불법과 비리관련 사건들을 우리법연구회 출신인 서울중앙지법 형사21부 김미리 부장판사에게 집중하여 배당했다고 한다. 사법권의 독립을 보장하기 위하여 정권의 주구(走狗)이자 김명수의 사조직인 우리법연구회를 당장 해체하여야 한다.

법원정기인사에서 김명수 대법원장은 '서울중앙지법 재임3년' 관례를 깨고 김미리 부장판사를 4년째 붙박아 놓고 이 재판을 맡겨 말뚝판사라고 조롱(嘲弄)받고 있다. 권력에 관련된 재판을 정권이 원하는 방향으로 몰아가려고 '알 박기'한 것이다. '법관의 독립'을 파괴한 전형(典型)이다. 청와대의 울산시장 선거공작사건의 재판을 1년 3개월간 뭉갠 김미리 판사가 휴직신청을 했다고 하나 그 시점과 배경에 의문이 많다고 보도됐다. 그의 휴직은 울산시장 선거공작사건 담당 재판부가 '부장판사 1명, 배석판사 2명'에서 '부장판사 3명' 구조로 변경되고, 이를 통해 첫 공판일자가 지정된 후에 신청됐다고 한다. 유무죄판단을 더 이상 미룰 수 없는 상황에 처하자 김 판사가 돌연 휴직을 신청했다. 판사가 재판부 결원을 초래해 재판을 막으려한 꼼수로 '사법농단'이라고 보도됐다.

김미리 판사는 울산시장 선거공작사건, 조국 전 장관 사건, 유재수 전 부시장감찰무마사건 등 정권의 불법과 비리에 관련된 재판도 담당하고 있다. 김 판사는 조국 재판에서 '검찰수사는 검찰개혁을 시도한 조국에 대한 반격'이라고 했고, 조 씨 동생이 교사채용명목으로 돈을 받은 사건에서 돈을 전한 브로커보다 더 낮은 형을 선고했다. 이를 두고 김 판사는 **'법복 입은 정치인'**이라고 비난받고 있다.

'선거범과 그 공범에 관한 재판은 다른 재판에 우선하여 신속히 하여야 하며, 그 재판의 선고는 1심에서는 공소가 제기된 날로부터 6월 이내에, 제2심 및 제3심에서는 전심의 판결의 선고가 있는 날부터 각각 3월 이내에 반드시 하여야 한다(공직선거법 제270조).'고 규정하여 공직선거법은 선거범의 재판기간에 관한 '강행규정'을 천명하고 있다. '법관은 헌법과 법률에 의하여 그 양심에 따라 독립하여 심판한다(헌법 제103조)', '법관이 그 직무집행에 있어서 헌법이나 법률을 위배한 때에는 국회는 탄핵의 소추를 의결할 수 있다(헌법 제65조 제1항).'

청와대 내 8개 부서가 동원된 사건으로 문재인 정권의 최대 범죄 중의 하나인 선거공작사건으로 대통령비서실장이 과연 몰랐으며, 민정비서관과 반부패비서관이 관여했는데도 직속상관인 민정수석이 무관할 수 있는가? 피고인들의 공소장에 35회나 언급된 문재인 대통령이 울산시장 선거 관련보고를 받았는지 여부를 규명하지 못했다고 한다. 꼬리자르기식 검찰의 수사종결에 대해 **"삶은 소대가리가 웃을 일"**이라고 비난받고 있다.

선거는 민주정치의 실현에 결정적 역할을 하는 것으로서 선거공작(選擧工作)은 민주주의의 근간(根幹)을 파괴하는 중대범죄이므로 다음 정부는 청와대의 울산시장 선거공작사건의 수사와 재판을 은폐, 조작 또는 지연시킨 검사와 판사를 반드시 재수사함으로써 선거가 국민의 자유로운 의사와 민주적인 절차에 의하여 공정히 행하여지도록 함으로써 선거와 관련한 부정부패를 발본색원(拔本塞源)함으로써 <민주정치발전의 초석(礎石)>을 구축(構築)해야 한다.

(나) 정부의 일관성 없는 방역대책으로 인한 코로나 창궐

한국이 중국에 이어 세계 제2의 코로나19 감염국으로 떠오르면서 "코리아 포비아"(한국 기피증)가 빠르게 번지고 있다. 우한 코로나 신규 확진자가 하루 200명씩 연일 쏟아져 나오면서 걷잡을 수 없는 사태로 번지고 있다. **"중국인 입국을 금지하라"**는 대한의사협회의 권고를 여섯 차례나 무시한 정부가 "자국민(대구)을 최대 봉쇄(封鎖)하겠다"는 발상은 과연 누구를 위한 정부인가를 묻고 있다. 신종 코로나바이러스 감염예방에 대한 정부의 어설픈 대응으로 한국은 중국에 이어 두 번째로 코로나 확진자가 많은 나라가 되어 한국의 국가 이미지를 우리 정부가 실추시켰다.

한국에서 우한 코로나 확진자가 급증하게 된 것은 문재인 정부가 초기에 중국으로부터의 감염원 차단조치를 취하지 않았기 때문이다. 그러나 문재인 대통령은 **"중국의 어려움이 우리의 어려움"**이라며 **"조금이라도 힘을 보태고자한다"**고 궤변(詭辯)을 토로(吐露)했다. 한국 국민이 우한 코로나 감

염피해를 보게 된 직접 원인은 그 진원지인 중국 당국의 초기 방역실패와 우리정부의 '중국에서 유입되는 감염원'을 적극적으로 차단하지 않은 데 있다. 경기부양을 우선하면서 방역대책을 소홀히 하는 바람에 감염확대로 악화되고 정부의 일관성 없는 대책으로 우왕좌왕(右往左往)하는 대혼란으로 사태를 더욱 악화시켰다.

신종 코로나 바이러스 감염확산으로 인한 국민의 피해를 감당할 자신과 능력이나 의지, 대책도 없으면서 감염원유입을 방치하고 있는 정부의 무사안일(無事安逸)한 태도와 만용(蠻勇)으로 국민의 신뢰를 완전히 상실하여 방역과 경제라는 '두 마리 토끼'를 다 놓치고 말았다. 역병(疫病)이 돌 때는 임금도 함부로 웃지 않는다고 했으나 우한코로나 확진자가 급증한 상황에도 청와대에선 문재인 대통령 부부가 영화 "기생충" 팀과 짜파구리를 먹으며 파안대소(破顔大笑)하는 장면이 보도됐다. 나랏일 한 가지도 제대로 못하면서 기생충 파티는 한 것이다.

이번 사태의 근본책임은 애초에 중국인 입국을 차단하지 않은 정부의 대응실패에 있으나 정부의 "중국 감싸기"로 "코리아 포비아"만 자초했다. 정부는 신종 코로나19 대응을 위해 추경(追更)을 준비 중이라고 했으나 추경(追更)에 앞서 방역실패에 대한 사과부터 해야 할 것이다. 정부의 무능과 무대책으로 국민을 우한폐렴의 사지(死地)로 몰아 생명까지 위태롭게 만든 오늘의 참상(參狀)이 **"한 번도 경험해보지 못한 나라꼴"**이다. 나라를 이 꼴로 만들어놓고도 파안대소(破顔大笑)할 수 있나?

국민의 생명은 무시하고 오로지 시진핑 방한에 매달려 초기에 중국 코로나 감염원을 차단하지 않은 채 중국인 입국을 허용해 나라 전역에 우한 발 신종 코로나바이러스가 창궐(猖獗)하는 사태를 자초한 데 분노한 민심이 청와대 청원게시판에 올린 **"문재인 대통령 탄핵을 촉구합니다"**란 청원이 100만 명을 넘었다고 한다. 우한 코로나19 방역에 대한 공(功)은 사명감으로 코로나 감염위험을 무릅쓰고 현장에 달려가 진료에 정성을 다해준 의료진과 간호사의 희생적 봉사정신과 사투(死鬪)의 몫이다.

초기방역에 실패를 거듭한 문재인 정부가 이 정도나마 전염병확산을 억제시킨 의료진의 희생과 봉사에 수훈(受勳)과 표창(表彰)은 못할망정 "방역 모범국" 운운하며 아전인수(我田引水)격의 자화자찬(自畵自讚)으로 의료진을 억장을 무너뜨리고 있다. 우한 코로나 방역대책(防疫對策)으로 "중국 창문"을 열어둔 채 모기 잡는 식의 방역실패와 정부의 무능이 온 국민을 사지(死地)로 몰아넣었다. 문재인 정부는 초기 방역실패가 초래한 코로나 대확산은 신천지 탓이고 의료진의 헌신과 봉사 및 민간기업의 신속한 대응도 이 정부의 덕(德)이라고 공치사(功致辭)하고 있다. 문재인 정부는 자화자찬(自畵自讚)으로 국민을 기만할 것이 아니라 초기 방역실패에 대한 오판과 오류(誤謬)에 대한 사과부터 해야 한다.

문재인 정부의 파렴치한 자화자찬은 감염위험을 무릅쓰고 봉사하고 있는 의료진에 대한 중대한 모욕(侮辱)이며, 의료진의 몸과 마음에 아픈 상처만을 남겼다. 심지어 정부는 "의료기관에서 집단감염이 발생하면 손해배상청구를 하겠다."고 엄포를 놓았다. 대한의사협회는 "나서달라고 읍소(泣訴)하다가 사정이 좋아지자 되레 군림(君臨)하려는 모습이 임진왜란 의병장들에게 누명(陋名)을 씌운 무능한 조선 관리를 연상케 한다."고 지적했다. 현 정권은 지지율이 하락할 때마다 코로나방역을 방패로 한 파시즘으로 민심 이반을 억압해왔다.

미국·영국·캐나다에 이어 EU 27 회원국이 연내 백신접종을 시작하기로 했으며, 일본도 화이자·모더나 백신 8,500만 명분을 확보하고 곧 접종에 들어갈 예정이며, 싱가포르·홍콩·말레이시아 등이 화이자·모더나 백신을 상당 수준 확보했다. 세계가 신속한 접종으로 코로나에서 자유로워지고 있으나 문재인 정부의 K방역을 방패로 한 코로나 파시즘에 매몰되어 백신구매도 못하고 접종 시기마저 놓쳐 국가적 재앙을 자초해 한국만이 "섬"처럼 고립되는 상황을 초래했다.

영국 이코노미스트지는 코로나를 가장 잘 극복한 나라로 뉴질랜드와 대만을 꼽으며 "올해의 국가" 후보에 올랐다. 이 두 나라는 초기의 철저한 국경봉쇄와 차단정책으로 대만은 사망자 7명, 뉴질랜드는 25명이었으나 한국은 확진자가 5만 명을 넘기고 사망자는 674명에 달한다고 보도됐다 (2020. 12. 21. 조선일보 사설). 백신을 사전에 충분히 확보해야 한다는 전문가의 지적에 정부는 안이하게 대응하며 방역모범국이라고 자화자찬을 늘어놓으며 방역을 홍보하다가 백신확보도 못한 "코로나방역 실패국"으로 전락했다. 문 대통령은 코로나 백신 부족 상태에 대해 백신개발국의 자국우선주의와 강대국의 백신사재기 때문이라며 미국과 유럽에 책임을 전가했으나 우리나라가 백신후진국으로 전락한 것은 미국이나 화이자 때문이 아니라 백신구입계약을 게을리한 정부 탓이다.

문재인 대통령은 2021년 11월 21일 KBS 방송에서 '국민과의 대화'를 했다. 청와대가 '각본 없는 소통의 장'이라고 선전한 행사로 지역, 세대를 망라해 엄선했다는 참석자들로부터 "임기 중 잘한 일과 아쉬운 일이 뭐냐"같은 질문으로 일관했고, "코로나 방역성공은 대통령의 영도력 덕분"이라는 발언 등으로 국민의 고통에 대한 대통령의 동떨어진 현실인식이 안타까움을 더했다고 보도됐다. 문 대통령은 청년실업에 대한 질문에 "고용이 99.9% 회복됐다."며 "질적으로 더 좋은 일자리를 마련해 주도록 노력 하겠다."고 대답했다.

행사 말미에 사회자가 "못한 말이나 강조하고 싶은 말이 있는지" 묻자 문 대통령은 임기 내 최대성과로 "한국은 경제 등 모든 분야에서 세계 톱10으로 인정받은 국민의 자부심을 가지라."고 강조하며, "이런 이야기를 하면 '자화자찬이다', '국민들 삶이 이렇게 어려운데 무슨 말이냐'는 비판도 있다는 것을 잘 안다."면서도 "주관적인 평가가 아니라 세계의 객관적인 평가"라고 했다. 국민의 자부심은 통치자의 강요로 터득(攄得)하는 것이 아니라 국민의 체감(體感)으로 발로(發露)하는 것이다.

(다) 불법과 비리의 온상이 된 청와대와 정권

라임 · 옵티머스 펀드 관계자들이 청와대와 여당 인사들에게 로비한 정황이 드러나고 있다. 라임자산운용의 전주(錢主)인 김봉현 스타모빌리티 회장은 2020년 10월 8일 공판에서 "이강세 스타모빌리티 대표가 강기정 당시 청와대 정무수석에게 전달하겠다고 해서 쇼핑백에 5천만 원을 넣어줬다."고 진술해 파문을 일으켰다. 李 씨는 정 · 관계 로비를 위해 金 씨가 영입한 인물이다. 라임은 피해자 4천여 명에 피해액이 1조 원이 넘으며, 옵티머스도 1천여 명이 넘는 피해자의 돈 5천억 원이 허공으로 사라졌다고 한다.

    강기정 전 청와대 정무수석이 자신에게 5천만 원을 건넸다고 법정에서 증언한 김봉현 전 스타모빌리티 회장을 오늘(10월 12일) 중 고소하겠다고 밝혔다. 강 전 수석은 "터무니없는 사기, 날조"라고 부인했다. 공판정 증언이 거짓으로 판명되면 위증죄로 처벌을 받게 되는데 형사처벌을 각오하고 주지도 않은 돈을 줬다고 거짓 진술을 할 이유가 있을까? 김 전 회장이 이 대표에게 돈을 전달하는 장면이 담긴 CCTV 화면도 있다고 한다.

    라임사건수사는 수개월 전 김 전 회장 등에 대한 기소로 일단락됐다. 옵티머스 사건은 석 달 전 운용사대표와 이사를 구속한 뒤 진전이 없는 사이에 펀드판매에 개입한 인물들이 잠적했다. 옵티머스 펀드사기사건에서 사기꾼들의 로비 실상이 담긴 내부문건을 지난 6월에 입수하고 덮었다. 그 문건에는 청와대(5명)와 국회의원(5명), 민주당(3명) 등 정관계 인사 20여 명의 실명이 나와 있다고 한다.

    추미애 법무부장관은 최근 몇 차례 검찰인사를 통해 특수수사(증권사건) 전문검사들을 법무연수원, 제주지검 등으로 몰아내고 그 자리에 특수수사를 해본 경험이 없는 검사들을 앉혀 라임·옵티머스 등 권력형 비리의혹사건에 대한 검찰의 수사를 와해시켰다. 서울중앙지검은 7월 초 옵티머스 일부 경영진만 구속한 채 석 달 동안 수사를 방치했다. 그사이 금융권 로비의혹의 핵심인물로 꼽히는 정영제 전 옵티머스 대체투자 대표는 잠적했고, 민주통합당 지역위원장을 지낸 옵티머스 설립자 이혁진 전 대표는 2018년 미국으로 도피해 사업을 하고 있으나 범죄인인도절차가 지지부진한 상태라고 한다.

옵티머스 펀드사기혐의로 기소된 사내이사 尹모 씨의 아내 李모 변호사가 옵티머스 회사 지분 9.85%를 보유한 사실을 숨기고 청와대 민정비서관실 행정관으로 근무했다고 한다. 이 씨는 2012년 대선 당시 문재인 후보자 지지선언을 한 후 각종 소송에서 여권을 변호해왔다. 지난 5월 말 금강원이 옵티머스 펀드사기꾼들을 수사의뢰하자 대검은 서울남부지검 금융범죄 전담부서에 배당하려했으나 이성윤 서울중앙지검장이 수사를 자청해 놓고 권력형 비리를 수사하는 반부패부가 아닌 일반고발사건을 수사하는 조사부에 사건을 배당해버렸다고 한다. 권력형 비리에 대한 수사를 뭉개려고 작정한 것이다.

공직비리감시 및 사정기관을 총괄하는 '청와대민정수석실'이 앞장서 비리를 저질러 왔다. 대통령의 30년 친구를 울산시장에 당선시키기 위해 선거공작을 총지휘한 곳이 청와대 민정수석실이며, 대선여론을 조작한 드루킹 일당이 공직에 기용해달라며 인사를 추천하자 민정비서관이 면접을 봤다. 민정수석은 아들 입시비리에 가담한 변호사를 민정실 공직기강비서관에 발탁했고, 이 비서관은 자기를 수사하는 검사들의 인사검증을 했다. 민정수석실이 아니라 비리를 저지르고 은폐하는 '비리소굴'이 된 것이다.

검찰외부인사로 구성된 '수사심의위원회'가 이성윤 서울중앙지검장을 '직권남용혐의(2019년 김학의 전 차관 불법출국금지사건을 검찰이 수사하려 하자 수사팀에 압력을 가해 수사를 방해한 혐의)로 기소해야 한다.'고 권고했다. 수사심의위의 권고(勸告)는 구속력(拘束力)은 없으나 불법출금사건수사팀의 기소방침에 정당성이 인정된 셈이다. 이 지검장은 피고인으로 공판에 회부된 현직 지검장이 된다.

청와대 이광철 민정비서관도 김학의 전 차관 불법출금관련 피의자로 검찰의 소환조사를 받았고, 차기 검찰총장에 지명된 김오수 후보도 불법출금사건으로 검찰의 서면조사를 받았다. 박범계 법무장관은 국회 패스트트랙 관련 폭행혐의로 기소됐고, 이용구 차관은 택시기사폭행혐의로 검찰과 경찰의 수사를 받고 있다. 법치주의와 사법정의를 확립해야 할 정권과 청와대, 법무부, 검찰고위직 등이 '**범법자들의 집합소**'가 되고 있다.

(라) 대통령 아들의 전시회에 코로나 지원금 지급

문재인 대통령의 아들 문준용 씨(미디어아트 작가)가 서울시에서 코로나 피해 긴급예술지원금 1,400만 원을 받아 갔다. 문 씨가 '시각예술' 분야로 피해지원서를 냈을 때 그와 함께 모두 281건이 접수됐으나 그 중 문 씨를 포함한 46팀만 선정됐다고 보도됐다(2020. 12. 22. 조선일보 사설). 서울시와 서울문화재단이 2020년 4월 예술인들의 피해를 지원하기 위해 65억 4천만 원의 예산을 추가 편성했다. 문 씨는 지난 17일부터 23일까지 서울 중구 회현동 화랑에서 '시선 너머, 어딘가의 사이'란 개인전이 코로나19로 피해를 본 예술가를 위해 서울시가 배정한 추가경정예산을 지원받았다는 것이다.

문 씨 전시회가 열리는 갤러리는 문 대통령의 초교 동창이 운영하며 문 대통령 딸 문다혜 씨도 이곳에서 2년간 큐레이터 생활을 했다고 한다. 2017년 금호미술관 미디어아트전, 2018년 평창동계올림픽 미디어아트전, 2020년 파라다이스문화재단 아트랩 페스티벌 등을 두고 특혜논란이 일었다. 코로나 지원금은 전시가 취소돼 너무나 어려운 예술인들에게 국민혈세로 지원하는 것이다. 대통령의 아들이 그 지원금을 타야 할 만큼 어려운 상황인지 국민은 묻고 있다. 문 대통령은 수신제가치국평천하(修身齊家治國平天下)

해야 한다.

나. 국회의 부패상

국회는 국민이 선출한 의원으로 구성되는 합의체로서 국민대표기관이며, 입법기관이며, 정책통제기관이며, 최고기관의 하나로서의 권한을 갖는 헌법상의 기관으로 이는 대의정치(代議政治) 또는 의회정치(議會政治)라고 일컬어진다. 그러나 국민의 대표기관인 국회는 국민의 일반의사(一般意思)를 입법하려 하지 않고 당리당략(黨利黨略)의 입법에만 급급하기 때문에 국민의 국회에 대한 불신이 높아지고 있으며, 입법기관으로서의 국회의 지위는 점차 실질적으로 저하(低下)되어 통법부화(通法府化)하는 경향마저 나타내고 있다. 전문화된 법안의 작성은 비전문가인 의원들로서는 도저히 감당할 수 없기 때문에 자연히 정부에서 작성한 법안을 통과만 시키는 <통법부(通法府)>로서의 역할을 하게 된다.

우리나라의 공직자 중에서 가장 부패가 심한 곳을 국민들은 정상배(政商輩)들의 소굴이 된 국회라고 생각하고 있다. 우리나라의 국회의원은 막말, 갑(甲)질 행위, 극한 대립과 투쟁, 특권과 이권추구, 탈세, 성추행, 입법뇌물수수, 자녀취업청탁, 비서관 등의 월급갈취, 유령보좌관 등록에 의한 월급 가로채기, 쪽지예산에 의한 국고손실, 뇌물모금회가 된 출판기념회, 발목잡기, 법안 끼워 넣기, 비리에 따른 검찰소환의 거부 등 부패한 정상배들의 탐욕과 타락은 끝이 없다. 우리나라의 국회는 입법기관이 아니라 부정부패의 온상으로 적폐청산의 첫째 대상기관이 되었다. 국회의 부패상으로 비난의 대상이 되고 있는 대표적 사례는 아래와 같다.

(1) 예산 나눠먹기 (혈세 도둑질)

나라살림을 알뜰하고도 공정하게 집행할 새해예산안을 심의 확정하는 국회의원들의 예산 나눠먹기라는 권력투쟁으로 매년 국민과 여론으로부터 뭇매를 맞고 있으나 시정되기는커녕 같은 현상이 매년 반복되고 있다. 2018년 12월 국회를 통과한 새해 예산서에는 여당 대표의 지역구예산이 정부안보다 270억 원이 늘어났고, 제1야당 원내대표도 지역구 박물관 건립비 60억 원을 따냈으며, 예결위원장과 간사도 비슷하게 수십억 원씩 증액했다고 한다.

선거 때가 되면 언제나 '특권을 포기하고 세비를 삭감한다'고 유권자를 속였고, 이번 예산안심심의 과정에서 또 자신들의 세비를 대폭으로 인상한 후안무치(厚顔無恥)의 정상배집단이다. 이와 같이 일부 몰지각한 정상배들에 의해 국가예산이 누더기로 전락하는 원인은 그와 같이 부정한 예산의 증액에 동의해준 정부와 그 지역의 유권자에게도 공동책임이 있다.

대통령에게는 바른말 한마디 못 하고 그 뜻에만 맹종(盲從)하는 거수기(擧手機)들로 구성된 저질(低質) 국회에서는 결코 민생법안(民生法案)을 만들 수가 없다. 그래서 국민들은 이러한 한국국회를 두고 **'철새집단의, 철새집단에 의한, 철새집단을 위한 국회'**라고 비난하며, 국회를 해산하라고 아우성치며, 이러한 국회를 <국해(國害)>고 부르며 조롱하고 있다. 우리나라 국회는 정권유지를 위해 악법이나 양산(量産)하며 국민의 혈세(血稅)를 도둑질하는 정상배들의 소굴이 되었다.

(2) 재판청탁에 의한 사법권독립 훼손

임종헌 전 법원행정처 차장의 공소사실에 의하면 서영교 더불어민주당

의원은 2015년 국회에 파견된 판사에게 강제추행혐의로 기소된 지역구 연락사무소장 아들이 벌금형을 받게 해 달라고 부탁을 했고, 그 내용은 임 전 법원행정처 차장에게 전달되었고, 해당 피고인은 유사범죄의 경력이 있음에도 불구하고 벌금형을 선고받았다. 그러나 더불어민주당은 서의원에 대해 징계는커녕 사건경위조사도 하지 않았다.

서 의원은 청탁행위는 검사가 직무상 작성한 공소장에 명시된 내용으로 단순한 청탁이 아니라 명백한 재판청탁으로서 정무직공무원인 서 의원이 직권을 남용하여 헌법과 법률에 의하여 그 양심에 따라 독립하여 심판할 법관의 재판에 관여한 것이므로 직권남용죄의 책임을 피할 수 없다. 국회의원이라는 지위를 이용한 재판청탁은 사법권의 독립을 파괴하는 행위다.

(3) 손혜원 의원의 부동산투기 및 부친의 독립유공자선정 의혹

손혜원 민주당 의원의 가족, 측근이 전남 목포 근대역사 문화공간의 건물 17동, 토지 3필지를 매입한 것으로 확인됐다고 일간신문들이 보도했다. 손 의원은 의정활동을 하면서 목포 구도심재생과 관광활성화를 위한 예산 필요성을 수차 주장했고, 목포문화재 재생사업에 국가예산 1100억 원이 투입된다고 한다. 민주당 지도부는 손 의원의 가족, 측근들의 부동산매입에 대해 '투기목적은 없었다'고 결론 내렸다고 한다. 이러한 내로남불의 전형 (典型)인 정상배집단이 적폐청산을 주장하고 있다.

목포 문화재거리에 '손혜원 타운'을 조성한 손 의원의 행위는 첫째, '공직자의 부정한 재산증식을 방지'하기 위한 "공직자윤리법"을 위반하였고, 둘째, '공직자는 업무처리 중 알게 된 비밀을 이용하여 재물 또는 재산상의 이득을 취득하거나 제3자로 하여금 취득하게 하여서는 아니 된다.'라는 "부패방지 및 국민권익위원회의 설치와 운영에 관한 법률" 제7조의2를 위반하였고, 셋째 "부동산실권리자명의등기에 관한 법률"의 '실명등기 의무' 위반이다.

손 의원은 2018년 2월 국가보훈처장을 국회의원회관으로 불러 부친의 독립유공자선정을 논의한 후 유공자로 선정됐다. 손 의원의 부친이 '1947년 말 북한의 대남공작선을 타고 월북해 밀명(密命)을 받았다.'는 내용이 적힌 국가보훈처 자료가 공개됐다. 손 씨는 이런 이력 때문에 1982~2007년 사이 6차례나 보훈신청에서 탈락했다가 현 정권 들어 독립유공자로 선정돼 논란과 의혹이 제기됐다. 문재인 대통령은 2018년 광복절기념식에서 손 의원 모친에게 건국훈장 애족장을 직접 수여했다. 이처럼 부패한 정권과 정상배집단이 바로 적폐청산의 대상이다.

국회의원 시절 기밀정보를 이용해 전남 목포에 부동산투기를 한 혐의로 재판에 회부된 손혜원 전 더불어민주당 의원에 대해 2심 법원인 서울남부지방법원 형사항소 1부(부장판사 변성환)는 손 전 의원이 조카 명의를 이용하는 등 부동산실명법위반 혐의에 대해 '징역 1년 6개월'을 선고한 원심을 파기하고 '벌금 1천만 원'을 선고했다. 손 전 의원은 2017년 2회에 걸쳐 목포시로부터 기밀자료를 받은 뒤 시세차익을 목적으로 목포 일대에서 14억 원 상당의 부동산을 조카 등 명의로 사들인 혐의로 기소되어, 1심법원은 이 중 일부 부동산거래가 부패방지권익위법 위반으로 판단했다.

(4) 더불어민주당의 재판개입 및 판결불복행위

더불어민주당은 2019년 2월 19일 국회에서 김경수 경남도지사에게 실형을 선고한 1심법원 판결문을 비판하는 기자간담회에서 김경수 경남도지사를 1심에서 법정구속한 것은 '형사소송법의 대원칙을 망각한 판결'이라고 주장했다. 민주당의 판결분석 내용은 1심재판부가 직접물증 없이 드루킹의 조작된 진술만 믿고 김 지사를 법정구속 했다는 것이다. 그러나 김 지사의 유·무죄를 판단한 핵심부분인 킹크랩(댓글조작 프로그램) 시연과 승인 과정에 대한 드루킹 진술은 일관되고 진술 후 확인된 킹크랩 로그기록(접속기록)과 정확히 일치하고 있다.

위 판결에 대해 집권여당 지도부가 총동원되어 법원을 압박하며 외부인까지 동원해 판결을 비난하며 법관에 대해 조롱과 멸시, 폭언을 하고 있다. 선거로 뽑힌 현직 지사에게 실형을 선고하고 법정구속한 것은 양승태 전 대법원장을 따르는 적폐세력의 보복이라는 궤변이다. 이것은 사법부판결에 대한 불복종으로 사법권독립을 부정하며 법치주의를 파괴하는 폭거(暴擧)다. 판결에 대한 불복은 오로지 법절차(상소제도)에 따라 정당하게 행사해야 한다. 사법권의 독립은 법질서의 안정적 유지와 국민의 자유 및 권리를 보장하기 위해 공정한 재판을 확보하기 위한 제도이다. 공정한 재판의 확보는 사법권의 독립이 보장되지 아니하고는 달성될 수 없다.

(5) 정의당 간부들의 정부보조금 유용의혹

정의당 대전시당 간부들이 장애인 야학을 운영하면서 인근학교에서 배식하고 남은 밥과 반찬을 얻어와 급식하고 정부보조금을 빼돌린 사실이 드러났다. 이 야학은 정부로부터 급식비, 강사비 등으로 5개월간 6천만 원의 세금을 지원받았다고 한다. 그런데 다른 학교에서 남은 음식을 장애인 학생들에게 주고선 급식업체에는 정부보조금을 결제했다 돌려받는 "카드

깡"을 했다고 한다. 이들은 강사도 허위 등록하는 수법으로 인력공급업체로부터 정부지원금을 돌려받았다고 한다. 이렇게 빼돌린 자금이 600여만 원이다. 이 학교 운영위원 9명 중 위원장을 포함한 4명이 정의당인사들이라고 한다. 급식업체도 정의당인사가 이사장을 역임한 업체라고 한다. <정의>를 이름으로 내건 정의당간부들이 사회적 약자들을 등친 것이다(2019. 9. 27. 조선일보 사설).

이러한 정의당은 위선과 특권의 대명사가 된 조국 법무장관에 대해 처음엔 반대입장을 취하다가 찬성으로 돌변했다. 민주당이 정의당에 유리한 선거법개정안을 강행통과 시켜주자 이것으로 보답하는 야합(野合)을 한 정상배(政商輩)집단이다. 이에 대해 청년층이 반발하자 돌연 "병사월급을 100만 원으로 인상해주겠다"는 발표까지 했다. 국민혈세를 제 돈으로 여기는 정상배들의 작태도 꼴불견이지만 돈으로 청년층을 무마하겠다는 발상도 점입가경(漸入佳境)이다. 이런 작태로 인해 정의당 지지율이 떨어지고 유명인사가 탈당의사를 밝혔다. 그러나 정의당지도부는 "우리는 맛이 가지 않는다. 갈 길 그대로 간다."고 한다.

(6) 국회의원 수 증원보다 면책특권폐지가 우선이다

헌법은 <국회의원의 수는 법률로 정하되, 200인 이상으로 한다(헌법 제41조 제2항)>고 규정하고 있다. 민주당과 범여권 군소정당들이 국민은 알 수도 없는 <**야바위 협잡선거법**(挾雜選擧法)>을 개정해 서로가 한 석이라도 더 제 몫을 챙기려고 저질·막장의 <개밥그릇 싸움판>을 벌리고 있다. 한국당을 뺀 4당이 의원 수를 늘리는 대가로 민주당의 <**고위공직자수사처법**(공수처법)>처리를 돕는 야합이 벌어질 가능성이 제기되고 있다. 이러한 선거법개정은 한국당으로 돌아갈 의석을 빼앗아 나머지 정당들이 나눠먹기 위한 꼼수라고 한다. 이러한 선거법개정으로 범여권이 호남의 지역구도 지키고 선거제도도 개정하고 공수처법도 통과시키는 것을 계기로 하여 국회의원 수 자체를 늘리려는 정치적 야합(野合)이다.

자유한국당을 배제한 <4+1협의체>가 주도한 선거법협상이 사실상 결렬됐다. 법적 근거도 없는 <4+1 협의체>에서 한 석이라도 더 챙기기 위해 이전투구(泥田鬪狗)를 벌리고 있다. <4+1 협의체>는 공수법처리에 안달하는 여당과 선거법 개정으로 한 석이라도 더 차지하려고 목을 매는 군소야당 간의 야합뒷거래이다. 우리나라의 국회의원은 공무원 중 가장 부패한 집단으로 오명을 남기고 있으며, 19대 국회는 전과자 40%, 부정부패로 의원직을 상실한 의원이 22명이며, 의원 중 7%가 유죄판결을 받고 투옥되었다. 이러한 정상배집단과 범죄소굴을 보고 국민대표기관이니 입법기관이라고 할 수는 없다.

국가의 안전보장 및 경제발전 또는 민생법안을 위한 법률안 하나를 제출할 실력과 능력은 없이 오로지 정쟁과 호통치기, 甲질행위에만 능숙한 정상배들에게 각종 지원과 분에 넘치는 혜택을 베풀고 있다. 이것은 헌법에 보장된 평등권의 침해는 물론 사회적 특수계급제도를 부인하는 헌법위반으로 보아야 한다. 이러한 상황이 우리나라 국회의 현실임에도 불구하고 '의원 수를 증원 한다'고 하는 것은 정상배들의 의원석(席) 하나라도 더 챙기기 위해 낯 뜨거운 이전투구(泥田鬪狗)의 극치를 보여준 것이다. 이처럼 부패한 정상배와 정치철새들이 국회의원신분으로 세금도둑질을 하고 있으니 국민들은 차라리 썩은 국회를 해산하라고 하는 것이다.

이러한 정상배들은 대선이나 총선 때가 되면 언제나 경쟁적으로 **"세비삭감과 특권폐지"**를 약속하며 유권자를 기망해왔다. 그러나 세비를 30% 삭감한다는 법안은 19대 국회임기만료와 동시에 자동으로 폐기되었다. 이들은 국민대표기관이 아닌 '대국민 사기꾼'이다. 이와 같이 부패한 국회를 근본적으로 개혁하는 길은 국민 전체에 대한 봉사자로서 성실히 직무를 수행할 수 있는 소수의 정치가로 구성된 <**알뜰하고 일하는 국회**>를 만드는 것이다. 국회는 정치적 야합에 의한 의원 수를 증원할 것이 아니라 200명 선으로 감원하고, 국민의 평등권을 침해하는 각종 특권을 폐지함으로써 국민의 신뢰를 받는 국회로 다시 태어나야 한다.

(7) 불법예산 눈감아주고 수백억씩 챙긴 범여권의 세금도둑질

민주당과 범여권 군소정당(바른 미래·정의·평화당과 대안신당)들이 한국당만 배제한 채 올해보다 9.3% 늘어난 513조 원 규모의 2020년 예산안을 일방으로 처리했다. 내년 총선을 의식한 포퓰리즘 예산과 국민혈세를 퍼부어 구멍을 메우려는 선심성 복지, 사업예산이 넘쳐난다. 미래세대에 빚더미를 떠넘기는 파렴치한 처사다. 다음 총선만을 생각하고 만든 초대형 거품예산을 겨우 1조2천억 원만을 삭감한 채 밀실야합(密室野合)으로 밀어붙인 것이다.

이번 예산안을 심의한 기구는 민주당이 선거법 변경과 공수처법에 찬성하는 군소정당과 의원들을 끌어모아 만든 <4+1협의체>라는 것이다. 이 협의체는 집권당의 입맛에 맞게 선거법과 공수처법안을 통과시키려고 특정 정당의 일부 세력과 창당도 안 한 의원모임을 끌어들여 법안과 예산을 처리하는 협의체로서 지구상의 어디에서도 그 유례를 찾을 수 없는 괴물집단이다. 국회의장을 포함한 범여권 군소정당 정상배들이 예산농단에 혈안이 되어 헌법과 국회법을 위반하여 "세금 나눠먹기 짬짜미 날치기"를 한 것이다.

　　민주당과 범여권 군소정당들이 밀실야합으로 예산안을 일방 처리하는 과정에서 자신들의 지역구 예산을 집중적으로 챙겼다. 예산강행처리에 들러리 선 군소정당들 지역구가 몰려 있는 호남지역 예산은 정부원안에 비해 1조 1천억 원이 늘었다고 하며, 10여 개 사업은 원안에도 없던 것을 끼워 넣었고, 호남실세들은 많게는 수백억 원씩 지역구예산을 불렸다고 한다. 졸속, 부실, 밀실야합예산에 협조한 대가로 세금을 선물로 받은 <세금도둑질 공범>이다.

　　이들을 "세금도둑"이라고 욕하던 한국당 일부 의원도 잇속을 챙겼다고 한다. 이로 인해 나라살림은 거덜 나고 그 피해는 고스란히 우리 후손들이 떠안게 되었으나 정상배들은 부끄러운 줄도 모르고 다음 선거만 생각하고 있다. "입법자(立法者)는 위법자(違法者)가 되어서는 안 된다(Law makers should not be law breakers.)."고 했다.

(8) 의회주의의 파괴자가 된 문희상 국회의장

　　문희상 국회의장이 노골적인 국회 편파운영을 시작했다. 이를 두고 "아들에게 지역구를 물려주려고 정권에 아부하는 것 아니냐"는 의혹이 나왔다. 문 의장은 "2020년 예산안의 심의(審議), 확정과정에서 초당적이고 중립적이어야 할 국회의장이 아니라 무리한 밀실야합의 선봉장(先鋒將) 역할을 맡았고 야당이 제출한 수정안에 대한 토론마저 무산시켰다. 금년의 예산안 심의는 헌법(제54조 제1항)과 국가재정법(제32조)의 절차를 위반한 밀실야합으로 확정되었다. 문희상 국회의장은 그 모든 책임을 저야 한다.

그뿐만 아니라 집권당이 각 정당 내 소그룹들과 야합한 <4+1협의체(민주+바른미래+정의+민평+대안신당)>이라는 <좌파카르텔(Kartell)>을 통해 문제 법안(선거법과 공수처설치법)들을 처리하고, 그 대가로 제 밥그릇 챙기기 위한 뒷거래를 할 수 있도록 문 의장이 각종 편의를 제공하며 사실상 진두지휘(陣頭指揮)를 하고 있다고 했다. 그 문제의 법안들은 국가기본제도인 **<선거법>**과 독일의 나치스 정권 때의 비밀국가경찰인 게슈타포(Gestapo)와 같은 독재체제강화를 위한 국가권력기구인 **<공수처법>**이다. 한국의 민주주의 역사에서 선거법이 제일야당의 반대에도 불과하고 강제로 통과된 것으로 민주주의 헌정사(憲政史)에 큰 오점을 남겼다.

문희상 국회의장은 헌법 제7조 제1항, 제40조, 제41조, 제50조 및 국회법 제1조, 제10조, 제24조 등을 위반한 **<의회주의(議會主義)의 파괴자(破壞者)>**가 되었다. 국회의장은 국가서열 2위로 대통령의 권한을 견제하는 3권분립의 한 축이 되어야 한다. 문희상 국회의장은 집권당이 군소정당과 야합해 제1야당인 한국당을 배제한 채 새해예산안과 선거법 등을 강행처리하는데 각종 편의를 제공하였는바, 이러한 무리수는 아들에게 지역구를 물려주기 위한 것이라고 한다. 문 의장은 부끄러움을 알아야 할 것이다. 정치가는 다음 세대를 염려하고 민족의 내일을 걱정하고 조국의 장래를 구상하고 앞으로 태어날 후손을 생각한다. 국회의원은 멀리 보는 눈을 가져야 한다.

(9) 더불어민주당의 군소정당을 끌어들인 야합의 정치공작

심상정 정의당 대표가 2019년 10월 27일 국회의원 정수를 현행 300석에서 330석으로 10% 늘리자고 주장했다. 민주평화당과 대안신당도 호남지역구 축소방지를 위해 정원수 확대를 요구했고, 바른미래당도 330명을 주장한 바 있다. 정의당이 의원정수 확대조건으로 세비총액동결을 제시한 것은 <눈 가리고 아웅>하는 것에 불과하다. 민주당 등 4당은 선거제도의 강제변경명분으로 사표(死票)를 줄일 수 있다는 개혁을 내세웠으나 속셈은 한국당에 돌아갈 의석을 빼앗아 나머지 정당들이 나눠 갖기 위한 야합이라고 한다. 심상정 대표의 주장은 민주당과 공조해 선거법과 공수처법을 함께 처리하려는 거래라고 의심받고 있다. 애초에 4당은 '의원정수는 300석을 유지할 것'이라고 국민 앞에 약속했으나 이제 정치적 야합을 한 것은 후안무치(厚顔無恥)다.

유권자인 국민은 총선에서 권력과 공천자(公薦者)에게 아부하며, 부정부패에 중독된 정치철새들에게 <**투표용지는 총알보다 강하다(The ballot is stronger than the bullet.).**>는 링컨의 명언 앞에 무릎을 꿇도록 냉정한 판단력으로 투표권을 행사함으로써 정상배(政商輩)를 국회에서 영원히 추방해야만 부패한 공직사회를 정화(淨化)할 수 있다. 국회의원이 투표용지를 총칼보다 더 무서워하게 될 때 부정부패가 사라지고 국민에게 봉사하는 의회정치가 실현될 수 있다. 유권자는 4·15 총선에서 한국인의 명예와 양심과 용기로서 **"공명선거"**라는 빛나는 전통을 수립해야 한다. 이것이 유권자에게 주어진 **"역사의 당위명령(當爲命令)"**이다. 2020년 4월 총선에서 국민의 현명하고 엄정한 심판을 기대한다.

(10) 헌정사상 최대의 피고인으로 구성된 국회의 부끄러운 모습
4·15 총선이 끝나자마자 공직선거법을 위반한 선거사범에 대한 재판

이 시작되었다. 21대 총선 당선인 중 기소된 상태에서 출마를 강행한 사람은 15명, 선거과정에서 선거사범으로 검찰의 수사를 받게 된 사람은 90명에 이른다. 2020년 4월 21일 조국 아들의 허위인턴활동증명서를 발급해 준 혐의로 기소된 최강욱 열린 민주당 당선인에 대한 첫 재판이 열렸다. 최 당선자는 민주당 위성정당 비례대표로 당선되자 검찰을 향해 "세상이 바뀌었다는 것을 확실히 느끼도록 갚아주겠다."고 호언장담(豪言壯談)하면서 "법정에 서야 할 것은 정치검찰"이라며 "이미 시민들 심판은 이뤄졌다"고 했다. 검찰협박에 이어 법원마저 농락하는 궤변이다.

23일엔 울산시장 선거개입의혹사건으로 기소된 더불어민주당 소속 한병도, 황운하 당선인에 대한 공판준비기일이 열린다. 업무방해혐의가 적용된 최강욱 당선인은 금고 이상의 형, 공직선거법 위반혐의를 받고 있는 한병도, 황운하 당선인은 벌금 100만 원 이상의 형이 각 확정될 경우 의원직을 상실하게 된다. 야권은 20대 국회에서 벌어진 패스트트랙 충돌사건의 부담을 안은 채 21대 국회를 맞는다.

지난 4월 16일 대검찰청은 21대 총선과 관련해 수사 중인 당선인 수를 90명이라고 밝혔으나 고소, 고발이 계속되고 있어 당선인 선거사범의 수는 20대 총선 104명보다 많아질 수 있다. 20대 총선 당선인 선거사범 104명 중 36명(기소율 36.4%)이 기소된 점을 감안하면 피고인 신분으로 의정활동을 할 21대 국회의원의 수는 이미 기소된 15명을 합해 50명을 넘을 것으로 전망된다. 기소된 36명 중 7명이 20대 임기 중에 당선무효 형을 선고받았다. 1, 2심에서 이미 당선무효형을 선고받은 민주당 심기준, 이규희 의원 등의 재판은 진행 중이다.

현역의원 중 피고인이 50명에 이르면 헌정사상 가장 많은 숫자가 될 것이다. 국민대표기관이며, 입법기관이며, 정책통제기관이라는 국회의 구성원이 피의자 및 피고인으로 구성된 범죄 집단이라는 비난을 피할 수 없다. 법률격언에 "입법자는 위법자가 되어서는 안 된다(Law makers should not be law breakers.)."고 했다. 법률은 누구를 막론하고 이를 준수해야 하므로 발의자 즉 입법권자라 하더라도 마찬가지이다. 자신들이 발의하여 제정한 법에 스스로가 구속되는 것이다.

(11) 마지막까지 제 식구 챙긴 20대 국회의 입법권남용

국회는 2020년 5월 20일 20대 국회 마지막 본회의에서 억대 연봉을 받는 "교섭단체 정책연구위원"정원을 늘리는 <국회교섭단체 정책연구위원 임용규칙 개정안>을 통과시킨 것으로 21일 확인됐다. 국회교섭단체 정책연구위원을 현재 67명에서 77명으로 10명 증원했다. 정책연구위원은 1급에서 4급에 해당하는 별정직 국가공무원이다. 1급 1명, 2급 9명 등 10명 증원에 5년간 70억 3,500만 원의 예산이 들어간다. 혈세낭비라는 비판에 4년간 상정을 못하다가 마지막 본회의에서 끼워 넣기 통과를 한 것이다.

사사건건 날선 공방으로 다퉈온 여야(與野)가 자신들 "밥그릇 키우기"라는 공동이익 앞에선 손발을 맞춰 일사천리로 짬짜미한 결과다. 여야 간에 이해가 맞아떨어져 마지막 본회의에서 슬그머니 통과시켰다. "제 식구 챙기기 규칙개정안"을 어물쩍 끼워 넣어 졸속(拙速)으로 처리해 "이(利)의 노예(奴隸)"가 되는 정상배집단이 우리나라 국회의 부끄러운 자화상이다. 여야정쟁으로 법안처리율 면에서 역대최저인 36.9%를 기록해 <역대 최악의 국회>라는 오명을 쓴 20대 국회 마지막 본회의에서 제 밥그릇 챙기기에선 모처럼 한마음 한뜻이 된 것이다.

국회에서 공개적으로 정당하게 처리할 것을 본회의 마지막 날 당직자 출신을 위해 억대 연봉 자리를 몰래 처리한 것은 국회 스스로 입법권을 남용한 것으로 입법기관이 위법기관으로 전락했다. 20대 국회는 마지막으로 여야가 한마음 한뜻으로 처리한 것이 고작 제 밥그릇이나 챙기는 일로서 국회는 <일하는 국회>가 아니라 <제 밥그릇 챙기는 국회>로 전락했다.

(12) 헌법이 국회의원의 발언 · 표결의 면책특권을 규정한 취지

_ 2020.7.2. 법률신문 법조광장

의회주의는 민주적으로 선거된 합의기관에 의하여 다수결원리로서 국가의 중요정책을 결정하고 입법하는 제도이다. 오늘날의 대중적 민주정치는 필연적으로 의회주의를 채택하고 있는바, 의회는 국민의 대표기관으로 인정되어 국민주권주의 하에서는 주권의 행사기관으로 인정되고 있다. 의회제도는 국민의 대표기관으로서 발달되어 온 것이나 국민의 일반의사는 국회에서 입법의 형식으로 나타나는 것이며, 오늘날에 있어서는 정부에 대한 감시기관으로서 중요한 역할을 하게 되었다. 이러한 면에서 국회는 국민대표기관이요, 입법기관이며 정부통제기관으로서의 의의(意義)를 가지고 있다.

그러나 <국민대표기관으로서의 국회의 지위>는 정당정치의 발전에 따라 정당의 대표기관으로 전락하고 있다. 국회는 국민의 일반의사(一般意思)를 입법하려 하지 않고, 당리당략(黨利黨略)의 입법에만 급급하기 때문에 국회에 대한 불신이 높아져 국회입법에 대한 사법심사제, 국회의원소환제,

국민투표제 등 직접민주정치의 요소가 가미되고 있다. 또한 입법기관으로서의 국회의 지위는 실질적으로 저하(低下)되어 전문화된 입법을 비전문가인 의원들로서는 감당할 수 없기 때문에 정부에서 작성한 법안을 통과시키는 <통법부(通法府)의 역할>을 하게 된다. 우리 헌법은 대통령 중심제를 취하고 있기 때문에 의원내각제와 같이 강력한 정부견제권도 없다.

면책특권(免責特權 : immunities, privilege of speech)이라 함은 국회의원이 국회에서 직무상 행한 발언과 표결에 관하여 국회 밖에서 책임을 지지 않는 특권을 말한다(헌법 제45조). 이 책임면책특권은 1689년의 영국의 권리장전{權利章典(Bill of Right : 1689년 12월에 제정된 영국 헌정사상 중요한 의미를 가지는 의회제정법)}에서 그 기원을 찾아볼 수 있으나, 미국헌법에서 비로소 의원의 특권으로 인정되게 되었으며, 오늘날에 있어서는 세계 각국 헌법에서 규정하고 있다.

면책특권은 국회가 정부에 대한 정책통제기관(政策統制機關)으로서의 기능을 다하고, 국민의 대표자로서 공정한 입법 및 민의(民意)의 충실한 반영을 다하기 위해서 국회의원이 자유롭게 직무를 수행하는 것을 보장하기 위한 것이다. 이 특권은 첫째, 국회(본회의와 위원회를 포함한다)에서 직무상 행한 발언과 표결이어야 하고, 의원이 국회 밖에서 행한 발언에 대해서는 적용되지 않는다. 둘째, 이 특권은 국회 밖에서 민·형사상의 책임을 추궁당하지 않는 것을 말한다.

"국회 외에서 책임을 지지 아니 한다(헌법 제45조)"는 것은 일반 국민이 당연히 지는 법적 책임, 즉 민·형사상의 책임을 지지 않는다는 의미이다. 국회의원의 발언·표결에 대한 면책특권은 책임을 면제시킬 뿐 위법성을 조각(阻却)하는 것은 아니므로 의원의 발언·표결을 교사(敎唆)·방조(幇助)한 자는 민·형사상의 책임을 부담한다. 이 특권은 국회의원의 발언·표결의 책임을 면제해주는 책임면제제도인 점에서, 단순히 의원의 체포를 일시 보류해 주는 불체포특권(不逮捕特權 : 헌법 제44조)과 그 성질이 다르다.

"발언(發言)"은 국회의원이 직무상 행하는 모든 의사표시를 의미하고, 여기에는 토론·연설·질문·사실의 진술 등이 포함되며, **"표결(表決)"**은 의제(議題)에 관하여 찬부(贊否)의 의사(意思)를 표시하는 것을 말한다. 면책(免責)의 효과는 국회 외에서 책임을 지지 아니한다는 것이다. 즉, (1) 외부에 대해서 책임을 지지 않는다는 것은, 일반 국민이 당연히 지는 법적 책임을 지지 않는다는 의미이다. (2) 국회의원이 국회 내에서 한 행위에 관하여 외부에 대한 정치적 책임까지 면제되지는 않는다고 보아야 한다. (3) 면책의 시기(時期)는 재임 중만이 아니고 임기종료 후에도 영구히 책임을 지지 않는다. (4) 국회의원이 원내(院內)에서 발표한 의견을 원외(院外)에서 발표하거나 또는 출판하였을 경우에는 이 면책특권이 인정되지 않는다.

더불어민주당이 2019년 12월 "고위공직자범죄수사처 설치 및 운영에 관한 법률안"에 기권표를 던진 금태섭 전 의원을 2020년 5월 25일 징계(경고)처분했다. 민주당은 "공수처법안 찬성이 당론인데 금 전 의원이 소신을 이유로 기권했기 때문에 당론 위배행위"라며 윤리특별위원회의 만장일치로 "징계(경고)했다. 민주당의 당론을 위배했으니 징계하는 것이 당연하다는 것이다. 국가권력의 획득을 목표로 공통된 정책에 입각하여 국민을 조직·동원하여 정치활동을 전개하는 정치결사(政治結社)인 정당은 그 목적·

조직과 활동이 민주적이어야 하며, 국민의 정치적 의사형성에 참여하는 데 필요한 조직을 가져야 한다(헌법 제8조 제2항).

헌법은 "국회의원은 국회에서 직무상 행한 발언과 표결에 관하여 국회 외에서 책임을 지지 아니한다(헌법 제45조).", "국회의원은 국가이익을 우선 하여 양심에 따라 직무를 행한다(헌법 제46조 제2항)."라고 규정하고 있으며, 국회법은 "의원은 국민의 대표자로서 소속 정당의 의사에 기속되지 아니 하고 양심에 따라 투표한다(국회법 제114조의2)."라고 하여 **<자유투표>**를 규 정하고 있다.

국회의원의 발언·표결의 면책특권을 규정한 헌법 제45조의 취지는 국 회의원이 국민의 대표자로서 국회 내에서 자유롭게 발언하고 표결할 수 있 도록 보장함으로써 국회가 입법 및 국정통제 등 헌법에 의하여 부여된 권 한을 적정하게 행사하고 그 기능을 원활하게 수행할 수 있도록 보장하는 데 있다. 따라서 면책특권의 대상이 되는 행위는 국회의 직무수행에 필수 적인 국회의원의 국회 내에서의 직무상 발언과 표결이라는 의사표시행위 자체에만 국한되지 아니하고 이에 통상적으로 부수하여 행하여지는 행위 까지 포함하며, 그와 같은 부수행위인지 여부는 구체적인 행위의 목적·장 소·태양 등을 종합하여 개별적으로 판단하여야 한다(대판 2007.1. 12. 2005다 57752, 2011.5.13. 2009도14442).

면책특권이 인정되는 국회의원의 직무행위에 대하여 수사기관이 그 직 무행위가 범죄행위에 해당하는지 여부를 조사하여 소추하거나 법원이 이 를 심리한다면, 국회의원이 국회에서 자유롭게 발언하거나 표결하는 데 지장을 주게 됨은 물론 면책특권을 인정한 헌법규정의 취지와 정신에도 어긋나는 일이 되기 때문에, 소추기관은 면책특권이 인정되는 직무행위가 어떤 범죄나 그 일부를 구성하는 행위가 된다는 이유로 공소를 제기할 수 없고, 또 법원으로서도 그 직무행위가 범죄나 그 일부를 구성하는 행위가 되는지 여부를 심리하거나 어떤 범죄의 일부를 구성하는 행위로 인정할 수 없다(대판 1992.9.22. 91도3317, 1996.11.8. 96도1742).

공수처설치법안에 반대하여 국회법 제114조의2 규정에 따라 국민의 대표자로서 소속정당의 의사에 기속되지 아니하고 양심에 따라 투표(기권표)한 민주당의 금태섭 의원의 표결은 '국가이익을 우선하여 양심에 따라 직무를 수행'한 것임에도 불구하고 "당론위배" 또는 "본회의 표결"을 문제 삼아 징계(경고)한 것은, 정당의 목적·조직·활동을 정한 **헌법 제8조 제2항** 및 국회의 자율성(自律性)을 보장한 **헌법 제45조, 제46조, 국회법 제114조의2**를 각각 위반한 징계처분이다. 이것은 정책통제기관인 국회의 권한을 집권여당 스스로 부인하는 자가당착(自家撞着)으로, 의회독재주의의 회귀(回歸)를 선언한 것으로, 의회주의에 대한 도전이다.

입법기관인 더불어민주당이 위와 같이 헌법과 국회법 규정을 각 위반한 위법자가 된 것이다. 권모술수(權謀術數)를 신봉(信奉)하며, 당리당략(黨利黨略)에 따라 앵무새처럼 당론만 되풀이하거나 해바라기처럼 공천권자의 눈치나 보는 <정상배(政商輩:Politician)> 집단에서는 결코 소속정당의 의사에 기속되지 아니하고 소신 있고 양심 있는 발언이나 표결을 하는 의원이 나올 수 없다. 영국의 역사가 액턴(Acton)은 <**권력은 부패하기 쉽다. 절대적 권력은 절대적으로 부패한다.**>라고 경고했다. 권력의 부패와 횡포를 막으려면 국민의 부단한 감시와 비판이 필요하다. 국정(國政)은 감시와 비판을 받아야 한다.

공자(孔子)는 <정(政)은 정(正)>이라고 갈파했다. 정치에서 정(正)을 빼면 태양에서 빛을 제거하는 것과 같다. 정치의 목적은 정의구현(正義具現)이다. 정의(正義)를 위하여 싸우는 사람은 언제나 승리한다. 그리고 그 승리는 죽음조차도 멸망시킬 수 없는 강한 것이다. 국회의원은 정상배가 아니라 헌법과 국회법에 따라 국민의 대표자로서 국익(國益)을 위하여 소속정당의 의사에 기속되지 아니하고 양심에 따라 발언과 표결하는 **<정치가(政治家:Statesman)>**가 되어야 한다. 국회의원은 **<진리와 정의를 위한 용감한 투사>**가 되어야 한다.

(13) 거대여당의 입법독재로 인한 의회주의 파괴행위

더불어민주당은 2020년 6월 15일 열린 국회 본회의에서 18개 상임위원회 중 법제사법위원장 등 6개 상임위 위원장의 단독선출을 강행했다. 제1야당을 배제한 단독 원(院)구성은 1987년 이후 33년만으로 민주화 이후 전례가 없는 일이다. 여당의 독주를 견제한다는 차원에서 법제사법위원장을 야당 몫으로 해온 원구성 관행을 파괴한 것이다. 법사위가 야당이 거대 여당을 견제하기 위한 최소한의 장치라는 불문율(不文律)을 여당이 위반한 것이다.

미래통합당은 관례적으로 제1야당이 맡아왔던 법사위원장을 더불어민주당이 차지하자 이에 항의하며 본회의를 보이콧했다. 이와 같은 단독개원과 상임위구성은 1967년 이후 53년 만이다. 미래통합당은 "폭거(暴擧)이자

치욕(恥辱)"이라며 "남은 문재인 정부 2년을 황폐화하는 첫 출발이 될 것"이라고 반발했다. 여당은 의석 176석에 친여성향 10여 석까지 합치면 개헌을 제외하고 무소불위의 권력을 행사할 수 있음에도 불구하고 법제사법위원장에 집착하는 배경에 대해 법제사법위원회를 장악해 사법기관에 영향력을 유지하려는 의도로 비난받고 있다.

의회정치(議會政治:parliamentarism)가 이루어지려면 의회가 국가의 최고의사를 결정하는 방식을 취하지 않으면 안 된다. 의회는 3가지 원리에 의하여 운영된다. 첫째 <대표의 원리>로서, 의회는 개개의 지역주민이 파견한 이익대표의 집회가 아니라 전체로서의 국민의사의 대표기관이라는 뜻이다. 둘째 <심의(審議)의 원리>로서, 의회에서 국가의사의 형성에 가능한 한 많은 의원을 참가시켜 공개된 의장(議場)에서 토론을 반복시킴으로써 대표의 원리에 실질적인 뒷받침을 주자는 견해로 다수결원리의 관행은 이 원리의 제도화이다. 셋째 <행정감독의 원리>로서, 행정부에 대한 입법부의 우월성을 보장하는 목적을 가진다. 국회의 국정조사권(國政調査權) 등은 이 원리에서 비롯된 것이다.

야당의원이 법제사법위원장이 되면 문재인 대통령이 직접 관련된 '울산시장 선거공작의혹사건'이 국회에서 논의되는 것을 막기가 힘들 것이며, 그 밖에 '유재수 감찰무마사건', '조국 일가사건', '최강욱 청와대 공직기강비서관사건' 등과 같은 정권비리의혹사건들이 법원의 판단을 기다리고 있다. 검찰과 법원의 장악만으로는 불안하자 수단과 방법을 다해 정권을 방어하기 위한 방법으로 국회의 관행과 의회정치의 절차와 방법을 무시하는 "내로남불"의 극치다. 의회정치의 본질인 토론과 대화와 협치를 포기한 채 제1

야당을 배제한 거여(巨與)의 오만과 독선은 <의회주의를 파괴>한 <입법독재의 상징>이 되었다.

　더불어민주당은 2020년 12월 9일 '경찰법개정안'과 '5.18 역사왜곡처리법'을 시작으로 10일 야당의 공수처장 거부권을 무력화시킨 '공수처법 개정안' 13일 국정원의 대공(對共)수사권을 폐지한 '국정원법 개정안' 14일 북한 '김여정 하명법(下命法)'이라는 표현의 자유를 침해하는 '대북전단살포금지법'을 강행처리했다. 이러한 법안들은 친(親)정부 공수처를 만들어 검찰의 살아 있는 권력에 대한 수사를 원천봉쇄하고, 헌법이 보장한 국민의 표현의 자유를 침해하는 입법독재로 위헌이라는 비난이 잇따랐지만 민주당은 "역사적인 성과"라고 궤변을 토했다.

　대북전단금지법이 2020년 12월 22일 국무회의를 통과하자 미 국무부는 '북한으로 자유로운 정보유입(情報流入)이 중요하다' 했고 미국 의회에선 한국집권당을 향해 '자유를 제한하는 (illiberal) 정당'이라고 했다. '김여정 하명법(下命法)'이라는 대북전단금지법으로 미국, 영국, UN 등 국제사회의 신뢰 상실은 물론 국내외 인권단체의 비판이 쏟아지자 '내정간섭(內政干涉)'이라고 맞섰다. 문재인 정권이 주장하는 대북전단금지법의 실체는 김정은 비위 맞추기라고 한다.

　더불어민주당은 대북전단금지법에 이어 검찰수사권을 박탈하는 법안을 2021년 2월 추진하겠다고 했다. 윤호중 국회 법사위원장은 '검찰을 기소(起訴) 전문기관으로 법제화 하겠다'고 했고, 여당친문(親文)의원들은 '검찰청법폐지법', '공소청신설법', '국가수사청설립법'이라는 괴물법안을 내놓았다. 이들은 법원의 판결이 마음에 들지 않으면 '사법부 폐지법'도 만들 것이다. 검찰조직을 유명무실한 허수아비로 만들어 월성 1호기 경제성평가 조작사건, 울산시장 선거개입사건, 라임·옵티머스 사건 등 정권의 태산(泰山) 같은 비리에 대한 수사를 원천봉쇄하려는 전략으로 이성(理性)을 잃은 것이라고 비판받고 있다. "법은 이성(理性)의 명령(Law is the dictate of reason.)"이라고 했다. 무능한 독재정권으로 '못하는 게 없고 안 하는 게 없다'고 했다.

(14) 도둑이 포졸 잡는 거대여당의 입법권 난사참상(亂射慘狀)

입법권(立法權)은 형식적 의미에서는 국회가 가지는 법률제정권을 말하나, 실질적 의미에서는 법을 제정하는 국가기능을 말한다. 헌법 제40조는 <입법권은 국회에 속한다>고 하여 국회의 입법권을 규정하고 있다. 이 규정은 헌법이 권력분립의 원리를 채택하고 있음을 의미함과 동시에 입법기관으로서의 국회의 권한을 나타낸 것이다.

헌법 제40조의 <입법권>의 의미에 관하여 '실질적 의미'의 법률제정권이라는 설(實質說)과 '형식적 의미'의 법률제정권이라고 하는 설(形式說)이 대립하고 있다. 그러나 어느 설을 취하든 국회의 입법권에는 한계가 있으므로, 헌법이 실질적의 의미의 입법권을 다른 기관에 부여하고 있는바, 예컨대 대통령의 긴급명령, 긴급재정·경제명령, 위임명령·집행명령·총리령, 부령, 지방자치단체의 조례 등이며, 이외에도 **<법률의 적헌성(適憲性)의 원칙>**이 있다. 우리 헌법은 입법권의 한계를 실효적으로 확보하기 위하여 대통령의 법률안거부권과 법원에 '법률이 헌법에 위반되는 여부'를 헌법재판소에 제청할 수 있는 위헌제청권을 부여하고, 헌법재판소에 법률의 위헌 여부 심판권을 부여하고 있다.

여권이 발의한 이른바 '윤석열 출마방지법(검찰청법등 개정안)'이 국회 법 사위에 회부됐다. 공직자가 출마하려면 선거 90일 전에 그만둬야하는데, 현직 판사, 검사는 1년 전에 사퇴하도록 한 내용으로 윤석열 검찰총장을 겨 냥한 것이다. 대한민국 헌정사에 단 한 사람의 출마를 막기 위한 입법을 빙 자한 폭력행위다. 이런 괴물법안을 발의한 최강욱 의원은 선거한달 전 청 와대비서관에서 물러나 출마한 사람이다.

민주당은 검찰에 남은 '6대 범죄수사권'마저 박탈하고 공소의 제기 및 그 유지에 필요한 권한만을 인정하는 법안도 밀어붙이고 있다. 검찰말살을 주도하는 피의자나 피고인 신분이 된 의원들로서 "도둑이 포졸을 잡겠다" 고 칼을 뺀 격이다. 두둑 떼들의 입법폭주와 입법권 난사(亂射)가 <법률의 적헌성(適憲性)>을 송두리째 파괴하는 '한 번도 경험해 보지 못한 세상'이다.

(15) 임성근 부장판사 '억지탄핵'에 대한 헌재 각하결정에 여당과 대법 원장은 사과해야

더불어민주당 등 범여권의원들이 주도한 초유의 법관탄핵심판에 대해 2021년 10월 28일 헌법재판소가 "이미 임기만료로 (올 3월 1일) 퇴직한 임성 근 전 부장판사에 대해서는 본안판단에 나아가도 (공직자에 대한) 파면결정 을 선고할 수 없으므로 국회의 탄핵심판청구는 부적법하다."며 재판관 9명 중 과반인 5명의 다수의견으로 각하결정을 내렸다. 헌재의 각하결정은 탄 핵소추요건을 충족하지 못했다는 의미다. 판사출신으로 탄핵소추를 주도 한 이탄희 민주당의원(국제인권법연구회 소속)은 이날 "헌재 다수의견은 법 기술자적인 판단에 그쳤다."고 주장했다.

이선애, 이은애, 이종석, 이영진 재판관 등 4명은 "헌법과 헌법재판소법에 따르면 탄핵결정은 공직으로부터 파면하는 데 그치고, 선고 당시까지 피청구인이 해당공직을 보유하는 것이 반드시 요구된다."면서 "임 전 부장판사가 공직에서 퇴직했기 때문에 탄핵청구를 심판할 이익이 없다."고 각하의견을 설명했고, 이선미 재판관은 "현행 헌재법 아래서는 임기만료로 퇴직한 경우 심판요건을 갖추지 못한 것으로 볼 수밖에 없어 입법정비가 필요하다."며 각하의견을 냈다.

임 전 부장판사는 박근혜 전 대통령의 '세월호 7시간'과 관련한 가토 다쓰야 전 산케이신문 서울지국장 재판 등에 개입한 혐의로 기소됐으나 1, 2심에서 무죄판결을 받았으며, 상고심이 진행 중이나 여당은 그 판결문을 '1호 증거'라며 탄핵소추를 의결해 헌정사상 처음으로 탄핵심판을 받은 법관이 됐다. 김명수 대법원장은 지난해 5월 건강상 이유로 '사표를 수리해 달라'는 임 전 부장판사에게 "사표를 수리해 버리면 (국회에서) 탄핵 얘기를 못 하잖아"라며 사표수리를 거부했다. 임 판사가 이 말을 공개하자 김 대법원장은 "그런 말 한 적 없다"고 잡아뗐다가 임 판사의 녹취가 나와 거짓말이 들통났다.

입법기관인 더불어민주당 의원은 탄핵소추의 대상과 요건이 무엇인지도 모르고 탄핵소추의결을 했고, 사법부의 수장인 김명수 대법원장이 거짓말을 밥 먹듯 하는 나라가 됐다. 이탄희 의원은 사법농단사건을 주도한 뒤 여당 공천으로 의원이 됐고, 김 대법원장은 헌재의 각하결정에도 사과한마디 없이 침묵하는 후안무치(厚顔無恥)가 됐다. 김명수 대법원장은 사법부 수장으로서 사법권 독립을 위해 무엇을 했으며, 헌재의 탄핵소추 각하결정에 대해 의견을 밝히고 과해야 한다.

다. 사법기관의 부패상
(1) 법조계의 전관예우관행의 병폐

전 세계에서 우리나라에만 있는 법조계의 <**전관예우관행**(前官禮遇慣行)>은 법치주의(法治主義)의 파괴행위로 비난의 대상이 되고 있다. 전관예우(前官禮遇)의 사전적 의미는 "장관급 이상의 관직을 지냈던 이에게 퇴관(退官) 후에도 재임 당시의 예우를 베푸는 일"을 뜻한다. 법조계의 전관예우문제는 일부 전관(前官)과 현관(現官) 사이의 '공생(共生) 유착(癒着)'의 산물로서 법치주의에 도전하는 범죄행위라고 비난의 대상이 되고 있다.

전관(前官)으로 불리는 고위공직퇴임 변호사가 사건을 수임하면 수사 또는 재판과정에서 현관(現官)인 검사나 판사로부터 부당한 예우를 받는다는 의혹을 받는 것이다. 이러한 전관예우문제는 비단(非但) 사법기관에만 관련된 문제가 아니라 우리나라의 모든 공직사회에 관행적으로 토착화된 문제라고 볼 수 있다. 최근 법무부에서 검찰개혁과 관련하여 전관예우 문제를 거론하고 있다. 조국 게이트와 관련하여 현재 법무부가 추진하고 있는 검찰개혁은 검찰에 대한 노골적인 수사압력 또는 협박으로 헌정질서유린이라고 비난받고 있다.

공익의 대표자인 검찰의 공정한 수사와 헌법과 법률에 의하여 그 양심에 따라 독립하여 심판하는 법관의 재판은, 정치적 중립성이 보장된 검사와 용기 있는 법관이 스스로 지키는 것이다. 전관예우문제의 근본적 해결책은 전관과 현관이 <국민 전체에 대한 봉사자로서 국민에 대하여 책임을 지는 자세로 법령을 준수하며 성실히 직무를 수행하는 데 있다>고 본다. 전현직 판검사가 은밀한 담합으로 사법기득권을 유지하는 전관예우의 근절이 '진정한 사법개혁'이다. 검찰개혁이나 사법권독립은 정치권력으로부터 중립성과 독립성이 보장된 상태에서 검찰과 법원 스스로의 자기혁명(自己革命)에 의하여 개조되어 나가는 것이 정도(正道)다. 자기혁명이야 말로 '참된 혁명'이요, 자기개혁만이 '참된 개혁'이다.

(2) 예산전용에 의한 대법원장 공관의 호화 리모델링

춘천지방법원장이던 김명수 대법원장은 2017년 대법원장 지명을 받은 다음 날 시외버스와 지하철을 타고 서울대법원을 방문했다고 한다. 춘천지방법원 업무가 아니기 때문에 '관용차'를 탈 수 없었다고 했다는 것이다. 그러나 이것이 위선(僞善)이란 사실이 드러났다. 법원행정처가 김명수 대법원장 취임 직후 공관을 16억 6650만 원을 들여 개축. 보수했고, 공관을 리모델링하는 과정에서 예산 4억 7천만 원을 무단전용 했다고 감사원이 발표했다. 법원행정처는 2017년 8월 김명수 대법원장이 후보자로 지명된 이튿날 공관 개보수 사업공고를 냈고 곧이어 당초 국회가 편성한 9억 9천만 원보다 6억 7천여만 원 초과한 예산을 배정했다고 한다. 국회의결이나 기획재정부장관 승인을 거치지 않은 탈법적 예산집행이라고 한다.

사법부 최고기관인 대법원에서 예산전용이 버젓이 벌어지고 호화스러운 리모델링에 대해 아무도 문제를 제기하지 않았다. 김 대법원장은 2017년 9월 취임식에서 "저의 대법원장 취임은 그 자체로 사법부의 변화와 개혁을 상징하는 것"이라고 했다. '**사법부의 변화와 개혁**'은 사법작용을 행하는 국가통치권의 한 권능(權能)인 사법권(司法權)의 주체인 법관이 구체적인 사건을 재판함에 있어서, 절대적으로 독립하여 누구의 지휘나 명령에 구속되지 않는 '사법권의 독립'을 수호하는 것이다. 그러나 김 대법원장은 취임 후 구습(舊褶)에 젖은 처신으로 수 차례 도마에 올랐다. 김명수 대법원장은 공관의 리모델링 이전에 그 공관에 '입주할 적임자인가'를 자문해볼 필요가 있다.

아파트를 분양받은 아들 부부가 공관에 입주해 '공관재테크' 의혹이 제기됐고, 공관기구와 가전제품 5,900여만 원어치를 새로 구입해 논란이 됐다. 다른 국가기관이 이러한 탈법적 예산전용을 했다면 사법부는 어떻게 심판을 할까? 진정한 사법부 개혁은 대법원장 공관의 리모델링을 하는 것이 아니라 사법부가 정권의 입김에서 벗어나 제자리에 굳건히 서서 '사법권의 독립성'을 견지(堅持)하는 데 있다. 사법권의 독립을 수호하는 데 있어 가장 중요한 역할을 할 사람은 바로 대법원장 자신이다.

대법원장은 문재인 대통령이 사법적폐청산을 주문하자 "수사에 적극 협조 하겠다"고 말해 대통령의 명령을 복창(復唱)하는 모습을 보였다. 사법권독립의 방파제 역할을 할 사법부의 수장인 김명수 대법원장을 향해 그의 고등학교 동문들이 <정권의 시녀(侍女)>라고 비판하는 성명을 발표했다. 법률격언에 <사람을 심판하는 자는 명백한 명예(名譽)를 가지며 허물이 없는 자라야 한다(Let him who accuses be of clear fame, and not criminal.).>고 했다. 사람을 심판하는 자는 스스로 불명예(不名譽)스러운 일을 하거나 죄를 범하지 말아야 한다.

김 대법원장의 아들 김모 판사 부부가 서울 강남의 한 아파트에 당첨된 상태에서 대법원장 공관에 들어가 살다가 '관사 테크' 논란을 빚은 후 해당 아파트로 20억 원 정도의 시세차익을 얻은 것으로 전해졌다. 이들 부부는 김 대법원장이 취임한 2017년 9월 모 아파트청약에 당첨된 후 2018년 2월 공관 리모델링 공사가 끝나자 공관에 입주했다. 이에 대해 일선 판사들은 "아들 부부는 '영끌'을 해서 강남의 아파트를 분양받았고, 아버지인 대법원 장은 관사 제공으로 '아빠찬스'와 '관사테크찬스'기회를 준 것"이라고 했다 (2021. 5. 17. 조선일보 A10면)고 보도됐다.

(3) 김명수 대법원장에 대한 사퇴촉구

사법권 독립을 수호할 방파제가 되어야 할 김명수 대법원장은 성창호 부장판사가 드루킹 댓글조작 작업을 공모한 김경수 경남지사에게 업무방 해죄 등으로 유조판결을 선고하고 법정구속시키자 여당과 친문세력들이 '적폐', '판사쓰레기', '탄핵'시킨다고 아우성을 쳐도 일체 함구하고 있다. '헌 법과 법률에 의하여 그 양심에 따라 독립하여 심판'하는 사법부의 수장(首 長)인 대법원장이 정권의 입김에 좌우되고 그 눈치를 보거나 '법관의 독립' 을 부정하는 정상배들의 위세에 눌려 그들의 요구에 영합하려고 좌고우면 (左顧右眄)한다면 사법권의 독립은 보장될 수 없다.

김명수 대법원장은 2017년 9월 취임 초부터 공관(公館) 사용과 관련해 "부적절한 일이 있었다"는 말이 나왔다. 김 대법원장의 아들인 김모(33) 판 사 부부가 서울 강남의 고가 아파트를 분양받은 후 공관에 들어가 살고 있 다는 얘기도 그중 하나로 거론됐다. 김 판사의 아내 강모(32) 변호사는 2018 년 1월 전입신고를 하고 공관에 들어와 상주하고 있었다. 강 변호사는 2017

년 9월 재건축예정인 서울 서초구 신반포 센트럴자이 아파트청약에 당첨됐다. 법조계에선 "김 판사 부부가 이곳에서 사실상 무상(無償)으로 살면서 가진 돈과 대출금을 모두 합쳐 아파트분양대금을 치르고 있는 것 아니냐"는 말이 나온다.

강 변호사는 2015년부터 한진의 사내 변호사로 일하고 있는 것으로 알려졌다. 2018년 초 변호사인 김 대법원장의 며느리가 대법원장공관에서 자신이 다니는 한진그룹계열사 법무팀 동료들을 불러들여 만찬을 했다. 세금으로 먹고 마셨다. 대법원장이 몰랐을 리 없다. 만찬 시점이 더 심각한 문제다. 김명수 대법원이 항공기 회항사건으로 기소된 조현아 전 대한항공 부사장에게 집행유예를 확정한 직후였다. 대법원은 조 부사장의 핵심혐의인 '항로변경'을 무죄로 판결했다. 김 대법원장도 그 판결에 참여했다. 그 직후 피고인의 회사 법무팀이 대법원장 공관에서 만찬을 가졌다고 보도됐다 (2021. 6. 12. 조선일보 사설).

사법부의 수장으로서 사법권 독립을 수호해야 할 대법원장이 정권의 애완견(愛玩犬)이 되어 스스로 사법권 독립과 법치주의를 파괴하며, 거짓말의 명수가 되었다고 조롱받는 김명수 대법원장은 공적(公的)으로 사용해야 할 공관에 거액의 혈세를 들여 수리한 후 자녀들의 주거용으로 사용하기 위해 인테리어를 할 것이 아니라, 대법원장인 법관으로서의 잘못된 **'직업적 양심을 바로잡기 위한 인테리어'**를 하는 것이 선결문제라고 본다. 김 대법원장은 모교인 부산고등학교 동문회로부터 파문당했다고 한다. 고교동문에서 선악(善惡)에 대한 심판을 한 것이다.

대구, 경북지역 변호사 90명이 '법의 날'을 하루 앞둔 4월 24일 현 정권을 비판하고 김명수 대법원장의 사퇴를 촉구하는 성명을 발표했다. 이들은 '뜻을 함께하는 대구, 경북지역 변호사 일동'이란 이름으로 낸 성명서를 통해 "정치, 외교, 안보, 경제 등 모든 분야가 잘못된 정책으로 침체일로를 걷고 있는데도 이 정권은 아집과 독선으로 위기를 부추기고 있다"며 "이런 때일수록 화합으로 나가야 함에도 '적폐' 운운의 방편으로 반대세력을 향해 공권력을 휘두르고 있다."고 했다. 이들은 또 "3권분립의 정신이 퇴색돼가고 법치주의가 훼손 대가는 현실을 더 이상 묵과할 수 없다."며 "김명수 대법원장은 심하게 훼손된 3권분립 원칙에 대한 책임을 통감하고 즉각 사퇴하라"고 했다(2019. 4. 25. 조선일보 A12).

2021년 6월 15일 국민의 힘이 198쪽 분량의 <법치(法治)의 몰락-김명수 대법원장 1,352일간의 기록>이라는 김명수 대법원장 비리백서를 공개했다. 김기현 국민의 힘 원내대표가 "사법부의 수장, 정의의 보루라는 대법원 수장이 일반 국민의 평균에도 못 미치는 도덕 수준을 지닌 걸 보면 허탈감과 박탈감을 느낀다. 사람이 적어도 '3치'가 있어야 한다는데, '염치'고 없고 '눈치'도 없고 '수치심'도 없이 그냥 자리 지키기에만 연연하는 모습이 안타깝다."고 성토했다.

어리석은 인간에게도 자신의 어리석음을 알 수 있는 지혜가 있다. 그러나 자신이 지혜로운 인간이라고 생각하는 사람은, 결코 지혜로운 사람이 아니다. 도리어 그야말로 어리석은 자이다. 사람이 '자기란 무엇인가' 하고 자연을 향해 물어보아도 대답을 얻을 수는 없다. 그것은 그 사람 자신이 그 질문에 대한 해답이기 때문이다. 그는 자기 자신을 알지 않으면 아니 된다.

그대 자신을 알라. "사람은 자기에게 알맞은 자리보다 조금쯤 낮은 곳을 택하라. 남에게서 <내려가시오>라는 말을 듣느니보다는 <올라오시오>라는 말을 듣는 편이 훨씬 나은 것이다(탈무드)."

(4) 정치광(政治狂)이 법복을 입고 법관행세를 하는 위장정치판

청와대의 울산시장 선거공작사건과 관련한 검찰의 압수수색을 거부하는데 법관 출신인 김영식 청와대 법무비서관이 핵심역할을 하고 있다고 보도됐다(2020. 1. 18. 조선일보 사설). 압수수색영장의 압수대상이 "특정되지 않았다"는 논리로 검찰의 압수수색에 응하지 않았다는 것이다. 이 영장은 적법한 절차에 따라 법관이 발부한 것이다. 법관이 발부한 영장이 집행되지 못하는 나라는 법치국가가 아닌 독재국가이다. 진보성향의 판사들조차 청와대의 압수수색영장 집행거부에 대해 "위헌 위법한 행동"이라며 "구속영장도 불응할 것인가"라고 비판하고 있다.

헌법수호의 책무를 진 대통령과 청와대가 법관이 발부한 영장집행을 거부하고 있으며, 다른 사람도 아닌 법관 출신이 영장집행거부의 행동대로 설치고 있다. 사법권 독립을 수호할 최후의 보루인 사법부수장인 김명수 대법원장은 정권의 충견(忠犬)이 되어 침묵하고 있다. "헌법과 법률에 의하여 그 양심에 따라 독립하여 심판한다"는 법관이 법복을 입고 판사인 척 행세를 하다가 정치광(政治狂)으로 변질되어 본색을 드러내고 있다.

전국 검사의 3분의 1에 가까운 600여 명은 "봉건적 명(封建的 命)에는 거역(拒逆)하라"는 검사의 글에 댓글을 달았고, 문재인 대통령의 대학 후배인 서울중앙지검장의 졸작품인 검찰직제개편안에 대해 그 앞에서 정면으로 검찰간부들이 단체로 반대했다. 또한 전직 대한변호사협회 회장 5명을 포함한 변호사 130여 명은 2020년 1월 17일 "권력은 법치유린행위를 중단하라"는 성명을 발표하며 "과거 군사정권에서도 이처럼 노골적인 검찰인사가 이루어진 적은 없었다."고 주장했다.

4·15 국회의원 총선거를 90일 앞둔 1월 16일은 지역구에 출마하려는 공직자들의 사퇴시한이다. 이에 맞춰 친문핵심을 비롯한 청와대 인사와 고위직 공무원 및 일부 법관들도 사퇴하는 등 여권의 총선승리를 위해 총동원령을 내린 상황이다. 여당영입설이 나도는 판사들도 사퇴했고 그 중에는 진보성향 판사모임회장과 양승태 전 대법원장 체제를 비판한 인사들도 있다.

헌법과 법률에 의하여 그 양심에 따라 독립하여 법률상의 쟁송(爭訟)을 심판하는 성직자와 같은 법관은 다른 어느 직종보다도 정치적 중립성과 독립성이 요구된다. 문재인 정권출범 후 진보성향 판사들이 청와대로 직행하면서부터 "사법부의 정치화"가 심해지는 경향에 대해 우려하고 있다. 온 나라가 정상배(政商輩)와 정치광(政治狂)의 세상이 되고 있다.

(5) 뇌물을 요구한 탐관오리를 집행유예로 석방한 권력에 아부(阿附)하는 판결과 법치주의 위기

법관은 헌법과 법률에 의하여 그 양심에 따라 독립하여 심판한다(헌법 제103조). 사법권의 독립은 입법권과 행정권으로부터 독립한 법원이 **"법과 양심"**에 따라서 하는 공정하고 정당한 재판을 확보하려는 데 그 제도적 의의가 있다. <**헌법 제103조가 규정한 양심**(良心)>은 헌법 제19조(양심의 자유)가 규정한 법관 개인의 인간으로서의 주관적 양심이 아니라 "법관으로서 공정하고 편향(偏向)되지 않은 판단을 할 직업적 양심 내지 법적확신"을 말하며, "인간으로서의 양심"과 "법관으로서의 직업적 양심"이 일치하지 않을 때에는 법관으로서의 양심을 앞세워야 한다(이회창 회고록 1『나의 삶 나의 신념』 187면)고 했다.

서울동부지방법원 형사합의11부(부장판사 손주철)는 2020년 5월 22일 뇌물수수 및 금품 등 수수의 금지에 관한 법률위반 등 혐의로 구속기소된 유재수 전 부산시 경제부시장(56)에게 징역 1년 6개월에 집행유예 3년 및 벌금 9천만 원과 추징금 4,221만 원을 선고했다. 선고에 앞서 검찰은 유재수 피고인의 뇌물수수 등에 대해 "전형적인 탐관오리의 모습을 보였다"며 징역 5년을 구형했다. 재판부는 유 피고인이 금융위 국·과장 시절 업자들로부터 받은 4,200만 원을 뇌물로 인정하면서도 "개인적 친분관계로 받은 돈"이라며 집행유예를 선고한 것은 비상식의 정점이라고 비난받고 있다.

유재수 피고인은 범죄혐의를 덮고자 정권실세들에게 구명로비까지 했다. 그러나 법원은 이를 무시하고 "(금품을) 선의로 생각했을 수 있다"고 했고, 공직자가 업자들과 어울리고 금품을 수수한 "유착(癒着)"을 "친분(親分)"이라는 점을 형(刑)의 양정(量定) 사항으로 판단한 것은 납득하기 어려우며, 재판부가 권력의 눈치를 보고 봐준 판결이라는 비난을 피하기 어렵다. 법원은 앞으로 뇌물을 수수한 공무원이 "친분관계"로 금품 등을 받으면 모두 감형하거나 집행유예로 석방해야 할 것이다.

유재수 피고인에 대한 판결은 법리를 떠나 상식으로도 납득하기 어렵다고 한다. 유 피고인은 업자들로부터 현금, 전세금, 항공권, 골프채, 골프텔 숙박비를 받고, 책 강매·오피스텔 공짜 이용, 전세금을 무이자로 차용한 후 일부를 탕감받는 등 수법도 다양하고 파렴치했다. 뇌물을 준 업자와 원래 "친한 사이가 아니라 공무원으로 재직하면서 알게 된 관계"로서 수명으로부터 지속적으로 금품을 수수했고, 그 대부분은 유 피고인이 먼저 요구했다고 한다. 금품 등을 "적극적 요구", "장기간 수수", "3급 이상 고위공무원"은 <가중처벌사유>이다.

유재수 피고인은 문재인 대통령을 "형"이라고 부를 정도로 정권실세들과 친분이 두터웠고, 청와대 특감반의 조사도 피해갔으며 그의 구명에 이 정권실세들이 총동원 되더니 이젠 판사까지 "고무줄 판결"로 유 피고인의 구명에 합세했다. 대법원은 형(刑)을 정할 때 국민의 건전한 상식을 반영하고 국민이 신뢰할 수 있는 공정하고 객관적인 양형(量刑)을 실현하기 위하여 "양형위원회"(법원조직법 제8편)를 둔다.

양형위원회는 법관이 합리적인 양형을 도출하는 데 참고할 수 있는 구체적이고 객관적인 양형기준을 설정하거나 변경한다(법원조직법 제81조의6). 법관은 형의 종류를 선택하고 양형을 정할 때 양형기준을 존중해야 한다. 다만, 양형기준은 법적 구속력을 갖지 아니한다. 법원이 양형기준을 벗어난 판결을 하는 경우에는 판결서에 양형의 이유를 적어야 한다(동법 제81조의7).

대법원 양형위원회의 뇌물죄 양형기준에 의하면 뇌물 수수액이 3천만 원 이상~5천만 원 미만이면 기본형량은 3~5년이며, 가중처벌할 경우 4~6년, 감형할 경우 2년 6개월~4년이다. 유재수 피고인의 금품 등의 적극적 요구, 장기간 수수, 3급 이상 고위공직자 등은 가중처벌사유에 해당되나 양형기준의 최저형에도 미달하는 형과 집행유예가 선고된 것이다. 헌법재판소는 <형사재판에서 법관의 양형결정에 법률이 기속(羈束)되는 것은 법률에 따라 심판한다는 헌법 제103조에 의한 것으로 법치국가원리의 당연한 귀결이다{헌재결 2005.3.31. 2004헌가27, 2005헌바8(병합)}.>라고 심판했다.

재판부가 위와 같은 형을 선고한 것은 유재수 피고인이 뇌물공여자 4명으로부터 뇌물을 수수한 행위를 포괄일죄(包括一罪)로 보지 않고, 개별범행으로 보았기 때문이다. 유재수 피고인이 뇌물로 인정된 4,200만 원을 4명으로부터 받았는데 이를 각각 쪼개보면 그 액수가 크지 않다고 판단한 것이다. 문재인 정권 들어 법원의 재판이 정권의 눈치를 본다는 지적이 끊이지 않고 있다.

대법원과 헌법재판소는 이 정권의 코드 재판관으로 구성되었고, 4·15 총선에서 압승한 정권은 명백한 증거로 확정판결이 난 "한명숙 유죄판결"을 뒤엎으려고 한다. 청와대와 정권실세들이 연루된 울산시장 선거공작사건, 대선여론조작사건, 조국 사건 등에 대한 판결이 "헌법과 법률에 의하여 그 양심에 따라 독립하여 심판"할 수 있을까? 이에 대한 의구심을 금할 수 없다. 이것이 바로 **<법치주의 위기>**다.

(6) 대통령 풍자 대자보에 건조물 침입으로 벌금 50만 원을 선고한 판사

문재인 대통령 비판 대자보를 대학(단국대 천안캠퍼스) 구내에 붙인 20대 청년(25세)에게 대전지방법원 천안지원이 벌금 50만 원을 선고했다. 대자보에는 <이제 나의 충견 문재앙이 한·미·일 동맹파기와 총선에서 승리한 후 미군을 철수시켜 완벽한 중국의 식민지가 될 수 있도록 모든 준비를 마칠

것>이라며 홍콩 다음으로 중국의 손아귀에 들어갈 한국 상황을 풍자해놓았다. 그 청년은 새벽 3시쯤 단국대 천안캠퍼스를 돌며 자신에게 할당된 대자보 8장을 붙였다(2020. 6. 26. 조선일보 최보식 칼럼)고 했다.

그전부터 대자보를 붙이는 범인색출에 열의를 보였던 해당 지역 경찰이 대학 측으로부터 문제의 대자보가 붙은 사실을 통보받자 경찰은 "대학 당국의 신고를 받고 출동했다"고 주장했다. CCTV를 뒤져 그 청년의 차량번호를 파악하고 드디어 "중대범인"을 잡은 것이다. 경찰은 20대 청년을 기소의견으로 검찰에 송치했고, 검찰은 벌금 100만 원의 약식기소를 했다. 형법은 "관리하는 건조물에 침입한 자는 3년 이하의 징역 또는 500만 원이하의 벌금에 처한다(제319조 제1항)."고 규정하고 있다.

대자보를 붙인 청년의 무료변론을 맡은 젊은 변호사는 "2020년 대한민국에서 있을 수 없는 일"이라며 정식재판을 청구했다. 그 변호인은 공판정에서 "현 정권 실세들 다수가 과거 전대협활동을 하면서 대자보를 붙였다. 그때 자신들이 대자보를 붙인 것은 표현의 자유, 민주화운동이고 현 정부를 비판하는 대자보를 붙이는 것은 건조물 침입죄인가"라고 물었다.

형법 제319조 제1항의 "**침입**(侵入)"이란 주거권자의 의사에 반하여 들어가는 것을 말한다. 판례는 "침입이란 거주자 또는 간수자의 의사에 반하여 들어가면 족한 것이고 어떤 저항을 받는 것을 요하지 않는다(대판 1983.3.8.82도1363)고 했다. 공판정에 증인으로 출석한 대학관계자는 "대자보로 피해본게 없다. 처벌을 원치 않는다. 표현의 자유가 있는 나라에서 재판까지 갈 문제인지도 모르겠다."고 증언했다.

그러나 담당 판사는 일반인이 수시로 출입하는 대학 캠퍼스에 무단 침입한 것으로 판단해 벌금 50만 원을 선고했다. 대법원 판례에 의하면 <**건조물 침입죄**(형법 제319조 제1항)>가 성립하려면 피고인이 범죄 목적으로(대판 1976.1.27. 74도3442) 간수자의 승낙 없이 그의 명시적 또는 묵시적 의사에 반하여 건조물에 들어가야 한다(대판 1993.3.23. 92도455, 1995.9.15. 94도3336,2003. 5.30. 2003도1256). 건조물침입죄는 사실상의 주거의 평온을 그 보호법익으로 하는 것이므로 건조물관리자의 의사에 반하여 건조물에 침입함으로써 성립한다(1996.5.10. 96도419).

공판정에 증인으로 출석한 단국대학 관계자가 "김 씨를 신고한 적이 없다."며 "대자보로 피해본 게 없다. 처벌을 원하지 않는다.", "표현의 자유가 있는 나라에서 재판까지 갈 문제인지도 모르겠다."고 증언했으나 판사는 일반인이 수시로 출입하는 대학에 들어간 것을 간수자의 의사에 반하여 '침입'으로 판단하여 유죄판결을 했다. 그 판사는 자신이 민주주의의 핵심 가치인 표현의 자유를 침해하여 대한민국의 민주주의를 퇴행시키는데 일조한 협조가가 됐다는 사실을 인식하고 있을까? 유죄판결을 받은 20대 청년은 표현의 자유를 침해한 판결로 전과자가 되어 앞으로 취업과 일상생활에 많은 불이익과 고통을 받게 될 것이다.

대자보는 "이제, 우리의 생명과 재산을 지킬 방법은 시민들이 직접 저항하는 것뿐이다. 국민 여러분! 우리 청년, 대학생들이 불쏘시개가 되겠다. 뒤를 부탁드린다."는 문장으로 끝난다. 공정한 재판의 확보는 사법권의 독립이 보장되지 아니하고서는 달성될 수 없다. 사법권의 독립은 공평한 재판에 의한 인권의 보장, 특히 소수자보호와 헌법보장이라는 임무를 완수하기 위한 불가결의 헌법 원리의 하나이다.

검찰의 벌금 100만 원의 약식기소에 대해 판사는 절반으로 감액하는 판결을 선고했으나 경찰·검찰·법원이 합세하여 헌법이 보장한 표현의 자유와 권력의 비판에 대해 재갈을 물린 판결이다. 법률격언에 "의사(意思)는 처벌해서는 아니 된다(No one is punished for his thought.).", "어느 누구도 그의 의사(意思)에 관하여 처벌되는 일은 없다(No one suffers punishment on account of his thoughts.)."고 했다.

인간이 남에게 구속(拘束)을 받거나 무엇에 얽매이지 않고 자기 마음대로 행동하는 일 또는 그러한 상태를 **"자유(自由 : freedom)"**라고 한다. 우리 헌법은 "모든 국민은 인간으로서의 존엄과 가치를 가지며, 행복을 추구할 권리를 가진다. 국가는 개인이 가지는 불가침의 기본적 인권을 확인하고 이를 보장할 의무를 진다"(제10조). "국민의 자유와 권리는 헌법에 열거되지 아니한 이유로 경시(輕視)되지 아니한다…. 국민의 자유와 권리를 제한하는 경우에도 자유와 권리의 본질적인 내용을 침해할 수 없다(헌법 제37조)."고 규정하고 있다. 자유권은 국가로부터의 자유이며, 국가권력에 대한 방어적·소극적 권리인 동시에 천부적(天賦的)·초국가적(超國家的) 인간의 권리이며, 또한 포괄적 권리이면서 직접효력을 가지는 권리다.

(7) 사법권 독립을 법관 스스로 파괴하는 곡판아문(曲判阿文)의 시대

대학 구내에 대자보를 붙인 청년에겐 유죄, 대통령을 형이라고 불렀다는 유재수 씨는 업자에게 먼저 요구해 뇌물 4,200만 원을 받았으나 공직자와 업자와의 부적절한 유착이 친분관계로 둔갑해 석방되는 등 정치에 오염

(汚染)된 사법부에서 정권의 눈치나 살펴 법을 비틀고 장난치는 <기교사법(技巧司法)의 판결>이 속출(續出)한다고 비난받고 있다.

평소에 자신의 신조나 철학 등을 굽혀 정도(正道)를 벗어난 학문으로 시세(時勢)에 아첨(阿諂)함을 <곡학아세(曲學阿世)>라고 하며, 곡학아세하는 무리를 <곡학아세지도(曲學阿世之徒)>라고 한다. 반대로 배운 것을 굽혀 세상에 아부(阿附)하는 일이 없도록 하는 것을 <무곡학아세(無曲學阿世)>라고 한다. 법관이 곡학아세로 판결하느냐, 무곡학아세로 판결하느냐는 오로지 법관 자신의 "법관으로서 공정하고 편향(偏向)되지 않은 판단을 할 직업적 양심 내지 법적확신"에 달려있다.

사법권 독립은 그 양심에 따라 독립하여 심판하는 법관의 정의(正義)와 용기에 달렸다. 법원의 독립과 법관의 독립은 양심에 따라 독립하여 심판하는 법관 스스로 지키는 것이다. 법관으로서의 양심을 지킨다는 것은 법관의 기본조건이라고 할 수 있다. 법관의 덕목(德目)은 정의감(正義感)과 정의실현의 용기(勇氣)다. 법관이 자신의 자리를 오욕(汚辱)의 자리로 만드느냐, 아니면 명예와 존경의 자리로 만드느냐는 오로지 법관 자신에 달려있다. 이러한 법관의 가치판단(價値判斷)과 자질(資質)의 문제는 바로 사법권 독립과 연계(連繫)된 문제라는 것을 법관은 되새겨야 한다.

(8) "정권의 최후보루(最後堡壘)"로 변질된 사법부

대법원 전원합의체는 2020년 7월 16일 2심에서 당선무효형(刑)을 선고받은 이재명 경기지사의 공직선거법상 허위사실공표죄사건의 상고심(2020.7.16. 2019도13328)에서 원심을 파기하고 무죄취지로 수원고법으로 환송

했다. 이 파기환송 판결로 이 지사는 현직을 유지함과 동시에 피선거권박
탈을 모면했다. 이재명 지사의 허위사실공표혐의는 2018년 지방선거를 앞
둔 두 방송토론회에서의 발언 때문이다. 그는 2019년 5월 KBS토론회에서
경쟁자인 김영환 바른미래당 후보가 "형님을 정신병원에 강제입원 시키려
고 한 적이 있지요"라고 묻는 질문에 "저는 그런 적이 없습니다. 그거는 어
머니 등이 진단을 의뢰했던 것입니다."라고 대답했다. 6월 MBC 토론회에
서는 "김영한 후보가 제가 정신병원에 형님을 입원시키려 했다는 주장을
하고 싶어 하는데 사실이 아니다."라는 미리 준비한 말을 했다고 한다.

　　이 지사는 성남시장 시절 보건소장 등에게 '친형을 정신병원에 입원시
키는 방안을 검토하라'고 지시했다. 1. 2심법원은 물론 대법원도 이 사실을
인정했다. 그런데 이 지사는 방송토론회에서 "그런 일 없다", "제가 (입원을)
최종적으로 못하게 했다."고 했다. 자신이 지시한 부분은 빼놓고 말한 것이
다. 그러나 대법원은 "해당 발언은 적극적이고 일방적으로 드러내어 알리
려는 의도에서 한 공표행위라고 볼 수 없다."고 밝혔다. 이젠 앞으로 각종 선
거의 TV토론에선 상대방의 질문에 거짓말로 답해도 된다는 것이다. 대법
원이 이 지사 재판을 전원합의체로 넘길 때부터 이 지사에게 면죄부를 주
려는 것이라는 말이 돌았는데 그대로 된 것이다.

　　대법관 13명 중 12명이 참여한 전원합의체 판단은 '다수의견'(김명수. 노정
희. 권순일. 김재형. 박정화. 민유숙. 김상환)과 '소수의견'(박상옥. 이기택. 안철상. 이동
원. 노태악)이 7대 5로 팽팽히 갈렸다. "허위사실공표여부"에 대한 쟁점에 관
해 <다수의견>은 '방송토론회의 즉흥성을 고려할 때 후보자가 부분적으로
잘못되거나 일부 허위의 표현을 하더라도 토론과정에서 검증되는 것이 민

주적이다', '질문·의혹에 대한 답변·해명은 적극적 반대사실공표로 보기 어려움'이라고 해석했다.

반면에 <소수의견>은 이 지사의 MBC 토론회 발언에 주목해 '그것은 상대후보의 질문에 답변하는 것이 아니라 이전 토론회발언에 대해 이 지사가 먼저 발언한 것으로, 토론회의 즉흥성을 고려할 대상이 아니다', '진실에 반하는 사실을 공표한 경우에 해당한다', '허위사실공표의 범위를 제한한 해석(다수의견)은 선거의 공정과 정치적 표현의 자유 사이의 균형을 심각하게 훼손할 수 있다'고 해석해 유죄라고 판단했다.

"상급법원재판에서의 판단은 해당 사건에 관하여 하급심(下級審)을 기속(羈束)한다(법원조직법 제8조)." 따라서 위 대법원판결의 다수의견으로 인해 앞으로 치를 수많은 선거에 상당한 영향을 미칠 전망이다. 거짓말을 진실인양 교묘하게 포장해 유권자를 기망하거나 현혹하는 불량 후보자가 방송토론을 혼탁하게 하더라도 허위사실 공표죄(공직선거법 제250조)로 처벌하기 어려워질 수 있다.

공직선거법 제270조는 <선거범과 그 공범에 관한 재판은 다른 재판에 우선하여 신속히 하여야 하며, 그 판결의 선고는 제1심에서는 공소가 제기된 날로부터 "6월 이내"에, 제2심 및 제3심에서는 전심의 판결의 선고가 있은 날부터 각각 "3월 이내"에 반드시 하여야 한다.>라고 **"선거범의 재판기간에 관한 강행규정"**을 명시하고 있다. 사법부 스스로 공직선거법의 강행규정을 위반한 것이다. 법관이 그 직무집행에 있어서 헌법이나 법률을 위배한 때에는 국회는 탄핵의 소추를 의결할 수 있다(헌법 제65조 제1항).

대통령을 형(兄)이라고 불렀다는 유재수 전 부산시 부시장은 업자들로부터 뇌물을 받은 혐의로 재판을 받다가 '받은 것도 있으나 준 것도 있다'는 '각별한 사이'임을 강조하는 등 해괴망측(駭怪罔測)한 법 기술을 동원해 집행유예로 석방됐다. 돈을 준 사람은 구속됐으나 정작 돈을 받은 주국 동생은 영장이 기각됐다. 법조계에선 이러한 현상에 대해 **"코드사법의 위험한 징후(徵候)"**라는 우려가 나왔으며, 한 전직 대법관은 "특히 대법관을 특정성향으로 계속 충원함으로써 집권세력이 원하는 결론이 도출되는 구조가 만들어졌다."고 했다. 대법원의 위와 같은 이상한 재판진행과 판결행태에 대해 법원이 "민주주의의 최후보루"가 아니라 **"정권(政權)의 최후보루(最後堡壘)"**로 변질되고 있다고 한다.

(9) 법치의 최후보루인 법원이 사법사(司法史)에 오점을 남긴 기교사법

"검·언 유착(檢言癒着)" 의혹으로 수사를 받아온 '이동재 전 채널 A 기자'가 구속 수감됐다. 이 사건은 이동재 기자가 "여권인사들이 신라젠 로비에 관련됐다는 자료를 내놓으라"고 강요했다가 미수(未遂)에 그쳤다는 혐의다. 이 기자에 적용된 죄명은 강요미수죄(형법 제324조, 제324조의5)이다. 김동현 서울중앙지법 영장전담 부장판사는 2020년 7월 17일 강요미수혐의를 받던 이동재 전 채널 A 기자의 구속영장을 발부하면서 229자(字)의 발부 사유를 설시(說示)했다. 김동현 부장판사는 "언론과 검찰의 신뢰회복을 위해"를 구속 이유의 하나로 내세웠다고 한다.

판사가 형사소송법 제70조에 규정된 구속 사유가 아닌 <**언론과 검찰의 신뢰회복**>을 빙자해 사람을 구속하는 것은 판사가 교묘(巧妙)한 법 기술을 동원하는 이른바 <**기교사법(技巧司法)**>의 전형으로 피고인의 구속 사유를 규정한 형사소송법 제70조를 명백히 위반한 것이다. 이것은 언론과 검찰의 신뢰회복이 아니라, 언론이 권력에 대한 비판과 감시라는 언론 본연의 사명을 못 하도록 법관이 언론을 겁박(劫迫)하는 "언론통제(言論統制)"라고 본다.

"형사절차에 있어서의 영장주의(令狀主義)본질에 관하여 헌법재판소는 <형사절차에 있어서의 영장주의란 체포·구속·압수 등의 강제처분을 함에 있어서는 사법권 독립에 의하여 그 신분이 보장되는 법관이 발부한 영장에 의하지 않으면 아니 된다는 원칙이고, 따라서 영장주의의 본질은 신체의 자유를 침해하는 강제처분을 함에 있어서는 '중립적인 법관이 구체적 판단'을 거쳐 발부한 영장에 의하여야만 한다는 데에 있다{헌재 결 1997.3.27. 96헌바28.31.32(병합)}.>라고 심판했다.

김동현 부장판사는 '기자가 특정목적을 달성하기 위해 검찰고위직과 연결해 피해자를 협박하려 했다고 의심할만한 상당한 자료들이 있다'고 했다. '채널A기자가 한동훈 검사장과 짜고 신라젠 전 대주주 측을 압박해 유시민 씨와 관련성을 털어놓으라' 했다는 의미다. 그러나 검찰이 청구한 구속영장에는 두 사람의 "공모관계(共謀關係)" 부분은 빠져있다고 한다. 영장에도 없는 내용을 판사가 임의로 추가해 판단했다는 의혹이다. 처음부터 사람을 구속하기로 하고 억지로 구속 사유를 만든 것으로 의심받는 이유다.

이동재 기자에 대한 구속영장청구서에는 이 기자와 "윤석열 검찰총장의 측근"인 한동훈 검사장과의 "공모관계"는 빠져있음에도 불구하고 영장 담당판사는 "검찰고위직과 연결하여"라고 표현했다고 한다. 이것은 영장청구서 범위 내에서만 판단해야 한다는 <불고불리(不告不理)의 원칙>에 반하는 것이다. 한동훈 검사장은 이동재 기자와의 대화에서 "유시민에게 관심 없다"고 말했다고 한다. 그래도 판사는 강요미수죄로 엮어 기자를 구속했다. '다음 목표는 한동훈 검사장이고, 최종목표는 윤석열 검찰총장일 것이다.'라고 보도됐다.

대통령의 대학 후배가 지휘하는 수사팀은 함정을 파 기자를 유인한 사람들의 혐의에 대해선 수사를 하지 않고, 압수수색도 하지 않았는데도 판사는 일방적으로 정권의 손을 들어줬다. 이것은 **"사법사에 오점(汚點)을 남긴 탈선(脫線)"**으로 법치의 최후보루인 법원이 '정권의 최후보루'가 된 것이다. 판사가 **"언론과 검찰의 신뢰회복을 위해서도 구속수사가 불가피하다"**고 했으나 "언론과 검찰의 신뢰회복"은 형사소송법상의 구속사유와는 아무 관련이 없는 것으로, 이 사건을 '**검 · 언 유착**'이라고 전제하고 판단한 것으로 볼 수 있다. 이에 대해 다른 부장판사는 "법원 전체에 흙탕물을 뿌리는 행동이다. 부끄럽고 황당한 사유"라고 했고, 한 평판사는 "여당 대변인 같아 놀랐다"고 했다(2020. 7. 20. 조선일보 A12면).

"검찰수사심의위원회"가 한동훈 검사장에 대한 '**수사를 중단하고 불기소하라**'고 서울중앙지검 수사팀에 권고(勸告)했다. 변호사 · 법학교수 등 각계 전문가로 구성된 수사심의위원 15명 중 3분의 2 이상이 내린 결론이다. 채널 A 기자와 한동훈 검사장 녹취록엔 한 검사장은 '나는 (신라젠의 여권 로비에) 관심 없다' '금융사기 규명과 피해회복이 우선'이라고 했다. 공모하지 않았다는 증거만 나왔음에도 불구하고 수사팀은 공모로 몰아 "검 · 언유착"이라고 한 무리한 수사였다.

'검 · 언 유착'이 조작임이 분명한데도 법무장관은 이를 받아들여 검찰총장의 수사지휘권을 빼앗았다. 당사자에게 압수수색영장을 '제시'하지도 않은 채 휴대폰과 노트북을 불법으로 압수수색까지 했다. 형사소송법이 **<압수 · 수색영장을 집행하는 경우에 피압수자에게 반드시 압수 · 수색영장을 제시하도록 규정한 취지>**는 "법관이 발부한 영장 없이 압수 · 수색을 하는 것을 방지하여 '영장주의 원칙'을 절차적으로 보장하고, 압수 · 수색영장에 기재된 물건, 장소, 신체에 대해서만 압수 · 수색을 하도록 하여 개인의 사생활과 재산권의 침해를 최소화하는 한편, 준항고 등 피압수자의 '불복신청의 기회'를 실질적으로 보장하기 위한 것이다(대판 2017.9.21. 2015도 12400판결, 공직선거법위반 · 개인정보보호법위반)."

　<헌법과 형사소송법이 정한 절차를 위반하여 수집한 압수물의 증거능력>에 관하여 대법원 전원합의체는 "헌법과 형사소송법이 정한 절차에 따르지 아니하고 수집한 증거는 기본적 인권보장을 위해 마련된 적법한 절차에 따르지 않은 것으로서 원칙적으로 유죄의 증거로 삼을 수 없다. 수사기관의 위법한 압수수색을 억제하고 재발을 방지하는 가장 효과적이고 확실한 대응책은 이를 통하여 수집한 증거는 물론 이를 기초로 하여 획득한 2차적 증거를 유죄인정의 증거로 삼을 수 없도록 하는 것이다(대판 2007.11.15. 2007도3061 전원합의체판결 공직선거법위반)."라고 판결했다.

　영장담당판사는 구속 사유를 규정한 형사소송법 제70조 제1항 각호의 규정을 위반하여 "검찰과 언론의 신뢰회복을 위해서"라는 궤변의 구속 사유를 들어 구속영장을 발부했으나 수사심의위원회의 결정으로 한동훈 검사장과 채널 A 기자의 유착은 허구임이 드러났다. 사건의 진상(眞相)은 사기꾼과 어용방송, 법무부장관과 여권이 윤석열 검찰총장을 흔들기 위해 벌인 일이라는 것도 드러났다. 이제 **"검·언유착"**으로 수사를 받아야 할 대상은, 한동훈 검사장과 채널A기자가 아니라, 이 사건에 가담해 **"권·언유착"**의 대상이 된 법무부장관과 어용방송, 여권, 부당하게 구속영장을 발부한 판사 등이라고 비난하고 있다. 한동훈 검사장의 진짜 혐의는 오로지 **"정권비리를 수사한 죄"**뿐이다.

"법률 없으면 범죄도 없고 형벌도 없다."는 근대 형법의 기본원리를 <**죄형법정주의**>(罪刑法定主義 : Principle of legality)의 근본적 의의는 국민 개인의 자유와 권리를 보장하기 위하여 승인되는 국가권력의 자기제한(自己制限)인 것이다. 우리 헌법 제12조 제1항은 "누구든지 법률과 적법한 절차에 의하지 아니하고는 처벌을 받지 아니한다."고 하여 이 원칙을 분명히 규정하고 있으며, 형법 제1조 제1항은 "범죄의 성립과 처벌은 행위 시의 법률에 의한다."라고 규정하여 이 원칙을 포괄하는 의미를 담고 있다.

한동훈 검사장이 강요미수(형법 제324조, 제324조의5)라는 범죄행위에 대해 본질적으로 기여하기 위한 기능적 행위지배에 착수하여 행위를 종료하지 못하였거나 결과가 발생하지 아니한 '미수범(형법 제25조)'인가는 후세의 역사가 심판할 것이다. 사법부는 편파적인 정당사회에서 초연(超然)히 독립한 존재가 되어 <**사회의 의사**>로서 항상 약하고 억울한 사람의 편이 되어야 하며, <**권력의 시녀**(侍女)>가 되어서는 안 될 것이다.

(10) '내편합법, 네편불법'이라는 '곡판아문'하는 김명수 사법부의 정치판결
상급법원 재판에서의 판단은 해당 사건에 관하여 '하급심(下級審)'을 기속(羈束)'하므로(법원조직법 제8조), 최고법원인 대법원의 판결례(判決例)는 향후 하급심의 유사사건 재판에 있어서 절대적 영향을 끼친다. '대법원 판결의 적정(適正)'이 요구되는 이유의 하나이다. 2020년 9월 3일 대법원 전원합의체판결(주심 노태악 대법관)은 '해직교원'을 가입시킨 전국교직원노동조합(전교조)에 대한 정부의 '법외(法外) 노조처분은 무효'라며, 2심 재판을 취소하고 다시 재판하라고 사건을 서울고등법원으로 돌려보냈다.

노동3권은 법률로만 제한이 가능한데 하위법령인 '노동조합 및 노동관계조정법시행령'을 근거로 '법외노조처분을 내린 것은 위헌'이라는 취지로서 전교조 주장을 그대로 인정한 억지논리의 판결이다. "노동조합 및 노동관계조정법 제2조"에 의하면 이법에서 '**근로자**'라 함은 직업의 종류를 불문하고 임금·급료 기타 이에 준하는 수입에 의하여 생활하는 자를 말 하며(제2조 제1호), '**노동조합**'이라 함은 '**근로자가 주체**'가 되어 자주적으로 단결하여 근로조건의 유지·개선 기타 근로자의 경제적·사회적 지위의 향상을 도모함을 목적으로 한다(동조 제4호)라고 규정하고 있다. 즉 노동조합 '구성원의 자격'은 '근로자'이므로, '해직자' 등 '**근로자가 아닌 사람**'은 노동조합의 구성원이 될 자격을 상실한 자임이 명백하므로 노조원이 될 수 없다.

동법 제5조 전단은 '근로자는 자유로이 노동조합을 조직하거나 이에 가입할 수 있다.'고 규정하여 현재 '**근로자의 위치에 있는 자**'만이 노동조합에 가입할 수 있으며, '**해직자**'는 노동조합에 가입할 자격이 없다. 따라서 해직자가 근로자로 둔갑하여 노동조합의 주체가 된 '전국교직원노동조합(전교조)'은 동법 제2조 제4호의 규정에 의한 노동조합으로 볼 수 없으므로 위 대법원판결은 '노동조합 및 노동관계조정법 제2조 제4호 및 제5조의 명백한 위반'이다.

앞서 대법원은 전교조의 시정명령취소소송에 대해 "문제가 없다"고 기각했으며, 헌법재판소도 해직자의 노조가입을 금지한 법률이 '합헌'이리고 심판했다. 그동안 달라진 것이라곤 문재인 정권이 들어서고 김명수 대법원장을 비롯한 대법관들이 현 정권과 코드가 맞는 사람들로 바뀐 것뿐이다. 위 판결은 처음부터 전교조 손을 들어주려고 작정하고 '법 기술'을 부렸다는 의심이 든다. '**법외노조처분이 정당하다**'는 소수의견을 낸 대법관들은 "**대법원이** (본연의 업무인) **법을 해석하지 않고 스스로 법을 창조하고 있다.**"고 했다.

전교조가 노조원으로 가입시킨 해직자 9명은 대부분 교육감선거 개입, 국가보안법 위반, 불법시위 등 혐의로 유죄확정판결을 받았다고 한다. 이들은 결코 '부당해직'을 당한 것이 아니다. 그런데도 전교조는 정부의 거듭된 시정명령을 어기며 끝까지 법을 무시하다 법외노조통지를 받았으며, 노조설립신고 당시 거짓신고서를 제출해 당국을 속이기도 했다고 한다. 이번 대법원판결은 이러한 전교조의 불법과 법 조롱을 무시하고 오히려 상(賞)을 준 것이다. 최고법원인 '대법원이 판결로 문 대통령에게 아부한다는 <**곡판아문(曲判阿文)**>'이라는 말이 판사들 사이에서 유행하며, 대법원이 아니라 '**정권을 수호하는 2중대**'라는 말까지 나오고 있다. 법률의 최종 심판기관인 대법원이 정권의 2중대가 되어 정치를 한다고 비판 받고 있는 이유다.

김명수 대법원장과 그가 임명제청한 대법관들이 법외노조처분이 '적법하지 않다'고 본 8명의 다수의견에 참여했다. 대법원의 이번 판결은 국회에서 입법적으로 처리할 문제를 <노동조합 및 노동관계조정법 제2조 제1호, 제4호 및 제5조> 등을 각 위반하여 '전교조 합법화'라는 법 기술을 부린 '기교사법(技巧司法)의 전형(典型)'으로 사법부가 결론에 짜맞춘 '정치판결'이라는 비난을 피할 수 없다. 최종심판법원인 대법원판결의 주문이 억지 논리에 따라 숫자로 밀어붙인 수준미달판결이라고 비판받는 이유이며, 법조계에서 '대법원이 전교조를 위해 법을 창조했다.'는 말까지 나오는 이유다.

(11) 진보성향 판사모임인 '국제인권법연구회' 해체하라

법원은 2021년 3월 23일 양승태 전 대법원장시절의 사법행정권남용(사법적폐청산) 사건에 연루된 이민걸 전 법원행정처 기획조정실장과 이규진 전 대법원 양형위원회(법원조직법 제8편) 상임위원에게 유죄를 선고하며 판결문을 공개했다. 이 두 사람과 대립관계에 있던 진보성향판사모임인 국제인권법연구회의 일부 회원(101명) 실명명단이 판결문에 첨부돼 함께 공개됐다. 이 101명 중 '진성인권법판사'로 분류되는 73명 판사가 김명수 대법원장 취임 이후 핵심요직(각급 법원의 법원장, 수석부장판사 및 지원장, 대법원 재판연구관, 법원행정처 심의관 자리)에 진출한 비율이 24%에 달했다고 보도됐다(2021. 3. 29. 조선일보 1면).

인권법연구회는 학술단체라고 자칭(自稱)하나 실제는 초대회장인 김명수 대법원장을 중심으로 뭉친 사조직으로서 정권에 코드를 맞추며 사법부의 권력집단으로 군림하고 있다. 김명수 대법원장은 지난 2월 인사 때 서울중앙지법원장을 비롯해 핵심보직에 인권법출신들을 배치했다. 사법적폐재판을 맡은 윤종섭 판사는 6년째 서울중앙지법에 근무하게 했고, '청와대 울산시장 선거개입사건'의 재판을 맡은 김미리 판사도 4년째 붙박이다. 김

판사는 기소된 후 1년이 넘도록 울산시장선거개입사건의 공판을 한번 열지 않다가 다른 판사들이 공판일자를 지정하자 돌연 병가를 내고 다시 재판을 지연하는 등 직무유기를 밥 먹듯 하고 있다.

채용비리혐의 등으로 기소된 조국 전 법무장관의 동생 조권 씨에게 작년 9월 1심법원(김미리 판사)이 범죄혐의 중 1개만을 유죄로 인정해 징역 1년을 선고했으나 8월 26일 항소심(서울고등법원)은 7개 혐의 중 웅동학원 공사대금사기소송, 웅동학원 교사채용비리(업무방해 및 근로기준법 위반), 채용비리 공범해외도피 등 혐의를 유죄로 인정해 징역 3년, 추징금 1억 4,700만 원을 선고하고 법정구속했다. 김명수 대법원장이 붙박아 놓은 우리법연구회 출신인 김미리 판사의 황당한 판결을 바로잡은 것이다.

변호사 업계에선 인권법연구회명단을 구하고자 난리라고 한다. 판사가 인권법연구회원이냐 아니냐에 따라 재판결과가 달라지기 때문이다. 법관이 오로지 '헌법과 법률에 의하여 그 양심에 따라 독립하여 심판'하는 것이 아니라 이념이나 정치적 성향(性向)에 따라 판결한다면 사법권독립은 요원(遙遠)할 수밖에 없다. 재판관은 법관이지 정치인이나 사상가가 아니다.

김명수 대법원장이 초대회장을 맡아 판사 31명으로 출발한 인권법연구회는 현재 전국판사(3214명)의 14%(460명)로 구성된 "법원 내 최대의 사(私)조직"이 됐다. 법원의 인사와 예산을 총괄하는 법원행정처판사의 42%가 인권법회원이며, 대법원 재판연구관의 34%, 전국 지원장의 24%, 형사피의자의 구속 여부를 결정하는 영장전담판사의 15%도 그 소속이라고 한다. 국제인권법연구회는 인권법을 연구하는 학술단체가 아니라 정권 전위대(前衛

隊) 역할을 해왔다고 비판받고 있다.

인권법연구회의 초대 회장인 김명수 대법원장은 판사를 탄핵시키기 위해 사표수리도 하지 않았고 외부에 거짓말까지 해 **'거짓말 명수'**라고 조롱의 대상이 되고 있으나 사퇴를 하지 않고 버티고 있다. 이런 것이 바로 '사법농단(司法壟斷)'이며, '사법적폐'다. 영국 BBC 언론은 "잘 나가던 한국은 이대로 망(亡)할 것인가? 법치문란의 주범이 바로 법원이라니… 이 대로 가면 이 나라는 반드시 망한다. 법관들의 편향된 이념과 주체사상(主體思想)의 근간이 한국을 파탄내고 있다."고 오늘날 한국의 실정을 냉정하게 바라보는 총평이다.

법관의 독립을 보장할 정의와 용기 있는 판사들이 결연(決然)히 들고 일어나 사법권 독립과 헌법을 수호해야 한다. 그것이 법관의 독립을 지키는 "법관의 사명"이다. 김명수 사법부에 의한 사법농단이 언젠가 준엄한 법의 심판을 받게 될 것이다. 정권의 전위대로 전락한 사법부 내의 사조직인 국제인권법연구회, 우리법연구회를 당장 폐지해야 한다.

(12) 법조인의 직업윤리와 소명사상

원주민의 땅을 싼값에 수용해 비싸게 팔아 수천억 원대 이익을 본 각종 의혹의 복마전(伏魔殿)이 된 "화천대유"의 고문으로 활동 중인 권순일 전 대법관은 대법관으로 재직하던 2020년 7월 이재명 경기지사의 공직선거법위반사건에 대한 전원합의체판결(2020.7.16. 2019도13328)에서 주심(主審)도 아니면서 '무죄취지 파기환송의견'의 '캐스팅보트' 이상의 역할을 한 것으로 전해졌다.

    지방자치단체장 선거의 후보자인 피고인이, 사실은 시장(市長)으로서 재직할 당시 수 회에 걸쳐 관할보건소장 등에게 자신의 친형 甲에 대하여 정신보건법에 따른 강제입원절차를 진행하도록 지시하였음에도 방송사 초청 공직선거후보자 토론회에서 상대후보자 乙이 위 강제입원절차 관여 여부에 대하여 한 질문에 이를 부인하면서 '甲을 정신병원에 입원시키려고 한 적이 없다'는 취지로 발언(답변)을 함으로써 '허위사실을 공표하였다'고 하여 공직선거법위반으로 기소된 사안에서, 피고인의 발언은 '공직선거법 제250조 제1항에서 정한 허위사실의 공표에 해당하지 않는다'고 한 사례이다.

    위 사건의 전원합의체판결의 <대법원장 김명수(재판장), 대법관 권순일, 김재형, 박정화, 민유숙, 노정희(주심), 김상환의 다수의견>은, "피고인의 발언은 허위의 반대사실을 적극적·일반적으로 공표한 것으로 보기 어려운 점 등을 종합하면, 피고인의 발언은 공직선거법 제250조 제1항에서 정한 허위사실의 공표에 해당한다고 볼 수 없다."는 이유로, 이와 달리보아 공소사실을 유죄로 인정한 원심판단에 공직선거법 제250조 제1항에서 정한 허위사실의 공표에 관한 법리오해의 잘못이 있으므로 원심판결 중 유죄부분을 파기하고, 이 부분 사건을 다시 심리·판단하도록 원심법원에 환송한다고 한 사례이다. 대법원 전원합의체판결은 7대 5의견으로 무죄판단을 내린 뒤 사건을 파기 환송해 이재명 지사는 기사회생(起死回生)할 수 있었다.

    <대법관 박상옥, 이기택, 안철상, 이동원, 노태악의 반대의견>은 "피고인의 발언은 단순한 묵비나 부작위가 아니라 '적극적으로 구체적 사실을 들어 거짓해명'을 한 것일 뿐만 아니라, 피고인이 부하 직원들에게 甲에 대한 정신병원 입원절차를 지시하고 독촉한 사실을 숨기거나 은폐함으로써

전체적으로 보아 선거인의 정확한 판단을 그르칠 정도로 '**의도적으로 사실을 왜곡한 것**'으로서 허위사실의 공표에 해당한다."고 판단했다.

　대법원은 공직선거법 제250조 제1항의 <'허위사실'은 진실에 부합하지 않은 사항으로서, 선거인으로 하여금 후보자에 대한 정확한 판단을 그르치게 할 수 있을 정도로 '구체성'을 가진 것이면 충분하다(대판 2009.3.12. 2009도26, 2007.2.23. 2006도80980, 2003.2.20. 2001도6138)>고 판시했다. 즉, 위 대법원 판례에 의하면 공직선거법 제250조 제1항의 '허위의 사실'이란 진실에 부합하지 않은 사항으로서 선거인으로 하여금 후보자에 대한 정확한 판단을 그르치게 할 수 있을 정도로 <**구체성**>을 가진 것으로 충분하며, <**적극적 · 일반적**>으로 허위사실을 공표할 것을 요건으로 하지 아니한다.

　'대장동 돈 잔치'의 복마전(伏魔殿)이 된 화천대유에 권순일 전 대법관, 박영수 전 특별검사, 김수남 전 검찰총장, 강진우 전 수원지검장, 이경재 변호사 등이 고문이나 자문을 맡아 고액의 고문료 등을 받은 사실이 확인됐다. 산(山) 속에 있는 중이 고기 맛을 보면 미치듯 하찮은 위인이 권리를 잡으면 미친 듯 권리를 남용한다. 대장동의혹에 대해 정권의 주구(走狗)가 된 검(檢) · 경(警)이 '꼬리 자르기' 수사로 끝낼 경우, 수사한 검 · 경이 특검에 의한 수사로 심판의 대상이 될 것이므로 특검에 의해 '단군 이래 최대특혜사업'의 전모를 밝혀야 한다.

　교수들이 올 한 해(2021년)를 특정 짓는 사자성어(四字成語)로 "묘서동처" (猫鼠同處 : 고양이와 쥐가 함께 있다는 뜻으로, 도둑을 잡아야 할 고양이가 도둑인 쥐와 한 패가 되었다는 의미로 관리 · 감독자와 범죄자가 결탁해 나쁜 짓을 함께 저지르는 모습을 상징하는 사자성어)를 꼽았다. 2위는 "인곤마핍"(人困馬乏 : 사람과 말이 모두 지쳐 피곤하다)으로 코로나 때문에 온 국민과 나라가 피곤한 한 해였다는 것이며, 3위는 "이전투구"(泥田鬪狗 : '진탕에서 싸우는 개'의 뜻으로, 서로 물고 뜯으며 사납게 싸움)였다고 한다(2021.12.13. 조선일보 A12면).

화천대유 대주주로 법조기자 출신인 김만배 씨는 무죄취지 파기환송판결 전후 권순일 대법관실을 8차례 방문했는데 대법원 출입기록에는 '권순일 대법관 방문'이라고 썼다고 한다. 김 씨가 2019년 대법원을 방문해 당시 권순일 대법관을 만난 것에 대해 "이발소 방문목적"이었다고 했다가 "회사 인수합병에 대한 자문과 도움이 필요했다"고 했다. 대법관이 민간업자의 인수합병문제를 자문하는 자리인가? 손바닥으로 하늘을 가리려는 거짓과 궤변이다.

외부인이 대법관실을 방문하려면 반드시 해당 대법관의 허락을 받아야 한다. 대법원은 2021년 10월 7일 전주혜 국민의힘 의원의 관련 서면질의에 대해 "대법원 출입담당 직원은 원칙적으로 방문대상 대법관실에 방문신청자의 방문예정 여부를 확인한 뒤 출입절차를 진행한다."고 밝혔다. 대법원은 그 근거로 "대법원 보안관리 대원은 방문인이 종합민원실과 도서관열람실 이외에 대법원 사무실을 방문할 경우 피방문인 및 피방문 부서에 이를 전화로 연락해 방문이 허가된 경우에만 출입시킨다."는 <대법원 청사출입에 관한 내규> 제7조 제2항을 함께 제시했다.

대법관이 계속(繫屬) 중인 사건관계자를 수 차례 만나는 것 자체가 재판의 공정성을 의심케 한다. 권 전 대법관이 변호사로 등록도 하지 않은 채 화천대유로부터 월 1,500만 원의 고문료를 받았다고 한다. 변호사로서 개업을 하려면 대한변호사협회에 등록을 하여야 하며, 등록을 하지 아니하고 변호사의 직무를 수행한 변호사는 3년 이하의 징역 또는 2천만 원 이하의 벌금에 처한다(변호사법 제112조 제4호). 공직자윤리법 제17조(퇴직공직자의 취업제한)는 '법관은 퇴직일로부터 3년간 취업심사대상기관에 취업할 수 없다.'고 규정하고 있다.

법관이 사건에 관하여 "불공평한 재판을 할 염려가 있는 때"에는 스스로 회피(回避)하여야 한다(형사소송법 제24조). 회피는 사법의 공정·공평을 담보하며, 국민의 사법에 대한 신뢰를 확보하기 위한 제도이다. 대법관 출신이 퇴임 두 달 만에 자신이 유리하게 판결한 사건과 연관된 회사에 고문으로 들어간 것은 이재명 지사에게 유리하게 판결해주고 퇴임 후에 보상을 받은 재판거래(형법 제131조 제2항 사후수뢰) 의심을 받을 수 있다. 그가 퇴임 후 법학전문대학원 석좌교수로 '법조윤리'를 강의했다고 하는 것은 어불성설(語不成說)로 주객전도(主客顚倒)가 아닌가?

공직자의 청렴(淸廉)과 탐욕(貪慾)은 한 인간의 갈림길이기도 한 것이다. 그가 청렴의 길을 택하면 '청백리(淸白吏)'가 되나 탐욕의 길을 택하면 '탐관오리(貪官汚吏)'가 될 것이다. 한 인간은 인간으로서 '어떻게 사느냐'하는 문제보다도 '어떻게 죽느냐' 하는 것이 더 중요할는지 모른다. 관 뚜껑을 덮을 때에 비로소 그 사람됨을 알게 된다는 것은 이를 두고 이른 말이다.

법률격언에 "법관은 말하는 법률이다(The judge is the speaking law.).", "엄정(嚴正)한 법관은 사람보다도 오히려 정의(正義)를 존중한다(An upright judge has more regard to justice than to man.).", "법관의 직무(職務)는 매매(賣買)할 수 없다(The offices of magistrates ought not to be sold.)."고 했다. 다수의견에 참가한 권순일 전 대법관등은 화천대유 '돈 잔치'로부터 과연 자유로울 수 있는가?

대장동 특혜의혹의 핵심은 누가, 왜, 극소수 인물에게 천문학적 개발이익을 안겼느냐는 것이다. 성남시가 100% 출자한 성남도시개발공사는 당시 이재명 시장이 스스로 "직접 설계했다"고 했다. 검찰은 대장동 특혜 비리의 혹의 주 무대인 성남시청에 대한 압수수색을 수사 착수 20일이 넘도록 하지 않고 손을 놓고 있으며, 검찰이 확보하지 못한 유동규씨의 휴대전화는 경찰이 CCTV를 보고 한나절 만에 찾았다. 김오수 검찰총장은 총장 임명 직전까지 성남시 고문변호사로 근무했다고 한다. 특검에 의해 이들의 직무유기 전모를 철저히 수사해야 한다.

검찰은 화천대유 대주주인 김만배 씨가 박영수 전 특검의 인척이 운영하는 분양대행업체에 109억 원을 보낸 사실과 박 전 특검과 위 업체 간의 금전거래사실을 확인했다고 보도됐다(2021. 10. 15. 동아일보 사설). 김수남 전 검찰총장 등 '50억 클럽' 명단에 거론된 일부 인사는 사실무근이라며 명예훼손소송을 제기했다고 한다. 그를 비롯해 이창재 전 법무차관, 김기동 이동열 강찬우 전 검사장 등 고위직 검사출신들이 고액의 고문료를 받고 일부는 상상을 초월하는 돈을 받았다고 위 사설은 적고 있다.

우리나라 검찰의 수준이 고작 이 정도다. 여권의 대선후보에 의하여 야기된 건국 이래 최대, 최악의 부정부패사건인 "대장동게이트"에 대한 실체적 진실을 만천하(滿天下)에 밝히기 위해 이에 대한 수사와 공소제기는 <특

별검사의 임명 등에 관한 법률>에 의하여 임명된 독립적 지위가 보장된 특별검사에 의하도록 하는 것이 정도(正道)다.

영국의 극작가·소설가로 노벨상을 받은 버나드 쇼(George Bernard Shaw)의 묘비명(墓碑銘)에는 <내가 우물쭈물하다가 이렇게 될 줄 알았다.>라고 기록하고 있다. 권력과 황금에 눈이 어두워 세월을 헛되이 보내며 방황하는 인간의 삶에 경종을 울려주는 교훈이다. 유럽을 정복한 알렉산더 대왕(Alexander the Great)은 <내가 죽거든 나를 땅에 묻을 때 손을 땅 밖으로 내놓아라. 천하를 손에 쥐었던 이 알렉산더도 떠날 때는 빈손으로 갔다는 것을 이 세상 사람들에게 알려주기 위함이다.>라는 유언을 남겼다.

"만족(滿足)한 돼지가 되는 것보다는 불만족(不滿足)한 인간이 되는 것이 낫다(John Stuart Mill)."고 했다. 인간은 동물 이상의 인격의 존재요, 정신의 존재이므로 인간답게 살 때 비로소 만족이 있고 행복이 있다. 인간이 동물의 차원으로 전락할 때 자기상실(自己喪失)의 비극을 초래한다. 그것은 인간의 자기포기다. 우리는 동물처럼 사느니보다는 인간답게 죽는 길을 택해야 할 것이다. '사는 것이 중요한 문제가 아니라, 바로 사는 것이 중요한 문제다'라고 갈파한 소크라테스(Socrates)의 말은 인간의 생(生)에 관한 진리다.

"재물은 바닷물과 같다. 마시면 마실수록 갈증이 심해진다. 명성도 마찬가지라고 할 수 있다(Arthur Schopenhauer)." 사람은 무한대(無限大)의 욕망의 노예가 되기 쉽다. 돈이나 명예는 만인(萬人)이 원하는 가치의 하나이다. 그러면 재물이나 명성(名聲)에 대해서 우리는 어떤 태도를 가져야 하는가? 재물이나 명성에 절대로 '집착(執着)'하지 않는 것이다. 집착은 사랑이 아니라 이기적인 욕구다. 참사랑은 주는 것이지 받는 것이 아니다. 주는 사랑에는 집착이 있을 수 없다. 돈을 갖되 '돈의 노예'가 되지 않아야 한다. 돈이나 명예에 집착하지 않는 사람이 그것을 가질 자격이 있다. 집착하지 않는 자는 그것을 갖되 결코 그 노예가 되지 않는다.

어떤 것에 사로잡히지 않는 자유자재(自由自在)의 경지(境地)를 무애자재(無碍自在)라고 한다. 빈손으로 왔다가 빈손으로 가는 것이 인생이다(空手來空手去). 화천대유 의혹은 법조인 일부의 문제이나 일확천금(一攫千金)에 눈이 먼 법조인의 직업윤리의 밑바닥을 보여준 부적절한 처신으로 본인들 자신이 회피했어야 한다. 프랑스의 조각가 로댕(Auguste Rodin)은 "현대에서 가장 결핍되어 있는 것은 '자기직업에 대한 애정(愛情)'이다."라고 말했다. 인간은 직업을 통해서 자아(自我)를 실현하고 인격을 성숙시키며 문명과 역사를 창조하므로 직업을 사랑해야 한다. 법조인은 자기의 직업에 대해서 예술가적 정열과 애정을 기울려야 한다.

사법권의 독립은 그 나라의 민주주의의 성숙도를 측정하는 척도다. 헌법 제103조가 규정한 양심은 법관으로서 공정하고 편향되지 않은 판단을 할 직업적 양심과 법적확신을 말한다. 법관으로서 양심을 지킨다는 것은 법관의 기본조건이며, 법관의 덕목은 정의실현의 용기다. 우리 헌법에 있어서 사법권의 독립은 법원의 자치를 위한 '법원의 독립'과 또한 재판의 독립을 위한 '법관의 독립'을 그 내용으로 한다. 법관의 자리를 오욕(汚辱)의 자리로 만드느냐, 명예와 존경의 자리로 만드느냐는 법관 자신의 처신에 달렸다. 지위(地位)가 사람을 고귀(高貴)하게 하는 것이 아니라, 사람이 지위를 고귀하게 한다. 그것은 훌륭하고 고상(高尚)한 일을 함으로써만 가능한 것이다.

노자(老子)는 <천망회회 소이불루(天網恢恢 疎而不漏)>라고 말했다. 천망(天網)은 하늘이 쳐 놓은 악인(惡人)을 잡는 그물을 말한다. '하늘의 그물은 얼핏 보기에는 성깃성깃(恢恢)해서 모두 다 빠져나갈 것 같지만 빠져나갈 수 없다.'는 것이다. 거짓말을 하고도 통할 것 같지만 결코 통하지 않는다는 뜻이다. 속임수를 쓰면 빠져나갈 수 있을 것 같지만 절대로 빠져 나갈 수 없다는 것이다.

<후한(後漢)의 양진(楊震)이 형주(荊州) 자사(刺史)로 부임했을 때, 왕밀(王密)이 밤중에 찾아와서 '당신과 나밖에는 아무도 알 사람이 없다'며 금(金) 열근을 바쳤을 때, '하늘이 알고 땅이 알고 내가 알고 자네가 안다'며, 진(震)이 받지 않았다는 고사(故事)에서> '두 사람만의 비밀이라도 어느 때고 남에게 알려진다.'는 말을 일컬어 <사지(四知)>라고 한다. 법조인을 포함한 모든 공직자는 모름지기 <사지(四知)의 교훈>을 좌우명(座右銘)으로 삼아야 할 것이다.

<산(山)중의 적(敵)은 물리치기 쉬워도 심중(心中)의 적은 물리치기 어렵다(王陽明)>고 했다. '천벌(天罰)은 늦으나 반드시 오는 법이다(Heaven's vengeance is slow but sure.).' 부패한 일부 법조인의 민낯을 적나라(赤裸裸)하게 보여준 화천대유의 요지경(瑤池鏡) '돈 잔치'는 법조인의 직업윤리와 소명사상을 다시금 되돌아보게 한다.

라. 공직자의 청렴도(淸廉度)는 국가의 운명을 좌우한다

_ 2016.4.11. 법률신문 법조광장

우리나라는 2013년 국제투명성기구에서 측정하는 국가청렴도 지수에서 10점 만점에 5.5점을 받아 세계 46위를 기록했다. 2013년 우리나라의 무역규모 세계 9위, 경제규모 세계 15위였던 것과는 큰 차이가 있는바, 국가의 청렴도 지수는 선진국순위와 일치한다. 위대한 사회는 국가를 저울질하는 기준이 되며 그 국민의 질(質)을 문제로 삼는다.

국회는 2013년 국회에 제출된 이른바 '김영란법'(부정청탁 및 금품 등 수수의 금지에 관한 법률)의 의결을 지연시켜 오다가 2015년 4월에 통과시키면서 법안에 적용대상자로 명시되었던 '국회의원과 정당'을 제외시켜 법망에서 빠져나가게 한 후, 적용대상자가 아닌 '학교법인 및 그 임직원, 언론사 및 그 임직원'을 포함시키는 꼼수를 부렸다. 국회가 평등권을 침해하여 국회의원에게 '치외법권'을 인정하고 자신의 집단을 '사회적 특수계급'으로 창설하여 부패한 국회의 윤리 수준을 그대로 보여준 것이다. 법률격언에 '입법자는 위법자가 되어서는 안 된다(Law makers should not be law breakers.).'라고 했으나 이처럼 부패한 국회는 스스로 위법자가 되었다.

19대 국회는 역대 국회 중 가장 부패, 무능한 국회로 의원직을 잃은 의원이 22명이나 되며 7% 가량이 부정부패, 비리 등으로 감옥에 갔다고 보도되었다. 국회의원의 금품수수, 성추행, 발목잡기, 법안 끼워 넣기, 자녀 등 인척의 보좌관채용, 뇌물수수, 자녀취업청탁 및 비서관 월급갈취, 대리사사 폭행 등의 甲질행위, 뇌물모금회가 된 출판기념회 남발, 선거 때만 되면 최저임금 및 기초연금인상 등 포퓰리즘성 공약을 남발하고 있다.

20대 국회의원선거에서는 청렴하고 국가이익을 우선하여 양심에 따라 직무를 수행할 국회의원이 선출될 수 있도록 유권자의 냉철하고도 현명한 시민의식을 발휘하여 썩은 국회를 근본적으로 개혁해야 한다. 오늘날 한국 사회는 부패한 정치인을 포함한 공직사회의 부정부패가 골수에 깊게 병들어 있어 '관(官)피아'를 척결하지 않는 한 우리나라의 국가개조는 요원(遙遠)하다. 4월 총선에서 유권자들은 위와 같이 부패하고 후안무치(厚顔無恥)한 정상배들이 '투표용지는 총알보다도 강하다(The ballot is stronger than the bullet.).'는 말 앞에 무릎을 꿇도록 현명하고 냉정한 판단으로 투표권을 행사함으로써 부패한 정상배들을 국회에서 영원히 추방해야 국가개조가 성공할 수 있다.

　　국가개조가 성공하려면 모든 공직자와 국민이 참여하여 부패한 정치인과 국민의 권리와 이익을 침탈하는 관(官)피아를 척결함으로써 부정부패가 만연된 사회시스템을 혁파(革罷)해야 한다. 국가개조는 한 사람의 힘으로 하루아침에 될 수 있는 것이 아니라 모든 공직자의 "결연(決然)한 의지와 혁명적 희생"을 요하는 것으로 그 성공 여부는 **"국가의 운명을 좌우"**한다.

　　부정부패근절을 위한 열쇠는 궁극적으로는 통치자와 공직자의 정신적 자세에 달려있다. 부정부패의 가능성은 집권자 신들의 집단속에 묻혀 있기 때문이다. 나라를 다스리는 일은 '사람쓰기(用人)'에 달렸다. <나라가 망(亡)하는 것은 현인(賢人)이 없기 때문이 아니다. 쓸 줄을 모르기 때문이다(戰國策)> 적재적소(適材適所)는 인사의 요체이다. 공직사회의 부패척결을 위한 국가개조는 인재를 얻고 못 얻는 데서 성패가 좌우되므로 통치자에게는 인재를 등용(登用)하는 현명함이 요구되는 것이다.

茶山은 자기의 심복(心腹)이 되는 '내 사람'을 쓰지 않는 목민관만이 청풍명월(淸風明月)처럼 맑고 깨끗한 벼슬아치가 될 것이라고 했다. 그러나 역대 정권은 '내 사람쓰기' '내 계파쓰기'에만 혈안이 된 패거리 정치판이 되어 적재적소라는 인사의 원칙과 탕평책(蕩平策)은 무시되어 권력의 부정과 부패를 자초(自招)하여 오늘에 이르고 있다. 청렴이란 공직자의 본무(本務)요, 덕행의 근본이다. 공직자가 **'청렴의 길'**을 택하면 청백리(淸白吏)가 되며, **'탐욕의 길'**을 택하면 탐관오리(貪官汚吏)가 될 것이다.

미국의 존슨 대통령은 "대통령의 가장 어려운 임무는 올바른 일을 하는 것이 아니라, 무엇이 옳은지를 아는 것이다(A president's hardest task is not to do what is right, but to know what is right.)."라고 말했다. 우리들의 자손의 안전과 자유와 행복을 영원히 확보하기 위하여 부정부패 없는 맑고 깨끗한 세상을 물려주는 것이 이 세대에 살고 있는 공직자를 포함한 우리 모두의 사명이요, 책무다. '공직자의 청렴도(淸廉度)는 국가의 운명을 좌우한다.'

4. 21대 총선결과 분열된 대한민국이 나아갈 길

_ 2020.4.21. 법률신문 법조광장

21대 총선에서 더불어민주당이 압승(壓勝)하고 미래통합당이 참패(慘敗)했다. 최종개표결과 당선이 공식 확정된 21대 국회의원 300명 중 <범진보 190명> 중 더불어민주당 163, 더불어시민당 17, 열린민주당 3, 정의당 6, 무소속 1이며, <범보수 110명> 중 미래통합당 84, 미래한국당 19, 국민의당 3, 무소속 4로 나타났다.

소득주도정책, 최저임금인상, 주52시간근무제, 친 노동·반 기업정책, 탈원전정책, 포퓰리즘에 의한 눈먼 돈 살포, 법무부장관 임명강행에 따른 국론분열, 울산선거공작사건 등 현 정권에 대한 중간평가는 실종되고 야당인 미래통합당이 심판을 받은 선거가 되었다. 더불어민주당은 호남 등 서쪽 지역을, 미래통합당은 영남과 강원 등 동쪽 지역을 차지했다. 지역적으로는 동서로, 이념적으로는 보수·진보로 나라가 분열되었다.

여권은 1987년 민주화 이후 최다의석을 석권했고, 야당과의 의석격차도 역대 최대로 벌어졌다. 이러한 여당의 압승엔 코로나사태가 도움을 주었으나 그것만으로 여당의 압승으로 볼 수는 없으며, 근본원인은 야당인 미래통합당의 지리멸렬(支離滅裂)에 있다. 그렇다고 유권자가 더불어민주당의 정책이 만족스러워서 그 손을 들어준 것도 아니며, 또한 면죄부를 준 것도 아니며, 정부와 여당의 실정에 대한 심판을 유보했을 뿐이다. 정부와 여당은 이번 21대 총선결과를 3년간의 국정운영 기조(基調)에 대한 합격증이라고 오판해서는 안 된다.

이제 범여권 정당은 국회의석 5분의 3을 넘기면서 개헌(改憲) 외의 모든 법안과 정책을 단독처리 할 수 있는 190석을 차지하게 되어 단독으로 패스트트랙(신속처리안건)법안 처리도 가능해졌다. 여기에 더해 국회의장과 부의장 및 상임위원장마저 확보할 수 있게 되어 여당은 의회에서 무제한의 입법권을 행사할 수 있게 되었다. 그뿐만 아니라 정부, 지방자치단체, 사법부, 입법부, 헌법재판소, 선거관리위원회 등도 사실상 장악하게 되어 무소불위(無所不爲)의 절대적 권력을 잡았다. 무한한 권력을 장악한 정부와 여당은 앞으로의 국정운영에 대한 능력의 평가가 전례 없던 시험대에 오른 것을 명심해야 한다. 절대적 권력엔 절대적 책임이 뒤따른다.

권력의 오만과 독선은 부정부패의 진원지가 되므로 여당은 4·15 총선 결과를 겸허하게 받아들이고 막중한 책무(責務)와 사명감을 느껴야 한다. 반면 보수야당은 존립의 근거가 뿌리째 흔들리는 최악의 위기에 봉착(逢着)했다. 이처럼 국민이 불안감을 느끼는 것은 압승한 권력이 지금까지 3년간 보여준 무능과 무책임 및 폭주(暴走)때문이다. 만일 여당이 국정(國政)을 조금이라도 잘못하게 된다면 그 모든 책임을 정부와 여당이 고스란히 떠안게 될 것이다. 따라서 집권세력이 총선승리를 현 정권의 각종 정책에 대한 국민의 신임으로 수용한다면 심각한 국면을 맞게 되어 국정파행을 자초할 것이다.

4·15 총선은 단순한 선거 전략의 승패라기보다는 정치지형 자체의 변화로 볼 수 있다. 비례대표 득표율은 범보수 40.63%, 범진보 48.44%로 보수 정권 10년과 문재인 정부 이후 야당의 행태에 대한 실망감이 유권자의 의식을 변화시켰다. 21대 총선으로 현 정권은 민주화 이후 어떤 정권도 누리지 못한 막강한 권력을 장악해 이를 견제할 야당도 없다.

현재의 코로나위기로 인한 경제난국을 돌파하기 위해선 정부와 여야 및 전 국민의 동참과 협조가 필요하며 국민 전체를 위한 정부의 정책전환이 필요하다. 정부와 여당은 21대 총선의 의미와 민심을 겸허히 받아들여야 한다. 그러나 최강욱 당선자는 "세상이 바뀌었다는 것을 확실히 느끼도록 갚아주겠다."고 하면서 검찰·언론개혁을 거론하며 검찰을 향해 "부패한 무리의 더러운 공작"이라고 했다. 그는 조국 아들 입시비리에 가담한 혐의로 재판에 회부된 상태다. 윤석열 검찰총장의 사퇴를 압박하는 이와 같은 오만과 독선은 법치를 농락하는 궤변으로 권력형 비리수사를 방해하는 의도라는 비판을 받고 있다. 4·15 총선은 "국회의원선거"로서 "검찰총장에 대한 신임투표"가 아니다.

법률격언에 "법은 악인(惡人)을 위하여 제정된 것이며, 선인(善人)을 위해서 제정된 것이 아니다(Laws were made for rogues, not made for the good.).", "입법자는 위법자가 되어서는 안 된다(Law makers should not be law breakers.)."고 했다. 법은 강자를 억압하고 약자를 부조하기 위하여 제정된 것이다. 강자가 무소불위의 권력을 휘두르는 것을 제어하는 것이 법의 목적이다. 검사가 공익의 대표자로서 살아 있는 권력의 비리를 수사하는 것은 정당한 직무와 권한을 행사하는 것이므로 이를 방해하는 것은 헌정질서에 대한 도전으로 <국민의 저항권 행사>를 초래하게 될 것이다. 정부와 여야 및 주권자인 국민은 4·15 총선의 결과를 겸허히 받아들여 아래와 같은 자세로 새로운 미래를 개척해야 할 것이다.

첫째, 정부와 여당은 자만심(自慢心)을 가지거나 오만무도(傲慢無道)해서는 안 된다. 여당이 막강한 힘을 남용(濫用)하거나 오용(誤用)할 경우 돌이킬 수 없는 패착(敗着)을 낳게 될 것이다. 정권이 오만과 독주를 보이면 민심은 언제나 등을 돌린다. 국민은 어리석은듯하면서도 현명하고, 약한듯하면서도 강하고, 속는듯하면서도 속지 않는다. 정부와 여당은 **"국민을 섬기는 겸손(謙遜)한 자세"**로 **"국민적 통합의 길"**로 매진해야 한다. 정권이 교만(驕慢)하면 교만할수록 그의 기반은 붕괴된다. 정권은 "겸손(謙遜)과 겸허(謙虛)의 미덕(美德)"을 배워야 한다.

둘째, 야당인 미래통합당이 4·15 총선에서 얻은 지역구 의석은 여당의 절반 수준인 고작 84석에 그쳤다. 선거구 중 최대 접전지역인 수도권에선 121석 중 겨우 16석을 얻어 사실상 궤멸(潰滅)했다. 미래통합당의 총선참패 원인은, 국정감시, 비판기관으로서 견제를 하지 못한 데 대한 불신에 있다. 미래통합당은 근본적인 정책쇄신과 혁신으로 시대정신을 대변할 참신한 인재를 재배치하는 등의 새로운 차원의 세대교체를 통해 **"새로운 정책정당"**으로 거듭나야 한다.

위대한 사회는 국가를 저울질하는 첫 기준이 되는 **"국민의 질(質)과 수준(水準)"**을 문제로 삼는다. 위대한 국가를 건설하기 위하여는 국민의 정의감과 불의에 도전하는 불굴의 정신을 요구한다. 선거권을 행사하는 국민의 질과 수준에 걸맞은 의회를 구성하고, 국가를 건설하게 되기 때문이다. 유권자의 정의감과 용기 및 슬기로운 성숙도만이 참된 민주주의를 쟁취하는 필수조건이다. 21대 총선으로 정부와 여당은 전 국민을 하나로 포용하고 단합하게 만들 수 있는 포용적 리더십을 발휘해야 한다는 새로운 시험대에 오른 것이다. 야당을 국정의 파트너로 인정하고 **"통합(統合)과 협치(協治)의 정치"**를 실천해야만 한다.

<천하는 한 사람의 천하가 아니고, 천하의 천하다(天下非一人天下, 天下之天下)>라고 했다. 天下는 一人之天下가 아니고 天下之天下다. 천하는 결코 한 사람의 천하가 아니다. 한 사람이 좌지우지(左之右之)하는 천하는 독재체제다. 천하는 一人天下도 아니요, 一黨天下도 아니요, 一階級天下도 아니다. 모든 국민이 다 함께 참여하고, 모든 국민이 다 같이 즐기는 사회가 天下之天下다. 우리는 만민참여(萬民參與), 만민동락(萬民同樂)의 天下之天下를 건

설해야 한다.

이번 총선은 야당과 보수 세력에게 성찰과 혁신이 절실하다는 시대적 사명과 책무를 부여했으므로 심기일전(心機一轉)하여 새로운 구상으로 새 판을 짜야만 한다. 그 길만이 현 정권과 야당이 국민의 더 큰 지지를 받을 수 있는 기회이다. 주권자인 국민과 정부 및 여야가 초당적으로 협력해 자유민주적 기본질서를 더욱 확고히 하여 항구적인 국제평화와 인류공영에 이바지함으로써 우리들과 우리들의 자손의 안전과 자유와 행복을 영원히 확보하는 새로운 미래의 길로 나서는 것이 4·15 총선 지지층에 대한 보답의 길이 될 것이다.

괴테(Goethe)는 <지배(支配)하기는 쉽지만 통치(統治)하기는 어렵다.>고 말했다. 동서고금(東西古今)의 정치의 대원칙을 명시한 명언이다. 정치는 천하를 바로 잡는 것이다. 정치는 국가와 사회에 올바른 질서를 확립하고 기강을 바로잡는 것이다. 정치에서 정(正)을 빼면 태양에서 빛을 제거하는 것과 같다. 정치의 목적은 **"정의(正義)의 구현(具現)"**이다. 또한 정의를 구현하는 목적을 실현하는 방법과 수단과 과정도 정당해야 한다. 목적을 실현하는 방법과 수단이 정당해야만 목적이 정당화될 수 있다. 민주주의가 절차와 방법과 과정을 중요시하는 이유다.

옳은 목적을 옳은 수단과 방법으로 실현할 때에만 그 목적의 정당성을 인정받을 수 있다.
<정치의 목적은 선(善)을 행하기 쉽고, 악(惡)을 행하기 힘든 사회를 만드는 데 있다. - William Ewart Gladstone>고 했다. 정치의 목적은 정의사회를

건설하는 데 있다. 주권자인 국민과 정부 및 여야(與野) 모두가 **"21대 총선이 남겨준 의미와 교훈"**을 올바로 되새겨야 한다.

5. 부모의 언행(言行)은 자식(子息)의 운명(運命)을 좌우하고, 공직자의 청렴도(淸廉度)는 국가의 운명을 좌우한다.

가정은 부부를 중심으로 공동생활을 하는 조직체로서 국가를 구성하는 기본단위인 가장 작으나 가장 소중한 집단의 하나이다. 가정은 사회의 모델이다. 자녀들의 올바른 인성(人性)과 반듯한 삶의 자세는 가정에서 부모의 언행을 통하여 배워가는 것이다. 그래서 <자식은 부모를 비추는 거울>이라고 한다.

그러므로 부모는 일상생활에서 자녀들에게 올바른 행동의 모범(模範)을 보여 그들을 바람직한 가치방향(價値方向)으로 이끌어 주어야 할 책무(責務)가 있다. '모범은 인류의 학교(Example is the school of mankind.)'라고 했다. 바른 사회건설의 기초는 바른 가정교육에서 시작되어야 한다. '문제아동이 있는 것이 아니라 문제가정이 있다.'는 말처럼 문제가정이 문제아를 낳는다. 그래서 **'부모의 언행이 자식의 운명을 좌우 한다.'**고 했다.

공무원은 국민 전체에 대한 봉사자이며, 국민에 대하여 책임을 진다(헌법 제7조 제1항). 이 헌법상 책임은 정치적인 책임을 의미함과 동시에 이 규정에 의하여 각종 법률에 공무원의 구체적인 법률상 책임을 규정하는 근거가 되는 의의를 가진다. 다산(茶山)은 <청렴(淸廉)이란 목자(牧者)의 본무(本務)

요, 갖가지 선행(善行)의 원천(源泉)이요, 모든 덕행(德行)의 근본(根本)이니, 청렴하지 않고서는 절대로 목자가 될 수 없다.>고 했다. 다산은 맑은 정신과 청렴함은 수령의 본무이니 청렴결백(淸廉潔白)함이 모든 선(善)의 근원이요 덕(德)의 바탕이라고 했다. 그래서 '공직자의 청렴도(淸廉度)는 국가의 운명을 좌한다'고 하는 것이다.

대통령은 국가의 독립·영토의 보전·국가의 계속성과 헌법을 수호할 책무를 진다(헌법 제66조 제2항). 대통령은 취임에 즈음하여 <나는 헌법을 준수하고 국가를 보위하며 조국의 평화적 통일과 국민의 자유와 행복의 증진 및 민족문화의 창달에 노력하여 대통령으로서의 직책을 성실히 수행할 것을 국민 앞에 엄숙히 선서합니다.>라고 선서를 한다(헌법 제69조). 위 헌법조항에는 대한민국 대통령의 책무를 명시하고 있다.

북한 김일성은 1950년 6월 25일 선전포고(宣傳布告 : declaration of war)도 없이 기습남침으로 전쟁을 도발한 <전쟁범죄인(戰爭犯罪人 : war criminals)>이다. 이러한 동족상잔(同族相殘)의 전쟁범죄인(戰爭犯罪人)의 후손인 북한 김정은 핵포기 의사를 숨긴 채 국제사회로부터 핵보유국의 인정을 받으며, 남북 및 미북 정상회담에서는 한반도비핵화 및 종전선언이라는 위장평화공세의 '사기 쇼'로 주한미군철수 후 <대한민국을 적화통일하려는 전략>을 펴고 있다.

그러나 김정은의 이러한 전술전략을 아는지 모르는지 현 정권은 오로지 남북회담에 매달려 대북경제제재 완화외교로 국제사회에서 고립무원(孤立無援)을 자초(自招)해 국제무대에서 외교에 실패했고, 더 나아가 지소미아(GSOMIA) 파기선언으로 한·미·일 3국의 안보공조 마저 흔들리게 하는 등 외교(外交) 및 내치(內治)의 실패로 <전대미문(前代未聞)의 국가안보 및 경제파탄의 위기>를 초래했다.

배가 망망대해(茫茫大海)를 항해(航海)할 때 어디로, 어떻게 가야 하느냐를 결정하며, 선원을 지휘, 통솔하는 사람이 선장(船長)이다. 부모는 가정이라는 작은 배를 운항하는 선장이며, 한나라를 통치하는 대통령은 국가라는 거대한 배를 운항하는 선장이다. 선장인 부모와 대통령에게는 자신이 운항하는 가정과 국가라는 배의 항로(航路)와 바람의 방향을 똑바로 아는 **<선장의 지혜와 슬기>**가 필요하다. **'부모의 언행은 자식의 운명을 좌우하고, 공직자의 청렴도는 국가의 운명을 좌우한다.'**

6. 4·7 재보선은 문재인 정권에 대한 준엄한 심판

2021년 4월 7일 서울. 부산 시장보궐선거에서 국민의 힘 오세훈 후보와 박형준 후보가 압승했다. 문재인 정권 4년 실정(失政)에 대한 국민의 분노가 투표로 분출(噴出)됐다. 현 정권의 내로남불과 후안무치(厚顔無恥), 불공정과 파렴치, 무능과 오만, 독선과 입법폭주, 편 가르기 정치에 대한 염증과 분노 등에 대한 민심의 준엄한 심판을 내린 것이다. 이번 선거는 야당의 승리가 아니라 현 정권과 여당의 참패(慘敗)로서 앞으로 다가올 대통령선거의 전초전(前哨戰)이다. 집권여당의 참패는 오만과 위선, 아집과 무능한 정권에 대한 민심이 문재인 정권 4년을 심판한 결과다.

서울시장 선거에서 민주당은 25개 구 전체에서 참패(慘敗)했고, 여야후보 득표율 차이도 18% 포인트가 넘었다. 부산에서도 민주당후보는 모든 구에서 참패했고, 여야후보 득표율 차이는 무려 28%가 넘었다. 이번 선거참패의 근본원인은 후보나 전략이 아니라 문재인 대통령과 그 정권의 지난 4년간 국정 그 자체에 있다. 국민은 이번 선거에서 민주당 후보를 심판한 것이 아니라 문 대통령을 심판한 것이다. 현 정권은 180석을 앞세워 무소불위(無所不爲)로 입법폭주, 입법독재를 거듭해왔다. 세금주도성장에 국가채무는 4년 만에 867조 원이 됐다. 25차례의 부동산대책을 내놨으나 집값폭등으로 세금폭탄을 맞았고, K방역을 자랑했으나 백신접종 꼴찌국가로 전락했다.

김여정 하명으로 대북전단금지법을 만들었고, 북한이 외교, 국방, 통일장관을 비난하자 줄줄이 교체했다. 문 대통령은 "과정은 공정하고 결과는 정의로울 것"이라고 했으나 조국의 자녀는 가짜 증명서와 상장 등으로 대학에 입학하여 의사가 되었고, 추미애 아들은 황제휴가 특혜를 누렸다. 현정권은 검찰이 살아 있는 권력의 비리를 수사하자 검찰수사팀을 공중분해시키고 검찰총장을 쫓아내고 정권친위대인 공수처를 설치하여 법원과 검찰을 장악했다. 4·7 보궐선거는 여당소속 서울·부산시장의 성추행범죄로 인한 것이나 여당은 박원순 시장을 '맑은 분'이라고 칭송하며 피해자를 '피해호소인'이라고 불렀다.

여당은 성추행범죄로 인한 선거엔 후보를 내지 않는다는 '당헌'까지 개정해 대국민 약속을 스스로 뒤집어 후보를 낸 후 온갖 선심정책과 네거티브에 올인해 20조 원의 재난지원금과 교사·군인 상여금을 앞당겨 지급하고 시민들에겐 10만 원씩 주겠다고 했다. 돈 몇 푼으로 유권자를 농락한 것으로 국민을 쓰레기 취급하는 오만불손(傲慢不遜)의 극치(極致)였다. 이러한 내로남불, 후안무치, 철면피는 문재인 정권과 여당의 표상(表象)이 되었다.

　"투표용지는 총알보다 강하다(The ballot is stronger than the bullet.)."는 것을 신봉하는 것이 민주주의라고 링컨은 갈파했다. 4·7 재보선은 한국의 민주주의에 새로운 전환점이 됐다. 투표의 위력(偉力)의 자각(自覺)과 자신(自信)을 갖게 되었다. 권모술수(權謀術數)와 금력만능(金力萬能), 권력만능주의(權力萬能主義)와 포퓰리즘이 통할 수 없다는 것이 입증된 것이다. 국민은 어리석은 듯하면서 현명하고 약한 듯하면서 강하고, 속는 듯하면서 속지 않는다. 힘의 정치에서 이성(理性)의 정치로 전환하기 시작했다. 민주주의는 투표의 심판이요, 여론의 심판이요, 민중의 심판이요, 역사의 심판이다. "백성의 소리는 정말 큰 힘이 있다(The voice of the people truly is great in power.)."

　"지배(支配)하기는 쉽지만 통치(統治)하기는 어렵다."고 괴테는 말했다. 국민은 힘으로 지배하는 것을 원치 않으며, 이성(理性)으로 통치하기를 원한다. 민주사회는 지배하는 사회가 아니라 통치하는 사회다. 우리는 힘의 지배자가 아닌 이성의 통치자를 원한다. 국민이 원하는 것은 권력(權力)의 정치가 아니라 이성(理性)의 정치다. "법 밑에서의 평등한 정의(正義 : equal justice under law)" 이것은 법과 정치의 대원칙이다. 진리(眞理)는 반드시 따르는 자가 있고, 정의(正義)는 반드시 이기는 날이 있다.

제4장
대통령의 공무원임명권의 적정한 행사
(헌법이 대통령에게 공무원임면권을 부여한 취지)

　헌법이 대통령에게 공무원임면권을 부여한 취지는, 공무원이 국민전체에 대한 봉사자로서 행정의 민주적이며 능률적인 운영을 기하기 위해 유능하고 청렴한 인재를 적재적소(適材適所)에 배치함에 있다. 대통령은 국가와 민족의 백년대계(百年大計)를 위해 유능한 인재를 슬기롭게 선별하여 임면(任免)해야 한다. 대통령이 자기의 심복(心腹)이 되는 '내 사람'을 쓰지 않을 때 청풍명월(淸風明月)같은 통치자가 될 수 있으나 부적격자를 공직자로 임명한다면 공직사회는 탐관오리(貪官汚吏)들이 창궐(猖獗)하는 '도둑떼의 소굴'이 될 것이다. 대통령의 공무원임면권의 적정한 행사여부에 <국가의 운명>이 좌우된다.

제4장
대통령의 공무원임명권의 적정한 행사
(헌법이 대통령에게 공무원임면권을 부여한 취지)

1. 공무원의 임용

현대 민주국가에서의 공무원은 정치적으로는 주권자인 국민의 대표자·수임자로서 국민 전체에 봉사하고 국민에게 책임을 지는 것을 본질로 하며, 법적으로는 국민의 법적 조직체인 국가기관의 구성자요, 국가조직의 인적요소 및 법적 단위로서 특별한 법적 지위가 인정되고 있다. 따라서 현대 민주국가에서의 공무원은 행정수반에 대하여 충성관계로 얽힌 신복적 관리(信服的 官吏)가 아니다.

공무원의 임용(任用)이란 좁은 의미로 임명(任命)을 의미하나, 넓은 의미로는 임명 이외에 면직 등을 포함하는 뜻으로 사용된다. 공무원법상 임용은 신규임용, 승진임용, 승급, 전직, 전보, 강임, 휴직, 면직, 파면 등을 포함하는 뜻으로 사용되고 있다. 현행 헌법에 있어서 대통령은 행정부 수반으로서의 지위에서 '대통령은 헌법과 법률이 정하는 바에 의하여 공무원을 임면(任免)한다(헌법 제78조).'라고 하여 행정에 관한 권한으로 공무원임면권을 들 수 있다.

2. 직업공무원제의 확립

직업공무원제(職業公務員制)라 함은 공무원의 '신분과 정치적 중립성'이 법률이 정하는 바에 의하여 보장되는 것을 말한다(헌법 제7조 제2항). 행정의 능률성 및 안정성을 확보하고 공무원을 전문화하기 위하여 신분보장이 요구되며, 정권교체에 따르는 행정의 불안을 없애고 '국민 전체에의 봉사자'로서의 지위를 보장하기 위하여 정치적 중립성과 실적주의(實績主義)가 요구된다.

"실적주의(實績主義:merit system)**"**란 공무원의 임용·승진을 본인의 능력의 실증에 따라서 하는 공무원제도를 말한다. 이는 엽관제(獵官制 또는 獵官主義)의 폐단을 제거하여 공무원을 정당의 영향으로부터 벗어나게 함으로써, 정치적 중립성과 전문적 능력이 있는 공무원을 확보하여 행정의 능률성과 안정성을 보장하는 제도이다.

"엽관주의(獵官主義 : spoils system)**"**란 공무원의 임면(任免)을 능력, 자격, 실적 등에 두지 않고 인사권자의 혈연(血緣), 지연(地緣), 학벌 등 당파적 정실(黨派的 情實)에 두는 인사제도(人事制度)로서 정실주의(情實主義)라고도 한다. 엽관주의는 정당의 정치간섭의 심화, 무능력자의 임명으로 인한 행정능률의 저하, 관료의 정당의 사병화(私兵化), 국민부담의 가중 등의 폐단으로 실적주의로 대체되었다.

현행 헌법은 제7조 제2항에서 '공무원의 신분과 정치적 중립성은 법률이 정하는 바에 의하여 보장된다'라고 하여, 직업공무원제를 규정하고 있다. 이 조항은 엽관제(spoil system)나 정실인사(情實人事) 등을 배척하고 정권교체에 영향을 받지 아니하는 직업공무원제를 확립하려는 규정이다. 직업공무원제도는 엽관제(獵官制)처럼 집권정당의 당원이 공직을 전리품(戰利品)으로 차지하지 않고 자격자를 시험과 근무성적에 따라 채용, 승진시키며 신분을 보장하는 것을 말한다.

대통령이 행정부 수반으로서의 지위에서 그 직책을 성실히 수행하는 첫째 임무는 헌법과 법률이 정하는 바에 따라 '공무원 임면권을 적정하게 행사'하는 것이다. 대통령의 공무원임면권의 행사가 전리품(戰利品) 나눠먹듯 대선공신이나 보은인사, 코드인사, 낙하산인사 등으로 적정하게 행사되지 못할 경우 탐관오리만 양산하여 공직사회는 부정부패의 소굴로 변하게 된다.

직업공무원제는 공무원의 국민 전체에 대한 봉사자로서의 지위를 보장하기 위한 제도적 뒷받침이 된다. 헌법 제7조 제2항이 직업공무원제도가 정치적 중립성과 신분보장을 중추적 요소로 하는 민주적이고 법치주의적인 공직제도임을 천명하고 그 구체적 내용을 법률로 정하도록 있다. 민주국가에서는 직업공무원으로 하여금 집권당의 지배로부터 독립하여, 국정의 능률적인 운영을 기하도록 하기 위한 민주적이고 과학적인 직업공무원제가 확립되어야 한다.

직업공무원제의 확립을 위해서는 (1) 직무의 종류와 책임의 정도에 상응한 과학적 직위분류제의 확립, (2) 임면, 승진, 전임제(轉任制) 등의 민주적, 합리적 운영, (3) 정치적 중립성의 보장과 능력 본위의 실적주의의 확립, (4) 공정한 인사행정을 위한 독립된 인사행정기관의 설치 등을 그 기본원칙으로 하여야 한다.

3. 대통령의 공무원임면권

가. 헌법이 대통령에게 공무원임면권을 부여한 취지

현행 헌법상 대통령은 국가원수로서의 지위(헌법 제66조 제1항)와 행정부 수반(首班)으로서의 지위(헌법 제66조 제4항)를 겸하고 있다. 현행헌법상 대통령이 행사하는 권한은 실질적인 성질에 따라 대권적(大權的) 권한, 행정에 관한 권한, 국회와 입법에 관한 권한, 사법에 관한 권한으로 분류할 수 있다. 이 중에서 **"행정에 관한 권한"**으로는 행정에 관한 최고 결정권과 최고 지휘권, 법률 집행권, 국가의 대표 및 외교에 관한 권한, 정부구성권과 공무원임면권, 국군통수권, 재정에 관한 권한, 영전수여권 등을 들 수 있다.

"대통령은 헌법과 법률이 정하는 바에 의하여 공무원을 임면한다(헌법 제78조)."고 하는 것은, 임명되는 공무원이 국민 전체에 대한 봉사자로서 국민에 대하여 책임을 지며, 정치적 중립성이 보장(헌법 제7조)될 수 있는 '유능한 인재를 적재적소(適材適所)에 배치'하는 것을 목적으로 함에 있다. 또한 **"법률이 정하는 바에 의하여"** 공무원을 임명한다고 하는 것은 국가공무원법상의 결격사유(제33조)에 해당되지 않아야 하며, 인사청문회법의 규정에 따라 국회의 인사청문을 거치도록 한 공직후보자에 대하여는 국회법 제65조의2의 규정에 의하여 임명동의안에 대한 인사청문 경과보고서 등 '적법절차에 따라 임명'하는 것을 의미한다.

헌법이 대통령에게 공무원 임면권을 부여한 취지는, 능력과 전문성을 갖춘 청렴한 인재(人材)를 적재적소(適材適所)에 배치하여 행정을 민주적이며 능률적으로 수행하여 국민 전체에게 봉사하기 위한 것이다. 따라서 대통령의 공무원 임명권에도 헌법과 법률에 의한 책임과 의무가 따른다. 따라서 임명된 공무원의 책임에는 '헌법상의 책임'과 '각종 법률상의 책임'이 있다.

    <헌법상의 책임>에는 "공무원은 국민 전체에 대한 봉사자이며, 국민에 대하여 책임을 진다(헌법 제7조 제1항)."고 규정하고 있다. 이 헌법상의 책임은 정치적인 책임을 의미함과 동시에 이 규정에 의하여 각종 법률에 공무원의 구체적인 법률상 책임을 규정하는 근거가 되는 의의를 가진다. **<각종 법률상의 책임>**은 협의(狹義)로는 공무원이 공무원으로서 지는 의무를 위반함으로써 법률상 제재를 받는 책임으로 이를 '공무원법상의 책임'(징계책임과 국가에 대한 변상책임)이라 한다. 광의(廣義)로는 공무원의 행위가 일반법익을 침해함으로써 형벌의 제재를 받는 '형사책임'과 의무위반행위가 위법으로 타인의 권리를 침해하여 손해를 발생케 한 경우의 공무원 자신의 '민사상의 손해배상책임' 등이 포함된다.

    대통령의 공무원임명권행사는 이러한 공무원의 책임을 인식하고 '적정하고 정당하게 행사'되어야 한다. 대통령의 공무원임면권의 행사가 선거공신(選擧功臣)이나 보은(報恩) 등에 의해 전문성, 청렴성 등이 결여된 부적격자의 임명으로 적정(適正)하지 못 할 경우 결국 탐관오리(貪官汚吏)를 양산(量産)하여 공직사회가 부패하게 될 뿐이다. 따라서 새 정부를 구성하기 위한 대통령의 공무원 임명권의 적정한 행사 여부에 '국가의 운명'이 달려있다. 다산(茶山)은 "나라를 다스리자면 사람쓰기에 달렸으니, 진실로 적임자를 얻지 못하면 모든 일이 제대로 되지 않으며 자리만을 갖추어 놓았을 따름이다"라고 했다.

대통령의 공무원임면권의 적정한 행사는 바로 수신제가 치국평천하(修身齊家治國平天下)하는 첫 단추를 바로 끼우는 길이라고 본다. 2016년 9월 이석수 특별감찰관이 사직한 후 지금까지 이를 임명하지 않은 채 고의로 방치한 것은 특별감찰관법 제7조를 위반한 것이다. 특별감찰관실 소속 공무원들은 할 일 없이 시간만 보내며 여기에 4년간 34억 원 넘는 국민혈세가 들어간다고 보도됐다(2021. 6. 8. 조선일보 사설). 특별감찰관실의 공석인 사이 청와대의 울산시장 선거공작, 유재수 비리무마, 조국 전 민정수석의 비리 등이 발생하여 청와대가 비리의 소굴 또는 진원지(震源地)라고 비난받고 있다.

대통령의 공무원 임면권의 적정(適正)한 행사와 인사전횡(人事專橫)을 방지하기 위하여 국회법은 인사청문회를 규정하고 있으며, 그 절차 및 운영에 관하여 필요한 사항은 '인사청문회법'에 규정되어 있다. 국회에 인사청문이 요청되는 공직후보자에 대한 **"인사청문회제도(人事聽聞會制度)"**는 임명권자인 대통령이 자신의 뜻대로 쓸 사람을 선택하여 임명하기 위한 의례적이고 형식적인 절차가 아니라 후보자가 국민 전체에 대한 봉사자로서 공직을 성실하게 수행할 적격자(適格者) 여부를 임명 전에 검증받는 엄격한 법적절차인 요식행위(要式行爲)라고 보아야 한다.

따라서 대통령의 공무원임면권의 적정한 행사를 담보하기 위하여 인사청문회법을 전면 개정하여 국회의 동의가 없으면 대통령이 공무원임명권을 행사할 수 없도록 법제화(法制化)함으로써 엽관제(獵官制)의 폐단을 원천봉쇄(源泉封鎖)해야 한다. 이것이 공직사회의 부정부패척결을 위한 국가개조의 시발점(始發點)이라고 본다. 공무원 임면권자인 대통령은 헌법과 법률(정부조직법, 국가공무원법, 국회법, 인사청문회법 등)이 정하는 절차와 실적주의(實

績主義)에 의하여 적정하게 공무원임면권을 행사함으로써 **"직업공무원제도"**를 확립하여야 한다.

대통령이 임명하는 공직후보자의 자격요건에 관하여는 철저한 사전검증이 필요한 반면, 후보자 자신에게는 과연 '공직이 자신에게 맞는 자리인가', '내게 맞는 옷인가'를 스스로 판단하는 자세(修身齊家)가 필요하다. '하고 싶은 일'과 '할 수 있는 일'은 전혀 다른 것이다. 공직자의 덕목(德目)은 청렴성과 자기절제(自己節制) 및 겸손(謙遜)이다. 공직자의 몸가짐과 마음의 자세는 마땅히 이래야 한다. <너 자신을 알라(Gnothi Seauton).>는 말은 인생의 지혜로운 좌우명(座右銘)이다.

대통령이 청렴한 공직자를 적재적소에 임명하는 것은 공직사회정화를 위한 첫 단추를 바로 끼우는 일임에도 불구하고 역대 정권에서는 인사(人事)가 만사(萬事)가 아니라 참사(慘事)가 되어온 사례를 너무나 많이 보아왔다. 공직자로서 특정 지위에 대한 전문성과 능력 또는 청렴성과 국민에 대한 봉사자세 등이 확립되지 아니한 시정잡배(市井雜輩)들이 권력의 단맛과 분에 넘치는 감투욕 등으로 공직에 임명되면 결국 탐관오리가 되어 불명예 퇴진을 하거나 부정부패로 영어(囹圄)의 신세가 되고 만다. 옛 선비가 어지러운 속세(俗世)를 피하여 먼 시골로 낙향(落鄕)하던 심정을 헤아려보아야 할 것이다. 정부는 역대 정권의 인사참사(人事慘事)의 비극을 타산지석(他山之石)으로 삼아야 한다.

나. 대통령의 선거공약은 반드시 지켜야 할 보증수표

'대통령 후보자의 선거공약(選擧公約)'은 선거운동 당시 유권자(有權者)에게 제시하는 공적약속(公的約束)으로 후보자가 당선된 후 국정수행에 반영될 정책이므로 유권자는 그 정책을 신뢰하고 신성한 투표권을 행사하게 된다. 따라서 선거공약은 당선인이 '반드시 지켜야 할 국민에 대한 약속'으로 보증수표(保證手票)가 되어야 한다. 대통령 후보자의 언행(言行)이 일치하면 보증수표(保證手票)가 되고, 언행이 일치하지 않으면 부도수표(不渡手票)로 전락한다. 대통령은 '보증수표처럼 믿을 수 있는 사람'이 되어야 한다.

상호신뢰(相互信賴)는 인간관계의 기본질서이므로 신의(信義)가 없으면 개인이건 민족이건 생존할 수 없다. 민족의 자립과 국가의 발전은 신의사회(信義社會)를 건설하는 데서부터 시작한다. 언행일치(言行一致)와 지행일치(知行一致)는 '인간의 최고의 가치'이며, '통치자의 덕목(德目)'의 하나라고 본다. 약속을 깨는 것은 신의에 대한 배신이요, 인격의 모독이다. 이탈리아가 낳은 최고의 시인 단테(Dante)는 '인간의 죄 중에서 가장 큰 죄는 배신'이라고 말했다.

공자는 '政은 正이다'라고 했으며, 무신불립(無信不立)의 철리(哲理)를 강조했다. 신용이 없으면 설 수 없다. 신용(信用)은 인간 존립(存立)의 원리요, 무신(無信)은 인간 패망의 원리다. 언필신 행필과(言必信 行必果)라고 공자는 말했다. 인간의 '말'은 반드시 믿을 수 있어야 하고, 사람의 '행동'은 반드시 훌륭한 결과를 맺어야 한다. 문 대통령이 약속한 **"공직배제 5대원칙(위장전입, 부동산투기, 논문표절, 병역면탈, 세금탈루)"**은 국민과의 약속인 公約이므로 5대원칙을 철저히 이행하여 공무원임면권을 적정하게 행사한다면 부패한 공직사회는 정화되어 국가개조는 성공할 수 있다. 약속은 하는 데 의미가 있는 것이 아니고 지키는 데 의미가 있다.

다. 나라가 망하는 원인

산속에 있는 중이 고기 맛을 보면 미치듯 하찮은 인간이 권력을 잡으면 미친 듯 권력을 남용하고 부패하기 쉬운 것이다. 오로지 청렴한 지조(志操)를 지닌 공직자만이 국민을 위해 나라살림을 절제 있게 해 갈 수 있다. '**나라가 망(亡)하는 것은 현인(賢人)이 없기 때문이 아니다. 쓸 줄 모르기 때문이다**(戰國策).'라고 했다. 사학자(史學者) 토인비는 '한 사회는 외부적 세력의 압력으로 붕괴하는 것이 아니라 내부적 자살행위(內部的 自殺行爲) 때문에 망(亡)한다.'고 갈파했다. 탐관오리(貪官汚吏)의 소굴이 된 공직사회의 부정부패야말로 '나라를 망치는 내부적 자살행위의 표본'이다.

바른 정치는 성장이 빠른 초목과 같다고 했다. 그러므로 정치는 그 사람이 어떤 사람이냐에 달려있다. 바른 인물은 통치자 자신의 인격에 의해서 얻기도 하고 놓치기도 한다. 통치자가 인간으로서 해야 할 도리를 다 하는 것, 그것을 그대로 정치에 적용하면 이것이 바로 통치자로서의 의무이다. 무엇이 옳은지를 모르고서는 자기에 대해서 성실(誠實)할 수가 없다. 성실이 곧 인간의 실체(實體)이다.

진정한 정치가에 대하여 공자는 <덕(德)으로 국민을 다스리는 군주는 북극성과 같다. 자기 자신은 항상 그 위치에 머물러 있고, 다른 별들이 그 둘레를 돌아 운행한다.>라고 멋진 비유를 했다. 내 속에 있는 생명이란 양심(良心)을 말한다. 양심이 내 속에 있는 동안 나는 살아 있는 것이다. 양심이야말로 선(善)과 악(惡)에 대한 확실한 심판자이다.

라. 인사청문보고서 없는 캠코더(캠프, 코드, 더불어민주당)**인사의 강행**

선거에서 승리한 대통령이 헌법에 따라 취임선서를 한 취지에 따라 대통령의 직책을 성실히 수행하는 첫째는 '헌법과 법률이 정하는 바'에 따라 공직자의 임면권을 '적정(適正)'하게 행사하여 각 분야에 전문성과 능률성을 갖춘 인재를 적재적소에 배치하는 것이다. 괴테는 '첫 단추를 잘못 끼우면 마지막 단추는 끼울 구멍이 없어진다.'고 말했다. 행정수반인 대통령의 공무원 임면권행사의 적정 여부에 공직사회의 정화 및 국가개조의 성패가 좌우된다.

새 정부를 구성하기 위한 대통령의 첫 단추인 공무원임명권행사가 전리품(戰利品) 나눠 가지듯 하는 낙하산(落下傘) 인사(人事)는 공직사회를 부패시키는 적폐(積弊) 중의 적폐다. 현 정부에서 대통령의 지명을 받은 후 자진사퇴로 낙마한 공직후보자 7명 이외에 고위공직자로 임명된 자들에 대하여 코드인사, 보은인사, 함량미달이라는 비판의 소리와 더불어 '내로남불 종합세트'라고 한다. 대통령의 공무원임면권의 적정한 행사가 아닌 부적격자의 임명 등으로 국민들로부터 비난의 대상이 되게 되는바, 그 대표적 사례는 아래와 같다.

(1) 국방부장관 및 교육부장관 후보자

군(軍)의 비리은폐 및 방산비리 연류의혹자는 국가의 안전보장, 국토방위의무, 방위산업육성 등 국방개혁을 담당할 '국방부장관'의 자격이 없으며, 북한의 핵위협 속에서 주한미군철수, 국가보안법철폐, 한미동맹 폐기, 논문표절 등의 의혹을 받고 있는 자는 인적자원개발정책, 학교교육, 평생교육, 학술, 미래세대의 교육 등에 관한 사무를 관장할 '교육부장관'의 자격이 없다. 교육부장관의 논문표절은 국방부장관의 병역기피와 같은 것이다.

북한의 핵위협과 미국본토를 겨냥한 북한의 ICBM급 미사일도발로 인해 도널드 트럼프 대통령은 북한에 대한 초강력 제재가 임박했음을 시사했는바, 만일 미국이 한반도의 운명을 좌우할 북한에 대한 군사조치를 취할 경우 그 사태에 대비할 한·미 간의 채널과 준비가 되어있는지 걱정하고 있다. 헌법을 수호할 책무와 국군통수권을 가진 대통령과 국방에 관련된 군사에 관한 사무를 관장하는 국방부장관이 국가의 안전보장, 국민의 생명과 재산, 국토방의의 신성한 의무를 수행할 의지와 강력한 대비태세를 갖추고 있는지 국민들은 불안해하고 있다.

(2) 헌법재판소장 후보자

김이수 헌법재판소장 후보자 임명동의안이 9월 11일 국회표결에서 부결된 것은 헌정사(憲政史)상 초유의 일이다. 그 후보자는 북한과 전쟁이 벌어질 경우 국가기간시설을 타격하자는 모의를 한 통합진보당의 해산결정 때 헌법재판소의 재판관 9명 중 유일하게 반대의견을 내면서 '통합진보당의 목적과 활동이 민주적 기본질서에 위배되지 않는다'고 했다. 그러나 청와대는 지난 5월 25일 국회에 보낸 김 후보자의 임명동의요청서에서 '통진당 해산반대' 등을 지명이유로 꼽았다고 한다.

그 후보자는 5.18민주화운동 당시 시민군을 태워준 버스운전사에게 사형을 선고했고, 공수부대 진압군의 폭력적 행태에 부대를 이탈한 방위병 166명 전원에게 징역 1년 이상의 실형을 선고했다고 보도됐다. 이러한 후보자의 낙마는 정부와 민주당정권의 독주(獨走)에 대한 국민의 엄중한 경고로서 앞으로 이와 같은 '후보자 사태'가 얼마나 되풀이될지 국민들은 걱정하고 있다.

문재인 대통령이 공무원 재산등록심사 등을 관할하는 공직자 윤리위원장에 김이수 전 헌법재판소 재판관을 위촉했다. 문 대통령은 국회가 부적격 판정을 한 인물을 장관급인 공직자 윤리위원장 자리에 기용했다. 이 정부에서 국회의 인사청문 경과보고서 없이 임명을 강행한 장관이 23명에 이른다. 대통령이 인사청문회법을 위반한 것으로 부적격 인사의 돌려쓰기를 반복하고 있다.

북한 편향성(偏向性) 의혹이 있는 인물이라도 자기편이라면 헌법을 수호할 책무를 진 대통령이 마지않고 끝까지 챙기고 있다. 문 대통령은 파렴치한(破廉恥漢)이라고 비난받는 조국을 청와대 민정수석에 이어 법무부장관에 임명한 후 끝까지 비호하고 감싸다가 나라를 혼동 속에 두 동강냈다. 적재적소(適材適所)라는 인사원칙을 무시하고 자기편 사람들을 이 자리, 저 자리에 돌려막는 일이 일상사가 되다 보니 고위공직사회가 탐관오리(貪官汚吏)의 소굴이 되고 있다.

이런 돌려막기식 인사가 문 대통령이 말한 "지지여부와 상관없이 유능한 인재를 삼고초려(三顧草廬)해 일을 맡기겠다."는 인사정책의 전모(全貌)다. 문 대통령은 더 이상 국민을 기만하지 말고 헌법이 보장한 공무원임면권행사는 "내 코드에 맞는 내 편 사람"에게만 행사한다고 선언하는 것이 옳다고 본다. 통치자는 모름지기 "나라가 망(亡)하는 것은 현인(賢人)이 없기 때문이 아니다. 쓸 줄 모르기 때문이다(戰國策)."라는 말을 명심해야 한다.

(3) 중소벤처기업부장관 후보자

모 중소벤처기업부장관 후보자는 2014년 의원 시절 '법의 빈틈을 이용한 부유층의 대물림으로 소득불평등이 심화되고 있다', '세대를 건너뛰는 증여세를 더 매겨야 한다.'면서 관련 법안을 발의했으나 그 자신은 그의 초등학교 5학년생 딸이 외조모의 재산을 증여받을 때 세금을 아끼려고 격세(隔世) 증여와 쪼개기 증여를 한 사실과 이 과정에서 그 후보자의 아내와 딸 사이에 2억 2천만 원의 차용증을 작성한 의혹을 받고 있다. 그는 지난 대선 때 문재인 캠프 정책본부장을 맡아 '특목고·자사고 폐지' 공약을 만들었으나 그의 딸은 연간 학비 1500여만 원이 드는 국제중학교에 보냈다고 보도된 바 있으나 청와대는 그것이 불법이 아니라며 감싸고 있다.

그 후보자에 대하여 언론은 '내로남불'의 대명사로 여겨진다고 했으나 청와대는 '청문회에서 결정적 흠결이 나오지 않았다.'고 하면서 임명을 강행할 의지를 보이고 있다. 현재까지 문재인 대통령의 인사 중 법률적, 도덕적인 논란으로 낙마한 차관급 이상 인사만 7명에 이르며 그 일차적 책임자는 민정수석으로 청와대는 홍 후보자의 지명을 철회하고 사과하는 것이 국민에 대한 도리라고 보도했다.

(4) 금융감독원장 후보자

김모 금융감독원장이 국회의원 시절 피감기관(被監機關)의 돈으로 간 외유성 출장 및 정치후원금의 부당처리 등 부적절한 의혹이 점입가경(漸入佳境)이다. 김모 원장은 의원 시절 피감기관장들에게 '관련 기업들로부터 출장비용을 지원받는 것은 명백히 로비이고 접대다', '기업 돈으로 출장 가서 자고 밥 먹고, 체재비 지원받는 것이 정당하냐'고 따진 시민운동가 출신으로 19대 국회에서 공직자의 부정부패척결을 위한 김영란법 제정에 앞장섰으나 동법의 통과 2개월 후 피감기관의 돈으로 외유성출장을 다녀왔다고 한다.

청와대가 정치적 관행이라는 말로 그를 보호하는 것은 신적폐(新積弊)이며, 현 정권의 인재수원지(人才水源池)의 수질오염도(水質汚染度)가 심각함을 보여주고 있다. 국회의원이 피감기관의 돈으로 해외출장을 가는 것이 관행이었다면 적폐청산차원에서 검찰이 수사에 착수해야 한다. 시민운동가의 탈을 쓴 위선 백화점인 그 자신이 검찰조사를 받아 의혹을 가리는 것이 정도(正道)다.

중앙선관위가 김모 금융감독원장이 19대 의원 임기만료 직전에 자신의 선거후원금 중 5천만 원을 자신이 회원인 의원모임에 기부한 행위를 위법이라고 판단했다. 이 사건은 탕평인사(蕩平人事)를 통한 유능한 인재를 적재적소에 배치하는 것이 아니라 대통령의 공무원임명권의 행사가 적정하지 못하여 자기 편끼리 추천하고 검증하고 옹호하는 내로남불식의 인사적폐(人事積弊)를 보여준 것이다.

(5) 포스코 회장

권오준 포스코 회장이 18일 긴급이사회를 열고 돌연 사임의사를 밝혔다. 권 회장은 4년간의 구조조정을 통해 지난해 매출 60조 원에 영업이익도 4조 6천억 원을 달성했다고 한다. 고(故) 박태준 회장이 김영삼 대통령과의 갈등으로 물러난 것을 비롯해 포스코의 역대 회장들은 정권이 바뀌면 퇴진 압박을 받다가 7명 모두 임기를 마치지 못하고 불명예 퇴진을 했다.

외국인 지분이 57%에 이르는 포스코는 정부소유 지분은 단 한 주도 없는 민간회사다. 그린 기업의 회장 지리를 역대 정부는 '정권이 전리품(戰利品)'으로 여겨 회장을 교체하고 포스코의 경영을 흔들며 좌지우지(左之右之)해왔다. 적폐청산을 내건 문재인 정부가 과거정권의 적폐를 능가(凌駕)하고 있다.

(6) 국영기업체 임원임용

문재인 대통령이 대표였던 "법무법인 부산"에서 사무장을 지낸 송모 씨가 한국관광공사 자회사인 GKL 상임이사에 임명됐고, 문 대통령 팬 카페인 "문팬" 리더는 코레일 계열사인 코레일유통 비상임이사로 선임됐고, 대통령 대학친구는 한국자유총연맹 총재가 되었고, 중·고교 동창은 한국해양진흥공사 사장이 됐다고 한다. 전부 대통령의 사적(私的) 인연에 따라 임명된 사람들로 '캠코더 인사'다. 그 숫자가 이 정부가 '적폐'라고 비난하는 박근혜 정부보다 더 많다는 통계도 나왔다. 문 대통령과의 사적 인연을 바탕으로 한 낙하산인사로 '권력사유화(權力私有化)'의 전형(典型)이다.

(7) 내로남불 식의 오기정치(傲氣政治)의 인사참사(人事慘事)

조국 수석은 자신의 임무인 인사검증이 잘못되자 국민소통수석을 대신 기자회견장에 보내 사과하게 했다. 전 정권의 민정수석의 인사검증 부실의 혹에 대해서는 6년 전까지 소급하여 처벌하겠다면서 조국 민정수석의 거듭된 인사 참사문책은 논의조차 없다. 남에겐 서릿발 같고 자신에겐 너그러운 문 정권의 내로남불 인사 참사의 연속이다.

문재인 정부 출범 후 청문보고서 채택 없이 임명된 장관급 후보자가 10

명이 됐다. 이것은 '캠·코·더(캠프·코드·더불어민주당) 인사만 살아남고, 외부 전문가는 중도하차한 것으로 앞으로 국정을 협치(協治) 없이 마음대로 하겠다는 마이웨이 선언으로 이러한 오기정치(傲氣政治)는 고립과 국론분열만을 자초할 뿐이다. 문재인 정부에서 인사청문보고서 없이 임명한 장관급 인사는 다음과 같다.

김상조 공정거래위원장(위장전입), 강경화 외교부장관(위장전입), 송영무 국방부장관(음주운전), 이효성 방송통신위원장(위장전입), 홍종학 전 중소벤처기업부장관(중학생 딸 상가증여), 양승동 한국방송사장(세월호참사당일 노래방), 유은혜 사회부총리 겸 교육부장관(위장전입), 조명래 환경부장관(위장전입), 박영선 중소벤처기업부장관(정치자금법위반), 김연철 통일부장관(친북성향)(2019. 4. 8. 조산일보 A6).

(8) 법무부장관 후보자 조국 전 민정수석의 각종 비리의혹 및 임명강행

문재인 대통령은 2019년 8월 9일 조국 민정수석을 법무부장관 후보자에 지명하는 등 장관 4명과 장관급 6명을 교체하고, 경질 요구가 많았던 외교부 및 국방부장관은 유임시켰다. 문재인 대통령은 거듭된 인사 참사(人事慘事)와 청와대 불법사찰의혹의 책임자로서 문책을 받아야 할 조국 전 민정수석을 법무부장관 후보자로 영전시켰다. 이에 대해 서울대 학생들은 조 후보자를 **"가장 부끄러운 동문투표"**에서 **"1위"**를 기록했다고 보도했다 (2019. 8. 10. 조선일보 및 중앙일보 사설).

조 후보자가 **"가장 부끄러운 동문 1위"**를 차지한 것은 서울대 학생들이 조 후보자의 인간으로서의 인격을 평가한 것이다. 그러나 조국 후보는 자신을 비판한 서울대 제자들을 향해 '태극기부대 같은 극우 사상을 가진 학생들'이라고 인신공격을 하며, 색깔공세를 폈다. 최근 언론에 보도된 조국 후보자와 그 가족들의 입시부정혐의 등에 관련된 의혹의 일부를 소개한다.

(가) 병리학논문 제1저자 등재, 대학입학 및 장학금의혹, 표창장위조 및 허위인턴 증명서 등

문재인 정부와 조국 후보자에 대한 젊은이들의 분노를 촉발한 것은 조 후보자의 딸의 '**입시부정의혹**'을 둘러싼 논란이다. 조 후보자의 딸은 필기시험을 치르지 않고 외국어고, 명문대, 의학전문대학원까지 일사천리(一瀉千里)로 통과한 변칙과 위선, 탈법의 행운아(幸運兒)다. 조 후보자의 딸이 외국어고에 다닐 때, 단국대 의대 의과학연구소가 한국병리학회에 제출한 "**병리학 논문의 제1저자**"로 이름을 올린 사실이 확인되면서 각종 의혹이 제기되고 있다. 고교생 신분을 숨기고 '대학 연구원'으로 기재한 병리학논문이 검증을 통과했고, 이 경력을 대학입시 때 자기소개서에 넣은 것이다. 이러한 '저자 신분위장'은 연구비를 대준 정부와 연구를 검증한 단국대를 속인 입시비리로 대학을 기망(欺罔)하고, 대학입시업무를 방해한 범죄행위다.

조국 후보자의 딸이 의학전문대학원에서 두 차례나 낙제를 하고도 2016년 1학기부터 2018년 2학기까지 6학기에 걸쳐 200만 원씩 장학금 1200만 원을 받았다고 한다. 필기시험이 필요 없는 방식으로 '고교-대학-의학전문대학원'까지 들어간 딸은 낙제를 하고도 3년 연속장학금을 받은 행운아(幸運兒)이다. 공직자로 신고한 재산이 56억 원에 이르는 재산가의 딸이 두 번 낙제하고도 장학금을 받았다. 조국 후보자 가족주변엔 일반상식으론 도저히 이해할 수 없는 일이 너무나 많이 산적(山積)해 있는 괴물집단이라고 한다.

대한병리학회는 2019년 9월 5일 조국 후보자 딸 조모 씨(28)를 제1저자로 등재한 영어논문을 직권취소하기로 했다. 이로 인해 조 후보자 딸의 고려대 입학도 취소될 수 있다. 병리학 논문이 취소되고, 동양대 총장 표창장의 위조가 판명되면 조 씨의 고려대 및 부산대 의학전문대학원 입학은 당연히 취소되어야 한다. 조국 법무장관 딸 조모 씨(28)가 위조한 표창장과 허위 인턴활동증명서를 부산대와 서울대 외에 차의과대학 의학전문대학원 입시에도 제출한 것으로 밝혀졌다.

조 후보자 딸이 정경심 교수가 재직 중인 동양대로부터 총장의 표창장을 받았다는 보도 직후 해당 대학 총장은 '결재한 적도, 준 적도 없다'고 말했다고 보도됐다. 보도에 의하면 최성해 동양대학교 총장은 4일 <조국 법무부장관 후보자 아내인 동양대 정경심(57) 교수가 오전에 전화를 걸어와 '우리 딸 부산대 의학전문대학원 입학이 취소될 수 있다. 딸이 동양대에서 받은 상장이 발급됐다는 보도 자료를 내달라'고 요구했다.>고 밝혔다.

조 후보자 딸은 2012년 9월 동양대 총장 표창장을 받았고, 2014년 부산대 의학전문대학원(의전원)에 합격할 당시 자기소개서에 이 표창 사실을 기재했다. 최 총장은 언론에 '내가 모르는 표창장'이라고 밝혔다. 총장 표창장이 총장도 모르게 발급된 것이다. 최 총장은 '교육자적 양심을 건다', '표창장을 준 적이 없다'라고 분명히 말했다.

조국 법무장관의 딸이 인턴활동을 했다는 한국과학기술원(KIST)이 국회에 제출한 공문을 통해 "조 장관 딸은 자발적으로 5일 만에 그만뒀고, 그에게 인턴증명서를 발급한 적이 없다."고 해 인턴증명서가 조작됐음을 국가기관이 확인했다. 조국 법무장관의 이들 조모 씨가 2018년 상반기에 입학한 연세대 대학원의 입시자료가 행방불명된 의혹이 커지고 있다. "원칙과 상식이 지켜지지 않는 나라, 정의가 살아 있는 사회를 위해 조 후보자의 사퇴를 촉구한다.", "법적인 문제가 없다며 후안무치(厚顏無恥)의 태도로 일관하는 조 후보자는 법무부장관이 돼서는 안 된다."는 **서울대 총학생회의 공식입장발표**에 대해 조 후보자는 뭐라고 답할 것인가?

19세기 러시아 문학을 대표하는 세계적인 거장(巨匠) 도스토예프스키(Dostoevskii)는 <惡靈>이라는 소설에서 <인생에서 무엇보다도 어려운 것은 거짓말을 하지 않고 사는 것이다.>라고 갈파했다. 체코의 종교개혁가 후스(Johannes Huss)는 <진실(眞實)을 배우며, 진실을 사랑하며, 진실을 말하며, 진실을 양보하지 않으며, 죽을 때까지 진실을 지키라.>고 말했다. 조국과 그 가족이 가장 사랑한 것은 허위와 위선이요, 가장 미워한 것은 진실이었다. 인간의 가슴속에는 꺼지지 않는 <**진실의 불꽃**>이 타올라야 한다.

(나) 영원한 행복으로 가는 길

인간으로서 남의 행복을 위하여 자기의 이욕(利慾)을 버리려고 노력하는 것만큼 큰 행복은 없다. 그것은 <**영원한 행복으로 가는 길**>이다. '행복한 사람이 되고 싶거든 남을 기쁘게 하는 것을 배우라.'고 했다. 참다운 행복의 근원은 당신 마음속에 있다. 그것을 다른 곳에서 찾으려 함은 어리석은 일이다.

외면적인 영예(榮譽)에서 행복을 찾는 인간은 모래 위에서 누각을 짓는 인간이다. 탐욕(貪慾)의 세상에서 탐욕을 모르고 산다는 것은 참으로 행복한 일이다. 조 후보자와 그 가족은 탐욕에서 해방되도록 노력해야 할 것이다. 행복은 권력이나 재물을 얻는 데 있는 것이 아니라 정직하고 성실한 생활 속에 있는 것이다.

(다) 하늘이 내린 선물

인사청문회 날만 견디고 적당히 넘기면 자신은 법무부 장관이 되어 자신의 뜻대로 검찰을 장악하고, 국민의 분노도 사라질 것이라는 후안무치한 조 후보자의 꼼수는 대한민국 국민을 조롱(嘲弄)하고 능멸(凌蔑)하는 중대한 오판(誤判)으로 **"문재인 정권몰락의 1등 공신(功臣)"**으로 추서(追敍)되는 길이라고 한다.

그래서 국민들은 역설적(逆說的)으로 이러한 조국 후보자를 통해 **"공산주의의 정체(正體)가 무엇인가"**를 자유민주주의를 사랑하는 대한민국 국민들에게 정확하게 알려준 <**하늘이 내린 선물**>이라고 극찬(極讚)하며, 그에게 '감사해야 한다'고 말하고 있다. 선물의 종류에도 여러 가지가 있다.

(라) 법무부장관과 검찰총장의 생존게임

온갖 위선과 변칙, 탈법의 종합선물 세트 또는 대명사로 조롱받고 있는 조 후보자를 법무장관 자리에 앉히고자 하는 문 대통령의 아집(我執)은 헌정질서(憲政秩序)에 대한 도전이며, 공무원 임면권의 명백한 남용이다. 조국 후보자 자신은 촛불 조국(祖國)과 국민을 배신했다. 문 대통령이 이러한 조 후보자를 법무부 장관으로 임명을 강행한다면 민심의 역풍(逆風)을 맞아 국민들은 저항권을 행사하게 될 것이다.

문 대통령은 조국 후보자에게 '법무부 장관직을 맡길 것이 아니라 검찰 수사를 받게 해야 한다.'는 대다수 국민의 민의(民意)를 거역하고 법무부 장관임명을 강행했다. 이것은 조국 자신과 그 가족에 대한 범죄행위를 수사하는 검찰을 향해 선전포고(宣戰布告)다. 검찰의 수사대상이 된 인물이 검찰사무를 관장하는 수장이 된 초유(初有)의 상황이 현실화됐고, 그 부인이 기소(起訴)된 상태에서 장관에 취임한 것도 전대미문(前代未聞)의 일이다. 이를 본 국민들은 **"그 대통령에, 그 법무장관"**이라고 한다.

조국 게이트의 몸통으로 검찰의 수사대상이 될 인물을 문 대통령은 검찰사무의 최고 감독자인 법무부장관 자리에 앉혔다. 이제 문 대통령은 국민의 대통령이 아니라 **'조국의 대통령'**이 된 것이다. 대통령의 이러한 공무원 임면권의 남용은 내로남불의 전형(典型)으로 그들만의 '좌파 카르텔(cartel)'을 완성한 것이다. 이와 같은 문재인 정권의 통치술(統治術)이 국민과 온 나라를 "조국 구속", "조국 사수"라는 두 쪽으로 **"국론을 분열"**시켰다.

문재인 대통령이 국회의 인사청문 경과보고서 없이 법무장관에 임명을 강행한 것은, 공무원임면권을 규정한 헌법 제78조 및 국무위원 후보자의 임명에 국회의 인사청문회를 연후 대통령이 국회로부터 인사청문경과보고서를 송부받고 공직후보자를 임명하는 것이 원칙임을 규정한 국회법 제65조의2 제2항 제1호 및 인사청문회법 제4조 내지 제6조 등을 위반한 것이다. 대통령의 공무원임면권남용은 **"대통령이 그 직무집행에 있어서 헌법이나 법률을 위반한 때"**에 해당되어 국회의 **"탄핵소추대상(彈劾訴追對象)"**이 될 수 있다.

거짓과 위선, 탈법으로 점철된 조국 게이트를 향한 윤석열 검찰의 수사가 조국 장관 자신과 그 가족의 숨통을 조여오자, 피의자로 전환될 수 있는 법무장관인 조국과 검찰 간의 '목숨을 건 사투(死鬪)'가 시작되었다. 자신이 살기 위해 상대의 목숨을 취해야 하는 검투사(劍鬪士)의 숙명적인 싸움판이 전개(展開)된 것이다. 두 사람의 정치적 생사(生死)가 걸린 '정치권력'과 '검찰권력' 간의 **생존게임**이 시작된 것이다. 검찰사무의 최고 감독자인 법무부 장관에 맞선 윤석열 검찰총장은 이 싸움에서 죽을 수도, 살아남을 수도 있는 '**생존게임**'을 시작했다.

윤석열 검찰총장은 조국의 위선과 탈법에 의한 조국게이트의 실체적 진실을 국민 앞에 진솔하게 보일 때까지 검투사의 결기(決起)로 끝장을 보아 승리하는 것만이 **생존게임에서 살아남는 길**이 될 것이다. 위선과 탈법으로 법망을 파괴하는 '법(法)꾸라지'는 법치주의와 사법정의 확립을 위하여 우리사회에서 영원히 퇴출시켜야 할 적폐대상이다.

(마) 만시지탄(晚時之歎)의 조국 사퇴

조국 법무부장관이 2019년 10월 14일 취임 35일 만에 물러나 문재인 대통령의 리더십도 큰 상처를 입게 됐다. 검찰사무의 최고 감독자인 법무부 장관을 겨냥한 검찰수사와 조국 전 장관에 대한 극렬한 '광화문'과 '서초동'의 찬반집회(贊反集會)로 극심한 국론분열과 대통령과 집권여당에 대한 지지율 폭락이라는 상황 속에서 문 대통령은 만시지탄(晚時之歎)의 조국사퇴라는 카드로 사태수습에 나섰다. 온갖 위선과 탈법, 특혜와 반칙의 종합세트가 된 조국을 오기와 독선으로 법무장관에 임명을 강행한 결과이다.

이로써 <기회는 평등하고 과정은 공정하며 결과는 정의로울 것>이라는 문 대통령의 취임약속은 희대(稀代)의 대사(臺詞)가 되었으며, <저를 지지하지 않았던 한 분 한분도 국민으로 섬기겠다>던 취임사도 물거품이 되었다. "바른 사람은 약속을 함이 적고, 실천함이 많다(탈무드)."고 했다. 문 대통령의 조 장관 임명강행은 한국 정치사에 씻을 수 없는 전대미문(前代未聞)의 오점(汚點)을 남겼다.

탐욕은 인간의 정신과 육체를 멸망시킬 따름이다. 사람은 자기에게 '맞는 자리'보다 조금쯤 '낮은 곳'을 택하라고 했다. 남에게서 <내려가시오>라는 말을 듣느니보다는 차라리 <올라오시오>라는 말을 듣는 편이 훨씬 나은 것이다. 조국 사태는 오기와 독선의 정치가 국가와 사회에 어떠한 결과를 초래하는지를 잘 알려주는 '역사적 교훈'을 남겼다.

(바) 검찰의 조국 기소

검찰이 조국 전 법무부장관을 뇌물수수 등 12개 범죄혐의로 기소(起訴)했다. 검찰의 기소로 인하여 조국 전 법무부장관은 <피고인(被告人) 신분>이 되었다. 검찰은 조국이 최강욱 청와대 공직기강비서관을 그의 가족비리에 끌어들인 사실도 밝혔다. 피고인 조국이 민정수석으로 있던 2017년 10~11월 당시 변호사로 활동하던 최 비서관 명의로 피고인의 아들의 인턴활동확인서를 허위로 발급받아 아들의 연세대·고려대 대학원입시에 활용했다.

민변 출신의 최 비서관은 피고인과 같은 대학, 같은 과 후배이면서 그의 석사논문지도교수가 피고인이었다고 한다. 최 씨는 피고인이 민정수석이던 2018년 9월 민정수석실 산하 공직기강비서관으로 임명됐다. 공소장에 의하면 최 비서관이 변호사 활동을 하던 당시 그에게 허위 인턴활동확인서를 발급해 달라는 이메일을 피고인의 부인 정경심 씨가 보냈고, 정 씨는 확인서에 기재할 내용까지 보냈다는 것이다. 인턴활동확인서 말미에는 "지도변호사 최강욱"이라고 기재되었고 도장까지 날인되었다고 한다.

(사) 하늘의 망은 피할 수 없다

영국의 시인 센스톤(Shenstone)은 "법망(法網)이라 함은 약자는 기어서 통과하고, 강자는 부수고 통과하고, 중간치만이 걸려든다(Laws are generally found to be nets of such a texture, as the little creep through, the great break through, and the middle-sized alone are entangled in.)."라고 갈파(喝破)했다. 우리 사회는 법망을 파괴하고 통과하는 부패한 거물급의 사회지도층이 많아 국민들의 지탄(指彈)을 받고 있다. 공직자는 법망의 파괴자가 되어서도 아니 된다.

<하늘의 그물은 넓고 성깃성깃하지만 빠져 나아갈 수 없다(天網恢恢 疏而 不漏 -老子-)>고 했다. 하늘의 그물은 광대하고 성깃성깃해서 얼마든지 빠져 나갈 수 있을 것 같지만 결국은 빠져나갈 수 없다는 것이다. 악한 일은 반드시 천벌(天罰)을 받는다는 뜻이다. 사필귀정(事必歸正)이라고 했다. 하늘은 반드시 선업(善業)에는 선과(善果)를 주고 악업(惡業)에는 악보(惡報)를 준다. 인간은 하늘의 그물을 빠져나갈 수 없다. 하늘은 긴 눈으로 인간의 하는 일을 보고 있다. 하늘의 그물은 빠져 나아갈 구멍이 없다. 그래서 '천벌(天罰)은 늦으나 반드시 온다(Heavens vengeance is slow but sure.)'고 했다.

권력과 황금의 힘으로 법망을 파괴하고 통과하는 우리 사회의 부패한 권력자, 정치인, 고위공직자 등은 <'**법망**(法網)'**보다** '**하늘의 망'이 더 무섭다**>는 진리를 깨닫고 그들의 마음에 무성하게 자라고 있는 악(惡)과 탐욕(貪慾)의 독초(毒草)를 꾸준히 뽑아내야 한다. 우리의 마음은 우리의 경작(耕作) 여하에 따라 '악(惡)의 화원(花園)'이 될 수도 있고, '선(善)의 화원'이 될 수도 있다.

(아) 정경심에 대한 법원의 유죄판결과 법정구속

2020년 12월 23일 '서울중앙지법 형사합의 25-2부(재판장 임정엽)'는 자녀 입시비리 및 사모펀드 불법투자 등 15가지 혐의로 기소된 조국 전 법무장관 아내 정경심 동양대 교수에게 징역 4년 벌금 5억 원 추징금 1억4천만 원을 선고했다. 법원은 "정 교수가 단 한 번도 자신의 잘못을 인정하지 않았고, 수사와 재판에서 진실을 말한 사람들에게 정신적 고통"을 가하는 등 비합리적 주장을 계속했고 "증거인멸 가능성이 크다"고 판단해 법정 구속했다.

법원은 570여 쪽에 달하는 판결문에서 정 교수의 자녀 입시비리혐의를 모두 유죄로 인정하며 딸의 입시비리에 쓴 인턴확인서 등도 모두 거짓으로 판단했고 특히 정 교수의 법정 태도를 지적한 부분이 눈길을 끌었다. 정 교수와 조국 전 장관이 딸 인턴확인서를 거짓 작성하는데 공모한 사실도 인정했다. 이와 같은 법원의 심판은 사법정의(司法正義)를 실현하기 위한 것이다. 엄정(嚴正)한 법관은 사람보다 오히려 '정의를 존중한다'고 했다.

<첫째> 딸 조민 씨 입시비리관련 7대 허위 스팩{1. 서울대 공익인권센터 인턴 증명서(조국 위조, 정경심 행사) 2. 단국대 의과학연구소 논문1저자등재, 인턴확인서(논문기여 없는 허위증명서) 3. 공주대 생명과학연구소 체험활동, 논문3저자(논문기여 없는 허위증명서) 4. 동양대 총장 표창장(위조) 5. 동양대 보조연구원활동 확인서(허위증명서, 보조금수령은 사기) 6. KIST 인턴확인서(허위증명

서) 7. 아쿠아팰리스 호텔 인턴확인서(허위증명서)}는 모두 유죄로 판단했고, <둘째> 사모펀드 관련 (1) 미공개 정보이용으로 WFM주식 대량매수 (2) 동생·단골미용사 등 차명계좌 투자는 일부유죄 (3) 사모펀드 출자약정 금액 부풀린 작성 및 허위컨설팅 계약으로 1억 5천만 원 횡령부분은 무죄로 각각 판단했다.

정경심 교수가 2021년 8월 11일 '항소심재판'에서도 1심과 같이 징역 4년을 선고받았다. 서울고등법원은 정 씨가 딸 조민 씨를 의학전문대학원에 합격시키려고 입시용 7개 스펙 모두를 위조하는 등 입시비리를 저지른 데 대해 1심법원과 같이 모두 유죄로 판결했다. 특히 서울대 인턴확인서 위조는 조 씨가 가짜서류를 만들고 정 씨가 가담한 '부부공범'이라는 사실도 재확인했으며, 재판부는 "죄질이 매우 나쁘다"고 했다. 판결문에는 조씨가 정 교수와 공모했다는 표현이 일곱 번이나 등장하며 "경력위조가 확인됐다면 의전원 입학에서 탈락했을 것"이라고 판단했다. 이 판결로 조 씨 일가의 입시비리범죄에 대한 사실관계규명은 사실상 끝났다. 위 판결이 정의(正義)와 법치(法治)회복의 신호탄이 되길 갈망(渴望)한다.

위 판결 후 조 씨의 의전원 합격을 취소하고 의사국가고시에도 응시하지 못하도록 해야 한다는 여론이 확대되고 있으나 고려대와 부산대 의전원은 대법원 확정판결 후 조 씨의 입학취소 여부를 결정하겠다며 조 씨의 입학을 취소하지 않고 있다. 최순실 씨의 딸 정유라 씨의 이화여대 부정입학 사실이 드러나자 최 씨가 기소(起訴)되기도 전에 대학 측이 입학을 취소했으며, 모 사립대 교수가 딸 이름의 논문을 대학원생들에게 대필시켜 서울대 치의학 전문대학원에 합격시킨 사건에서 서울대는 교수가 재판에 회부되자 바로 딸의 입학을 취소했다.

　교육기본법은 '모든 국민은 성별, 종교, 신념, 인종, 사회적 신분, 경제적 지위 또는 신체적 조건 등을 이유로 교육에서 차별을 받지 아니한다(제4조 제1항).'라고 교육의 기회균등을 천명(闡明)하고 있다. "**교육의 기회균등**(equal opportunity in education)"이란 교육을 받는 기회가 균등하게 모든 사람에게 주어지는 것을 말한다. 국가는 국민의 '법 앞에서의 평등'의 원칙(헌법 제11조 제1항)에 의하여 모든 사람이 능력에 따라 진학할 수 있는 학교시설과 운영을 도모하고 교육의 향수가 외적 조건에 의하여 제한 받지 않도록 구체적인 조치를 강구해야 한다.

　대학은 지식의 전당(殿堂)이요, 학문의 요람(搖籃)으로서 비판적·창조적 지성을 상징하는 기관이다. 대학교육의 기회균등이념의 확립을 위하여 입시부정은 대학의 학사규정 여하(如何)와 관계없이 엄격하게 적용되어야 한다. 파렴치한(破廉恥漢)으로 끝까지 버티는 조국 일가의 후안무치(厚顔無恥)도 문제지만 입시부정의 대명사라고 조롱받으며 권력과 조국의 눈치나 보며 자리에 연연(連延)하는 고려대와 부산대 총장의 작태(作態)가 대입준비생들을 자포자기(自暴自棄)하게 만들었다. 철면피한 이들 총장은 당장 총장직에서 물러나야 한다.

　부산대는 "법원판단까지 보겠다"며 조민 씨의 의학전문대학원 입학취소결정을 미뤄오다가 정경심 교수에 대한 1심에 이어 항소심도 유죄판결을 하자 어쩔 수 없이 8월 24일 조민 씨의 의학전문대학원 입학을 취소한다고 뒷북을 치고 있다. 그러나 고려대는 아직도 정권의 눈치를 보며 조 씨의 입학취소결정을 미루고 있다. "권력은 정의(正義)에 따라야 하며, 정의를 앞질러서는 안 된다(Power should follow justice, not precede it.)", "정의(正義)로부터 일탈(逸脫)하는 자는 스스로 죄를 범한 자이다(He who flies from justice acknowledge himself a criminal.)." 지연된 정의는 정의가 아니라고 했다.

웅동학원 관련 공사대금사기소송, 교사채용비리관련 업무방해, 근로기준법위반, 공범해외도피 등 혐의로 기소된 조국 전 법무장관의 동생 조권 씨에게 2020년 9월 1심(재판장 김미리 부장판사)에서 업무방해만을 유죄로 인정해 징역 1년을 선고했으나 서울고등법원은 2021년 8월 26일 4개 혐의 전부를 유죄로 판단해 징역 3년, 징금 1억 4,700만 원을 선고하고 법정 구속했다. 김명수 대법원장이 붙박아 놓은 우리법연구회 출신 김미리 판사의 황당한 판결을 바로잡은 것이다. "법률은 정의(正義)를 집행하는 것을 태만히 해서는 아니 된다(The law ought not to fail in dispensing justice.)."

 (자) 의사(醫師)의 인격

의학(醫學)을 인술(仁術)이라고 했다. '인(仁)의 정신'과 '사랑의 마음'을 가지고 환자의 생명을 다루어야 한다는 의미다. 그리스의 의학자로 <의사의 아버지> 또는 <의성(醫聖)>이라고 오늘날에도 존경을 받고 있는 히포크라테스(Hippocrates)는 **"나는 의사의 직책(職責)을 맡으면서 '나의 생애를 인류봉사(人類奉仕)에 바칠 것'을 엄숙히 서약(誓約)한다."**고 말했다. 의사는 사람의 생명을 다루며 질병을 치료하는 고귀한 사명감과 높은 인도주의(人道主義)정신을 가져야 한다. 조국 부부는 허위서류로 대학과 의학전문대학원을 부정입학시킨 딸을 의사로 만들어 "무엇을 위해 생애를 바치려고 하는지"를 묻고 싶다.

의사는 사람의 생명을 다루므로 고귀한 사명감과 자기의 생애(生涯)를 인류봉사에 바친다는 인도주의(人道主義)정신을 가져야 한다. 의사는 인(仁)의 정신과 봉사(奉仕) 및 사랑의 마음을 가지고 환자의 생명을 다루는 "인격의 소유자"여야 한다.

히포크라테스는 자기의 생애를 인류봉사에 바칠 것을 천지신명(天地神明) 앞에 엄숙히 서약해야 한다고 외쳤다. 이 말은 의사에게만 해당되는 말이 아니라 모든 사람이 자신의 직업을 선택하고 인생을 살아갈 때 이와 같이 엄숙한 정신자세와 마음의 각오가 필요하다는 교훈이다. 우리는 무엇을 위하여 자기의 생애를 바칠 것인가? 참으로 엄숙한 인생의 질문이다. 사람의 생명을 다루는 의사는 의료의 질을 높일 수 있는 전문지식과 고귀한 사명감 및 높은 인도주의(人道主義)정신의 소유자이어야 한다.

미국의 경우 의료소송이 점차 증가하고 그 배상액도 거액이므로 의료소송이 사회문제로 되고 있으나 우리나라에서는 의료소송에 있어서의 인과관계입증의 곤란으로 원고의 청구가 인용되기 어려운 현실이다. 이에 대비하여 의사(피보험자)의 손해를 보상해주는 의료배상 책임제도를 고려할 수 있다. 재물은 바닷물과 같아 마시면 마실수록 갈증이 심해진다. 인간의 욕심은 끝이 없어 무한대(無限大)의 욕망의 노예가 되기 쉽다. 집착하지 않는 자는 노예가 되지 않는다.

인생의 불행과 비극은 자기 자신을 모르는 데서 시작한다. 재물(財物)과 명예(名譽)는 바닷물과 같아 마시면 마실수록 갈증이 심해진다. 인간의 욕심은 한이 없다. "너 자신을 알라(Gnothi Seauton! Know thy self!)!" 이 말은 인간의 지혜의 근본이다. 인간은 먼저 자기 자신을 알아야 한다. 자기의 분수(分數)를 알고 실력(實力)을 알고 천분(天分)을 알아야 한다. 인생의 불행과 비극은 자기 자신을 모르는 데서 시작된다.

입시비리는 반드시 선량한 피해자가 발생하므로, 입시준비생의 <교육의 기회균등>을 위하여 입시과정에서의 부정과 비리 등으로 인한 차별을 받지 아니하도록 특별전형 선발방법 및 입학전형자료 등에 대한 교육부의 전수조사(全數調査)나 표본조사, 또는 감사원의 직무감찰이나 검찰의 수사를 통해 입시부정행위를 발본색원(拔本塞源)하는 일대계기(一大契機)를 만들어야 한다.

그것만이 교육기본법 제2조의 <교육은 홍익인간(弘益人間)의 이념 아래 모든 국민으로 하여금 인격을 도야(陶冶)하고 자주적 생활능력과 민주시민으로서 필요한 자질을 갖추게 함으로써 인간다운 삶을 영위하게 하고 민주국가의 발전과 인류공영(人類共榮)의 이상을 실현하는 데에 이바지함을 목적으로 하는 교육이념>을 실현하는 길이다.

(9) 문재인 대통령의 추미애 법무부 장관 임명강행
(가) 국회의 인사청문 경과보고서도 없이 임명강행

문재인 대통령은 2020년 1월 2일 추미애 법무부장관을 임명했다. 국회의 인사청문 경과보고서 채택도 없이 새해 첫 공식 업무로 추미애 법무부장관임명을 강행했다. 대통령이 공직 후보자 중 국회의 인사청문보고서의 송부가 요청되는 후보자에 대하여 국회의 인사청문경과보고서를 송부받지 못한 상태에서 후보자를 공무원으로 임명하는 것은 대통령이 행정의 수반(首班)으로서 행정 각부의 장이 국민 전체의 봉사자로서 행정의 민주적이며 능률적인 운영을 기하기 위하여 헌법이 대통령에게 부여한 '공무원임면권의 남용'이라고 본다.

적재적소(適材適所)는 인사(人事)의 요체(要諦)임에도 불구하고 인재등용(人材登用)이란 용이한 일이 아니나 국정(國政)은 인재를 얻고 못 얻는 데에서 흥패가 좌우된다. 그러므로 통치자에게는 인재를 등용할 줄 아는 현명이 요구되는 것이다. 다산(茶山)은 목자(牧者)의 직책이 <이리를 내쫓고 양을 기르는데 있다(去狼以牧羊)>고 했다. 산중에 있는 중이 고기 맛을 보면 미치듯 하찮은 인물이 권리를 쥐면 미친 듯 권리를 남용하기 때문이다.

(나) 자신을 명의(名醫)에 비유한 후안무치와 오만무도의 극치

문 대통령은 추미애 법무부장관에게 "법무부장관은 검찰사무의 최종감독자"라며 "검찰개혁을 잘 이끌어 달라"고 했고, 추미애 법무장관은 "수술칼을 환자에게 여러 번 찔러 병의 원인을 도려내는 것이 아니라 정확하게 진단하고 정확한 병의 부위를 제대로 도려내는 것이 명의(名醫)"라고 했다. 그러나 명의는 수술칼로 병의 부위를 도려내는 질병의 치료에 앞서 **"예방(豫防)에 주력(注力)하여 병인(病因)을 구축(驅逐)"**함에 전력을 다한다.

추미애 장관은 살아있는 권력에 대한 수사를 하고 있는 검찰을 '환자'로, 살아 있는 권력을 수사하는 검찰조직을 해체하는 자신을 '명의(名醫)'에 비유하는 궤변을 토(吐)했다. 이 정권 측근에는 추미애 같은 돌팔이의사(quack doctor) 이외에 **"명의다운 명의가 없는가?"**라는 한탄이 나오는 이유가 바로 이러한 인사참사(人事慘事)에 있다. 추미애 장관이 자신을 명의에 비유한 것

은 "후안무치(厚顔無恥)와 오만무도(傲慢無道)의 극치(極致)"다.

(다) 아들 병역특혜의혹을 '위국헌신'했다는 가증스런 궤변

추 장관은 아들의 병역특혜의혹과 관련해 국회에서 "저와 아들이 가장 큰 피해자"라며, 통역병 선발청탁의혹에 대해선 "능력을 가진 아들을 (군에서) 제비뽑기로 떨어뜨렸다."고 했다. 그러나 '능력을 가진 군인'은 결코 군무이탈죄를 범하지 않는다. 군형법을 위반한 아들을 감싸고도는 추 장관으로 인해 60만 대군과 젊은이들의 분노가 활화산(活火山)이 되어 타오르고 있으나 검찰개혁을 빙자해 장관 자리를 끝까지 고수하는 추태(醜態)가 온 국민의 분노에 불을 지르고 있다.

더불어민주당 원내대변인의 추 장관 아들에 대한 **"나라를 위해 몸 바치는 것(爲國獻身)이 군인의 본분이라는 안중근 의사의 말을 몸소 실천한 것"**이라는 가증(可憎)스러운 논평과 관련하여 추 장관은 국회에서 "(제 아들이) 아픈데도 불구하고 끝까지 군무에 충실했다 함을, (안 의사) 말씀에 따랐다 함을 강조한 것"이라고 해 자신의 아들이 '위국헌신'했다고 파렴치한(破廉恥漢)과 같은 궤변을 토로하자 안 의사 후손들은 "정권유지를 위해 안 의사를 파는 파렴치한 인간들이 어디 있는가"라고 항의했다. 파렴치한(破廉恥漢)의 후안무치(厚顔無恥)도 유분수(有分數)다.

(라) 추 장관의 윤석열 검찰총장의 특활비 조사지시는 부메랑이 될 것

추미애 법무장관이 대검감찰부에 윤석열 검찰총장의 특수활동비(특활비)를 조사하라고 지시했다. 추 장관은 '서울중앙지검에는 특활비가 지급되지 않아 수사팀이 애로를 겪는다.'고 했으나 서울중앙지검에는 매달 8천

만 원 이상의 특활비가 지급된 것으로 전국 검찰 중 가장 많은 액수라고 한다. 오히려 친정권 인물인 이성윤 서울중앙지검장이 조국 사건 공판검사들에게 특활비를 지급하지 않는 등 선별지급했다고 한다. 추 장관의 자살골이다.

추 장관의 이러한 조사지시는 '검찰 길들이기' 또는 '발목잡기'로 자충수(自充手)가 될 수 있으며, 검찰 내부에서는 "이번 특활비 논란이 추 장관에게 부메랑이 될 것"이라고 한다. 대검감찰부는 직속상관인 검찰총장을 조사(감찰)할 권한이 없으며, 추 장관이 대검감찰부에 총장과 일선 지검장들의 특활비를 조사하라고 구체적으로 지시한 것도 검찰청법 제8조의 명백한 위반으로 직권남용죄가 될 수 있다.

또한 추 장관은 2020년 대검에 배정된 특활비 94억 원 중 장관 몫으로 떼어간 6억여 원에 대해선 입을 다물고 있는바, '정보수집 및 사건수사'와 직접 관련이 없는 추 장관이 특활비를 주머닛돈처럼 썼다면 횡령죄가 된다. 검찰에 특수활동비를 배정하는 것은 기밀이 요구되는 수사와 정보활동에 대비하기 위한 것이다. 그러나 검찰로 가야 할 특활비 중 10억 원 이상이 매년 법무부로 간 사실이 확인됐다. 올해 대검에 배정된 특활비 93억 원 중 10억 3천만 원을 법무부 검찰국이 가져갔다는 것으로 매년 그 정도의 돈이 갔다고 한다. 법무부가 검찰의 특활비를 주머닛돈처럼 사용한 것이 아닌가.

박근혜 전 대통령은 국정원장들로부터 35억 원의 특활비를 받아 뇌물과 국고손실혐의로 유죄판결을 받았다. 문재인 정권은 전 정부 특활비를 적폐로 몰며, 직접 청와대 특활비를 줄이라고 지시했다. 하지만 2018년부터 특활비 70% 이상을 차지하는 국정원 특활비를 "안보비"로 바꿔 별도항목을 만들어놓고 매년 늘려왔다. 특활비를 줄이는 양 국민을 속이고 실제로는 늘려왔다. 검찰인사권과 지휘·감독권을 가진 법무부가 검찰로부터 받은 특활비를 용도가 아닌 곳에 썼다면 역시 뇌물이고 국고손실이다.

추 장관은 아들의 논산훈련소 수료식 날 본인 명의의 정치자금 카드로 가족들이 밥을 먹고 주유소에서 기름을 넣는 데 사용한 후 사용목적을 '의원간담회'라고 허위기재했다고 한다. "똥 묻은 개가 겨 묻은 개 나무란다."고 하는 꼴이다. 검찰이 월성 원전 1호기 경제성평가조작 의혹수사가 시작되자 여권 지도부와 추미애 법무장관이 검찰수사중단을 압박하고 있는 것은 노골적인 수사개입으로 직권남용이며, 법치주의를 파괴하는 헌정질서 위반행위다. 한 시민단체는 이와 관련해 8일 추 장관을 국고손실 등 혐의로 대검에 수사의뢰했다고 한다.

(마) '비밀번호 자백법'을 만들라는 무법(無法)장관
추미애 법부부장관이 2020년 11월 12일 한동훈 검사장이 서울중앙지검에 압수된 자신의 휴대전화 비밀번호를 "악의적으로 숨기고 있다"며 "이행(비밀번호해제)을 강제하고 불이행시 제재하는 법률제정을 검토하라"고 지시했다. 한 검사장이 휴대폰비밀번호를 알려주지 않아 '검·언 유착증거'가 나오지 않았다는 궤변이다. 추 장관의 이런 지시는 '자백하지 않으면 처벌하겠다'는 자백강요 행위이다.

'법은 이성의 명령(Law is the dictate of reason.)'으로 '부정(不正)'을 처벌하는 것이지, 법무장관의 전유물(專有物)이 아니다. 물은 그 성질(性質)대로 흐르고 또 흘러야 한다. 자연의 힘은 가장 위대하다. 자연법(自然法)은 가장 완전하고 또한 불변(不變)한 것이나 인정법(人定法)은 영원히 계속할 수 없는 것이다. '공평하고 선량(善良)한 것은 법 중의 법'(That which is equal and good is the law of laws.)이라고 했다. 누구라도 타인을 해(害)하기 위하여 법을 제정할 수는 없다. 정치는 '법률에 적용'되어야 하지만, 법률은 '정치에 적용'되어서는 아니 된다.

추 장관은 위헌적인 '비밀번호 자백법'이라는 괴법(怪法)을 만들기 이전에 국군의 기강확립을 위해, 아들의 황제휴가특혜에 따른 군무이탈사건에 대해 혹세무민(惑世誣民)할 것이 아니라 국민에게 진솔하게 사과하고, 검찰이 사건의 실체적 진실을 밝히는데 협조하는 것이 진정으로 아들을 사랑하는 '어머니의 참모습'을 보이는 길이며, 또한 법무장관 스스로 '법치주의 확립'의 모범을 보이는 길이라고 본다.

법기술자가 된 법무장관의 광대춤으로 무법천지가 된 세상이 참으로 점입가경(漸入佳境)이다. 국회는 위헌적인 '비밀번호 자백법'고 같은 악법을 만들 것이 아니라 살아 있는 권력에 대한 비리를 수사하는 정상적인 검찰 업무 수행의 보장을 위하여 법무부 장관의 검사에 대한 '**지시사항남용 금지법**'을 만드는 것이 필요하다고 본다.

(바) 나 자신을 아는 지혜(법원의 검찰총장 직무집행정지가처분 인용판결)

_ 2020. 12. 30. 법률신문 법조광장

추미애 법무부 장관은 윤석열 검찰총장에 대해 직무집행정지를 명령하고 징계청구를 했다. 법무장관이 현직 검찰총장을 직무배제 시킨 것은 헌정사상 초유(初有)의 일이다. 윤 총장은 추 장관의 직무배제명령을 위법 부당한 조치로 규정하고 "한 점 부끄럼 없이 소임을 다해왔다. 위법 부당한 처분에 대해 끝까지 법적으로 대응 하겠다."고 밝혔다. 법조계에선 "집권세력의 계엄선포행위" "명백한 탈법이자 직권남용"이라고 맹(猛)비난했다.

윤총장에 대한 징계청구는, 첫째 징계사유에 해당하지 않는 실체도 없는 코미디 수준이며, 둘째 징계위원장인 법무부장관이 지명하거나 위촉하는 징계위원구성의 공정성도 의문이며, 셋째 징계혐의자와 변호인에게 최종 의견진술권을 박탈하는 등 징계절차가 **"정당한 법의 절차"**(due process of law)를 위반한 일종의 공작으로 무효라는 것이다. 이러한 징계청구는 눈덩이 같은 정권의 비리를 덮으려는 꼼수로 태산명동(泰山鳴動)에 서일필(鼠一匹)이라고 한다.

징계는 공무원의 직무상 의무위반에 대하여 국가가 사용자의 지위에서 부과하는 제재로서 적법절차에 따라야 하며, 징계사유의 경중(輕重), 공적(功績)등 여러 사정을 종합하여 적정하고 합당한 처분을 해야 한다. 국가권력에 의한 공무원에 대한 징계권남용은 공무원의 신분과 정치적 중립성(헌법 제7조 제2항), 인간의 존엄성과 기본인권보장(헌법 제10조), 국민의 공무담임권(헌법 제25조), 임기보장(검찰청법 제12조 제3항)을 규정한 헌법 등을 각 위반한 것이다. 물러나야 할 사람과 검찰개혁 및 탄핵의 대상은 태산 같은 정권의 불법과 비리수사를 지휘해온 윤 총장이 아니라 헌정질서와 법치주의 근간을 파괴하고 직권남용을 자행(恣行)한 부패한 정권과 여권이라고 한다.

문 대통령은 전 정권을 향한 적폐수사를 이끌던 윤석열을 검찰총장에 임명하면서 "살아 있는 우리 권력도 눈치 보지 말고 수사하라"고 지시했고, 이에 따른 울산시장 선거공작, 유재수 비호, 라임·옵티머스 펀드, 월성원 전 1호기 평가조작 등 권력에 대한 수사과정에서 정권의 비리가 드러날 위기에 봉착(逢着)하자 검찰수사팀을 공중분해 시키고, 추미애를 법무장관으로 임명하여 윤 총장에게 온갖 누명을 씌워 징계했다.

이것은 문 대통령이 징계로 윤 총장을 쫓아낸 뒤 검찰인사를 단행해 정권에 대한 수사팀마저 공중분해 시키려는 전략으로, 이것이 윤 총장에 대한 징계청구 및 직무정지의 본질이라고 한다. 이런 상황에서 공무원이 직무를 수행할 때 대통령을 비롯한 소속 상관의 직무상 명령에 복종하여 성실의무를 수행할 수 있을까? 공무원 임면권자인 대통령이 답해야 한다.

서울행정법원 행정4부(재판장 조미연)는 12월 1일 윤석열 검찰총장을 직무 배제한 추미애 법무장관의 직무정지명령에 대해 "검찰의 독립성과 정치적 중립성을 몰각(沒却)하는 것"이라며 효력을 중단하라고 결정했다. 법원은 직무배제가 "검찰중립성보장을 위해 총장임기를 2년으로 정한 법 취지를 무시하는 것"이라고 했다.

윤 총장에 대한 이러한 징계청구와 직무정지에 대한 검사들의 집단반발이 전국으로 확산되었고, 검사들은 "나치 괴벨스(P. J. Goebbels)가 떠오른다", "무법천지", "절대왕정", "법치주의파괴", "검찰중립훼손"이라며 윤 총장 직무정지명령철회를 요구했고, 전직 검찰총장들은 "민주주의와 법치주의에 대한 위협이자 큰 오점"이라고 했다. 범죄혐의자들이 수사검사를 쫓아내려는 후안무치(厚顔無恥)가 점입가경(漸入佳境)이다.

문재인 대통령은 12월 16일 추미애 법무부장관이 제청한 윤석열 검찰총장에 대한 "정직 2개월"의 징계안을 재가(裁可)함으로써 위법한 징계절차가 일단락(一段落)되었으나 윤 총장은 현 정권의 비리수사를 지휘할 수 없는 '식물총장'으로 전락했다. 이에 대해 윤 총장은 "헌법과 법률에 정해진 절차에 따라 잘못을 바로잡을 것"이며, 추 장관의 사의표명엔 "관계없이 소송절차를 진행하겠다."고 밝혔다.

징계위에선 윤 총장 측 반론과 최종변론기회마저 박탈해 문 대통령의 '절차적 정당성과 공정성'이라는 말은 '립서비스'가 됐다. 이러한 징계처분은 태산 같은 정권의 비리를 덮기 위한 공작(工作)이며, 앞으로 발생할 권력형 비리는 공수처가 적당히 요리하려는 계산이라고 한다. 이번 징계처분은 현 정권에 대한 수사를 하면 감찰, 징계 등 온갖 수단과 방법을 동원해 응징(膺懲)한다는 것을 만천하에 공표(公表)한 것으로 <헌정사(憲政史)에 법치파괴라는 오점(汚點)>으로 기록될 것이다.

윤 총장에 대한 징계처분에 불복한 '집행정지가처분신청사건'의 심문기일(12월 22일)에 문 대통령이 김명수 대법원장, 유남석 헌법재판소장 등 5부 요인을 청와대로 불러 간담회를 했다. 헌법재판소에는 검사징계법에 의한 윤 총장에 대한 징계처분이 헌법상 보장된 기본권을 침해한 위헌이라는 헌법소원이 제기된 상태다. 이런 상황에서 문 대통령이 대법원장과 헌재소장 등을 청와대로 불러 간담회를 한다는 것은 부적절한 것이라는 비난을 피하기 어렵다.

서울행정법원 행정12부(재판장 홍순욱)는 윤 총장 측이 추 장관을 상대로 한 징계처분에 대한 집행정지가처분신청을 인용(認容)하며 "대통령이 신청인(윤석열 총장)에 대해 취한 2개월의 정직처분은 본안소송의 판결 선고일로부터 30일이 되는 날까지 정지한다."고 결정했다. 또 윤 총장이 대검 국정감사에서 "퇴임 후 국민을 위해 어떻게 봉사할지 찾아보겠다"는 발언으로 정치적 중립의무를 위반했다는 징계혐의에 대해 "해당 발언만으로 정치적 중립에 관한 부적절한 언행으로 단정하기 어렵다.", "정치적 중립에 관한 언행 등 위신손상은 인정되지 않는다."고 판단했다.

　법무부가 "윤 총장이 복귀하면 측근에 대한 수사 및 감찰방해로 공공복리에 반(反) 한다."고 한 데 대해 재판부는 "중대한 영향을 미칠 우려가 있다고 단정하기 어렵다."고 하며, 징계처분절차에 대해선 "의사결정과정에 하자가 있다."고 밝히면서 "다른 사유는 추가심리가 필요한 점 등을 고려하면 본안청구 승소 가능성이 없다고 단정하기 어렵다."며 "징계처분효력을 정지하는 게 맞다."고 판단했다. 법관의 용기는 살아 있는 권력에 대한 수사에 제동을 거는 정권에 대한 준엄한 경고로 무법천지를 법치주의로 회귀시키는 신호탄이 될 것이며, 헌법수호와 법치를 갈망하는 국민에게 멋진 성탄절 선물을 안겼다.

　문 대통령은 징계처분의 본안소송에 대한 판결에 앞서 법원이 위법하다고 판단한 징계를 '철회'하고, 헌정질서와 법치주의를 확립할 인재를 추미애 후임 법무장관으로 임명해야 한다. 나라를 다스림은 사람쓰기(用人)에 달렸으므로 진실로 적임자를 얻지 못하면 나랏일이 제대로 될 수가 없다고 했다. 도둑에게 도둑을 지키라는 일이 없어야 한다. 그 길만이 행정수반으로서 공무원 임면권을 행사하는 대통령이 **"자기 자신을 아는 지혜"**라고 본다. 통치자는 바람의 방향을 똑똑히 아는 뱃사공이 되어야 한다.

사람은 자기에게 '알맞은 자리'보다 조금 '낮은 곳'을 택하는 것이 현명하다. 겸양(謙讓)은 인격완성을 위하여 불가결한 덕(德)이다. 사퇴한 추 장관은 권력의 행동대장으로 자신이 행한 법치파괴를 참회(懺悔)함으로써 남은 인생에서나마 다시는 그러한 우(愚)를 반복하지 말아야 할 것이다. 불나비는 아픔도 모르고 불 속으로 날아들며 물고기는 위험한 줄도 모르고 낚시 미끼를 문다. 인간의 어리석음에는 한이 없다.

<본래의 너 자신이 되라.> 이것은 그리스의 최대의 서정시인(抒情詩人) 핀다로스(Pindaros)의 말이다. 고대 그리스인은 델포이의 아폴론 신전(神殿)의 하얀 대리석 벽에 <너 자신을 알라.>(희랍어 원문은 'Gnothi Seauton'이다. Know thy self!)라는 인생의 금언(金言)을 조각하고 그것을 생활의 한 신조(信條)로 삼았고, 소크라테스는 이 말을 애지중지(愛之重之)했다고 전한다. 이 말은 인생의 지혜로운 좌우명(座右銘)이다.

인간은 '너 자신'을 알아야 한다. 그것은 인간의 '지혜의 근본'이다. 인간은 '자기 자신'을 알아야 한다. 인생의 불행과 비극은 자기 자신을 모르는 데서 시작한다. 인간은 **본래의 나 자신**이 되어야 한다. 많은 사람들이 '본래의 자기'를 잃어버리고 살아간다. 검찰장악을 위해 광대의 칼춤을 추는 정권과 여권은 **본래의 자기**를 상실하고 있는 것은 아닌지 자문해 보아야 할 것이다.

(사) 서울동부구치소 코로나사태를 방치한 추 장관의 책임

서울동부구치소의 코로나 확진자가 1000명 이상으로 늘어난 이후 검사 때마다 확진자가 눈덩이처럼 불어나고 있다. 감독기관인 법무부는 지난해

11월 27일 첫 확진자 발생 후 이 사실을 숨겨오다가 12월 15일 그 사실이 언론에 보도되자 전수조사를 했다. 행형(行刑)에 관한 사무를 관장하는 법무부가 코로나 확진자 발생 직후 검사를 실시하고 격리 및 방역조치를 지체하여 사태를 이 지경으로 만들었다. 서울동부구치소에 첫 확진자가 나오던 날 추 장관은 윤석열 검찰총장 징계를 발표한 후 오로지 윤 총장 쫓아내기에만 정신이 팔려 재소자 안전은 뒷전이 된 것이다.

추 장관은 뒤늦게 사과하며 '마스크 지급할 예산이 없었다', '구치소는 감염병에 취약한 구조'라는 궤변으로 책임회피에만 급급했다. 법무부는 수감자들에게 마스크도 지급하지 않았고 심지어 '자비로 마스크를 구입하게 해달라'는 재소자의 진정마저 기각했다고 한다. 이를 두고 법무장관이 '세월호 선장과 뭐가 다르냐'고 비판받는 처지가 됐다. 동부구치소의 코로나 확산사태는 법무부의 초기대응 방치와 그 후의 엉터리 대응에 그 책임이 있다.

'모든 국민은 법 앞에 평등하며(헌법 제11조 제1항 전단)' '공무원의 직무상 불법행위로 손해를 받은 국민은 법률이 정하는 바에 의하여 국가 또는 공공단체에 정당한 배상을 청구할 수 있다(헌법 제29조 제1항)', '중대재해법'에는 '실질적 책임을 지는 사람'도 처벌 대상이므로 추 장관은 행형(行刑)에 관한 사무를 관장하는 책임자(정부조직법 제32조 제1항)이므로 처벌을 받는 것이 당연지사(當然之事)라고 한다.

(아) '정치자금 19만 원 유용' 추미애 약식기소

추미애 전 법무부 장관이 정치자금법 위반 혐의로 벌금 50만 원에 약식기소됐다. 서울동부지검(부장검사 안동완)은 2017년 1월 아들 서모씨의 충남

논산 육군훈련소 수료식 날에 인근 음식점에서 14만 원, 주유소에서 5만 원
등 19만 원을 정치자금으로 결제한 추 전 장관을 약식기소했다. 정치자금
지출 명목은 '의원간담회'라고 신고했으나 체크카드를 사용하던 시간에 추
전 장관이 경기 파주의 군부대를 방문했고, 점심은 장병 식당에서 먹은 것
이 드러나 논란이 됐다.

다만 검찰은 추 전 장관이 2014년 11월부터 2015년 8월까지 21차례에 걸
쳐 딸이 운영하는 서울 이태원 식당에서 정치자금 252만 9400원을 결제한
혐의에 대해서는 공소시효가 완성했다는 이유로 '공소권 없음'처분을 했
다. 검찰은 추 전 장관 기소여부 적정성에 대해 검찰 시민위원회의 심의를
요청했고, 위원회가 기소를 권고하자 이에 따라 약식명령을 청구한 것으로
확인됐다.

(10) 문재인 대통령의 "대북밀약" 의혹이 제기된 박지원 국가정보원장 임명강행

문재인 대통령은 2020년 7월 28일 국회 인사청문회에서 북한과의 이면
합의와 학력위조 논란 등이 제기된 박지원 국가정보원장 후보자에 대한 임
명을 강행했다. 국정보원은 <(1) 국외정보 및 국내보안정보(對共, 대정부
전복, 방첩, 대테러 및 국제범죄조직)의 수집 · 작성 · 배포, (2) 국가기밀에
속하는 문서 · 자재 · 시설 및 지역에 대한 보안업무, (3) 형법 중 내란의 죄,
암호부정사용의 죄, 군사기밀보호법에 규정된 죄, 국가보안법에 규정된 죄
에 대한 수사, (4) 국정원 직원의 직무와 관련된 범죄에 대한 수사, (5) 정보
및 보안업무의 기획 · 조정의 직무를 수행한다(국가정보원법 제3조 제1항).

박지원 신임 국정원장이 국정원의 현황을 파악하기도 전에 임명된 다음 날 국정원의 개혁안을 발표했다. 국가정보원의 개혁이나 개편에 앞서 정보 사용자인 대통령과 정보작성자인 국정원장이 국가정보원을 **"국가안보"**를 위해 사명감을 가지고 일할 수 있는 이스라엘의 정보기관인 모사드(Mossad)와 같은 강력한 정보기관을 만들어야 할 책무가 있다. 국가정보원의 제도개혁에 앞서 국내외정보에 능통(能通)한 인재를 국가정보원장 자리에 배치하는 것이 선결문제(先決問題)라고 본다.

대한민국에 대하여 6·25 무력남침 도발을 감행한 후 현재도 도발행위를 자행하고 있으며, 우리의 자유민주적 기본질서에 대한 위협이 되고 있는 반국가단체인 북한과 2000년 남북정상회담 당시 북측에 30억 달러 경제지원을 제공하기로 이면합의서를 작성했다는 의혹을 받고 있는 박지원 국정원장이 과연 국내외정보의 수집 등 국정원의 업무를 총괄하고 소속직원을 지휘·감독할 적임자인지 의문이다. **<나라가 망(亡)하는 것은 현인(賢人)이 없기 때문이 아니다. 쓸 줄을 모르기 때문이다.>**(戰國策)고 했다.

(11) 3연속의 무법(無法) 법무부장관 임명
조국 전 장관은 아내 정경심이 자녀 입시비리 및 사모펀드 불법투자 등 15가지 혐의로 기소되어 1심법원에서 징역4년 벌금 5억 원, 추징금 1억4천만 원의 유죄판결을 받고 법정 구속되는 등 만신창이(滿身瘡痍)가 되었고, 후임 추미애 장관은 아들 휴가특혜의혹(군무이탈)을 받고 있으며, 현 정권에 대한 수사검사에 대한 학살인사, 좌천 및 윤석열 검찰총장에 대한 직무정지와 징계청구 등으로 '**법무부**(法無府)' '무법(無法)장관'이라는 조롱(嘲弄)을 받고 있다.

추미애 장관의 후임자가 될 박범계 법무장관 후보자는 공직자 재산신고에서 자신과 아내 소유 토지를 누락한 것으로 보도됐으며, 2016년 사법시험존치를 요구하며 자택 앞에서 농성을 하던 고시생의 멱살을 잡고 폭언을 했다는 의혹도 제기됐다. 박 후보는 2019년 국회 패스트트랙법안 처리 과정에서 야당 당직자 등 폭행혐의로 기소되어 재판 중이며, 박원순 전 서울시장 성추행사건이 발생하자 "박 시장은 맑은 분"이라고 감싸는 궤변을 토로하기도 했다.

법치를 확립하고 엄정한 법집행자가 되어야 할 법부부장관이 **"황야(荒野)의 무법자(無法者)"**가 되어 온갖 탈법과 위법논란에 휩싸인 것이다. 조국 전 법무장관과 추미애 법무장관에 이어 박범계 법무장관 후보자가 세 번째의 '연속드라마 연출'이다. 이처럼 문재인 정부에서 임명되는 장관마다 온갖 불법과 탈법, 비리가 끊이지 않고 터져 나온다. 공무원 임면권자인 대통령이 법무부장관을 자신과 정권의 비리수사를 막아줄 방파제(防波堤)로 이용하고자 측근(側近)들만 연속해 심어온 결과물이다.

2021년 2월 7일 박범계 법무부장관이 취임 후 첫 검사장급인사에서 윤석열 검찰총장이 교체를 요구한 것으로 알려진 이성윤 서울중앙지검장을 비롯해 정권호위검사들을 유임시켰다. 문 대통령 대학후배인 이성윤 지검장은 청와대 울산 시장선거개입, 옵티머스 펀드사기, 채널A 사건 등 현 정권의 불법 관련 수사를 원천봉쇄하는 문지기 역할을 해왔다. 추미애 전 장관의 윤석열 검찰총장 찍어내기에 적극 가담했던 심재철 서울남부지검장과 이정수 법무부 검찰국장도 서로 자리만 맞바꿨다. '추미애 시즌2'를 예고한 것이나 다름없다고 한다.

신현수 청와대 민정수석이 최근 검찰의 검사장급 인사에 대해 법무부와 이견(異見)을 보인 뒤 문 대통령에게 여러 차례 사의(辭意)를 표한 것으로 보도됐다. 박범계 법무부장관 취임 후 첫 검찰인사에서 이성윤 서울중앙지검장을 비롯한 정권호위 검사들이 그대로 유임됐다. 문 대통령 대학 후배인 이성윤 지검장은 현 정권관련수사를 원천봉쇄하는 문지기 역할을 해왔으나 문 대통령은 정권방패노릇을 계속하라고 유임시키는 등 살아있는 권력의 비리와 불법을 수사하는 검사들은 물을 먹이고, 정권호위 검사들은 영전시키자 민정수석이 사의를 표한 것이라고 한다.

이용구 법무부차관은 지난해 11월6일 집 앞에서 술에 취한 자신을 깨운 택시기사를 폭행한 혐의로 신고됐으나 입건되지 않은 채 6일 뒤 무혐의로 종결됐음이 차관임명 직후 드러나 경찰의 봐주기 수사의혹이 제기됐다. 그러나 택시기사는 권력에 맞서 진실을 밝혔다. 이 차관은 임명된 직후 사퇴하고 조사를 받으라는 요구에 직면했으나 버티다가 검찰 기소가 목전(目前)에 닥치자 사의(辭意)를 표명(表明)했다.

그동안 청와대 인사수석실은 부적격자만 선별해 추천하는 인사참사로 호된 비판을 받았으나 인사 관련 비서관에는 대선캠프나 여당출신 또는 친(親) 조국 인사들이 임명되는 등 문 대통령은 자기 편만 임명하는 인사를 강행하여 '공직원천배제 7대 기준'이란 인사원칙은 사라졌다. 적재적소(適材適所)라는 인사원칙을 무시한 채 자기 편만 등용하는 인사 참사의 반복이다. 그래서 '나라가 망(亡)하는 것은 현인(賢人)이 없기 때문이 아니다. 쓸 줄을 모르기 때문이다'라고 했다.

(12) 서울중앙지검장이 피고인이 된 나라

이성윤 서울중앙지검장이 대검찰청 반부패강력부장으로 재직하던 2019년 안양지청 검사들의 김학의 전 법무부 차관에 대한 불법출국금지 의혹사건의 수사를 세 차례 방해한 혐의로 2021년 5월 12일 불구속 기소됐다. 수원지검 수사팀(팀장 이정섭 부장검사)은 이성윤 지검장을 직권남용(형법 제123조) 혐의로 기소했다.

"형법 제123조가 규정하는 직권남용 권리행사방해죄에서 권리행사를 방해한 때라 함은 법령상 행사할 수 있는 권리의 정당한 행사를 방해하는 것을 말한다고 할 것이므로 이에 해당하려면 구체화 된 권리의 현실적인 행사가 방해된 경우라야 할 것이다(대결 1986.6.30. 86모12)." 서울중앙지검 검사장이 재직 중 공판(公判)에 회부되어 형사피고인 신분이 된 것은 헌정사상 초유(初有)의 일이다.

서울중앙지방검찰청 검사장은 전국 최대 지방검찰청으로 200명 넘는 검사들을 지휘·감독하는 범죄수사의 상징이며, 사실상의 사령탑(司令塔)이라 할 수 있다. 이러한 사령탑의 수장(首長)이 범죄혐의자로 공판에 회부된 처지에서 무슨 염치(廉恥)로 다른 검사들을 지휘·감독하며, 다른 사람의 범죄혐의를 수사할 수 있나. 검사징계법상 검사가 "직무상의 의무를 위반하였을 때"에는 징계사유가 되므로(동법 제2조 2호), 이성윤 지검장의 안양지청의 김학의 불법출금의혹사건의 수사방해는 검사의 "직무상의 의무위배"로 "징계사유"에 해당된다.

이 지검장이 자진사퇴 후 재판을 받거나 또는 자진사퇴하지 않을 경우 직무배제조치를 취하거나 징계절차를 밟아야 할 것이다. 그렇지 않을 경우 이 정부는 살아 있는 권력의 부정과 비리의 방패막이로 피고인 신분이 된 이성윤 지검장을 불사(不辭)한 최초의 정부라는 오명(汚名)에서 벗어나지 못할 것이다.

(13) 문재인 대통령의 김오수 검찰총장 임명강행

문재인 대통령이 5월 31일 김오수 검찰총장 임명안을 재가했다. 여당이 인사청문경과보고서를 단독 채택해 청와대에 송부하자 야당의 강한 반발에도 임명을 강행해 야당의 동의 없이 임명된 33번째 장관급 인사가 됐다. 그는 청문회에서 현 정부가 다른 정부에 비해 검찰수사의 공정성과 정치적 중립성을 보장한다는 취지로 답변하는 등 여권의 검찰 흔들기에 대해 눈을 감으려는 태도를 보였다.

그는 문재인 정권에서 조국, 추미애, 박상기 등 법무부장관 3명이 교체되는 과정에서 차관으로 22개월간 장수하는 동안 정권 관련 온갖 불법과 비리은폐에 등장했다. 조국 사태 당시 문 대통령은 그를 청와대로 불러 "검찰개혁"을 주문하며 그를 "우리 차관"이라고 불렀다고 한다. 월성 1호기 경제성조작사건을 감사원이 감사에 착수하자 문 대통령은 그를 감사위원으로 보내 감사를 뭉개려 하는 등 요직인사 때마다 그 이름이 등장했다.

그는 검찰총장, 법무부장관, 금융감독원장, 국민권익위원장, 공정거래위원장 등 핵심공직에 후보로 거명된 친정부 인사로 꼽혀왔으며, 법무부차관 퇴임 후 2020년 9월부터 2021년 5월 초까지 법무법인 화현에서 변호사로 활동하며 22건을 수임해 2억 원의 자문료를 받았다고 한다. 22건 중 5건이 5천여 명의 투자자에게 2조원대 피해를 준 라임과 옵티머스펀드 사기사건으로 드러났다.

2020년 9월 라임펀드판매사인 우리은행 관련사건을 수임했는데, 라임펀드사기로 투자자 4천여 명이 1조 6천억 원대의 피해를 봤으며, 2020년 12월엔 1,100여 명의 투자자에게 4천억 원대의 피해를 준 옵티머스펀드 사기사건과 관련해 배임혐의를 받는 NH 투자증권 정영채 사장의 변호를 맡았다고 한다. 검찰총장후보 추천위원회가 지난 4월 29일 최종후보 4명을 압축해 법무부장관에게 추천할 때 그는 4명 중 꼴찌 정도의 신망이었으나 박범계 법무장관은 김 후보자를 1순위로 제청했고, 문 대통령은 차기 검찰총장 후보자로 그를 지명했다.

자신이 피의자로 수사받고 있는 "김학의 불법출금사건", "청와대 울산시장 선거개입사건"과 관련한 질의에 대해 "수사와 재판이 진행 중"이라며 답변을 피하자 한 법조인은 "미꾸라지 같다"고 비난했다. 이날 청문회에선 아들이 2017년 산업통상자원부 산하 전자부품연구원(현 한국전자기술연구원) 입사지원서에 부친직업을 "서울북부지검 검사장"이라고 적어서 제출한 것이 "아빠 찬스"가 아니냐는 지적에 대해 "난 무관심한 아빠… 청탁 안했다."고 답변했다.

검찰총장은 범죄수사, 공소의 제기 및 그 유지 등에 필요한 직무를 수행하는 검찰사무를 총괄하므로 정치적 중립성과 도덕성이 요구되는 자리이나 문재인 정권은 검찰총장이나 법무부장관의 허가 없이는 일선 지검과 지청이 정권의 비리와 불법을 수사할 수 없도록 만들려고 한다는 것이다. 그러므로 김 후보자가 검찰총장이 되면 바로 그 악역(惡役)을 담당할 것이라고 우려하는 것이다. 공무원 임면권자나 후보자는 자기의 분수(分數)를 알고 분수를 지키는 지혜가 필요하다. 인간은 자기의 분수에 맞는 자리에서 분수에 맞게 살아야 한다. 인생을 도박처럼 살지 말아야 한다.

마. 문재인 청와대 민정수석 리스크(5명 모두 불명예 퇴진)

아들의 입사지원서 문제로 논란에 휩싸인 김진국 청와대 민정수석이 임명된 지 9개월 만인 12월 21일 사의를 표명하자 문재인 대통령은 즉각 수용했다. 문 대통령의 사의(辭意) 수용은 조국 전 민정수석 때부터 이어져 온 '민정수석 리스크'가 임기 말 레임덕으로 이어질 수 있다는 판단에 따른 것으로 보인다. 김진국 청와대 민정수석의 아들이 회사 5곳에 입사지원서를 내면서 자기소개서에 "아버지께서 현 민정수석이신 김진국 수석입니다" "아버지께 잘 말해 기업의 꿈을 이뤄드리겠습니다"라고 '아빠 찬스'를 쓴 사건이다.

김진국 민정수석이 9개월 만에 청와대를 떠나면서 민정수석실을 둘러싼 잡음은 5년 임기 내내 이어지는 양상이다. 논란의 시작은, 조국 초대 수석의 울산시장 선거공작, 유재수 비리비호, 법무부 장관 지명 후 두 자녀 입시비리 의혹, 사모펀드 투자 의혹 등이다. 그 후 김조원 수석은 청와대 참모 1주택 보유 권고에도 2주택을 유지한 의혹이다. 김종호 수석은 추미애 전 법무부 장관과 윤석열 전 검찰총장의 갈등 책임으로 4개월 만에 교체되었고, 신현수 수석은 박범계 법무부 장관과 검찰 고위간부인사 조율과정에서 패싱 논란으로 2개월 만에 옷을 벗었다.

일가(一家) 비리로 재판을 받는 조국 전 민정수석을 비롯해 문재인 정부 들어 청와대 민정수석 5명이 온갖 논란의 주인공이 됐다. 울산시장 선거공작을 총지휘한 곳이 민정수석실이었고, 대선 여론을 조작한 드루킹 일당이 공직에 기용해 달라며 인사를 추천하자 민정비서관이 달려 나가 면접을 봤다. 김학의 전 법무차관의 불법 출금을 주도한 혐의로 기소된 민성비서관도 있으며, 옵티머스 펀드 사기범의 아내가 민정수석실 행정관으로 근무하기도 했다. 민정수석실이 비리와 추문의 소굴이 된 것은 문 대통령의 책임이라고 한다.

대통령 친인척과 청와대 내 공직비리를 감시하고 사정기관을 조정하는 책무(責務)를 진 청와대 민정수석실이 이처럼 비리와 추문의 진원지(震源地)가 된 것은 자기의 심복이 되는 내 사람만 등용하는 등 문 대통령의 인사 참사에 있다. "나라가 망(亡)하는 것은 현인(賢人)이 없기 때문이 아니다. 쓸 줄을 모르기 때문이다."(-戰國策-)

4. 대통령의 공무원임면권의 남용은 탄핵사유

대통령이 국가원수(元首)인 동시에 행정부의 수반(首班)으로서의 지위에서 "공무원 임면권을 적정하게 행사"하는 것은 대통령의 직무 중에서도 가장 중요한 직무의 집행이다. 대통령은 우리 나라의 공직사회의 부정부패와 뿌리 깊은 적폐청산(積弊淸算)을 위하여 공무원임면권을 적정하게 행사해야 한다. 공직사회의 부정부패근절(不正腐敗根絶)을 위한 열쇠는 궁극적으로 대통령의 공무원임면권의 적정한 행사에 달려있다.

대통령이 국회의 인사청문 보고서도 없이 청렴성과 능률성 등을 갖추지 못한 부적격자를 공직자로 임명한다면 공직사회는 탐관오리(貪官汚吏)들이 창궐(猖獗)하는 '도둑떼의 소굴'이 될 것이다. 도둑에게 도둑을 지키라는 일이 없어야 나랏일이 잘되어 가리라는 것은 너무도 자명한 일이다. 탐관오리에게는 벼슬자리가 '앉기는 쉬워도 물러서기는 어려운 자리'가 될 뿐이다.

대통령의 공무원 임면권이 남용될 경우 권력에 취한 해바라기 형(形) 지식인과 법꾸라지들은 권력에 아부하며 탐욕을 채우기 위해 임명권자 주변에 모여들 것이다. 나라를 다스리자면 사람을 쓰기에 달렸으니, 진실로 적임자를 얻지 못하면 자리만을 갖추어 놓았을 따름이다. 대통령이 공무원임면권을 행사함에 있어서 국가와 민족의 백년대계(百年大計)를 계획한다면 유능한 인재를 선별하여 적재적소(適材適所)에 배치해야 한다.

<**탐관오리는 망국의 상징이다**(貪官汚吏 亡國之象 : 時經 講議補遺)> 행정수반인 대통령이 공직후보자를 임명함에 있어 소위 자기의 심복(心腹)이 되는 '내 사람을 쓰지 않을 때' 비로소 청풍명월(淸風明月)처럼 맑고 깨끗한 통치자가 될 수 있다. 이러한 대통령의 통치철학과 정신자세에 국가개조 및 적폐청산의 성패 여부가 달렸다. 공직사회의 부정부패근절을 위한 열쇠는 궁극적으로 유능한 인재를 적재적소에 배치할 수 있는 **"대통령의 현명한 판단력"**에 달려있다. 대통령의 공무원임면권의 적정한 행사여부는 정권의 도덕성과 수준을 보여주는 것이다.

대통령은 Populism에 의한 선동정치가(煽動政治家)가 아닌 "이성(理性)의

통치자(統治者)"로서 다음 세대를 생각하는 정치가로 국민의 존경과 칭송을 받으며 역사에 길이 남을 "위대한 지도자"가 되어야 한다. 이것이 대한민국 국민의 간절한 소원(所願)이며, "대통령의 사명(使命)"이다. 대통령 후보자의 선거공약(選擧公約)은 유권자에게 제시하는 공적약속(公的約束)으로 후보자가 당선 후에 국정수행에 반영할 정책으로서 유권자는 그 정책의 집행을 신뢰하고 신성한 투표권을 행사하게 된다.

대통령 후보자의 선거공약은 당선인인 대통령의 국민에 대한 약속이므로 반드시 지켜야 할 보증수표가 되어야 하므로, 문재인 대통령이 후보자로서 약속한 <공직배제 5대원칙(위장전입, 부동산투기, 논문표절, 병역면탈, 세금탈루)>은 대국민 약속인 공약(公約)이므로 당선 후 공무원임면권행사에 철저히 적용했어야 한다. 그러나 새 정부 구성의 첫 단추인 문재인 대통령의 공무원임면권 행사가 전리품(戰利品)나눠먹듯이 대선공신, 코드인사, 보은인사 등으로 내로남불의 종합세트라고 비난의 대상이 되고 있다.

대통령이 공직배제 5대원칙을 위반하여 공직자로서 부적격한 후보자를 국회 인사청문 보고서도 없이 오기와 독선으로 임명하는 것은 헌법 제7조 제10조 제25조 제66조 제2항 제78조, 국가공무원법 제1조 제7장, 국회법 제46조의3 제65조의2, 인사청문회법 등을 각각 위반하게 된다. 대통령이 그 직무집행에 있어서 헌법이나 법률을 위배한 때에는 국회는 탄핵의 소추를 의결할 수 있다(헌법 제65조 제1항). 즉 <대통령의 공무원임면권의 남용은 탄핵사유>가 된다.

제5장
인생의 지혜

 인생에는 많은 고뇌(苦惱)가 있고, 싸워야 할 적(敵)이 있다. 삶의 과정이란 싸움의 연속이므로, 이 싸움에서 이긴 사람이 삶을 성공적으로 이끌고 행복을 쟁취할 수 있다. 인생의 가장 어려운 싸움은 '자기와의 싸움'이요, 인생의 가장 위대한 승리는 '자기를 이기는 것'이다. 내가 나를 이기는 것이 '인간 최대의 승리'이며, 자신을 이겨낸 사람이 '가장 훌륭한 정복자'다.

 우리의 인생을 사랑으로 채워야 한다. 언제나 사랑의 마음으로 참되고 진실하고 바르게 사는 것이 행복으로 향하는 길이다. 인간의 행복은 사랑 속에 있으며, 인간의 불행은 사랑의 고갈(枯渴)에 있다. 사람의 근본(根本)은 사랑이요, 사람의 사람다움은 사랑에 있다. 우리는 일생을 통하여 사랑을 실행하도록 노력하는 '사랑의 실천가(實踐家)'가 되어야 한다.

 인간은 죽음을 준비하는 자세로 살아야 한다. 죽음에 대한 가장 멋진 준비는 참되고 보람찬 삶을 영위(營爲)하는 '아름다운 삶'이다. 아름다운 삶의 마무리를 위해 가장 중요한 것이 바로 죽음을 준비하는 '성실한 삶의 자세'라고 본다. 인간의 가치평가는 태어나는 것보다 죽는 것으로 결정되며, 또한 그가 어떠한 유산(遺産)을 남겨놓았느냐에 의해 결정된다. 우리가 산다는 것은 값있는 유산을 남기는 것이다. 그것이 삶의 의미요, 목표요, 사명(使命)이다.

제5장

인생의 지혜

1. 나는 어느 곳으로 향하고 있는가(인생의 올바른 방향의 선택)

가. 인생은 '여행,' 인간은 '나그네'

천리(天理 : 천지자연의 도리)의 길은 하늘같이 넓고 큰지라 마음을 조금만 여기에 두어도 답답한 가슴이 탁 트여서 밝아지는 것을 깨달을 수 있으나, 인욕(人慾 : 사람의 욕심)의 길은 험하고 좁기 때문에 잠깐만 마음을 여기에 머물러도 눈앞이 캄캄하여 모두 다 가시밭 진흙탕이 된다. 정대(正大)한 마음을 쓰면 어둠 속에서도 항상 밝은 빛이 있고, 사욕(私慾)에 마음이 매이면 분명한 일에도 눈이 어두워진다는 말이다.

인간이란 어디서 와서, 어떻게 살다가, 어디로 가는 것인가? 우리의 인생은 하늘에 떠 있는 구름이 흘러가듯 어디서 왔다가 어디로 가는지 알지도 못하는 방랑자(放浪者)이다. 인간이란 강물과 같이 흐르고 있는 존재로 끊임없이 변화하면서 제각각의 길을 간다. 그리하여 인생은 '여행(traveling)' 이요, 인간은 '나그네(traveler)'라고 한다. 우리의 인생이 여행이요, 우리의 삶이 방랑자라고 해도 우리는 정처(定處) 없이 이곳저곳을 떠돌아다니는 집시(gipsy)가 될 수는 없다.

나. 참된 사람의 길

우리는 어떤 나그네의 길을 가야 하는가. 우리는 길을 어떻게 가야 하는가. 우리의 인생길에는 미로(迷路 : 한번 들어가면 빠져나오기 힘든 길)가 있고, 험로(險路 : 험난한 길)가 있고, 막다른 길도 있다. 인생길에는 두 갈래 세 갈래의 갈림길이 있다. 나는 '**어느 길**'로 갈 것인가. 물어볼 사람도 가르쳐 주는 사람도 없다. 그러므로 인간은 자신의 삶을 명확히 정의하고 올바른 방향을 선택할 책임이 있다. 우리의 인생행로(人生行路)는 자신이 선택하되, 사람이 가야할 "**옳은 길, 바른 길**"을 선택해야 한다.

우리는 강한 삶의 길을 선택해야 한다. 사랑의 길을, 생각하는 길을, 희망의 길을, 내일에 대한 신념(信念)의 길을, 믿음의 길을, 선(善)의 길을 선택해야 한다. 선택은 나 자신이 할 일이다. "옳은 길" "바른 길"을 가려면 우리는 어떠한 마음가짐이 필요한가? 나는 내 인생의 길을 내 발로 서서 나의 의지(意志)로 정도(正道)를 가야 한다. 이것은 인간이 피할 수 없는 운명이다. 우리는 어떤 길을 가야 하는가. '참은 하늘의 길이요, 참을 행하는 것은 사람의 길이다(誠者天之道也, 誠之者人之道也)'라고 했다. 우리는 <참된 사람의 길>을 가야 한다. 우리는 인생의 큰길(大道)을 가야하고, 옳은 길(正道)을 가야 한다. 우리의 인생길에는 왕도(王道)가 따로 없고, 정도(正道)가 있을 뿐이다.

다. 인생의 지혜, 지혜의 근본

우리는 '인간본연(人間本然)의 자세(姿勢)'를 발견하고 '인간본연의 길'을 가야 한다. 인간의 문제는 "나는 무엇인가"로부터 출발하고, 이에 대한 깊은 성찰(省察) 속에서 모든 해결이 이루어진다. 그 힘은 나 자신 속에 있으며, 나 자신이 그 열쇠를 가지고 있다. 인생이란 '창조적 자기표현(創造的 自己表

現)’이라고 한다. 산다는 것은 나다움을 들어내려는 창조적 노력이다. 이성(理性)을 가진 인간은 환경의 산물(産物)이 아니라 "환경의 창조자(創造者)"가 되어야 한다. 그것이 '올바른 인생의 행로(行路)'다.

우리는 어떤 인생길을 가야 하는가? 나는 어디로 갈 것인가? 우리는 바람의 방향을 똑똑히 아는 인생항로(人生航路)의 뱃사공이 되어야 한다. 이 세상에서 가장 위대한 것은 우리가 '어디에 서 있는가'라기보다는 **'어느 곳으로 향(向)하고 있는가'**라는 그 방향(方向)을 바로 아는 것이다. 그것이 "인생의 지혜"요, "지혜의 근본"이다.

라. 인생의 승리자

소크라테스는 <사는 것이 중요한 문제가 아니라 바로 사는 것이 중요한 문제다.>라고 말했다. 참되게 살고 아름답게 살고 의(義)롭게 사는 것이 바로 사는 것이다. 바로 살려는 의지로 살아야 잘 살 수 있다. 바로 사는 자가 잘 살 수 있는 사회가 인간다운 사회다. 우리는 **'인간다운 사회'**를 건설해야 한다.

인간다운 사회건설을 위해 우리는 모든 사람들로부터 '배우는 사람'이 되어야 한다. 배운다는 것은 스스로 배울 뜻이 있어야 배울 수 있는 것이다. 배우고 안 배우기는 자신의 결정에 달려있다. 그러나 배운다는 것만으로는 지혜를 얻을 수 없다. 지혜는 지식과 사실을 응용(應用)하는 것이다. 독일의 시인 괴테(Goethe)의 어떤 시(詩) 가운데 '별이 너무나 아름답기에 따라 가다 보면 점점 더 멀어만 진다'는 내용의 구절(句節)이 있다. 인생의 진리(眞理)는 마치 그런 별과 같은 것이다. 인생의 올바른 방향을 향해 '삶의 용기와 신념'을 가지고 좌절하지 않고 끝까지 배우려는 끈질긴 노력만이 "인생의 승리자"가 될 수 있다.

2. 운명(運命)의 개척자(開拓者)

가. 운명을 관리하는 책임

사람은 저마다 다른 운명을 갖고 세상에 태어난다. 사람이 타고난 운명은 그의 인생에 영향을 미치므로 사람에 따라 기구한 운명을 타고났음을 한탄하며 팔자타령(八字打令)을 한다. 그러나 사람은 저마다 운명은 다르게 태어났으나 그 운명이 그 사람의 앞으로의 인생을 결정짓는 절대적 요인은 아니다. 각자에 주어진 운명은 어쩔 수 없지만 그 '**운명을 관리하는 책임**'은 나의 의지와 노력에 달려있다.

잘못 타고난 운명을 탓하지 말고 '타고난 운명을 최대한으로 발휘하는 슬기와 의지(意志)'가 필요한 것이다. 우리는 시간의 벽 속에서 일하는 운명의 건축자들이다. 약자(弱者)의 길에 있어 방해물이 강자(强者)의 길에서는 디딤돌이 된다. 가장 물이 많이 빠지는 때가 조수(潮水)의 전환기(轉換期)이다. 역경(逆境)에 처한 운명일수록 이를 극복하려는 의지는 더욱 강해지는 것이다. 인간의 운명은 '출발점'이지 '결승점'이 아니다. 나에게 주어진 운명을 100% 발휘할 수 있는 슬기와 의지가 필요한 것이다.

나. 운명의 개척자

나는 내 운명의 주인이며, 나의 영혼(靈魂)의 선장(船長)이다(I am the master of my fate: I am the captain of my soul.). 인간의 운명은 인간의 수중(手中)에 있다. 내가 나를 믿고 나의 의지와 노력에 의해서 살아가야 한다. 우리의 인생은 우리가 의지하는 바대로 되는 것이다. 자신의 목표를 향해 한 발자국씩 나아가라. 천 마일의 여행도 한 걸음부터 시작된다.

미국의 사상가 에머슨(Ralph Waldo Emerson)은 '인간의 운명(運命)은 그 인간의 성격이 만드는 것이다.'라고 말했다. 인간의 운명은 그 사람의 '성격의 산물(産物)'이다. 성격이 운명을 좌우한다. 성격은 운명의 어머니요, 운명은 성격의 아들이라고 한다. 개인의 고유한 마음의 바탕이나 품성(品性)이 운명을 좌우한다. 한 개인의 성격이 그 개인의 운명을 결정하듯이 한 민족의 성격이 그 '민족의 운명'을 지배한다. 모든 인간은 스스로의 **"운명의 개척자(開拓者)"**이다(Every man is the architect of his own fortune.). 우리는 운명과 싸워서 승리하는 **"용기의 주인공"**이 되어야 한다. '의지(意志)가 굳은 사람은 혼자서 세계를 이룩한다(Goethe).'고 했다.

다. 운명에 도전(挑戰)

"운명아 비키어라, 내가간다." 이것은 <파랑새>를 쓴 벨기에의 시인, 극작가, 수필가 메테를링크(Maurice Maeterlinck)의 말이다. 얼마나 씩씩한 인생의 도전적 자세(挑戰的 姿勢)인가. 우리는 운명과 싸워서 운명을 이겨내야 한다. 여기에 인생의 진정한 히로이즘(heroism : 영웅적 자질)이 있다. 그것이 **"인간다운 생(生)"**이다. 우리는 이러한 기상(氣像)을 지니고 살아가야 한다. 운명은 불의(不意)에 우리를 노크(knock)한다. 그러나 우리는 운명에 순종할 것이 아니라 프로메티우스(prometheus)의 저항정신(抵抗精神)과 용기를 가지고 '운명에 도전'해야 한다.

인생에서 많은 고난(苦難)은 주위환경이나 다른 사람들에 의해서가 아니라 우리 자신에 의해 만들어지는 것이므로 스스로 역경(逆境)을 만들지 않도록 우리의 마음을 조절(調節)하는 것이 현명하다. 고난(苦難)은 인간의 진가(眞價)를 증명하며, 인간의 진가와 실력을 판가름하는 시금석(試金石 :

능력을 시험해 알아보는 기회)이다. 고난에 견디고 이기는 자가 참으로 '위대한 인간'이다. 어려움과 고난은 그 자체의 가치를 지니고 있다.

라. 승리와 패배는 자신의 마음속에

참나무가 더 단단한 뿌리를 갖도록 하는 것은 바로 폭풍인 것이다. 튼튼하게 자라고 있는 참나무를 바라보라. 그것이 천천히 그리고 여유 있게 잘 자랐기 때문에 크고 강한 나무가 되었음을 깨달아야 한다. 참나무가 더 단단한 뿌리를 갖도록 하는 것은 바로 폭풍인 것이다. 커다란 참나무가 바람 속에서 저항할 때 나뭇가지는 새로운 아름다움을 포용(包容)하고 있으며 줄기는 바람 부는 쪽에 더 깊은 뿌리를 내리는 것이다.

위대한 사람이란 남보다 더 많은 결단력(決斷力)을 가진, 그러나 포기하는 법을 알지 못하는 평범한 사람에 지나지 않는다. 인간의 성격을 가장 잘 알 수 있는 실험은 그가 성공한 후 어떻게 행동하느냐가 아니라 그가 '실패를 어떻게 참고 견뎠느냐' 하는 것이다. 고난에 대처하는 우리의 삶이 고난보다 더 강한 것이라면 그 고난은 우리의 인생을 더 위대하게 만든다. 어떠한 위험에서도 나 자신을 피신시켜 주기를 바라지 말고 그 위험에 용감하게 직면(直面)해야 한다. 폭풍은 그 자체가 원래 일시적인 것이다.

프랑스의 소설가 앙드레 · 지드(Andre Gide)는 "혹독(酷毒)한 추위를 견뎌낸 장미만이 아름다운 꽃을 피울 수 있다."고 했다. 이 말은 우리들에게 신선한 자극과 용기를 준다. '인간은 꿋꿋하게 현실의 운명에 참고 견디어야 한다. 거기에 일체의 진리(眞理)가 깃들인다(-Vincent van Gogh-).' 인간은 '고난을 극복하는 용기'가 필요하다. 용기와 슬기와 성실은 우리에게 요구되는 '인생의 기본 덕(德)'이다. 우리는 운명을 타개(打開)하고 개척(開拓)하는 "운명의 개척자"가 되어야 한다. 인간은 환경의 산물(產物)이 아니라 '환경의 창조자'가 되어야 한다. 승리와 패배는 바로 우리 자신의 마음속에 있는 것이다.

3. 성공의 길, 정상(頂上)에 오르는 길

가. 제1인자(第一人者)

오늘날 사람들은 노력을 하지 아니하고 성공을 꿈꾼다고 한다. 많은 젊은이들이 노력을 하지 않고 벼락성공, 벼락출세, 벼락부자, 벼락감투를 꿈꾼다고 한다. 씨를 뿌리지 않는데 싹이 나올 리 없고 공부를 하지 않는데 실력이 향상할 수 없다. 원인이 있어야 결과가 있고, 결과가 있으려면 반드시 원인이 있어야 한다. 우리 인생에는 인과업보(因果業報)의 대 섭리(大 攝理)가 지배한다. 인간이 성공하는 길도 마찬가지다. 명인(名人)이나 대가(大家)나 달인(達人)은 저절로 하루아침에 이루어지는 것이 아니다.

어느 방면에 "제1인자(第一人者)"가 되려면 은근과 끈기로 피눈물 나는 노력을 기울이고 정성을 다해야 한다. 깊이 파야 맑은 샘물이 솟아나듯 성공은 쉽게 얻어지는 것이 아니다. 성실한 노력 없이 성공할 수 없다. 백련천마(白練天磨 : 백 번 닦고, 천 번 간다는 뜻)의 훈련이 천재(天才)를 낳는다. 찬찬하고 착실히 하는 자가 경쟁에 이긴다(Slow and steady wins the race.). 성급하게 한 일치고 잘된 일은 없다(What is done in a hurry is never done well.). 위대한 일로서 쉬운 것은 없다(Nothing great is easy.).

나. 성공의 길, 영광의 길

하늘을 찌를 듯한 고산준령(高山峻嶺)도 조그만 흙덩어리의 집합(集合)이요, 유유(悠悠)히 흐르는 장강대하(長江大河)도 조그만 물방울의 무수한 축적(蓄積)에 지나지 않는다. 작은 것이 큰 것이 된다. 우리는 작은 것을 가볍게 보아서는 안 된다. 항상 배우고 익히면서 탐구(探究)하는 자세로 노력을 기울이지 않으면 우리의 삶에 녹이 슨다. '우리의 정신이 우리의 머리칼보다 먼저 희어진다', '정열을 잃은 사람만큼 늙은 사람은 없다.'고 했다. 육체가 여전히 살아 있는데 정신이 쓰러진다는 것은 부끄러운 일이다.

인생은 쉽게 살아지는 것이 아니므로 인간은 고생을 하며 노력을 해야 성장하고 발전하며 성공할 수 있다. 성공을 바라거든 인생을 쉽게 살려는 안이(安易)한 생활태도를 버려야 한다. 공(功)을 들이고, 땀을 흘리고, 정성을 다해야 인생의 성공과 영광과 대업(大業)이 성취될 수 있다. 성공의 길은 가시밭길이요, 영광의 길은 고난(苦難)의 길이다. 그러나 역경(逆境)의 시간 뒤에는 반드시 희망이 있다. 왜냐하면 수정(水晶)같이 맑은 빗방울은 검은 구름이 있은 후에야 떨어지기 때문이다. 그대가 모든 것이 절망적(絶望的)이라고 생각될 때 가느다란 한 줄기 빛이 어딘가로 부터 온다.

다. 사명의 완수(完遂)

인간은 성취와 성공을 위해서 살도록 만들어졌다고 한다. 인간에게는 성공을 위한 기능과 위대한 재능(才能)과 재질(才質)도 부여(附與)되었다. 당신만이 당신의 재능을 유용하게 사용할 수 있는 유일한 사람이다. 그것은 우리의 책임이며 의무다. 당신은 성공을 위해 당신 자신을 개발(開發)할 의무가 있다. 당신 안에는 엄청난 잠재력(潛在力)이 매장(埋藏)되어 있다는 사실을 알라. 당신 안에 있는 잠재능력(潛在能力)을 최대한 개발하라. 당신의 **"정신자세"**를 변화시킴으로써 당신의 인생을 변화시킬 수 있다. 당신의 자세와 사고방식(思考方式)이 성공을 좌우하는 중요한 요인(要因)이다.

사람은 위대한 성취와 성공을 즐기면서 살도록 만들어진 존재이다. 당신 안에도 성공의 씨앗이 들어 있으며, 정상(頂上)에 오를 수 있다. 당신의 손에는 실패와 성공을 좌우하는 씨앗이 있으며, 당신의 장래는 당신의 두 손이 좌우한다. 배운 지식을 실천하도록 노력하되 행동은 더욱 중요하다. 행동을 통해서 소원성취(所願成就)도 가능하다. 당신에게 주어진 자리를 빛낼 수 있는 사람이 되어 주어진 **"사명(使命)을 완수"**해야 한다. 당신의 성공은 '당신의 믿음과 인내심(忍耐心)'이 좌우한다.

라. 성공의 비결

성공과 행복의 출발점은 '건전한 자기 이미지(image)'이다. 위대한 인간은 태어나는 것이 아니라 선택과 훈련에 의해서 만들어진다고 했다. 자신감(自信感)이 바로 성공의 열쇠다. 욕망(欲望)은 초인(超人)의 용기(勇氣)를 창조한다. 실패에도 불구하고 계속 단계를 밟아 올라가는 사람은 정상(頂上)에 오른다. 그러나 사람들은 <목표가 뚜렷한 자>가 아니라 '방랑자'의 위치에서 일생을 낭비하고 있다.

인생은 산보(散步)가 아니라 행진(行進)이라는 사실을 명심하라. 정상에 오르는 유일한 길은 "뚜렷한 목표"를 향해 꾸준히 전진(前進)하는 것이다. 방랑자(放浪者)는 인생에 주어진 귀중한 시간을 낭비하는 사람이라는 사실을 잊지 말라. 성공의 비결은 '목표에 대한 불변'이며(The secret of success is constancy to purpose.), 일 분간의 성공은 수년 동안의 실패를 보상한다(A minute's success pays the failure of years.). "성공이란 우리가 인생에서 도달한 위치에 의해서가 아니라 성공하려고 노력하는 동안 우리가 극복한 장애물들에 의해 측정되어 진다(부커 · T · 워싱턴)."고 말했다.

4. 자기와의 싸움_(위대한 정복자)

가. 세상의 세 가지 싸움

인생에는 많은 고뇌(苦惱)가 있고, 싸워야 할 적(敵)이 있다. 삶의 과정이란 '싸움의 연속(連續)'이다. 이 연속된 싸움에서 이긴 사람이 삶을 성공적으로 이끈 사람이고, 행복을 쟁취(爭取)한 사람이다. 고난에 대처(對處)하는 비결(祕訣)은 고난과 싸워 승리하는 것이다. 프랑스의 시인 · 소설가 위고(Victor Marie Hugo)는 '오늘의 문제는 싸우는 것이요, 내일의 문제는 이기는 것이요, 모든 날의 문제는 죽는 것이다.'라고 말했다. 위고에 의하면 세상에는 "세 가지의 싸움"이 있다. 첫째 인간과 자연의 싸움이요, 둘째 인간과 인간의 싸움이요, 셋째 인간 내부에서의 자기와의 싸움이다.

나. 자기와의 싸움

산다는 것은 자아실현(自我實現)을 위한 부단(不斷)한 노력이며, 인격완성(人格完成)을 위한 꾸준한 연마(練磨)다. 내가 내 인격을 갈고, 닦고, 다듬고 채찍질을 해야 한다. 그래야 인간다운 인간이 될 수 있다. 인생의 자장 어려운 싸움은 "자기와의 싸움"이요, 인생의 가장 위대한 승리는 **"자기를 이기는 것"**이라고 했다. 진정한 자기발견(自己發見), 진정한 자아실현(自我實現)이

"자기와의 싸움"에서 이기는 것이다. '자기에게는 엄(嚴)하고 남에게는 관대(寬大)하라(Forgive thyself nothing, others much.).'고 했다.

우리는 살기 위해서 자연과 싸워야 하며, 인간 상호 간의 생존경쟁(生存競爭)을 해야 하며, 마지막으로 내가 나하고 싸우는 '내부(內部)의 싸움'을 해야 된다. 나 자신과 싸워야 하는 삶의 도정(道程)에 있어서 가장 큰 힘이 되는 것은 인내(忍耐)와 극기(克己)의 의지력(意志力)이다. 자기 자신보다 더 큰 적(敵)은 없다(Man has not a greater enemy than himself.). 내가 나를 이기는 것, 즉 자기의 사욕(私慾)을 이지(理智 : 理性과 智慧)로써 눌러 이기는 것을 '극기(克己)'라고 한다. 극기는 인생의 승리 중에서 '**최대의 승리**'이다.

다. 인간최대의 승리

위대한 인물들은 자기와의 싸움에서 승리한 사람이다. 남에게 이기려고 하는 자는 먼저 자기를 이겨야 한다. 자기를 다스리는 사람은 머지않아 남을 다스리게 될 것이다. 내가 나를 이기는 것이 **"인간 최대의 승리"**라고 플라톤(-Platon-)은 말했다. 자신을 이겨낸 사람이 가장 **"훌륭한 정복자다"**(He is the greatest conqueror who has conquered himself). 자기를 다스리는 사람은 머지않아 남을 다스리게 될 것이다(He that is master of himself will soon be master of others.). **"인생의 승리"**는 우연(偶然)의 산물(産物)이 아니라 피눈물 나는 노력(努力)의 결정(結晶)이요, 끊임없는 투쟁(鬪爭)의 소산(所産)이다.

우리는 **"인생의 승리자"**가 되어야 한다. 우리 인생의 최후의 목표는 **승리**에 있다. 영국의 역사가 토인비(Arnold Joseph Toynbee)는 '모든 도전(挑戰)에 이겨내는 민족만이 살아남을 수 있다.'고 말했다. 인생의 모든 **"도전을 이겨**

내는 사람"만이 승리자(勝利者)가 될 수 있다. 고난(苦難)이 클수록 승리의 영광(榮光)은 빛나고, 시련(試鍊)이 많을수록 승리의 기쁨은 크다.

라. 인생의 가장 위대한 승리(자기를 이기는 것)

주권자(主權者)인 국민은 독재정권에 저항(抵抗)하여 승리(勝利)를 쟁취(爭取)하는 정의(正義)와 용기(勇氣)로 무장(武裝)한 용맹(勇猛)한 투사(鬪士)가 되어야 한다. 우리는 용사(勇士)와 같은 씩씩한 정신으로 인생의 고뇌(苦惱)를 이겨내고, 인생의 적(敵)을 물리쳐야 한다. 우리는 이러한 인생관(人生觀)을 가지고 인생의 악(惡)과 싸우고, 부정(不正)과 불의(不義)에 항거(抗拒)하여 싸워서 승리하는 '보람된 생애(生涯)'를 살아야 한다. 인생(人生)의 '가장 어려운 싸움'은 자기와의 싸움이요, 인생의 '가장 위대(偉大)한 승리(勝利)'는 자기를 이기는 것이다.

"세상의 넓고 넓은 전장(戰場)터에서
인생의 야영(野營) 안에서
말 못하고 쫓기는 짐승이 되지 말고
싸움에서 이기는 영웅(英雄)이 되라"
In the world's broad field of battle,
In the bivouac of life,
Be not like dumb, driven cattle-
Be a hero in the strife!

__ "Psalm of Life" - Henry Wordsworth Longfellow

5. 나다운 나_(겸손의 미덕)

가. 사명의 자각

모든 존재(存在)가 다 저마다 저다운 의미와 빛깔과 향기(香氣)를 지녀야 한다. 프랑스의 사상가 몽테뉴(-Montaigne-)는 '이 세상에서 제일 중요한 것은 어떻게 하면 내가 정말 <**나다워질 수 있는가**>를 아는 것이다'라고 말했다. 내가 '나다워질 수 있는가'를 바로 아는 것이 가장 중요한 문제다. 우리는 '거짓된 자기'를 '진정한 자기'로 착각하고 살아가는 수가 많다. 내가 나를 바로 알고 "**나다운 나**"를 살아가야 한다. 세상에는 자기를 모르고 '자기답지 않은 자기'를 살아가는 사람이 허다하다. 그는 인생을 헛되게 살아가는 것이다. 그는 '자기 아닌 자기'를 살고 있는 것이다.

나 자신을 알고 내가 나다워지는 것은 참으로 어려운 일이다. 진정한 자기발견(自己發見), 진정한 자기실현(自己實現)이 가장 중요한 일이다. 우리는 자기 자신에 대해 "나는 나를 바로 알고 있는가?", "나는 과연 나다운 나를 살아가고 있는가?"라는 물음을 던지면서 살아가야 한다. 이것이 인생에서 진리(眞理)를 발견하고 진리를 위해서 살고 진리를 위해서 죽을 수 있는 이념(理念)을 발견하는 것이다. 그것은 '자기의 사명(使命)을 자각(自覺)'하는 것이다.

나. 겸손의 미덕

가장 "**훌륭한 지혜(知慧)**"는 친절(親切)과 겸허(謙虛)라고 한다. 겸허해지지 않고 친절할 수 없으며, 친절하지 않고는 겸허해질 수 없다. 우리가 성공할수록 더욱 겸허한 자세로 살아야 한다. 겸손(謙遜)은 인간을 확고한 기반

(基盤) 위에 세워놓는다. 겸손이란 '남을 높이고', '제 몸을 낮춤'을 말한다.

겸손한 사람은 위를 보기 때문에 항상 높아질 수가 있으나 교만(驕慢)한 사람은 아래만을 보기 때문에 언제나 스스로가 낮아지는 결과를 가져오게 된다. 겸손은 자기의 무지(無知)를 깨닫고, 자신을 죄 많은 인간이라고 생각하며, 자기의 선행(善行)을 자랑하지 않는 데서부터 시작된다. 인간은 "**겸손 (謙遜)의 미덕(美德)**"을 배워야 한다.

어떻게 하면 '겸손(謙遜)한 자세(姿勢)'를 갖출 수 있는가?

첫째, 자신의 힘과 능력을 알도록 노력하라. 자기의 힘과 능력을 알고 그것을 과소평가(過小評價)하기를 두려워하지 말아야 한다. 자신의 힘과 능력을 과장(誇張)하여 생각하는 것을 두려워하라. <나에게 있어 내가 아는 것은 '내가 아무것도 모른다는 사실' 뿐이다(As for me, all I know is that I know nothing. -Socrates).> 둘째, 언제나 자신의 단점(短點)을 발견하며 타인의 좋은 점을 받아들이며 남의 이야기를 경청(傾聽)하는 것이다. 겸손(謙遜)하게 살며 성실(誠實)하게 노력하는 사람에게는 '**위대한 인생의 열매**'가 주어진다. 그것이 인생을 살아가는 근본(根本)이다.

다. 자연의 위대한 철학자(물)

이 세상에 '물' 같이 부드럽고 순종하는 것은 없다. 그러나 물이 그 어떤 강(强)하고 단단한 것 위로 떨어질 때 물은 그 무엇보다도 강하다. 물은 흘러도 소리가 없으며, 산은 높아도 구름에는 거리낌이 없다. 물이 소리 있음은 그 바닥이 평(平)하지 못한 까닭이요, 구름은 본대 걸림이 없는 까닭이다. 사람도 이와 같이 집착(執着)하는 경계(境界)를 나와 초월(超越)하는 경지(境地)

에 들어가야 할 것이다.

'공순(恭順)의 덕(德)'은 위대(偉大)하다. 공순하면 공순할수록 더욱더 자유롭고 강하게 된다.

겸손(謙遜)은 인간을 확고한 기반(基盤) 위에 세워놓는다. 인간이 교만(驕慢)하면 교만할수록 그의 기반은 약해지고 만다. 입신(立身)에는 고매(高邁), 처세(處世)에는 겸양(謙讓)이 초탈안락(超脫安樂 : 세속을 벗어나 편안하고 즐거움)의 비법(秘法)이다. 세상을 살아가는 데는 항상 한 걸음 물러설 줄 알아야 한다. 물러서는 것은 곧 나아가는 밑천이요, 힘이기 때문이다. 좁은 길을 갈 때는 먼저 갈려고 다투지 말고 한 걸음 멈추어 다른 사람으로 하여금 먼저 가게 하라. '내가 하고 싶은 바를 남에게 베풀라'고 했다.

물은 우리에게 많은 것을 가르쳐주는 **"자연의 위대한 철학자"**다. 지혜로운 사람은 물에서 많은 것을 배운다고 했다. 물은 방해물(妨害物)이 있어도 거침없이 흐르며, 둑이 있으면 머물며 다시 흘러내린다. 물은 이 세상의 만물(萬物)을 살리면서도 스스로를 자랑하지 않고 항상 몸을 낮추어 낮은 곳으로만 흐르며, 깊을수록 소리 없이 흐른다. 세상을 살아가는 데는 일마다 공(功)을 바라고 자랑해서는 안 된다. 우리는 물에서 겸손을 배우고, 시종여일(始終如一 : 처음부터 끝까지 변함없이 한결같음)의 정신을 배워야 한다.

라. 겸허한 자세

독일 출신의 스위스 소설가 헤세(Hermann Hesse)는 <시다르타(Siddhartha)>에서 "기다리는 것, 인내하는 것, 귀를 기울이는 것을 그는 강에서 배웠다."고 말했다. 우리는 기다릴 줄 알고, 인내할 줄 알고, 조용히 귀를 기울일 줄 알아야 한다. 그것은 인생의 소중한 지혜다. 물은 우리에게 소중한 지혜를 가르쳐 주는 자연(自然)의 철학자다. 우리는 물과 같이 겸손한 마음으로 '자신의 힘과 능력'을 알도록 노력해야 한다.

모름지기 인간은 성공할수록 물과 자연과 같이 더욱 **"겸허(謙虛)한 자세"**로 살아야 한다. 무거운 포도송이일수록 아래로 늘어진다. 나무는 열매로 평가(評價)되고, 사람은 그가 이룬 업적(業績)에 의해 평가된다. 가장 열매가 많이 맺힌 가지가 가장 처진다(The boughs that bear most hang lowest.). 공순(恭順)한 사람보다 강한 사람은 없다. 겸손하면 할수록 더욱 자유롭고 굳세게 된다. 공순하되 냉정(冷靜)한 눈으로 사람을 관찰(觀察)하며, 냉정한 귀로 말을 들으며, 냉정한 마음으로 도리(道理)를 생각해야 한다. 그렇지 않으면 정사(正邪 : 바른 일과 간사한 일)와 선악(善惡)을 변별(辨別)하지 못할 것이다.

6. 성실한 삶의 자세(姿勢)

가. 성실한 인간

성실(誠實 : sincerity)이란 정성(精誠)스럽고 참되어 거짓이 없음을 말한다. 성실은 참(眞)을 위하여 참되게 사는 자세다. 성실은 거짓이 없는 것이요, 속이지 않는 것이다. 성실의 반대는 허위(虛僞)요, 거짓이다. 성실은 인간의 근본도덕(根本道德)이요, 인생의 대도(大道)요, 정도(正道)다. "참(誠)은 하늘의 길이요, 참을 행(行)하는 것이 사람의 길이다(誠者天之道也, 誠之者人之道也. -中庸-)." 인간의 길은 참을 행하는 길이어야 한다. 성실(誠實)이란 참(眞)을 위하여 정성스럽고 진실하게 사는 "인간다운 삶의 자세"이다.

성실은 나의 최선(最善)을 다하는 것이다. 인생에서 무엇보다도 어려운 것은 거짓말을 하지 않고 참되게 사는 것이다. 이것은 인간의 '양심(良心)의 요구'다. 자연은 절대로 우리를 속이지 않는다. 우리를 속이는 것은 언제나 우리 자신이다. 오늘의 우리 사회는 거짓과 위선(僞善) 때문에 법치(法治)와 헌정질서(憲政秩序)가 파괴되고 있다. 성실한 사람은 매사에 정성(精誠)스럽고 참되어 거짓 없이 살아가는 사람이다. 우리는 <성실한 인간>이 되어야 한다.

나. 행복의 문을 여는 열쇠

성실은 나에게 주어진 일(使命)에 최선을 다하는 것이다. 성실은 인간의 행동의 "최고원리(最高原理)"다. 성실은 만(萬) 가지 선(善)의 원천(源泉)이요, 거짓은 만 가지 악(惡)의 원천이다. 성실은 우리가 걸어가야 할 인생(人生)의 정도(正道)요, 생활(生活)의 지혜(知慧)다. 성실은 모든 것을 얻을 수 있으나 성실이 없는 노력과 수고는 모래 위에 세워진 누각(樓閣)과 같이 공허(空虛)한 환상(幻想)에 지나지 않는다. 성실은 그 자체가 '올바른 삶의 모습'이다.

노력 없는 성실이란 생명 없는 육체와 같이 공허(空虛)하며 무의미(無意味)한 것이다. 성실은 참에의 자세인 동시에 <인격의 바탕>이다. 겸손하게 살며 성실하게 노력하는 사람은 귀하고 위대한 **"인생의 열매"**를 맺는다. 이것이 행복의 원천(源泉)이요, 성공의 원동력(原動力)이다. 노고(勞苦)가 없으면 얻는 것도 없다(No pains, no gains.). 우리는 성실을 "인생의 지팡이"로 삼고 살아야 한다. 성실한 노력만이 인간의 모든 고뇌(苦惱)를 이겨낼 수 있다. '게으른 사람은 평생 동안 죽은 것이나 다름없다(Idle men are dead all their life long.).'고 했다. 우리의 삶이 참과 성실로 돌아가는 것이 **"행복의 문을 여는 열쇠"**다.

다. 정직과 성실(인생의 정도)

미국의 초대 대통령 워싱턴(George Washington)은 '정직(正直)과 성실(誠實실)은 최량(最浪)의 방편(方便)이다.'라고 말했고, 영국 격언(格言)에 '**정직은 최선의 방책(方策)이다**(Honesty is the best policy.).'라고 했다. 이 말은 인생의 진리요, 지혜의 원천(源泉)이다. 정직과 성실은 인생의 정도(正道)다. 우리는 정직과 성실이 최고의 방편(方便)이 되는 사회를 건설해야 한다. 그것이 "**인간다운 사회**"다.

인생의 '**처음**'과 '**마지막**'이 아름답고 빛나기 위해 우리는 성실하게 살아야 한다. 성실이란 나의 정성과 최선을 다하는 것이요, 참(眞)된 것이다. 이 세상에서 어떠한 것도 끈기를 대신할 수 없다. 재능(才能)도 끈기를 따를 수 없다. 끈기와 결단(決斷)만이 무엇이든 가능하게 해준다.

독일의 철학자 니체(Nietzsche)는 '**인생을 사랑하지 않는 것이 현대인의 가장 큰 죄(罪)**'라고 말했다. "**인생을 사랑 한다.**"는 것은 인생에 대해서 성실하다는 것이요, '**인생을 사랑하지 않는다.**'는 것은 인생에 대해서 불성실(不誠實)하다는 것이다. 자기 인생에 불성실하다는 것은 가장 부끄러운 일이다. 인생을 도박(賭博)처럼 살지 말아야 한다.

라. 인생의 '최초의 날'과 '최후의 날'

독일의 극작가 하우프트만(Gerhart Hauptmann)은 '**매일을 마치 그것이 네 인생의 "최초의 날"인 동시에 "최후의 날"인 것 같이 살라.**'고 말했다. 매일매일을 나의 인생의 최초의 날이자 동시에 최후의 날인 것처럼 산다는 것은 자기의 인생을 최고의 성실과 정열(情熱)을 가지고 살아가는 진지(眞摯)

한 인생의 자세다.

　오늘이 나의 인생의 **'최초의 날'**이라고 생각한다면 우리는 희망과 기대(企待)와 진지(眞摯)한 계획 속에서 오늘의 생활을 시작할 것이다. 오늘이 나의 인생의 '최후의 날'이라고 생각한다면 우리는 과거(過去)를 반성하고 참회(懺悔)하며, 최선의 노력을 다해 나의 하루를 헛되이 낭비하지 않을 것이다. 우리는 매일 매일을 내 "인생의 최초의 날이자 최후의 날"인 것처럼 성실과 정열을 다해서 살아야 한다.

　매일매일 하루를 끝마치고 그날을 정리하도록 해야 한다. 밤에 잠자리에 들기 전에 잠시 조용히 앉아 자신을 명상(冥想)하고 성숙(成熟)시키는 연습을 하라. 그리고 밤하늘에 속삭이는 별을 보라. 밤은 자애(慈愛)로운 어머니처럼 포근한 가슴에 당신을 어루만져 당신의 영혼 속에 보금자리를 펴줄 것이다. 내일은 또다시 새로운 날이 시작된다. 당신의 내일은 아름답고 멋진 날이다. 한순간(瞬間)이라도 낭비(浪費)하지 말아야 한다.

　행복하게 사는 비결은 성실한 삶을 통한 창조(創造)와 성취(成就)에 있다. 우리는 생(生)의 목표를 부단히 추구하면서 꾸준히 일하며, 기다릴 줄 알아야 한다. **"너 자신에 대해서 성실하라."** 이것은 인간의 첫째가는 생의 계명(誡命)이다. 열심히 일한 다음에는 성패(成敗) 여부는 하늘에 맡겨야 한다. 진인사대천명(盡人事待天命 : 사람으로서 할 수 있는 일을 다 한 뒤에 천명을 기다림)이라고 했다.

마. 가치를 창조하고 이상을 추구하는 생활인

인생은 먹고 마시고 노는 놀이터가 아니라 땀을 흘리며 일하고 생산(生
産)하며 추구(追求)하는 창조(創造)의 일터다. 우리의 삶은 생존(生存)을 위한
것이 아니라 **"가치(價値)를 창조하고 이상(理想)을 추구(追求)하는 생활인(生
活人)"**이 되어야 한다. 인내심(忍耐心) 있는 사람은 모든 일을 성취(成就)할 수
있다. 성장(成長)이란 서서히 진행되는 과정이며, 돌발적(突發的)으로 비약
(飛躍)하는 것이 아니다. 인내(忍耐)는 모든 근심의 가장 좋은 약(藥)이다
(Patience is the best remedy for every trouble.).

진정한 행복은 재물을 갖는 데 있는 것이 아니라 일을 완성하는 기쁨, 창
조적인 노력으로 가슴이 설레는 성실(誠實)한 삶의 자세(姿勢)에 있다. 성실
한 삶의 자세는 진정한 행복에 이르는 길이다. '사람이 지혜(智慧)가 부족해
서 일에 실패하는 것은 적다. 사람에게 늘 부족한 것은 성실(誠實)이다
(Benjamin Disraeli).' 죽는 순간까지 성실하고 진실하게 살도록 노력해야 한다.
그것이 인생의 향기(香氣)이며 빛이며 "가장 고귀(高貴)한 유산(遺産)"이다.
한 자루의 초가 불타 그 빛을 무한한 공간에 영원히 남기듯이……

7. 자기 직업에 대한 애정(건전한 직업관의 확립)

가. 일의 역사(歷史)

프랑스의 조각가 로댕(Auguste Rodin)은 **"현대에서 가장 결핍(缺乏)되어 있
는 것은 자기 직업에 대한 애정(愛情)이다.", "모든 사람들은 자기 일에 대해
서 예술가가 되어야 한다."**라고 말했다. 인간은 직업적 존재(職業的 存在)라고

한다. 직업(職業)이란 일상 종사하는 업무 또는 생계를 유지하기 위한 일이나 자기 능력에 따라 어떤 목적을 위하여 전문적으로 종사하는 일을 말한다. 여기에서 '일'이라고 함은 업(業)으로 삼고 하는 모든 노동이나 벌이 또는 사업(事業)을 의미한다.

마차를 끄는 말이 앞으로 전진(前進)하지 않을 수 없듯이 사람도 무슨 일이든 하여야 한다. 인간은 일을 해야 한다. 일이 없는 곳에는 만족도 있을 수 없다. 일을 한다는 것은 육체적 정신적 생활을 위해서 없어서는 아니 될 필수조건(必須條件)이다. 우리의 인생은 "일(業)"을 떠나서는 살 수가 없다. 인간의 역사는 **'일의 역사'**라고 할 수 있다. 일은 인간의 삶에 있어서 빼놓을 수 없는 중요한 부분이며 조건이다. 인간은 그가 하는 일에 그의 마음을 다 바치고 그의 최선을 다할 때 고통에서 해방되고 행복한 삶을 누릴 수 있다.

미국의 발명가(發明家) 에디슨(Thomas Alva Edison)은 **"천재(天才)는 99 퍼센트의 땀과 1 퍼센트의 영감(靈感)으로 구성된다."**고 말했다. 천재는 99%의 땀과 1%의 영감(靈感 : 창의적인 일의 동기가 되는 생각이나 자극)에서 나왔다고 스스로 말했다. 그는 인류의 은인(恩人)이요, 현대문명의 어머니다. **"언제나 일하라."** 이것이 에디슨의 생활신조(生活信條)였다. 그는 <나의 인생철학은 **"일"** 하는 것이다. 우주의 신비를 탐구하여 그것을 인류의 행복을 위해서 응용하는 것이다. 이 짧은 인생을 사는 동안 그 이상의 봉사의 방법을 나는 모른다.>고 말했다.

인간은 일하는 동물이다. 인간은 일하면서 사는 존재일 뿐만 아니라 일에 대하여 생각하면서 사는 존재가 되어야 한다. 우리는 일에서 인생의 보람을 느끼며, 일을 통해서 자기의 자아(自我)를 실현한다. 우리는 자기가 하는 직업을 사랑하고 자기의 직업에 대해서 충성(忠誠)과 봉사(奉仕)와 애정(愛情)을 기울이고, 자기가 하는 일에 자랑과 만족을 느껴야 한다. 자기의 일(직업)을 사랑하지 않고 자기가 하는 일에 최선을 다하지 않는 사람은 가장 불행한 사람이다.

나. 천직윤리와 소명사상

우리는 자기 직업에 대해서 **천직윤리**(天職倫理)와 **소명사상**(召命思想)을 가져야 한다. 모든 일은 뿌려진 씨와 같다. 그것은 자라서 퍼지고 또 그 자신 새로 심는다. 일을 하되 재미있게 해야 한다. 그래야 능률도 오르고 지치지도 않는다. 진지(眞摯)하게 일하되 재미있게 해야 한다. 이러한 마음으로 일할 수 있을 때가 가장 행복한 순간이다. 공부도 그렇다. 스스로 하고 싶어서 재미있게 하는 공부라야 능률적이다. 일과 공부도 놀이처럼 재미있게 해야 한다.

직업은 하늘이 나에게 맡긴 직분(職分 : 마땅히 해야 할 본분)이요, 그 직분을 다하는 행위라고 느끼는 것이 **천직사상**(天職思想)이요, 소명윤리(召命倫理)다. "일하지 않는 자는 먹지 말라(Powell)."고 했다. 일하는 것이 자연적인 의무임을 강조한 말이다. 무엇보다도 중요한 것은 일에 대한 윤리적(倫理的) 태도(態度)다. 일에 대한 윤리적 태도는 인간의 운명과 사회의 운명을 좌우하는 중요한 관건(關鍵)이 되는 것이다. 일은 사람이 살기 위해 필요한 것이며, 일이 인간의 삶을 풍부하고 행복하게 만들어 주는 것이기 때문에 일은 보람과 기쁨과 연결된다. 일은 기쁨이요, 보람이며, 자기실현의 수단이며, 사회에의 봉사이다.

독일의 종교개혁자 루터(Martin Luther)는 "**새는 날기 위해서 태어났고, 인간은 일하기 위해서 태어났다.**"고 말했다. 자본주의사회에서 일과 근면(勤勉)은 무엇보다도 중요한 덕목(德目)이다. '근면(勤勉)은 행운(幸運)의 어머니이다(Diligence is the mother of good fortune. - Cervantes).'라고 말했다. 부(富)와 행복을 가져다주는 것은 근면(勤勉)과 절약(節約)이다. "**부(富)에 이르는 길은 두 가지가 있는데 하나는 근면이요 다른 하나는 절약이다**(Benjamin Franklin)."라고 말했다.

일은 자유롭게 선택될 수 있는 것일 뿐 아니라 일이야말로 인간을 자유롭게 만드는 힘이다. 일은 생산력(生産力)을 의미하고 부(富)와 재산(財産)의 원천(源泉)이며 또한 인간에게 편리와 행복과 자유를 주는 것이라는 생각은 보편적 가치관(價値觀)이요, 윤리의식(倫理意識)이 되었다. 일에는 어떤 종류의 것이든지 나름대로 의미와 가치를 가지고 있기 때문이다. 일은 강제로 할 수 없이 하는 일이 아니라 '스스로 하고 싶어서 하는 일'이 되어야 한다. 모든 일과 직업은 강요에 못 이겨서가 아니라 자유롭게 선택하는 일이 되어야 한다.

다. 봉사정신(일에 대한 올바른 태도)

일은 우리에게 '의무(義務)'로서만 주어지는 것이 아니라 '권리(權利)'로서 주어지는 것이다. 일은 인간에게 있어서 의무이면서 동시에 권리라는 것이다. 일을 해야 하는 이유는 인간의 삶의 유지와 욕망의 충족, 그리고 자기실현과 성취에 있으며, 또 인간이 자연적으로 혹은 종교적으로 부여받은 의무에 근거한다고 한다. 일은 남의 필요에 봉사(奉仕)하는 행위로 볼 수 있다. 일하는 사람의 정신자세는 "봉사정신(奉仕精神)"이어야 한다.

일에 대한 책임과 의무는 개인적인 것만이 아니라 사회적인 성격을 갖는다. 일이 가지는 사회적 의미를 파악하지 않고서는 **"일에 대한 올바른 태도"**를 가질 수 없다. 인간은 사회를 떠나서는 살수가 없고, 사회적 혜택을 누리지 않고는 살아갈 수 없다. 이러한 사회적 혜택을 누리려고 하는 자는 어느 부분에서든지 자기의 일과 기여(寄與)를 해야 한다. 일을 하는 사람의 자세는 일을 통해 사회적 필요와 목적에 기여한다는 자세가 필요하다.

"한 사회나 국가가 어떤 일을 만들어 주고 하게 하느냐"에 따라 그 사회나 국가의 발전방향과 문명(文明)의 질(質)이 결정된다. 일은 "문명(文明)과 역사(歷史)의 창조자(創造者)"이기 때문이다. 일에는 역사를 만들어가고 문명을 창조해가는 기능과 사명이 있다. 따라서 일은 일을 하는 사람들에게 혜택과 이익과 보람이 돌아갈 수 있도록 사회적으로 관리하고 운영되어야 한다. 일은 인간에게 있어서 의무만이 아니라 권리라는 생각은 오랜 역사를 가지고 있다. 일할 권리에 대해서는 오늘날 인간의 기본권 내지는 인권으로 인정하여 헌법에 규정한 나라(우리 헌법 제32조 제1항)도 있다.

라. 건전한 직업관의 확립

우리는 자기가 하는 일에 대해서 **"예술가적 정열(情熱)과 애정(愛情)"**을 기울여야 한다. 자신이 하는 일에 최선을 다하되 하는 일의 결과가 어떻든 간에 그것은 딴 문제이다. 결과가 어떻게 될 것인가는 전연 생각지 않고, 오직 신의 의지를 완수하려는 일념에서 하는 행위, 그것이 인간이 할 수 있는 최선의 행위이다. 직업은 단순한 노동이나 생계수단에 그치는 것이 아니라 직업을 통해 자아(自我)를 실현하고 사람과 인간관계를 맺으며 사회에 참여하고 자기의 인격을 성숙시키는 것이다.

직업을 갖는 사람이 "자신의 직업에 대한 올바른 태도와 가치관"을 확립하는 것은 매우 중요하다. 이와 같이 개인이나 사회 그리고 국가에 대해서 직업은 다 같이 중요한 것이기 때문에 직업은 그 개인에게 하늘이 정해준 직업이라는 의식이 바로 **천직의식**(天職意識)이며, **소명의식**(召命意識)이다. 이와 같은 소명의식에 기초한 근면, 정직, 성실, 신용, 검약과 같은 직업윤리는 자본주의를 발달시키는 원동력(原動力)이 되었다.

우리는 직업이 돈과 권력과 명예와 같은 세속적(世俗的)인 가치(價値)를 추구(追求)하는 수단에 불과하다는 천박(淺薄)한 직업의식(職業意識)에서 벗어나야 한다. 우리는 직업을 통해 자신의 자아실현(自我實現)을 추구하는 한편 이웃과 더불어 명랑한 사회를 꾸며나간다는 보다 <**건전한 직업관**(職業觀)>을 확립해야 한다.

8. 건강하게 사는 지혜

가. 행복의 조건

건강(健康 : health)이란 몸에 탈이 없이 튼튼함을 말한다. 세계보건기구(WHO)의 헌장에는 <건강이란 단순히 병이 없고 허약하지 않다는 데 그치지 않고 육체적·정신적 그리고 사회적으로 완전히 양호한 상태를 말 한다.>고 정의하고 있다. 사람은 인종·종교·정치·경제·사회의 상태 여하를 불문하고 될 수 있는 대로 고도의 건강을 누릴 권리가 있다는 것을 명시한 것이다.

사람의 한평생에 있어 '행복의 조건'에 여러 가지 있다. 예로부터 우리 조상들은 행복한 사람을 형용할 때 '오복(五福)을 고루 갖춘 사람'이라는 표현을 썼다. 다섯 가지 복(福)이란 책이나 사람에 따라 약간 다르지만 대체로 다음과 같은 것들이다.

(1) 수(壽)·부(富)·강녕(康寧)·유호덕(攸好德)·고종명(考終命) : 오래 살고, 돈이 많고, 병이 없이 편안하며, 훌륭한 덕을 쌓고, 타고난 수명을 다 살다가 간다.

(2) 장수(長壽)·부유(富裕)·무병(無病)·식재(息災)·도덕(道德) : 장수하고, 부유하고, 병이 없고, 재난이 없고, 도덕이 높이 된다.

(3) 장수(長壽)·부(富)·귀(貴)·강녕(康寧)·다남(多男) : 장수하고, 부자가 되고, 높이 되고, 편안하고, 아들을 많이 둔다.

대체로 이런 것들을 인생의 행복의 조건이라고 하였는데 공통점은 '병이 없이 오래 산다'는 것이다. 의학이 발달함에 따라 병(病)이란 불가피하게 생기는 것이 아니라 오랫동안의 생활조건이 원인이 되어 자기 스스로 만들어 내는 경우가 많다는 것을 깨닫게 되었다. 아무리 조그만 증상일지라도 그것이 생기기까지에는 몸 전체에 원인이 있기 때문이라는 사고방식이 필요하다.

나. 인체의 건강

인체의 건강은 여러 가지 기능의 균형 가운데서 이루어지는 심포니 오케스트라다. 인체는 하나의 유기공동체(有機共同體)로 되어 있는 소우주(小宇宙)적 존재라고 한다. 인체의 건강은 여러 가지 기능의 균형과 조화로 이루어진다. 우리 몸은 일종의 교향악단이며, 그 지휘자는 바로 나 자신이다.

아무리 자그만 병이 생기더라도 자신의 생활 가운데서 원인을 찾아 고치자는 것은 '병(病)'을 고치지 말고 '병자(病者)'를 고치라는 말로 표현할 수 있다.

균형 잡힌 음식처럼 몸에 이로운 것은 없다. 우리 속담에 '무슨 보(補) 무슨 보(補)해도 식보(食補)가 제일이다.'라는 말이 있듯이 장생불로약(長生不老藥)은 바로 우리의 '일상생활 식탁 위에 있다'는 것을 알아야 한다. 의학의 발달에 따라 병(病)이란 불가피하게 생기는 것이 아니라 오랫동안의 생활조건이 원인이 되어 자기 스스로 만들어 내는 경우가 많다고 깨닫게 되었다.

다. 건강생활의 비결

건강법에는 왕도(王道)가 없다. 꾸준히 올바른 생활을 계속하는 도리밖에 없다. '올바른 생활'이란 건강에 해로운 조건이 없는 생활을 말한다. 신바람이 나는 생활 속에는 권태(倦怠)가 없다. 육체적인 스트레스와 정신적인 스트레스를 어떻게 푸느냐가 '건강생활의 비결'이라고 할 수 있다. 구태여 건강을 의식하지 말고 무리하지 않는 보람된 생활을 하는 것이 바로 '건강의 비결'이다. 욕망(欲望)을 줄이고 안심입명{安心立命 : 안심에 의하여 몸을 천명(天命)에 맡기고 생사이해(生死利害)에 대하여 태연함} 할 줄 아는 생활태도야말로 "건강과 장수의 요체(要諦)"라 할 것이다. 건강은 만드는 것이 아니라 지켜나가면 된다.

맥아더 원수가 75세가 되었는데도 노익장을 과시하자, 누군가가 '건강의 비결이 무엇이냐'고 묻자 <사람은 나이를 먹었다는 것만으로는 늙지 않는다. 사람은 소망(所望)을 포기했을 때 비로소 늙는다. 세월은 피부에 주름살이 생기게 하지만, 인생에 대한 호기심(好奇心)을 잃으면 영혼의 주름살이

생긴다.>라고 대답했다. 무슨 병이건 모두 다 원인이 있기 마련이므로 그 원인을 스스로의 생활 가운데서 찾아내어 그런 생활을 개선하는 것이 선결 문제다.

　현대인의 생활은 스트레스의 자극이 충만한 가운데서 살고 있기 때문에 되도록 스트레스가 생기지 않는 환경을 만드는 것이 필요하지만 우리 자신의 몸과 마음의 '저항력(抵抗力)'을 길러주는 것도 필요하다. 어떠한 상황에서도 정신이 혼란되지 않는 튼튼한 '마음의 아량(雅量)'을 지닐 수 있는 수양(修養)이 필요하다. 겨울철의 엄동설한(嚴冬雪寒)을 이겨내기 때문에 소나무는 천년을 정정(亭亭)하게 살 수 있는 것이다.

9. 행복은 자기 마음 속에 있는 것

가. 행복의 열쇠

　아리스토텔레스(Aristotle)는 "삶의 궁극(窮極)의 목적(目的)"은 '행복(幸福)' 이라고 언명(言明)했다. 그는 "다른 모든 것은 만인이 추구하는 바가 될 수 없어도 행복만은 어디서나 누구든지 갈망하는 가장 귀한 인생의 목적"이 라고 말했다. 그러나 행복이라는 것은 눈으로 볼 수 있는 물체가 아니며, 또 그것이 무엇을 의미하는지에 대하여 사람마다 견해가 다를 수 있는 까닭에 우리는 어디에서 행복을 구할 것인가를 묻기에 앞서 "행복이 무엇인가"에 대해서 생각해볼 필요가 있다.

　"행복"이란 자신의 삶 전체에 대해서 한 인격이 느끼는 깊은 만족과 기

뿐이라고 할 수 있다. 누구나 행복하게 살기를 원한다. 그러나 문제는 '무엇을 행복으로 보느냐'(幸福觀), 또 '어떻게 하면 행복에 도달할 수 있느냐'(행복의 方法論) 하는 문제에 달렸다. 목표는 하나인데 목표에 도달하는 길이 저마다 다를 뿐이다. 우리는 "올바른 행복관(幸福觀)"과 "올바른 행복의 방법론(方法論)"을 가져야 한다. 그것이 "행복의 열쇠"다. 인간으로서 남의 행복을 위하여 자기의 이욕(利慾)을 버리려고 노력하는 것만큼 큰 행복은 없다고 한다. 그것은 '영원한 행복으로 가는 길'이다.

나. '행복의 파랑새'는 나의 생활 속에

벨기에의 극작가 메테를링크(Maurice Maeterlinck)의 동시(童詩) 극(劇) <파랑새>는 어린 오누이가 행복의 상징인 파랑새를 구하려고 온갖 곳을 찾아다녔으나 헛걸음만 하고 집으로 돌아와 보니, 저희들 집 머리맡에 놓인 새장 속에 바로 그 파랑새가 있음을 깨닫게 된다는 줄거리로 되어 있다. <파랑새>는 우리에게 "행복의 지혜"를 시사(示唆)한다. **'행복의 파랑새'**는 자기 집에 있는 것이요, 자기 마음속에 있는 것이다. 물고기를 잡기 위하여 알프스나 히말라야를 찾는 사람은 없으나 행복을 찾기 위하여 엉뚱한 곳을 헤매는 사람들이 많다. 우리는 행복을 멀리서 찾지 말고 가까운 곳에서 찾아야 한다. 높은 곳에서 찾지 말고 나의 생활 속에서 찾아야 한다. 행복은 우리들의 수중(手中)에 있다.

영국의 경제학자·철학자 밀(John Stuart Mill)은 '행복을 얻는 유일한 길은 행복을 인생의 목적으로 하지 않고 행복 이외의 딴 목적물을 인생의 목적으로 삼는 것이다.'라고 말했다. 이 말은 행복에 관한 하나의 역설(逆說)이지만 분명히 진리를 갈파(喝破)한 말이다. 우리는 어떻게 하면 행복해질 수 있느냐, 행복에 도달하는 지혜가 무엇이냐. 우리가 행복을 원한다면 행복을 인생의 목적으로 삼지 말고 행복보다 더 높은 인생의 목적에 자기 자신을 헌신(獻身)하는 것이 행복에 도달하는 길이 될 것이다.

행복한 인생을 만드는데 필요한 것은 모두 당신의 마음과 사고방식 속에 있다. 우리는 '행복의 파랑새'를 멀리서 찾지 말고 **"나의 생활"** 속에서 찾아야 한다. 행복이란 산 넘고 강 건너 먼 곳이 있는 것이 아니라 나의 생활 속에 있는 것이다. '외면적인 영예(榮譽)에서 행복을 찾는 사람은 모래 위에 누각(樓閣)을 짓는 인간'이라고 했다. 우리는 기초(基礎)가 탄탄한 행복을 찾아야 한다. 우리는 행복의 파랑새를 나의 집, 나의 마음에서 찾아야 한다.

다. 행복을 누릴 수 있는 자격

행복은 오직 '쟁취(爭取)하는 것'이다. 행복은 등산(登山)에 비교할 수 있다. 까마득한 산정(山頂)을 바라보며 산을 오를 용기를 내지 못하는 사람은 산정(山頂)에서 호연지기(浩然之氣 : 사물에서 해방되어 자유스럽고 유쾌한 마음)를 느낀다는 것은 불가능하다. 산정을 정복한 사람만이 산정의 장관(壯觀)을 볼 수 있다. 행복도 마찬가지다. **"행복은 정복(征服)되는 것이다"**(Bertrand Russell).

'인생의 최고의 행복은 서로 사랑하고 있다는 확신이다(The supreme happiness of life is the conviction that we are loved. - Victor Hugo)', '스스로 행복하다고 생각하는 사람은 참으로 행복한 사람이다(He is happy that think himself so.)', '남을 행복하게 하는 사람은 행복한 사람이다(He is truly happy who makes others happy.).', '행복한 사람이 되고 싶거든 남을 기쁘게 하는 것을 배우라', '행복이

란 우리의 화롯가에서 생기는 것이지 남의 정원에서 따오는 것이 아니다 (Happiness grows at own firesides, and is not to be picked in strangers gardens. - Douglas Jerrold).'라고 했다.

행복은 외부(外部)가 아닌 자기 마음속에 있으며, 물질(物質)이 아니라 인격(人格)에 달린 것이라고 했다. '마음의 평화'는 행복하고 건강한 삶을 위해 가질 수 있는 가장 위대한 재산이다. 우리가 살아가는 데 있어 모든 문제에 대한 해결책은 항상 우리 자신의 마음속에 있다. 행복이란 구(求)한다고 저마다 구해지는 것이 아니라 정신을 화평(和平)하게 가짐으로써 행복이 스스로 와서 앉을 바탕을 마련하는 것이 '행복을 구하는 방법'이 된다. 꽃에는 향기가 따르고 진실한 인격에는 행복이 따른다. 행복을 누릴만한 자격이 있는 사람만이 행복을 누릴 수 있다. 행복을 추구하는 것보다 **"행복을 누릴 수 있는 자격"**을 갖춘 사람이 되는 것이 더욱 중요하다.

라. 행복은 '나비'와 같아

올바르고 참된 인격을 가진 사람만이 행복을 맞이하게 된다. 올바른 인격을 갖추지 못하면 행복은 그림 속의 궁전(宮殿)에 불과하다. 그림 속의 궁전이 아무리 화려해도 현실의 원두막보다 못한 법이다. 진정한 행복은 물질이 아니라 우리의 마음에서 나온다. 행복의 비밀은 자신이 좋아하는 일을 하는 것이 아니라 자신이 '하는 일을 좋아하는 것'이다. 스위스의 사상가 힐티(Carl Hilty)는 **"인생의 가장 행복한 시간은 일에 몰두(沒頭)하고 있을 때다."**라고 말했다. 이 말은 인생의 건전한 교훈이다. 인생을 행복하게 살려면 보람 있는 일을 가져야 한다. 나의 정열(情熱)을 쏟을 수 있는 일을 가지는 사람은 인생의 행복을 누릴 수 있다.

탐욕(貪慾)의 세상에서 '탐욕을 모르고 산다는 것'은 참으로 행복한 일이다. 진정한 행복은 탐욕이 없는 마음에서 비롯된다. 탐욕은 우리의 눈을 가린다(Avarice blinds our eyes.). 욕심이 가장 적은 사람이 가장 부유한 사람이다(He is richest that has fewest wants.). 마음의 평화는 우리가 행복하고 건강한 삶을 위해 가질 수 있는 가장 위대한 재산이다. 자기만을 생각하며, 모든 일에 있어서 자신의 이익만을 꾀하는 사람은 결코 행복할 수가 없다.

행복은 감사(感謝)의 문으로 들어오고 불평(不平)의 문으로 나간다고 했다. 행복을 원하거든 "감사할 줄 아는 마음"을 기르고 배워야 한다. 행복은 누구나 쉽게 누릴 수 있는 것이 아니다. 사람은 행복하려면 능력(能力)이 있어야 한다. 행복은 '능력의 나무'에 피는 향기로운 꽃이다. "행복은 나비와 같아 뒤쫓아 가면 우리의 손길을 벗어나며, 반면 당신이 조용히 앉아 기다리면 그것은 당신에게로 내려와 앉는다(Nathaniel Hawthorne)."고 했다. 행복의 열쇠는 **조용히 기다리는 생활 속에** 깃든다.

10. 자기 얼굴에 대한 책임

가. 나의 얼굴은 '나 자신을 비춰주는 거울'

인간은 존엄(尊嚴)하며, 인간의 생명(生命)은 한없이 고귀(高貴)하며 소중(所重)하다. 이 우주(宇宙)에서 오직 하나밖에 없는 존재이기 때문이다. 나와 꼭 같은 사람은 이 넓은 천지에 아무도 없다. 하나밖에 없는 나는 개성(個性)을 가진 인격적 생명체이다. 나의 존재의 의미는 나의 개성에 있다. 얼굴은 한 인간의 생물학적 개성을 표현하는 동시에 그의 인격과 정신을 표현한다. 개성을 가진 인간은 저마다 '얼굴'이 다르고, 저마다 자기의 '길'을 가며, 자기의 '인생'을 살아간다. 사람의 얼굴은 그 사람의 개성이며, 얼굴 속엔 개성이 있다. 그 사람의 개성이 가장 잘 나타나는 것이 얼굴이다.

인간의 얼굴은 한 인간의 개성을 표현하므로 우리는 얼굴을 보고 그 사람을 알아본다. 얼굴은 하나의 세계다. 사람의 얼굴은 그 사람의 개성을 가장 강하게 가장 뚜렷하게 표현한다. 이 지상의 40억이 넘는 생명의 얼굴 중 꼭 같은 얼굴은 하나도 없다. 인간의 얼굴이야말로 인간의 신비(神祕 : 인간의 知力으로 알 수 없는 비밀)다. 나의 얼굴은 나의 개성을 대표한다. 인간의 얼굴은 그의 인품, 개성, 성격, 기질, 교양, 사람 됨됨이의 표현이다. 즉, 나의 얼굴은 나의 인품(人品)의 표현이며, 이 세상은 나 자신을 비춰주는 거울이다.

나. 자기 얼굴에 대한 책임

미국 16대 대통령 링컨(Abraham Lincoln)은 '**사람은 나이 사십이 되면 자기 얼굴에 대하여 책임을 져야 한다.**'고 갈파했다. 얼굴은 그 사람의 개성을 표현하는 동시에 인격과 정신을 표현한다. 인간은 자신의 얼굴을 선택하는 자유가 없으므로 얼굴은 하나의 운명(運命)이다. 우리는 이 세상에 태어날 때 선천적(先天的)으로 어떤 얼굴을 갖고 태어난다. 그러나 인간의 얼굴은 살아가면서 많이 달라진다. 우리가 아름다운 마음을 가지면 얼굴이 아름다워지며, 추잡한 마음을 가지면 얼굴이 추잡해진다. 인생을 성실(誠實)하게 살면 얼굴 표정에 성실의 향기가 스스로 풍기며, 음탕(淫蕩)한 마음으로 살아가면 자신도 모르는 사이에 음탕한 표정이 얼굴에 배어버린다.

간사(奸邪)한 마음은 간사한 얼굴을 만들고, 진실(眞實)한 마음은 진실한 얼굴을 만든다. 우리는 자신의 얼굴에서 개성의 이력서(履歷書)를 발견하게 된다. 우리는 저마다 **"좋은 얼굴의 소유자"**가 되어야 한다. 우리가 자라면서 자기의 성격을 형성하듯이 자기의 얼굴을 만들어 나아간다. 나의 마음과 행동이 내 얼굴의 표정을 변화시킨다. 성실한 마음으로 성실하게 살아간다면 우리의 얼굴은 성실의 표정이 조각(彫刻)되며, 악(惡)하고 거짓된 마음으로 살아가면 우리의 얼굴에는 악과 거짓의 표정이 조각된다.

다. 인생을 아름답게 조각하는 예술가

나의 마음가짐과 생활태도에 따라서 나의 얼굴의 품위(品位)와 표정(表情)이 결정된다. 얼굴은 그 사람의 정신사(精神史)의 표현이요, 생활사(生活史)의 기록이라고 한다. 우리의 얼굴은 살아가면서 변하므로 우리는 자신의 "인생을 아름답게 조각하는 예술가"가 되어야 한다. 조각가(彫刻家)가 일심불란(一心不亂)으로 작품을 제작하듯 우리의 인생을 아름답게 조각하는 '인생의 예술가'가 되어야 한다. 나는 내 얼굴을 만드는 조각가(彫刻家)이다. 나의 행실(行實)이 내 얼굴을 변화시키기 때문이다. 얼굴은 자신의 삶을 비추는 거울이다. 그래서 사람이 나이 40이 되면 "자기 얼굴에 대한 책임"을 져야 한다고 하는 것이다. 인생을 어떻게 사느냐에 따라서 우리의 얼굴 표정이 달라지기 때문이다.

라. 이름에 손색이 없는 사람

이 세상은 자신의 삶과 얼굴을 비춰볼 수 있는 거울이다. 우리는 저마다 자신의 이름 석 자를 가지고 살아간다. '이름'이란 자신의 평판(評判)이요, 명성(名聲)이다. 제 이름값을 다하고 제 이름 구실을 다하는 **"이름에 손색(遜色)이 없는 사람"**이 되어야 한다. 사람이 태어날 때에 얼굴은 이미 결정되어 있지만 태어난 다음부터는 내가 내 얼굴을 서서히 만들어가는 조각가(彫刻家)이기 때문이다.

11. 시간을 창조적으로 활용하라

가. 시간의 선용

시간은 황금(Time is money)이라고 하나 황금보다 더 귀중하다. 돈을 주고도 못 사는 것이 시간이다. 백만금을 주어도 단 1초의 시간도 살 수 없다. 가버린 시간은 다시 돌이킬 수 없기 때문이다. '오늘은 또다시 밝아오지 않는다는 사실을 명심하라(Consider that this day never dawns again. - Dante).'고 했다. 시간은 인간이 쓸 수 있는 가장 가치(價値) 있고 소중한 것이다. 당신이 실제로 살아 있는 유일(唯一)한 순간은 바로 현재이므로 현재의 이 순간을 최대한도로 이용하라.

"시간은 곧 생명"이라고 했다. 우리에게 주어진 생명이 곧 시간이다. 과거(過去)를 기억할 줄 모르는 사람은 과거를 되풀이하게 된다. 그러나 슬기로운 사람은 경험에서 지혜를 배우며, 지혜 있는 민족은 역사에서 교훈을 얻는다. 무엇을 잊고 무엇을 잊지 않아야 하는지를 바로 아는 것이 역사적 지혜다. 인생(人生)의 문제는 시간의 길이에 있기보다는 그 내용의 풍부성(豐富性)에 달려있다. 시간을 '어떻게 사용하느냐'에 따라서 인생의 행복과 불행, 성공과 실패, 승리와 패배가 좌우된다. 인생의 의미는 낭비하지 않는 시간 속에 있다. 그러므로 젊음을 낭비하지 않는 유일한 방법은 '**시간의 선용(善用)**'에 있다. 시간의 낭비만큼 큰 불행은 없다.

나. 시간의 창조적 활용

사람은 보람 있는 일을 하고, 보람 있는 하루를 보내며, 보람 있는 인생을 살아야 한다. 우리의 인생은 '**보람을 추구(追求)하는 삶**'이 되어야 한다. 보람 속에 생(生)의 의미가 있다. 보람은 노력과 땀의 산물(産物)이요, 정성과 수고의 대가(代價)이다. 인생의 목적과 보람은 높은 사명(使命)의 자각과 그 실천에 있다. 목적이 없는 인생은 의의(意義)가 없다. 인간은 자기 자신의 완성을 위하여 노력함으로써 완성되어 가는 것이다. 인생의 의의(意義)는 인간에게 주어진 이 짧은 생활 속에서 이 세상에 보내준 역사적 사명을 자각(自覺)하고 그것을 실천하는 삶이다.

스위스의 사상가 칼 힐티(Carl Hilty)는 '시간은 강물과 같이 흐르는 것이다. 강가에 게으르게 서 있는 사람은 항상 시간이 모자라지만 강물보다도 빨리 걸어가는 사람은 언제나 시간의 여유를 가지고 더 많은 일을 하게 된다.'고 했다. 시간을 가장 창조적으로 사용하는 것이 가장 감동적인 활동이다. '오늘의 1분을 웃는 자는 내일의 1초에 운다.'고 했다. 내일보다는 오늘이 중요하다. 현재의 일도 모르면서 내일 일어날 일을 걱정하지 마라. 인간이 금전적(金錢的)으로 가난해도 시간적(時間的)으로 가난해서는 안 된다. 인간이 평생 동안 쓸 수 있는 가장 귀중한 재료는 돈이 아니라 시간(時間)이다.

미국의 정치가 프랭클린(Benjamin Franklin)은 '만일 네가 네 인생을 사랑한다면 네 시간을 사랑하라. 왜냐, 인생은 시간으로 구성되어 있기 때문에' 라고 말했다. 인생의 성패(成敗)는 자기의 시간을 얼마나 창조적(創造的)으로 활용(活用)하느냐에 의해서 좌우된다. 생명은 시간이라고 했다. 따라서 시간을 낭비하는 것은 자기의 생명을 낭비하는 것이다. 잃어버린 재화(財貨)

는 되찾을 수 있지만, 잃어버린 시간은 다시 찾을 수 없다(Lost wealth can be regained, but lost time never.).

다. 삶은 현재

매일 아침은 하나의 신선한 출발점(出發點)이 되어야 한다. 매일은 새로 만들어진 세계(世界)이며, 오늘은 하나의 새날이다. 오늘 나의 세계는 새로 만들어진 것이다. 나는 이 순간에 이르기까지 이날이 오기까지 **"나의 생애(生涯)"**를 살아온 것이다. 이 순간 이날은 영겁(永劫 : 영원한 세월) 속의 여느 순간과도 같이 소중한 순간이다. 우리는 이날을, 이날의 어느 순간도, 지상에서 천국(天國)을 만들도록 노력해야 한다. 이날은 나의 호기회(好機會)의 날이다.

오늘 할 수 있는 일을 내일로 미루지 말라(Never put off till tomorrow what you can do today.). 오늘 할 수 있는 일에 전력(全力)을 쏟으라(Newton). 영국의 물리학자 뉴튼은 일심불란(一心不亂)의 자세로 자기의 연구와 직무에 언제나 전력투구(全力投球)했다. 우리가 소유할 수 있는 시간, 내가 활용할 수 있는 시간은 오직 현재뿐이다. 현재 자신이 하는 일에 전력투구하라. 전력투구가 승리의 길이요, 성공의 길이요, 영광의 길이다.

시간이란 존재하지 않는다. 존재하고 있는 것은 오직 무한하게 작은 '현재(現在)'뿐이다. 그러므로 오로지 현재에만 모든 정신력을 경주하지 않으면 안 된다. 현재만이 살아 있는 시간이다. 현재를 사랑하고, 현재를 아껴야 한다. 우리가 가장 소중하게 여겨야 할 것은 현재이다. 과거와 미래에 초점을 맞출수록 당신은 가장 소중한 현재를 잃어버리게 된다. 현재만이 유일한 존재이며, 현재만이 존재하는 모든 것이기 때문이다. 영원한 현재야말로 우리의 삶의 무대이며, 언제나 우리와 함께 남아 있는 것이다. 삶은 현재이다.

우리가 과거(過去)라고 생각하는 것은 우리의 마음속에 저장된 지나간 현재(現在)에 대한 기억의 흔적이며, 미래(未來)는 상상 속의 현재이다. 과거와 미래는 그 자체로는 실재하지 않는 것이다. 현재 생활에서 가장 중요한 것은 자기의 사명(使命)을 자각하고 사명을 위해 **전력투구**(全力投球)하는 것이다. 전력투구의 정신으로 인생을 살아야 한다. 이 세상의 모든 일이 다 '**때**(時)'가 있다. 인생은 우리가 인생이 무엇인지 알기도 전에 이미 절반이 지나버린다. 존재하고 있는 것은 오직 무한하게 작은 현재뿐이다. 그 속에서 인간의 생활은 영위(營爲)된다.

라. '오늘 이 순간'을 사랑하라.

우리가 살아 있는 유일한 순간은 바로 현재이므로 이 순간을 최대한도로 활용해야 한다. 시간을 관리할 줄 아는 사람은 지혜로운 사람이다. 내일보다 오늘이 중요하다. 시간을 지키고 시간을 아끼며 시간을 '창조적(創造的)으로 활용'하라. 시간 관리는 인생 관리이며, 인생 관리는 자기 관리이다. 시간의 선용 여부에 따라 우리의 미래가 좌우된다. 시간을 정복하기 위해서는 자신을 정복해야 한다. 자신을 정복하기 위해서는 새벽을 정복해야 한다.

하루하루의 '삶에 충실'하라 그것이 성공과 승리에 이르는 길이요, 보람된 인생을 창조하는 길이다. 인간이 평생 동안 쓸 수 있는 가장 귀중한 재료는 돈이 아니라 시간이다. 세월은 사람을 기다리지 않는다(Time and tide wait for no man.). 내일의 일은 신(神)만이 알고 있다. '오늘 나의 일에 최선을 다하고 하늘의 명(命)을 기다리라(盡人事待天命).'고 했다. 오늘 나의 일은 지금 내 곁에 있는 사람에게 작은 사랑과 친절을 베푸는 일이다. 우리 앞에 펼쳐진 확실한 세상은 오늘뿐이다.

우리가 세상에 빚을 갚을 수 있는 시간은 어제도 내일도 아니고 바로 '**오늘 이 순간**'이다. 오늘 하루 이 순간을 사랑하라. 하루는 너무 짧으며, 그 하루의 양(量)은 너무 적다. 하루의 가치(價値)보다 우리에게 부여된 더 소중한 것은 아무것도 없다. 오늘 하루가 일연 중 가장 귀중한 날임을 마음에 새겨야 한다. 시계는 '기상(起床)시간'을 알기 위해서 쓰여야 하며, '잠들 시간'을 알기 위해서 쓰여서는 안 된다.

영국의 시인 토마스 카라일의 시(詩)를 소개한다.

오늘	Today
자- 오늘도 또 한 번	So here hath been dawning
파-란 날이 새었다.	Another blue Day;
생각하라, 네 어찌 이 날을	Think, wilt thou let it
쓸데없이 노 쳐 보내랴?	Slip useless away?
영원(永遠)에서부터	Out of Eternity
이 새날은 탄생되어	This new Day is born
영원 속으로	Into Eternity,
밤에는 돌아가리라.	At night, will return.
이 날은 일각(一刻)이라도	Behold it afore-time
미리 본 눈이 없으나,	No eyes ever did;

어느 틈에 영원히	So soon it forever
모든 눈에서 살아지도다.	From all eyes is hid.
자- 오늘도 또 한 번	Here hath been dawning
파-란 날이 세었다.	Another blue Day;
생각하라, 네 어찌 이 날을	Think, wilt thou let it
쓸데없이 노 쳐 보내랴?	Slip useless away?

___ Thomas Carlyle

12. 사랑의 실천가(實踐家)

가. 산다는 것은 '사랑하는 것'

인간은 사랑이 없으면 살아갈 수 없는 고독(孤獨)한 존재(存在)다. 무력(武力)은 인간을 정복(征服)하지만 사랑은 인간을 얻는다. 인간은 사랑하기 전에 사랑받아야 한다. 깊은 사랑을 받은 사람일수록 더욱 깊은 사랑을 베풀 수 있기 때문이다. 촛불이 제 몸을 불태워 빛을 내듯이 사랑은 자기 자신을 불태우는 것이다. **<산다는 것은 사랑하는 것이다**(To live is to love.).**>** 진정한 사랑은 정신과 의지에 기반을 둔 것으로 인간을 초월한 네 가지 가치(眞·善·美·愛)의 하나라고 한다. 사랑의 가장 깊은 의미는 그 사람의 정신적 존재, 내면(內面)의 자기에 있다고 한다.

사람을 사랑하기 위해서는 자기를 잊고 상대방을 있는 그대로 이해하고자 노력하지 않으면 안 된다. 상대방의 있는 그대로의 모습을 '받아들이는 것' 이것이 '**사랑의 근본(根本)**'이라고 했다. 사랑한다는 것은 어떠한 형태로 자기를 주는 것이다. 사랑의 가장 깊은 형태는 자기의 몸이나 마음을 타인에게 주는 것이다. 나의 사랑을 실행할 수 있는 것은 오직 나뿐이다. **'진정한 사랑**'은 조건(條件)이 없는 사랑이다. 당신의 인생을 사랑으로 채우고 남이 당신에게 해주기를 바라는 대로 하라. 사랑은 항상 영원(永遠)한 것으로서 불변(不變)의 것이어야 한다.

괴테(Goethe)는 '하늘에는 별이 있고 땅에는 꽃이 있다. 사람에게는 사랑이 있어야 한다.'고 말했다. 이 말은 인생의 위대한 진리를 간결하게 갈파(喝破)한 명언(名言)이다. 인생에는 사랑이 있기 때문에 우리는 살맛이 난다. 인간의 고독(孤獨)과 절망(絕望)과 불행(不幸)은 사랑이라는 밝은 빛이 있기 때문에 극복(克服)할 수 있다. 하늘에 별이 있고 땅에 꽃이 있고 인간에 사랑의 향기(香氣)가 있는 한 우리는 역경과 불행 속에서도 희망과 용기를 가지고 인생을 힘차게 살아갈 수 있다.

나. 사랑은 '인생의 의미와 용기와 보람을 부여하는 샘'

인간은 모두가 사랑을 필요로 하고 갈망(渴望)하고 있지만, 우리 주위에서는 사랑을 쉽사리 찾아볼 수 없는 것이 사실이다. 사랑은 **"인생의 의미와 용기와 보람을 부여하는 샘"**이다. 사랑을 놓치면 결국 인생을 놓치게 된다. 참다운 마음의 사랑은 사람에게만 베풀어지는 것이 아니다. 쥐가 배고플까 밥찌끼를 남겨두고, 불나비가 뛰어들어 타죽는 것을 불쌍히 여겨 밤에 등잔불을 켜지 않는다는 그 마음이 곧 사랑이다.

내일 사랑하는 것보다 오늘 사랑하는 것이 좋다. 누구에겐가 사랑한다는 말을 하고 싶다면 '내일로 미루지 말라'고 했다. 지금 바로 이 순간이 사랑할 때이다. 꽃을 줄 시간도, 사랑의 편지를 쓸 시간도 바로 지금이다. 사랑하는 이를 잃고 나서야 사랑했음을 깨닫는다는 것은 참으로 어리석은 것이다. 노벨상을 받은 이탈리아의 시인 라지모도는 <이 황량한 세계에 우리 각자는 외로이 서 있다. 순간적으로 햇살에 잠기면서, 그리고 문득 밤이었다.>라는 짧은 시(詩)를 썼다. 우리가 함께 있는 한 우리는 햇빛을 나눠가질 수 있다.

우리는 누구나 흙으로 돌아가고 말 인간임을 명심(銘心)하고 서로 사랑하고 용서(容恕)하며 화목(和睦)하게 살아야 한다. 참으로 남을 '용서(容恕)한다'는 것은 지난 일을 완전히 지워 버려 백지로 돌리고, 처음부터 다시 출발하는 일이다. 이 세상에서 우리가 평화롭게 살아가는 방법은 하나밖에 없다. 그것은 '**관용**(寬容)**과 사랑**'이다. '살아 있는 땅'과 '죽어 있는 땅'을 연결해주는 다리는 바로 사랑이다. 그것이야말로 유일(唯一)한 생존(生存)이며, 유일한 의미(意味)이다. 우리의 인생을 사랑으로 채워야 한다. 사랑은 이 세상에서 가장 소중한 것이다.

'사랑은 창조(創造)의 힘이다(Love is the force of creation.)', '세계를 굴리고 있는 것은 사랑이다(It is love that makes the world go round.)', '사랑이 있는 곳은 언제나 낙원이다(Paradise is always where love dwells.)', '사랑은 사랑을 낳고(Love begets love.)', '증오(憎惡)는 증오를 낳는다(Hate begets hate.)', '참사랑은 결코 낡지 않는 법이다(True love never grows old.)' 참된 사랑은 마음속에서 타오르는 불빛이다. 촛불이 스스로를 태움으로서 빛을 내듯이 사랑하기 위한 유일(唯一)한 방법은 **자기 자신을 불태우는 것**이다.

다. 사랑의 본질(本質)

"사랑의 본질(本質)"은 무엇인가? 사랑이란 단순한 감정이 아니며 자기 희생(自己犧牲)만도 아니다. 사랑의 내면(內面)에는 이성(理性)이 들어 있어야 한다. 이성이란 사물의 이치(理致)를 논리적으로 생각하고 판단하는 능력을 말한다. 사랑한다는 것은 인간의 전인격적 행위(全人格的 行爲)이다. 인간의 인격의 중심을 이루고 있는 것은 그 사람의 사랑하는 능력이다. 사랑의 가장 깊은 의미는 그 사람의 정신적 존재, 내면(內面)의 자기에 있다. 사랑은 항상 선(善)을 목표로 삼지 않으면 안 된다.

순수한 사랑은 타인의 운명을 보다 나은 길로 인도(引導)하려는 바람이라고 한다. '큰 사랑이 있을 때에는 큰 괴롬도 있는 것이다(When there is great love, there is great pain.).', '사랑의 고통은 모든 다른 쾌락(快樂)의 달콤한 것보다 더 향기롭다(Pains of love be sweeter far than all other pleasure are.)'고 했다. 인간생활의 모순(矛盾)을 해결하고, 인간의 가장 큰 행복을 가져오는 감정은 사랑이다. 사랑은 사람에게는 평화, 바다에는 고요함을, 폭풍에는 휴식을, 슬픔에는 잠을 준다.

우리의 인생은 사랑에서 시작하여 사랑으로 일관(一貫)되고 사랑으로 끝나야 한다. 우리가 사랑하기를 배워야 하는 첫 번째 사람은 바로 '나 자신'이다. 당신이 당신 자신을 사랑하지 않는다면 당신은 다른 누구도 사랑할 수가 없을 것이다. 우리 주위의 모든 곳에 산재(散在)하는 사람들의 문제에 관심을 가져보라. 당신이 부당한 취급을 받고 희생(犧牲) 당하는 가난한 사람들을 '진심으로 사랑할 때' 당신은 그들의 더 나은 생활수준을 위해 강한 용기와 정의로써 싸울 것이다.

아브라함 링컨(Abraham Lincoln)이 어떤 노예 소녀가 말처럼 경매장에서 매매되는 것을 보았다. 그 노예 소녀는 그의 가족으로부터 팔려가고 있었으며, 그 소녀의 눈 속에서 놀라움과 공포를 보았다. 링컨은 <**이 일은 없어져야만 한다**>라고 말했다. 그 순간부터 그가 한 일은 모든 인류에 대한 '사랑의 예시(豫示)'였다.

링컨은 1863년 11월 게티즈버그 국립묘지 건설 기념식 연설에서 유명한 <인민의, 인민에 의한, 인민을 위한 정부는 지상에서 영원히 사라지지 않을 것이다(government of the people, by the people, for the people, shall not perish from the earth.)>라는 불멸(不滅)의 명언을 남겼다. 이 세상에서 가장 위대한 것은 우리가 '어디에 서있는가'라기보다는 '어느 곳으로 향하고 있는가'인 것이다. 당신이 어디로 가고 있는지 방향을 아는 것이다.

오늘날에도 노예 매매와 같이 많은 사람들에게 해악과 불행을 끼치는 어떠한 부정과 인권탄압도 사라져야만 한다. 우리가 어떤 일에 대해 정의와 용기로서 가치 있는 행동을 할 정도로 그 일과 그 사람들을 사랑한다면 우리는 '사랑할 때 곧 사랑받는 셈'이 될 것이다. 사랑하고 사랑받는 것은 동전의 서로 다른 면을 나타내는 것이다.

라. 사랑은 '정신의 양식'
사랑의 나무에는 꽃이 피고 자유와 평등과 행복의 열매가 맺힌다. 한 알의 밀알은 땅에 떨어져 죽지 않으면 언제까지나 한 알인 채 남아 있다. 그러나 죽으면 많은 열매를 맺는다. 밀알이 죽지 않으면 한 알 그대로 있을 뿐이다. 밀알은 썩었기 때문에 더 많은 밀알로 태어나며, 초는 불타서 없어졌기 때문에 밝은 빛으로 변해 공간(空間)과 우주(宇宙)에 남게 되는 것이다. 우리들의 삶도 육체가 살아 있는 동안 노력하여 완전한 인격을 갖추며 영원히 남을 수 있는 봉사(奉仕)를 함으로써 참되게 살며 **"영원히 사는 길"**이 된다.

밥이 '육체의 양식(糧食)'이라면 사랑은 **'정신의 양식'**이다. 인간은 사랑을 먹고 사는 존재다. 우리의 가슴 속에 사랑이 있는 한 인간은 행복할 수 있다. 사랑의 실천(實踐)에는 용기와 노력과 희생이 필요하다. 사랑이 끝났을 때 전(全) 인생의 불빛이 꺼지며, 사랑을 잃어버리면 인생을 놓치게 된다. 러시아의 소설가 톨스토이(Tolstoi)는 '장래(將來)의 사랑이란 있을 수 없다. 사랑은 현재(現在)에 있어서의 행위일 따름이다. 남에게서 사랑을 받고자 애쓰지 말라. 다만 사랑하라. 그때 그대는 사랑을 얻으리라!'고 말했다.

마. 사랑은 '모든 것을 이긴다'

스위스의 사상가 힐티(Carl Hilty)의 묘비명(墓碑銘)에는 "사랑은 모든 것을 이긴다."라고 기록되어 있다. 사랑은 폭력(暴力)을 이기고, 증오(憎惡)를 이긴다. 맹자는 인자무적(仁者無敵)이라고 했다. 인도의 민족운동지도자 간디(Mohandas Karamchand Gandhi)는 '폭력은 동물의 법칙이요, 비폭력은 인간의 법칙'이라고 했다. 그의 비폭력(非暴力), 무저항주의(無抵抗主義)는 인류역사에 길이 남는다. 힘이나 법보다도 사랑으로 대하는 것이 가장 "인간다운 길"이다.

우리가 사는 것은 사랑하는 것이다. 인간에게 가장 중요하고, 인격의 중심을 이루고 있는 것은 그 사람의 **'사랑하는 능력'**이라고 한다. 인간은 사랑이 없으면 살아갈 수 없는 고독한 존재이므로 사랑받음으로써 비로소 사랑하는 힘을 얻는다. 촛불이 제 몸을 태워서 빛을 내듯이 사랑은 자기 자신을 불태우는 것이다. 사람을 사랑하기 위해서는 자기를 잊고, 상대방을 있는 그대로 이해(理解)하고자 노력하지 않으면 안 된다. 우리는 일생을 통하여 사랑이란 무엇인가를 이해하고 사랑을 실행하도록 노력해야 한다.

우리의 인생을 사랑으로 채워야 한다. 언제나 사랑의 마음으로 참되고 진실하고 바르게 살아야 한다. 그것이 '**행복으로 향하는 길**'이다. 사랑은 인생의 영원(永遠)한 안식처(安息處)다. 인간의 행복은 사랑 속에 있으며, 인간의 불행은 사랑의 고갈(枯渴)에 있다. 인간은 빵만으로 사는 동물이 아니라 사랑을 먹고 사는 동물이다. 인간은 사랑이라는 정신적 양식을 먹어야만 행복해질 수 있다. 사랑이 끝났을 때 전 인생의 불빛이 꺼진다. 인간상실의 근본은 사랑의 상실이요, 인간회복의 근본은 사랑의 회복이라고 했다. 사랑은 '**인생의 뿌리**'다. 우리는 사랑의 뿌리를 튼튼하게 가꾸어야 한다.

사랑은 인간의 가장 높고 가장 강하고 맑은 빛이다. 사람의 근본(根本)은 사랑이요, 사람의 사람다움은 사랑에 있다. 우리는 일생을 통하여 사랑이란 무엇인가를 이해하고 그것을 실행하도록 노력하는 '**사랑의 실천가(實踐家)**'가 되어야 한다. '사랑만이 세상을 구할 수 있다(Only love can save the world.).'

13. 희망과 신념과 용기를 가진 삶(새 출발의 지혜)

가. 삶의 용기와 희망

독일의 종교개혁자 루터(Martin Luther)는 '내일 지상(地上)에 종말(終末)이 올지라도 나는 한 그루의 사과나무를 심겠다.'고 갈파(喝破)했다. 인생에 대해 **"삶의 용기와 희망"**을 강조한 말이다. 우리의 가슴속에는 언제나 희망의 태양이 빛나야 한다. 이러한 희망과 신념과 용기를 가지고 인생의 어려움을 참고 이겨내는 것이 **인생**(人生)의 지혜(智慧)다. 이러한 신념(信念)은 위대한 힘의 원천(源泉)이다.

우리의 가슴속에는 언제나 희망의 태양이 빛나야 한다. 내일은 또 내일의 태양이 떠오른다. 덴마크의 철학자 키에르케고르(Kierkegaard)는 '절망(絶望)은 죽음에 이르는 병(病)이다.'라고 했고, 영국의 수상 디즈레일리(Benjamin Disraeli)는 '절망은 어리석은 자의 결론(結論)이다.'라고 했다. 슬기로운 자는 어려운 역경(逆境) 속에서도 절대로 절망(絶望)하지 않는다. 지혜는 어둠 속에서도 빛을 찾는다. 우리는 인생에 대해서 언제나 희망을 가지고 살아야 한다. 희망이란 믿음이다.

'추위에 떤 사람일수록 태양의 따뜻함을 느낀다. 인생의 고뇌(苦惱)를 겪은 사람일수록 생명의 존귀(尊貴)함을 안다(Walt Whitman).' 한겨울의 추위를 경험하지 못한 사람은 따뜻한 봄의 태양의 고마움을 모른다. 인간의 생명의 존귀성(尊貴性)은 인생의 고뇌(苦惱)를 겪은 사람일수록 강하게 느낀다. 비바람을 겪을수록 초목은 견고(堅固)해진다. 인간도 마찬가지다. 고뇌(苦惱)는 인간을 심화(深化)시킨다.

어두운 밤이 지나가면 반드시 밝은 아침이 오며, 추운 겨울이 지나면 따스한 봄이 다시 찾아온다. '겨울이 오면, 봄인들 멀지는 않으리라(If winter comes, can spring be far behind?).'고 노래한 영국의 낭만파 시인 셸리(Shelley)는 '폭풍(暴風)이 지난 들에도 꽃은 피고 지진(地震)에 무너진 땅에도 맑은 샘이 솟아오른다.'고 말했다. 폭풍이 온 땅을 휘몰아치고 지나가면 상처 입은 나무에서도 아름다운 꽃이 피고, 지진이 일어나 땅이 갈라지고 집이 무너져 황폐(荒廢)해진 땅에서도 맑은 샘이 솟아난다. 쉘리의 시(詩)는 우리에게 희망과 용기를 가르친다.

나. 새 출발의 지혜

죽음의 힘보다도 생명(生命)의 힘은 더욱 강하다. 폐허의 땅에서 파릇파릇 솟아나는 어린 새싹을 볼 때, 우리는 생명의 의지, 생명의 힘이 얼마나 강하고 무서움에 새삼스럽게 놀란다. 이러한 믿음으로 인생의 고난(苦難)을 참고 이겨내는 것이 **"새 출발의 지혜"**다. 인내(忍耐)와 용기(勇氣)와 지혜(智慧)는 암흑(暗黑)과 어려움 속에서도 절망(絶望)하지 않고 광명(光明)을 찾는다.

용기 있는 사람은 운명(運命)에 도전(挑戰)한다. 우리는 운명(運命)과 싸워서 이겨야 한다. 그것이 '인간다운 삶'이다. 네덜란드의 화가 고흐(Vincent van Gogh)는 '인간은 꿋꿋하게 현실(現實)의 운명에 참고 견디어야 한다. 거기에 일체(一切)의 진리(眞理)가 깃든다.'고 말했다. 인간은 "고난을 극복하는 용기"가 필요하다. 자기의 십자가(十字架)를 꿋꿋이 견디어내는 강한 정신력(精神力)을 가져야 한다.

영국의 저술가 스마일즈(Samuel Smiles)는 '세상에 악(惡)이 무성한 것은 우리가 노(no)라고 말하는 용기를 못 갖기 때문이다.'라고 말했다. 세상에는 참과 거짓, 의(義)와 불의(不義)가 있다. 의인(義人)이란 옳은 것은 옳다고 하고 그른 것은 그르다고 말하는 사람이다. 예스(yes)와 노(no)를 분명하게 대답하는 사람이다. '노(no)'라고 해야 할 때 '노'라고 단언(斷言)할 양심과 용기가 부족하기 때문에 세상에 많은 악(惡)과 부정부패가 창궐(猖獗)한다. 이 세상에 '예스맨(yes man)'만 있고 '**노 맨**(no man)'이 없을 때 그 집단이나 사회는 부패(腐敗)하고 타락(墮落)한다.

다. **악**(惡)**을 부정하는 용기**(인간의 위대성의 척도)

보헤미아(Bohemia)의 종교개혁가 후스(Johannes Huss)는 '우리는 진실(眞實)을 배우며, 진실을 사랑하며, 진실을 말하며, 진실을 양보(讓步)하지 않으며, 죽을 때까지 진실을 지키리라'고 말했다. 그가 가장 사랑한 것은 진실이요, 가장 미워한 것은 허위(虛僞)였다. 아무리 총칼로 짓밟아도 진실의 불꽃은 인간의 가슴속에서 꺼지지 않고 타오른다. 우리는 "**악**(惡)**을 부정하는 용기**"를 가져야 한다. 인간의 "**위대성**(偉大性)**의 척도**(尺度)"는 용기(勇氣)에 있다.

영국의 시인이며 극작가인 다니엘(Samuel Daniel)은 '폭풍 속에서만, 항해(航海)의 예술미(藝術美)는 충분히 표현된다. 전쟁터에 있어서만, 군대의 용감성은 경험된다. 인간의 용기는 곤란하고 위험한 경우에 떨어졌을 때만 알 수 있는 것이다.'라고 말했다. 고난(苦難)은 인간의 진가(眞價)를 증명한다. 고난은 인간의 진가와 능력을 판가름하는 엄연한 시금석(試金石)이다. 고난에 견디고 이기는 자가 참으로 '**위대한 인간**'이다.

생명은 절망을 뚫고 희망을 꽃피운다. 우리는 역경(逆境) 속에서도 언제나 가슴 속에 희망의 등불을 켜고 살아야 한다. 넘어지면 다시 일어나고, 억압을 당하면 다시 고개를 쳐들고 마치 잡초(雜草)와 같이 강인(强靭)한 의지로 저항(抵抗)하고 전진(前進)하는 것이 '생(生)의 본질(本質)이며 사명(使命)"이다. 칠전팔기(七顚八起)하는 것이 생(生)의 의지다. 우리는 절망(絶望)의 철학을 배울 것이 아니라 희망(希望)의 철학을 배워야 한다.

우리의 인생은 **"용기와 희망을 가진 삶"**이 되어야 한다. 프랑스의 소설가·극작가 롤랑(Romain Rolland)은 '힘에 의해서 승리한 사람을 나는 영웅(英雄)이라고 부르지 않는다. 심정(心情)에 있어서 위대(偉大)한 사람을 나는 영웅이라고 부른다.'고 말했다. 세상에는 '힘의 영웅'과 **'혼(魂)의 영웅'**이 있다. 혼의 영웅이 정신에 있어서 위대한 인물이요, 진정한 인간의 빛이다. 인간은 진리(眞理)와 정의(正義)를 위한 용감한 투사(鬪士)가 되어야 한다.

인생에서 중요한 것은 원대(遠大)한 목표(目標)를 갖는 동시에 그것을 달성(達成)할 수 있는 체력(體力)과 능력(能力)을 갖는 것이다. 우리는 목표를 가지되 크고 높은 목표를 가져야 한다. 위대한 인물이란 위대한 목표를 가진 사람이다. 그러나 목표만으로는 부족하며, 그 목표를 달성할 수 있는 체력(體力)과 능력(能力)이 필요하다. 원대한 목표의 확립과 그것을 실현할 수 있는 체력과 능력이 '인간의 위대성(偉大性)의 척도(尺度)'다. 우리에겐 절망은 없고 오직 희망이 있을 뿐이다. '해는 또다시 떠오른다(The sun also rises.).'

14. 인간의 참된 성숙(인재양성과 자식농사)

가. 인재양성(人材養成)

<1년의 계획은 곡식을 심는 것이 제일이요, 10년의 계획은 나무를 심는 것이 제일이요, 종신(終身)의 계획은 사람을 심는 것(자식농사)이 제일이다.> 중국 춘추시대의 학자 관중(管仲)의 말이다. 사람을 심고 **'인재(人材)를 양성**

(養成)'하는 일이 얼마나 힘들며 중요한가를 갈파한 말이다. 국가와 민족의 백년대계(百年大計)를 계획한다면 인재를 양성해야 한다. 인재를 기르는 일은 가장 중요한 일이다. 우리는 지혜와 정성과 사랑으로 **"자식農事"**에 심혈(心血)을 기울여야 한다. 우리의 인생은 농사(農事)와 같다. 논농사, 밭농사도 중요하지만 인재를 양성하는 '**자식농사(子息農事)**'를 잘 지어야 한다.

근면, 정직, 인내라는 농심(農心)으로 자식농사를 잘 지어야 보람된 생(生)의 열매를 거둘 수 있다. "문제아동이 있는 것이 아니라 문제가정이 있다."는 말과 같이 미래의 이 나라의 주인공이며 건설자가 될 어린이의 성격형성에 결정적 영향을 주는 것은 바로 가정이다. 가정은 사회의 모델이며, 인간의 기본도덕은 가정에서 배우므로 바른 사회건설의 기초는 '바른 가정교육'에서 시작되어야 한다. 가정은 어린이의 근본(根本)이 만들어지는 인생의 교실이며, 부모는 그 스승이므로 부모는 언제나 자녀들에게 '바른 본보기'를 보여주어야 한다. 그러므로 <**부모의 언행은 자녀의 운명을 좌우한다**>고 했다 참된 가정교육은 참된 부모의 마음에서 비롯되며, 교육만이 진정한 재산이다.

나무는 다 자라서 굽어지는 것이 아니다. 처음부터 바르게 자란 나무는 끝까지 바르게 자라서 좋은 재목(材木)이 된다. 그러나 **"처음부터 굽어버린 나무"**는 그대로 굽게 자라 마침내는 화목(火木 : 땔나무)거리로 끝나고 만다. **"처음부터 바르게 자란 나무"**는 봄이면 꽃을 피워 사람의 마음을 즐겁게 하고, 여름이면 시원한 그늘을 만들어 주고, 가을이면 탐스러운 과일을 주지만 그 나무는 말이 없고 아무것도 바라지 않는다. 베풀기만 하고 아무것도 바라지 않는 저 나무를 보라. 나무는 기다릴 줄 알고 참(忍耐)을 줄 안다. 우리는 나무를 보고 인내(忍耐)를 배우고 겸허(謙虛)함을 배워야 한다. 그것이 **"인간의 참된 성숙(成熟)"**이다.

나. 좋은 본보기

스위스의 교육가 페스탈로치(Johann Heinrich Pestalozzi)는 **<가정은 도덕(道德)의 학교다.>**라고 말했다. 가정은 우리에게 인간의 도덕을 가르치는 학교다. 학교교육이나 사회교육보다도 가정교육이 인간의 성격형성에 결정적 영향을 준다. 가정은 "사회의 모델"로서 인생의 진리와 교훈을 배우는 곳이 되어야 한다. 부모의 인생은 자녀들에게 '가장 좋은 본보기'가 되어야 한다. 우리의 인생에는 학교가 따로 없고, 모델밖에 없다고 본다. 따라서 부모는 날마다 자녀들에게 **"좋은 본보기"**를 보이며 생활해야 한다. 부모는 항상 나는 자녀들에게 "어떠한 본보기인가?"를 자문(自問)해보아야 한다. 자녀에 대한 최선의 교육은 스스로 모범을 보이는 것이다.

자녀의 가치관(價値觀)이나 언행(言行)은 그 부모가 어떤 생각(思考)으로, 어떠한 가정교육을 시켜왔는지에 따라 영향을 받게 된다. 어린이가 사회생활에 필요한 기본도덕을 가정에서 배우게 되므로 바른 사회건설의 기초는 **"올바른 가정교육"**에서부터 시작해야 한다. 그러므로 가정의 붕괴(崩壞)는 곧 사회의 붕괴를 초래(招來)하게 된다. 사회정화(社會淨化)는 먼저 가정정화(家庭淨化)에서 출발해야 한다.

다. 가정교육의 핵심

나라와 겨레의 앞날을 이어나갈 어린이를 인간으로서 존중(尊重)하며 사회의 한 사람으로서 올바르게 키우기 위해 어린 시절부터 '**바른 마음씨**'

와 **'성실한 삶의 자세'**를 가지게 하는 어린이 교육이 그들의 일생의 행복을 약속하는 필수조건(必須條件)이다. 괴테(Goethe)는 <첫 단추를 잘못 끼우면 마지막 단추는 끼울 구멍이 없어진다.>고 말했다. 마지막 단추를 바로 끼우기 위해서는 첫 단추부터 잘 끼워야 한다. 우리는 지혜로운 출발, 올바른 시작을 해야 올바른 결과에 도달할 수 있다.

어린이도 인생의 첫 단추를 잘 끼워야 행복한 인생을 맞이할 수 있다. 가정의 행복은 그러한 노력과 인내와 성실한 삶의 대가(代價)인 것이다. 어린이는 희망의 새싹이다. 새싹은 아직 생명력이 약하므로 땅에 굳건히 뿌리를 박지 못해 모진 바람에 꺾이기 쉽다. 그러므로 부모는 지혜와 정성과 사랑으로 어린 새싹을 바르게 가꾸어야 한다. 첫째 씩씩하게 키워야 한다. 건강한 몸과 자력주의(自力主義) 정신을 심어주어야 한다. 둘째 정의감(正義感)이 강한 어린이를 만들어야 한다. 어린이의 마음속에 정의(正義)의 씨를 뿌려야 한다. 셋째 슬기롭게 키워야 한다. 지혜롭고 총명한 어린이로서 스스로 생각하고, 스스로 연구하고, 스스로 공부하는 정신을 어린 시절부터 키워야 한다.

우리는 **"무엇인가 심고 무엇인가를 남겨야"** 한다. 우리가 씨를 뿌리면 굶주린 배를 채우는 사람이 있게 되고, 나무를 심으면 그 나무를 베어 때는 사람이 있고, 그 그늘에서 더위를 식히는 사람도 있게 된다. 우리가 이 세상에 태어난 이상 무엇인가 보람 있는 일을 해야 하고 **"가치 있는 유산(遺産)"**을 남겨야 한다. 우리는 그러한 사명의식(使命意識)을 가지고 무엇인가 심고 무엇인가 남겨야 한다. 도둑이 훔칠 수도 없으며, 폭군이 침노(侵擄)할 수도 없으며, 그대의 죽은 뒤에는 영원히 남아 있어서 썩을 줄 모르는 그러한 재산을 남기도록 노력해야 한다. 과일나무는 열매로 평가되고, 사람은 그가 이룬 업적에 의해 평가된다.

사는 것이 중요한 문제가 아니라 **"바로 사는 것"**이 중요한 문제다. 바로 사는 것은 참되게 살고, 아름답게 살고, 의(義)롭게 사는 것이다. 잘 살려는 의지(意志)도 중요하지만 바로 살려는 의지가 더 중요하다. 바로 사는 것이 **"사람답게 사는 길"**이다. 바로 사는 자가 잘살 수 있는 사회를 건설할 수 있다. 이것이 <가정교육(家庭敎育)의 핵심(核心)>이다. 그런 사회가 '인간다운 사회'요, '사람다운 사람'이 사는 사회다.

라. 외국어를 공부하는 사랑하는 손주들에게

교육(敎育 : education)이란 **"인간의 가치(價値)"**를 높이고자 하는 일 또는 그 과정이다. <**교육(敎育)**>이란 한자(漢字)는 맹자(孟子)의 <得天下英才而敎育之(천하의 영재를 모아 교육하다)>란 글에서 비롯되었다고 한다. 교육은 인간이 생활을 시작한 이래 오늘날까지 행하여온 작용으로서 앞으로도 영원히 이 사회에서 꾸준히 행하여질 가장 중요한 과제 중의 하나이다. 유아기(幼兒期)에 있는 자녀들이 최초로 접하는 사회환경은 가정(家庭)이며, 여기에서 받는 영향은 그 후의 인격형성(人格形成)을 좌우한다. 따라서 가정은 자녀들이 현실사회의 압력으로부터 보호·육성하는 한편, 사회적응(社會化)을 준비시키는 곳이 되어야 한다. 부모는 이 두 측면을 애정과 지혜로 조화시켜야 한다.

부모는 일상생활을 통하여 자녀들에게 행동의 모범(model)을 보이고, 반복된 교정(矯正)을 통하여 바람직한 가치방향(價値方向)으로 이끌어 주어야 한다. 자녀들의 **"올바른 인성(人性)과 반듯한 삶의 자세"**는 부모의 언행(言行)을 통하여 배워가므로 가정에서 부모의 가장 큰 역할은 언제나 자녀들에게 <바른 본보기>를 보여주는 일이다. 바른 사회건설의 기초는 바른 가정교육에서 시작되므로 행복한 가정의 건설은 인간의 가장 고귀(高貴)한 의무(義務)요, 사명(使命)이다.

　　"외국어 교육"은 외국어의 학습을 통하여 외국의 문화에 접하는 것이 그 주목적(主目的)이다. 문화의 상호교류가 국가적 견지에서 본 외국어 교육의 의의(意義)라고 할 수 있으며, 개인적으로는 널리 국제적 시야(視野)에서 사물을 통찰할 수 있는 인간의 양성(養成)이라는 데에 그 의의를 찾을 수 있다. 국제어로 일컬어지는 영어의 경우는 최근에 실용성이 강조되고 있다.

　　우리 손주들 중 윤서와 윤호는 어려서부터 영어유치원에 다니면서 영어공부를 하고 있으며, 외손녀 주연과 채현이는 초등학교 시절 엄마가 여름방학을 이용하여 필리핀 영어학원에서 공부를 시켰으며, 귀국 후에는 매일 저녁 필리핀에 있는 영어 선생님과 영상통화로 영어회화를 하는 방법으로 영어 공부를 하고 있다. 일본에 살고 있는 막내 손주 예준이는 어린 나이에도 불구하고 일본어와 한국어를 공부해오다가 최근에는 아빠가 대학(도쿄 국립정책연구대학원대학) 휴식년(休息年)을 이용하여 미국에 건너가 1년간 영어유치원에서 공부를 시키게 되어 3개 국어를 공부하느라 너무 힘들어하는 모습이 애처롭기만 하다.

　　손주들이 모두 열심히 외국어를 공부한 덕분에 영어회화도 하고 영어로 일기 쓰기도 하고, TV에서 외국영화도 보며 즐기는 모습을 보면 참으로 대견스럽기도 하다. 그래서 '지식은 힘이다(Knowledge is power.)'라고 했다. 인생에서 가장 중요한 일은 자기 인생의 사명(使命)을 자각(自覺)하는 것이라고 했다. 사람은 저마다 사명을 가지고 이 세상에 태어난다. 인생의 목적과 보람은 높은 사명의 자각과 그 실천에 있다.

마. 사랑하는 손주들에 대한 나의 기원

사랑하는 손주들이 지금은 어린 나이에 외국어 공부하기가 힘들어도 슬기롭게 잘 견디어 언젠가는 자신의 사명을 깨닫고 그 **"사명을 다하는 인물"**이 되길 간절히 기원한다. 귀여운 손주들이 아랫글을 읽고 그 뜻을 가슴에 새겨 교양도 넓히고 영어 실력을 높이는 한 가지 방법이 될 것으로 생각하여 영어로 표현된 고전적 명언(名言)이나 속담(俗談), 격언(格言) 중 금언명구(金言名句)가 될 수 있는 것을 선별(選別)하여 수록(收錄)했다. 명언과 격언 등은 오랜 인간의 생활 속에서 자생(自生)한 짧은 말토막으로서 그 내용이 사리(事理)에 맞아 우리들의 심중(心中)에 그윽한 공감(共感)을 불러일으키고 때로는 "만인(萬人)의 교훈(敎訓)"이 되기도 한다.

나의 희망이요, 꿈인 사랑하는 손주들이 아랫글을 읽고 그 참뜻을 마음에 새겨 앞으로의 생활을 비추어주는 등불이 되고 **"행동의 좌우명(座右銘 : favourite maxim)"**이 되길 바란다. 그리하여 자신의 사명을 깨닫고, 그 사명을 위해서 살고, 사명에서 보람을 느끼는 존재가 되길 기원한다. 사람에게서 가장 중요한 일은 자기의 사명을 자각(自覺)하고, 그 사명을 성실하게 실천함에 있다.

사람이 자기 인생을 가장 보람 있게 사는 비결은 확고한 사명감(使命感)

을 갖는 것이다. '내 생애(生涯)의 최대의 날은 자기의 역사적 사명을 자각하는 날이다(Carl Hilty).'라고 했다. 인간의 진정한 힘의 원천(源泉)은 사명감이며, 사명감은 인생의 활력소(活力素)다. 사랑하는 나의 손주들이 자신의 사명을 자각하고 살아가는 **"사명인(使命人)"**이 되길 간절히 기원한다.

* 마음의 양식이 되는 고전적 명언과 속담, 격언 *

- **'가난한 자'**는 가진 것이 없는 사람이 아니라 더 많은 것을 갈구하는 사람이다(It is not the man who has too little, but the man who craves more, that is poor.).
- **'게으른 사람'**은 평생 동안 죽은 것이나 다름없다(Idle men are dead all their life long.).
- **'계획'**은 사람에 달렸고, 성패는 하늘에 달렸다(Man proposes, and God disposes.).
- **'고통'** 없는 인생은 없다(No life without pain.).
- **'공부'**는 좋은 사람을 더 좋게 만든다(Learning makes a good man better.).
- 공부만 하고 놀지 않으면, 아이는 바보가 된다(All work and no play makes Jack a dull boy.).
- 너무 늙어서 배우지 못한다는 법은 없다(Never too old to learn.).
- 배우지 않으면 아는 것이 없다(Learn not, and know not.).
- 묻는 것을 두려워하는 사람은 배우는 것을 부끄러워하는 사람이다(He who is afraid of asking is ashamed of learning.).
- **'광음(시간)'**은 나는 화살과 같다(Time flies like an arrow.).
- 구르는 돌은 이끼가 끼지 않는다(A rolling stone gathers no moss.).
- **'근면(勤勉)'**은 성공의 근원이다(Industry is the parent of success.).
- 근면은 행복의 어머니다(Diligence is the mother of good fortune.).

- 땀 흘리지 않고는 즐거움은 없다(No sweet without sweat.).

- 찬찬하고 착실히 하면 경주에 이긴다(Slow and steady wins the race.).

- 성급하게 한 일치고 잘된 일은 없다(What is done in a hurry is never done well.).

- 나는 내 '**운명**'의 주인이다. 또 나는 나의 영혼의 선장이다(I am the master of my fate; I am the captain of my soul.).

- 나에게 있어 내가 아는 것은 내가 아무것도 모른다는 사실뿐이다(As for me, all I know is that I know nothing.).

- 남을 '**존경**'할 줄 모르는 사람은 남에게서 존경을 받지 못한다(He that respects not is not respected.).

- 너 자신을 알라(Gnothi Seauton. Know thy self.).

- 넘어짐으로써 안전하게 걷는 법을 배운다(By falling, we learn to go safely).

- '**노고**(고통)'가 없으면 얻는 것도 없다(No pains, no gains.).

- '**노력**'하지 않고는 아무것도 얻을 수 없다(Nothing can be obtained without any effort.).

- 천천히 가는 자는 멀리 간다(Who goes slowly goes far.).

- 놀 때 놀고, 일할 때 일하라(열심히 공부하고 잘 놀아라)(Work while you work, play while you play.).

- 늘 쓰는 열쇠는 언제나 반짝인다(The used key is always bright.).

- '**어머니**'의 사랑은 결코 변하는 법이 없다(A mother's love changes never.).

- 딸은 어머니의 인생의 닻이다(Daughters are the anchors of a mother's life.).

- 아들은 어머니의 인생의 닻이다(Sons are the anchors of a mother's life.).

- 어머니는 여전히 어머니, 가장 신성한 살아 있는 존재(A mother is a mother still, the holiest thing alive.).

- **'덕(德)'**은 가장 진실한 고결(高潔)이다(Virtue is the truest nobility.).

- **'뜻'**이 있는 곳에는 길이 있다(Where there is a will, there is a way.).

- 젊은이여, 큰 뜻을 품어라(Boys, be ambitious.).

- 사람은 자신의 뜻에 따라서 크게도 작게도 될 수 있다(Man is made great or little by his own will.).

- **'의지(意志)'**가 굳은 사람은 혼자서 세계를 이룩한다(He who is firm in will molds the world to himself.).

- 의지(意志)는 힘이다(Will is power.).

- 인내심 있는 사람은 모든 일을 성취할 수 있다(He that has patience may compass anything.).

- 토끼 두 마리를 쫓는 사람은 한 마리도 못 잡는다(If you run after two hares, you will catch neither.).

- 많이 묻는 자는 많이 배운다(He who inquires much learns much.).

- 마음은 천의 눈을 갖지만 심장은 하나의 눈을 갖는다. 사랑이 끝났을 때 전 인생의 불빛이 꺼진다(The mind has a thousand eyes, and the heart but one; Yet the light of a whole life dies when love is done.).

- 많은 **'말'**은 칼 이상으로 사람을 해친다(Many words hurt more than swords.).

- 말 많은 사람은 행하는 바가 적다(Great talkers are little doers.).

- 말은 허공으로 날아가지만, 마음은 지상에 그대로 남는다. 맘 없는 말이 천당에 가지는 못한다(My words fly up my thoughts remain below; words without thoughts never to heaven go.).

- 말의 노예가 되지 말라(Be not the slave of words.).

- 한번 말하기 전에 두 번 들어라(Hear twice before you speak once.).

- 먼저 생각해보고 나서 말을 하라(First think and then speak.).

- 자기가 말하는 바를 스스로 실천하라(Practise what you preach.).

- 웅변이 은(銀)이라면, 침묵은 금(金)이다(Speech is silver, silence is golden.).

- 침묵은 어떠한 노래보다도 음악적이다(Silence more musical than any song.).

- 침묵은 영원처럼 깊고 말은 시간처럼 천박하나(Silence is deep as eternity speech is shallow as time.).

- 침묵은 기쁨의 가장 완전한 전달자이다(Silence is the perfectest herald of joy).

- 모든 사람은 **'평등'**하게 창조되었다(All men are created equal.).

- 모든 인간은 스스로의 **'운명'**의 개척자이다(Every man is the architect of his own fortune.).

- 모범은 인류의 학교다(Example is the school of mankind.).

- 무슨 일이나 도(度)를 지나치지 말라(Nothing too much.).

- 바쁜 벌은 슬퍼할 시간이 없다(The busy bee has no time for sorrow.).

- **'불가능'**이란 바보의 사전에만 있는 말이다("Impossible" is a word found only in the dictionary of fulls.).

- **'사람'**은 누구나 자신의 결점은 보지 않는다(No one sees his own faults.).

- 사람은 한낱 갈대에 지나지 않으며, 자연 가운데서도 가장 약한 존재다. 그러나 생각하는 갈대이다(Man is but a reed, the weakest in nature, but he is a thinking reed.).

- 사람이나 사물을 첫눈으로 판단하지 말라(Judge not of men or thing at first sight.).

- 뜨거운 **"사랑"**은 금방 식는다(Hot love is soon cold.).

- 사랑과 기침은 숨길 수 없다(Love and cough, cannot be hid.).

- 사랑은 사랑을 낳는다(Love begets love.).

- 사랑은 창조의 힘이다(Love is the force of creation.).

- 사랑의 고통은 모든 다른 쾌락의 달콤한 것보다 더 향기롭다(Pains of love be sweeter far than all other pleasure are.).
- 사랑이야말로 사랑의 진정한 값이다(Love is the true price of love.).
- 사랑이 있는 곳은 언제나 낙원이다(Paradise is always where love dwells.).
- 적(敵)을 사랑하라(Love your enemies.).
- 세계를 굴리고 있는 것은 사랑이다(It is love that makes the world go round.).
- 참사랑은 결코 낡지 않는 법이다(True love never grows old.).
- 큰 사랑이 있을 때에는 큰 괴로움도 있는 것이다(When there is great love, there is great pain.).
- 생(生)의 위대한 목적은 지식이 아니라 '**행동**'이다(The great end of life is not knowledge but action.).
- '**성공**'의 비결은 목표에 대한 불변이다(The secret of success is constancy to purpose.).
- 실패는 성공의 근본이다(Failure teaches success.).
- 일 분간의 성공은 수년 동안의 실패를 보상한다(A minute's success pays the failure of years.).
- 성급하게 한 일치고 잘된 일은 없다(What is done in a hurry is never done well.).
- 세월은 사람을 기다리지 않는다(Time and tide wait for no man.).
- '**시간**'은 곧 돈이다(Time is money).
- '**신용**'은 황금보다 낫다(Credit is better than gold.).
- 아침에 생각하고 낮에 행동하며 저녁에 먹고 밤에 자라(Think in the morning, act in the noon, eat in the evening, sleep in the night.).
- 어렴풋하게 많은 사실을 아는 것보다는 전혀 모르는 것이 낫다(Better

know nothing than half-know many things.).

- 번창할 때에는 역경(逆境)을 생각하라(In prosperity think of adversity.).
- **'예술'**은 길고, 때는 덧없이 지나간다(Art is long, and Time is fleeting.).
- 예술은 길고 인생은 짧다(Art is long, life is short.).
- 오래된 나무는 타기를 잘하며, 오래 묵은 술은 마시기에 좋고, 오래 사귄 친구는 완전히 신뢰할 수 있으며, 노련한 작가의 책은 독서에 최고다 (Old wood best to burn, old wine to drink, old friend to trust and old authors to read.).
- **'오늘'**은 다시 밝아오지 않는다는 사실을 명심하라(Consider that this day never dawns again.).
- 오늘 할 수 있는 일을 내일로 미루지 말라(Never put off till tomorrow what you can do today.).
- 욕심이 가장 적은 사람이 **'가장 부유한 사람'**이다(He is richest that has fewest wants.).
- 탐욕(貪慾)은 우리의 눈을 가린다(Avarice blinds our eyes.).
- **'돈'**은 많은 사람을 파멸시킨다(Money ruins many.).
- 돈의 가치는 갖는 데 있는 것이 아니라 쓰는 데 있다(The worth of money is not in its possession, but in its use.).
- 잃어버린 재산은 되찾을 수 있지만, 잃어버린 시간은 다시 찾을 수 없다(Lost wealth can be regained, but lost time never.).
- 위대한 일로 쉬운 것은 없다(Nothing great is ease.).
- 유식한 바보는 무식한 바보보다 훨씬 바보다(A learned fool is more foolish than an ignorant fool.).
- **'인생'**은 항해다(Life is voyage.).
- 인생의 거룩한 종말은 지식이 아니라 행동이다(The great end of life is not

knowledge but action.).

- 자기를 다스리는 사람은 머지않아 남을 다스리게 될 것이다(He that is master of himself will soon be master of others.).

- 자기 지식을 자랑하는 자는 자기의 무식을 공포하는 자다(He that boasts of his own knowledge proclaims his own ignorance.).

- 자기 '**자신**'보다 더 큰 적은 없다(Man has not greater enemy than himself.).

- 자신을 이겨낸 사람이 가장 훌륭한 정복자다(He is the greatest conqueror who has conquered himself.).

- 부(富)하게 죽는 것보다는 부하게 사는 게 더 좋다(It is better to live rich than to die rich.).

- '**비겁한 자**'는 죽기 전에 여러 번 죽지만, '**용감한 자**'는 결코 한번밖에는 죽지 않는다(Cowards die many times before their deaths; the valiant never taste of death but once.).

- '**행운**'은 용감한 자의 편이다(Fortune favors the brave.).

- 정직한 수고와 진지한 노력에는 행운이 뒤 따른다(Fortune waits on honest toil and earnest endeavor.).

- 잘 보낸 하루가 행복한 잠을 가져오듯이 '**잘 산 인생**'은 행복한 죽음을 가져온다(As a well spent day brings happy sleep, so life well used brings happy death.).

- 중요한 것은 얼마나 오래 사느냐가 아니라, 얼마나 값있게 사느냐 하는 것이다(It is not how long, but how well we live.).

- 장미엔 가시가 있다(Ne'er the rose without the thorn.).

- 가장 열매가 많이 맺힌 가지가 가장 쳐진다(The boughs that bear most hang lowest.).

- 적게 심는 사람은 적게 거둔다(He who sows little reaps little.).

- '**정직**'은 최상의 방책이다(Honesty is the best policy.).

- '**지혜**'는 진리 속에서만 발견 된다(Wisdom is only found in truth.).

- 지혜의 값은 보석보다 더 비싸다(The price of wisdom is above rubies.).

- 진리(眞理)는 위대하며, 어떤 것보다도 힘이 있다(Great is truth, and mighty above all things.).

- 참으로 아는 이는 말하지 않으며, 말하는 사람은 참으로 알지 못하는 것이다(Those who know do not talk and talkers do not know.).

- '**독서**'는 완전한 사람을 만든다(Reading makes a full man.).

- 만일 좋은 책을 읽고 싶거든, 반드시 나쁜 책을 피하도록 하지 않으면 안 된다. 인생은 짧고 시간과 정력에는 한도가 있기 때문이다(If a man wants to read good books, he must make a point of avoiding bad ones; for life is short, and time and energy limited.).

- '**학문**'에 지름길은 없다(There is no royal road to learning.).

- '**천재**'란 비상한 인내력일 뿐이다(Genius is nothing but a great capacity for patience.).

- 최대의 권력이 존재하는 곳에는 최소의 자유만이 존재한다(In the greatest power there is the least liberty.).

- 누구에게나 '**친구**'가 되는 사람은 누구의 친구도 아니다(A friend to all is a friend to none.).

- 사람은 그가 사귀는 친구로 알 수 있다(A man is known by the company he keeps).

- 역경에서의 친구가 참다운 친구이다(A friend in need is a friend indeed.).

- 진실한 친구는 몸은 둘이나 마음은 하나이다(A true friend is one soul in two bodies.).

- 책과 친구는 수가 적고 좋아야 한다(Books and friends should be few and good.).

- 친구는 얻기 어렵고, 잃기 쉽다(A friend is easier lost than found.).

- 친구는 역경에 처했을 때 가장 잘 발견 된다(A friend is best found in adversity.).

- 친구는 필요할 때가 되어야 비로소 알게 되는 것이다(A friend is never known till needed.).

- 친구란 마치 참외와 같다. 그 이유를 말하겠다. 즉 좋은 것을 하나 고르기 위해서 백여 개를 조사해 봐야 한다(Friends are like melons. Shall I tell you why? To find one good, you must a hundred try.).

- 사람은 그가 사귀는 친구로서 알 수 있다(A man is known by the company he keeps.).

- 표본(標本)은 가장 좋은 교훈(敎訓)이다(Example is the best precept.).

- '하늘'은 스스로 돕는 자를 돕는다(Heaven helps those who help themselves.).

- 하늘이 무너지는 한이 있더라도 정의(正義)만은 반드시 실현시키지 않으면 안 된다(Let justice be done, though the heaven should fall.).

- 천벌(天罰)은 늦으나 반드시 온다(Heaven's vengeance is slow but sure.).

- 법이란 선(善)과 정(正)의 과학이다(Law is the science of what is good and just.).

- 스스로 '행복'하다고 생각하는 사람은 행복하다(He is happy that thinks himself so.).

- 남을 행복하게 하는 사람은 참으로 '행복한 사람'이다(He is truly happy who makes others happy.).

- 자식 복이 있는 사람은 행복하다(Happy is he that is happy in his children.).

- 행복은 말이 없다(Happiness is speechless).

- 행복은 첫째, 건강에 있다(Happiness lies first of all in health.).
- 행복이란 우리의 화롯가에서 생기는 것이지 남의 정원에서 따오는 것이 아니다(Happiness grows at our own firesides, and is not to be picked in strangers' gardens.).
- 인생의 최고의 행복은 서로 사랑하고 있다는 확신이다(The supreme happiness of life is the conviction that we are loved.).
- '**부끄러움**'을 모르는 사람에게는 양심(良心)이 없다(He that has no shame has no conscience).
- 행실(行實)로 인품(人品)을 알 수 있다(The deed proves the man.).
- 생명이 지속되는 한 '**희망**'이 있다(While there's life, there's hope.).
- 큰 '**희망**'이 훌륭한 사람을 만든다(Great hopes make great men.).
- 희망이란 깨어 있는 사람의 꿈인 것이다(What is hope? The dream of a waking man.).
- 최선의 것을 희망하되 최악의 경우에 대비해서 준비하라(Hope for the best, but prepare for the worst.).

15. 은혜를 아는 사람

가. 은혜로운 사람(인간의 길)

우리는 <**은혜**(恩惠 : benefit, gratitude)> 속에서 태어나 은혜 속에서 살다가 은혜 속에서 죽는다. 부모님의 은혜, 천지자연의 은혜, 스승의 은혜, 나라의 은혜, 중생(衆生)의 은혜 등 인간은 이러한 은혜 속에서 살아간다. 은혜를 아는 것을 '지은(知恩)'이라고 하며, 은혜를 갚는 것을 '보은(報恩)'이라고 하며,

은혜에 감사하는 것을 '사은(謝恩)'이라고 한다. 받은 은혜를 저버림을 '배은 (背恩)'이라고 하며, 남에게 받은 은혜를 잊고 배반하는 것을 '배은망덕(背恩 忘德)'이라고 한다. 배은망덕은 인간으로서 '가장 부끄러운 행동'의 하나이 다. 우리는 은혜를 갚지는 못할망정 은혜를 잊지 않고 사는 사람은 되어야 한다.

우리는 **은혜로운 사람**이 되어야 한다. 그것이 **인간의 길**이다. 오늘 우리 가 이 자리에 오기까지 온갖 정성을 다하여 우리를 키워주신 부모님, 스승, 나라 등에 대하여 그 은혜를 생각하고, 그 은혜에 감사하고, 그 은혜에 보답 (報答)하는 사람이 되어야 한다. 은혜를 갚지는 못해도 은혜를 잊어버리거 나 은혜를 배반하지는 말아야 한다. 우리는 은혜에 감사하고, 은혜에 보답 하기 위하여 우리의 일생을 은혜를 입은 분들에게 은혜를 베풀며 살아가도 록 노력해야 한다.

나. 사람다워지는 근본

인간의 인간다움은 은혜를 알고, 은혜에 감사하고, 은혜에 보답하는 데 있다. 나의 존재와 나의 생활이 많은 사람들의 은혜의 덕분으로 이루어진 다는 것을 자각하고 은혜에 보답하려는 정성스러운 심정으로 살아야 한다. 은혜에 대하여 고마움을 아는 마음은 사람이 **사람다워지는 근본**이며, 또한 그 시작이다. 우리는 보은적 인간(報恩的 人間)이 되어야 한다. 고기는 물을 얻어 헤엄치건만 물을 잊고, 새는 바람을 타고 날건만 바람 있음을 모른다. 지극한 은혜는 깨닫지 못하는 가운데 있고, 진실한 즐거움은 괴로움과 기 쁨을 분별(分別)하지 못하는 속에 있다.

다. 어머니의 은혜

은혜 중에서도 가장 큰 것은 부모님의 은혜요, 특히 **"어머니의 은혜"**다. "백 세 된 어머니가 80세 된 자녀를 항상 걱정한다."(母年一百歲常憂八十兒:父母恩重經)고 했다. 백 세의 노인인 어머니는 여든 살 난 자식을 항상 걱정한다는 것이다. 그것이 천하의 어머니의 마음이다. 우리는 한량(限量)없는 부모님의 은혜에 백 분의 일이라도 보답할 줄 아는 사람이 되어야 한다. 어머니는 가정이라는 배를 운항하는 선장이다. 한 가정의 행복과 불행을 결정하는 열쇠는 주로 어머니에게 있다.

어머니는 "가정의 태양"이다. 인간은 가정에서 어머니라는 태양의 강한 빛과 열과 사랑으로 자란다. 나폴레옹(Napoleon)은 "자식의 운명은 언제나 그 어머니가 만든다."고 말했다. 어머니는 한 가정을 이끄는 선장이며, 자식들의 운명에 결정적 영향을 주는 인생의 스승이다. 인간의 사랑 중에서 가장 강하고 희생적이며 고귀한 것은 **"어머니의 사랑"**이다. 어머니의 사랑은 주는 사랑이요, 바치는 사랑이요, 무조건적 사랑이다. 우리는 어머니의 품에 안겨서 인생을 배운다. 어머니는 우리가 이 세상에 태어나 **"최초로 만나는 인생의 스승"**이다. 하늘에 태양이 빛나고, 땅 위에 꽃이 피고, 세상에 어머니가 계시면 우리는 행복하게 살 수 있다.

16. 지상의 유일한 평등은 죽음이다.

가. 죽음은 가장 '민주적인 것'

"지상의 유일(唯一)한 평등은 죽음이다(The sole equality on earth is dead. - J

Bailey).", "죽음이 마지막 수면(睡眠)인가? 아니다. 죽음은 최후 최종으로 깨는 것이다(Is death the last sleep? No, it is the last final awakening. - Scoot).", "비겁한 자는 죽기 전에 여러 번 죽지만, 용감한 자는 결코 한 번밖에는 죽지 않는다.(Cowards die many times before their death; the valiant never taste of death but once. - Shakespeare).", "죽음은 다만 사람의 명성(名聲)을 완결(完決)할 뿐만 아니라 그 명성이 좋은 것인가 나쁜 것인가를 결정한다(Death only closes a man's reputation, and determines it as good or bad. - J. Addison).", "잘 보낸 하루가 행복한 잠을 가져오듯이 잘 산 인생은 행복한 죽음을 가져온다(As a well spent day brings happy sleep, so life well used brings happy death. - Leonard da Vinci)."라고 말 했다.

죽음은 가장 민주적(民主的)인 것이다. 죽음처럼 자연스럽고 필요 불가결(必要 不可缺)하며 보편적(普遍的)인 것도 없다. 언젠가는 우리에게 죽음이 올 것이라는 사실을 우리는 알고 있다. 그리고 우리가 순간순간을 살아감으로써 이미 죽음을 준비하고 있는 것이다. 우리에게는 오직 얼마 안 되는 순간(瞬間)이 주어졌을 따름이다. 우리는 누구나 다 흙으로 돌아가고 말 인간임을 명심(銘心)하고 서로 화목(和睦)하게 살아야 한다.

나. 죽음을 준비하는 삶의 자세

영국의 극작가·소설가·철학자로 노벨상을 받은 버나드 쇼(George Bernard Shaw)의 묘비명(墓碑銘)에는 <내가 우물쭈물하다가 이렇게 될 줄 알았다.>라고 덧없는 인간사(人間事)를 솔직하게 기록하고 있다. 권력과 황금에 눈이 어두워 세월을 헛되이 보내며 방황하는 우리들의 삶에 대하여 경종(警鐘)을 울려주는 교훈(敎訓)이다.

세월은 유수(流水)와 같이 흘러가나 사람들은 영원(永遠)히 살 것처럼 생활하다가 임종(臨終)이 다가와서야 비로소 자신의 삶을 후회(後悔)하게 된다. 우리가 할 일은 위와 같은 조언(助言)을 통해 똑같은 후회를 반복하지 않도록 '죽음을 준비하는 삶의 자세'가 아닌가 하고 생각해본다. 우리가 이 세상을 어느 날 갑자기 소리 없이 훌쩍 떠나게 될 때는 돈도 명예도 사랑도 미움도 가져갈 것 하나 없는 빈손이 된다. 떠날 때는 나를 동행(同行)해줄 사람 하나 없다. 오든 길이 혼자였듯 가는 길도 혼자다. 인간은 누구라도 마지막 길은 혼자다.

다. 죽음 앞의 평정청랑한 소크라테스

<우리는 이제 떠나야 할 때가 왔다. 나는 죽으러 가고 여러분은 살러 간다. 누가 더 행복할 것인가. 그것은 오직 신(神)만이 알 것이다.> 이 말은 아테네 시민들의 부당한 고발(告發)로 재판에서 사형선고를 받을 때, 소크라테스가 법정에서 마지막으로 자기소신(自己所信)을 피력(披瀝)한 말이다. 그는 자기 자신의 혼(魂)을 소중히 할 필요성을 역설(力說)하였으며, 자기 자신에게 있어서 가장 중한 것이 무엇인가를 물어, 날마다 거리의 사람들과 철학적 대화(哲學的 對話)를 나누는 것을 일과로 삼았다. 그 결과로 고발되어 재판에서 사형선고를 받았다.

소크라테스는 <이제 사(死)의 길로 가고 아테네 시민들은 생(生)의 길로 간다. 죽는 자기가 더 행복할지, 살러 가는 아테네 시민들이 더 행복할지, 그것은 오직 신(神)만이 알 수 있다.>고 갈파(喝破)했다. "죽음 앞의 평정청랑(平靜晴朗)한 소크라테스"의 태도는 생사(生死)를 초월(超越)한 중대사에 대면하는 철학자가 취할 바를 보여주는 것이다. 이러한 신념과 용기를 가졌던 소

크라테스는 과연 '**철인**(哲人)**다운 철인**'이었다.

라. 죽음이란 영혼의 일출

러시아의 소설가 톨스토이(Tolstoi)는 '완성된 인간에게는 죽음은 존재하지 않는다.'고 했으며, 로마제정기의 스토아 철학자 세네카(Lucius Annaeus Seneca)는 '죽음이란, 모든 생물에게 끊임없이 일어나고 있는 생리적 현상이므로 조금도 무서운 것이 못 된다.'고 말했다. '죽음이 마지막 수면이 아니라 최후 최종으로 깨는 것'이라고 했듯이 죽음이란 보다 높은 것으로의 변화라는 것이다. 죽음은 생(生)의 변형(變形)이며, 생명은 죽음에 의해서 멸망(亡)하는 것이 아니라 변화(變化)한다는 것이다.

죽음은 비참한 일몰(日沒)이 아니라 상상도 할 수 없는 영원한 광채(光彩)를 알려주는 "영혼(靈魂)의 일출(日出)"이라고 했다. 위고(Victor Marie Hugo)는 '무덤이란 절망의 길이 아니다. 그것은 영원으로 향하는 통로이다. 그것은 황혼을 덮지만 여명(黎明)을 열어놓는 것이다.'라고 말 했다. 우리가 할 일은 오직 산다는 그것이다. 그러므로 '잘 사는 방법'을 아는 사람만이 '**훌륭한 죽음**'을 맞을 수 있다.

인간의 일생(一生)은 그의 실천(實踐)의 결과이다. 실천은 그의 운명을 좋게도 나쁘게도 한다. 여기에 우리의 생활법칙이 있다. 과거의 생활이 어떠한 방향을 향해 있었든, 현재의 생활이 그것을 변화시킬 수 있다. 인간의 삶이 참되지 않을 때 '죽음을 두려워한다'고 했다. 정신적(精神的)인 생활을 하는 사람에게는 '죽음이란 있을 수 없다'고 한다. 죽음은 우리가 안고 있는 가장 큰 도전(挑戰)이다.

17. 멋있게 살고 멋있게 죽는 것(영원히 사는 길)

가. 아름다운 걸작(인간답게 죽는 길)

영국의 시인 · 평론가 존슨(Samuel Johnson)은 '인생은 짧다. 그러기에 인생을 어떻게 보내야만 될까 하고 게으른 심사숙고(深思熟考)를 하는데 인생의 대부분을 지나쳐 버려서는 안 된다(Life is not long, and too much of it must not pass in idle deliberation how it shall be spent.).'고 말했다. 나는 나의 운명(運命)의 주인(主人)이며, 나의 미래는 나의 수중(手中)에 있다. 나의 인생은 나 스스로가 창조(創造)해가는 것이다. 그러므로 우리는 자신의 인생을 **"아름다운 걸작(傑作)"** 으로 만들어야 한다.

우리의 인생은 자신의 삶을 조각(彫刻)해가는 예술가(藝術家)라고 한다. 인생의 의미는 시간의 길이에 있기보다는 그 내용의 풍부함에 달려있으며, 하는 일 없이 오래 사는 데 있는 것이 아니라 그 인생을 통해 무슨 일을 얼마나 보람 있게 많이 했느냐에 있다. 우리는 동물처럼 사느니보다는 "인간답게 죽는 길"을 택해야 할 것이다. 사람은 한번 밖에 죽을 수 없는 존재(A man can die only once.)이기 때문이다.

나. 죽되 영원히 사는 것(안중근 의사)

안중근(安重根) 의사(義士)는 1909년 10월 26일 일본인으로 가장하고 하얼빈역(驛)에 잠입하여 역전(驛前)에서 경계망(警戒網)을 뚫은 후 10보 이내의 거리까지 접근하여 러시아 군대의 군례(軍禮)를 받는 이토 히로부미를 권총으로 3발을 명중시켜 즉사(卽死)케 했다. 이때 안(安) 의사(義士)는 거사의 성공을 기뻐하며 '대한독립 만세'를 외치고 태연히 포박(捕縛)을 당했다.

그 후 여순(旅順) 감옥(監獄)에 수감되어 끝까지 굽히지 않고 항변(抗辯)하다가 다음 해 3월 26일 상오 10시 사형을 집행당했다. 1962년 3월 1일 대한민국 건국공로훈장 중장(重章 : 현 건국훈장 대한민국장)이 추서(追敍)되었다.

안중근 의사(義士)는 국가존망(國家存亡)의 위기를 당하여 나라를 위해 생명을 바쳤다. 그는 1910년 3월 26일 32세의 젊은 나이에 여순 감옥에서 처형(處刑)당했다. 그의 의기(義氣)는 천고(千古)에 빛나고 그의 용기(勇氣)는 세계만방(世界萬方)에 떨쳤다. 그는 "의(義)와 용(勇)의 열사(烈士)"였다. 그는 여순 감옥에서 사형당하기 몇 달 전에 붓으로 공자의 <견리사의(見利思義) 견위치명(見危致命) : 利를 보면 義를 생각하고, 나라가 위급할 때 제 몸을 나라에 바친다는 뜻 : 論語 憲問 편에 나오는 공자의 명언>이라는 글을 썼다. 이와 같이 국가존망의 위기를 당하여 자신의 고귀한 생명을 바치는 것이 **"죽되 영원히 사는 것"**이다.

안중근 의사(義士)는 '이(利)를 보면 의(義)를 생각하고, 나라가 위태로울 때는 목숨을 바치라.'는 공자(孔子)의 가르침을 그대로 실천했다. 안중근 의사(義士)의 거사(擧事)는 참으로 놀라운 애국심이요, 뛰어난 의기(義氣)요, 무쌍(無雙)한 용기다. 이 세상에서 가장 어려운 일은 "나라를 위해 자기의 생명을 바치는 것"이다. 안중근 의사(義士)는 조국(祖國)을 위하여 고귀(高貴)한 생명을 바쳤다. 훌륭한 인물(人物)이란 훌륭한 일을 위하여 자기를 바친 사람이다. 자신의 생명을 위대한 일에 바치는 것이 생(生)의 의미(意味)요, 보람이요, 진정한 삶의 가치(價値)이다.

다. 바로 살려는 의지

'잘사는 방법을 아는 사람만이 훌륭한 죽음을 맞을 수 있다.'고 했다. 용장(勇將)만이 신념(信念)대로 행동하고 목표를 달성하고 진리(眞理)와 주의(主義)를 관철할 수 있다. 우리의 인생은 우리가 생각하고 행동하는 삶의 용기와 결단(決斷)에 의하여 꽃을 피운 적이 없는 사막에 장미꽃이 피어나게 할 수 있다. 인간의 삶이란 꾸준한 가치(價値)의 창조를 통하여 발전하는 것이며, 죽는 순간까지 진실하게 사는 것이 인생의 향기며 빛이다.

중요한 것은 얼마나 오래 사느냐가 아니라, 얼마나 값있게 사느냐 하는 것이다. 정의(正義)의 철인(哲人) 소크라테스(Socrates)는 <사는 것이 중요한 문제가 아니라, 바로 사는 것이 중요한 문제>라고 갈파(喝破)했다. 사는 것이 중요한 문제가 아니라 어떻게 사느냐가 중요한 문제다. 잘 살려는 의지(意志)도 중요하지만 '바로 살려는 의지(意志)'가 더 중요하다. 바로 사는 자가 잘살 수 있는 사회를 건설해야 한다. 그것이 '인간다운 사회'다.

라. 용자(勇者)의 용기(진정한 대장부)

난세(亂世)에 자기의 지조(志操)를 굳게 지키고 역경(逆境) 속에서 타락(墮落)하지 않고 자기의 인격(人格)과 주의(主義)를 고수견지(固守堅持) 하는 것은 "용자(勇者)의 용기(勇氣)"다. 이런 용기가 부족하면 변절자(變節者)가 되기 쉽다. 인간의 용기는 곤란(困難)하고 위험한 경우에 처했을 때만 알 수 있는 것이다. 용기는 인생의 대업(大業)을 성취(成就)하는 원동력(原動力)이요, 추진력(推進力)이다.

부귀(富貴)에 음(淫)하지 않고 빈천(貧賤)에 변하지 않고 위무(威武)에 굴

(屈)하지 않는다. 이것을 대장부(大丈夫)라 일컫는다(富貴不能淫 貧賤不能移 威武不能屈 此之謂大丈夫 -孟子-). 요즘 한국 사회처럼 '돈' 앞에 인간의 양심(良心)을 팔고, '지위(地位)' 앞에 지조(志操)를 버리고, '권력(權力)' 앞에 인격(人格)을 내던지는 부패(腐敗)와 타락(墮落)의 시대에는 맹자의 대장부의 늠름한 기상(氣像)이 한없이 그리워진다.

변절자(變節者)와 파렴치한(破廉恥漢), 내로남불의 후안무치(厚顔無恥)한 탐관오리(貪官汚吏)와 정상배(政商輩)의 소굴(巢窟)이 된 오늘의 우리나라의 공직사회에서 맹자의 이 말을 다시금 되새겨보게 된다. 무엇이 과연 **사내대장부**(大丈夫)**냐?** 맹자에 의하면 <천하의 광거(廣居)에 거(居)하고 천하의 정위(正位)에 서서 천하의 대도(大道)를 걷는다. 뜻(志)을 얻으면 백성과 같이 가고 뜻을 얻지 못하면 혼자 그 길을 간다.> 이러한 설명을 한 뒤에 전기(前記)의 구절이 뒤를 잇는다. 그러한 사람이라야 **"진정한 대장부"**라고 할 수 있다.

마. 영원한 삶의 길

안중근(安重根) 의사(義士)와 같이 나라가 위급할 때 제 몸을 나라에 바쳐 죽어야 할 때 죽는 것(見危致命)이 **"멋있게 살고 멋있게 죽는 것"**이다. 그것은 **"영원한 삶의 길"**이다. 생(生)과 사(死)는 두 개의 한계점(限界點)이다. 이 두 한계점을 넘어선 저편에 하나의 그 무엇이 있다. 인간은 고귀(高貴)하게 또는 비천(卑賤)하게 살아갈 수 있음과 같이 또한 고귀한 죽음 아니면 비천한 죽음을 하는 것이다. 선택은 우리의 의지(意志)와 삶의 자세에 달린 것이다. 우리가 세상에 태어난 이상 멋진 인생을 살 권리가 있고, 그래야 할 의무가 있다. 그것은 당신의 의지와 노력과 슬기에 달려있다.

18. 죽음을 준비하는 삶의 자세

가. 생명의 질서

살아 있는 모든 것은 때가 되면 그 생(生)을 마감한다. 이것은 생명(生命)의 질서(秩序)이며 삶의 신비(神祕)다. 죽음이 삶을 받쳐주기 때문에 그 삶이 빛날 수 있다고 한다. 우리가 삶을 배우듯이 죽음도 미리 배워야 할 것이며, 행복한 삶(well-being)을 배우듯 행복한 죽음(well-dying)을 배우고 이에 대한 관심을 가져야 할 것이다. 자신의 삶을 잘 마무리하는 것은 당사자뿐만 아니라 가족들의 삶에도 영향을 미치기 때문이다. 인간은 주먹을 쥐고 이 세상에 태어난다. 그것은 마치 '이 세계는 내 것이다'라고 말하는 것과 같다. 그리고 이 세상을 떠날 땐 주먹을 벌린다. 그것은 마치 '나는 아무것도 안 가지고 가네'라고 하는 것과 같다고 한다.

유럽을 정복한 알렉산더 대왕(Alexander the Great)은 "내가 죽거든 나를 땅에 묻을 때 손을 땅 밖으로 내놓아라. 천하를 손에 쥐었던 이 알렉산더도 떠날 때는 빈손으로 갔다는 것을 이 세상 사람들에게 알려주기 위함이다."라는 유언(遺言)을 남겼다. 인간은 한 번쯤 삶과 죽음에 대한 자신의 생각 즉, 행복한 삶과 행복한 죽음이 무엇이며, 이를 위해 어떠한 삶의 길을 가야할 것인가? 삶을 잘 마무리하는 길은 무엇인가? 생각해 볼 필요가 있다.

나. 죽음에 대한 가장 멋진 준비

영국의 동화작가 조오지 맥도날드는 "많은 사람들이 죽음에 대해 끊임없는 불안으로 상처받고 있다. 우리와 관계를 맺은 것은 죽음이 아니라 삶이다. 밤을 위한 가장 멋진 준비는 낮이 지속되는 동안 부지런히 일하는 것이다. 죽음에 대한 가장 멋진 준비는 삶이다(George Macdonald)."라고 말했다. 참으로 두려운 것은 죽음에 대한 공포(恐怖)가 아니라 우리가 살아가는 인생행로(人生行路)가 **"올바른 삶의 방향"**을 잃고 정처 없이 방랑생활(放浪生活)을 하는 집시(gipsy)가 되는 것이다.

우리가 진정으로 '참(眞)된 삶'을 살고 있다면 우리는 죽음을 두려워하지 않을 것이다. **"죽음에 대한 가장 멋진 준비"**는 '참(眞)되고 보람찬 삶'을 영위(營爲)하는 것이다. '오늘의 나는 무엇인가'를 되돌아볼 수 있어야 한다. '나는 과연 사람답게 살고 있는가?' '나답게 살고 있는가?' 죽음은 새 생활의 출발점이라고 했다. 생명은 죽음에 의해서 멸망(滅亡)하는 것이 아니라 변화(變化)된다는 의미다.

다. 여행의 마지막 길

우리 모두를 기다리고 있는 죽음만큼 확실한 것은 없다. 그럼에도 불구하고 우리는 누구나 마치 "죽음" 같은 것은 존재하지 않는 듯이 생활하고 있다. 하늘을 우러르고 땅을 굽어보고 그리고 생각하라. 모든 것이 지나가며 산천(山川)도 지나가는 것이다. 이 세상에서 '가장 생명이 있는 것'은 보이지 않는 것, 들리지 않는 것이다(老子). 우리가 성실하고 용감하게 살고 있다면 죽음이 다가올 때 '오라. 누가 두려워하랴'라고 말 할 수 있을 것이다. 올리브 열매가 익어서 그 가지에 축복을 주며 떨어질 때 생명을 준 그 나무에 감사하듯이 인간은 **"여행의 마지막 길"**을 조용히 맞이할 수 있어야 한다.

'죽음이 당신의 문을 두드릴 때 당신은 그에게 무엇을 바치겠습니까? 나는 내 생명이 가득 찬 광주리를 그 손님 앞에 내놓겠습니다. 나는 그를 빈손으로 돌려보낼 수는 없습니다.' 위 글은 인도의 시인 타고르(Tagore)의 유명한 서정시집 <기탄자리(Gitanjali)>에 나오는 노래의 한 구절(句節)이다. 죽음의 신(神)은 우리의 문을 예고(豫告)도 없이 노크하므로 언제 우리를 찾아올지 아무도 모른다.

죽음의 신(神)이 나를 찾아왔을 때 나는 **'내 생명이 가득 찬 광주리'**를 그 앞에 내놓아야 한다. 우리는 죽음의 신 앞에 무엇인가를 남겨놓아야 한다. 그를 빈손으로 돌려보낼 수는 없는 일이다. 이것이 타고르의 시(詩)의 의미다. 우리가 이 세상에 올 때는 빈손으로 왔지만, 이 세상을 떠날 때는 **'무엇인가 반드시 남겨놓고 가야 한다'**는 뜻이다.

라. 빛나는 유산

무덤이 영원으로 향하는 통로(通路)라고 해도 인간은 **'죽음을 준비하는 자세'**로 살아야 한다. 죽음에 대한 준비는 무엇일까? 그것은 훌륭한 인생을 사는 것이다. 훌륭한 인생이란 '어떻게 살아야 하느냐'라는 인생의 올바른 방향감각(方向感覺)을 판단할 수 있는 지혜다. 밤을 위한 가장 멋진 준비는 낮이 지속(持續)되는 동안 부지런히 일하는 것이다.

인간의 가치평가(價値評價)는 태어나는 것보다 죽는 것으로 결정되며, 또한 그가 어떤 유산(遺産)을 남겨놓았느냐에 의해서 결정된다. 나의 생애(生涯)가 끝났을 때, 나는 **"내 생명의 바구니"** 속에 무엇을 담아가지고 죽음의 신 앞에 내어놓을 것이냐, 나는 역사 앞에 **"어떤 유산(遺産)"**을 남겨놓고 갈 것이냐, 우리는 이러한 물음을 항상 자기 자신에게 던지면서 인생을 살아야 한다. 그러한 사람만이 **"빛나는 유산"**을 남길 수 있다. 우리가 산다는 것은 값있는 유산(遺産)을 남기는 것이다. 그것이 사는 의미(意味)요, 목표(目標)요, 사명(使命)이다.

마. 죽음을 준비하는 성실한 삶의 자세

인생은 빈손으로 왔다 빈손으로 가는 허망(虛妄)한 과정(過程)이 아니라 가치(價値)를 창조하고 유산(遺産)을 남기고 업적(業績)을 쌓는 삶의 터전이다. 우리는 자신에게 주어진 역사적(歷史的) 사명(使命)을 자각(自覺)하고 그 사명을 다하기 위해 내 존재(存在)의 빛과 향기(香氣)와 보람을 남겨야 한다. 언제나 사랑하고 배려(配慮)하며, 나에게 주어진 삶이 다할 때까지 책임(責任)과 의무(義務)를 다하며 살아야 한다. 죽음에 대한 준비는 '훌륭한 인생을 사는 것'이다. 또한 죽음에 대한 가장 멋진 준비는 '아름다운 삶'이다. 아름다운 삶의 마무리를 위해 가장 중요한 것이 바로 <**죽음을 준비하는 성실**(誠實)**한 삶의 자세**>라고 본다.